ÉCOLE D'APPLICATION DU GÉNIE MARITIME

COURS
DE
CONSTRUCTION DU NAVIRE

PAR

L. CALLOU

INGÉNIEUR EN CHEF DE LA MARINE
ANCIEN SOUS-DIRECTEUR DE L'ÉCOLE D'APPLICATION
DU GÉNIE MARITIME
INGÉNIEUR DE L'ESCADRE DU NORD

TOME SECOND

PARIS
AUGUSTIN CHALLAMEL, ÉDITEUR
17, RUE JACOB
LIBRAIRIE MARITIME ET COLONIALE

1902

COURS
DE
CONSTRUCTION DU NAVIRE

TYPOGRAPHIE FIRMIN-DIDOT ET Cie. — MESNIL (EURE).

ÉCOLE D'APPLICATION DU GÉNIE MARITIME

COURS

DE

CONSTRUCTION DU NAVIRE

PAR

L. CALLOU

INGÉNIEUR EN CHEF DE LA MARINE
ANCIEN SOUS-DIRECTEUR DE L'ÉCOLE D'APPLICATION
DU GÉNIE MARITIME
INGÉNIEUR DE L'ESCADRE DU NORD

TOME SECOND

PARIS

AUGUSTIN CHALLAMEL, ÉDITEUR

17, RUE JACOB

LIBRAIRIE MARITIME ET COLONIALE

1902

COURS
DE
CONSTRUCTION DU NAVIRE

CINQUIÈME PARTIE

INSTALLATION DES EMMÉNAGEMENTS
ET DES DIVERS SERVICES DU NAVIRE

CHAPITRE PREMIER

Apparaux de mouillage

153. Installation générale des apparaux de mouillage.
— On désigne sous le nom d'*apparaux de mouillage* l'ensemble des engins servant à la mise à la mer, à la rentrée et à la tenue à bord des *ancres*, c'est-à-dire des points sur lesquels le navire prend appui pour se maintenir à un poste déterminé; le *mouillage* est l'opération qui consiste à jeter l'ancre à la mer de façon à la faire mordre sur le fond.

L'ancre, suspendue en temps ordinaire à l'extérieur du navire, est fixée à l'extrémité d'une chaîne, dont la longueur est d'environ 200 mètres, rentrant à bord par un trou percé dans la muraille près de l'extrémité N et appelé *écubier*. Lorsque l'ancre est mouillée, on laisse filer au dehors une longueur de chaîne proportionnée à la profondeur de l'eau et on fixe le navire à la chaîne en enroulant celle-ci autour d'une pièce cylindrique appelée *bitte* (fig. 676). L'extrémité non utilisée de la chaîne est lovée dans un compartiment spécial dit *puits aux chaînes*. Pour ramener l'ancre à bord, on détache la chaîne de la bitte, et on l'enroule sur une *couronne à empreintes* mûe soit à bras soit mécaniquement, en assurant sa direction au moyen de *rouleaux* ainsi que le représente la figure 676. Pendant cette opération, il est utile de disposer d'un appareil

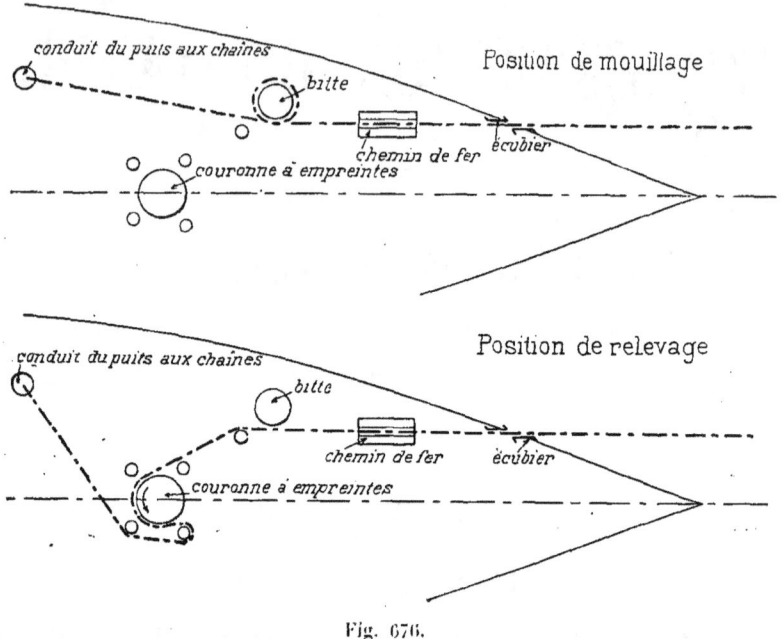

Fig. 676.

de sûreté s'opposant au retour en arrière de la chaîne au cas où elle viendrait à désengrener de la couronne à empreintes, qui n'offre ainsi que nous le verrons qu'une prise assez réduite. Cet appareil de sûreté consiste en un *linguet* formant une sorte d'encliquetage, disposé dans un canal dans lequel passe la chaîne, entre l'écubier et la bitte, et qui porte le nom de *chemin de fer*. Lorsque le linguet du chemin de fer est abaissé, la chaîne ne peut se déplacer que dans le sens de la rentrée à bord; lorsqu'il est soulevé, elle glisse librement dans la rainure ménagée dans le chemin de fer. Enfin, pour arrêter la chaîne au point voulu une fois l'ancre jetée à la mer, on dispose sur son parcours, entre le puits aux chaînes et le trou de passage par lequel elle arrive sur le pont correspondant à l'écubier, une sorte de frein appelé *étrangloir*.

Tels sont les organes principaux qui constituent ce qu'on appelle la *ligne de mouillage* et dont la disposition relative doit être étudiée de manière à rendre aussi aisées que possible les diverses manœuvres. Supposons le navire à la mer, l'ancre suspendue à son poste à l'extérieur de la muraille. La chaîne rentre par l'écubier, passe sur le chemin de fer, et va au puits aux chaînes en passant à côté de la bitte. Pour *mouiller*, on élonge la chaîne de façon qu'elle soit bien en direction et ne risque pas de fouetter. Habituellement, bien que ce ne soit pas indispensable, on prend le *tour de bitte* avant de mouiller, c'est-à-dire qu'on fait faire un tour mort à la chaîne autour de la bitte. On lève le linguet du chemin de fer, et on ouvre l'étrangloir. Au moment voulu, on laisse tomber l'ancre à la mer et son poids entraîne la chaîne ; cette opération s'exécute alors que le navire a encore une certaine vitesse, de façon qu'en serrant un peu l'étrangloir on puisse traîner l'ancre sur le fond et la forcer à crocher ; on laisse alors filer la longueur de chaîne voulue en dehors de l'écubier (4 à 5 fois la profondeur d'eau), et on ferme l'étrangloir ; on applique ensuite énergiquement la chaîne sur la bitte, au moyen d'amarrages appelés *bosses*, de manière à la fixer solidement au navire. Pour *appareiller*, c'est-à-dire rendre libre le navire, on abaisse le linguet du chemin de fer, et on maintient provisoirement la chaîne au moyen de ce linguet et de bosses fixées à des boucles rivées au pont sur l'avant de la bitte. On défait le tour de bitte, et on fait engrener la chaîne avec la couronne à empreintes. On ouvre l'étrangloir, on vire la couronne de manière à raidir la chaîne, on largue les bosses, et on continue à virer jusqu'à ce que l'ancre soit amenée à toucher l'écubier. On peut alors soit la fixer dans cette position, soit la replacer sur ses supports de mouillage comme nous le verrons plus loin.

Ordinairement, chaque navire est muni de deux lignes de mouillage symétriques, de manière à pouvoir mouiller une ancre soit d'un bord, soit de l'autre, soit même deux ancres simultanément. Il y a ainsi deux écubiers, deux chemins de fer, deux bittes, deux étrangloirs. La couronne à empreintes, lorsqu'elle présente la disposition de la figure 676, peut servir indifféremment pour l'une ou l'autre des lignes de mouillage, mais dans certains cas chaque ligne de mouillage comprend une couronne à empreintes spéciales.

154. Ancres. — L'ancre ordinaire (fig. 677) est une pièce en fer forgé comprenant une tige appelée *verge* à section rectangulaire arrondie sur les petits côtés, terminée à sa partie supérieure par un renflement appelé *culasse*, à sa partie inférieure par deux *bras* recourbés. La culasse est percée d'un trou cylindrique, dans lequel est emmanchée une pièce transversale appelée *jas*, perpendiculaire au plan de la verge et des bras; au-dessus de la culasse, l'extrémité de la verge est percée d'un *œil* recevant le

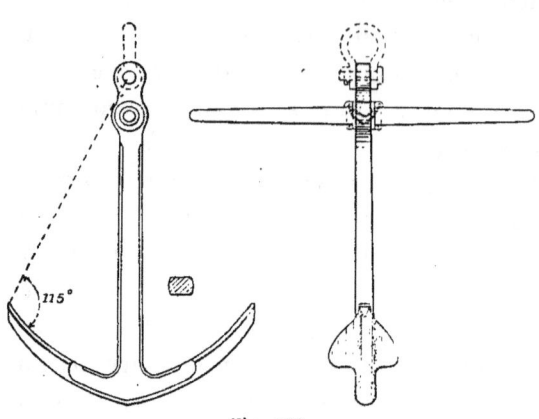

Fig. 677.

boulon de la pièce d'attache de la chaîne, qui porte le nom de *cigale* ou *organeau*. Les bras sont terminés par des *pattes*, surfaces de prise de forme à peu près triangulaire, dont la pointe s'appelle le *bec* et les parties évasées les *oreilles*. L'extrémité de la verge, à la jonction des bras, s'appelle le *diamant*; le raccordement des bras et de la verge est appelé *aisselle* ou *collet*; la distance des deux becs porte le nom d'*envergure* ou *croisée*: cette distance est égale aux 7/10 de la longueur totale de la verge.

Le rôle du jas est le suivant. Lorsque l'ancre tombe sur le fond, elle ne peut occuper que deux positions; ou bien le jas est horizontal, et alors l'une des pattes croche dans le fond; ou bien il est vertical, mais dans ce cas la traction du navire sur la chaîne tend à faire pivoter l'ancre dès que le jas rencontre un obstacle de terrain ou s'arc-boute sur le sol; l'ancre est alors ramenée à la position précédente, et la prise de la patte s'effectue par la traction de la chaîne. On donne le nom d'*angle de prise* à l'angle formé par la surface plane qui termine la patte avec la droite joignant l'extrémité du bec au centre de l'œil de la cigale. Cet angle est égal à 115° dans les ancres ordinaires de la marine.

Le jas était fait autrefois en bois. Il était alors formé de deux pièces de bois légèrement courbes, réunies par des chevilles et des frettes en fer (fig. 678); deux épaulements venus de forge avec la culasse maintenaient le jas en s'opposant à son glissement le long de la verge. Le jas en fer, seul employé aujourd'hui, est une tige cylindrique un peu renflée en son centre, dont la longueur est égale à celle de la verge (fig. 677 et 679). Deux rondelles et deux clavettes enfoncées dans des mortaises maintiennent le jas fixé dans la culasse. On peut ainsi *déjaler* facilement d'un bord ou de l'autre, opération que l'on a quelquefois besoin d'exécuter comme nous le verrons, en enlevant les clavettes et faisant glisser le jas dans la culasse. Les extrémités du jas sont terminées soit en pomme arrondie (fig. 679), soit en pointe très émoussée (fig. 677). On

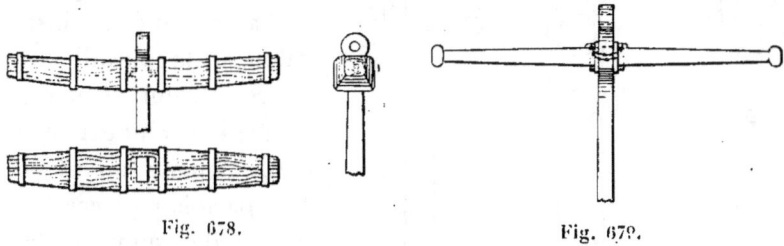

Fig. 678.   Fig. 679.

emploie aussi des jas de forme un peu différente, dont une extrémité est recourbée à angle droit (fig. 680). Le jas porte alors un épaulement venu de forge, et sa fixation s'opère au moyen d'une rondelle et d'une clavette uniques; on ne peut donc déjaler que d'un seul côté. Cette forme ne convient pas pour les ancres

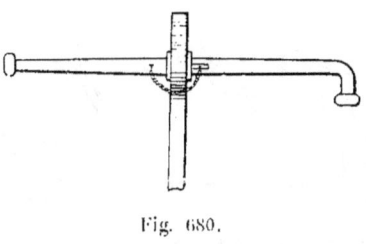

Fig. 680.

de mouillage ordinaires, car pendant que l'ancre est traînée sur le fond le jas peut crocher par son extrémité recourbée et se briser sous l'effort de la chaîne; elle a par contre l'avantage de permettre le rabattement du jas le long de la verge, comme l'indique la figure 680, ce qui facilite l'installation le long du bord d'une ancre qui n'a pas besoin d'être toujours enjalée. Aussi a-t-on conservé cette disposition pour les *ancres à jet*, c'est-à-dire pour celles que l'on mouille à l'aide d'une embarcation en les laissant tomber simplement sur le fond, comme nous le verrons plus loin.

La cigale est la pièce de liaison de la chaîne avec l'ancre. Elle est fixée dans l'œil qui termine la verge soit par un boulon ordinaire à clavette (fig. 681), soit par un boulon terminé par deux pitons à œil (fig. 682). Cette dernière disposition facilite dans beaucoup de cas la mise à poste de l'ancre, comme nous le verrons plus tard.

Le type d'ancre dont nous venons d'indiquer le tracé donne une tenue parfaitement satisfaisante. Il présente l'inconvénient que la forme irrégulière et compliquée de l'ancre rend son installation sur la muraille extérieure souvent assez difficile ; si l'on veut éviter une saillie gênante, on est conduit parfois à placer l'ancre sur des supports dans une position différente de celle où elle se présente

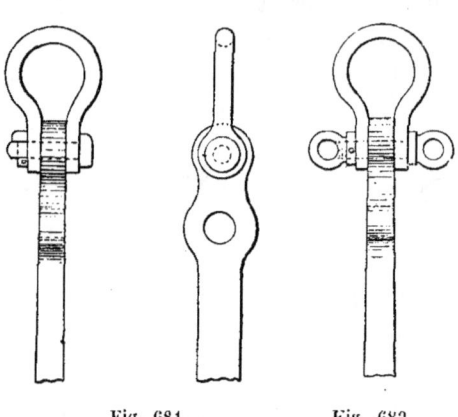

Fig. 681.   Fig. 682.

à l'écubier, ce qui exige des engins de manœuvre dont nous verrons plus loin le détail. On a cherché par suite à obtenir une forme d'ancre qui, tout en donnant une tenue suffisante, pût s'appliquer contre la muraille en ne donnant qu'une saillie aussi faible que possible. De là l'emploi des *ancres articulées*, dont le modèle le plus ancien est l'ancre *Martin*, de fabrication anglaise. Dans l'ancre Martin (fig. 683), les bras et les pattes, au

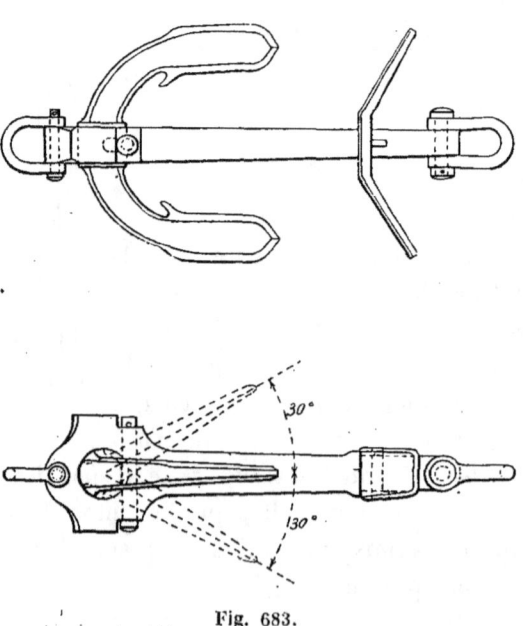

Fig. 683.

lieu d'être invariablement liés à la verge, sont articulés au moyen d'un tourillon parallèle au jas, qui a une forme aplatie. Une goupille cylindrique s'engageant dans une rainure incomplète creusée dans le tourillon limite de part et d'autre l'angle maximum que peuvent faire les pattes avec le plan de la verge et du jas ; cet angle est égal à 30°. Une manille fixée à l'extrémité du diamant facilite la manœuvre de l'ancre lorsqu'elle doit être placée sur des supports.

L'ancre Martin a l'avantage de s'appliquer facilement le long de la muraille sans faire de saillie. Par contre, la prise des pattes n'est pas toujours suffisamment assurée, et il peut arriver que l'ancre soit traînée sur le fond, sans parvenir à mordre. On emploie depuis une dizaine d'années des ancres articulées dérivées de l'ancre Martin, mais présentant en principe les modifications suivantes. Le butoir limitant l'oscillation des pattes, au lieu d'être à l'intérieur de l'articulation, est reporté à l'extérieur, ce qui permet de le nettoyer facilement et d'empêcher que la vase s'introduisant dans l'articulation ne gêne le mouvement des pattes. En second lieu, les pattes sont munies d'oreilles saillantes les forçant à basculer lorsque l'ancre est traînée sur le fond et accélérant ainsi la prise. Enfin le jas, reconnu inutile, est supprimé, ce qui a le grand avantage de permettre la suppression de tout organe de manœuvre de l'ancre autre que la chaîne, la verge de l'ancre pouvant alors être rentrée dans l'écubier, dont la forme est réglée en conséquence, de façon que les pattes seules fassent saillie au dehors (1).

Les ancres articulées ainsi modifiées sont aujourd'hui d'un usage courant dans la marine de commerce. La marine de guerre a commencé à en faire usage en 1890, et la plupart des navires récents ont reçu des ancres de ce genre. Le modèle adopté ordinairement par la marine militaire française est l'ancre dite des *Messageries maritimes,* appelée aussi ancre *Marrel-Risbec* (fig. 684). L'angle d'ouverture maxima est égal à 50°. Les pattes sont munies d'ergots saillants butant contre un taquet venu de forge avec l'extrémité de la verge. Lorsque l'ancre est traînée sur le fond, ces ergots

---

(1) La marine anglaise a conservé cependant l'usage du jas sur les ancres articulées de beaucoup de navires récents, ces ancres étant toujours installées contre la muraille extérieure, ainsi qu'on le verra au § 163.

mordent dans le sol et forcent les pattes à tourner, de manière que les becs crochent à leur tour ; la prise est assurée ensuite par la traction de la chaîne. Lorsque l'ancre ne doit pas rentrer dans l'écubier et est placée sur un support, on peut faciliter sa manœuvre en lui adjoignant une manille double (représentée en tirets sur la fig. 684) permettant de la tenir suspendue par son centre de gravité.

La marine militaire essaie actuellement un type d'ancre articulée étudié par l'établissement de Guérigny, et destiné à rem-

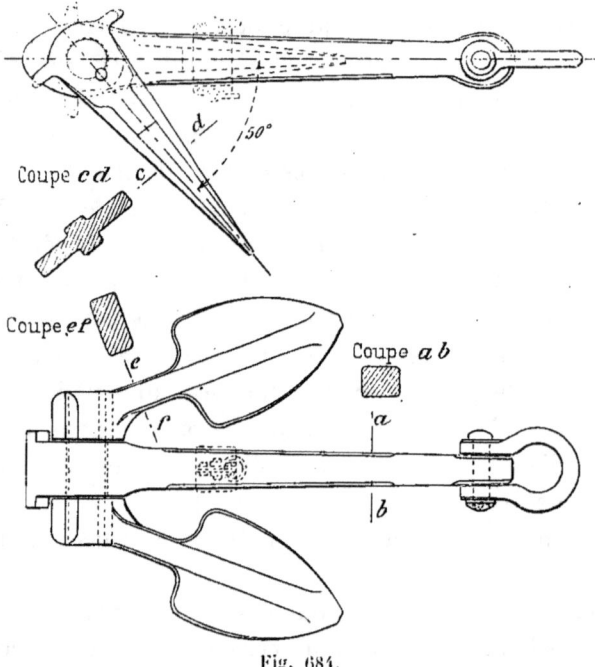

Fig. 684.

placer l'ancre des Messageries maritimes. Cette ancre, exécutée en acier doux, ne diffère guère de la précédente que par la position du butoir, qui au lieu d'être placé au diamant est reporté de l'autre côté du tourillon des pattes (fig. 685).

La marine de commerce emploie divers autres systèmes d'ancres articulées, ne différant guère que par des détails de construction. Nous citerons cependant l'ancre articulée dite ancre *Trotman*, ou quelquefois ancre *Porter*, qui se rapproche plutôt de l'ancre ordinaire, en ce sens qu'elle possède un jas et que les pattes oscil-

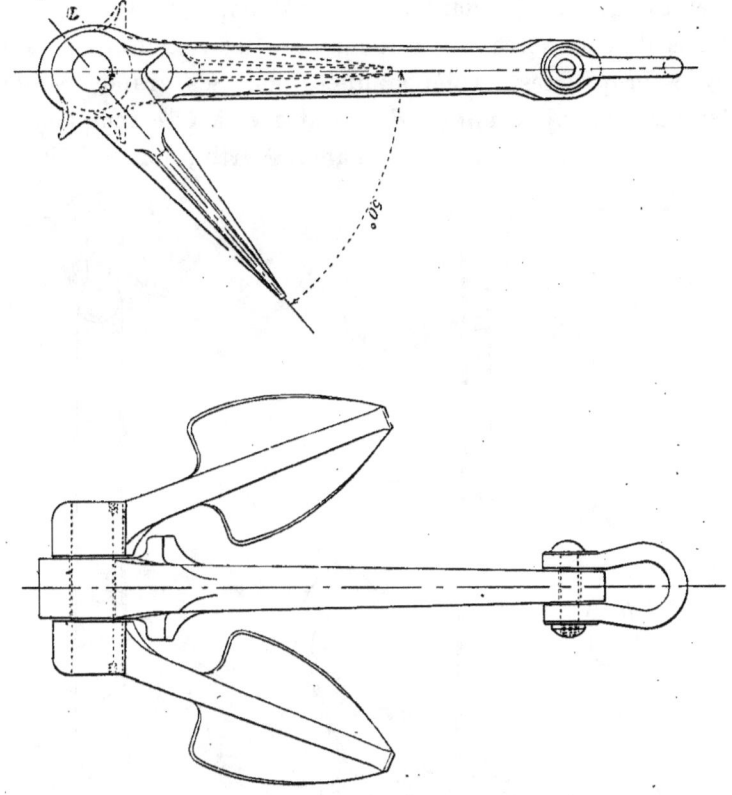

Fig. 685.

lent dans un plan perpendiculaire à celui de la verge et du jas (fig. 686). Cette disposition n'a d'autre avantage que de donner une valeur convenable de l'angle de prise avec une envergure réduite, et de diminuer la saillie faite au-dessus du fond par la patte non engagée dans le sol. Les ancres de ce

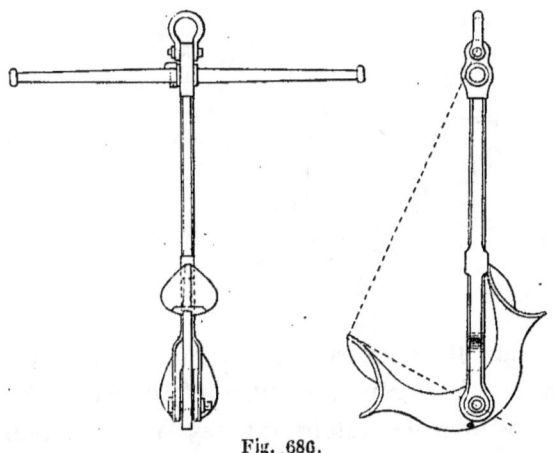

Fig. 686.

système ont été pendant assez longtemps en faveur dans la marine de commerce, et la Compagnie transatlantique les a employées jusqu'à ces dernières années pour ses grands paquebots. Elles tendent aujourd'hui à disparaître et à être remplacées partout par les ancres dérivées de l'ancre Martin, d'installation et de

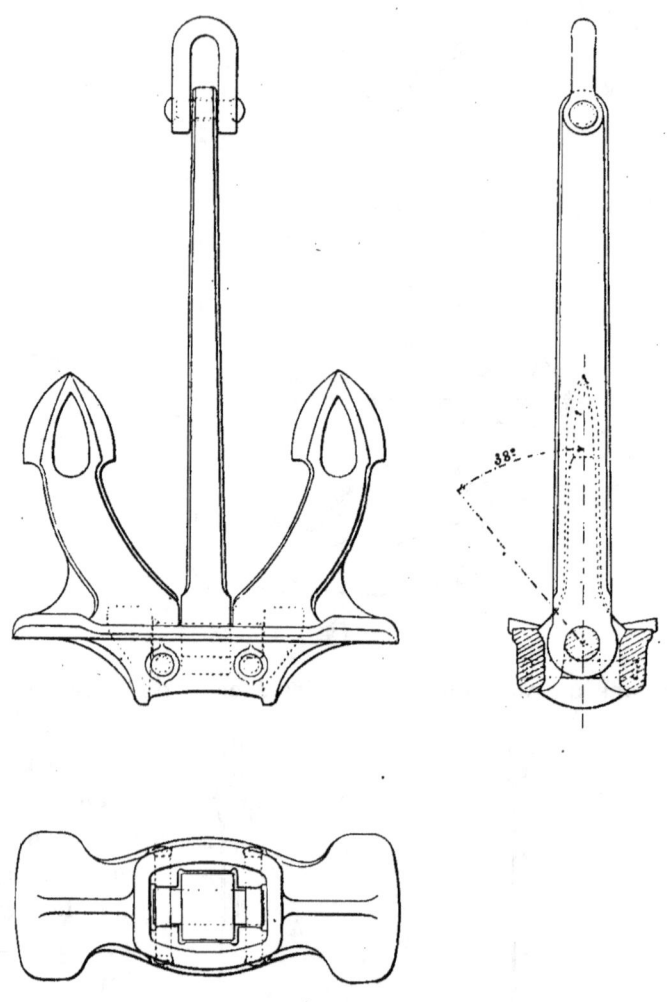

Fig. 687.

manœuvre plus simples. Il existe, surtout en Angleterre, un très grand nombre d'ancres de ce genre, ne différant que par la forme des pattes et la disposition des butoirs (ancres Wasteney Smith, Abbott, Wright, Hawks et Crawshay, Tyzack, etc.). Les ancres

Abbott et Tyzack sont munies d'une troisième griffe placée dans le plan de symétrie de l'ancre, et dont le rôle paraît être surtout de forcer les pattes à s'appliquer contre la muraille au moment de la rentrée de la verge dans l'écubier. Depuis quelques années, on emploie beaucoup l'ancre Hall (fig. 687), analogue aux précédentes, dans laquelle l'assemblage de la verge et des pattes est rendu très aisément démontable, la verge pouvant être retirée par bout en passant au travers du diamant. Un certain nombre de navires de la marine militaire anglaise sont munis d'ancres Hall, avec addition d'un jas.

Les ancres articulées paraissent donner une tenue sensiblement équivalente à celle des ancres du tracé ordinaire. Leur prise est peut-être un peu moins assurée avec les diverses qualités de fond, mais la simplification des organes de manœuvre qui résulte de leur adoption les fait aujourd'hui préférer dans presque tous les cas pour les ancres de mouillage. La difficulté principale qu'elles présentent, lorsqu'on ne veut pas les installer sur un support extérieur, c'est d'obtenir pour l'écubier un tracé satisfaisant permettant la rentrée et le logement de la verge. Nous reviendrons plus loin sur cette question.

Pour les embarcations, on emploie des *grappins*, ancres légères sans jas terminées par 5 pattes rayonnantes, ce qui leur permet de mordre sur le fond dans toutes les positions (fig. 688).

Les ancres sont bien entendu de dimension proportionnée à la masse du navire qu'elles servent à immobiliser. Les ancres des divers calibres sont des solides semblables, dérivés d'une ancre type. Les proportions des diverses parties de cette ancre type étant établies empiriquement au moyen d'essais à la presse hydraulique, on a les dimensions correspondantes d'une ancre quelconque de poids P en

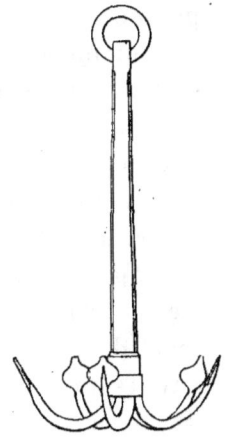

Fig. 688.

multipliant celles de l'ancre type de poids p par le rapport $\sqrt[3]{\dfrac{P}{p}}$.
Le tableau ci-après indique, pour les divers modèles, les caractéristiques de poids et de dimension :

TYPE D'ANCRE.	Poids de l'ancre nue de longueur totale de verge égale à 1m,00.	Longueur totale de verge de l'ancre de 1000 kil.	Rapport du poids du jas au poids de l'ancre nue.	Rapport du poids de la cigale au poids de l'ancre nue.
Ancre ordinaire......	37k,500	2m,987	0,22	0,050
Ancre des Messageries maritimes.........	124k,250	2m,004	»	0,033
Ancre de Guérigny...	143k,800	1m,908	»	0,038

Le poids-type d'une ancre, c'est-à-dire le poids caractéristique par lequel on la désigne, est le poids de cette ancre munie de sa cigale et, s'il s'agit d'une ancre ordinaire, de son jas. Pour une ancre ordinaire, P étant le poids de l'ancre nue, le poids caractéristique est égal à 1,27 P. Ce poids est d'ailleurs un poids théorique, les tolérances de fabrication pouvant conduire à un poids réel légèrement différent, qui doit être compris entre des limites déterminées. Par exemple, le poids réel de l'ancre ordinaire de 4450^k doit être compris entre 4325^k et 4575^k.

Chaque navire recevait autrefois six ancres, dont quatre ancres de mouillage et deux ancres à jet. Les ancres de mouillage comprenaient deux ancres *de bossoir*, installées de manière à pouvoir être mouillées instantanément, l'une à tribord l'autre à babord, et deux ancres *de veille*, installées dans le voisinage des précédentes et disposées de manière à pouvoir être mouillées en cas de mauvais temps pour fournir une tenue supplémentaire.

Le nombre des ancres de mouillage, pour les navires de guerre modernes, dépend de leur importance et du rôle militaire qu'ils sont appelés à remplir. Les navires d'escadre de déplacement inférieur à 1000^{tx} et certains garde-côtes destinés à jouer un rôle purement défensif reçoivent seulement deux ancres de mouillage. Les navires d'escadre de déplacement supérieur à 1000^{tx} et les navires de croisière de déplacement inférieur à 2500^{tx} reçoivent 3 ancres de mouillage, dont deux installées comme ancres de mouillage proprement dites, et la troisième comme ancre de rechange pouvant être maillée en cas de besoin à l'extrémité de l'une ou l'autre des chaînes des ancres de mouillage. Enfin, les navires de croisière de déplacement supérieur à 2500^{tx} reçoivent en plus une seconde ancre de rechange, dite *ancre de réserve*, de poids égal à la moitié environ de celui de chacune des trois ancres principales.

Tous les navires de déplacement supérieur à 500^{tx} reçoivent, outre leurs ancres de mouillage, deux ancres à jet; ceux dont le déplacement est compris entre 280 et 500^{tx} en reçoivent une seule. Ces ancres à jet, de poids notablement inférieur à celui des ancres principales, sont destinées à être mouillées à quelque distance du navire au moyen d'une embarcation, et à fournir un point d'appui momentané en cas d'échouage, ou pour un changement de mouillage, ou encore pour permettre au navire de *s'embosser*, c'est-à-dire de se placer dans une direction déterminée autre que celle du vent ou du courant. Ces ancres à jet sont toujours du type ordinaire, à jas recourbé, de manière à pouvoir être facilement installées le long de la muraille.

Les poids-types des ancres employées par la marine croissent à peu près régulièrement de 30 en 30^k de 130 à 190^k, de 65 en 65^k de 190 à 510^k, de 125 en 125^k de 510 à 2920^k, de 250 en 250^k de 2920 à 6480^k, de 500 en 500^k de 6480 à 7490^k. Le tableau des pages 20 et 21 indique les bases de délivrance actuellement réglementaires pour les ancres des différents navires. En ce qui concerne les ancres principales, les chiffres inscrits dans ce tableau peuvent être représentés assez exactement par les formules suivantes :

$$\text{de } 85^{tx} \text{ à } 2700^{tx} \ldots\ldots p = P (1,25 - 0,00015\, P)$$
$$\text{de } 2700^{tx} \text{ à } 11000^{tx} \ldots\ldots p = P (0,9 - 0,00002\, P)$$

P étant le déplacement exprimé en tonneaux et p le poids de chacune des ancres principales (jas et organeau compris) exprimé en kilogrammes. Au-dessus de 11000^{tx}, on a conservé jusqu'ici l'ancre de 7490^k adoptée pour ce déplacement, même sur les cuirassés de 14870^{tx} mis en chantier en 1901. Au-dessous de 85^{tx}, on peut admettre la formule $p = 1,5\, P$.

Les deux ancres à jet d'un navire ne sont pas de même poids. La première est de deux numéros au-dessus de la seconde pour les déplacement de 1000 à 2500^{tx}, du numéro immédiatement supérieur pour tous les autres.

155. Chaînes. — Les chaînes d'ancre employées par la marine militaire sont exclusivement fabriquées aux forges de la Chaussade, à Guérigny. Elles sont en fer de qualité supérieure, et formées de mailles soudées munies d'un *étai* en fonte (fig. 689). Le rôle de cet étai est d'empêcher la maille de se déformer en s'aplatissant dans

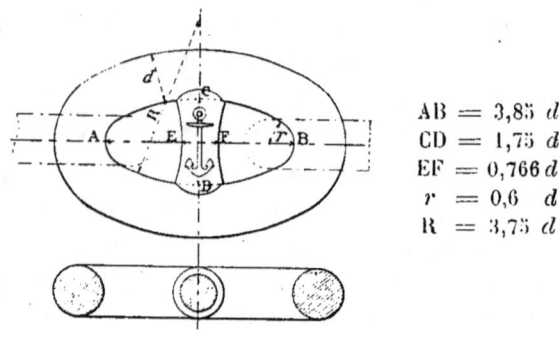

$AB = 3,85\ d$
$CD = 1,75\ d$
$EF = 0,766\ d$
$r = 0,6\ \ d$
$R = 3,75\ d$

Fig. 689.

le sens de son petit axe sous les efforts de traction auxquels elle est soumise; il s'oppose en outre à l'emmêlement des mailles de la chaîne, qui ne peut ainsi former de coques. L'étai n'est pas soudé à la maille; il est simplement introduit en place pendant la confection et maintenu par la seule pression qu'exercent sur lui les côtés de la maille. On a constaté expérimentalement que l'adjonction de cet étai augmentait de 20% environ la résistance de la maille. Il porte sur une de ses faces une ancre en relief, marque distinctive de fabrication, et sur l'autre l'indication du calibre.

On appelle *calibre* de la chaîne le diamètre de la barre qui constitue la maille, exprimé en millimètres. La marine militaire emploie 30 calibres de chaîne, croissant de 2 en 2 $^m/_m$ depuis 6 $^m/_m$ jusqu'à 64 $^m/_m$. Les cinq premiers calibres, de 6 à 14 $^m/_m$, ne comportent pas d'étai. Les proportions des mailles à étai sont indiquées par la figure 689; la figure 690 donne le tracé et les proportions

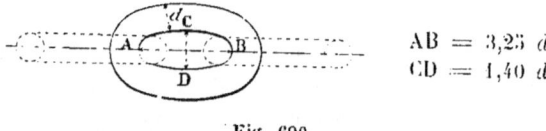

$AB = 3,25\ d$
$CD = 1,40\ d$

Fig. 690.

des mailles sans étai. Ces chaînes sont éprouvées à la presse hydraulique sous une charge égale à 17^k par $^m/_m^2$ de la double section pour les mailles à étai, à 14^k pour les mailles sans étai. La tolérance de fabrication est de 1/40 sur la longueur de chaque maille, ces tolérances devant se compenser sur 8 mailles consécutives. Dans ces conditions, le poids π de 100 mètres de chaîne de calibre d est donné approximativement par:

$$\pi = 0,00215\, d^2$$

d étant exprimé en millimètres et π en tonneaux.

Les chaînes sont fabriquées par bouts de longueur aussi voisine que possible de 30 mètres, portant le nom de *maillons*. Ces maillons peuvent être assemblés les uns aux autres, pour donner la longueur totale voulue, au moyen de *manilles* de jonction, dont la forme doit être étudiée de manière à ne pas gêner l'engrènement de la chaîne avec la couronne à empreintes. La manille est une pièce de fer arrondie, recourbée sur elle-même et terminée à ses deux extrémités par des renforts appelés *oreilles* (fig. 691). La

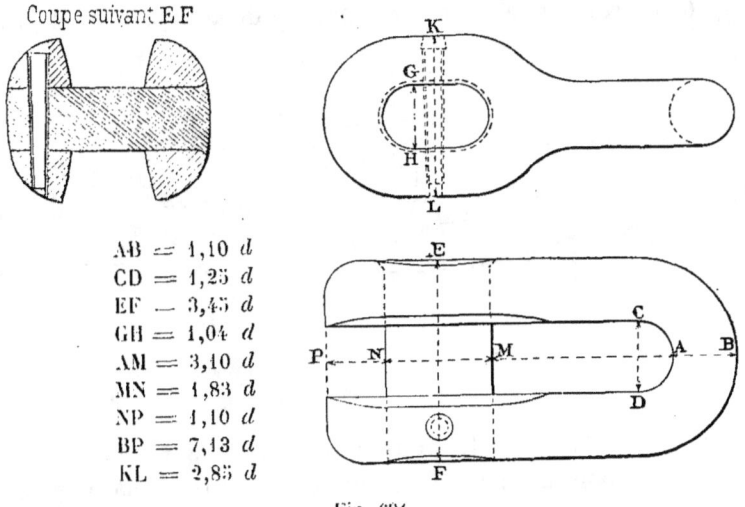

$AB = 1,10\, d$
$CD = 1,25\, d$
$EF = 3,45\, d$
$GH = 1,04\, d$
$AM = 3,10\, d$
$MN = 1,83\, d$
$NP = 1,10\, d$
$BP = 7,13\, d$
$KL = 2,85\, d$

Fig. 691.

partie recourbée de la manille s'appelle le *collet*. Les oreilles sont percées d'un trou dans lequel passe une clavette ou *boulon* maintenu par une tête fraisée et une goupille transversale. Pour assurer la tenue, la goupille est légèrement conique, et du côté de sa tête est ménagé un logement tronconique dans lequel on refoule un petit rivet en plomb. Une même manille sert pour deux calibres consécutifs de chaîne.

La jonction par manille exige que les extrémités des bouts de chaîne soient munies de mailles présentant un tracé spécial. La maille qui reçoit le collet de la manille est une *maille sans étai* (fig. 692), car elle doit présenter un vide suffisant pour le passage

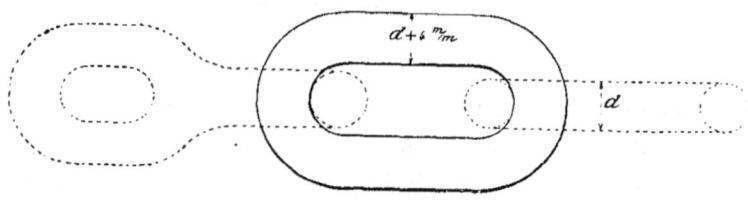

Fig. 692.

des oreilles. Pour compenser l'infériorité de résistance résultant de la suppression de l'étai, le diamètre du fer de la maille sans étai est supérieur de $4^m/_m$ à celui de la maille normale. La maille qui reçoit le boulon de la manille est appelée *maille à renfort* (fig. 693); son étai est placé un peu au-delà du centre, et la par-

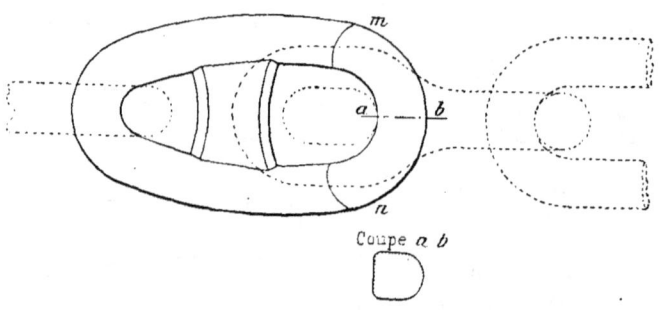

Fig. 693.

tie sur laquelle porte le boulon est cylindrique, de manière à donner une bonne surface de portage; en outre la maille présente deux méplats, de m en n, dans les régions de portage des oreilles de la manille. Le fer de la maille à renfort a un diamètre supérieur à celui de la maille normale, de $4^m/_m$ pour les calibres de 16 à 36 $^m/_m$, de 6 $^m/_m$ pour les calibres au-dessus de 38 $^m/_m$ (1).

Chaque bout ou maillon porte donc à une extrémité une maille à renfort, à l'autre une maille sans étai; l'assemblage de deux

---

(1) Pour les chaînes sans étai, de calibre inférieur à 16 $^m/_m$, les mailles extrêmes sont simplement renforcées en augmentant de 2 $^m/_m$ le diamètre du fer.

bouts est ainsi effectué comme le représente la figure 694. On voit immédiatement qu'au point de vue de l'engrènement sur la couronne à empreintes la position dans laquelle se présente la chaîne n'est

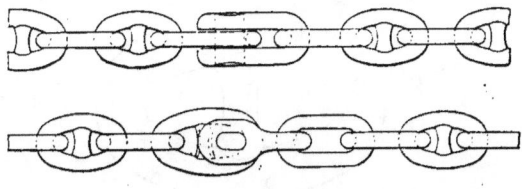

Fig. 694.

pas indifférente. Tout d'abord, il est indispensable que le boulon de la manille soit dirigé parallèlement à l'axe de la couronne à empreintes (fig. 695). En second lieu, il faut que les saillies de la

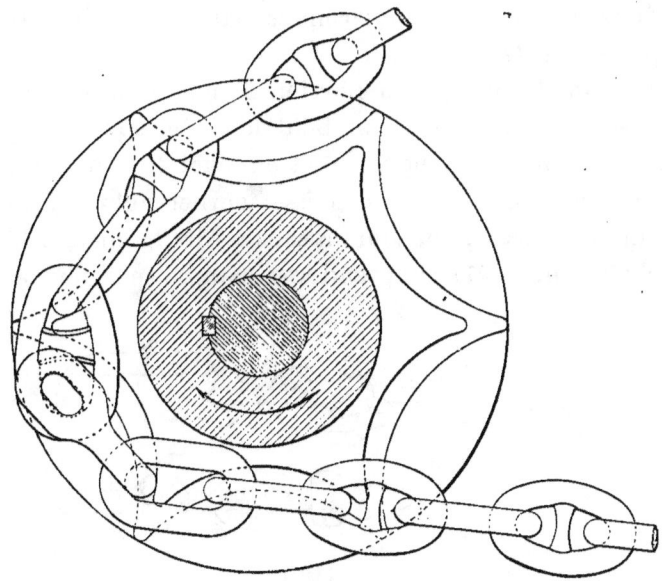

Fig. 695.

couronne à empreinte viennent porter sur le collet de la manille et non sur les oreilles, pour que le pas de la chaîne reste constant. Pour que ces deux conditions soient toujours remplies, on donne à chaque maillon un nombre *pair* de mailles, et de 16 en 16 mailles on ménage sur chacune des faces de l'étai un renfort saillant en forme de pyramide quadrangulaire (fig. 696). En ayant soin de placer la chaîne sur la couronne à empreintes de façon qu'une maille ainsi repérée ait son étai parallèle à l'axe de

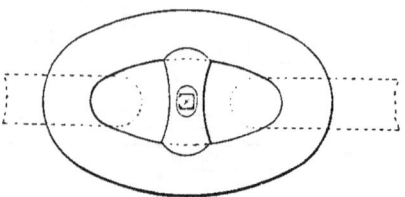

Fig. 696.

la couronne, on est sûr que les manilles se présenteront dans la position voulue. De plus, pour satisfaire à la seconde condition, on assemble les maillons, en les arrimant dans le puits aux chaînes, de façon que l'extrémité terminée par une maille à renfort soit toujours *du côté de l'ancre*.

La chaîne formée par la réunion d'un certain nombre de maillons est fixée à l'ancre par un bout de chaîne spécial appelé *extrémité de chaîne*. La jonction doit en effet être munie d'un émerillon, pour que le navire puisse tourner autour de son ancre suivant la direction du courant sans tordre la chaîne. L'extrémité de chaîne (fig. 697) comprend une manille spéciale s'attachant à

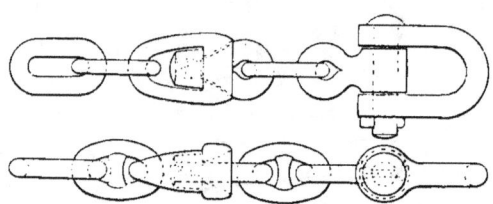

Fig. 697.

la cigale, un massif de jonction, une maille à étai, un émerillon, une maille à étai, et enfin une maille sans étai, avec laquelle se relie le premier bout de chaîne au moyen d'une manille ordinaire.

De même que les manilles de jonction, les extrémités de chaîne peuvent servir pour deux calibres consécutifs. On délivre à chaque bâtiment, à titre de rechange, une extrémité de chaîne supplémentaire et un nombre de manilles de jonction égal à la moitié du nombre de maillons.

D'après ce que nous avons dit plus haut, l'extrémité de la chaîne opposée à l'ancre se termine par une maille sans étai. Cette maille sans étai est fixée dans le puits aux chaînes à un croc à échappement dit *étalingure mobile* (1), dont nous verrons plus loin le rôle et la disposition.

La chaîne liant le navire à l'ancre n'agit pas comme un tirant soumis à un effort de traction continu. Elle a fréquemment à subir des secousses très violentes, soit en cas de mauvais temps, soit au moment où l'ancre croche sur le fond, le navire ayant une certaine vitesse. C'est alors la force vive élastique de la chaîne, et non plus sa section, qui entre en jeu; par conséquent la masse de la chaîne, c'est-à-dire le cube du calibre, doit croître proportionnellement au déplacement du navire. Les règles adoptées en France sont représentées approximativement par la formule :

$$d = 2,85 \sqrt[3]{P}$$

P étant le déplacement exprimé en tonneaux et d le calibre en millimètres.

Les chaînes ainsi proportionnées au déplacement du navire ne servent que pour les ancres de mouillage. Elles sont plus particulièrement désignées sous le nom de *câbles-chaînes*. On délivre en outre à chaque navire, pour le service des ancres à jet et éventuellement de l'ancre de réserve, un certain nombre de bouts de chaînes de calibre plus faible, qui prennent le nom de *grelins-chaînes*. Les tableaux ci-après indiquent les règles actuellement suivies pour les calibres et longueurs de chaînes, ainsi que pour les poids d'ancres attribués aux différents navires.

---

(1) Le mot d'*étalingure* désignait autrefois les nœuds coulants par lesquels le câble en chanvre employé alors comme liaison du navire avec l'ancre s'attachait à la cigale d'une part et de l'autre au navire. On emploie encore quelquefois l'expression d'étalingure à émerillon pour désigner ce que nous avons appelé l'extrémité de chaîne.

DÉSIGNATION DES NAVIRES.		Nombre de bouts de câbles-chaînes.	Nombre de bouts de grelins-chaînes.	OBSERVATIONS.
Navires d'escadre et garde-côtes offensifs	au-dessus de 7000 ᵀˣ.	26	4	Il n'est pas délivré d'ancres à jet ni de grelins-chaînes aux bâtiments dont le déplacement est inférieur à 280 ᵀˣ.
	entre 7000 et 2500 ᵀˣ.	22	4	
	entre 2500 et 1000 ᵀˣ.	19	4	
	au-dessous de 1000 ᵀˣ.	14	4	
Navires de croisière et de station	au-dessus de 7000 ᵀˣ.	28	8	
	entre 7000 et 2500 ᵀˣ.	24	8	
	entre 2500 et 1000 ᵀˣ.	21	7	
	entre 1000 et 500 ᵀˣ.	16	6	
	au-dessous de 500 ᵀˣ.	16	5	
Garde-côtes défensifs	au-dessus de 7000 ᵀˣ.	20	4	
	entre 5000 et 2500 ᵀˣ.	16	4	
	au-dessous de 2500 ᵀˣ.	14	4	

CALIBRE des chaînes.	DÉPLACEMENT du navire.	Poids type des ancres principales.	Poids type de l'ancre de réserve.	POIDS TYPE des ancres à jet.	CALIBRE des grelins-chaînes.
millim.	Tonneaux.	kil.	kil.	kil.	millim.
64	12600 à 15000 (1)	7490	3180	1910 — 1780	
62	11090 à 12600	7490	3180	1910 — 1780	
60	10720 à 11090	7490	3180	1910 — 1780	
	9510 à 10720	6990	2920	1780 — 1650	
58	8730 à 9510	6480	2920	1780 — 1650	
	8360 à 8730	6220	2920	1780 — 1650	30
56	7800 à 8360	5970	2920	1780 — 1650	
	7600 à 7800	5720	2670	1780 — 1650	
	7400 à 7600	5460	2670	1780 — 1650	
54	7000 à 7400	5460	2670	1650 — 1520	
	6640 à 7000	5210	2670	1650 — 1520	
	6460 à 6640	4950	2410	1520 — 1400	
	6280 à 6460	4950	2410	1520 — 1400	28
52	5880 à 6280	4700	2410	1520 — 1400	
	5670 à 5880	4450	2160	1400 — 1270	
	5460 à 5670	4450	2160	1400 — 1270	26
50	5070 à 5460	4190	2160	1270 — 1140	
	4890 à 5070	3940	2160	1270 — 1140	

(1) Le tableau que nous donnons ici a été établi à une époque où aucun des navires de la marine française ne dépassait le déplacement de 12600 ᵀˣ. Il a été appliqué par extension aux cuirassés de 14870 ᵀˣ récemment mis en chantier, en portant seulement le calibre des chaînes à 64 millimètres.

APPARAUX DE MOUILLAGE.

CALIBRE des chaînes.	DÉPLACEMENT du navire.	Poids type des ancres principales.	Poids type de l'ancre de réserve.	POIDS TYPE des ancres à jet.	CALIBRE des grelins chaînes.
millim.	Tonneaux.	kil.	kil.	kil.	millim.
48	4720 à 4890	3940	2160	1270 — 1140	
48	4360 à 4720	3680	2160	1270 — 1140	26
	4170 à 4360	3430	2160	1270 — 1140	
46	4000 à 4170	3430	2160	1270 — 1140	
46	3540 à 4000	3180	1780	1140 — 1020	24
	3420 à 3540	2920	1780	1140 — 1020	
44	3190 à 3420	2920	1520	1020 — 890	
44	3080 à 3190	2790	1520	1020 — 890	22
	2970 à 3080	2670	1520	1020 — 890	
42	2750 à 2970	2540	1270	890 — 760	
42	2610 à 2750	2410	1270	890 — 760	
	2540 à 2610	2410	1270	760 — 640	
	2350 à 2540	2290	»	760 — 640	
40	2190 à 2350	2160	»	640 — 510	18
	2110 à 2190	2030	»	640 — 510	
	2030 à 2110	2030	»	640 — 510	
38	1860 à 2030	1910	»	640 — 510	
	1770 à 1860	1780	»	570 — 450	16
36	1510 à 1770	1650	»	570 — 450	
	1420 à 1510	1520	»	510 — 380	
	1330 à 1420	1400	»	510 — 380	
34	1200 à 1330	1270	»	510 — 380	14
	1150 à 1200	1270	»	450 — 320	
32	990 à 1150	1140	»	450 — 320	
	930 à 990	1020	»	380 — 320	
30	830 à 930	1020	»	380 — 320	12
	710 à 830	890	»	320 — 250	
28	600 à 710	760	»	320 — 250	
26	470 à 600	640	»	320 — 250	
	440 à 470	570	»	250	
24	340 à 440	510	»	250	10
	310 à 340	450	»	250	
22	280 à 310	380	»	250	
	240 à 280	380	»	»	
20	200 à 240	320	»	»	
	180 à 200	250	»	»	
18	165 à 180	250	»	»	
	115 à 165	190	»	»	
16	100 à 115	160	»	»	
	85 à 100	130	»	»	

Dans le cas où le bâtiment porte une voilure, ou tout au moins présente un fardage exceptionnellement développé par rapport à l'œuvre vive, le calibre des chaînes est accru d'un numéro. Inversement, ce calibre est réduit d'autant si le fardage est exceptionnellement faible par rapport à l'œuvre vive.

Pour assurer la conservation des chaînes, on les recouvre d'une couche de coaltar (goudron minéral), et on refait le coaltarage à chaque retour de campagne. Cette opération s'exécute en chauffant la chaîne, soit sur une grille soit dans un four, à la température de 60 à 70°; on la brosse ensuite pour bien enlever l'oxyde, et on la fait passer lentement en la halant avec un treuil dans un bain de coaltar que le contact de la chaîne chauffée entretient dans un état de fluidité suffisant.

Les chaînes d'un navire doivent être vérifiées avec soin à chaque retour de campagne. On les considère comme hors de service lorsque l'usure donne sur une longueur de 10 mailles un allongement supérieur à 80 $^m/_m$ pour les calibres de 64 à 44, 70 $^m/_m$ pour les calibres de 42 à 36, 60 $^m/_m$ pour les calibres inférieurs à 36 $^m/_m$. Cette vérification se fait au moyen de jauges préparées à l'avance. Toute réparation ou réfection d'une maille, exécutée dans les arsenaux, doit être suivie d'une épreuve de résistance à la presse hydraulique, sous une charge calculée comme il a été dit plus haut. Enfin, toute rupture en service doit donner lieu à une enquête relative à la fabrication; chaque bout de chaîne porte dans ce but, sur la maille sans étai, le millésime de l'année de fabrication et un numéro d'ordre spécial.

Au lieu des chaînes en fer soudé que nous venons de décrire, on peut employer des chaînes en acier sans soudure. Ces chaînes sont d'un usage assez fréquent dans la marine de commerce, mais, bien qu'elles aient été essayées à diverses reprises, elles ont été écartées jusqu'à présent par la marine militaire comme n'offrant pas de garanties suffisantes. Nous citerons dans cet ordre d'idées les chaînes Damoizeau et Oury. La chaîne Damoizeau (fig. 698) est formée de mailles obtenues en recourbant sur elle-même une barre droite terminée par deux oreilles méplates percées de trous, de manière à lui donner à peu près la forme d'une manille de jonction; chaque barre est repliée après avoir été engagée dans les trous du chaînon précédent. Les chaînes de ce genre ne sont guère usitées que pour les calibres inférieurs à 30$^m/_m$; elles ont l'inconvénient de former des coques et de se déformer par allongement, à cause de l'absence d'étai. La chaîne Oury a la même forme que

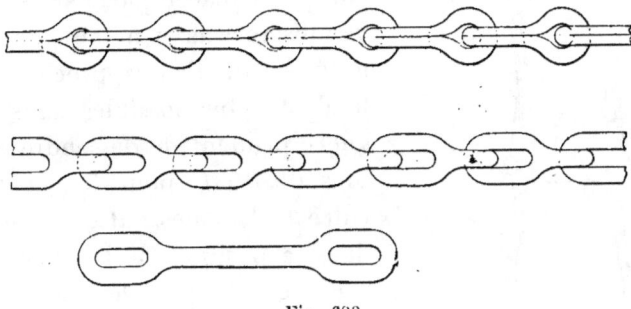

Fig. 698.

la chaîne ordinaire en fer. Elle est obtenue en partant d'une barre droite ayant une section en forme de croix, représentant l'enveloppe de deux mailles consécutives, et en y creusant les vides nécessaires pour former les diverses mailles, ce qui exige un outillage de fabrication assez compliqué.

156. Écubiers de mouillage. — L'écubier de mouillage est l'orifice par lequel la chaîne de l'ancre rentre à bord. D'une façon générale, c'est un manchon à peu près cylindrique traversant la muraille et muni du côté de l'extérieur d'une *lèvre* ou bourrelet arrondi ayant une saillie suffisante pour éviter autant que possible les frottements de la chaîne sur le bordé pendant le relevage de l'ancre.

Lorsque le navire est mouillé, l'écubier constitue en quelque sorte le point d'articulation reliant la chaîne au navire. Il y a par suite intérêt, au point de vue de la stabilité de direction du navire, à ce que l'écubier soit placé aussi près que possible de l'extrémité avant. A mesure que l'écubier s'éloignera de cette extrémité, le navire en équilibre sous l'action du vent et du courant aura son axe de plus en plus incliné par rapport à la direction de la chaîne; la fatigue du brin intérieur sera augmentée, et le navire sera sujet à des embardées fréquentes pouvant donner lieu à des chocs dangereux. L'écubier, par contre, doit être suffisamment distant de l'extrémité N pour que, pendant le relevage, les pattes de l'ancre ne risquent pas de venir crocher sous la quille (fig. 699). Ceci conduit à placer l'écubier de telle sorte que, l'ancre étant suspendue verticalement, l'extrémité des pattes soit à 15 ou 20°/m environ du plan diamétral. Avec les navires à avant très fin et à murailles rentrantes, on est ainsi obligé de placer parfois l'écubier à une distance assez notable de l'extrémité A'. On l'en rapproche bien entendu le plus possible, mais il n'est guère prudent de descendre au-dessous de 15 °/m pour le jeu existant entre le bec des pattes et la quille dans la position la plus défavorable, car alors la plus légère oscillation peut suffire pour faire mordre l'ancre sous le navire. Il importe de remarquer qu'avec un jeu aussi réduit le jas, lorsqu'il s'agit d'une ancre ordinaire, peut venir buter sous la quille lorsque l'ancre se présente dans la position perpendiculaire à celle indiquée par la figure 699, car, ainsi que nous l'avons vu, la longueur de ce jas est supérieure à celle de l'envergure. C'est pour cette raison qu'il est préférable de supprimer les pommes saillantes à l'extrémité du jas.

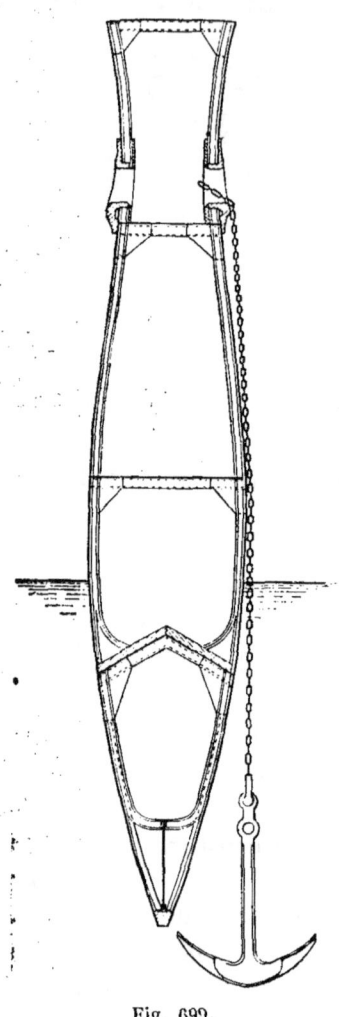

Fig. 699.

D'une façon générale, l'écubier doit être placé aussi haut que possible au-dessus de la flottaison. Il importe en effet que le relevage de l'ancre au moyen de la couronne à empreintes puisse être arrêté un peu avant que l'émerillon de l'extrémité de chaîne ne pénètre dans l'écubier, car cette pièce n'est pas disposée de manière à travailler par flexion et pourrait subir une fatigue exagérée à son passage dans l'écubier. Dans le cas d'une ancre ordinaire, on devra donc régler la hauteur de l'écubier de telle sorte que, l'émerillon étant amené à toucher l'écubier, la cigale soit suffisamment hors de l'eau pour qu'on puisse venir y attacher le *croc de capon*, c'est-à-dire le croc qui servira à soulever l'ancre et à l'amener à son poste de mer, comme nous le verrons plus loin. Lorsqu'il s'agit d'une ancre articulée rentrant dans l'écubier, la hauteur de celui-ci doit en outre être telle que, l'ancre étant hissée à bloc, les pattes ne risquent pas d'être immergées dans la vague soulevée par la marche du navire, ce qui créerait une résistance additionnelle et provoquerait des gerbes d'eau donnant lieu à des embruns gênants sur le pont supérieur et les passerelles. Dans tous les cas, l'écubier devra déboucher au-dessus du niveau du pont sur lequel sont fixés le chemin de fer et la bitte.

Le tracé de l'écubier dépend du type d'ancre choisi et du système adopté pour son installation. Nous examinerons d'abord le cas où il s'agit d'une ancre ordinaire ou d'une ancre articulée ne rentrant pas dans l'écubier. L'écubier est alors un manchon ayant à livrer passage à la chaîne seule. Lorsque le navire est mouillé, il faut que la chaîne, allant de la bitte à l'ancre, puisse traverser la muraille avec une brisure aussi faible que possible. Ceci conduit d'abord à donner à l'axe du manchon une certaine pente vers l'extérieur, pente qui est d'ailleurs très variable suivant le mode d'installation général de la ligne de mouillage. En second lieu la chaîne doit être entièrement contenue dans le plan vertical passant par la bitte et par l'ancre, c'est-à-dire que, en projection horizontale, le brin extérieur doit se placer librement, sans brisure dans l'écubier, dans le prolongement du brin intérieur. Si l'écubier était à l'extrémité N, nous avons vu que dans la position d'équilibre le brin extérieur serait dans le plan diamétral. En réalité, sa direction est très peu différente de celle de ce plan, et on serait amené ainsi à placer l'axe du manchon dans un plan parallèle au diamétral, pour réduire autant que possible ses dimensions. Mais il faut tenir compte également des diverses positions que la chaîne peut occuper. Lorsqu'on jette l'ancre, le navire ayant une certaine vitesse dépasse le point de chute de l'ancre, et pendant qu'il la traîne sur le fond ou qu'on laisse filer la chaîne celle-ci est repliée vers l'arrière à sa sortie de l'écubier. De même, l'ancre étant crochée sur le fond, le navire avant d'arriver à son état d'équilibre peut occuper des positions telles que le brin extérieur sorte de l'écubier suivant une direction quelconque. Enfin, au moment du relevage, la chaîne tombe verticalement à l'aplomb de l'écubier. Pour réduire autant que possible la brisure et par suite la fatigue de la chaîne, on serait donc amené à placer l'axe du manchon dans un plan normal à la muraille. Dans la pratique, on a l'habitude de placer l'axe de l'écubier dans le plan bissecteur du dièdre formé par le plan normal à la muraille et un plan parallèle au plan diamétral (fig. 700), en ayant soin de lui donner

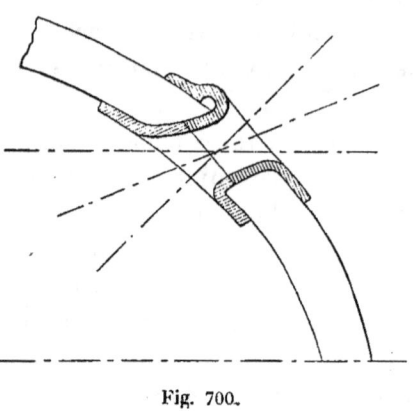

Fig. 700.

une section suffisante pour que le brin extérieur se place librement dans le prolongement du brin intérieur, dans la position d'équilibre. Le diamètre de la section perpendiculaire à l'axe du manchon ne doit d'ailleurs pas être inférieur à 7 fois le calibre de la chaîne. On donne en outre à la lèvre une saillie aussi forte que possible sur l'arrière, et on règle le tracé de cette lèvre de manière à réduire au minimum la fatigue de la chaîne au moment du mouillage. La position de l'écubier ayant été étudiée et déterminée à l'aide d'un plan à petite échelle, on construit sur place un modèle en bois de l'écubier, et, en y présentant dans les diverses directions un modèle de la chaîne, on retouche ce modèle jusqu'à ce qu'on ait obtenu un tracé satisfaisant ; il sert alors de gabarit pour la confection de la pièce définitive. Dans cette étude sur place, on doit également se préoccuper de réduire autant que possible les ragages de la chaîne et de l'ancre le long du bordé. Ces ragages ne peuvent guère être évités complètement avec les formes rentrantes de l'avant de la plupart des navires de guerre. Nous avons déjà indiqué les renforcements qu'il convenait d'apporter en conséquence au bordé ou au doublage en cuivre.

Lorsque l'ancre de mouillage est une ancre articulée rentrant dans l'écubier, celui-ci doit être disposé pour *avaler* l'ancre, suivant l'expression usitée. En d'autres termes il faut que l'effort de traction exercé sur la chaîne par la couronne à empreintes suffise à lui seul pour entraîner la verge dans l'intérieur de l'écubier et l'y loger complètement, les pattes seules restant en dehors (fig. 701). La longueur et la rigidité de la verge rendent cette dernière partie de l'opération du relevage assez délicate, et la forme à

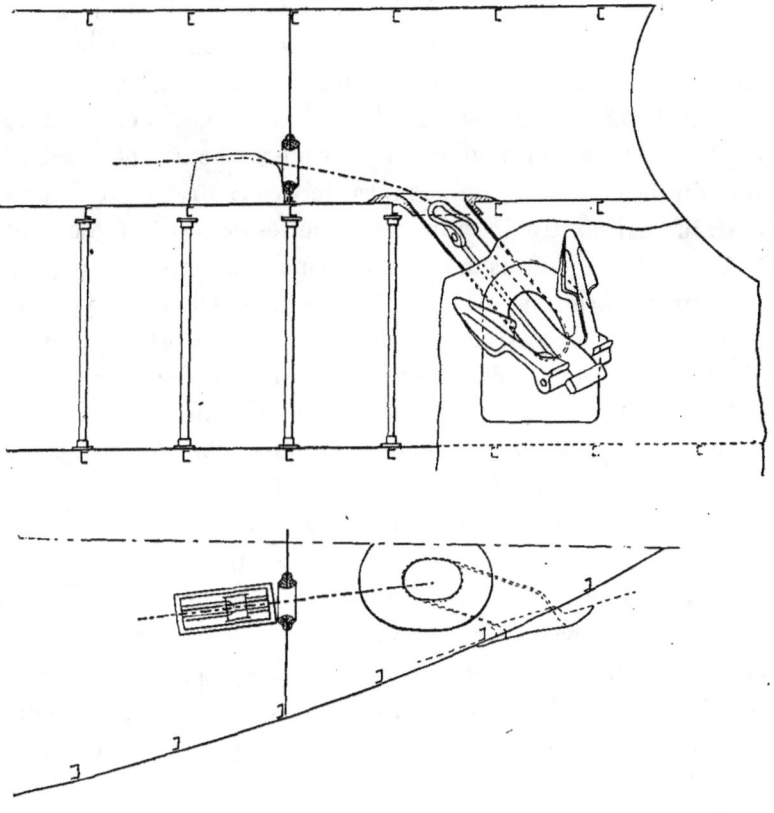

Fig. 701.

laquelle on est conduit pour l'écubier ne peut guère être étudiée qu'en construisant un modèle en bois en vraie grandeur. D'une façon générale, la pente doit être assez considérable pour permettre à la verge de pénétrer sans effort dans le manchon ; le plus souvent, le manchon débouche à l'intérieur sur le pont qui reçoit la bitte et le chemin de fer, et forme ainsi un conduit incliné reliant ce pont à la muraille extérieure ; l'axe de ce conduit devant à une extrémité se trouver à peu près dans un plan normal à la muraille, à l'autre extrémité dans un plan normal au pont sur lequel il débouche, on est ordinairement amené à lui donner une double courbure (fig. 701). Il faut, bien entendu, assurer également le libre passage de la chaîne lorsque le navire est mouillé, comme dans le cas précédent.

Sur certains navires mis récemment en chantier, on a cherché à supprimer toute saillie à l'extérieur de la muraille en faisant rentrer dans l'intérieur de l'écubier non seulement la verge, mais encore les pattes de l'ancre articulée. L'ancre rendue à poste vient ainsi se loger dans une sorte d'empreinte creusée dans la muraille, et un volet en tôle monté sur charnières peut, en se rabattant, rétablir la continuité de la muraille extérieure. Cette disposition entraîne par contre de grandes difficultés de tracé et d'exécution.

Les écubiers, en raison de leur forme très souvent compliquée, ne peuvent être obtenus que par moulage. On a essayé l'emploi de l'acier moulé, mais les écubiers ainsi construits ont l'inconvénient d'user trop rapidement les chaînes en fer, par suite de la différence de dureté des deux métaux. Sur beaucoup de navires les écubiers ont été confectionnés en fonte; d'après la réglementation actuellement en vigueur, les écubiers sont confectionnés en acier moulé, avec mises de fer ou d'acier doux rapportées aux endroits où se produit le portage de la chaîne.

Lorsque l'écubier traverse simplement la muraille du navire, on établit d'abord un manchon en tôle solidement encastré dans cette muraille. Pour cela, on rapporte sur la pince intérieure des couples une tôle de renfort qui relie plusieurs couples et compense l'affaiblissement de ceux qui sont découpés par le passage de l'écubier; le manchon en tôle est relié par des collerettes en cornières au bordé et à la tôle de renfort (fig. 702). L'axe de ce manchon étant déterminé comme nous l'avons indiqué plus haut, l'écubier proprement dit est formé de deux pièces enfoncées l'une par l'extérieur l'autre par l'intérieur, entre les faces de portage desquelles on fait joint avec du mastic de minium et de céruse. Ces deux pièces portent des pinces tenues l'une sur le bordé l'autre sur la tôle intérieure, soit par des rivets soit le plus souvent par des boulons.

Lorsque l'écubier débouche intérieurement sur un pont, on peut le construire de la même manière. On se contente quelquefois de faire un manchon en tôlerie s'ajustant à ses extrémités dans deux collerettes en fonte qui portent les lèvres arrondies pour le portage de la chaîne (fig. 701).

Dans le cas où le débouché intérieur de l'écubier se fait dans un entrepont couvert, il est nécessaire de prendre des précautions pour empêcher l'eau de pénétrer par là dans le navire, soit en cas de mauvais temps, soit simplement par l'effet de la vague soulevée par la marche du navire. Supposons d'abord que l'ancre n'ait pas à pénétrer dans l'écubier. On se contentait autrefois d'une

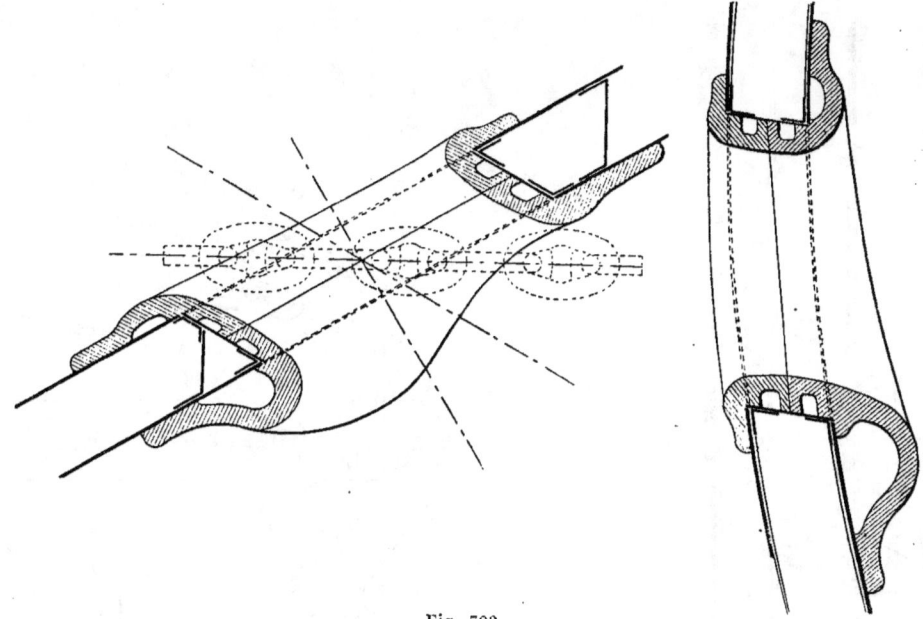

Fig. 702.

tape conique en bois munie d'une engoujure laissant passer la chaîne, et enfoncée dans l'écubier par l'intérieur. Mais ce procédé serait insuffisant avec les navires actuels, sur lesquels l'écubier peut se trouver immergé pendant la marche, lors d'un coup de tangage, dans de l'eau exerçant une forte pression sur la muraille. On fait alors usage d'un mantelet étanche en deux parties, venant porter sur l'étai d'une maille. La figure 703 représente la disposition habituellement suivie. Sur le pourtour de la collerette intérieure de l'écubier est fixée une cornière dont le bord est dressé et vient porter sur une bande de cuir tenue sur les volets. La ligne de jonction des deux volets est bordée d'une cornière garnie de cuir, épaulée pour suivre le contour de la maille et de l'étai, et le serrage est fait au moyen de boulons à charnière.

30   EMMÉNAGEMENTS ET SERVICES DIVERS.

Pour que l'étanchéité soit assurée, il est bon qu'on fasse toujours porter les volets sur la même maille; comme d'ailleurs la longueur de chaîne laissée au dehors entre l'écubier et la cigale de l'ancre saisie à son poste de mouillage peut avantageusement être réglée une fois pour toutes, il suffit de repérer la maille qui doit

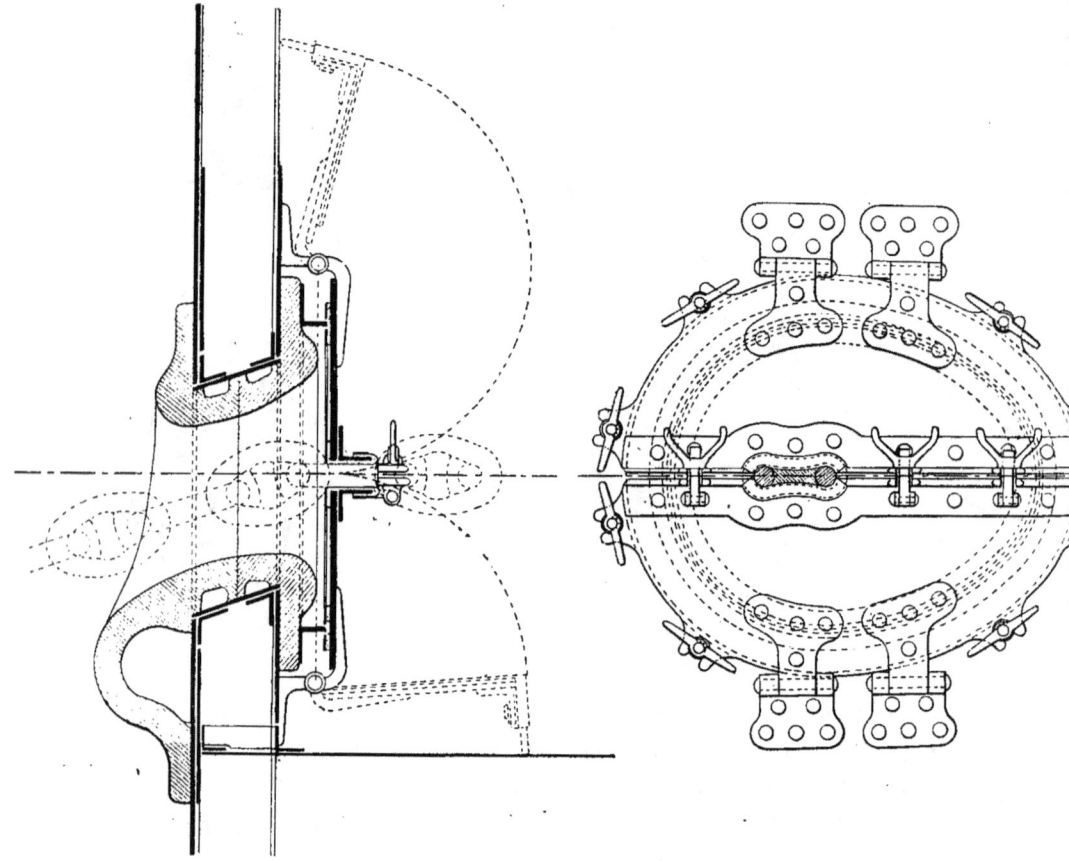

Fig. 703.

porter sur le mantelet, par exemple au moyen d'une vis à tête légèrement saillante fixée dans l'étai.

Les volets de la fermeture d'écubier sont quelquefois montés sur des charnières à axe vertical, l'étai de la maille qui les traverse étant alors également vertical. Il faut dans ce cas soutenir la chaîne au moyen d'un petit palan, si son calibre est trop fort pour qu'elle soit aisément maniable, pour la présenter en position pendant le rabattement des volets. La disposition de la figure 703 doit être employée de préférence toutes les fois qu'on le peut, c'est-à-dire lorsque le volet inférieur rabattu ne gêne pas le mouvement de la chaîne. On peut en effet relever d'abord ce mantelet, y faire reposer la maille repérée, et rabattre ensuite le volet supérieur en ramenant un peu en arrière le volet infé-

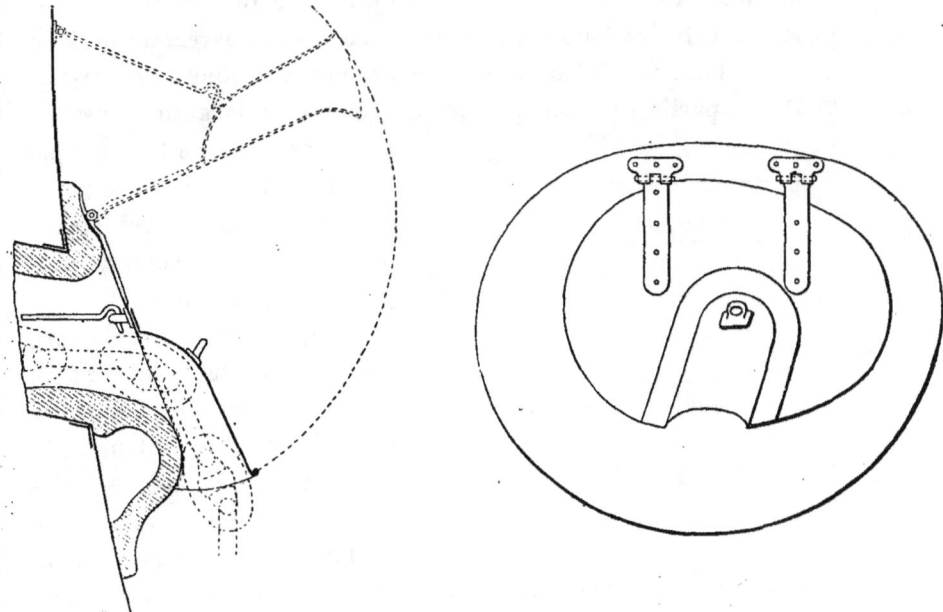

Fig. 704.

rieur pour lui permettre d'effectuer sa rotation. Au cas où le volet inférieur gênerait le mouvement de la chaîne pendant le mouillage et le relevage, on peut d'ailleurs le rendre amovible en le fixant à des charnières démontables.

L'installation précédente est complétée par un clapet en tôle disposé extérieurement à l'écubier (fig. 704). Ce clapet, monté sur charnières, porte un bossage pour laisser passer la chaîne, et peut être maintenu relevé au moyen d'une itague ou d'un crochet. A la mer, il est rabattu et peut être avantageusement tenu au moyen d'un crochet à piton fixé sur un des volets intérieurs. Ce clapet, dont le bord est façonné de manière à s'appliquer tout le long de la lèvre extérieure, n'est pas étanche. Il sert simplement à empêcher le choc d'une lame sur les volets intérieurs, qui de cette façon ne reçoivent pas la pression directe de l'eau. On obtient ainsi une étanchéité très satisfaisante.

Lorsque les ancres doivent être tenues prêtes à mouiller au premier signal, les écubiers sont forcément ouverts, et une certaine quantité d'eau peut alors pénétrer par là à l'intérieur du navire; il en est de même pendant le relevage. Pour éviter que l'eau ainsi introduite ne circule à l'intérieur du navire, on dispose sur l'AR des écubiers une petite cloison transversale de 20 à 30 $^c/_m$ de hauteur, formant barrage, qui porte le nom de *gatte* (fig. 705). La partie du pont placée sur l'avant de la gatte constitue ainsi une sorte de bassin, que l'on munit de *dalots*, c'est-à-dire de tuyaux d'écoulement d'eau dont nous verrons plus tard la disposition.

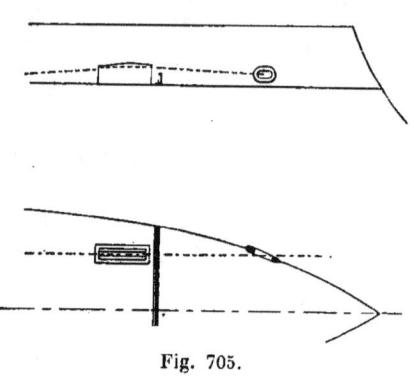

Fig. 705.

Lorsque la verge de l'ancre doit être rentrée dans l'écubier, l'étanchéité est beaucoup plus difficile à obtenir. On peut essayer de disposer des volets analogues à ceux de la figure 703, venant porter soit sur la verge si elle déborde à l'intérieur d'une certaine quantité, soit dans le cas contraire sur une maille de l'extrémité de chaîne. Mais il est bien difficile d'amener chaque fois l'ancre exactement dans la même position, et on risque ainsi d'être souvent dans l'impossibilité de faire le serrage des volets. Une solution préférable consiste à exhausser la gatte, de manière à en faire une cloison complète, que la chaîne traverse dans un écubier sur lequel on installe des volets étanches à la façon habituelle (fig. 701). Souvent d'ailleurs, avec les ancres articulées, on dispose les écubiers de manière qu'ils débouchent sur le pont supérieur, ce qui supprime évidemment l'obligation d'une fermeture étanche.

157. Bittes de mouillage. — Chacune des deux bittes de mouillage est constituée essentiellement par un manchon cylindrique à axe vertical, en fonte ou en acier moulé, fixé sur un pont (fig. 706). Ce manchon est muni de deux *tourillons* cylindriques à axe horizontal, servant à séparer les deux brins de la chaîne lorsque le tour de bitte est pris. En général, les génératrices supérieures des deux tourillons sont réunies sur la demi-circonférence A' de la bitte par une collerette soutenant la partie de la chaîne qui entoure la bitte ; cette collerette n'est pas indispensable, et on la supprime quelquefois ; mais elle guide la chaîne lorsqu'on mouille avec le tour de bitte, et évite ainsi des fouettements dangereux. Au-dessus des tourillons, la bitte est percée d'un trou dans lequel on peut enfoncer une broche appelée *paille de bitte*, qui empêche que la chaîne une fois mise en place puisse se dégager en fouettant et sauter par-dessus la bitte.

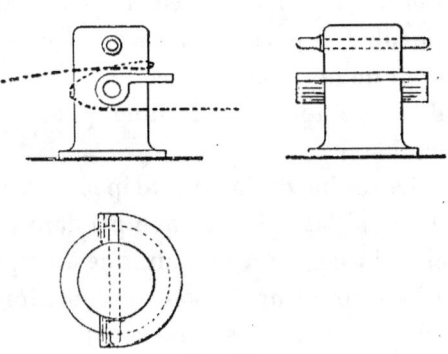

Fig. 706.

Lorsque le navire est mouillé, la bitte se comporte comme un solide encastré dans le pont et tendant à être renversé par la traction de la chaîne. Pour améliorer la résistance de la bitte, on la munit sur l'A' d'un contrefort ou arc-boutant appelé *taquet de bitte*. Ce taquet était autrefois constitué par un massif en bois rapporté sur l'A' de la bitte ; il est évidemment plus simple d'obtenir d'un seul coup par moulage la bitte et le taquet, et on a alors une pièce présentant par exemple la disposition représentée par la figure 707. Une nervure intérieure évidée entretoise la bitte dans le plan du taquet, et des nervures extérieures renforcent sa jonction avec la collerette de base.

On a quelquefois essayé de confectionner les bittes en tôles et cornières. Ces bittes d'assemblage

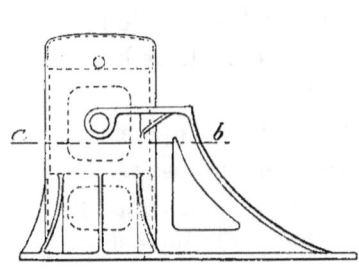

Coupe *a b*

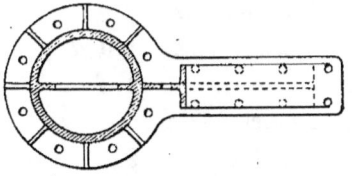

Fig. 707.

sont d'une exécution délicate et coûteuse, et il vaut mieux, suivant la pratique constamment suivie aujourd'hui, les faire en acier moulé. On doit seulement avoir soin de rendre aussi lisse que possible la portion de la surface sur laquelle frotte la chaîne pendant qu'on mouille avec le tour de bitte pris. Toute cette surface doit être adoucie à la lime, pour réduire au minimum l'usure de la chaîne.

La saillie de la bitte dépend du mode d'installation de la ligne de mouillage. Il faut que pendant le relevage la chaîne allant du chemin de fer à la couronne à empreintes passe tangentiellement à la bitte et au-dessous du tourillon, autant que possible sans les toucher. Il importe en effet que la chaîne pendant le relevage ne force pas sur la bitte en lui appliquant soit un effort de soulèvement, soit un effort de déversement latéral, car la bitte n'est pas dessinée en vue de résister à ce genre d'efforts ; on ne peut d'ailleurs placer de taquets autre part que sur l'A' de la bitte, car il est indispensable d'avoir un espace bien dégagé sur l'arrière et sur les côtés de la bitte, pour permettre de prendre le tour de bitte et de faire l'amarrage des bosses. La hauteur du dessous du tourillon de la bitte doit donc être réglée conjointement avec la position du chemin de fer et celle de l'écubier. Ce point étant déterminé, on donne à la bitte un diamètre extérieur égal à 13 fois le calibre d de la chaîne, et le diamètre du tourillon ne doit pas être inférieur à 3,7 d ; il est avantageux, si on le peut, de lui donner une valeur plus forte, de manière à faciliter le glissement de la chaîne pendant le mouillage, mais il importe d'autre part de ne pas exagérer la hauteur totale de la bitte, pour ne pas rendre trop pénible la prise du tour de bitte. Le niveau de la collerette une fois réglé, les dimensions des autres parties de la bitte se proportionnent de la manière suivante :

Largeur de la collerette.	4,5 d
Hauteur de l'axe de la paille de bitte au-dessus de la collerette.	5,0 d
Diamètre de la paille de bitte.	1,2 d
Saillie du manchon de la bitte au-dessus de la collerette.	8,5 d

L'attache de la bitte est faite au moyen de boulons. Ces boulons doivent être calculés de manière que la bitte puisse supporter, avec un coefficient de sécurité convenable, une charge égale à la charge de rupture de la chaîne. En cas d'effort anormal, il vaut mieux en effet que la rupture se produise sur la chaîne, qu'il est facile de remplacer.

Lorsque la bitte est fixée sur un pont en tôle d'épaisseur modérée, ainsi qu'il arrive généralement, ce pont doit être consolidé de manière à former une assise de rigidité suffisante. Tout d'abord, on rapporte par-dessus le bordé du pont une tôle de renfort de 8 à 10 $^m/_m$ d'épaisseur sur toute l'étendue occupée par les organes de la ligne de mouillage (bittes, chemins de fer, boucles, etc.). On établit ensuite au-dessous du pont soit des entremises façonnées de manière à suivre le tracé des lignes de boulons, soit plus simplement une tôle de renfort rivée sous les barrots. Les boulons d'attache traversent alors l'espace compris entre le pont et cette tôle de renfort dans un tube formant entretoise, et l'écrou est serré par-dessous et muni d'une goupille pour empêcher le desserrage (fig. 708).

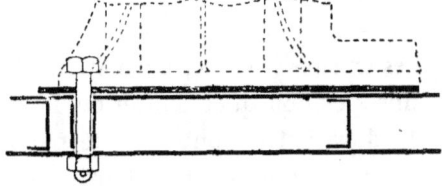

Fig. 708.

Lorsque la chaîne est d'un calibre assez fort pour qu'il soit difficile de la soulever à la main, il est bon de disposer à l'aplomb de la collerette, si la bitte est établie dans un entrepont couvert, quelques pitons rivés sous barrots auxquels on peut crocher de petits palans pour faciliter la prise du tour de bitte; lorsque la bitte est placée sur le pont supérieur, on installe à proximité un engin de levage amovible, mât de charge ou potence.

Pour empêcher le glissement de la chaîne le long de la bitte lorsque le navire est mouillé, on dispose sur l'arrière de la bitte des *boucles* auxquelles on relie la chaîne par des amarrages appelés *bosses*. La fermeture de l'étrangloir suffirait en général pour assurer la tenue de la chaîne, mais il est préférable de ne pas imposer à cet organe des secousses trop violentes; le rôle des bosses est donc d'appliquer énergiquement le tour de chaîne sur la bitte et de s'opposer à son glissement. Chaque bosse est formée d'un bout de cordage en filin terminé à un bout par un *cul-de-porc,* nœud formant une tête saillante, et replié à l'autre sur une *cosse* dans laquelle est engagé un croc (fig. 709). Ce croc étant

Fig. 709.

fixé à une boucle à plaque rivée au pont, la bosse est élongée contre la chaîne, et lui est reliée par un bout de cordage faisant plusieurs tours, que le cul-de-porc empêche de glisser. Dans la marine anglaise, on fait usage de bosses en chaîne, terminées à un bout par un croc ordinaire engagé dans la boucle, à l'autre par un croc à échappement analogue à celui de l'étalingure mobile qui sera décrite plus loin (§ 160), pénétrant dans une des mailles de la chaîne de mouillage; les bosses de ce genre, beaucoup plus lourdes que les bosses en filin, comportent forcément un *ridoir,* c'est-à-dire une paire de chapes réunies par une vis à deux filetages en sens inverse, permettant de raidir la bosse et de l'adapter à une position quelconque de la chaîne.

L'effort de traction supporté par les bosses est facile à calculer. Si l'on désigne par T la tension maxima du brin de chaîne situé sur l'avant de la bitte, c'est-à-dire à la limite de la charge de rupture de la chaîne, la tension T' du brin situé sur l'AR est donnée par :

$$T' = T\, e^{-2\pi f}$$

puisque la chaîne fait à peu près exactement un tour sur la bitte. Le coefficient f (métal sur métal non graissé) peut être pris égal à 0,15 au minimum, ce qui donne :

$$T' = 0,4\, T.$$

Habituellement on prend le diamètre du fer des boucles égal au calibre de la chaîne diminué de 4 $^m/_m$. La longueur des bosses étant de 1^m,80 à 2^m,00, la première boucle doit être placée à 2^m,30 environ sur l'AR de la bitte, et la seconde à 1^m,25 environ sur l'AR de la première. Leur axe doit être placé à 0^m,25 environ en dehors de l'axe de la chaîne (fig. 710), de manière que la bosse

Fig. 710.

puisse être élongée à côté de la chaîne et agisse autant que possible suivant sa direction.

158. Chemins de fer. — Le chemin de fer est un appareil de sûreté qui ne doit intervenir normalement que pendant le relevage de l'ancre. Il se compose essentiellement d'une rainure (fig. 713) dans laquelle glisse la chaîne entre l'écubier et la bitte, et au fond de laquelle est logé un linguet servant à empêcher le retour en arrière de la chaîne lorsqu'on le place dans la position voulue. L'emploi de ce linguet était autrefois rendu nécessaire par le procédé suivi pour le relevage de la chaîne, ainsi que nous le verrons au § 162. Avec les procédés actuels, le chemin de fer n'est plus un organe absolument indispensable. On l'a conservé à titre d'appareil de sûreté, pour parer au cas d'un désengrènement accidentel de la chaîne.

La direction de l'axe du chemin de fer est définie par la position choisie pour l'écubier et la direction admise pour le brin intérieur de la chaîne, passant tangentiellement à la bitte. Théoriquement, cette direction devrait être telle que le plan contenant la chaîne tendue par l'ancre passât par le centre de dérive du navire. En réalité, elle diffère peu de la direction du plan diamétral, et le brin intérieur de la chaîne doit être établi autant que possible parallèlement à ce plan. Dans la pratique, on est souvent conduit à s'écarter un peu de cette direction pour faciliter l'installation, et on a ainsi deux lignes de mouillage qui, au lieu d'être parallèles, sont soit divergentes soit convergentes vers l'AV. Cette inclinaison doit être aussi faible que possible pour ne pas accroître la tension du brin intérieur; la disposition à lignes de mouillage divergentes, plus voisine du tracé théorique, est préférable lorsqu'on peut l'adopter, et permet quelquefois de supprimer un des rouleaux de changement de direction en faisant passer la ligne de mouillage tangentiellement à la couronne à empreintes, lorsque celle-ci est à axe vertical et établie sur le même pont que le chemin de fer (fig. 711).

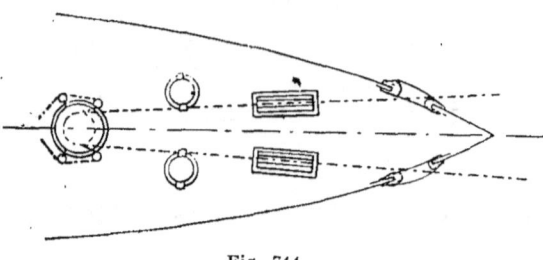
Fig. 711.

L'emplacement du chemin de fer doit être étudié d'après les considérations suivantes. Le linguet est formé comme nous le verrons tout à l'heure par un vide ménagé dans la rainure, dans lequel doivent tomber successivement les mailles horizontales de la chaîne à mesure qu'elle est halée par la couronne à empreintes. Pour assurer la prise de ces mailles, on donne à la rainure la forme d'un double plan incliné et on place le linguet au point de rencontre des deux plans, de façon que les tensions des deux brins de la chaîne aient une résultante dirigée de haut en bas, forçant les mailles à retomber dans l'empreinte qui forme linguet (fig. 712). L'angle des deux brins de la chaîne doit être tel

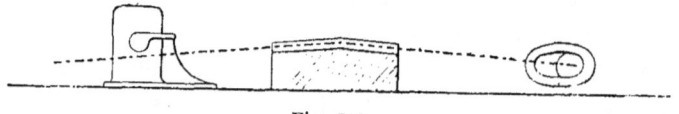
Fig. 712.

que cette résultante ait une valeur suffisante, mais d'autre part il faut se garder d'accroître inutilement la tension et par suite la fatigue de la chaîne. L'expérience a prouvé que la valeur la plus convenable pour l'angle des deux brins de la chaîne était comprise entre 168 et 175°. En second lieu, le brin de la chaîne tendu entre le chemin de fer et la couronne à empreintes doit passer un peu au-dessous du tourillon de la bitte. Enfin, la distance comprise entre le chemin de fer et l'écubier doit être suffisante pour permettre l'établissement de la gatte et pour que la chaîne puisse conserver son orientation en passant sur le chemin de fer. On sait en effet que pour l'engrènement des manilles avec la couronne à empreintes la chaîne doit occuper une certaine position déterminée, les étais des mailles paires étant parallèles à l'axe de la couronne. La chaîne ayant été élongée dans la posi-

APPARAUX DE MOUILLAGE.

tion voulue, au moment du relevage les mailles se présentent à l'écubier à 45° environ de la verticale (fig. 713), c'est-à-dire avec une torsion de $\frac{1}{8}$ de tour par rapport à la position qu'elles occupent dans la rainure du chemin de fer. Si la longueur de chaîne entre l'écubier et le chemin de fer est trop faible, la torsion de la chaîne peut arriver à la faire tourner de 90° sur le chemin de fer, ce qui modifie le sens de présentation des manilles et peut faire désengrener la chaîne de la couronne à empreintes. Avec les chaînes de

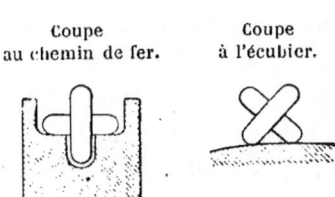

Fig. 713.

gros calibre, la distance entre l'écubier et le bord antérieur du chemin de fer ne doit pas descendre au-dessous de 3 mètres. Toutes ces considérations laissent souvent peu de latitude pour l'installation de la ligne de mouillage, pour le bon fonctionnement de laquelle la position relative des divers organes a une grande importance.

Examinons maintenant la disposition du linguet. Au sommet de l'angle formé par les deux parties de la rainure, les bords horizontaux se relèvent de manière à former une saillie derrière laquelle est creusée une empreinte à parois verticales ayant la forme d'une demi-maille de chaîne (fig. 714). Cette saillie porte

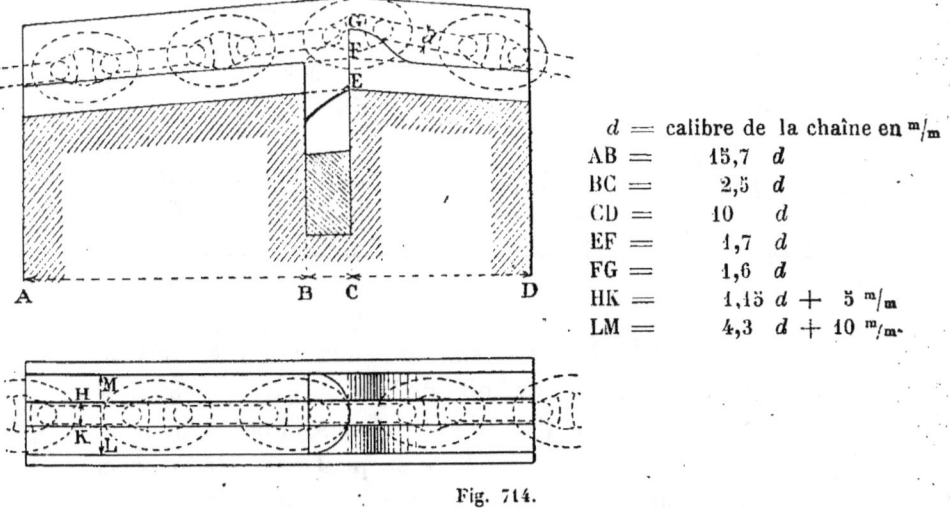

$d =$ calibre de la chaîne en $^m/_m$
AB $=$ 15,7 d
BC $=$ 2,5 d
CD $=$ 10 d
EF $=$ 1,7 d
FG $=$ 1,6 d
HK $=$ 1,15 $d + 5\ ^m/_m$
LM $=$ 4,3 $d + 10\ ^m/_m$

Fig. 714.

le nom de *heurtoir*. En arrière du heurtoir est une pièce appelée *pied de biche*, qui peut coulisser dans des rainures verticales et dont la partie supérieure est taillée de manière que lorsqu'elle est soulevée elle vienne se raccorder avec le heurtoir et combler le vide de l'empreinte. Lorsque le pied de biche est abaissé, ainsi que le représente la figure 714, les mailles horizontales montent sur la partie inclinée du heurtoir puis retombent, grâce à la résultante des tensions des deux brins, les parois verticales du heurtoir s'opposant alors à tout retour en arrière. Lorsqu'au contraire le pied de biche est relevé, la chaîne peut filer librement. La figure 714 indique les proportions habituellement suivies pour les diverses parties du chemin de fer. La longueur AB peut être un peu réduite sans grand inconvénient, et c'est ce que l'on fait souvent pour diminuer l'encombrement.

Le chemin de fer ainsi constitué est exécuté en acier moulé et muni d'une embase qui permet de le fixer sur le pont au moyen de boulons, de la même manière que la bitte (fig. 715). Le pied

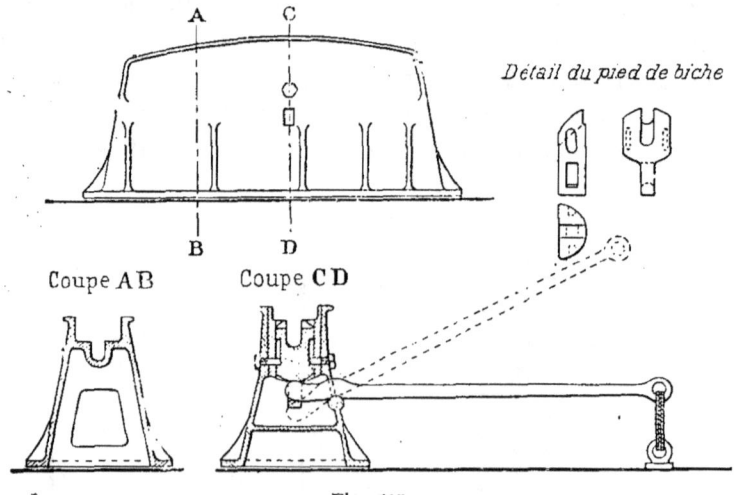

Fig. 715.

de biche est muni latéralement de deux rainures verticales, dans lesquelles pénètre l'extrémité de boulons fixés aux flasques du chemin de fer, qui limitent ainsi sa course. A la partie inférieure, il porte une mortaise dans laquelle on peut engager l'extrémité d'un levier passant dans un trou de la paroi du chemin de fer.

APPARAUX DE MOUILLAGE.   41

Lorsque le pied de biche est abandonné à lui-même, il tombe en vertu de son poids; lorsqu'on veut mouiller, on le soulève à l'aide du levier et on le maintient dans cette position en reliant par un amarrage l'extrémité du levier à un piton rivé au pont.

Au lieu de disposer le levier de manœuvre du pied de biche comme le représente la figure 715, il est souvent plus commode de lui donner une direction parallèle à celle de la chaîne, ce qui facilite la circulation autour du chemin de fer (fig. 718).

La saillie inclinée du heurtoir, sur laquelle viennent grimper successivement les mailles horizontales, est exposée soit à s'user rapidement, si le chemin de fer est fait en fonte, soit à user la chaîne s'il est exécuté en acier moulé. Il est bon par suite de faire du heurtoir une pièce rapportée, en fer ou en acier forgé doux, que l'on peut changer facilement en cas d'usure (fig. 716). Souvent d'ailleurs on emploie la disposition

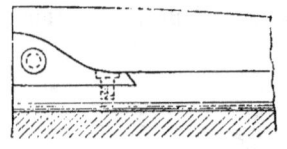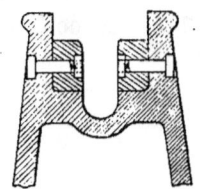

Fig. 716.

dite à *heurtoir mobile*, dans laquelle le heurtoir est constitué d'une façon analogue au pied de biche, et maintenu soulevé en temps ordinaire par un coin (fig. 717). Le but de cette disposition est le sui-

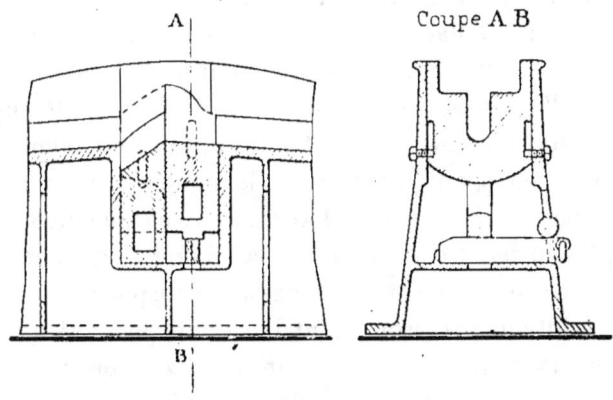

Fig. 717.

vant. Dans certaines manœuvres, telles qu'un changement de mouillage par exemple, il peut être avantageux de laisser après le relevage l'ancre suspendue à l'écubier, et de déplacer ainsi le navire sans avoir besoin d'exécuter la remise à poste de l'ancre, toujours assez longue. Dans ce cas, au moment où l'on veut mouiller à nouveau, la pression de la maille engagée dans l'empreinte du heurtoir contre la paroi verticale de ce heurtoir peut être assez forte pour qu'on ne puisse exercer sur le pied de biche un effort de soulèvement suffisant; on pourra alors, en dégageant le coin du heurtoir, agir sur lui au moyen du levier du pied de biche en le forçant à s'abaisser, ce qui se fera sans difficulté et libérera la chaîne en effaçant la saillie. Le heurtoir sera ensuite remis à sa place et fixé à nouveau par le coin.

On complète utilement l'installation du chemin de fer par l'adjonction d'un collier amovible placé à l'extrémité arrière (fig. 718). Ce collier empêche que dans une secousse la chaîne puisse

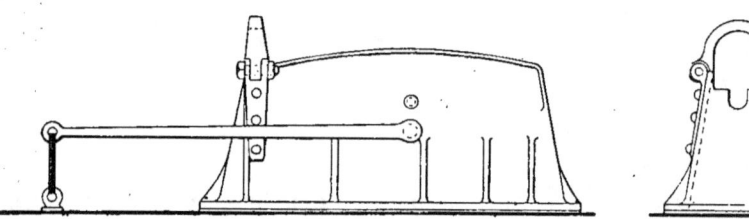

Fig. 718.

sauter hors de la rainure au moment du mouillage; il serait en effet difficile de replacer ensuite la chaîne sur le chemin de fer, à cause de la traction exercée par le navire.

Au lieu d'exécuter entièrement en acier moulé le support du chemin de fer, on peut, bien entendu, ne faire en acier moulé que le chemin de fer proprement dit, et le monter sur un support en tôlerie de hauteur convenable. Dans tous les cas, de même que pour la bitte, les surfaces de portage de la chaîne sur le chemin de fer doivent être soigneusement adoucies à la lime pour réduire l'usure.

Pour maintenir provisoirement la chaîne pendant qu'on largue le tour de bitte et qu'on place la chaîne sur la couronne à empreintes, il ne serait pas prudent de se fier exclusivement à la saillie du heurtoir, la chaîne pouvant sauter par suite d'une secousse. Aussi dispose-t-on sur l'avant de la bitte des bosses qui sont en général au nombre de deux, l'une entre la bitte et le chemin de fer, l'autre sur l'avant du chemin de fer. Les boucles de ces bosses, qui peuvent avoir à supporter à elles seules la traction de la chaîne, sont plus fortes que celles qui servent simplement à maintenir le tour de bitte; le diamètre du fer de ces boucles est pris égal au calibre de la chaîne. La boucle de la bosse placée entre la bitte et le chemin de fer est souvent fixée sur le taquet même de cette bitte.

159. Passages de chaîne. — Étrangloirs. — La chaîne venant de la bitte ou de la couronne à empreintes traverse différents ponts avant d'arriver au puits. Ces *passages de chaîne*, appelés aussi *écubiers de pont*, sont constitués par des manchons cylindriques en acier moulé, à axe vertical ou incliné suivant la direction de la chaîne, encastrés dans le pont (fig. 719). A leur partie supérieure, ces manchons portent une lèvre arrondie de faible saillie; ils sont fixés au moyen de boulons à une collerette en fer appliquée sous une tôle de renfort rivée sous barrots; leur diamètre intérieur est égal à 7,3 d, d étant le calibre de la chaîne.

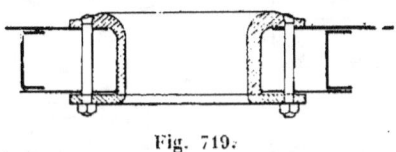

Fig. 719.

Le manchon percé dans le pont sur lequel sont fixés la bitte et le chemin de fer est muni d'une lèvre de saillie un peu plus forte, soigneusement polie à la lime, à cause du changement de direction de la chaîne en ce point. C'est en général au-dessous de ce manchon qu'est établi l'*étrangloir* (fig. 720), constitué par une lunette pouvant être déplacée horizontalement et permettant de réduire progressivement la section libre du manchon de passage de la chaîne. Cette lunette présente une partie rectiligne qui vient serrer une maille de la chaîne contre le manchon et assure ainsi son immobilisation. Elle est solidaire de deux tiges rectilignes guidées par des glissières, dont la direction est celle du brin intérieur de la chaîne pendant le mouillage; la tige AV porte une partie élargie percée d'une mortaise dans laquelle passe un levier de manœuvre à l'extrémité duquel on frappe un palan. Lorsque l'étrangloir doit être maintenu fermé, le navire étant au mouillage, on le bloque au moyen d'une clavette engagée derrière l'extrémité de la tige ÆR.

La disposition du levier de manœuvre indiquée par la figure 720 a l'inconvénient d'être assez encombrante. Il est souvent plus commode d'employer un levier horizontal, se déplaçant au-dessous des barrots du pont qui porte l'étrangloir. On peut aussi supprimer le levier, en faisant usage d'un étrangloir oscillant, sur l'extrémité duquel est frappé directement le palan de manœuvre (fig. 721). Dans certains cas, on a employé un levier de même forme que celui de la figure 720, mais renversé, le point d'articulation étant à la partie inférieure et la tige traversant le pont dans un évidement

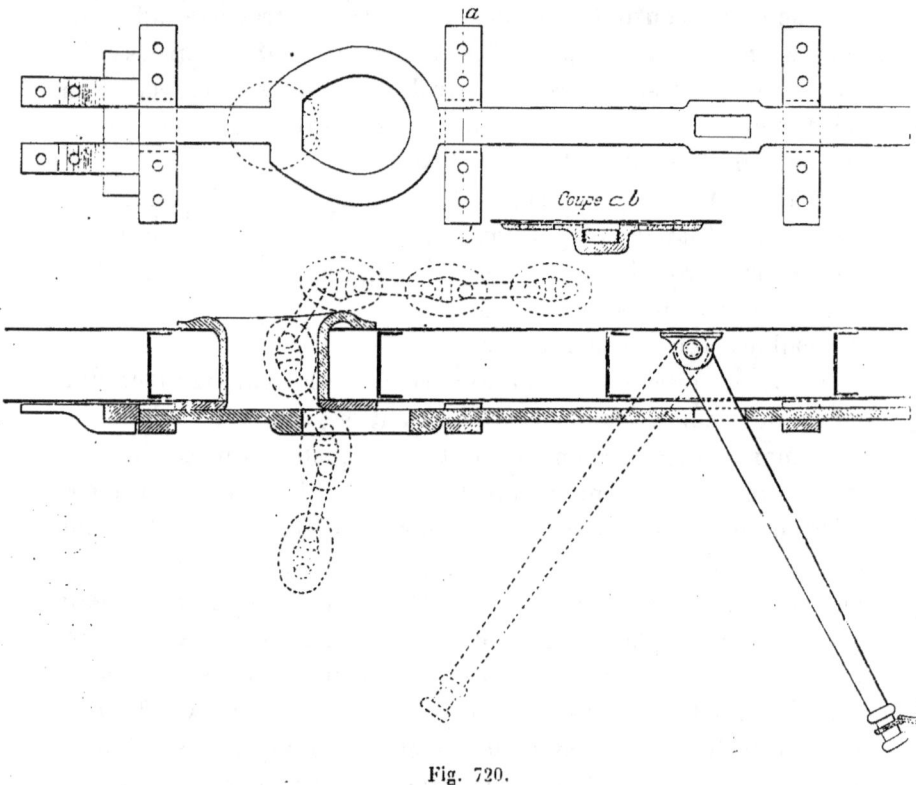

Fig. 720.

rectangulaire entouré par un petit surbau en cornière; cette disposition a l'avantage de ramener la manœuvre du levier à l'étage où se trouvent les autres organes de la ligne de mouillage, et d'éviter ainsi une transmission d'ordres pouvant occasionner des erreurs.

Quelle que soit la disposition du levier, l'étrangloir doit être disposé de façon que sa fermeture soit obtenue en le déplaçant vers l'AV. Dans ce cas, en effet, comme le montre la figure 720, la maille étranglée s'écarte peu de la normale au plan de la lunette; la majeure partie de la fatigue résultant des secousses qui peuvent être transmises à la chaîne est ainsi supportée par le manchon de passage et par le pont, tandis que si la fermeture était obtenue par traction vers l'AR il est évident que ces secousses agiraient sur l'étrangloir et tendraient à le desserrer. C'est pour cela également que le déplacement de l'étrangloir doit s'opérer suivant la direction de la chaîne.

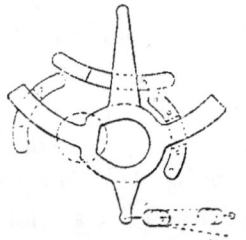

Fig. 721.

160. Puits aux chaînes. — Étalingure mobile. — Les chaînes de mouillage sont logées à bord dans des compartiments appelés *puits aux chaînes*, en général placés dans les fonds; ils doivent en effet, autant que possible, être placés assez bas pour que le poids du brin vertical de la chaîne compris entre le passage supérieur et le puits soit suffisant pour vaincre les résistances de frottement du brin horizontal compris entre ce passage et la couronne à empreintes, afin que la chaîne rentre naturellement dans le puits.

A chacune des ancres de mouillage doit correspondre un puits distinct. Il y en a donc en général trois. Même sur les navires ne recevant que deux ancres de mouillage, il est d'ailleurs utile de prévoir un troisième puits, pour le service de la chaîne du corps mort, dont nous parlerons plus loin. Le volume des puits se détermine de la manière suivante. Le nombre de bouts de chaîne affecté à chaque ligne de mouillage varie entre $\frac{1}{3}$ et $\frac{2}{5}$ du nombre total de bouts délivré au navire. On peut donc disposer chacun des puits des deux ancres principales de manière à recevoir les $\frac{2}{5}$ environ du nombre total de bouts. D'autre part, le volume d'encombrement de n bouts de chaîne de calibre d est représenté à peu près exactement par :

$$V = \frac{n\,d^2}{3000}$$

d étant exprimé en millimètres et V en mètres cubes. Quant au troisième puits, affecté au service de l'ancre de rechange et aux manœuvres de prise du corps mort, on le disposera pour recevoir $\frac{1}{3}$ du nombre total des bouts de chaîne.

Un puits spécial, dont la position dans le bâtiment peut être quelconque, est affecté aux grelins-chaînes destinés au service des ancres à jet et éventuellement de l'ancre de réserve. Le volume de ce puits se détermine d'après le nombre de bouts délivrés (voir page 20).

Les chaînes de mouillage doivent être fixées à leur extrémité dans le puits, de manière à ne pas être entraînées au dehors par l'ancre au cas où l'étrangloir viendrait à se rompre pendant le mouillage. D'autre part, en cas d'appareillage précipité, il peut arriver qu'on soit obligé de filer rapidement la chaîne par le bout, en la laissant tomber sur le fond, faute du temps nécessaire pour opérer le relevage (1). Pour cela, le bout de la chaîne est fixé à un croc à échappement formant *étalingure mobile*. Suivant la disposition usuelle, ce croc est fixé au voisinage du panneau d'accès au puits, et la chaîne, avant de s'y attacher, passe dans une boucle de fort diamètre solidement fixée au fond du puits (fig. 722). On peut ainsi, en se plaçant à l'orifice du panneau, larguer le croc à échappement et laisser filer la chaîne sans danger.

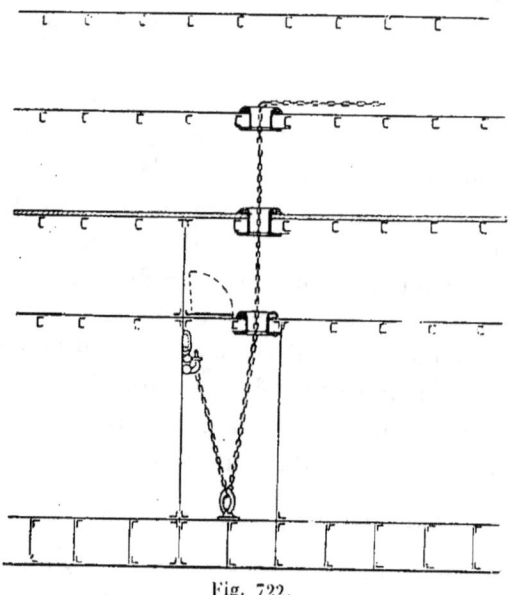

Fig. 722.

La figure 723 représente le type de croc à échappement habituellement employé pour l'étalingure mobile. On fait aussi quelquefois usage de l'étalingure *à levier* (fig. 724).

Le puits aux chaînes doit avoir autant que possible une faible section horizontale, de manière que la chaîne s'y love aisément

---

(1) On a soin, dans ce cas, de frapper sur la chaîne, avant de la laisser filer, un *orin*, c'est-à-dire un bout de filin terminé par un morceau de bois ou une petite bouée, pour permettre de relever ultérieurement la chaîne et l'ancre.

APPARAUX DE MOUILLAGE. 47

d'elle-même par son propre poids. Le volume strictement nécessaire ayant été calculé comme il a été dit plus haut, il est bon de se réserver un excédent de hauteur de 60 à 70 $^c/_m$, pour faciliter

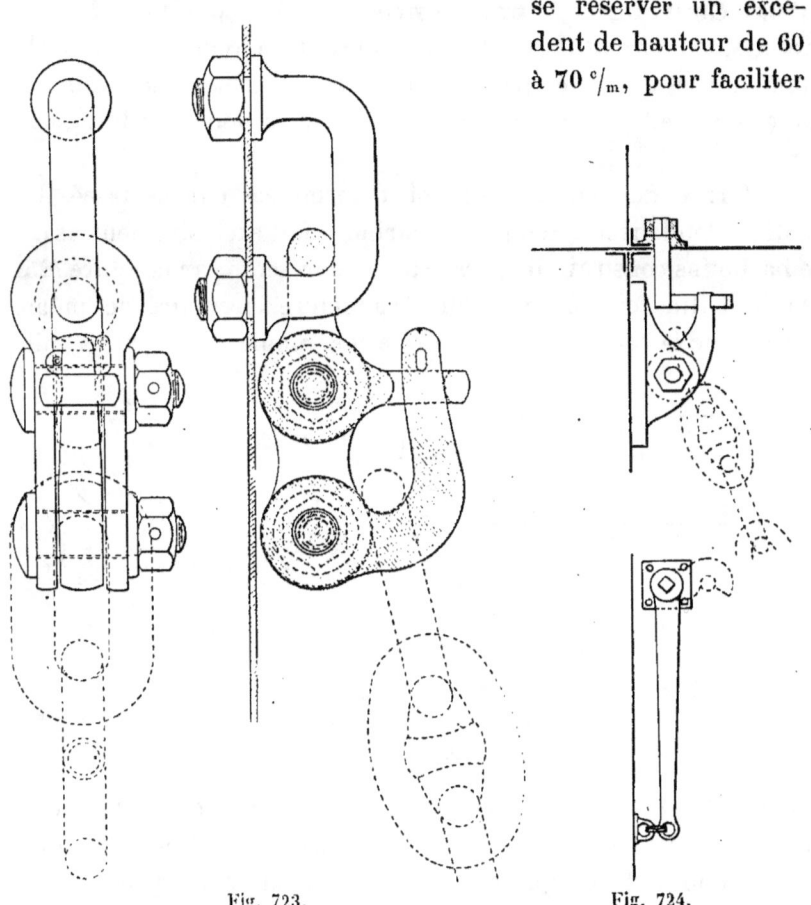

Fig. 723.   Fig. 724.

l'arrimage de la chaîne. Sur certains bâtiments, les puits à chaînes ont été agencés d'une manière assez différente, les chaînes étant logées dans des sortes de bassins en tôle établis sur le pont blindé autour des cheminées et constituant ainsi une sorte de surbau de protection. Mais il faut alors lover la chaîne avec précaution, en l'arrimant régulièrement pour qu'elle ne fouette pas au mouillage ; le meilleur procédé consiste à la lover par petits tas juxtaposés, afin d'éviter la secousse due au départ brusque d'un bout de chaîne de grande longueur. Pour cette opération, la chaîne est traînée à la main au moyen de crochets en fer appelés souvent *vérines*, qui servent également à l'élonger et la manœuvrer pour le mouillage et le relevage.

161. Couronnes à empreintes. — La couronne à empreintes, ou *barbotin* (1), est une couronne circulaire munie de cannelures et de saillies permettant l'engrènement de la chaîne, et exerçant sur elle l'effort de traction nécessaire pour le relevage de l'ancre.

La forme des empreintes est déterminée par le tracé des mailles. Pendant longtemps, la marine a fait exclusivement usage de barbotins construits d'après le tracé représenté par la figure 725. Ces barbotins comprennent une cannelure circulaire de même section que la rainure du chemin de fer, munie de nervures sail-

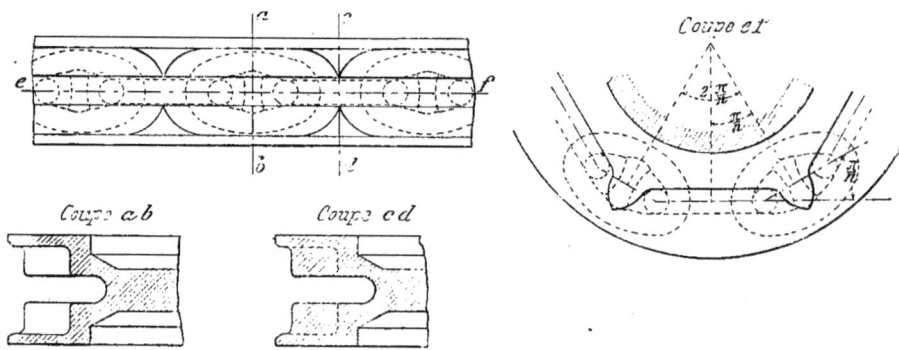

Fig. 725.

lantes entre lesquelles viennent se loger les mailles dont l'étai se présente parallèlement à l'axe de la couronne. L'épure du tracé des couronnes de ce genre n'offre pas de difficulté particulière. Pour une couronne à n empreintes, la *base d'engrènement*, c'est-à-dire la position théorique de la chaîne engrenant avec la couronne, est un polygone semi-régulier de $2n$ côtés, ces côtés faisant entre eux des angles égaux à $\dfrac{\pi}{n}$ et ayant des longueurs alternativement égales à $4,85d$ et $2,85d$ (§ 155). Le rayon du cercle circonscrit à ce polygone a pour valeur :

$$\frac{d}{2 \sin \dfrac{\pi}{n}} \sqrt{\overline{4,85}^2 + \overline{2,85}^2 + 2 \times 2,85 \times 4,85 \cos \dfrac{\pi}{n}}$$

(1) Du nom de son inventeur, le capitaine de vaisseau Barbotin.

ou : $\dfrac{d}{2 \sin \dfrac{\pi}{n}} \sqrt{31,645 + 27,645 \cos \dfrac{\pi}{n}}.$

comme on peut le voir facilement sur la figure 725. La seule difficulté consiste à ménager le jeu convenable dans chaque empreinte, principalement pour permettre le passage des manilles. En pratique, on fait d'après l'épure un modèle en bois sur lequel on essaie un modèle de la chaîne, et qu'on retouche jusqu'à ce que l'engrènement se fasse d'une manière satisfaisante.

Depuis quelques années on a substitué au tracé précédent un tracé plus simple, couramment usité dans la marine de commerce. Dans ce nouveau tracé (fig. 726), la base d'engrènement est un polygone régulier de n côtés égaux à $7,7\,d$, c'est-à-dire au pas de la chaîne, deux mailles consécutives se plaçant exactement en ligne droite (fig. 695). Les surfaces des empreintes sont constituées par des portions d'hélicoïde dont les génératrices sont assujetties à rencontrer l'axe de la couronne et s'appuient sur des directrices courbes formées d'arcs de cercle. Le rayon du cercle circonscrit à la base d'engrènement est évidemment égal à $\dfrac{3,85}{\sin \dfrac{\pi}{n}}\,d$

Ce cercle étant figuré, le reste du tracé s'en déduit comme l'indique la figure 726. Ce genre de couronne est plus robuste et d'une exécution plus simple que l'ancien tracé, et l'expérience a montré jusqu'ici qu'il se prêtait à un engrènement satisfaisant des chaînes employées par la marine militaire.

Au point de vue du calcul de la puissance du moteur d'une couronne à empreintes, il y a lieu de considérer séparément son *rayon d'engrènement* et son *rayon d'enroulement*. Le rayon d'engrènement, c'est-à-dire le bras de levier de l'effort de traction exercé par la couronne sur la chaîne, dépend de la forme des empreintes. Avec l'ancien tracé (fig. 725), il est très sensiblement égal à l'apothème des petits côtés du polygone qui constitue la base d'engrènement, et a par conséquent pour valeur :

$$r = \dfrac{d}{2}\left(2,85 \cotg \dfrac{\pi}{n} + \dfrac{4,85}{\sin \dfrac{\pi}{n}}\right).$$

Avec le nouveau tracé, le rayon d'engrènement est très sensiblement égal au rayon du cercle circonscrit à la base d'engrènement, c'est-à-dire à $\dfrac{3,85}{\sin \dfrac{\pi}{n}} d$. C'est ce rayon d'engrènement qui doit intervenir dans les calculs relatifs au *travail* du moteur.

Le rayon d'enroulement est le rayon du cylindre fictif sur lequel s'enroule la chaîne supposée réduite à son axe. Il est évidemment multiple du nombre d'empreintes et du pas de la chaîne, et indépendant de la forme des empreintes. Sa valeur est donnée par :

$$2\pi R = n \times 7,7\, d \qquad \text{d'où : } R = 1,225\, nd.$$

C'est ce rayon d'enroulement qui doit intervenir dans les calculs relatifs à la *vitesse* du moteur. Pour une couronne à 6 empreintes,

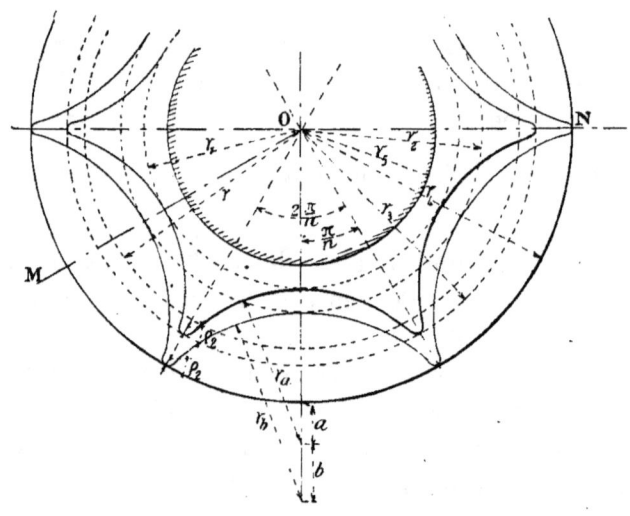

Coupe **MON**

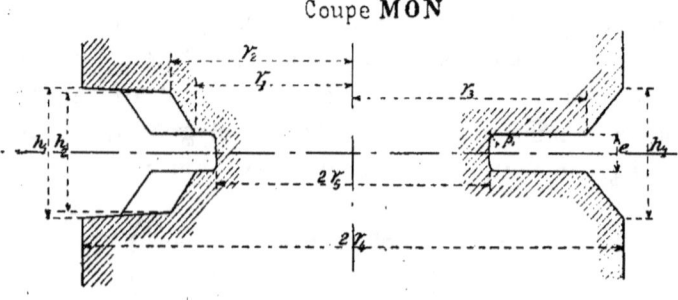

Fig. 726.

par exemple, le rayon d'enroulement est égal à 7,35 d, soit 367 $^m/_m$ pour une chaîne de 50 $^m/_m$. Pour la même couronne, le rayon d'engrènement est égal à 7,32 d avec l'ancien tracé, à 7,7 d avec le nouveau, soit, pour une chaîne de 50 $^m/_m$, 366 $^m/_m$ et 385 $^m/_m$.

Le nombre d'empreintes varie habituellement entre 5 et 8. Les barbotins étaient tous autrefois à 8 empreintes, mais l'adoption de moteurs mécaniques a permis de réduire sans inconvénient le rayon d'engrènement, et par suite l'encombrement de la couronne. D'autre part, il n'est pas prudent, surtout avec le nouveau tracé, d'avoir moins de deux empreintes simultanément en prise avec la chaîne. Le secteur d'enroulement de la chaîne étant au plus égal, et souvent un peu inférieur à une demi-circonférence, on voit que le chiffre de 5 empreintes est le minimum admissible. Le plus ordinairement, on emploie aujourd'hui 5 ou 6 empreintes suivant l'amplitude du secteur d'enroulement, rarement 7 ou 8.

$r = \dfrac{3.85}{\sin \dfrac{\pi}{n}} d$

$r_1 = (1,24\, n - 1,88)\, d$

$r_2 = (1,325\, n - 1,43)\, d$

$r_3 = r + 0,5\, d$

$r_4 = r + 1,93\, d$

$e = 1,175\, d + 5\ ^m/_m$

$r_5 = (1,25\, n - 2,75)\, d$

$\rho_1 = 0,1\, d + 5\ ^m/_m$

$h_1 = 4,5\, d + 10\ ^m/_m$

$h_2 = 4,3\, d + 10\ ^m/_m$

$a = \left(\dfrac{8,755}{n - 1,286} - 0,357\right) d$

$b = \left(\dfrac{2,345}{n - 1,857} + 1,434\right) d$

$r_a = r_4 + a - r_1$

$r_b = r_4 + a + b - r_2$

$\rho_2 = \left(\dfrac{0,32}{19 - n} + 0,16\right) d$

Nombre d'empreintes.	5	6	7	8
r	6,550 d	7,70 d	8,873 d	10,061 d
r_1	4,32 d	5,56 d	6,80 d	8,04 d
r_2	5,195 d	6,52 d	7,845 d	9,17 d
r_3	7,05 d	8,20 d	9,373 d	10,561 d
r_4	8,480 d	9,63 d	10,803 d	11,991 d
r_5	3,5 d	4,75 d	6,0 d	7,25 d
a	2,0 d	1,5 d	1,175 d	0,95 d
b	2,18 d	2,0 d	1,89 d	1,82 d
r_a	6,16 d	5,57 d	5,18 d	4,90 d
r_b	7,47 d	6,61 d	6,02 d	5,59 d
ρ_2	0,22 d	0,24 d	0,27 d	0,32 d

Rayon d'engrènement. : ...... $r = \dfrac{3,85}{\sin \dfrac{\pi}{n}} \cdot d$

Rayon d'enroulement. : ...... $R = 1,225\, n\, d$

Nombre d'empreintes.	5	6	7	8
r	6,550 d	7,700 d	8,873 d	10,061 d
R	6,125 d	7,350 d	8,575 d	9,800 d

Légende de la figure 720.

L'axe de la couronne à empreintes peut être soit vertical, soit horizontal. Considérons d'abord le cas d'une couronne à axe vertical, desservant les deux lignes de mouillage (fig. 727). Cette cou-

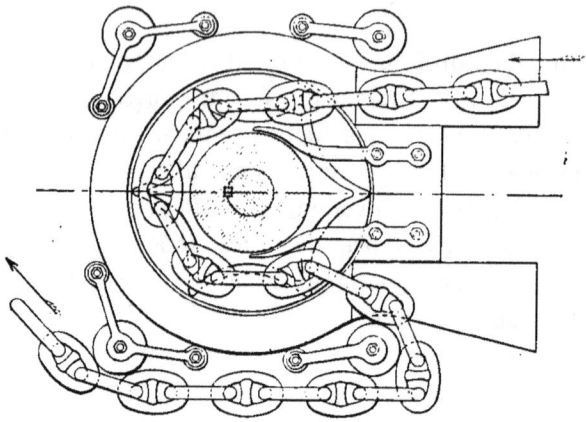

Fig. 727.

ronne est alors établie dans l'axe du navire un peu au-dessus du niveau du pont sur lequel sont fixés les chemins de fer et reçoit ainsi à peu près dans son plan la chaîne de mouillage, qui s'enroule sur la demi-circonférence ÆR. De cette façon en effet, si la chaîne ne peut venir directement du chemin de fer au barbotin, le changement de direction qui lui est imposé est en tout cas très faible, et le rouleau-guide peut être installé sans difficulté, n'ayant à supporter que des efforts modérés. A hauteur de la partie inférieure des empreintes, sur tout le pourtour de la demi-circonférence ÆR, est établie une banquette en bois recouvert de tôle, servant à soutenir la chaîne lorsqu'on la présente sur la couronne ; le niveau de la banquette est raccordé avec le pont par deux plans inclinés en bois garni de tôle (un pour chaque ligne de mouillage), dont le rôle est d'amener graduellement la chaîne à hauteur des empreintes.

Pour guider la chaîne et assurer sa sortie des empreintes, on dispose de chaque côté un *désengreneur*, tige en fer dont l'extrémité taillée en biseau est placée à peu de distance du fond de la rainure circulaire du barbotin, et force la chaîne à quitter la couronne. Les deux désengreneurs sont fixés sur un massif en bois placé entre les deux plans inclinés.

Écartée de la couronne par le désengreneur, la chaîne est guidée par des rouleaux qui la ramènent au passage conduisant au puits. Il faut au moins deux rouleaux de chaque bord, ces rouleaux étant établis de part et d'autre de la couronne dans les plans transversaux qui la tangentent sur l'AV et sur l'AR (fig. 727). Ils sont exécutés en acier moulé, et montés sur une tige verticale contretenue par deux bras fixés au pont (fig. 728). On leur donne une forme légèrement galbée, et un diamètre à la gorge égal à $2\,d + 70^{\,m}/$.

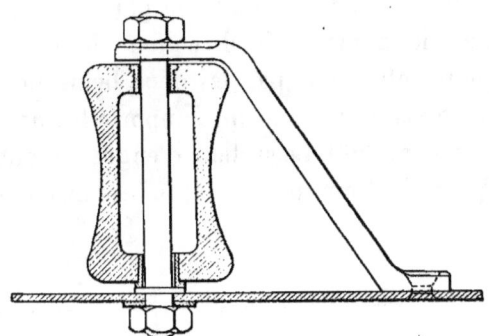

Au lieu d'avoir une couronne à empreintes unique, on peut évidemment en affecter une à chaque ligne de mouillage. C'est la disposition usuellement suivie dans la marine anglaise et adoptée sur certains navires français récents. L'engrènement de la chaîne étant alors effectué toujours dans le même sens, la couronne

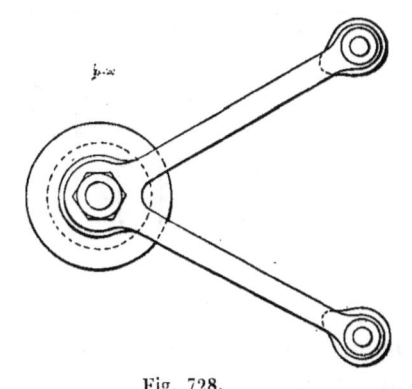

Fig. 728.

ne comporte plus qu'un seul plan incliné et un seul désengreneur.

Considérons maintenant le cas où l'axe de la couronne à empreintes est horizontal. On est alors obligé d'employer une couronne distincte pour chaque ligne de mouillage, afin de ne pas avoir de changements de direction exagérés, et autant que possible le plan de symétrie de cette couronne doit coïncider avec le plan moyen du chemin de fer. Ceci n'est pas toujours réalisable, car les couronnes à empreintes des deux lignes de mouillage étant usuellement montées sur un même arbre, leur plan est forcément parallèle au diamétral. Il est par suite nécessaire d'avoir un rouleau de changement de direction lorsque l'axe des lignes de mouillage n'est pas parallèle à l'axe du navire.

Lorsque la chaîne doit ainsi subir forcément un changement de direction, il n'est plus indispensable d'installer la couronne au même étage que le chemin de fer et la bitte. On peut, ce qui est souvent plus commode, la placer à un étage inférieur, le rouleau de changement de direction, dont l'axe est perpendiculaire au plan déterminé par les deux brins de chaîne, étant alors établi au niveau du pont qui supporte les organes de la ligne de mouillage (fig. 729). Le secteur d'engrènement est réduit dans ce cas à un quart de tour environ, et le nombre d'empreintes de la couronne

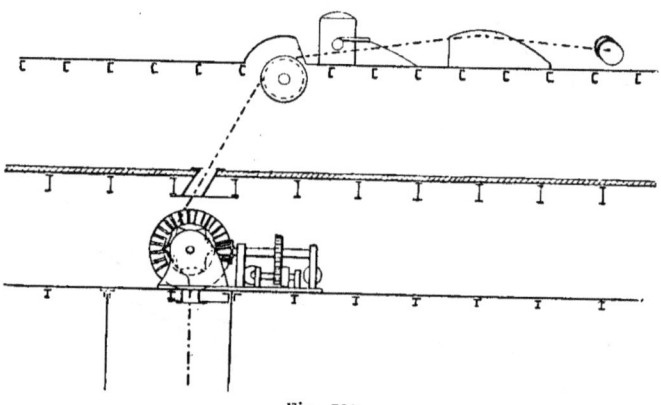

Fig. 729.

ne doit pas être inférieur à 6. Bien que le poids de la chaîne tende à la faire sortir des empreintes, il est nécessaire de munir la couronne d'un désengreneur, en raison du coincement possible d'une maille dans le fond d'une empreinte. Assez souvent, la couronne peut être disposée à l'aplomb du puits, dans lequel la chaîne rentre directement après sa sortie du barbotin (fig. 729).

Dans le cas où la couronne est installée au même étage que le chemin de fer, on fait quelquefois arriver la chaîne tangentiellement à la partie inférieure de cette couronne (fig. 730), afin d'augmenter l'amplitude du secteur d'engrènement. Le désengreneur doit alors être complété par une sorte de gouttière hélicoïdale en acier moulé assurant le guidage de la chaîne après son dégagement et la reportant latéralement pour l'empêcher de gêner le brin venant du chemin de fer.

Lorsque chaque ligne de mouillage possède sa couronne distincte, il n'est pas nécessaire de désengrener la chaîne à chaque opération de mouillage. On peut la laisser constamment en prise avec

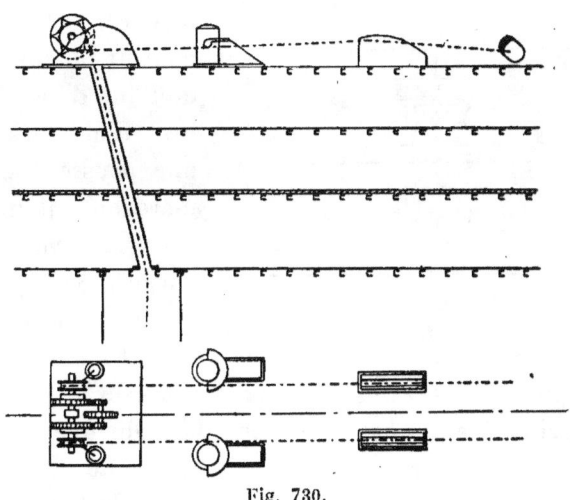

Fig. 730.

la couronne, en munissant celle-ci d'un débrayage qui permet de l'affoler sur son axe. Il importe seulement que le guidage de la chaîne soit parfaitement assuré, de façon qu'elle ne puisse fouetter et se coincer entre la couronne et un rouleau par exemple, ce qui amènerait un arrêt brusque et provoquerait presque infailliblement la rupture d'un des organes.

162. Cabestans et guindeaux. — Le relevage de l'ancre fait partie des manœuvres de force que le navire doit être susceptible d'exécuter. C'est, ainsi que nous le verrons, la plus importante au point de vue de l'effort de traction à produire, mais ce n'est pas la seule. Pour un certain nombre d'autres manœuvres, telles que la mise à poste de l'ancre, l'amarrage sur rade, l'embossage, etc., il est nécessaire de disposer d'un appareil permettant d'exercer sur une chaîne ou un cordage un effort de traction continu.

Sur tous les navires de l'ancienne flotte à voiles, l'appareil employé était un *cabestan*, composé d'un arbre vertical appelé *mèche*, traversant plusieurs entreponts, et muni à chaque étage d'un tambour galbé en bois portant le nom de *cloche* (fig. 731).

Chaque cloche était terminée à sa partie supérieure par un *chapeau*, tourteau cylindrique en bois percé de mortaises rayonnantes dans lesquelles on enfonçait des *barres* de manœuvre, sur lesquelles on pouvait obtenir l'effort simultané d'un grand nombre d'hommes, exerçant une poussée continue en marchant autour de la cloche. La forme galbée des cloches avait pour but de permettre la continuité de l'effort de traction. Imaginons en effet un cordage faisant quelques tours sur la cloche (fig. 732) et sur le brin libre duquel on exerce à la main une traction suffisante ; il est clair que si le tambour était cylindrique le cordage serait au bout de quelques tours parvenu à l'une des extrémités, et que les brins grimperaient alors les uns sur les autres ; avec une cloche galbée, au contraire, il arrive un moment où la composante de la pression de chaque brin parallèle à la surface de portage devient supérieure à la résistance de frottement, et le cordage glisse alors le long du tambour vers le cercle de gorge et vient se replacer dans la partie centrale ; on dit que le cordage *choque*. Ce glissement se produit par à-coups, mais si la courbe méridienne est bien tracée le choc doit se faire à intervalles réguliers et bien rapprochés. Quant à la traction à exercer sur le brin libre, elle est donnée par

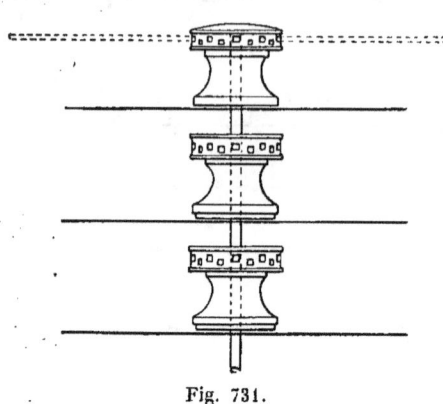

Fig. 731.

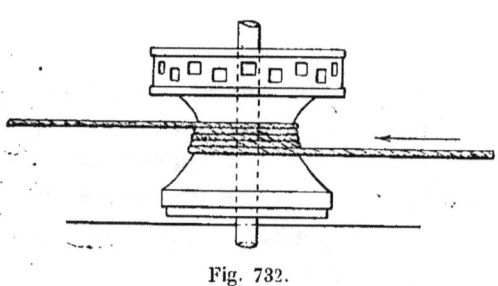

Fig. 732.

$$T' = T \times e^{-2\pi n f}$$

T étant la tension du brin agissant, n le nombre de tours du cordage sur la cloche, et f le coefficient de frottement, que l'on peut évaluer à 0,3 au minimum lorsque le cordage est mouillé, à 0,5 lorsqu'il est sec. On a ainsi :

	Valeur de $\frac{T'}{T}$	
	$f = 0,30$	$f = 0,50$
$n = 3$	0,0035	0,000080
$n = 4$	0,0005	0,000004

On voit que la décroissance de T' est très rapide, ce qui permet de maintenir sans difficulté le brin libre avec la main.

Le relevage de l'ancre était autrefois effectué avec ce seul appareil. La chaîne ne pouvant être enroulée directement sur la cloche, on employait comme intermédiaire un *tournevire*, cordage sans fin muni de nœuds ou de pommes que l'on mariait avec la chaîne au moyen d'amarrages appelés *garcettes* (fig. 733). La

Fig. 733.

manœuvre était ainsi forcément assez lente, à cause du temps perdu chaque fois pour déplacer et refaire les amarrages, et rendait indispensable, comme on le voit, l'emploi d'un chemin de fer. L'adoption d'une couronne à empreintes, clavetée sur la mèche au-dessous de la cloche située à l'étage de la ligne de mouillage, a permis d'effectuer l'opération d'une manière continue, et par suite beaucoup plus rapidement.

Sur les navires modernes, on fait usage bien entendu d'un moteur mécanique pour actionner la couronne à empreintes, et ce moteur est en outre utilisé pour la plupart des manœuvres de force importantes. On a conservé néanmoins la manœuvre à bras, comme secours éventuel en cas d'avarie du moteur. En principe, le navire doit donc être muni d'un moteur agissant sur des couronnes à empreintes et des cloches convenablement disposées et pouvant être, le cas échéant, actionnées à bras. Lorsque les couronnes à empreintes et les cloches sont montées sur des arbres verticaux, l'appareil porte particulièrement le nom de *cabestan;* lorsqu'elles sont montées sur des arbres horizontaux, il porte le nom de *guindeau*, les cloches étant alors désignées plus habituellement sous le nom de *poupées*.

Dans le cas très fréquent où les deux lignes de mouillage sont desservies par une couronne à empreintes unique, le cabestan comprend une mèche verticale en acier forgé, reposant à sa base dans une crapaudine, et reliée à l'arbre du moteur par un train d'engrenages (1). Toutes les fois qu'on le peut, le moteur est installé au-dessous du pont blindé, dans la région protégée du navire. La mèche traverse les différents ponts, soit dans des presse-étoupes, soit, pour les ponts placés à une hauteur suffisante au-dessus de la flottaison, dans de simples manchons en bronze à la partie supérieure desquels il est bon de ménager une gorge circulaire pour permettre le graissage (fig. 734). A l'étage de la ligne de mouillage, la mèche porte une couronne à empreintes pour le relevage. Elle reçoit en outre une ou plusieurs cloches, pour les différentes manœuvres d'amarre. Le nombre et l'emplacement de ces cloches varie suivant l'aménagement du navire et les dispositions prévues pour les diverses manœuvres que nous étudierons dans le chapitre suivant. D'une façon générale, il est bon, lorsqu'on le peut, de placer une cloche à l'étage de la ligne de mouillage, au-dessus de la couronne à empreintes. Si, ainsi que cela arrive presque toujours, la manœuvre d'amarrage sur corps mort est exécutée au même étage, cette cloche sera utilisée pour cette manœuvre. Dans le cas contraire, il faut placer une cloche

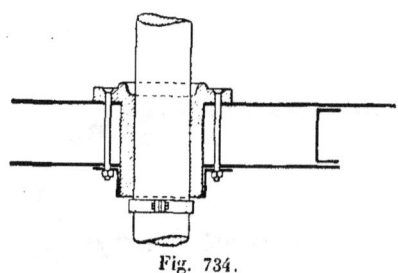

Fig. 734.

---

(1) Cette mèche peut avoir une assez grande longueur, 7 à 8 mètres sur les grands navires. Lorsqu'elle ne monte pas jusqu'au pont supérieur, il ne faut pas oublier de régler les emménagements de manière à rendre possible sa mise en place et éventuellement son démontage.

APPARAUX DE MOUILLAGE.

dans l'entrepont où s'effectue cette manœuvre. En second lieu, il faut disposer d'une cloche dans l'entrepont où s'effectuent les manœuvres de halage et d'embossage; la plupart du temps, d'ailleurs, ces manœuvres sont opérées au même étage que la prise du corps mort ou que le relevage de l'ancre. On a ainsi un nombre total de cloches variant de 1 à 3, et le plus souvent égal à 2.

Il est également nécessaire, comme on le verra dans le chapitre suivant, de prévoir la possibilité de haler le navire vers l'AR au moyen de sa chaîne de mouillage. Si cette manœuvre est exécutée au même étage que le relevage de l'ancre, la couronne à empreintes est utilisée grâce à une légère modification qui sera indiquée plus tard; dans le cas contraire, il faut placer sur la mèche, à l'étage voulu, une deuxième couronne à empreintes identique à la première. Enfin, on ajoute quelquefois sur la

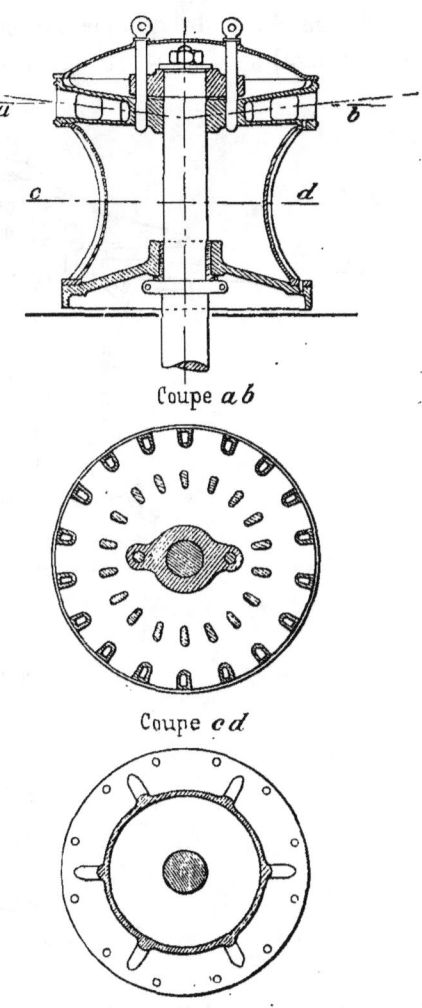

Fig. 735.

mèche un barbotin supplémentaire permettant l'engrènement des grelins-chaînes, à l'étage affecté aux manœuvres d'amarrage.

Les cloches dont on fait usage aujourd'hui sont le plus souvent exécutées en acier moulé (fig. 735); quelquefois la partie galbée est faite en tôle, rivée à la partie supérieure sur le chapeau en acier moulé et à la partie inférieure sur un tourteau également en acier moulé servant d'embase (fig. 736). Dans tous les cas, cette partie galbée doit être munie de nervures méridiennes pour augmenter l'adhérence du cordage. La pratique ancienne était de donner au cercle de gorge des cloches un rayon égal à $10\,d + 70\ ^m/_m$, d étant le calibre de la chaîne de

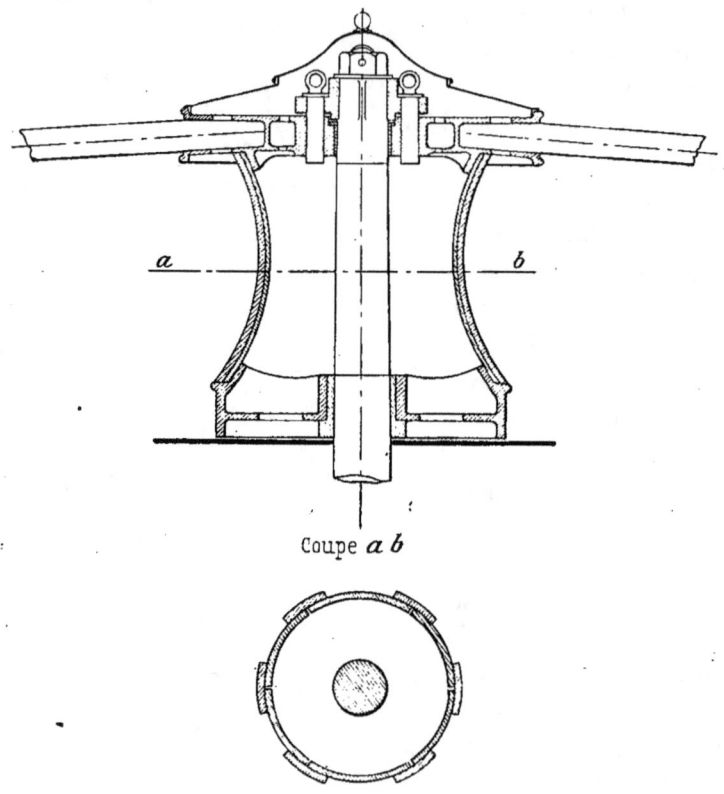

Coupe $a\,b$

Fig. 736.

mouillage ; cette dimension peut être conservée approximativement dans les installations actuelles.

Les barres sont des leviers en bois à section rectangulaire, engagées par une extrémité dans les mortaises du chapeau, que l'on garnit en temps ordinaire au moyen de tapes creuses en bois formant tiroirs. A l'autre extrémité, les barres sont munies d'une engoujure dans laquelle s'attache par une demi-clef un cordage appelé *raban*, qui lie ainsi les unes aux autres les têtes de toutes les barres (fig. 737). Le rôle de ce raban est de solidariser les barres entre elles en s'opposant à leur flexion et d'empêcher qu'elles puissent être projetées par la force centrifuge en cas d'accident produisant un dévirage brusque du cabestan. Le nombre des barres varie de 8 à 20 suivant l'importance du

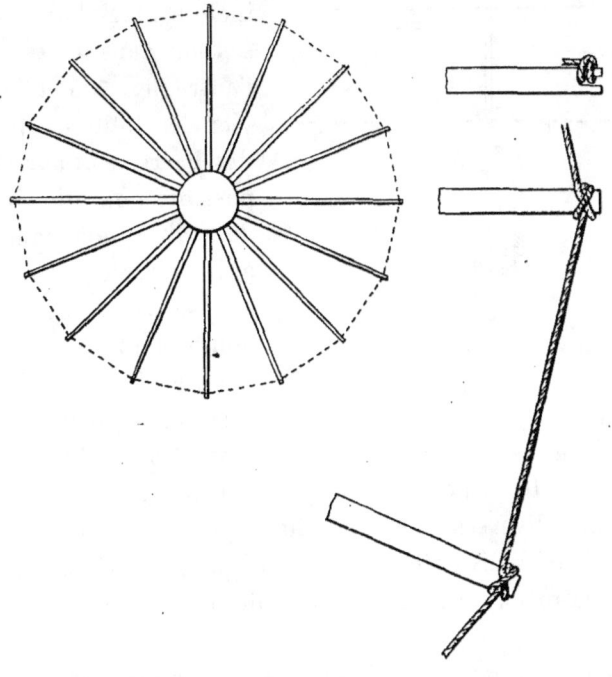

Fig. 737.

cabestan. Leur longueur doit être autant que possible suffisante pour qu'on puisse placer trois hommes par barre, ce qui conduit à une longueur d'environ 4 mètres, comptée de l'axe de la mèche à l'extrémité des barres. Ceci exige, comme on le voit, un emplacement très dégagé autour de chaque cloche, et il arrive fréquemment qu'on ne peut laisser en temps ordinaire une région aussi étendue complètement dépourvue d'épontillage. On fait alors usage d'épontilles amovibles dites épontilles *à vérin*, articulées à leur tête et munies au pied d'une vis pénétrant dans un sabot en acier moulé (fig. 738); on peut ainsi les dégager facilement et les maintenir relevées sous barrots pendant la manœuvre du cabestan.

Les barres doivent être établies à hauteur convenable pour que les hommes puissent les pousser facilement à l'épaule, c'est-à-dire à une hauteur au-dessus du pont comprise entre $1^m,20$ et $1^m,30$. Il n'est pas toujours possible de placer le chapeau à cette hauteur, et on incline alors l'axe des mortaises soit dans un sens soit dans l'autre (fig. 735 et 736). Il convient en tout cas que la pente des barres soit aussi faible que possible pour que des hommes de taille moyenne puissent agir sur elles sans difficulté.

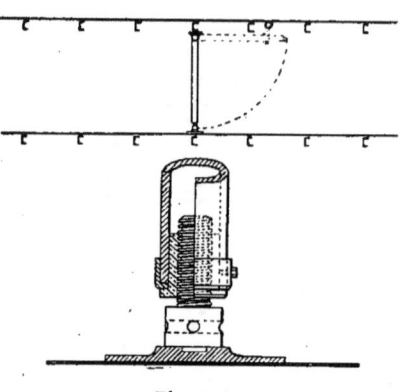

Fig. 738.

Les cloches sont quelquefois montées folles sur la mèche, et on a alors des cloches dites *suspendues*, pouvant être rendues solidaires de la mèche par des clavettes d'embrayage (fig. 735 et 736). Cette disposition est peu usitée aujourd'hui, l'indépendance des diverses cloches n'étant pas en général nécessaire; mais il faut, bien entendu, qu'un organe de débrayage permette d'isoler la mèche du moteur mécanique, en vue de la manœuvre à bras.

Dans la manœuvre à bras, il est nécessaire de disposer un organe de sûreté empêchant que les hommes puissent être ramenés en arrière par une tension trop forte de l'amarre, c'est-à-dire que le cabestan puisse dévirer. On obtient ce résultat en munissant chaque cloche de *linguets*. Suivant la disposition usuelle, ces linguets, au nombre de 4, sont des barres d'acier à section rectangulaire tournant librement autour d'axes horizontaux fixés à l'embase inférieure de la cloche, et retombant en vertu de leur poids dans les encoches d'une cannelure circulaire appelée *cercle à talons* ou *saucier* (fig. 739). Pour changer le sens de marche, il suffit de faire basculer ces linguets de manière à les faire agir en sens inverse; si on veut les supprimer, on les maintient soulevés au moyen de petites broches à tête saillante coulissant dans des trous percés dans l'embase. Les linguets doivent toujours être mis en prise chaque fois qu'on manœuvre à bras, car le dévirage du cabestan est un accident des plus graves, les hommes étant renversés par le retour des barres en arrière et pouvant être blessés par suite de leur rotation ou de leur rupture.

L'obliquité des linguets donne une composante de réaction verticale, dirigée de bas en haut. La mèche tend par conséquent à être soulevée ainsi que la cloche ; pour s'opposer à ce mouvement, on dispose au-dessous de chaque manchon de passage dans un pont un collier en deux pièces légèrement entaillé avec la mèche (fig. 734).

Lorsqu'il s'agit d'une cloche établie directement

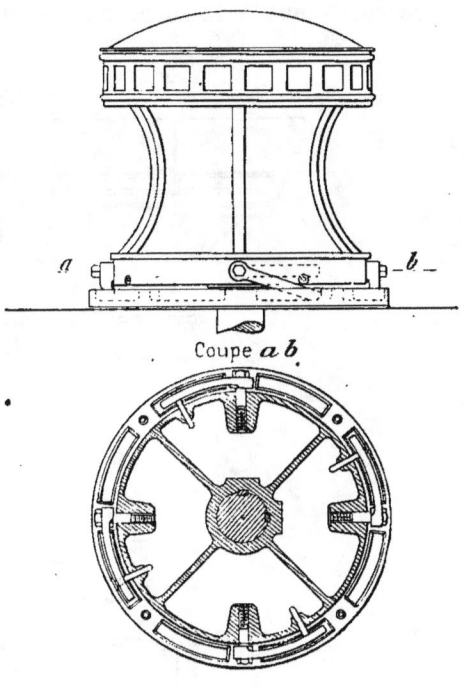

Fig. 739.

au-dessus d'une couronne à empreintes, on ne peut placer les linguets à la partie inférieure. Le cercle à talons fait corps dans ce cas avec le chapeau, et les linguets sont placés au-dessus de la cloche, articulés à des chapes fixées à une tôle rivée sous les barrots (fig. 740) ; il faut alors deux paires de linguets, dirigés en sens inverse, les linguets non utilisés étant maintenus relevés par des crochets. Les linguets ainsi disposés tendant à enfoncer la mèche au lieu de la soulever, on est amené par suite, lorsqu'on en fait usage, à disposer un épontillage convenable au-dessous de la crapaudine de la mèche.

Nous avons dit que pour les grands cabestans on arrivait à placer au plus 20 barres et 3 hommes par barre. Il est bien rare que l'on puisse disposer sur la mèche plus de trois chapeaux (avec ou sans cloche), ce qui donne un maximum de 180 hommes.

Ce chiffre était suffisant autrefois, mais ne l'est plus en général sur les grands navires modernes, où l'effort de traction nécessaire pour arracher l'ancre du fond peut atteindre, comme nous le verrons tout à l'heure, 30 à 40^{tx}. Pour conserver néanmoins

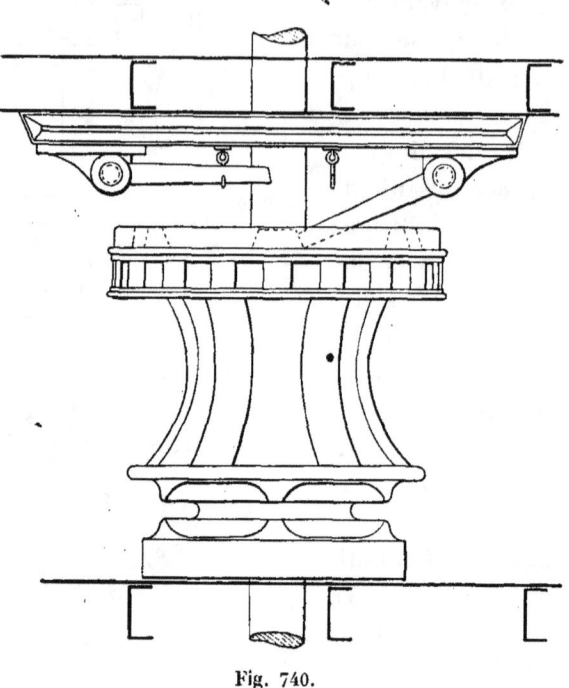

Fig. 740.

la possibilité de manœuvre à bras en cas d'avarie du moteur, on est conduit ainsi à faire usage d'un *barbotin multiplicateur*, c'est-à-dire d'intercaler entre la mèche et le barbotin un train d'engrenages donnant, au prix d'une réduction de la vitesse d'enroulement, une augmentation convenable de l'effort produit. Le barbotin est alors fou sur la mèche et se termine à sa partie inférieure par une couronne creuse dentée intérieurement, formant en même temps banquette au niveau des empreintes (fig. 741). Avec cette couronne dentée engrènent trois pignons placés aux sommets d'un triangle équilatéral et engrenant avec une roue dentée folle sur la mèche; entre les pignons sont disposés des galets de roulement soutenant le barbotin. Un manchon d'embrayage permet de relier à la mèche soit le barbotin, soit la roue dentée, ce qui donne le résultat cherché. Le rapport de multiplication est ordinairement égal à 2, chiffre dont la justification sera donnée tout à l'heure. Une braie, formée d'une tôle épaulée et d'une cornière, protège le train d'engrenages. Pour s'opposer au dévirage du barbotin au cas où il viendrait à être affolé par suite d'une rupture ou d'une fausse manœuvre du manchon d'embrayage, on dispose un linguet spécial, venant buter contre les empreintes. Ce linguet, placé entre les deux désengreneurs, se compose d'une fourche oscillante montée sur axe vertical (fig. 742), et dont un seul des bras est utilisé, suivant le sens de marche. La pesanteur n'intervenant pas ici pour déterminer la retombée du linguet après le passage d'une saillie, ce mouvement est obtenu au moyen d'une came

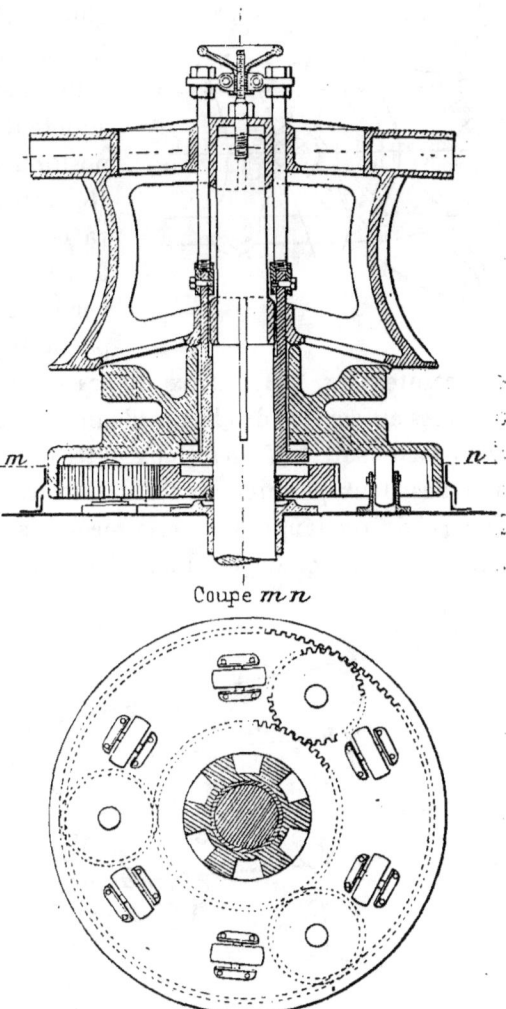

Fig. 741

en tôle montée sur l'axe de la fourche et sur laquelle agissent les extrémités des saillies des empreintes. Pour changer le sens de marche, il suffit de décaler la fourche par rapport à la came d'un angle convenable, ce qui se fait au moyen d'une broche pénétrant dans un des deux trous pratiqués à cet effet dans la came, comme le montre la figure.

Le cabestan à mèche unique est celui qui est usité ordinairement dans la marine française. La marine anglaise et beaucoup d'autres marines employant des appareils construits en Angleterre adoptent de préférence une disposition un peu différente, qui a été reproduite avec de légères variantes sur quelques navires français récents. Il y a 3 mèches verticales, portant chacune à la partie supérieure une couronne à empreintes (fig. 743). Deux de ces couronnes à empreintes sont affectées au service des lignes de mouillage. La troisième, placée dans l'axe sur l'AV des deux autres, sert, soit pour remplacer une des deux premières en cas d'avarie, soit pour le service de l'ancre de rechange. Les trois mèches sont reliées par des engrenages à un moteur unique, et des organes de débrayage per-

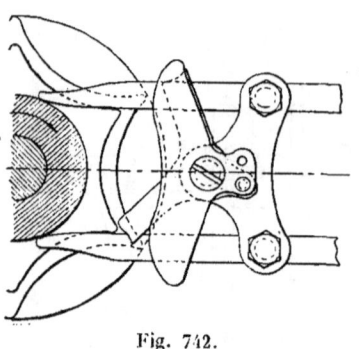

Fig. 742.

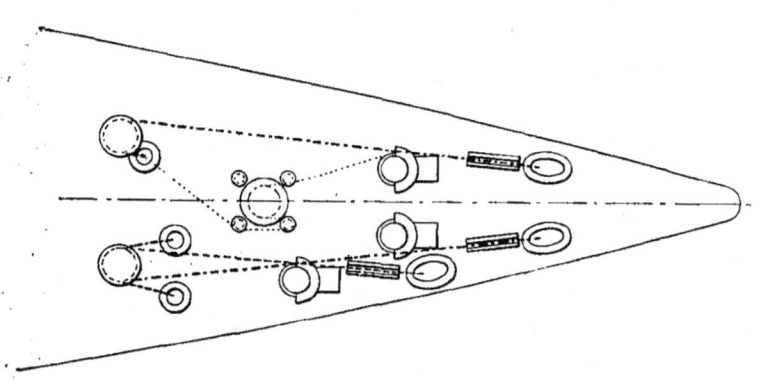

Fig. 743.

mettent d'actionner isolément l'une quelconque d'entre elles. La mèche centrale porte une ou plusieurs cloches et peut être manœuvrée éventuellement à bras.

Les *guindeaux* sont des appareils dans lesquels l'axe des couronnes à empreintes est horizontal. Ils comprennent un arbre transversal, portant à chacune de ses extrémités un barbotin et une poupée galbée (fig. 744); cet arbre peut être actionné soit par un moteur mécanique, soit à bras au moyen d'une roue à rochet et de cliquets mûs par deux *bringueballes*, à la façon des pompes à incendie. L'ensemble des cliquets est désigné ordinairement sous le nom de *jambon*, à cause de la forme des chapes. On voit de suite que l'inconvénient du guindeau, c'est que, même en doublant les barres des bringueballes, on ne peut faire agir simultanément qu'un nombre d'hommes assez restreint. Si l'on veut un effort considérable, il faut donc accepter une très grande réduction de vitesse. Par contre, l'ensemble de l'appareil est moins encombrant qu'un cabestan, ce qui le fait préférer lorsqu'on ne dispose que d'une place limitée, la manœuvre à bras n'étant qu'une manœuvre de secours conservée à titre éventuel.

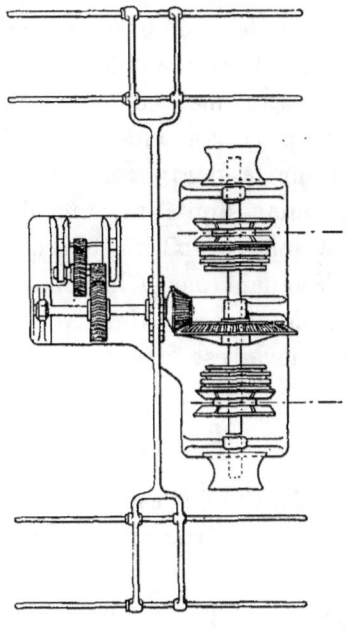

Fig. 744.

Sur les navires de commerce, qui n'ont qu'un équipage réduit, les guindeaux sont d'un usage courant pour la manœuvre des ancres. Un certain nombre de navires de la marine militaire en sont également munis. Les deux barbotins sont disposés de manière à pouvoir être à volonté embrayés ou débrayés. Souvent, l'arbre du guindeau actionne par l'intermédiaire d'engrenages une mèche auxiliaire verticale portant des cloches.

Il nous reste à examiner quelles sont les bases du calcul de la puissance motrice nécessaire pour le relevage de l'ancre, et par suite les bases de la détermination des organes du cabestan ou du guindeau. Les opérations à effectuer pour la rentrée de l'ancre comprennent trois périodes successives : l'*apiquage*, halage du navire sur sa chaîne pour amener celle-ci *à pic*, c'est-à-dire l'écubier à l'aplomb de l'ancre, le *dérapage*, arrachage de l'ancre du fond, et enfin le *relevage*, hissage de l'ancre du fond à l'écubier. L'apiquage est une manœuvre dont la rapidité dépend de la résistance opposée au mouvement du navire par le vent et le courant, et qui par conséquent s'effectue à vitesse variable, l'effort du moteur étant à chaque instant proportionné à la résistance. Il n'est pas possible de calculer directement l'effort maximum nécessaire, mais cet effort étant toujours pratiquement inférieur à celui correspondant au dérapage, sa détermination est inutile. Pour le dérapage, voici comment on fait le calcul. On admet comme limite maxima de mouillage une profondeur d'eau de 60 mètres, soit une longueur de chaîne égale à deux maillons. En désignant par p le poids de l'ancre, le poids d'un maillon est représenté approximativement par $0,42\,p$. Le poids maximum à soulever est donc :

$$p' = \left(1 - \frac{1,026}{7,75}\right)(p + 2 \times 0,42\,p) = 1,6\,p$$

la densité de l'eau de mer étant 1,026 et celle du fer 7,75. D'autre part, l'expérience a montré que la tenue de l'ancre sur le fond ne dépassait pas ordinairement le double de son poids, ce qui donne pour l'effort maximum à exercer en dehors de l'écubier $3,6\,p$. Enfin, les pertes normales par frottement sur la ligne de mouillage peuvent être évaluées à 35 %, se décomposant de la façon suivante :

        0,20   à   0,25   sur l'écubier
        0,08   à   0,10   sur le chemin de fer
        0,03   à   0,05   sur la bitte et les rouleaux.

La traction maxima T que la couronne à empreintes doit pouvoir exercer sur la chaîne, au moment du dérapage, est donc égale à $\frac{3,6}{0,65}\,p$, soit $5,5\,p$. C'est en pratique d'après ce chiffre que sont usuellement établies les proportions des moteurs de tous les cabestans et guindeaux des navires de guerre, et l'expérience a montré que le dérapage était ainsi toujours obtenu d'une manière satisfaisante. Cependant, pour parer au cas où les pertes par frottement sur la ligne de mouillage présenteraient une valeur anormale, il est bon de vérifier que l'effort de traction sur la chaîne à la sortie de l'écubier peut atteindre une valeur au moins égale à $3,6\,p$.

Pendant le relevage, l'effort tangentiel exercé par la couronne à empreintes sur la chaîne a comme valeur maxima :

$$T' = \frac{1,6}{0,65} p = 2,46 \, p$$

soit un peu moins de la moitié de l'effort nécessaire pour le dérapage. On admet habituellement $T' = 2,75 \, p$ et on admet d'autre part que la vitesse de relevage ne doit pas être inférieure à 12^m par minute, soit $0^m,20$ par seconde. La puissance utile du moteur, en kilogrammètres par seconde, devra donc être égale à $2,75 \, p \times 0,2 = 0,55 \, p$. Il devra de plus être établi pour pouvoir donner un effort de traction maximum sur la chaîne égal à $5,5 \, p$, la vitesse d'enroulement correspondante étant seulement $0^m,10$ par seconde, soit 6 mètres par minute (1).

Il importe en outre que la vitesse du moteur soit réglable à volonté, pour qu'on puisse, entre les limites extrêmes, la proportionner à chaque instant à l'effort nécessaire. Enfin il est indispensable de pouvoir faire tourner le moteur dans un sens ou dans l'autre, s'il actionne un cabestan à mèche unique, et il est bon de se réserver dans tous les cas la même faculté. Le moteur doit donc être muni, outre l'organe de renversement de marche, d'un organe permettant de faire varier rapidement à volonté la vitesse. Sur certains appareils, ces deux organes ont été combinés en un seul, mais il est préférable de les séparer, car il est difficile d'obtenir de cette manière une action suffisamment précise et rapide sur la vitesse. Une bonne disposition consiste à ramener au moyen d'une transmission mécanique les volants ou leviers de commande de ces deux organes à l'étage de la ligne de mouillage. L'homme chargé de la manœuvre a ainsi la chaîne sous les yeux, et peut proportionner à chaque instant l'effort du moteur à la résistance, stopper instantanément en cas d'avarie, etc.

Pour la manœuvre à bras, les bases du calcul sont les suivantes. On a trouvé expérimentalement qu'un homme poussant une barre

---

(1) Sur certains navires récents, le moteur a été combiné de manière à pouvoir fournir sur la cloche une vitesse d'enroulement de 20 mètres par minute, afin d'accélérer les opérations de prise du corps mort (§ 165).

de cabestan et s'arc-boutant sur ses deux jambes peut exercer en moyenne un effort de 30^k. Lorsque l'homme se déplace, l'arc-boutement se faisant alternativement sur une jambe et sur l'autre, l'effort produit est moindre et d'autant plus réduit que la vitesse avec laquelle il se déplace est plus grande. L'effort ainsi obtenu est représenté approximativement par la formule empirique :

$$E = 16^k - 8\,v$$

v étant la vitesse en mètres par seconde. On admet que pour le relevage il convient que les hommes n'aient pas à dépasser une vitesse de $0^m,50$ par seconde, ce qui donne $E = 12^k$. Désignons par p le poids de l'ancre en kilogrammes, par N le nombre d'hommes agissant sur les barres, par R le rayon d'enroulement du barbotin (qui peut être ici confondu sans inconvénient avec le rayon d'engrènement), par R' le rayon moyen des barres. Le nombre total d'hommes nécessaire pour assurer le dérapage dans toutes les circonstances sera :

$$N = \frac{5{,}5\,p \times R}{R' \times 30}.$$

La vitesse maxima de relevage sera égale à $0{,}50 \times \frac{R}{R'}$, mais si l'effort de relevage a sa valeur maxima $2{,}46\,p$, on ne pourra obtenir qu'une vitesse plus faible avec le nombre d'hommes déduit de la formule ci-dessus, l'effort individuel étant donné dans ce cas par :

$$\frac{2{,}46\,p \times R}{R' \times N} = \frac{2{,}46}{5{,}5} \times 30 = 13^k,400 \cdot$$

ce qui conduirait à $v = 0^m,32$ environ.

La valeur de R varie de $0^m,12$ à $0^m,45$ suivant le calibre et le nombre d'empreintes. Celle de R' varie de 1^m à $2^m,20$ environ. Si nous admettons pour $\frac{R}{R'}$ la valeur moyenne $0{,}18$, les formules ci-dessus conduisent à :

$$N = \frac{1}{30}\,p$$

la vitessse de relevage dans les circonstances les plus défavorables étant donnée par :

$$0{,}32 \times 0{,}18 = 0^m,058 \text{ par seconde.}$$

La valeur maxima réalisable pour N est ordinairement égale à 120, car sur la plupart des grands navires modernes on ne peut placer sur la mèche que deux chapeaux au plus, et chacun d'eux peut recevoir au maximum 60 hommes, comme il a été dit plus haut. Il résulte de là que, si l'on voulait assurer dans toute circonstance la possibilité du dérapage à bras, il faudrait faire usage d'un barbotin multiplicateur dès que le poids de l'ancre dépasse 3600^k environ.

Jusqu'à présent, on a admis en pratique que la manœuvre pouvait être effectuée à bras tant que le poids de l'ancre ne dépasse pas 7000^k, et ce n'est que sur les navires de déplacement supérieur à 10500^{tx} environ que l'on a installé des barbotins multiplicateurs. Ceci peut se justifier de la manière suivante. Dans les conditions ordinaires, il est bien rare que l'on mouille par des fonds de plus de 15 à 20 mètres, ce qui conduit à un effort de relevage variant depuis le début jusqu'à la fin de l'opération de 1,8 à $1,5\,p$ environ. Avec $\frac{R}{R'} = 0,18$ et $N = 120$, l'effort de relevage d'une ancre de 7000^k exigera un effort individuel moyen de 19 à 16^k, qui pourra être obtenu en se contentant d'une vitesse très faible. D'autre part, avec un effort individuel maximum de 30^k, on pourra réaliser sur le barbotin une traction de 20000^k environ, soit à peu près trois fois le poids de l'ancre, ce qui est encore suffisant pour assurer le dérapage dans les circonstances ordinaires.

Lorsqu'on est conduit à faire usage d'un barbotin multiplicateur, il est rationnel de le disposer de telle sorte qu'il puisse assurer le dérapage dans toutes les circonstances, c'est-à-dire qu'il permette de réaliser un effort égal à 5 fois et demie le poids de l'ancre. Si l'on admet $p = 7500^k$ et $\frac{R}{R'} = 0,18$, on trouve que l'effort à réaliser sur les barres est égal à 7425^k, ce qui, avec 120 hommes et 30^k par homme, conduit à un rapport d'engrenages égal à 2,06. C'est pour cette raison qu'on a adopté le rapport 2 sur les barbotins multiplicateurs construits jusqu'à ce jour.

Il résulte de ce qui précède que, dans le cas de la manœuvre à bras, avec les conditions les plus favorables, la vitesse de relevage ne peut pas dépasser $0^m,10$ environ par seconde, c'est-à-dire la moitié de celle que l'on réalise avec le moteur mécanique.

En ce qui concerne les guindeaux, il n'a pas été fait jusqu'ici à notre connaissance d'expériences directes sur la grandeur de l'effort que peuvent développer dans les diverses circonstances des hommes agissant sur des bringueballes. Il semble à priori que l'on puisse admettre à peu près les mêmes chiffres que dans le cas d'un cabestan, c'est-à-dire 30^k en moyenne au moment du dérapage, la moitié des hommes agissant de haut en bas et l'autre de bas en haut, et 12^k en moyenne pour le relevage, le nombre de coups de levier ne devant pas dépasser 40 à 50 par minute. Avec deux barres de $3^m,50$ à chaque levier, on pourra placer 28 hommes, à raison de $0^m,50$ par homme, et ce chiffre ne pourra être que difficilement dépassé, car on ne peut mettre plus de deux barres à chaque levier pour maintenir la course de la barre extrême dans des limites raisonnables. Dans ces conditions, on ne pourra guère obtenir une vitesse de relevage supérieure à $0^m,025$ par seconde environ, soit $\frac{1}{8}$ de la vitesse réalisée avec le moteur mécanique.

163. Apparaux de mise à poste et de mouillage des ancres. — L'ancre ramenée du fond par la chaîne peut être soit rentrée dans l'écubier si elle n'a pas de jas, soit fixée contre la muraille extérieure, dans une position permettant de la projeter facilement à la mer. Cette dernière solution exige des conditions assez multiples, qu'il n'est pas toujours aisé de concilier d'une manière satisfaisante. Il faut en effet que l'ancre ne soit pas trop rapprochée de l'eau, ne fasse pas de saillie trop encombrante à l'extérieur, ne gêne pas le champ de tir des pièces d'artillerie, et puisse être amenée à son poste par une manœuvre aussi simple que possible ; il faut encore que l'ancre soit assez éloignée de l'écubier pour que la portion de chaîne élongée en dehors du navire, entre l'écubier et la cigale, ait une longueur suffisante pour que l'ancre ne soit pas gênée dans sa chute et ne puisse s'engager dans sa chaîne. Autant que possible, l'ancre ne doit commencer à tirer sur sa chaîne qu'après être déjà tombée à l'eau, de manière à amortir la secousse subie par la chaîne et les organes de la ligne de mouillage. D'autre part, si la longueur de chaîne restant hors de l'écubier est un peu considérable, il importe d'éviter qu'elle batte contre la muraille, par suite des mouvements du navire ; ceci s'obtient d'ailleurs sans difficulté en maintenant la chaîne de distance en distance au moyen de petits amarrages en fil de caret fixés à des pitons rivés à la muraille, ces amarrages cassant d'eux-mêmes lorsque l'ancre est projetée à la mer.

Dans l'ancienne flotte à voiles, l'ancre était appliquée le long de la muraille, la verge horizontale, le jas butant contre le bordé, de manière à pouvoir tomber verticalement à la mer quand on larguait ses attaches (fig. 745). La manœuvre s'effectuait alors de

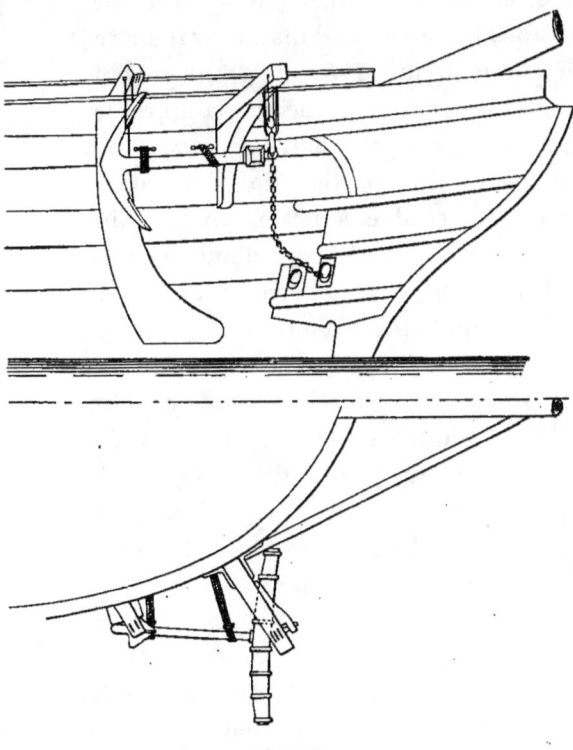

Fig. 745.

la manière suivante. Un peu sur l'arrière de l'écubier était disposé un arc-boutant fixe en bois, appelé *bossoir de capon*, faisant saillie normalement à la muraille. La tête de ce bossoir était percée de mortaises renfermant des rouets ou *réas* sur lesquels passaient les brins d'un palan dont le brin libre ou *garant* rentrait à l'intérieur, et dont la poulie mobile, ou *caliorne*, se terminait par un croc, appelé *croc de capon* (fig. 746). L'ancre étant amenée à l'écubier à l'aide de la couronne à empreintes, on *affalait* la caliorne de capon, de manière à engager le croc dans la cigale, et en *embraquant* le garant on amenait l'ancre à l'aplomb du bossoir, suspendue verticalement au palan. L'ancre étant ainsi *caponnée*, on la *traversait*, c'est-à-dire qu'on la saisissait par une des pattes, au moyen d'un croc de forme spéciale, dit *croc de traversière* (fig. 747), fixé à une caliorne suspendue à un deuxième bossoir placé sur l'arrière du premier à la distance convenable; en embraquant le palan de traversière, on amenait l'ancre dans la position représentée par la figure 745; un garni en bois recouvert de tôle était appliqué sur la muraille, de manière à la protéger contre le ragage des pattes pendant cette partie de l'opération. L'ancre une fois rendue à poste, on la maintenait au moyen d'une *bosse de bout*, reliant la cigale au bossoir de capon, d'une *serre-bosse* reliant les pattes au bossoir de traversière, et de *saisines* en filin amarrées sur des mains de fer fixées à la muraille. Pour mouiller l'ancre, on larguait en premier lieu les saisines et la serre-bosse, de manière à faire *peneau*, c'est-à-dire à laisser l'ancre suspendue au bossoir de capon par la bosse de bout; on libérait ensuite l'ancre au moment voulu en coupant cette bosse.

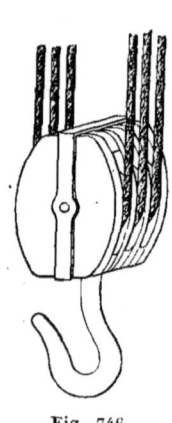

Fig. 746.

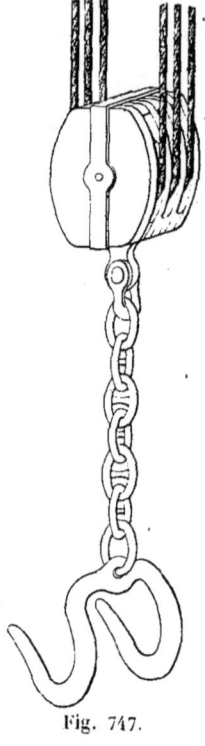

Fig. 747.

Une première modification apportée au système classique que nous venons de décrire a consisté dans l'emploi d'un *mouilleur*, sorte d'appareil à déclanchement permettant d'effectuer plus rapidement le mouillage. Le mouilleur (fig. 748) se compose d'une tige de fer horizontale mobile autour de son axe, munie de deux doigts légèrement recourbés dans lesquels viennent s'accrocher les extrémités de deux chaînes fixées à la muraille et entourant l'ancre. La tige du mouilleur porte un bras muni d'un piton à œil que l'on peut relier au moyen d'un aiguilletage en filin à un piton semblable fixé sur le plat bord. Lorsque l'aiguilletage est en place, le mouilleur est immobilisé et ses chaînes remplacent la bosse de bout et la serre-bosse, la tenue de l'ancre étant seulement complétée par des saisines. Une fois les saisines larguées, il suffit de couper l'aiguilletage pour libérer l'ancre instantanément et la projeter

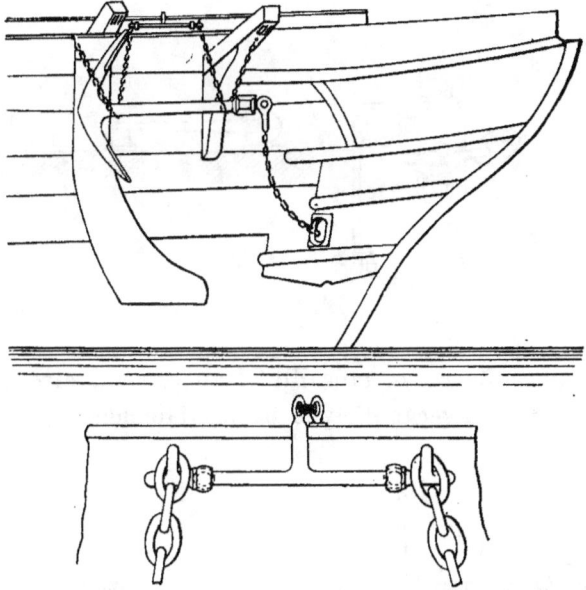

Fig. 748.

à la mer. Le principe de cet appareil a été conservé sur toutes les installations actuelles. Quel que soit le mode d'installation de l'ancre, sa dernière retenue est constituée par une ou deux chaînes dont l'extrémité libre est fixée à un mouilleur. La seule modification apportée quelquefois consiste dans l'emploi d'une douille à échappement (fig. 749) pour maintenir le bras du mouilleur. Cette douille est solidaire d'un levier fixé en temps ordinaire au pont par une clavette ou un amarrage. Les saisines une fois larguées, il suffit de soulever le levier pour laisser échapper l'ancre.

Avec les formes affinées des navires modernes, le mode d'installation de l'ancre représenté par la figure 745, conduirait à une saillie exagérée de l'extrémité du jas; en outre, avec les formes généralement un peu rentrantes des œuvres mortes, on ne peut plus laisser tomber verticalement l'ancre à la mer pour mouiller. La solution adoptée ordinairement consiste à faire reposer l'ancre sur un *support*, disposé de manière à pouvoir pivoter autour d'une charnière horizontale et à projeter ainsi l'ancre à une

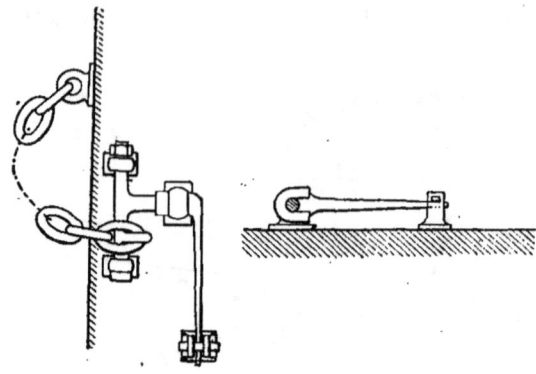

Fig. 749.

distance suffisante de la muraille. L'ancre peut être placée sur ce support avec la verge dirigée horizontalement (fig. 750). Dans

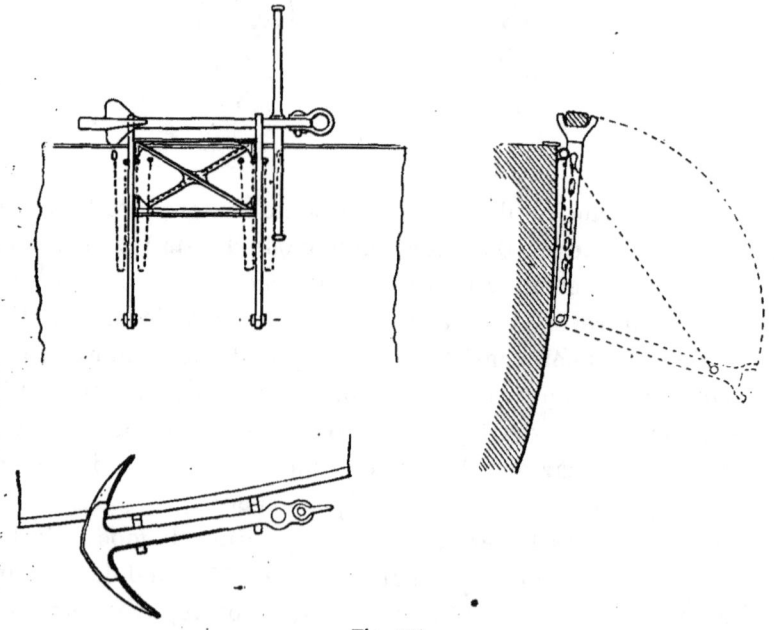

Fig. 750.

ce cas, pour réduire la saillie au minimum, on règle la position du support de façon que la verge se trouve un peu au-dessus du livet d'un pont découvert, l'une des pattes rentrant à l'intérieur au-dessus de ce pont, et le jas étant vertical. Le support est alors constitué par deux bras reliés par des entretoises, articulés à leur pied dans des chapes fixées à la muraille. L'ensemble de l'ancre et du support est disposé de telle sorte que le centre de gravité soit un peu en dehors de l'axe de rotation des bras. En temps ordinaire, l'ancre est maintenue par des saisines et par une chaîne de mouilleur disposée comme nous l'avons vu plus haut. Les saisines étant larguées, si on fait fonctionner l'échappement du mouilleur, l'ancre et le support basculent en raison de leur poids, et l'ancre est projetée à la mer à distance suffisante pour ne pas toucher la muraille. Des suspentes en chaîne retiennent le support et permettent de le ramener en position. Pour éviter la rupture de ces suspentes, qui reçoivent une secousse violente au moment du mouillage, il est bon de les relier à la muraille par l'intermédiaire d'un tampon de choc à ressorts Belleville (fig. 751).

Fig. 751.

Lorsque l'ancre est ainsi disposée, sa mise à poste s'effectue au moyen de deux bossoirs, un bossoir de capon et un bossoir de traversière. Mais ces bossoirs ne peuvent plus être fixes, et sont constitués par des grues tournantes, dont l'emplacement et la portée sont réglés de manière à assurer la facilité de la manœuvre (fig. 752). En premier lieu, la tête du bossoir de capon doit pouvoir se placer à peu près à l'aplomb de l'écubier. L'ancre étant amenée à l'écubier, on croche le croc de capon dans la cigale, ou mieux dans l'œil du boulon, s'il existe (fig. 682), ce qui a l'avantage d'empêcher le croc de mordre sur la manille de l'extrémité de chaîne et de ne pas faire travailler à la flexion le boulon de la cigale une fois que l'ancre est traversée; lorsque l'ancre a été caponnée, on fixe le croc de traversière à la jonction des pattes et de la verge, ce qui exige que la tête du bossoir de traversière puisse être amenée à peu près à toucher la tête du bossoir de capon, et on traverse l'ancre. La verge étant horizontale, l'ensemble de l'ancre et des deux bossoirs forme un système articulé, et l'emplacement des axes des pivots doit être tel que la rotation combinée des deux bossoirs amène l'ancre exactement à l'aplomb de son support, sur lequel on n'a plus qu'à la laisser reposer.

Avec les installations de ce genre, les bossoirs tournants forment

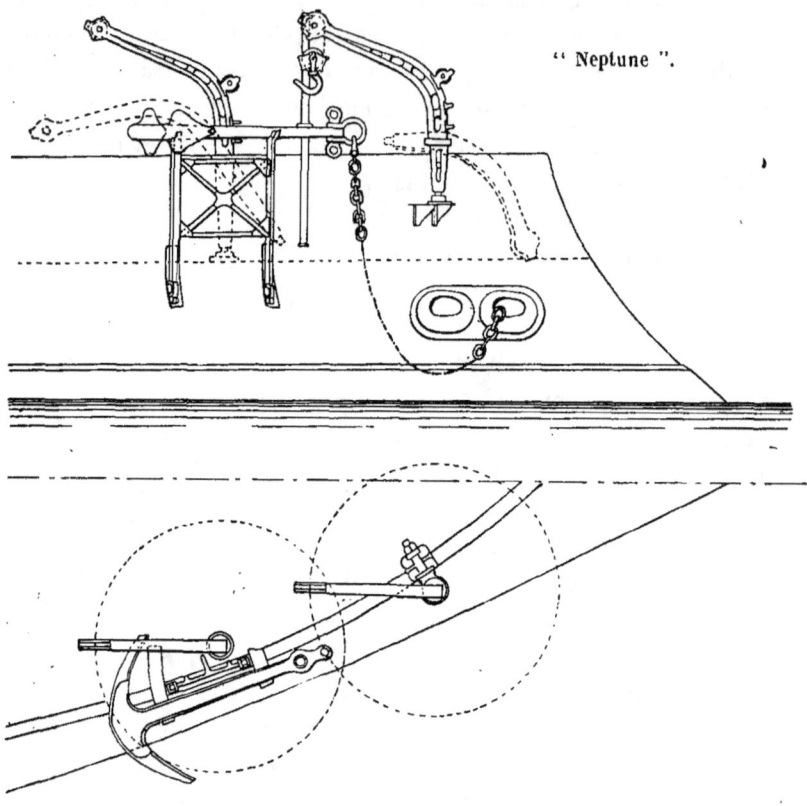

Fig. 752.

le plus souvent des saillies gênantes pour le tir des pièces d'artillerie de la région N. On est alors obligé de les disposer de manière qu'ils puissent être rabattus, ainsi que nous le verrons plus loin. Si la saillie du jas est également gênante pour le tir, on peut aisément déjaler l'ancre avant le combat, en utilisant le bossoir de capon.

La solution que nous venons d'indiquer comporte, bien entendu, d'assez nombreuses variantes. Tout d'abord, on peut placer les pattes verticales et le jas horizontal, celui-ci rentrant à bord au-dessus du pont découvert. On a ainsi plus de facilité pour déjaler, mais la saillie à l'extérieur est plus considérable que dans le cas précédent, et d'autre part il faut un espace libre un peu plus grand pour que la rotation du jas ne soit pas gênée au moment du pivotement du support. On peut aussi disposer l'ancre avec le jas vertical, mais sur un support constitué par un bras unique (fig. 753), le jas lui-même reposant à sa partie inférieure sur une

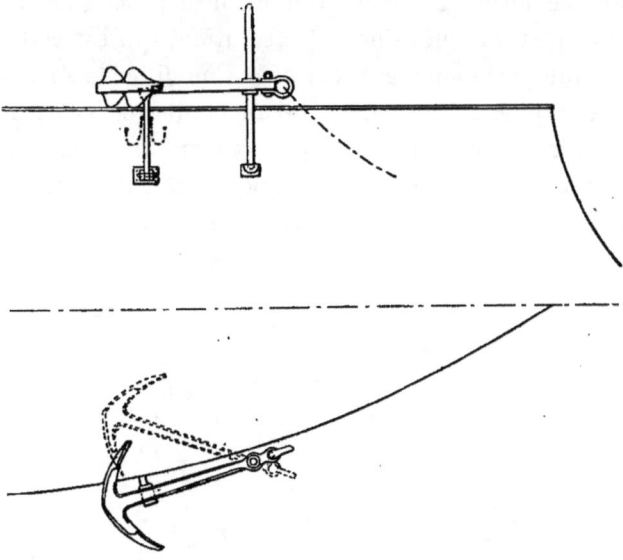

Fig. 753.

console rivée à la muraille et constituant le second bras du support. S'il est nécessaire de déjaler l'ancre pour le combat, on la fait d'abord rentrer à l'intérieur en tournant autour de l'axe du jas, on la fixe dans cette position au moyen de saisines, et on enlève le jas à l'aide du bossoir de capon. Enfin, si la muraille des œuvres mortes présente à l'avant un dévers suffisant, on peut supprimer le support et faire reposer la verge et les pattes sur un plan incliné ménagé en abord du pont supérieur, le jas se plaçant verticalement contre la muraille ; l'ancre tombe alors à la mer en glissant sur ce plan incliné lorsqu'on manœuvre l'échappement du mouilleur.

La nécessité de traverser l'ancre rend assez longue et pénible l'opération de mise à poste, et on a cherché à la supprimer dans la plupart des installations récentes. Un premier procédé consiste à disposer une manille fixée sur la verge et à placer l'écubier assez haut pour que le croc de capon puisse être engagé dans cette manille. La position de cette manille est réglée de façon que le poids de l'ancre et de la portion de chaîne située en dehors de l'écubier se fassent équilibre, et que l'ancre soulevée par le bossoir de capon se place d'elle-même horizontalement. On peut alors, au moyen d'un bossoir unique, la déposer sur son support ou sur son plan incliné. Une autre solution, qui est celle que l'on adopte le plus fréquemment, consiste à modifier la forme du support et à y placer l'ancre, la verge étant verticale, les pattes collées contre la muraille et le jas rentrant horizontalement au-dessus d'un pont découvert. Le support présente alors la disposition indiquée par la figure 754, son axe de rotation étant un peu

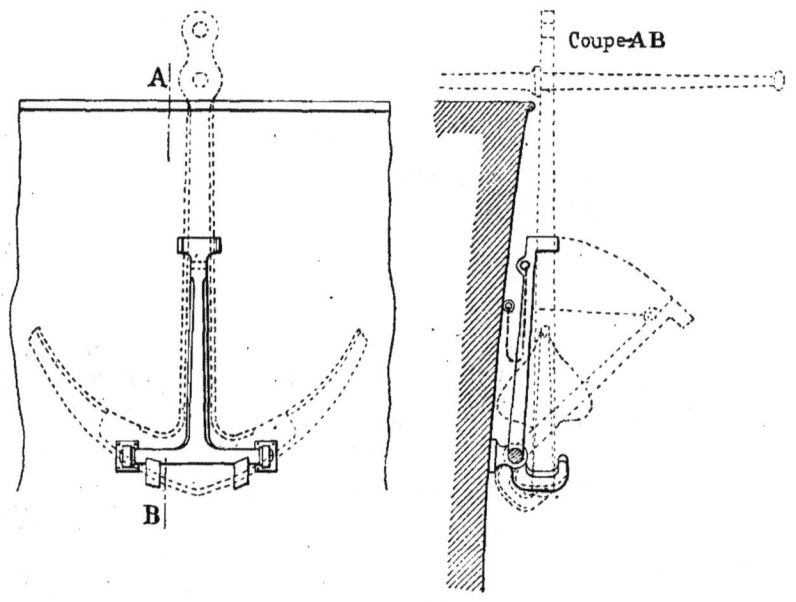

Fig. 754.

en dedans du centre de gravité de l'ancre pour assurer le pivotement. L'ancre est maintenue à la mer par des saisines amarrées à des mains de fer rivées sur la muraille, et peut être libérée au moyen d'une chaîne de mouilleur entourant la partie supérieure de la verge. Ici encore, il suffit d'un bossoir tournant unique pour caponner l'ancre et la mettre à poste. Il est avantageux de crocher la poulie de capon dans l'œil du boulon qui, une fois l'ancre à poste, doit se trouver vers l'intérieur ; de cette façon, l'ancre étant suspendue dans une position légèrement inclinée par rapport à la verticale, on fait prendre d'abord le diamant sur la partie inférieure du support, et il n'y a plus qu'à appeler l'ancre vers l'intérieur pour achever sa mise à poste. Si la saillie du jas est gênante pour le tir des pièces d'artillerie, on déjale en faisant glisser le jas horizontalement vers l'intérieur et en le laissant engagé dans la culasse par son extrémité, ce qui permet de le ramener en place sans difficulté.

On peut encore, lorsque la forme des murailles de l'œuvre-morte s'y prête, placer l'ancre dans la même position, en faisant reposer les oreilles des pattes sur des consoles en tôlerie. Il n'y a plus de support ; l'ancre est maintenue à la façon habituelle par un mouilleur à déclanchement et pivote autour de ses points d'appui sur les consoles lorsqu'on l'abandonne à elle-même.

Les bossoirs de capon, qu'ils soient seuls ou associés à des bossoirs de traversière, sont toujours voisins de l'extrémité avant du navire, et par conséquent peu distants l'un de l'autre. Aussi a-t-il été souvent possible de réunir en un seul les bossoirs de capon des deux bords, et de disposer dans l'axe du navire une *grue de capon*, pouvant desservir indifféremment l'une ou l'autre des deux lignes de mouillage. Dans le cas où la manœuvre de mise à poste s'effectue avec un seul bossoir, on peut ainsi simplifier l'installation en la réduisant à un appareil de levage unique. Cette réduction du nombre des bossoirs est sans contredit avantageuse ; elle peut cependant présenter quelquefois un inconvénient, pour la raison suivante. Lorsque le navire est resté quelque temps au mouillage, et a fait plusieurs tours autour de son ancre suivant les variations de direction du courant, il peut arriver que l'ancre remonte du fond soit *surjalée,* soit *surpattée,* c'est-à-dire avec la chaîne faisant un tour mort autour du jas ou autour d'une des pattes, et la manœuvre nécessaire pour dégager l'ancre devient assez difficile et parfois presque impossible à exécuter, si on ne dispose que d'un seul point fixe. Lorsqu'il n'y pas de bossoir de traversière, il faut par suite prendre les dispositions convenables en prévision de l'éventualité que nous venons de signaler. Si l'écubier est placé assez haut, on peut préparer à l'avance un collier avec manille destiné à être fixé le cas échéant sur la verge dans le voisinage du centre de gravité, et ménager sur la tête du bossoir de capon les points d'attache nécessaires pour frapper un palan ; l'ancre étant caponnée par son centre de gravité, on pourra en général dégager la chaîne en la soulevant à l'aide du palan auxiliaire. Si l'écubier est trop bas pour qu'on puisse saisir l'ancre de cette manière, on devra disposer une installation de fortune, arc-boutant ou mât de charge, pouvant être mise en place d'un bord ou de l'autre et remplaçant le bossoir de traversière.

Examinons maintenant les procédés d'installation des ancres articulées. S'il s'agit d'une ancre munie de jas, la solution la plus communément appliquée consiste à placer l'ancre sur un plan incliné, maintenue par des saisines et une chaîne de mouilleur ordinaire. La mise à poste s'opère soit au moyen de deux bossoirs, si l'ancre porte une deuxième manille fixée au diamant (fig. 683), soit le plus souvent au moyen d'un seul bossoir, l'ancre étant alors caponnée sur une manille fixée dans le voisinage du centre de gravité (fig. 684). Cette dernière solution est employée usuellement dans la marine anglaise (fig. 757) et dans d'autres marines étrangères.

Lorsqu'il s'agit d'une ancre articulée sans jas, on peut l'installer de la même manière sur plan incliné, et c'est ce qui a été fait sur quelques bâtiments de la marine française. Sur la plupart des navires récents, on a préféré employer la rentrée directe de l'ancre dans l'écubier, ce qui permet, au moins théoriquement, de supprimer les bossoirs (fig. 701). En pratique, cependant, on a conservé une grue de capon, soit pour dégager l'ancre si elle venait à être surpattée, ce qui, en raison de la forme de l'ancre, ne pourrait se présenter que dans des conditions tout à fait exceptionnelles, soit surtout pour la manœuvre de l'ancre de rechange, comme nous le verrons plus loin. Lorsque l'ancre est ainsi avalée par l'écubier, on la saisit en engageant dans la cigale un croc à tige filetée prenant appui sur une barre soutenue par des consoles reposant sur les lèvres latérales de l'écubier (fig. 755). On passe ensuite dans la cigale une chaîne de mouilleur ordinaire, qui sert à libérer l'ancre une fois la barre de suspension enlevée. Il faut seulement prendre la précaution de monter le point fixe de cette chaîne sur un ridoir, car il est impossible de ramener l'ancre toujours exactement à la même position. On peut aussi se servir

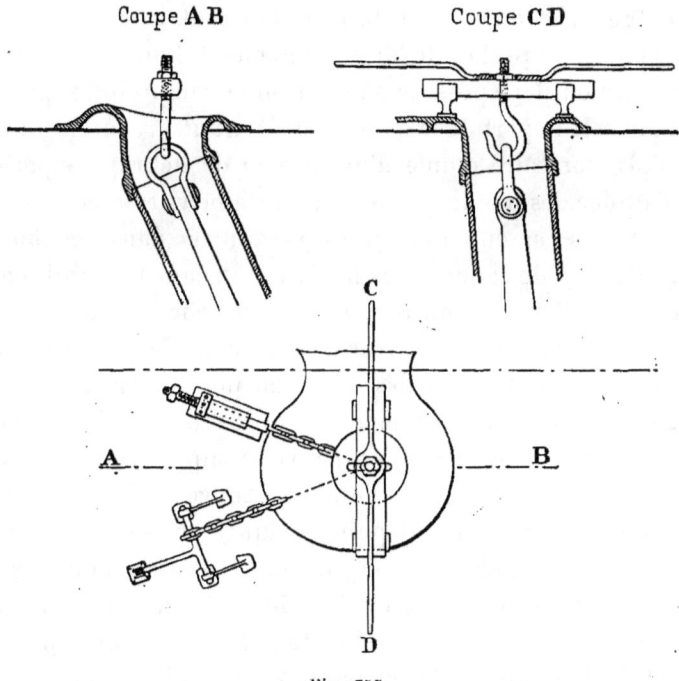

Fig. 755.

d'un mouilleur formé de griffes saisissant une maille horizontale de la chaîne (fig. 756), que l'on fait venir en prise en dévirant légèrement la couronne à empreintes. Sur certains navires, on a disposé des brides en filin d'acier venant embrasser les pattes de l'ancre et

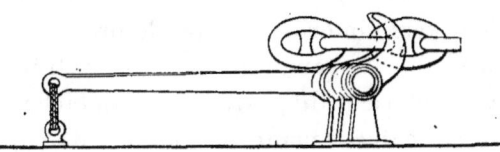

Fig. 756.

les maintenant appliquées contre la muraille. En général, cette précaution n'est pas indispensable, et on peut s'arranger de façon que les ergots butent contre une saillie de l'écubier et que la traction de la chaîne ou du croc de suspension suffise pour forcer les pattes à s'appliquer contre la muraille.

L'ancre avalée par l'écubier entraîne la chaîne par son poids seul, au moment où on détache le mouilleur, au lieu de lui donner une impulsion assez vive, comme cela a lieu dans le cas où on la projette à la mer. Ceci peut conduire à supprimer le tour de bitte pendant le mouillage, si le frottement du brin horizontal de la chaîne est assez fort pour l'empêcher de filer franchement. Dans le cas où chaque ligne de mouillage possède une couronne à empreintes spéciale, on peut aider le départ de la chaîne en dévirant la couronne; mais celle-ci doit alors être munie d'un organe de débrayage permettant de l'affoler dès que la chaîne a atteint une vitesse convenable.

Dans tous les cas où l'ancre n'est pas rentrée dans l'écubier, le crochage du croc de capon dans la cigale ou dans la manille de la verge nécessite l'envoi d'un homme à l'extérieur, ce qui conduit à installer une échelle extérieure formée de mains de fer rivées contre la muraille et permettant de descendre du pont supérieur jusqu'au voisinage de l'écubier. Cette manœuvre de mise en place du croc de capon est assez dangereuse par mauvais temps et peut être évitée au moyen d'une disposition employée souvent dans l'ancienne marine et remise en usage depuis quelques années, notamment dans la marine anglaise. Le long de la chaîne de mouillage est élongé un bout de chaîne de petit calibre, de 30 mètres environ de longueur, ayant la section suffisante pour supporter le poids de l'ancre et de l'extrémité de la chaîne de mouillage. Cette petite chaîne est reliée à un bout par une manille à la cigale de l'ancre, à l'autre bout à la chaîne de mouillage par un amarrage. A la tête du bossoir de capon est fixé un réa sur lequel passe un câble en fil d'acier dont on fait rentrer l'extrémité par l'écubier, de l'extérieur vers l'intérieur, avant de procéder au relevage (fig. 757). On vire au cabestan jusqu'à ce que l'extrémité a de la petite chaîne soit à l'intérieur du navire. On la détache, on la relie par une manille au câble venant du bossoir de capon, on rejette le tout au dehors par l'écubier, et on caponne l'ancre en embraquant le câble du bossoir. Il faut seulement veiller, pendant le relevage, à ce que la chaîne de mouillage ne morde pas sur la petite chaîne à son passage dans l'écubier; on évite cet inconvénient en *trévirant* la grosse chaîne, c'est-à-dire en la faisant tourner légèrement autour de son axe au moyen d'un levier engagé dans une maille, dès qu'elle tend à mordre sur la petite chaîne.

L'ancre de rechange peut être installée de la même manière

APPARAUX DE MOUILLAGE. 85

que les ancres de mouillage ordinaires, avec écubier spécial, ce qui donne trois lignes de mouillage distinctes, deux d'un bord et une seule de l'autre. C'est la solution généralement adoptée dans la marine anglaise; dans la marine française, on n'installe pas en général de ligne de mouillage spéciale pour l'ancre de rechange, et on la dispose seulement de manière à pouvoir être maillée le

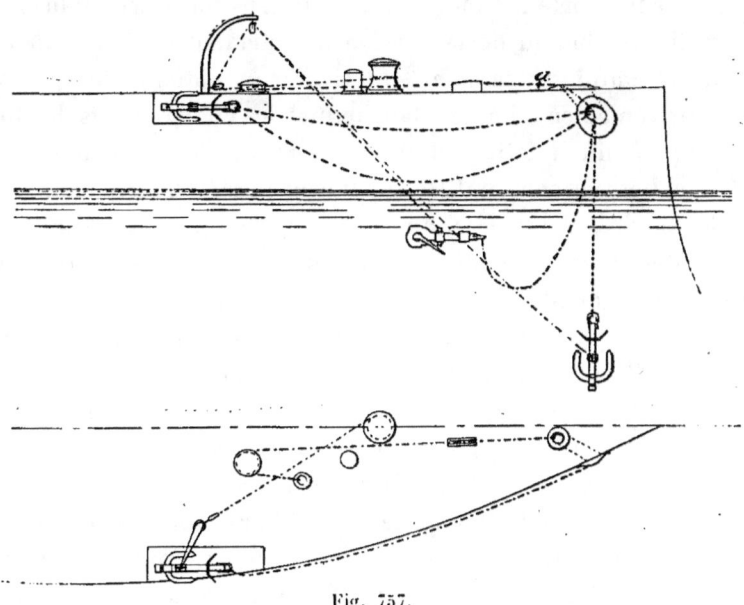

Fig. 757.

cas échéant à l'extrémité d'une des deux chaînes principales. Il est alors nécessaire de disposer d'un bossoir, d'abord pour saisir l'extrémité de chaîne hors de l'écubier et l'amener à l'aplomb de la cigale de l'ancre de rechange, ensuite pour affaler l'ancre de rechange, de manière à la laisser pendre au dehors. En temps ordinaire, l'ancre de rechange est installée soit à plat sur le pont supérieur à l'avant, soit à l'extérieur contre la muraille, ce qui est possible même s'il s'agit d'une ancre ordinaire, car on peut la déjaler sans inconvénient.

L'installation d'ensemble de la manœuvre des ancres de mouillage est l'une des plus délicates que l'on ait à exécuter à bord des navires, et exige une étude très attentive. L'usage des ancres articulées rentrant dans l'écubier, actuellement en faveur dans la marine française et adopté à l'imitation de la marine de commerce, paraît à première vue fournir la solution la plus simple du problème, mais conduit en pratique à des complications sérieuses. Sur les navires de commerce, en effet, à formes d'avant droites et même légèrement déversées, à pont supérieur bien dégagé et très élevé au-dessus de l'eau, la rentrée de la verge s'obtient sans difficulté, l'écubier débouchant toujours sur le pont supérieur et ayant une très forte inclinaison ; la bitte est supprimée, et la chaîne au sortir du chemin de fer arrive directement au barbotin d'un guindeau établi sur le pont supérieur ; on obtient ainsi un parcours extrêmement simple, dans lequel les changements de direction et par suite la fatigue de la chaîne sont réduits au minimum ; enfin, les bossoirs sont inutiles et peuvent être totalement supprimés. Sur les navires de guerre, au contraire, les conditions sont toutes différentes. Le dégagement du tir des pièces de chasse impose une hauteur de franc-bord modérée et les formes de l'avant sont presque toujours plus ou moins rentrantes ; il en résulte une pente plus faible de l'écubier et par suite un changement de direction plus accusé pour la verge au moment de sa rentrée ; dans le cas où l'ancre remonte du fond avec les pattes tournées vers la muraille, elle rague fortement contre le bordé et se coince à peu près forcément, ne laissant d'autre latitude que de l'affaler à nouveau, en essayant de rejeter les pattes du côté de l'extérieur ; en outre, l'extrémité de chaîne étant obligée de franchir la lèvre intérieure de l'écubier, l'émerillon et les manilles, qui ne sont pas dessinés en vue de travailler par flexion, fatiguent beaucoup au moment de leur passage sur la lèvre et risquent même de se trouver arrêtés dans cette position, ce qui peut amener leur déformation ou leur rupture ; enfin, il ne serait pas prudent de supprimer la bitte sur un navire exposé à mouiller fréquemment et par mauvais temps, et les nécessités de dégagement du champ de tir conduisent à rejeter le moteur de la couronne à empreintes dans un entrepont inférieur, ce qui impose un parcours de chaîne plus long et plus compliqué que celui des navires de commerce. Pour tous ces motifs, il semble que la rentrée de l'ancre dans l'écubier soit loin de constituer la solution la plus favorable pour les navires de guerre, et, l'installation d'un bossoir étant toujours nécessaire pour la manœuvre de l'ancre de rechange, les inconvénients de cette solution paraissent l'emporter sur ses avantages. A notre avis, si l'on admet que les ancres articulées donnent une tenue suffisante, c'est l'installation sur plan incliné qui doit être préférée toutes les fois qu'elle est possible.

Quel que soit le mode d'installation adopté, l'ensemble de la manœuvre doit être étudié sur le modèle à petite échelle ou même sur un modèle spécial de plus grandes dimensions. On fait la vérification définitive sur place, au moyen de gabarits en vraie grandeur, de manière à déterminer exactement le tracé des écubiers ou la position des axes des bossoirs.

L'ancre de réserve et les ancres à jet, plus petites que les ancres de mouillage, sont installées le plus souvent le long de la muraille. Ce sont des ancres ordinaires à jas recourbé, que l'on déjale et que l'on fait reposer sur des consoles en cornières; elles sont fixées à la muraille par des saisines (fig. 758). Il est bon de les placer de façon que la culasse soit un peu au-dessus du livet du pont supérieur, ce qui permet d'enjaler et de déjaler l'ancre sur place. En outre, la cigale doit être à l'aplomb d'un appareil de levage (ordinairement l'un des bossoirs de manœuvre des embarcations) permettant de mettre l'ancre à poste et de la déposer dans l'embarcation qui doit la mouiller.

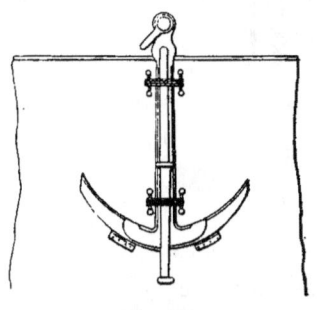

Fig. 758.

164. Installation des bossoirs. — Nous venons de voir que dans la plupart des cas l'installation de la manœuvre des ancres exige l'emploi de bossoirs tournants. Suivant la disposition la plus usuelle, ces bossoirs sont constitués en principe par une poutre en forme de col de cygne (fig. 759), reposant à sa base dans une crapaudine et maintenue par un collier qui permet de la faire tourner autour d'un axe vertical. Cet axe de rotation peut être suivant le mode d'installation soit extérieur, soit intérieur au navire. Le premier cas est celui que représente la figure 759; dans le second cas, le collier est installé comme un étambrai dans le pont supérieur et la crapaudine repose sur le pont placé immédiatement en dessous ou sur une console rivée à ce pont.

Nous n'avons pas à examiner ici les procédés de calcul d'une poutre courbe ainsi disposée, mais il est utile de bien définir les conditions de fatigue auxquelles elle est soumise en raison de sa destination. La valeur P de la charge appliquée à la tête du bossoir de capon se compose du poids de l'ancre complète, avec jas et cigale, et du poids de la longueur maxima de chaîne comprise entre la cigale et l'écubier ; cette longueur peut être estimée d'après le croquis d'installation, et n'est pas en général inférieure à 5 ou 6 mètres. Par mesure de prudence, pour prévoir le cas où le bossoir aurait à supporter le poids d'une longueur de chaîne plus considérable, il est bon de prendre comme point de départ $P = 1,2\ p$, p étant le poids de l'ancre complète (1).

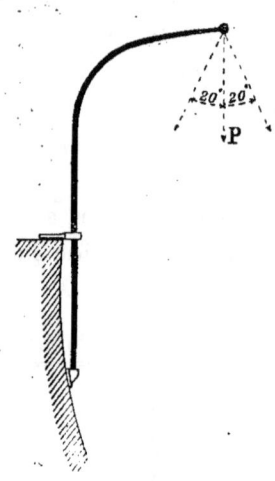

Fig. 759.

Il ne faut pas perdre de vue, en effet, que les bossoirs doivent être construits de manière à présenter toutes les garanties de solidité désirables, car ils sont fréquemment exposés à de violentes secousses, et il importe qu'on puisse compter d'une manière absolue sur leur fonctionnement. D'autre part, la charge P ne doit pas être considérée comme restant toujours verticale, mais comme une charge oscillant en raison des mouvements de roulis et de tangage du navire. On fait habituellement les calculs en admettant une inclinaison *statique* maxima de 20° par rapport à la verticale, et en majorant la composante horizontale ainsi obtenue d'une quantité représentant la force d'inertie estimée d'après la période probable d'oscillation du navire. La composante statique P sin 20° étant égale à 0,34 P, la valeur de la force d'inertie peut être estimée en moyenne à 0,08 P, ce qui porte à 0,42 P la valeur de la composante horizontale à introduire dans les calculs. D'ailleurs, l'oscillation de la charge pouvant se produire dans un plan orienté suivant un azimut quelconque par rapport au plan de symétrie du bossoir, on doit étudier séparément les conditions de fatigue dans le cas où la charge oscille dans le plan de symétrie, dans le cas où elle oscille dans un plan perpendiculaire, et s'il y a lieu pour une orientation quelconque du plan d'oscillation. La conclusion principale à

---

(1) Pour le bossoir de traversière, qui supporte des efforts moindres, on peut prendre comme point de départ les $\frac{3}{4}$ de la charge maxima admise pour le bossoir de capon.

laquelle conduit cette étude, c'est que, la section la plus chargée étant la section au niveau du collier, le rapport du module de flexion de cette section autour d'un axe parallèle au plan de symétrie au module de flexion de la même section autour d'un axe perpendiculaire à ce plan ne doit pas descendre au-dessous d'une certaine valeur, qui est voisine de 0,4 dans les conditions usuelles d'établissement des bossoirs.

Pour les bossoirs de faible dimension, on peut employer une poutre pleine en fer ou en acier forgé. La figure 760 représente le tracé habituellement suivi pour la section; une douille (figurée en tirets) est fixée à hauteur convenable pour s'encastrer dans le collier et assurer le guidage

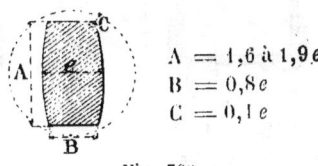

$A = 1,6$ à $1,9\,e$
$B = 0,8\,e$
$C = 0,1\,e$

Fig. 760.

du mouvement de rotation. Lorsque A varie de 1,6 à 1,9 e, le rapport des modules de flexion dans les deux directions rectangulaires varie de 0,5 à 0,6 environ. Le diamètre de la douille varie de 2 à 2,26 e.

Dès que la valeur de la charge P devient un peu considérable, on a intérêt à faire usage d'une poutre creuse. On peut employer une section circulaire, en se servant d'un tube creux étiré de manière à donner autant que possible en chaque point la section nécessaire pour l'égalité de résistance. Le rapport des modules de flexion est alors égal à 1, le moment d'inertie étant le même dans toutes les directions. Le diamètre intérieur du tube est pris habituellement égal aux $\dfrac{8}{10}$ du diamètre extérieur. Pour les bossoirs de grande dimension, l'emploi d'un tube creux donne un aspect un peu lourd, et on préfère en général les constituer au moyen d'une poutre d'assemblage en tôlerie. La figure 761 représente le tracé et les proportions des trois formes de section ordinairement usitées, en fonction de l'épaisseur des tôles employées. Les flasques formant les grands côtés du rectangle sont largement évidées (fig. 763); ces évidements sont d'ailleurs indispensables pour permettre le rivetage dans le cas des formes (1) et (2). La douille d'encastrement dans le collier est obtenue au moyen de pièces en fonte ou en acier moulé rivées avec les flasques (fig. 762). Le diamètre de la douille est égal à 17,2 e pour la forme (1), à 16,8 e pour la forme

(2), à 17,8 e pour la forme (3). Le rapport des modules de flexion est égal à 0,87 pour la forme (1), à 0,66 pour la forme (2), à 0,34 pour la forme (3). Ce dernier chiffre est un peu faible, et conduit

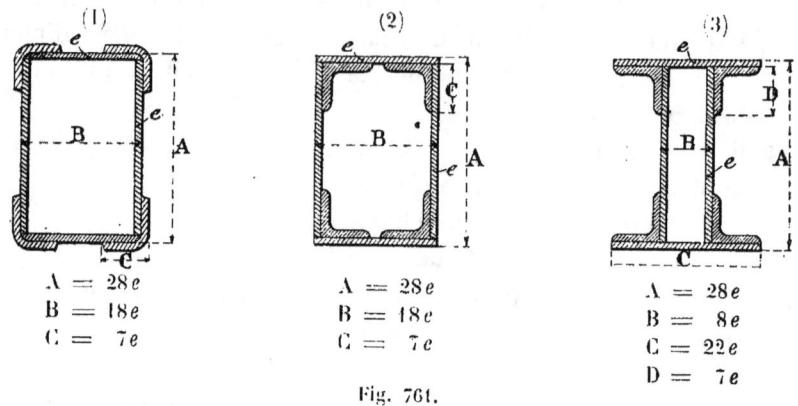

Fig. 761.

à préférer dans la plupart des cas les formes (1) et (2), qui ont en outre l'avantage de donner un collier de diamètre un peu plus faible.

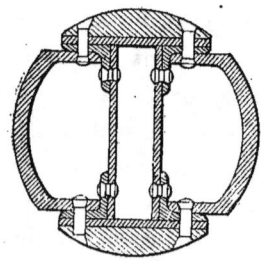

La forme de la section au collier étant choisie, les échantillons de cette section se déterminent en adoptant pour la fatigue de la fibre la plus chargée une valeur suffisamment modérée. Pour un bossoir plein, on peut adopter 8^k ou 10^k, suivant qu'on fait usage de fer ou d'acier. Pour un bossoir formé d'un tube creux ou d'une poutre d'assemblage en acier, il est prudent de ne pas dépasser 7^k. La section la plus chargée étant ainsi connue, les sections aux divers points se déterminent suivant la loi de variation des moments fléchissants.

Lorsque le poids de l'ancre est un peu considérable, il devient nécessaire de prévoir quelques dispositions spéciales pour faciliter le mouvement d'orientation du bossoir. On emploie en général un levier horizontal, fixé perpendiculairement au pivot dans le plan de sy-

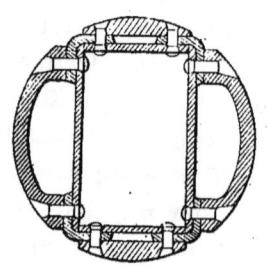

Fig. 762.

métrie, du côté opposé à la tête, et sur l'extrémité duquel on peut agir au moyen d'un palan (fig. 763). En temps ordinaire, ce levier est relevé le long du fût du bossoir. On peut aussi, ce qui est surtout commode lorsque la crapaudine est placée à l'intérieur du navire, claveter sur le fût, entre le collier et la crapaudine, une couronne dentée sur laquelle on agit au moyen d'une vis tangente ou d'un pignon (fig. 765).

Nous avons dit qu'en général les bossoirs devaient pouvoir être rabattus au combat, pour dégager le tir des pièces d'artillerie de la région N. Un des procédés employés lorsque le collier est

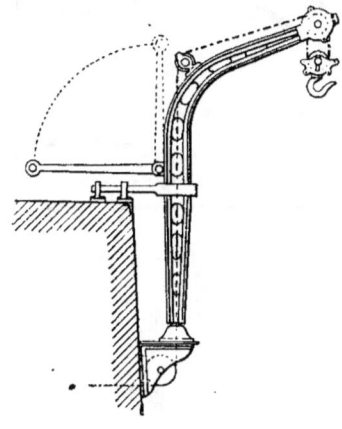

Fig. 763.

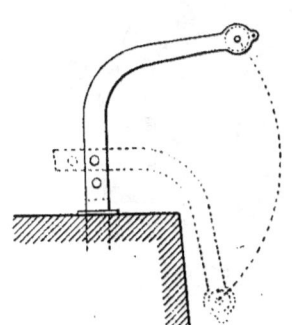

Fig. 764.

extérieur au navire consiste à fixer ce collier à un tourillon horizontal passant dans des coussinets rivés à la muraille du navire. La crapaudine est ouverte sur le côté, le pied du bossoir y étant maintenu en temps ordinaire par une clavette. En enlevant cette clavette, on peut faire tourner l'ensemble du bossoir autour de l'axe du tourillon et le rabattre le long de la muraille (fig. 752 et 763). Lorsque le collier est en dedans de la muraille, on peut constituer la volée au moyen de deux pièces articulées l'une avec l'autre (fig. 764), suivant un procédé analogue à celui indiqué au § **105** pour les chandeliers de garde-corps.

Les grues de capon peuvent affecter des formes assez différentes suivant les conditions d'installation. Comme dans la plupart des cas elles doivent être rabattables, leurs dispositions doivent être étudiées de manière à rendre la manœuvre de rabattement et de remise à poste aussi aisée que possible. La figure 765 représente une grue articulée dans laquelle le rabattement et la remise à poste peuvent s'effectuer sans aucun démontage, la contre-fiche

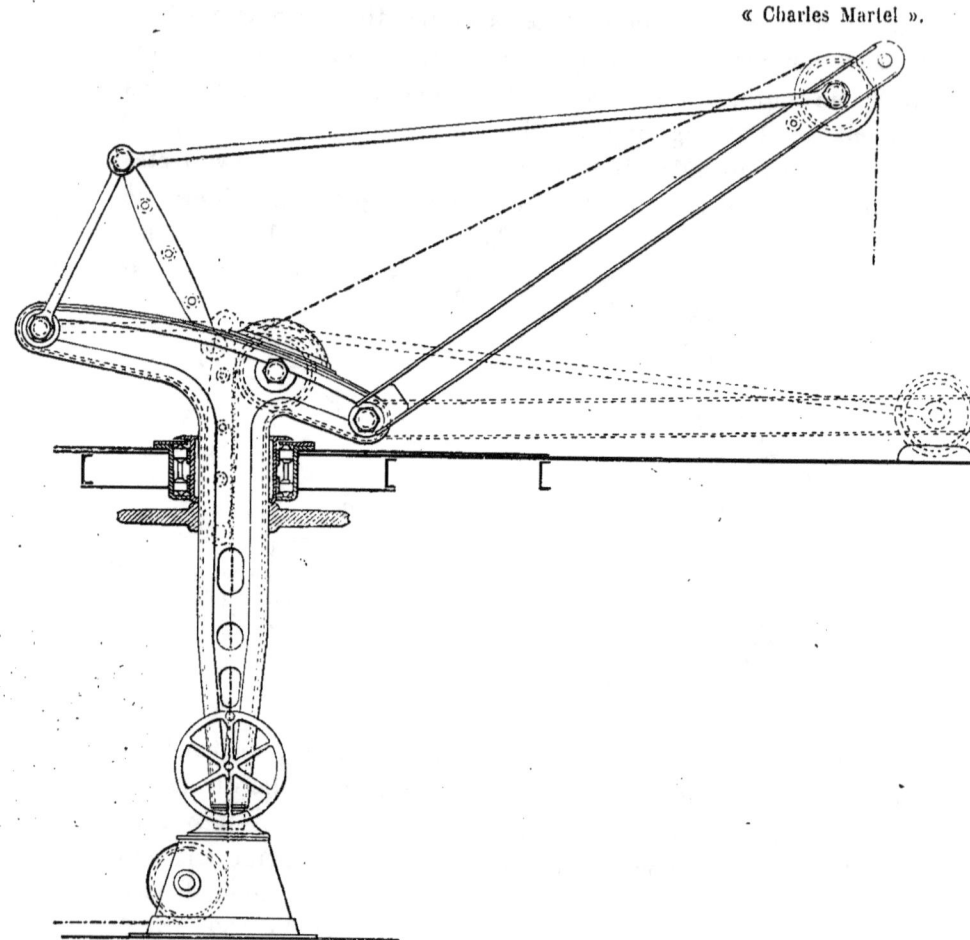

Fig. 765.

étant solidaire d'un écrou qui peut monter ou descendre le long d'une vis placée à l'intérieur du pivot.

Examinons maintenant les conditions d'installation du palan de hissage. Ce palan peut tout d'abord être constitué à la façon ordinaire, au moyen de deux caliornes, l'une fixe suspendue à l'extrémité de la tête du bossoir, l'autre mobile portant le croc de capon. Pour réduire le *guindant,* c'est-à-dire la hauteur du bossoir, on loge en général les réas de la caliorne supérieure dans la tête même du bossoir, suivant le procédé employé dans les bossoirs fixes des anciens bâtiments. Ces réas sont en bronze, et séparés par des flasques en tôle réunies par des entretoises (fig. 766).

Dans le même ordre d'idées, on peut remplacer la caliorne mobile en bois par une caliorne métallique, moins encombrante, telle que la représente la figure 766. Le nombre de brins dépend du poids de l'ancre et peut se déterminer par les considérations dont nous parlerons plus loin.

Le garant du palan de capon doit être ramené à l'intérieur du navire, de façon à pouvoir être actionné par un appareil mécanique, treuil, cabestan, ou guindeau. D'autre part, le mouvement de hissage ou d'amenée

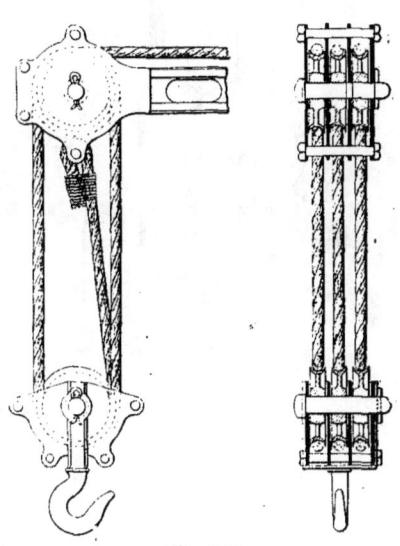

Fig. 766.

de l'ancre doit pouvoir être effectué quelle que soit l'orientation du bossoir. Ceci peut être obtenu en faisant passer le garant convenablement guidé à l'intérieur de la poutre creuse qui constitue le bossoir, de manière que sa direction coïncide avec l'axe de rotation (fig. 763). La crapaudine est alors percée d'un trou en son centre, et laisse passer le garant, qui fait retour sur un réa logé dans la console supportant la crapaudine, et peut ainsi être élongé horizontalement. Lorsque le palan de capon est à plusieurs brins, ce qui est le cas général, cette solution devient difficilement applicable, car le réa de sortie du garant, à la tête du bossoir, est forcément rejeté sur le côté ; pour le ramener dans l'axe en évitant tout frottement sur les joues du réa ou sur les flasques du bossoir, il faudrait ou bien ajouter plusieurs réas de changement de direction, ce qui augmente les frottements, ou dévoyer légèrement la volée du bossoir, ce qui compliquerait beaucoup la construction. Il est plus simple d'employer le procédé suivant. Le garant venant du réa de sortie de la tête du bossoir longe latéralement la volée, passe sur un réa placé à l'intersection de la volée et du fût, et descend verticalement le long du fût. Un peu au-dessus du collier, il s'engage dans une *marionnette*, c'est-à-dire dans un réa monté dans une chape mobile autour d'un axe vertical (fig. 767). La marionnette étant disposée un peu au-dessus du niveau d'un pont, le garant passe ensuite dans une *poulie coupée* (fig. 768) qui permet de l'élonger rapidement dans la direction voulue. On voit que par cette disposition le bossoir peut tourner de 180° sans que la longueur du garant subisse de modification sensible. Il faut seulement avoir soin de placer la marionnette du côté convenable pour que le garant ne s'enroule pas autour du fût pendant l'orientation du bossoir, c'est-à-dire du côté qui marche vers la poulie coupée.

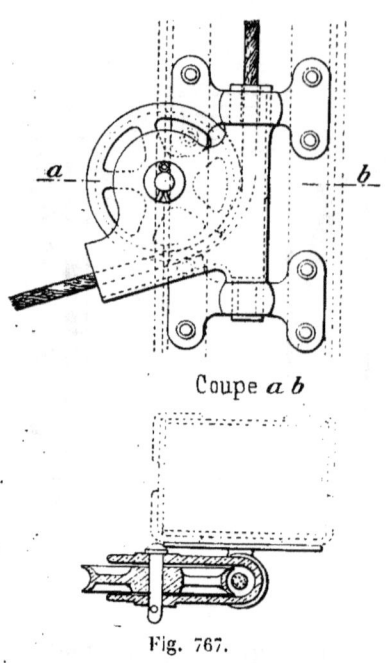

Fig. 767.

Sur presque tous les navires récents, l'installation du palan de hissage a été simplifiée par l'adoption d'une *itague*. La caliorne mobile, au lieu d'être placée à l'extérieur, suspendue à la tête du bossoir, est ramenée à l'intérieur du navire et reliée au croc de capon par un brin unique, ou itague, de longueur suffisante pour se plier aux changements de direction imposés. De cette façon, la tête du bossoir porte un seul réa, ce qui simplifie sa construction, et on a toute facilité pour faire suivre au brin unique la direction de l'axe de rotation du bossoir et pour le ramener dans une direction horizontale au moyen d'un réa logé dans la console supportant la crapaudine (fig. 765 et 771). La manœuvre de la caliorne mobile, dont le poids est assez considérable pour les grosses ancres, devient ainsi beaucoup plus aisée puisqu'elle n'a plus à effectuer qu'un parcours horizontal à plat pont.

L'itague peut être confectionnée soit en chaîne, soit en fil d'acier. Pour les itagues en chaîne, on se sert de chaînes de tracé spécial, à mailles courtes sans étai, dessinées de manière à présenter plus de souplesse que les chaînes ordinaires. La figure 769

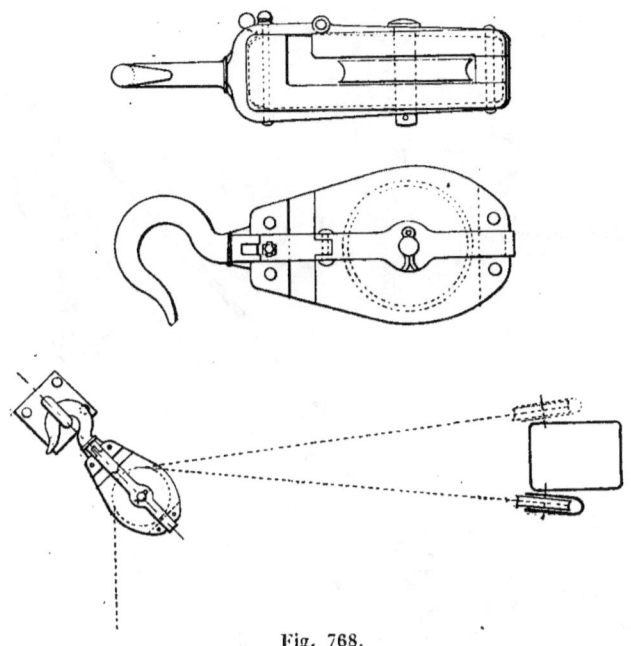

Fig. 768.

représente le tracé de ces chaînes spéciales, qui sont exclusivement employées pour tous les appareils de levage. Les câbles en fil d'acier sont moins encombrants, mais un peu moins souples que les chaînes, ce qui exige des réas de dimension plus forte. Pour

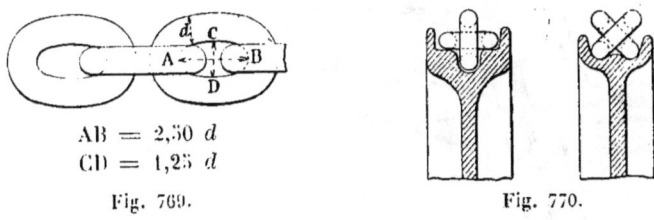

$AB = 2,50\ d$
$CD = 1,25\ d$

Fig. 769.   Fig. 770.

les itagues en fil d'acier, les réas sont des réas en bronze ordinaires, à gorge semi-circulaire. Pour les itagues en chaîne, on fait usage de réas portant soit une gorge de même profil que la rainure du chemin de fer, soit une gorge de tracé plus simple sur laquelle la chaîne se place à 45° de la position précédente (fig. 770).

Le croc de capon doit toujours être réuni à l'itague par un émerillon, de manière que l'ancre puisse se mouvoir librement sans exercer sur l'itague un effort de torsion. La figure 771 repré-

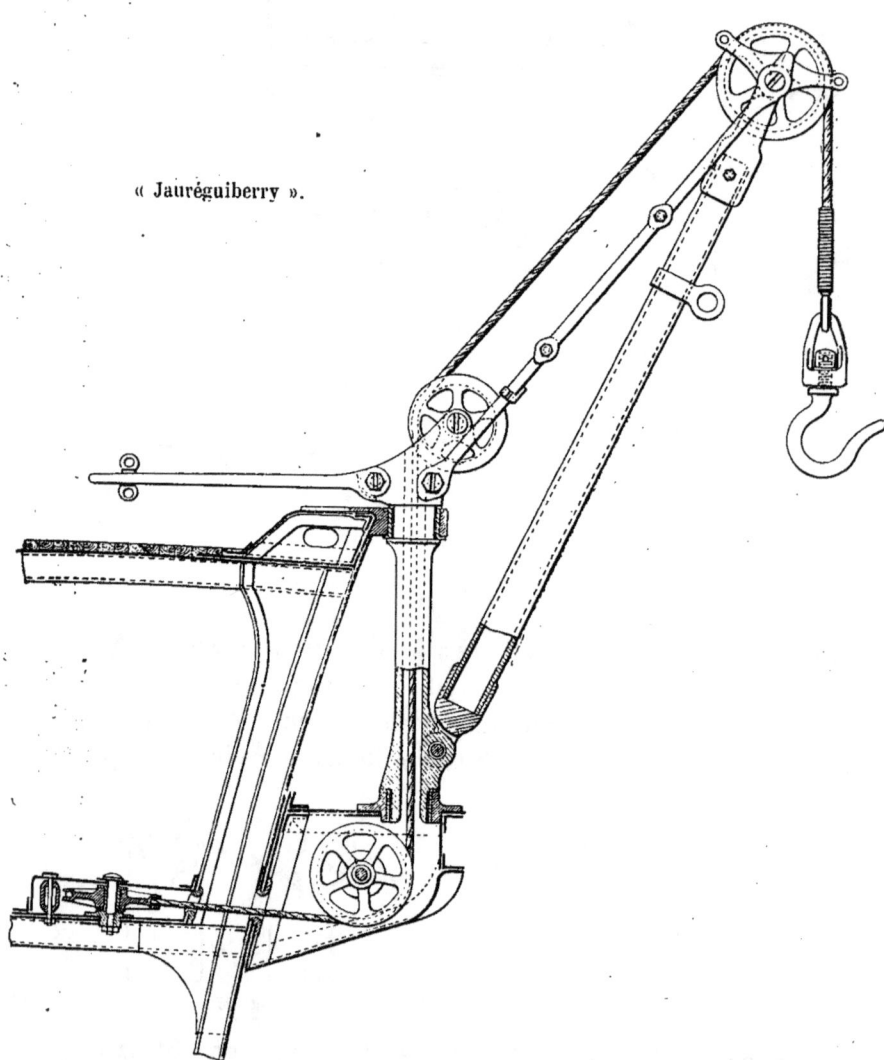

« Jauréguiberry ».

Fig. 771.

sente un exemple d'installation de bossoir de capon avec itague en fil d'acier.

Dans la plupart des cas, le hissage de l'ancre est obtenu comme nous l'avons dit plus haut, en frappant sur l'extrémité de l'itague la caliorne mobile d'un palan à plusieurs brins, et agissant sur le garant de ce palan au moyen d'un appareil mécanique quelconque. Tantôt on utilise pour cet usage le cabestan principal, tantôt un des treuils servant au hissage des embarcations, dont les dispositions seront étudiées plus tard, tantôt un cabestan auxiliaire à une seule cloche dont l'installation est souvent nécessaire pour les manœuvres d'amarres, comme nous le verrons au chapitre suivant. Lorsqu'on fait usage du cabestan principal, il est bon d'enrouler le garant sur la cloche en sens inverse de celui de la chaîne de mouillage sur le barbotin, de façon à dévirer cette chaîne en même temps qu'on hisse l'ancre; on évite ainsi d'avoir à frapper des bosses et à dégarnir la chaîne de la couronne à empreintes avant d'agir sur l'itague.

Il est évidemment rationnel de chercher à profiter de l'emploi d'une itague pour accélérer l'opération de mise à poste de l'ancre, en supprimant le palan et agissant directement sur l'itague au moyen de l'appareil mécanique. Avec une itague en fil d'acier, ceci ne présente pas de difficulté particulière, et l'itague peut être tournée directement sur une cloche établie à l'étage convenable. Avec une itague en chaîne, au contraire, ce procédé serait dangereux, car le choc ne se ferait que très irrégulièrement et les tours de chaîne seraient exposés à mordre les uns sur les autres. On serait ainsi conduit à employer les câbles en fil d'acier de préférence aux chaînes. Mais, comme nous l'avons dit, les itagues en chaîne permettent de diminuer l'encombrement des réas et donnent sur les bossoirs une fatigue peut-être un peu moindre, en raison de leur plus grande souplesse; de plus, dans la partie extérieure exposée à la pluie et aux embruns, l'itague en chaîne est plus facile à entretenir et subit une détérioration moins rapide que l'itague formée d'un câble en fil d'acier avec âme en chanvre. C'est pour ces motifs que l'on préfère quelquefois faire usage d'itagues en chaîne. On peut d'ailleurs, dans le cas où on dispose d'une cloche suffisamment éloignée du pied du bossoir, composer l'itague de deux parties, un brin extérieur en chaîne passant sur les réas du bossoir, et un brin intérieur en fil d'acier pouvant être enroulé sur cette cloche. Il y a en somme une étude particulière à faire dans chaque cas, en s'inspirant des considérations qui précèdent.

Pour le calcul des dimensions de l'itague et du palan de hissage, et de la puissance de l'appareil de levage, il est nécessaire de tenir compte de la résistance de frottement créée par chaque changement de direction et de l'augmentation de fatigue qui en résulte. On sait que si l'on considère un câble souple s'enroulant sur un réa, la tension T du brin d'entrée et la tension T' du brin de sortie sont liées par une relation de la forme

$$T' = \alpha T + \beta$$

α et β étant des coefficients qui englobent à la fois la résistance au roulement du réa et la raideur du câble. Dans la pratique, il est suffisamment exact d'admettre que T et T' sont liés l'un à l'autre par la relation plus simple

$$T' = T(1 + \gamma)$$

qui est d'un usage beaucoup plus commode dans les calculs. Le coefficient γ représente le taux de majoration de tension après le changement de direction, et dépend de la nature du câble, du rapport du diamètre du réa à la dimension du câble, et de l'amplitude du secteur d'enroulement du câble sur le réa. D'après les résultats d'expérience, on peut prendre comme point de départ les chiffres suivants, en appréciant par interpolation la valeur probable de γ dans chaque cas particulier :

D = Diamètre du réa. d = Calibre de la chaîne ou diamètre du câble. θ = Amplitude du secteur d'enroulement.		VALEUR DU COEFFICIENT γ	
		θ = 90°	θ = 180°
Chaîne à mailles courtes sans étai..	D = 20 d	0,08	0,12
	D = 15 d	0,10	0,15
Câble en fil d'acier	D = 20 d	0,08	0,12
	D = 15 d	0,10	0,15
Câble en chanvre (neuf).	D = 7,5 d	0,15	0,17

Cela posé, soit par exemple une itague en fil d'acier tirée par un palan à 6 brins (fig. 772). Désignons par P la charge, par T la tension du garant, par T' celle de l'itague entre le dernier réa et la caliorne mobile. Soit γ_1 la valeur de γ correspondant aux retours du bossoir, valeur que nous supposerons pour simplifier être la même pour tous les retours. On a évidemment :

$$T' = P (1 + \gamma_1)^3.$$

Soit de même γ_2 la valeur de γ correspondant aux réas des ca-

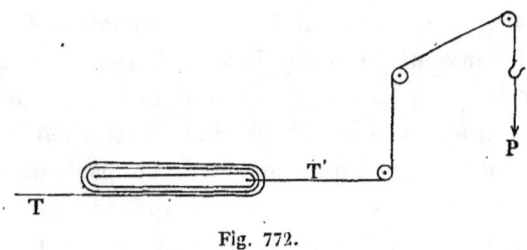

Fig. 772.

liornes du palan. Si l'on désigne par t la tension du premier brin de ce palan, les tensions des brins successifs sont :

$$t$$
$$t (1 + \gamma_2)$$
$$t (1 + \gamma_2)^2$$
$$t (1 + \gamma_2)^3$$
$$t (1 + \gamma_2)^4$$
$$t (1 + \gamma_2)^5 = T$$

et on a évidemment :

$$t \cdot \frac{(1 + \gamma_2)^6 - 1}{\gamma_2} = T' = P (1 + \gamma_1)^3.$$

d'où l'on tire :

$$T = \frac{\gamma_2 (1 + \gamma_1)^3 (1 + \gamma_2)^5}{(1 + \gamma_2)^6 - 1} P.$$

Dans le cas particulier que nous avons supposé, on peut prendre $\gamma_1 = 0{,}08$ et $\gamma_2 = 0{,}17$, ce qui donne

$$T' = 1{,}26 \ P$$
$$T = 0{,}3 \ P.$$

Si l'on n'avait pas tenu compte des frottements, on aurait eu $T' = P$ et $T = 0{,}167 \ P$. Pour le calcul de l'itague, on admettra une fatigue maxima de 6 à 7^k par millimètre carré de la double section, s'il s'agit d'une chaîne à mailles courtes, de 8^k par millimètre carré de la section correspondant au diamètre extérieur s'il s'agit d'un câble en fil d'acier. Pour le garant du palan, on admettra une fatigue maxima égale à $0^k,12\,c^2$, c étant la circonférence du garant en millimètres.

On remarque que la valeur de γ croît lorsque le diamètre du réa diminue. Il convient par suite de donner à ce diamètre une valeur aussi grande que possible, et de chercher à se rapprocher d'un diamètre égal à 20 fois le calibre de la chaîne ou le diamètre du câble en fil d'acier. Pour ces derniers, en particulier, la diminution du diamètre du réa augmente l'amplitude des ployages alternatifs subis par chaque fil, et peut donner lieu à des ruptures si elle est trop considérable. Il convient de ne jamais employer pour les réas destinés à recevoir des câbles en fil d'acier un diamètre inférieur à 15 fois celui du câble. Pour les chaînes, la réduction du diamètre du réa a moins d'inconvénient; il faut seulement avoir soin, si on est forcé d'adopter un diamètre inférieur à 15 fois le calibre, d'éviter que les mailles travaillent par flexion, ce qui conduit à employer des réas à gorge de forme analogue à la rainure du chemin de fer, et à régler le diamètre au fond de la gorge, de manière que le portage des mailles s'effectue à la fois aux points A et B (fig. 773). Dans le cas de chaînes à étai,

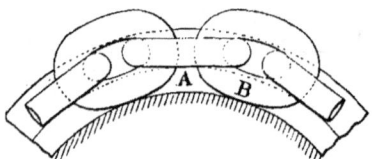

Fig. 773.

il est même préférable d'assurer le portage aux points B seuls, afin d'être sûr de ne pas déformer par flexion les mailles dont l'étai est parallèle à l'axe du réa.

CHAPITRE II.

Apparaux pour les manœuvres d'amarrage et de remorquage.

165. Amarrage sur corps mort. — On désigne sous le nom de *corps morts* les points fixes disposés à l'avance dans les rades de façon que les navires puissent s'y amarrer facilement, sans avoir à exécuter pour l'appareillage la manœuvre toujours assez longue du relevage et de la mise à poste de l'ancre. Ces points fixes sont constitués en général par de vieilles ancres à jas en bois dont on a coupé ou rabattu une patte pour qu'elles ne fassent pas de saillie gênante sur le fond. Il existe deux systèmes de corps morts, que l'on peut appeler corps mort *à bouée* et corps mort *à coffre*. Dans le corps mort à bouée, la cigale de l'ancre est reliée à une grosse chaîne reposant sur le fond, et dont l'extrémité est fixée à une petite chaîne amarrée à une bouée flottante de forme conique, formant orin. Pour *prendre le corps mort*, c'est-à-dire pour relier le navire au point fixe, on hale la bouée à bord d'une chaloupe, on la détache, et on fixe à la petite chaîne une amarre en filin passée dans un écubier du navire. En halant de l'intérieur sur cette amarre, on amène à bord successivement la petite chaîne, puis la grosse, que l'on fixe à une bitte convenablement disposée. Pour appareiller, on repasse le bout de la petite chaîne par l'écubier, on y fixe à nouveau la bouée, et on laisse tomber le tout. Dans le corps mort à coffre, la grosse chaîne remonte jusqu'à la surface, et se termine par un organeau soutenu au centre d'un gros coffre cylindrique de 3 mètres de diamètre environ, formant flotteur de déplacement suffisant pour soutenir le poids de la chaîne. Pour prendre le corps mort, on laisse pendre au dehors une des chaînes du bâtiment, et on vient la mailler au moyen d'une manille sur l'organeau du coffre. Pour appareiller, on donne du mou dans la chaîne en mettant doucement la machine en marche, et on détache la chaîne du coffre. Les corps morts à coffre permettent une manœuvre plus rapide, mais nécessitent comme on le voit l'envoi d'un homme à l'extérieur sur le coffre; ils ne sont par suite applicables que dans les rades suffisamment abritées.

Les installations intérieures nécessaires pour permettre la prise du corps mort comprennent, d'après ce qui précède, des écubiers et des bittes. On ne peut employer pour cette manœuvre les écubiers de mouillage, à cause des chaînes qui doivent toujours être en place. Dans le cas où l'ancre de rechange a été munie d'un écubier spécial, cet écubier peut être utilisé pour la prise du corps mort, la troisième chaîne n'ayant pas besoin d'être maintenue constamment à poste. On a ainsi deux écubiers d'un bord, un seul de l'autre. C'est la solution généralement adoptée en Angleterre. Dans la marine française, on préfère disposer toujours quatre écubiers, deux pour le mouillage, deux pour le corps mort, qui peut alors être pris indifféremment soit d'un bord, soit de l'autre, suivant l'orientation de la route du navire par rapport au courant. Il n'est pas inutile en outre d'avoir la possibilité de mouiller l'ancre de rechange soit d'un bord soit de l'autre, car dans la manœuvre d'*affourchage*, c'est-à-dire de tenue simultanée sur deux ancres en cas de mauvais temps, il peut être avantageux de mouiller ces deux ancres du même bord, si l'extrémité de la carène fait une saillie marquée par rapport aux œuvres mortes.

Les écubiers de corps mort sont le plus ordinairement installés au même étage que les écubiers de mouillage, soit sur l'AV, soit sur l'AR de ceux-ci; ce sont en général les écubiers de l'arrière qui sont réservés pour le corps mort, mais la position relative des écubiers ne dépend en somme que de la disposition des appareaux intérieurs servant à la manœuvre, et, lorsque les ancres de mouillage ne sont pas rentrées dans l'écubier, il est en principe plus commode de faire usage pour la prise du corps mort des écubiers de l'avant, afin d'éviter que la chaîne du corps mort puisse monter sur la chaîne de mouillage. Si les installations intérieures se prêtent mal à la réunion au même étage de tous ces appareaux, on peut disposer, comme on l'a fait sur quelques navires, les appareaux de corps mort à un étage différent de celui des appareaux de mouillage.

Les écubiers de corps mort sont fermés à la mer par des volets analogues à ceux des écubiers de mouillage, mais dont l'installation est beaucoup plus simple, puisqu'ils ne sont pas traversés par une chaîne.

Dans le cas d'un corps mort à bouée, l'amarre et même la petite chaîne sont tournées sur la cloche placée à l'étage correspondant à l'écubier. Pour la prise d'un corps mort à coffre, il faut prévoir à l'extérieur des points fixes auxquels on puisse crocher un palan pour soutenir l'extrémité de la chaîne du navire.

La chaîne du corps mort (ou la chaîne maillée sur le coffre du corps mort) est tournée sur une bitte. Il faut donc en général deux bittes de corps mort; ces bittes sont à peu près identiques aux bittes de mouillage, mais leur hauteur peut être plus faible, puisqu'elles ne correspondent pas à un chemin de fer ou à une couronne à empreintes.

166. Halage et embossage. — Pour permettre la manœuvre d'embossage, c'est-à-dire en somme le halage latéral du bâtiment, on installe en général quatre écubiers, deux de chaque bord, situés entre le quart et le tiers environ de la longueur du bâtiment à partir de l'avant ou de l'arrière. Ces écubiers sont constitués par un manchon en fonte ou en acier moulé, placé à l'intérieur de la muraille et fixé au travers du bordé à une collerette extérieure formant bourrelet arrondi (fig. 774). A proximité de chacun de ces écubiers est établi un bitton d'amarrage formé en général de deux têtes montées sur un même socle, munies à leur partie supérieure d'une paille de bitte ou simplement d'un bourrelet saillant (fig. 775). On peut ainsi tourner une amarre en 8 et la fixer au navire. A la mer, les écubiers d'embossage sont fermés par une tape en bois tenue de l'intérieur au moyen d'une barre et d'un crochet

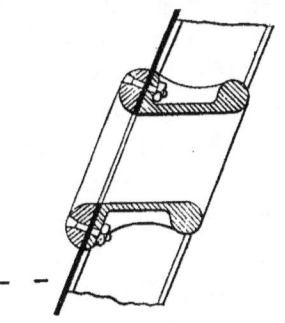

Fig. 774.

vissé. Lorsque le navire est dans un port, ils sont utilisés pour le passage des chaînes d'amarrage. Toutes les fois qu'on peut le faire, les écubiers d'embossage de l'avant sont disposés dans le voisinage des bittes de corps mort, de manière que celles-ci puissent être utilisées comme bittes d'amarrage.

Dans le cas d'un échouage par l'avant, il est nécessaire que le navire ait les moyens de se dégager en se halant sur l'arrière par ses propres moyens. On dispose dans ce but deux *écubiers de poupe*, placés à l'arrière et installés de façon analogue aux écubiers de mouillage. La position de ces écubiers et l'agencement des emménagements intérieurs doivent être réglés de telle sorte que le navire puisse élonger vers l'arrière une de ses chaînes de mouillage, la relier à une de ses ancres principales mouillée comme une ancre à jet à l'aide d'une chaloupe ou d'une chaloupe et d'un canot accouplés, et se haler sur cette chaîne au moyen de l'appareil (cabestan ou guindeau) servant en temps ordinaire pour le relevage des ancres. Il faut donc ménager un passage dégagé et autant que possible direct entre chacun des écubiers de poupe et une couronne à empreintes actionnée par cet appareil. S'il s'agit par exemple d'un cabestan comportant une couronne unique, et si les écubiers de poupe sont placés au même étage que les apparaux de mouillage, on utilisera la couronne déjà existante en rendant amovibles les désengreneurs de l'AV et préparant deux désengreneurs destinés à être mis en place sur l'AR, de façon que la chaîne puisse être garnie sur la demi-circonférence AV. Si les écubiers de poupe sont à un étage différent, on installera une ou deux couronnes spéciales, avec désengreneurs fixes placés sur l'AR. A la mer, les écubiers de poupe sont fermés par des tapes en bois, comme les écubiers d'embossage.

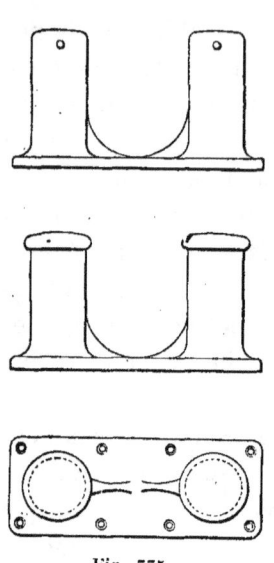

Fig. 775.

Au lieu d'installer les écubiers de poupe dans un entrepont, on peut les installer sur un pont découvert et les remplacer alors par des *chaumards* (fig. 776), c'est-à-dire par des guides dans lesquels il est plus facile d'engager la chaîne (1). De même, lorsqu'il s'agit d'un navire n'ayant qu'une faible hauteur d'œuvre morte, les

---

(1) Les chaumards de petite dimension sont quelquefois désignés sous le nom de *galoches*.

écubiers d'embossage peuvent être remplacés par des chaumards placés en abord du pont supérieur.

Le halage du navire dans l'intérieur des ports s'effectue au moyen d'amarres qu'il est commode de manœuvrer du pont supérieur. Il est nécessaire d'installer dans ce but quatre chaumards, deux près de l'extrémité AV et deux près de l'extrémité AR; ces chaumards doivent être de dimension assez grande pour permettre le passage de deux amarres (l'une qu'on file pendant qu'on embraque l'autre); à chacun d'eux doivent correspondre deux bittons à deux têtes pour le tournage de ces amarres. Bien entendu, s'il y a des chaumards de poupe, ils peuvent être utilisés comme chaumards de halage. Très souvent, les chaumards de halage sont disposés à *rouet*, c'est-à-dire munis d'un rouleau central qui sépare les deux amarres et diminue les résistances de frottement (fig. 777).

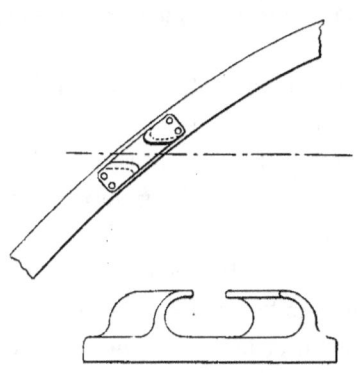

Fig. 776.   Fig. 777.

Pour faciliter les manœuvres, on installe sur tous les grands navires un cabestan auxiliaire, ou *cabestan de touage*, comprenant une cloche unique disposée de manière à être manœuvrée à bras. Ce cabestan est installé dans la région AR, et sert principalement pour la manœuvre des amarres venant de l'arrière, le cabestan principal devant posséder une cloche disposée de manière à pouvoir être utilisée pour les amarres venant de l'avant. Il doit être assez puissant pour assurer la manœuvre rapide des amarres et l'élongation des remorques; on peut admettre que sur les grands navires il doit être établi en vue d'un effort de traction maximum de 5000^k. Dans le cas où il est impossible d'installer des barres de longueur suffisante, on fait actionner le cabestan auxiliaire par un moteur électrique, qu'il est bon d'établir de manière que la vitesse d'enroulement des amarres ne soit pas inférieure à $0^m,10$ par seconde.

167. Remorquage. — Tout bâtiment doit être disposé de manière à pouvoir remorquer ou être remorqué au moyen d'un câble unique. Pour le navire remorqué, la remorque peut sans difficulté être passée par un écubier de corps mort. Quelquefois cependant, lorsque les bittes sont installées sur le pont supérieur, on dispose un chaumard spécial pour le passage de la remorque, dans le plan diamétral à l'extrémité AV. Pour le navire remorqueur, la remorque est élongée vers l'AR et passe généralement par les écubiers ou chaumards de poupe. Les chaumards rendent plus facile la mise en place de la remorque, mais doivent être établis très solidement en vue de résister aux efforts de déversement latéral provenant des embardées du navire remorqué.

L'attache de la remorque doit se faire de telle sorte qu'elle puisse être facilement et rapidement larguée ; en outre, à bord du navire remorqueur, il est bon de se réserver la possibilité de filer la remorque sous tension pour modifier un peu sa longueur en cas de besoin. Pour la fixation de la remorque à l'AV (cas du navire remorqué), on se contente quelquefois des bittes existantes destinées à l'attache de la chaîne du corps mort, mais le plus souvent aujourd'hui on préfère employer un croc à échappement, la remorque étant terminée par une cosse, ce qui permet de la larguer instantanément et sans danger. Sur les grands bâtiments, ce croc est solidaire d'une embase convenablement reliée à la coque (fig. 778) ; sur les navires à charpente très légère, tels que les torpilleurs, il est fixé à l'extrémité d'une ceinture en fil d'acier entourant complètement le navire un peu au-dessus de la flottaison (1). Pour la fixation de la remorque à l'AR (cas du navire remorqueur), on ne fait usage d'un croc à échappement que sur les torpilleurs, ce croc étant alors fixé

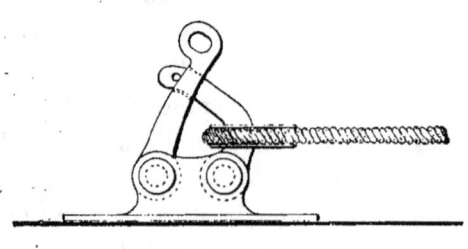

Fig. 778.

---

(1) Cette ceinture est constituée par un câble ayant 83 m/m de circonférence pour les torpilleurs de haute mer de 140 TX et au-dessus, 76 m/m pour les torpilleurs de haute mer de déplacement inférieur à 140 TX, et 70 m/m pour les torpilleurs de 1re classe.

à l'extrémité *Æ*R de la ceinture dont il vient d'être parlé ; le plus ordinairement, on installe des bittes spéciales, établies autant que possible de telle sorte que le brin intérieur de la remorque s'élonge entre elles et l'écubier ou le chaumard correspondant parallèlement à l'axe du navire.

La construction et l'attache des bittes de remorque doivent être étudiées avec beaucoup de soin, car ces bittes sont exposées à des secousses très violentes et doivent pouvoir supporter, sans fatigue excessive, un effort égal à la résistance à la rupture de la remorque. Ce sont ordinairement des bittes à deux têtes, sur lesquelles la remorque est tournée en huit. Avec les remorques en filin, la tension des brins successifs va en décroissant très rapidement, et on n'a guère à se préoccuper des efforts intérieurs tendant à rapprocher l'une de l'autre les deux têtes ; il suffit alors de proportionner la section totale du boulonnage d'attache à la charge de rupture de la remorque. Mais les conditions sont très différentes avec les remorques en fil d'acier exclusivement employées aujourd'hui. On sait en effet que si l'on considère un câble s'enroulant sur un cylindre, la tension du brin d'entrée et celle du brin de sortie sont liées par la relation :

$$T_1 = T \times e^{-f\frac{s}{r}}$$

s étant la longueur de l'arc embrassé par le câble, r le rayon du cylindre et f le coefficient de frottement. Pour une amarre enroulée en huit sur une bitte à deux têtes, on a sensiblement $\frac{s}{r} = \frac{4\pi}{3}$, ce qui donne :

$$T_1 = T \times e^{-4,19 f}.$$

Avec un câble en chanvre, le coefficient de frottement est assez élevé et ne descend pas au-dessous de 0,3 même lorsque le filin est mouillé. Après quatre enroulement doubles, la tension du brin libre est donnée par :

$$T' = T \times e^{-8 \times 0,3 \times 4,19} = 0,00004\ T.$$

La charge de rupture des plus fortes remorques en chanvre étant de 40^{tx} environ, on voit qu'il suffit d'une traction de $1^k,6$ sur le brin libre pour empêcher le glissement. Avec les câbles en chanvre, trois enroulements doubles et quatre au plus sont donc suffisants pour la tenue. Avec les câbles en fil d'acier, entretenus au moyen d'huile de lin qui rend toujours un peu grasses les surfaces métalliques en contact, la valeur de f peut très bien s'abaisser à 0,1. Dans ce cas, au bout de cinq enroulements doubles, on a encore :

$$T' = T \times e^{-4,19} = 0,015\ T.$$

Avec 8 enroulement doubles, on a :

$$T' = T \times e^{-6,7} = 0,0012\ T.$$

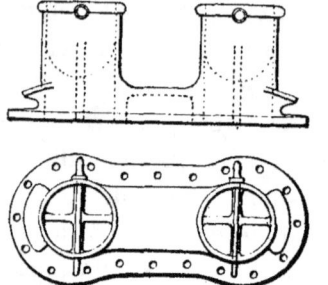

Fig. 779.

Dans ces conditions, on voit qu'avec les grandes remorques en fil d'acier, dont la charge de rupture est d'environ 115^{tx}, une traction de 138^k sur le brin libre est encore parfois nécessaire pour empêcher tout glissement. Les efforts intérieurs tendant à déverser les têtes de la bitte en les rapprochant l'une de l'autre deviennent alors très considérables, et c'est en vue de résister à ces efforts qu'il est nécessaire de calculer les échantillons des diverses parties et les dimensions du boulonnage. La figure 779 représente le type de bitte actuellement adopté pour recevoir des câbles en fil d'acier. La partie inférieure des manchons porte une rampe pour forcer le câble à faire un tour mort entier au pied de la bitte avant de s'enrouler en huit. On évite ainsi qu'un glissement du câble de bas en haut ne puisse augmenter brusquement l'effort de déversement sur les têtes (1). Le diamètre des manchons doit être au moins égal à 12 fois le diamètre du câble et leur écartement d'axe en axe à 22 fois environ ce diamètre. La fixation de la bitte se fait d'une manière analogue à celle indiquée plus haut pour les bittes de mouillage. En principe, les bittes de chaque navire doivent être disposées pour recevoir au besoin non seulement le plus fort câble possédé par le navire lui-même, mais aussi le plus fort câble possédé par le navire de la catégorie immédiatement supérieure (voir § 168).

(1) Sur les navires de commerce, on emploie quelquefois dans le même but des bittes dont les manchons sont légèrement obliques et vont en s'écartant de bas en haut.

Avec une bitte disposée comme il vient d'être dit, le bout libre de la remorque doit être maintenu par un palan fouetté par l'intermédiaire d'une griffe à coin (§ 168). On peut ainsi, au moins théoriquement, filer la remorque sous tension en mollissant ce palan, qui n'a à supporter qu'un effort modéré ; mais le glissement de la remorque sur la bitte, à cause du nombre des enroulements, ne s'effectue que par saccades donnant lieu à des secousses brusques et violentes, qui risquent de provoquer une rupture. Aussi a-t-on essayé de remplacer les bittes de remorque par des *stoppeurs*, c'est-à-dire par des appareils composés en principe d'une rainure dans laquelle passe le câble et d'un coin de serrage assurant l'immobilisation de ce câble dans la rainure. La difficulté réside dans l'installation du mécanisme de desserrage de ce coin lorsque l'effort de traction sur la remorque, et par suite l'effort latéral de serrage, atteint une valeur élevée. Pour les câbles de faible dimension, on peut adopter la disposition représentée par la figure 780, dans laquelle le déplacement du coin de serrage est

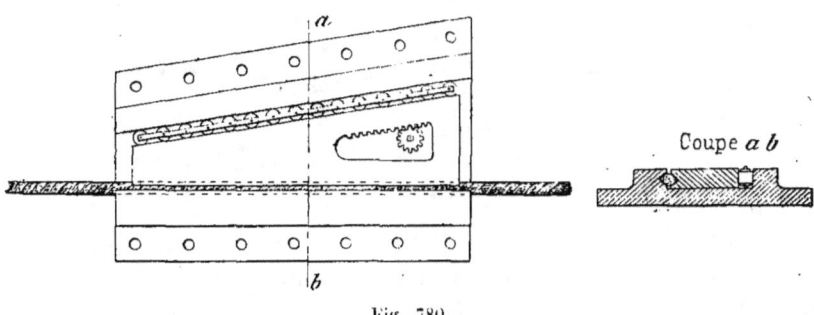

Fig. 780.

obtenu au moyen d'une crémaillère et d'un pignon denté manœuvré par une clef à rochet, le déplacement du coin étant facilité par l'interposition d'une file de galets entre sa paroi et celle de la boîte fixe. Pour les gros câbles, on essaie actuellement l'emploi d'un stoppeur à deux coins inverses, dont la fig. 781 indique le schéma. Le coin de serrage A et le contre-coin B se déplacent dans une boîte analogue à celle du système précédent, et comprennent entre eux la remorque ; leur mouvement est limité, pour le coin A par une douille C et deux butoirs D et D′ manœuvrés par un volant V, pour le coin B par une vis commandée par un volant V′. Pour le serrage, on écarte A aussi loin que possible vers l'A' au moyen du butoir D, et on place B de manière que la remorque puisse être introduite entre les deux coins; on manœuvre V de manière à immobiliser B, et on pousse A au moyen de D' jusqu'à ce que la remorque soit légèrement serrée, et que le frottement suffise pour entraîner le coin, qui se serre de lui-même en stoppant le câble. Pour filer la remorque sous tension, on ramène D au contact de C de manière à immobiliser A, et on desserre doucement V', ce qui permet au contre-coin de se déplacer et de laisser glisser le câble.

Sur les grands navires possédant une tourelle placée dans l'axe, on peut dans beaucoup de cas utiliser avantageusement le blin-

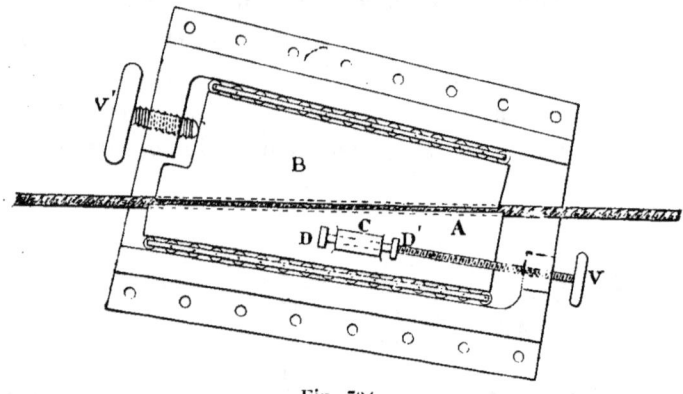

Fig. 781.

dage fixe de cette tourelle pour réduire les dimensions des bittes de remorque ou des stoppeurs. Il suffit d'enrouler la remorque sur le tambour constitué par ce blindage, la bitte ou le stoppeur n'ayant plus à supporter que l'effort nécessaire pour maintenir le brin libre. En supposant $f = 0,1$ seulement et un tour complet de la remorque autour du blindage, on a déjà :

$$T' = T \times e^{-0,628} = 0,535\ T$$

c'est-à-dire 62 ^{Tx} environ au lieu de 115 ^{Tx} pour les plus gros câbles de remorque. A l'A', la même disposition peut quelquefois être employée, et permet de réduire les échantillons du croc à échappement.

Dans le cas où les écubiers de poupe et les écubiers d'embossage sont placés au même étage, on a quelquefois réuni en une seule la bitte de remorque et la bitte d'amarrage du même bord, en disposant une bitte unique à trois têtes, comme le montre la figure 782.

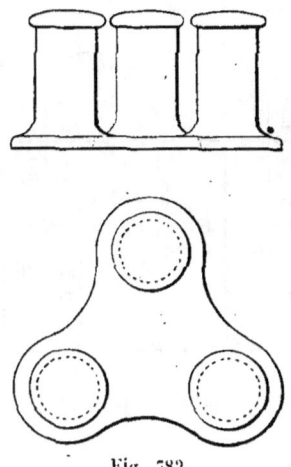

Fig. 782.

168. Aussières de remorque, de halage et d'amarrage. — Pour permettre les différentes manœuvres dont il vient d'être question, chaque navire reçoit un certain nombre de câbles. Ces câbles étaient autrefois en chanvre, mais on leur a substitué depuis quelques années des câbles en fil d'acier, que l'on désigne ordinairement sous le nom d'*aussières*, bien que quelques-uns d'entre eux soient des *grelins*, c'est-à-dire des câbles formés par la réunion de plusieurs aussières (1). On ne délivre plus aux navires qu'un seul câble en chanvre, auquel on donne des dimensions suffisantes pour qu'il puisse servir à l'amarrage sur corps mort. Il peut être utile en effet, dans le cas où l'on veut s'amarrer temporairement sur un corps mort à coffre en se réservant la faculté d'appareiller immédiatement, de faire usage d'une amarre en filin simplement passée dans l'organeau du coffre, et dont le double rentre à bord.

Le tableau suivant indique les délivrances actuellement réglementaires :

---

(1) Pour tous les câbles, l'élément de confection est le *fil*, soit métallique soit obtenu par juxtaposition et torsion de fibres de chanvre. Un certain nombre de fils tordus ensemble forment un *toron;* un certain nombre de torons tordus ensemble constituent une *aussière;* un certain nombre d'aussières tordues ensemble constituent un *grelin*.

DÉPLACEMENT du NAVIRE.	AUSSIÈRES MÉTALLIQUES													AUSSIÈRES en chanvre.			POIDS total des aussières délivrées.
	Aussières de grande remorque.			Aussières de petite remorque.			Aussières d'amarrage.			Aussières de halage.						
	Nombre	Longueur	Circonférence	Nombre	Longueur	Circonférence	Nombre	Longueur	Circonférence	Nombre	Longueur	Circonférence	Nombre	Longueur	Circonférence	
		m.	m/m		m.	m/m		m.	m/m		m.	m/m		m.	m/m	TX
9000 TX et au-dessus.	2	300	175	1	300	127	2	200	120	»	200	76	1	200	250	10,600
de 6000 TX à 9000 TX...	2	300	164	1	300	114	2	200	102	2	200	63	1	200	220	9,100
de 4000 TX à 6000 TX...	2	300	140	1	300	114	2	200	89	2	200	57	1	200	180	7,000
de 3000 TX à 4000 TX...	2	300	127	1	300	102	2	200	83	2	200	48	1	200	150	5,500
de 1500 TX à 3000 TX...	2	250	102	1	250	89	2	200	70	2	200	38	1	200	140	3,500
de 500 TX à 1500 TX...	2	200	89	»	»	»	2	200	57	2	150	34	1	150	125	1,750
au-dessous de 500 TX...	1	200	76	»	»	»	2	200	48	2	150	32	1	150	90	0,750

Pour les bâtiments de moins de 1500^{TX}, les aussières d'amarrage servent, le cas échéant, comme aussières de petite remorque (1).

Toutes les aussières métalliques sont garnies à chacune de leurs extrémités d'un œil terminé par une cosse. On délivre en outre au navire un certain nombre de manilles de dimension convenable pour permettre de les assembler. L'effort de rupture approximatif des diverses aussières, pouvant être pris comme base du calcul des dimensions des organes de fixation, est indiqué par le tableau ci-dessous :

CALIBRE DES AUSSIÈRES.	EFFORT DE RUPTURE.	CALIBRE DES AUSSIÈRES.	EFFORT DE RUPTURE.
m/m	TX	m/m	TX
175	115	76	17
164	106	70	15
140	75	63	12
127	61	57	10
120	55	48	7
114	49	38	4,5
102	44	34	3,5
89	35	32	3
83	22		

(1) Pour les torpilleurs, l'aussière de remorque a une longueur de 100 mètres et une circonférence de 54 $^{m/m}$ pour les torpilleurs de 1re classe, de 57 $^{m/m}$ pour les torpilleurs de haute mer.

La difficulté principale de l'emploi des aussières métalliques provient de leur défaut de souplesse, qui empêche de les contourner sous forme de nœuds et d'amarrages compliqués; elles sont en outre difficiles à manier à la main, glissant aisément et pouvant même blesser si un fil de la couche extérieure se trouve rompu. Le seul procédé pratique consiste à les manœuvrer au moyen d'amarres en filin ou de palans, frappés en un point quelconque du câble métallique par l'intermédiaire d'une *griffe* facilement maniable. Les griffes dont on fait usage, étudiées par M. l'ingénieur de la marine Moissenet, sont des stoppeurs à deux coins de même sens, dont la boîte porte le point d'attache de l'amarre ou du palan de manœuvre (fig. 783). Le coin de serrage A est manœuvré à la main; le contre-coin B porte deux rainures latérales dans lesquelles pénè-

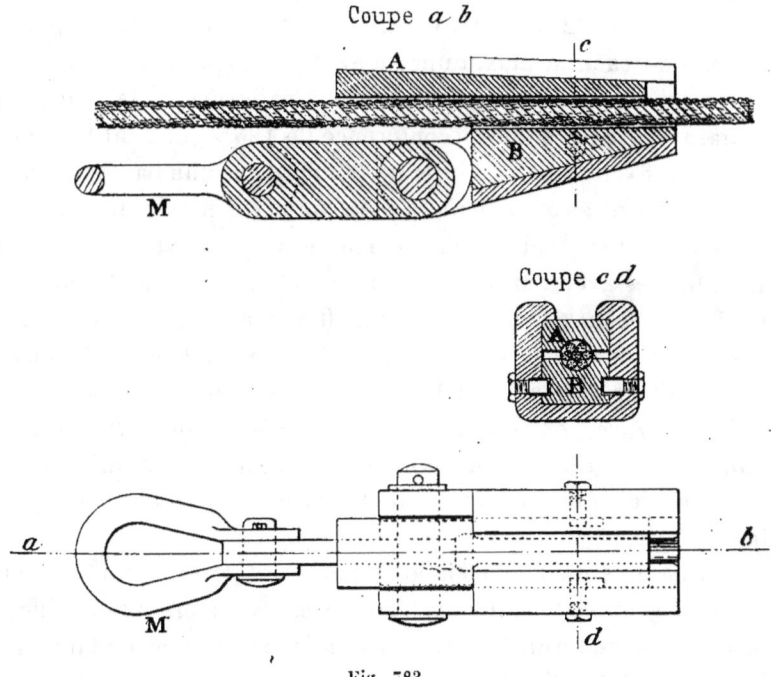

Fig. 783.

trent des ergots vissés dans la paroi de la boîte, qui servent à la fois de guides et de butoirs; ce coin est immobilisé par des cames solidaires de la manille M, lorsque celle-ci est élongée dans la direction indiquée par la figure. Le coin A étant enlevé, on engage la boîte sur le câble au point voulu, et on remet en place A dont on assure la tenue au moyen d'un léger coup de maillet; la traction sur la manille suffit ensuite pour achever le serrage. Pour enlever la griffe, on fait basculer la manille de 90°, afin de libérer le contre-coin, et on frappe sur l'extrémité de la boîte de manière à la faire glisser légèrement vers le sommet de ce coin, ce qui produit le desserrage.

Pour ne pas exagérer le nombre des modèles de griffe, on a partagé les câbles métalliques en trois séries, pour chacune desquelles on a établi un modèle de boîte pouvant recevoir des jeux de coins de dimensions graduées, et calculé pour résister à un effort maximum voisin de la limite d'élasticité du plus gros câble de la série correspondante. La première série comprend les câbles de 127 à 175 $^m/_m$ de circonférence, la seconde ceux de 83 à 120$^m/_m$, la troisième ceux de 32 à 76$^m/_m$. Les griffes n° 1 sont calculées pour un effort de traction maximum de 48^{TX}; elles sont manœuvrées au moyen d'un palan spécial à 6 brins, à caliornes métalliques, dont le garant en filin a une circonférence de 125$^m/_m$ et dont la caliorne mobile est reliée à la manille de la griffe par une barre d'attelage. Les griffes n° 2 sont calculées pour un effort maximum de 24^{TX}, et sont manœuvrées de la même manière au moyen de caliornes métalliques avec garant en filin de 100$^m/_m$ de circonférence. Les griffes n° 3 sont calculées pour un effort maximum de 12^{TX} et manœuvrées au moyen d'un palan ordinaire quelconque. Indépendamment de ces trois modèles de griffes, qui portent le nom de *griffes de force*, on en emploie un quatrième, dit *griffe de manipulation*, calculé pour un effort maximum de 8^{TX}, et qui sert à manœuvrer des câbles de la première série lorsqu'ils ne sont pas en tension.

Les navires de déplacement supérieur à 3000^{TX}, qui possèdent des câbles appartenant aux trois séries, reçoivent trois griffes de force de chaque numéro (avec les caliornes correspondantes pour les griffes n°^{s} 1 et 2) et trois griffes de manipulation; ceux dont le déplacement est compris entre 500^{TX} et 3000^{TX} reçoivent trois griffes n° 2 avec leurs caliornes et trois griffes n° 3; ceux dont le déplacement est inférieur à 500^{TX} reçoivent trois griffes n° 3; en outre, tous les navires reçoivent 3 jeux de coins correspondant à chacun des calibres de câble existant à bord.

En ce qui concerne l'installation à bord, les câbles de grande remorque doivent être logés au-dessous du pont cuirassé, autant que possible à proximité d'un panneau correspondant directement à l'étage où se trouvent les bittes de remorque. Les autres câbles sont logés dans les étages supérieurs, autant que possible au même niveau que les apparaux de halage et d'embossage. Tous ces câbles sont installés sur des *tourets*, c'est-à-dire sur des tambours d'enroulement mobiles autour d'un axe vertical ou horizontal. Ces tourets sont formés ordinairement de deux flasques circulaires en tôle évidée réunies par un tambour en cornières recouvert de garnis en bois (fig. 784). L'ensemble est monté sur un axe terminé par des

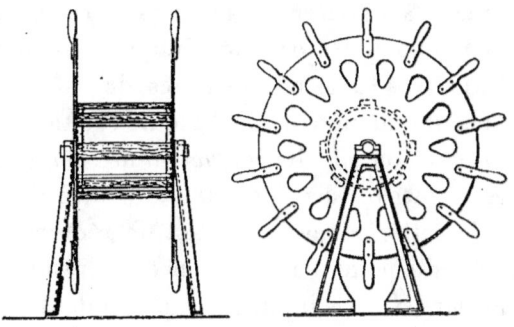

Fig. 784.

tourillons engagés dans des coussinets fixés sur des supports en tôlerie. Le diamètre du tambour doit être égal à 20 fois environ le diamètre du câble. Pour faciliter l'enroulement et le déroulement, on munit les flasques de manettes, ou bien on termine l'axe par un bout carré sur lequel on peut engager une manivelle.

L'aussière en chanvre, très encombrante, est dans bien des cas avantageusement installée sur un touret à axe vertical centré sur la mèche du cabestan, à un étage où il n'y a pas de cloche.

CHAPITRE III

Gouvernail.

169. Safran. — Le gouvernail est l'appareil qui permet de maintenir le navire dans une route donnée et de lui faire prendre des directions variables. Il consiste en un plan mince, appelé *safran*, placé à l'arrière, et monté sur un axe appelé *mèche* de manière à pouvoir être orienté obliquement par rapport au plan diamétral. Dans le cas où la surface du safran n'est pas entièrement située du même côté de l'axe de rotation, le gouvernail est dit *compensé*, et on appelle *coefficient de compensation* le rapport entre les surfaces situées de part et d'autre de l'axe de rotation. Le but de cette compensation est de réduire la distance à l'axe de rotation du point d'application de la résultante des pressions exercées par les filets liquides, et par suite de réduire la valeur du moment de torsion qu'il est nécessaire d'exercer sur la mèche pour amener et maintenir le safran dans une orientation déterminée. Cette recherche de la diminution de l'effort à produire était autrefois la conséquence indispensable de l'accroissement des dimensions et de la vitesse des navires, en vue de rendre possible la manœuvre à bras du gouvernail au moyen d'un nombre d'hommes restreint. L'adoption de moteurs mécaniques pour la commande du gouvernail a considérablement atténué l'importance de cette question, et sur certains navires récents on est revenu à l'emploi de gouvernails non compensés.

L'effet giratoire étant d'autant plus grand, toutes choses égales d'ailleurs, que la surface du safran est plus grande et la surface du plan de dérive plus petite, on serait conduit à établir un rapport constant entre ces deux surfaces. En pratique, on augmente ou diminue un peu l'importance de la surface du safran par rapport à celle du plan de dérive suivant les qualités évolutives que l'on a besoin de réaliser. Le rapport $\dfrac{S}{\Lambda T_m}$

de la surface du safran à celle du plan de dérive est réglé usuellement de la manière suivante pour les navires actuels :

Paquebots.	0,011 à 0,016
Croiseurs	0,020 à 0,026
Cuirassés d'escadre.	0,026 à 0,028
Garde-côtes.	0,028 à 0,033
Torpilleurs.	0,030 à 0,040
Embarcations	0,060 à 0,070

Quant au coefficient de compensation, il varie entre 0,10 et 0,38, suivant la réduction d'effort que l'on veut opérer.

Sur certains navires, garde-côtes et canonnières, en vue d'accroître la facilité d'évolution, on a fait usage de gouvernails constitués par deux safrans parallèles invariablement reliés l'un à l'autre et solidaires d'une mèche unique. Cette disposition compliquée, qui n'a d'autre intérêt que d'augmenter la compensation, est aujourd'hui abandonnée.

Sur d'autres navires, notamment sur les torpilleurs, on a quelquefois disposé deux safrans symétriques, un de chaque côté du plan diamétral, reliés par des transmissions de manière à prendre simultanément les mêmes orientations. Actuellement, les torpilleurs n'ont presque toujours qu'un seul safran, comme les navires ordinaires, mais, en vue de diminuer le diamètre du cercle de giration, on installe habituellement un deuxième safran, placé sous la quille dans la région AV, et disposé de manière à pouvoir n'être utilisé qu'en cas de besoin. Le rapport de la surface de ce safran auxiliaire à celle du plan de dérive varie entre 0,008 et 0,014; il est très fortement compensé, le coefficient de compensation atteignant 0,50 à 0,60 et même 0,70. Sur certains torpilleurs-vedettes anglais, auxquels leur facilité de giration a fait donner le nom de *turnabouts*, le deuxième safran est placé à l'AR, mais sur l'avant des hélices. Enfin, les navires amphidromes reçoivent, bien entendu, deux safrans identiques, l'un à l'AV, l'autre à l'AR, chacun de ces safrans étant utilisé seul à tour de rôle, suivant le sens de marche.

La forme du safran peut être à peu près quelconque. On cherche assez souvent à reporter le centre de pression des filets liquides vers le bas, mais sur certains torpilleurs on trouve la disposition contraire, destinée à tenir compte du soulèvement d'eau produit par la rotation des hélices. D'une façon générale, on donne au safran la plus grande hauteur compatible avec le tirant d'eau AR, en ayant soin de le placer au-dessous du niveau du pont blindé dans les navires protégés, de manière à assurer sa protection ainsi que celle des organes de commande.

Le safran est en réalité non pas un plan mince, mais une sorte de petite carène de largeur très faible par rapport à sa longueur. Les lignes d'eau de cette carène doivent donc être affinées à l'extrémité AR s'il s'agit d'un safran non compensé continuant en quelque sorte les formes de l'arrière du navire. Ces lignes d'eau sont alors formées de deux droites parallèles terminées par des courbes de forme ogivale. Pour les gouvernails compensés, on peut se contenter d'affiner l'extrémité AV, de la même façon que l'extrémité AR, mais très souvent on préfère infléchir un peu les lignes d'eau (fig. 785), l'épaisseur du safran étant plus faible dans la région AR que dans la région AV, de manière à reporter un peu vers l'AV le centre de pression des filets liquides.

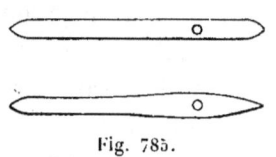

Fig. 785.

Au point de vue de sa construction, le safran est constitué ordinairement par un cadre en acier forgé ou en acier moulé, relié à sa partie supérieure à la mèche qui constitue l'axe de rotation et recevant sur ses deux faces latérales un bordé en tôle entretoisé par des membrures verticales et horizontales. Ce safran est suspendu à la mèche et guidé par des gonds établis le long de son arête antérieure s'il n'est pas compensé, par un tourillon passant dans une douille fixée au talon de l'étambot, s'il s'agit d'un gouvernail compensé. Quelquefois même, pour le gouvernail AV des torpilleurs par exemple, le safran est tenu exclusivement par la mèche.

Considérons d'abord le cas d'un gouvernail non compensé. La figure 786 représente un exemple de ce genre. Le cadre, en acier moulé, est muni de râblures dans lesquelles viennent s'encastrer les tôles du bordé, entretoisées par des membrures évidées verticales et horizontales en tôles et cornières. A la partie supérieure, le cadre est muni d'un logement tronconique dans lequel pénètre l'extrémité de la mèche. La liaison de la mèche et du cadre est réalisée au moyen d'une clavette transversale, ayant principalement pour objet de soutenir le poids du safran, et d'une clavette longitudinale, destinée à transmettre à la mèche l'effort de torsion

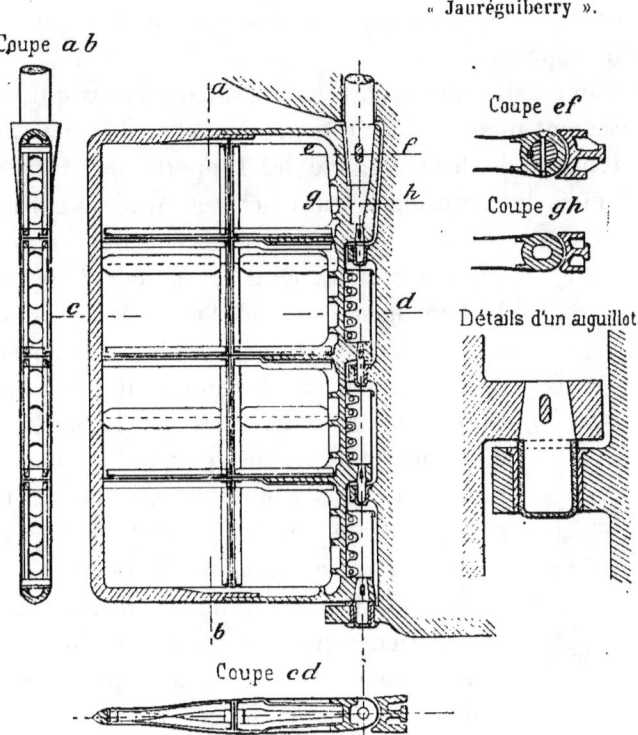

Fig. 786.

développé sur le safran quand on l'écarte du plan diamétral. Le guidage du safran est assuré par quatre gonds appelés *aiguillots*, pénétrant dans des douilles appelées *fémelots*, fixées dans des amorces faisant corps avec l'étambot. Chaque aiguillot est relié au cadre par un emmanchement tronconique et une clavette horizontale. Il est chemisé en bronze pour adoucir le frottement, et pénètre dans une douille en acier rapportée, de manière que cette douille puisse être changée aisément lorsqu'elle aura été détériorée par la corrosion galvanique. Le démontage s'opère en retirant les aiguillots par dessous après avoir enlevé les caissons en tôlerie qui complètent le gouvernail à l'AV, en enlevant la clavette transversale de la mèche, et en soulevant celle-ci de manière à dégager complètement le safran. Pour faciliter la mise en place et le démontage, il est bon de ménager dans le safran un ou deux *trous d'élingage*, c'est-à-dire des manchons cylindriques en tôle traversant de part en part le safran (fig. 788 et 789), et permettant de passer les *élingues*, c'est-à-dire les amarrages destinés à soulever le gouvernail et à le tenir suspendu.

Le safran ainsi disposé constitue un caisson creux qui doit être soigneusement maté de façon à être étanche. On pourrait il est vrai le remplir de brai, comme les supports des arbres porte-hélices, mais la corrosion éventuelle des tôles du safran étant moins dangereuse que celle des supports, on supprime en général cet excédent de poids en laissant le safran vide. Sur de très grands navires, on est arrivé quelquefois à une épaisseur de safran telle qu'un homme peut pénétrer à l'intérieur. On ménage alors dans le bordé un trou d'homme tenu par des prisonniers. Mais dans la plupart des cas il n'en est pas ainsi, et on ne peut par conséquent exécuter le matage que par l'extérieur, ce qui donne difficilement une étanchéité parfaite. Aussi doit-on ménager à la partie inférieure un trou de vidange fermé par un bouchon fileté, et à la partie supérieure un trou d'air disposé de la même manière, de façon à pouvoir, à chaque passage du navire au bassin, vider l'eau qui aurait pu s'introduire dans le safran.

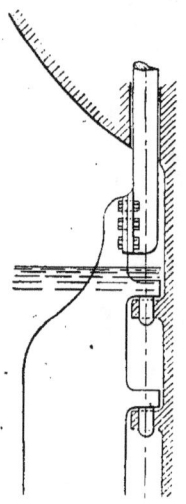

Fig. 787.

Sur beaucoup de navires de commerce, la protection du gouvernail n'étant pas nécessaire, on réalise la liaison de la mèche et du cadre au-dessus de la flottaison au moyen de deux portées réunies par des boulons, ce qui permet d'effectuer même à flot le démontage du safran sans qu'on ait besoin de déplacer la mèche (fig. 787).

La figure 788 représente un exemple de gouvernail compensé. Le mode de construction et de fixation de la mèche est le même que dans le cas précédent. Le guidage est obtenu au moyen d'un tourillon placé à la partie inférieure, et fixé au cadre par un emmanchement tronconique et une clavette transversale. Ce tourillon pénètre dans une douille en bronze encastrée dans le talon de l'étambot. Cette douille est disposée de manière à être retirée par dessous, de façon à pouvoir être démontée au bassin sans qu'il soit nécessaire d'enlever le safran. Pour éviter la corrosion galvanique, on remplace quelquefois cette douille en bronze par une douille en gaïac. Le safran est muni de deux trous d'élingage facilitant sa mise en place et son démontage.

La figure 789 représente un gouvernail compensé à aileron. Dans l'exemple choisi, la mèche et le tourillon ne forment qu'une pièce unique traversant la partie non compensée du safran dans toute sa hauteur. Par ailleurs,

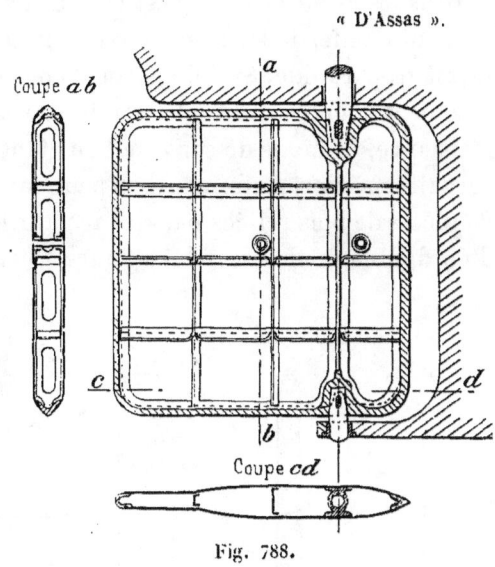

Fig. 788.

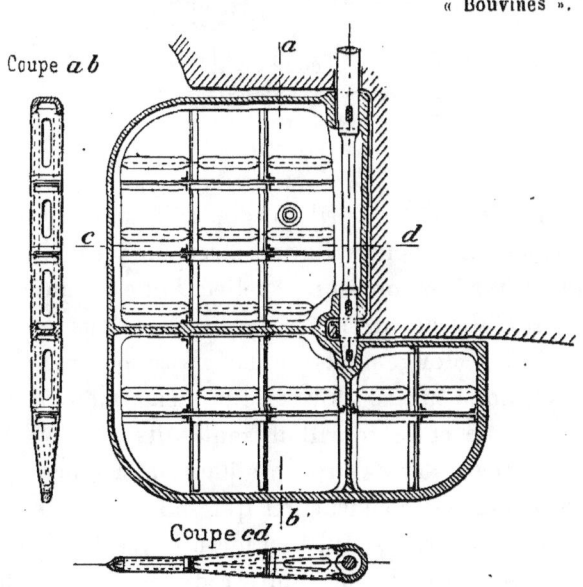

Fig. 789.

le mode de construction ne diffère pas de celui des exemples précédents.

Dans le cas où le navire est revêtu d'un doublage en cuivre, on ne peut confectionner le gouvernail en acier, car sa corrosion serait trop rapide. Sur un certain nombre de navires récents, on a confectionné le cadre et les tôles de bordé en bronze à haute résistance, le mode de construction étant identique à celui des gouvernails en acier. Autrement, on peut constituer le safran au moyen de pièces de bois reliées par des armatures en bronze et recouvertes d'un doublage en cuivre. La figure 790 représente un exemple de

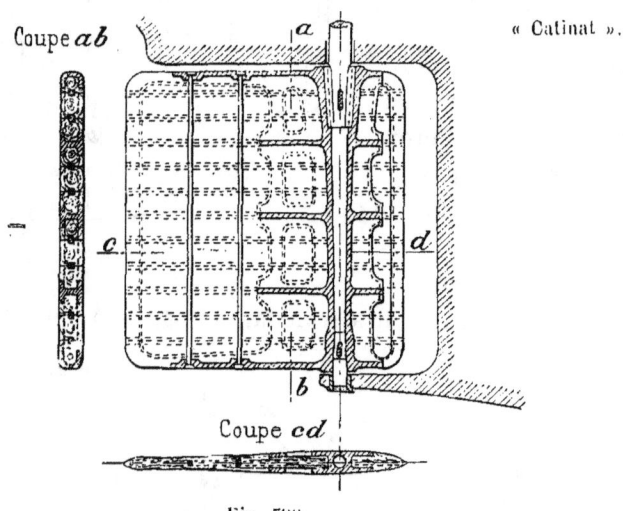

Fig. 790.

ce genre. La mèche et le tourillon sont reliés par une carcasse en bronze dans laquelle viennent s'encastrer les pièces de bois, disposées par virures horizontales, et reliées l'une à l'autre au moyen de clefs horizontales en bronze et de deux boulons verticaux passant dans des prolongements de la carcasse. Le doublage en cuivre est appliqué sur ce safran de la même manière que sur la carène. La mèche et le tourillon sont faits soit en acier avec chemise en bronze, soit en bronze à haute résistance.

Le mode usuel de construction que nous venons d'indiquer peut être, bien entendu, simplifié à mesure que les dimensions et l'épaisseur du safran deviennent plus réduites. Pour un torpilleur, par exemple, le safran sera constitué par un cadre plat en acier muni d'entretoises, au travers duquel seront rivées les tôles formant bordé (fig. 791). Quant au safran A', il est construit de la même manière, mais disposé de façon à pouvoir être remonté dans un puits en tôlerie établi dans l'axe (fig. 792). A cet effet, il est tenu uniquement par la mèche, qui est creuse et forme écrou sur une vis fixe manœuvrée par un volant; cette mèche passe à sa partie inférieure dans un coulisseau en gaïac guidé par des glissières en cornières rivées au puits.

Sur les navires de commerce, lorsque le safran peut se dégager par soulèvement vertical, on prend la précaution de le relier au navire par deux bouts de chaîne, de manière qu'il ne puisse disparaître dans un coup de mer. Ces *chaînes de sauvegarde* ont assez de mou pour ne pas gêner l'orientation du safran, et s'attachent à

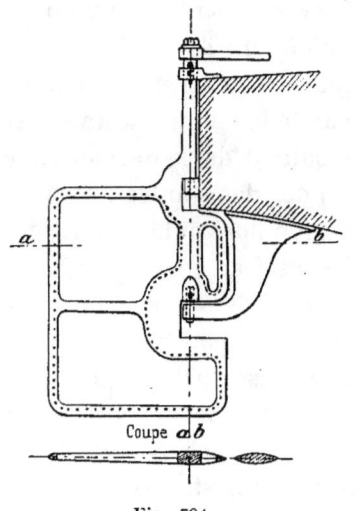

Fig. 791.

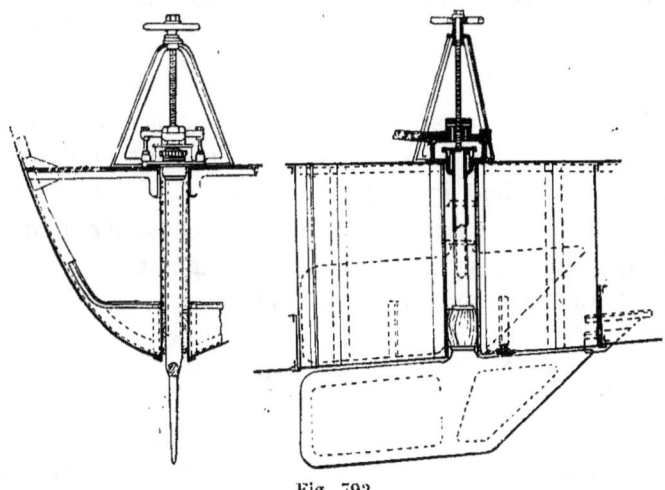

Fig. 792.

leurs extrémités à des pitons rivés d'une part sur la coque, de l'autre sur le safran.

La détermination des échantillons du safran se fait de la manière suivante. Les efforts auxquels il est soumis par la pression des filets liquides comprennent une flexion verticale, tendant à l'incurver suivant un cylindre à génératrices parallèles à l'axe de rotation, une flexion horizontale, tendant à l'incurver suivant un cylindre à génératrices horizontales, et, si la mèche ne le traverse pas de bas en haut, une torsion autour d'un axe vertical. La fatigue résultant de ce dernier effort étant d'ailleurs toujours faible vis-à-vis des deux autres, on peut la négliger et ne considérer que la flexion horizontale et verticale.

Le safran étant considéré comme une caisse creuse, on doit donc régler le module de flexion des deux sections verticale et horizontale par rapport à leur axe de symétrie, de telle sorte que la charge ne dépasse pas les limites admissibles. Bien que les membrures d'entretoisement contribuent pour une certaine part à la résistance, on en fait en général abstraction en les considérant comme uniquement destinées à assurer la solidarité des deux plans de tôles, et on calcule les modules de flexion des deux sections de la caisse réduite au cadre et au bordé.

Il faut avant tout connaître la pression exercée par l'eau normalement au safran. Si l'on assimile le safran à un plan mince, cette pression est donnée en kilogrammes par la formule :

$$P = K \ S \ V^2 \sin^2 \alpha$$

S étant la surface du safran en mètres carrés, V la vitesse en mètres par seconde, α l'angle d'inclinaison du safran sur le plan diamétral, et K un coefficient égal à 70^k environ. En réalité, même pour un safran de faible épaisseur, cette formule est d'autant moins exacte que l'angle α est plus faible. M. l'ingénieur de la marine Joëssel a établi empiriquement la formule :

$$P = \frac{K \ S \ V^2 \sin \alpha}{0,195 + 0,305 \sin \alpha}$$

le coefficient K étant égal à $41^k 35$. Mais cette formule, établie pour une lame mince, ne représente pas encore la valeur vraie de P lorsqu'il s'agit d'un safran tel que ceux des navires ordinaires, dont l'épaisseur peut atteindre jusqu'à 350 $^m/_m$ et même davantage. Les expériences faites sur divers navires ont montré que la formule de Joëssel devait être en pratique affectée d'un coefficient réducteur, dont la valeur est en général assez peu différente de 0,5. D'autre part, si l'on admet cette formule, la valeur du moment d'évolution, pour une vitesse donnée, est sensiblement proportionnelle à $\dfrac{\sin \alpha \cos \alpha}{0{,}195 + 0{,}305 \sin \alpha}$, expression dont le maximum correspond à $\alpha = 36°$ environ.

Suivant la pratique actuelle, on établit les organes de manœuvre du gouvernail de manière à permettre d'atteindre un angle d'inclinaison maximum compris entre 30° et 35°. Quelquefois même, en raison des difficultés d'installation, on est descendu jusqu'à 28°. Cela fait, on calcule la pression maxima subie par le safran au moyen de la formule :

$$P = \dfrac{K S V^2 \sin \alpha}{0{,}195 + 0{,}305 \sin \alpha}$$

dans laquelle on donne à V la valeur de la vitesse maxima prévue pour le navire, à α la valeur maxima permise par l'installation des organes de commande, et à K une valeur égale à 20^k, au moins pour les vitesses peu différentes de 20 nœuds. Cependant, sur les croiseurs cuirassés récents, dont la vitesse maxima varie de 21 à 23 nœuds, on a adopté pour K une valeur un peu plus forte, égale à $22^k 5$.

La valeur de P étant ainsi connue, on détermine les moments fléchissants qui agissent sur le safran. Considérons d'abord le cas d'un safran non compensé, tenu par des aiguillots (fig. 793). On peut le considérer comme encastré dans le plan contenant l'axe de rotation, et négliger l'effort de flexion horizontale à moins que la largeur du safran n'ait une valeur particulièrement élevée. Comme il s'agit d'un calcul approché, il est suffisamment exact d'envisager la pression P comme uniformément répartie, c'est-à-dire égale à $\dfrac{P}{l}$ par unité de longueur, l étant la largeur du safran. Le moment fléchissant pour une section telle que $m\,n$, située à une distance d de l'arête $\mathcal{R}$, sera alors :

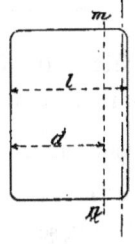

Fig. 793.

$$M = \frac{1}{2}\frac{P}{l}\cdot d^2$$

et l'équation connue $R\dfrac{I}{r} = M$ déterminera le module de flexion qu'il convient de réaliser dans la section $m\,n$ pour avoir une valeur donnée de R. On fera d'abord le calcul pour une section très voisine de la mèche, puis, si l'on veut faire décroître l'épaisseur, pour une ou deux sections comprises entre la mèche et l'arête ÆR.

Considérons en second lieu un safran compensé (fig. 794). On

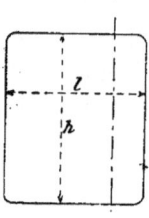

Fig. 794.

fera d'abord le même calcul que ci-dessus pour apprécier la fatigue à la flexion suivant les génératrices verticales. Pour la flexion horizontale, il est prudent de considérer le safran comme une poutre appuyée simplement à ses extrémités. La mèche est en effet guidée ordinairement sur une assez grande longueur pour qu'on puisse l'envisager comme encastrée, mais il faut admettre qu'elle peut prendre à la longue un peu de jeu dans son emmanchement. Dès lors, si la section horizontale du safran est constante, c'est la section moyenne qui est la plus chargée, et son moment fléchissant est égal à $\dfrac{1}{8}\dfrac{P}{h}\cdot h^2 = \dfrac{1}{8}Ph$, h étant la hauteur du safran.

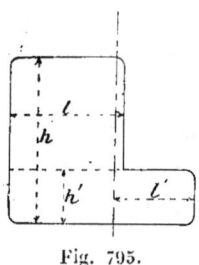

Fig. 795.

Enfin, si le gouvernail est à aileron, il suffit de décomposer sa surface en éléments compensés et non compensés (fig. 795). Soit P la valeur de la pression totale, P' la valeur de la pression sur la surface de hauteur h' comprise au-dessous de l'arête supérieure de l'aileron, P'' la valeur de la pression sur l'aileron. Les valeurs du moment fléchissant seront :

Pour une section verticale voisine de la mèche............................ $\dfrac{1}{2}\dfrac{P-P''}{l}\cdot l^2 = \dfrac{1}{2}(P-P'')\,l$

Pour la section horizontale au niveau de la partie supérieure de l'aileron.......... $\dfrac{1}{2}\dfrac{P'}{h'}\cdot h'^2 = \dfrac{1}{2}P'h'$

Pour la section verticale correspondant à la naissance de l'aileron................ $\dfrac{1}{2}\dfrac{P''}{l'}\cdot l'^2 = \dfrac{1}{2}P''l'$

Pour les tôles d'acier ordinaire, il convient de ne pas dépasser 7^k pour R et de se tenir autant que possible aux environs de 5^k, afin de tenir compte de l'usure et du défaut de solidarité entre les diverses parties. Pour l'épaisseur du bordé, on ne dépasse guère 14 $^m/_m$, en agissant de préférence sur l'épaisseur du safran si on est conduit à des tôles trop fortes.

170. Suspension du safran. — Sur tous les navires protégés, la mèche du gouvernail rentre à bord au-dessous de la flottaison par un trou cylindrique appelé *jaumière*, ce qui exige bien entendu l'installation d'un presse-étoupes pour empêcher la rentrée de l'eau à l'intérieur. Le trou de jaumière peut être percé dans un renflement ménagé dans l'étambot au point convenable. Si l'étambot n'est pas prolongé jusque-là, on établit un manchon en tôlerie (fig. 796) relié par des collerettes en cornière au bordé et au vaigrage; on s'arrange habituellement de manière à placer un couple au droit de ce manchon, qui est ainsi solidement arc-bouté dans le sens transversal par ce couple et dans le sens longitudinal par le prolongement de la carlingue. De toute façon, la partie supérieure du trou de jaumière doit être établie dans un plan horizontal, perpendiculaire à l'axe de la mèche. Dans l'intérieur du trou

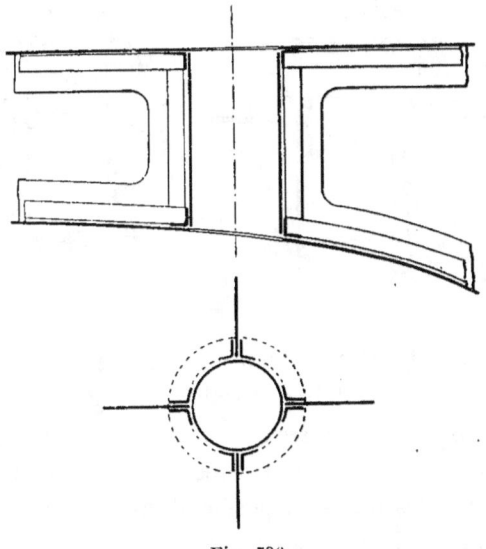

Fig. 796.

de jaumière, on place un manchon cylindrique, appelé *tube de jaumière*, alésé intérieurement au diamètre de la mèche (fig. 797). Pour les navires à doublage en cuivre, ce tube est fait bien entendu en bronze; pour les navires à bordé métallique, on l'exécute en acier moulé, en le munissant intérieurement de rainures en queue d'aronde dans lesquelles on coule de l'*antifriction*, alliage donnant un frottement bien doux.

Sur la pince qui termine le tube de jaumière à sa partie supérieure se fixe le *presse-étoupes*, en bronze, sur le fond duquel 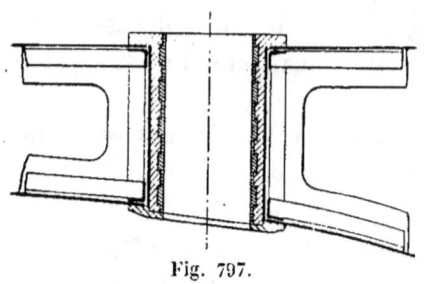 repose un collet ménagé sur la mèche, qui constitue la surface de portage soutenant le poids du safran (fig. 798). Ce presse-étoupes peut aussi faire corps avec le tube de jaumière si celui-ci est en bronze (fig. 800). Assez souvent, pour ne pas exagérer les dimensions du collet, on en place deux, reposant sur des épaulements ménagés dans la boîte du presse-étoupes (fig. 799), qui est

Fig. 797.

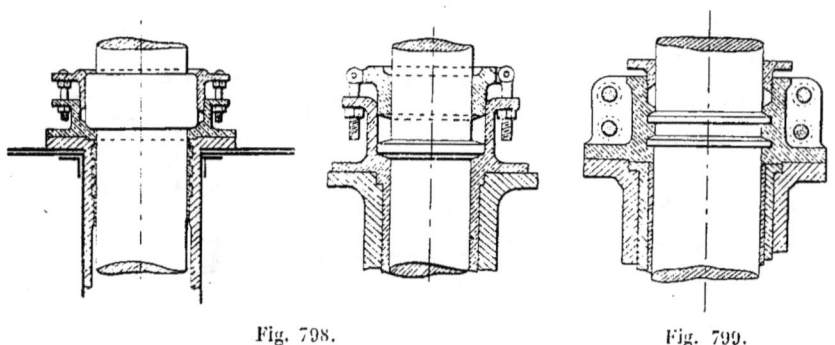

Fig. 798.   Fig. 799.

alors forcément composée de deux pièces réunies par des boulons.
Enfin, on a fait quelquefois usage d'une suspension à billes; cette suspension, qui est alors indépendante du presse-étoupes et placée au-dessus, est constituée par un plateau fixé à la mèche et roulant sur des billes disposées dans une cannelure circulaire concentrique à la mèche (fig. 800).

Sur les navires non protégés, le trou de jaumière est souvent percé au-dessus de la flottaison (fig. 787). Il est néanmoins nécessaire de mettre un presse-étoupes pour empêcher l'introduction de l'eau dans un coup de tangage. Sur les torpilleurs, on supprime souvent le trou de jaumière en plaçant la mèche à l'extérieur et la guidant au moyen de colliers rivés à la coque (fig. 791).

La mèche est exécutée ordinairement en acier forgé; quelquefois on la recouvre d'une chemise en cuivre ou en bronze pour adoucir les frottements, mais on ajoute ainsi une cause de corro-

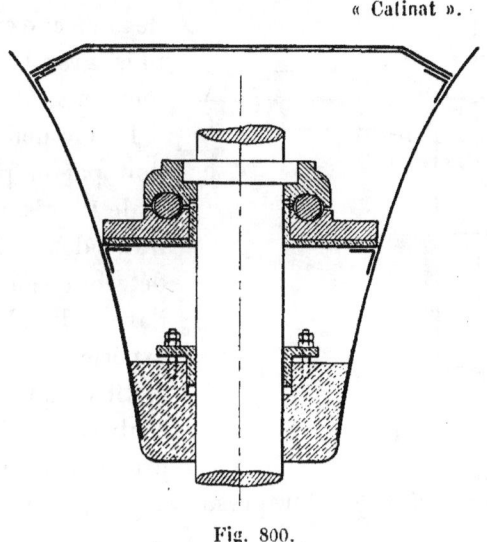

« Catinat ».

Fig. 800.

sion énergique. Il est préférable de n'employer le chemisage que lorsque le navire est doublé en cuivre; dans ce cas d'ailleurs on confectionne souvent la mèche en bronze à haute résistance.

Les dimensions de la mèche se déterminent de la manière suivante. La mèche est un arbre cylindrique soumis à un moment de torsion M_t résultant de la pression exercée par l'eau sur le safran. De plus, si le gouvernail est compensé, la mèche subit un effort de flexion M_f dû à cette même pression. D'autre part, la mèche est manœuvrée au moyen d'un chapeau claveté sur elle à une certaine hauteur au-dessus du tube de jaumière, et sur lequel on agit au moyen d'une barre par exemple (fig. 801). L'effort appliqué sur ce chapeau pour la manœuvre du gouvernail développe sur la mèche un moment de torsion M'_t et un moment de flexion M'_f. En négligeant les résistances de frottement, très faibles d'ailleurs, on peut admettre que M'_t est égal à M'_t. Mais le moment M'_f n'a pas en général la même valeur que le moment M_f. Ce moment M'_f est le produit de la distance d du plan moyen du chapeau au plan moyen d'encastrement par l'effort horizontal qu'il faut appliquer dans le plan du chapeau pour produire un couple égal à

M_t. On devra donc toujours avoir soin de calculer M'_f et de le comparer au moment de flexion M_f produit par le safran, afin de déterminer les dimensions de la mèche en partant du plus grand de ces deux moments.

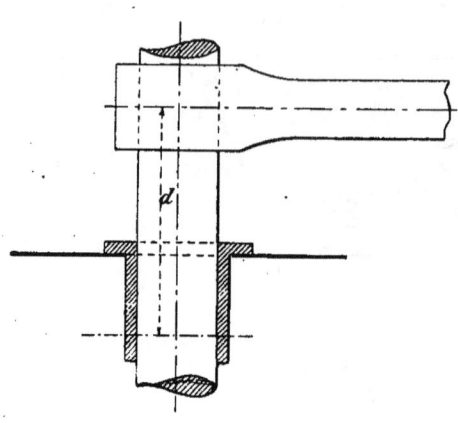

Fig. 801.

Le moment M_t est produit par la pression normale P agissant sur le safran, dont la valeur est déterminée ainsi que nous l'avons dit plus haut. Les expériences de Joëssel ont montré que la distance du centre d'application de la pression P sur le safran à l'arête AV de ce safran était représentée par la formule

$$\delta = (0{,}195 + 0{,}305 \sin \alpha)\, l$$

l étant la largeur du safran. En donnant à α la valeur de l'angle maximum d'orientation du safran, on aura :

$$M_t = P \delta$$

en supposant le gouvernail non compensé. Si le gouvernail est compensé (fig. 802), on aura :

$$M_t = P (\delta - l')$$

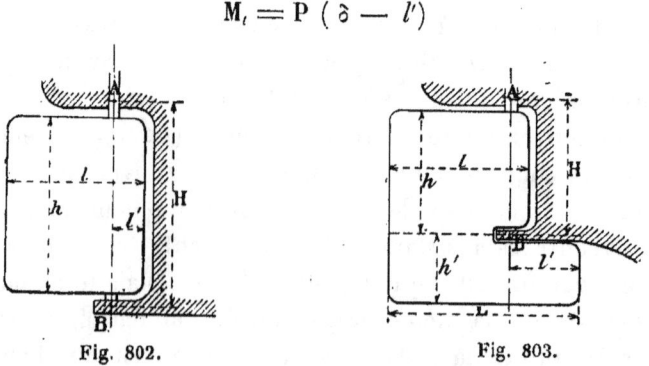

Fig. 802. Fig. 803.

l' étant la largeur de la portion du safran située sur l'AV de l'axe de rotation. S'il s'agit d'un gouvernail à aileron (fig. 803), il suffit de le décomposer en deux parties. Appelons P_1 la pression exercée par l'eau sur la partie supérieure, de hauteur h, et P_2 la pression exercée sur la partie inférieure, de hauteur h'; on aura :

$$M_t = P_1 \partial_1 \times P_2 (\partial_2 - l')$$

en posant :

$$\partial_1 = (0{,}195 \times 0{,}305 \sin \alpha)\, l$$
$$\partial_2 = (0{,}195 \times 0{,}305 \sin \alpha)\, L$$

Quant au moment M_f, il est évidemment négligeable vis-à-vis de M'_f, si le gouvernail n'est pas compensé, à cause de l'appui fourni par les aiguillots. Pour un gouvernail compensé (fig. 802), on peut envisager la mèche comme une pièce de longueur H, chargée de $\dfrac{P}{h}$ par unité de longueur, encastrée en A et appuyée en B. On a alors approximativement :

$$M_f = \frac{1}{8}\frac{P}{h} H^2.$$

Enfin, pour un gouvernail à aileron (fig. 803), la mèche sera une pièce de longueur H, encastrée en A et appuyée en B, chargée par unité de longueur de $\dfrac{P_1}{h}$ entre A et B, de $\dfrac{P_2}{h'}$ au delà de B. Le moment M_f se déterminera soit graphiquement, soit par le calcul. On trouve ainsi :

$$M_f = \frac{1}{8}\frac{P_1}{h} H^2 - \frac{1}{4} P_2\, h'.$$

Cela posé, si l'on appelle M_f le plus grand des deux moments M_f et M'_f, la mèche sera une pièce à section circulaire de diamètre D soumise à un moment de torsion M_t et à un moment de flexion M_f, et la charge du métal sera donnée par :

$$R\, \frac{\pi D^3}{32} = \left(\frac{3}{8} M_f + \frac{5}{8} \sqrt{M_f^2 + M_t^2} \right).$$

On déterminera ainsi D de façon que la valeur de R ne dépasse pas 7 à 8^k environ.

La hauteur d'encastrement de la mèche dans le tube de jaumière est prise en général égale au double environ de son diamètre.

Quant à la dimension du collet, on la règle en admettant une charge maxima de 25 à 30^k par centimètre carré. Dans le calcul de cette charge, il faut bien entendu ajouter au poids du safran celui de la mèche et des divers accessoires qu'elle supporte, ainsi que nous le verrons plus loin.

Lorsque le gouvernail est guidé par des aiguillots, ceux-ci sont ordinairement assez rapprochés pour qu'on puisse négliger le moment de flexion dû à la partie du safran comprise entre deux aiguillots consécutifs. Il suffit donc de leur donner une section totale capable de résister à l'effort tranchant, lequel est égal à P. On calcule en général cette section de manière que la fatigue par cisaillement soit comprise entre 1^k et 1^k 200 par millimètre carré. Le diamètre d d'un aiguillot étant ainsi déterminé, on donne au fémelot une hauteur égale à $d + \dfrac{d}{4}$ environ.

Si le gouvernail est compensé, on a un tourillon unique que l'on calculera par les mêmes procédés que la mèche, sous réserve de la suppression du moment de torsion. Quant au talon de l'étambot, l'effort maximum auquel il doit résister est la pression horizontale T qui lui est transmise par le tourillon. Dans le cas de la figure 802, la valeur de T est égale à $\dfrac{P}{2}$ en supposant la mèche simplement appuyée en A. Mais comme en réalité la pression de l'eau n'est pas également répartie, et va en croissant de haut en bas, il est prudent d'adopter une valeur un peu supérieure et de prendre $T = \dfrac{5}{8} P$ par exemple. Dans le cas de la figure 803, on trouve, suivant que l'on suppose la mèche appuyée ou encastrée en A :

$$T = \frac{1}{2} \frac{P_1}{h} H + P_2 + P_2 \frac{h'}{2H}$$

$$T = \frac{3}{8} \frac{P_1}{h} H + P_2 + \frac{3}{2} P_2 \frac{h'}{2H}.$$

On prendra la plus grande de ces deux valeurs en la majorant légèrement comme nous venons de l'indiquer.

171 Commande du safran. — L'orientation du safran est obtenue au moyen d'un chapeau claveté sur la mèche, sur lequel

GOUVERNAIL. 133

on produit l'effort nécessaire pour vaincre le moment de torsion M_t. Le procédé le plus simple consiste à faire usage d'une *barre*, c'est-à-dire d'un levier fixé au chapeau et dirigé dans le plan du safran. Le déplacement du safran sera alors obtenu par une traction exercée transversalement sur la tête de la barre dans un sens ou dans l'autre. Suivant la disposition usuelle, la barre fait corps avec le chapeau (fig. 804), qui est formé de deux pièces réunies par des boulons munis de contre-écrous pour prévenir le desserrage. Le tracé de la barre, étudié par M. l'inspecteur général du génie maritime Godron, est obtenu de la manière suivante. En désignant par D le diamètre de la mèche, on donne au chapeau une hauteur H égale à 1,1 D et on assure la liaison avec la mèche au moyen d'une clavette à talon à section carrée dont le côté est égal à 0,3 D. A une distance δ de l'axe de la mèche égale à 1,5 D, la barre a une section rectangulaire de hauteur h et de largeur l.

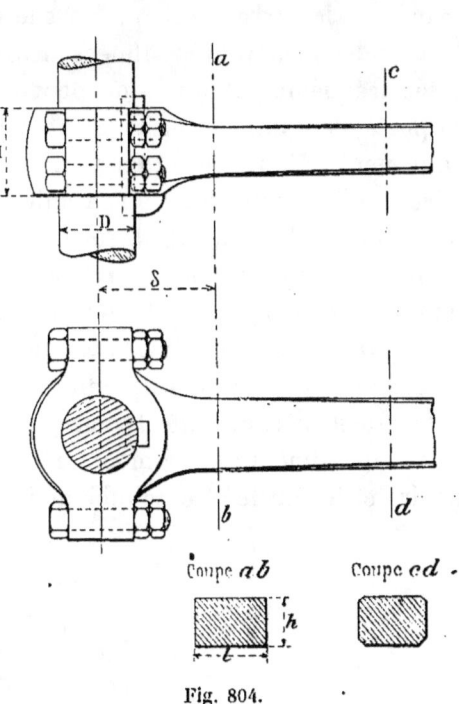

Fig. 804.

On prend $h = \dfrac{2}{3} l$, et on détermine l de manière que la barre puisse résister au moment M, c'est-à-dire qu'on a :

$$R \frac{h l^2}{6} = M_t$$

ou, puisque $h = \dfrac{2}{3} l$,

$$R \frac{l^3}{9} = M$$

d'où l en prenant pour R une valeur au plus égale à 8^k environ. La section de la barre va ensuite en décroissant régulièrement, de manière à la rapprocher des conditions d'un solide d'égale résistance, et prend une forme octogonale, au moyen de pans coupés dont la largeur augmente graduellement de manière que la section à l'extrémité de la barre soit un octogone régulier. Les dimensions de cet octogone varient un peu suivant le mode de commande de la barre, ainsi que nous le verrons plus loin.

Avec les formes très affinées des navires modernes, il arrive assez fréquemment qu'on ne peut faire atteindre à la barre ainsi disposée l'angle extrême de 35° environ qu'en réduisant considérablement sa longueur et en augmentant par suite l'effort qu'il est nécessaire d'exercer sur son extrémité. Lorsqu'il en est ainsi, on installe dans le plan diamétral, sur l'A/ de la mèche, une mèche auxiliaire appelée *fausse-mèche*, reliée à la mèche proprement dite par une transmission, et sur la tête de laquelle on fixe la barre, qui se trouvant ainsi ramenée dans une partie plus large du navire peut être établie dans des conditions plus favorables.

La fausse mèche, confectionnée en acier forgé, est installée dans une crapaudine en acier moulé ou en bronze fixée à l'intérieur du navire et jouant le rôle de tube de jaumière (fig. 805). Elle repose

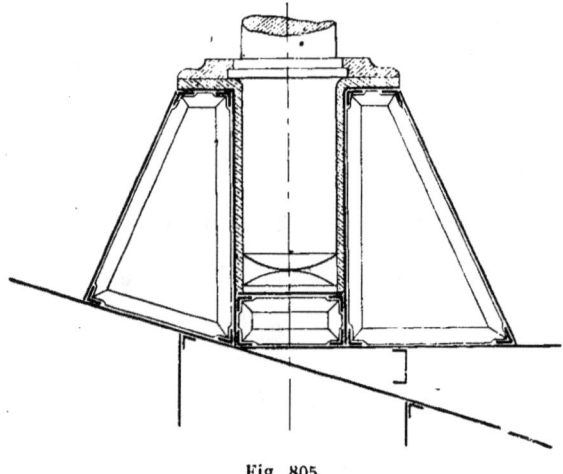

Fig. 805.

sur le fond de cette crapaudine par l'intermédiaire d'un grain en acier forgé. Si les dispositions locales ne permettent pas de donner à la crapaudine une hauteur suffisante pour assurer un encastrement convenable, on fait passer la tête de la fausse mèche dans une douille encastrée dans un étrier en tôlerie rivé à la coque

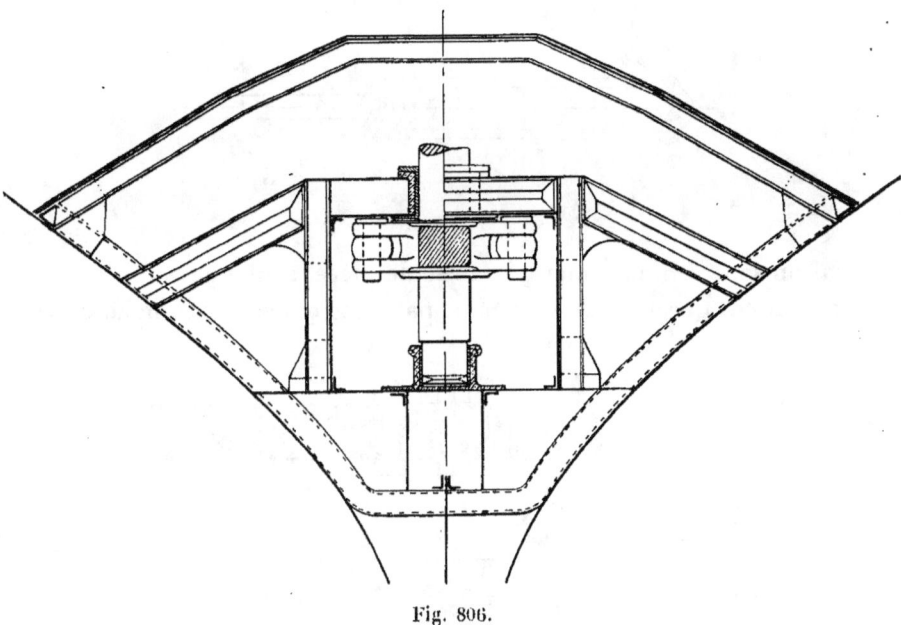

Fig. 806.

(fig. 806). Cet étrier, placé au-dessous du pont blindé, doit en être indépendant, de façon qu'une déformation de ce pont sous le choc d'un projectile ne puisse causer d'avarie dans les transmissions du gouvernail.

La fausse mèche est une pièce travaillant à la flexion et à la torsion, dont le calcul s'effectue de la même manière que celui de la mèche. Assez souvent, bien que ce calcul conduise en général à un diamètre plus faible que celui de la mèche, on donne à la fausse mèche le même diamètre qu'à la mèche, de manière à conserver à la barre les mêmes dimensions que si elle eût été fixée directement sur la mèche.

La liaison entre la mèche et la fausse mèche peut être réalisée de diverses manières. On emploie fréquemment la transmission *à parallélogramme articulé* composé de deux traverses reliées par des bielles et clavetées l'une sur la mèche, l'autre sur la fausse mèche (fig. 807). La barre est fixée sur la fausse mèche, soit au-dessus, soit au-dessous de la traverse; elle peut même être assemblée directement avec cette traverse, lorsqu'on ne dispose pas d'une hauteur suffisante, ainsi que le représente la fig. 808. Les bielles de

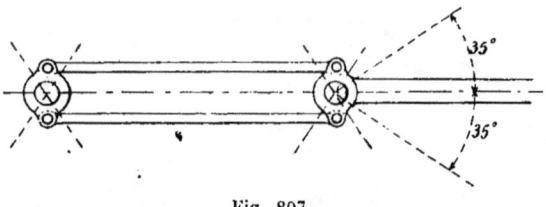

Fig. 807.

liaison sont ordinairement d'une seule pièce, soutenues au besoin, si elles ont une grande longueur, par des rouleaux intermédiaires

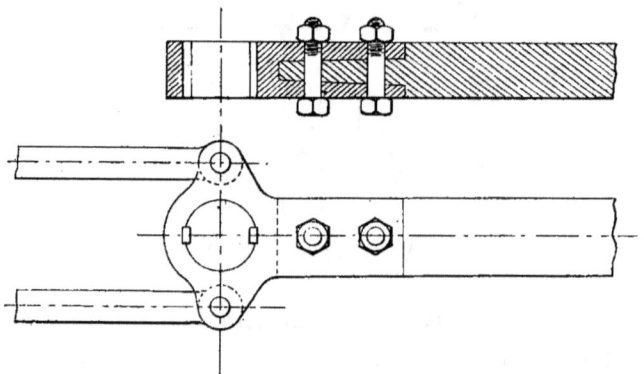

Fig. 808.

les empêchant de fléchir sous l'action de leur poids. On les a quelquefois composés de deux parties, réunies par un manchon à deux filetages en sens inverse, de manière que la longueur de chaque bielle puisse être réglée bien exactement. Mais, même avec cette précaution, il est impossible d'obtenir que les deux bielles travaillent simultanément de façon identique; ainsi doit-on calculer leurs dimensions de façon qu'une seule d'entre elles, travaillant par traction, soit suffisante pour transmettre l'effet voulu. Sur certains navires, on a même cherché à empêcher les bielles de travailler par compression en les composant de deux parties reliées l'une à l'autre par une articulation.

Au lieu de donner aux deux traverses la même longueur, on a quelquefois essayé de leur donner des dimensions différentes. Si la traverse de la mèche est plus courte que celle de la fausse mèche, l'excursion de la barre est réduite, et l'encombrement total du système est diminué. Si au contraire la traverse de la mèche est plus longue, on a l'avantage d'avoir un bras de levier légèrement croissant avec l'angle de barre, ce qui réduit l'effort maximum nécessaire pour produire l'orientation du safran. Il convient seulement de ne pas oublier que la transmission de mouvement entre la mèche et la fausse mèche se trouve ainsi réalisée à l'aide d'un trapèze articulé, c'est-à-dire d'une figure *non déformable*. Il faut par suite, ou bien donner le jeu nécessaire aux boulons d'attache des bielles et des traverses, ou bien constituer les bielles de deux parties pouvant coulisser l'une par rapport à l'autre, de telle sorte que la bielle menée puisse se raccourcir librement. Ces deux solutions ont l'inconvénient de ne pas maintenir le safran dans les deux sens, de sorte que celui-ci peut battre lorsque le moment M_t change de sens, ce qui a lieu notamment presque à chaque instant lorsque le navire est au mouillage; il en résulte des secousses bruyantes et préjudiciables au bon fonctionnement de la transmission. Une meilleure solution du problème consiste à fixer la traverse antérieure sur la fausse mèche non par un clavetage rigide, mais par un emmanchement carré dont le logement présente le jeu voulu sur l'avant et sur l'arrière (fig. 809). On peut ainsi obtenir une figure déformable tout en

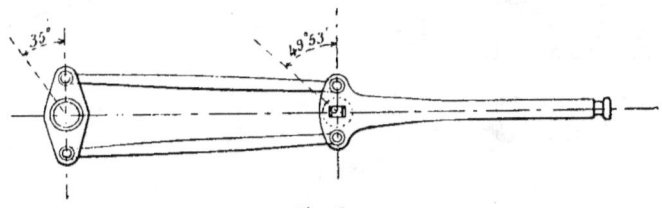

Fig. 809.

assurant la solidarité du safran et de la barre.

Il convient d'ailleurs de remarquer que la croissance du bras de levier peut être obtenue très simplement en incurvant les traverses de manière à reporter les articulations sur l'arrière des plans transversaux passant par l'axe de la mèche et de la fausse mèche. C'est ce que l'on a réalisé sur certains navires récents. Pour ne pas exagérer l'obliquité des bielles par rapport aux traverses, on s'est contenté en général de faire correspondre le bras de levier maximum à un angle de barre de 15° (fig. 810), ce qui est

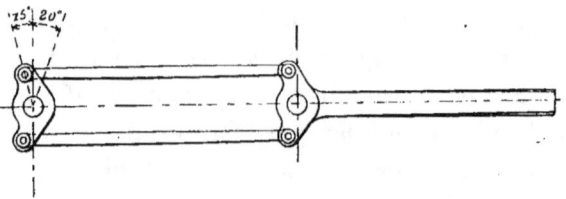

Fig. 810.

parfaitement suffisant, la plupart des évolutions ordinaires s'effectuant avec des angles de barre qui ne dépassent pas ce chiffre.

Le système que nous venons de décrire peut être remplacé par une transmission à *tire-veilles*, consistant en deux tourteaux munis de dents, clavetés sur la mèche et la fausse mèche, et reliés par des chaînes fixées à des tiges rigides (fig. 811). Ces tour-

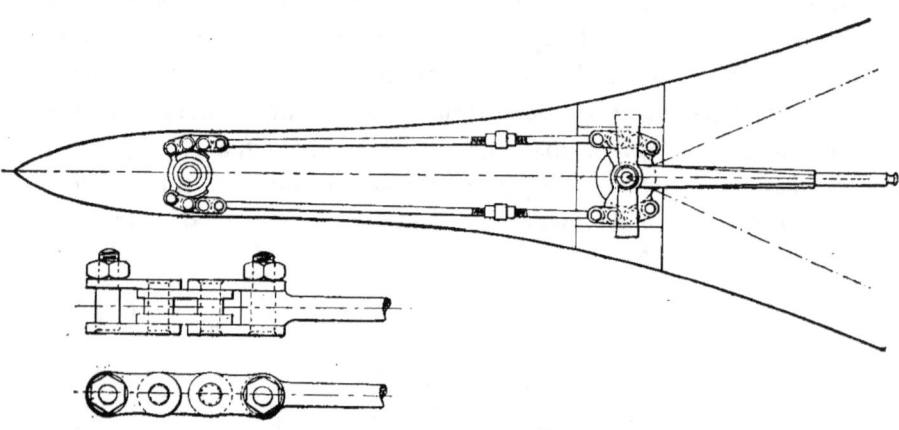

Fig. 811.

teaux ont ordinairement le même diamètre, mais peuvent être aussi bien de diamètre différent, si l'on a besoin de modifier l'amplitude du secteur parcouru par la barre. On fait usage de chaînes à mailles formées de lames réunies par des entretoises, dites chaînes *Galle*, plus souples que les chaînes à mailles ordinaires, mais ne pouvant être utilisées que lorsqu'elles ne sont soumises à aucun effort de torsion. Les tiges qui relient les deux bouts de chaîne doivent être en deux parties réunies par un manchon à double filetage, de manière qu'on puisse les tenir bien tendues et reprendre le mou qui se produit au bout d'un certain temps de fonctionnement.

Au lieu de tire-veilles directes, on peut aussi employer des tire-veilles croisées (fig. 812), une des tiges étant alors dédoublée pour

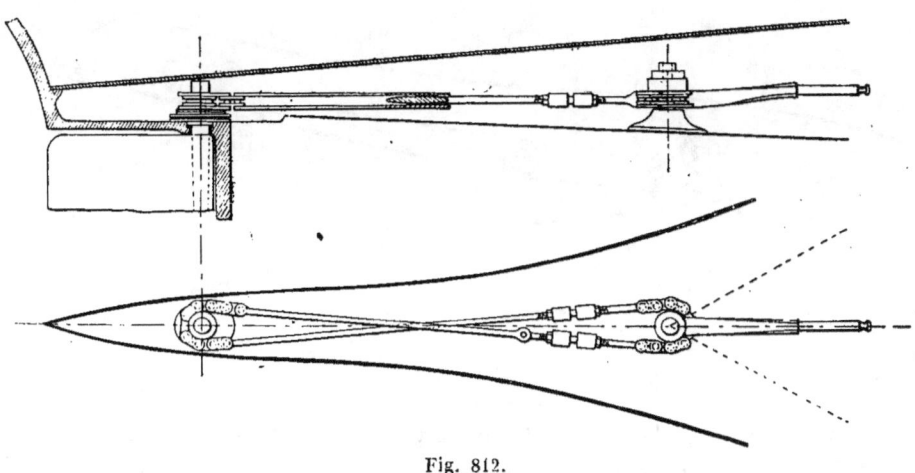

Fig. 812.

laisser passage à l'autre. Cette transmission est un peu moins encombrante que la précédente, et peut être appliquée lorsque la place dont on dispose est particulièrement restreinte.

Enfin, un dernier système consiste à faire usage d'une *barre articulée*, c'est-à-dire à prolonger la barre au-delà de la fausse mèche et à articuler son extrémité, à l'aide d'un boulon, dans un coulisseau susceptible de se déplacer dans une rainure ménagée dans une petite barre clavetée sur la mèche (fig. 813).

Au lieu d'être constituée par un levier relié directement ou indirectement à la mèche, la barre peut être remplacée par un secteur ou même un tambour cylindrique complet claveté sur la mèche, et sur lequel on exerce un effort tangentiel soit au moyen d'engrenages, soit au moyen d'une chaîne s'enroulant sur son pourtour. On peut aussi claveter sur la mèche une traverse articulée avec des bielles sur lesquelles on exerce un effort de traction soit au moyen de vis, soit au moyen de cylindres à eau comprimée par exemple. Nous reverrons plus loin des exemples de dispositions de ce genre.

L'installation de la commande du safran doit être complétée par quelques organes accessoires. Il faut d'abord disposer des *butoirs* limitant l'excursion du safran, de manière à empêcher qu'en cas de rupture d'un de ses organes de commande il puisse battre

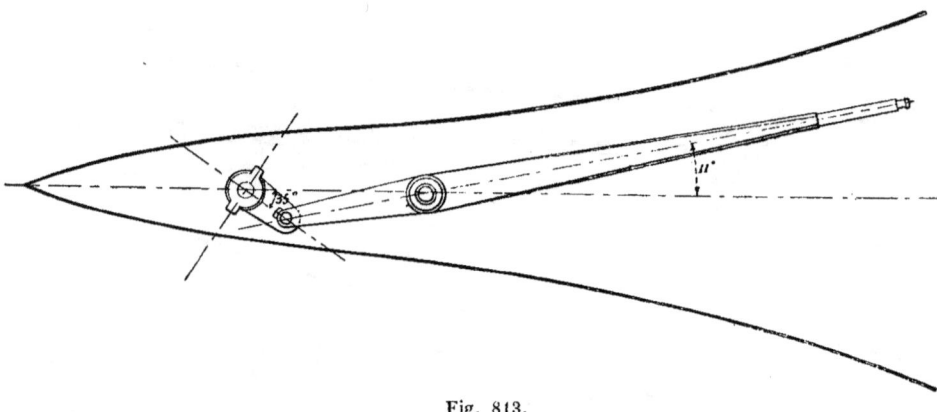

Fig. 813.

et venir frapper la charpente du navire. Ces butoirs sont installés à l'intérieur du navire, de manière que le chapeau ou la traverse clavetés sur la mèche viennent porter contre eux dès qu'ils dépassent l'angle d'excursion maximum qui leur est assigné. En outre, pour permettre d'effectuer la réparation des organes de commande si une avarie vient à se produire, il est nécessaire de pouvoir immobiliser momentanément le safran. On installe dans ce but un *frein,* placé sur la tête de la mèche. Assez souvent, par défaut de place, ce frein est reporté sur la fausse mèche, quelquefois même sur un des organes de commande de la barre; mais ces dispositions doivent évidemment être écartées autant que possible, de manière qu'on puisse immobiliser le safran même en cas de rupture dans la transmission intermédiaire. On se contentait autrefois d'installer sur la mèche un collier claveté avec elle et tournant au-dessus d'une embase fixe solidement reliée à la coque; cette embase portait un certain nombre de trous dans lesquels on pouvait enfoncer une goupille passant dans un trou percé dans le collier. Mais cette disposition constitue un appareil d'immobilisation et non un frein, et présente en outre le grave inconvénient d'imposer l'obligation de ramener la barre dans une position déterminée. Les freins dont on fait usage aujourd'hui sont toujours des appareils à serrage progressif. On emploie soit un frein à lame (fig. 814), formé d'un tourteau circulaire claveté sur la mèche et de sabots en bois serrés sur son pourtour par une lame flexible en acier manœuvrée au moyen d'une tige filetée et d'un écrou à manette, soit un frein à mâchoires (fig. 815), dont le tourteau est muni sur son pourtour d'une gorge à profil trapézoïdal, dans laquelle pénètrent deux mâchoires en forme de coin, articulées à l'une de leurs extrémités et reliées à l'autre par une vis. On a fait aussi quelquefois usage de freins hydrauliques, la mèche portant une traverse à laquelle sont fixées deux bielles conjuguées avec des pistons plongeurs qui se déplacent dans des cylindres à eau mis en communication par un tuyau ; en étranglant un robinet placé sur ce tuyau, on réalise le freinage progressif, et en le fermant complètement on immobilise le safran.

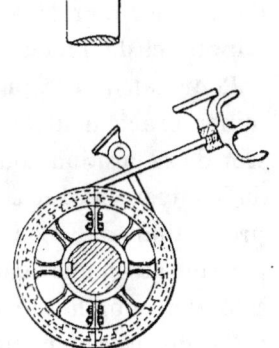

Fig. 814.

Quel que soit le système de frein adopté, ses organes de commande doivent être protégés par les cuirassements, tout en étant indépendants du pont blindé, ainsi qu'on l'a fait remarquer à propos de la fausse mèche. En outre, la manœuvre du frein doit pouvoir être effectuée à distance, autant que possible dans un compartiment séparé de celui qui contient la barre et la transmission intermédiaire, en tous cas en dehors du secteur parcouru par la barre de façon qu'on puisse serrer le frein sans danger au cas où la barre viendrait à être rendue libre par une avarie de ses organes de commande. Avec le frein à mâchoire représenté par la figure 815, par exemple,

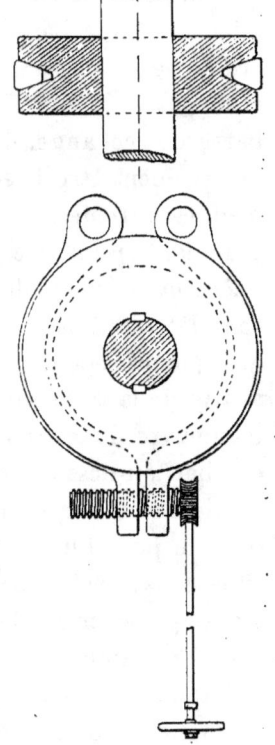

Fig. 815.

il suffit de monter sur la vis de serrage une roue striée actionnée par une vis tangente fixée à un arbre longitudinal qui peut être prolongé sur l'AV de la quantité voulue et porte à son extrémité un volant de manœuvre. Avec les freins hydrauliques, la commande du robinet d'arrêt sera de même ramenée sur l'AV au moyen de tringles et de leviers.

Pour calculer la puissance du frein, il est impossible de déterminer exactement la tendance que peut avoir le gouvernail à dévier de sa position sous l'influence des hélices, du choc des lames, du mouvement du navire, etc. On détermine habituellement ses proportions de façon que le moment résistant qu'il peut développer soit au moins égal au quart du moment de torsion maximum M_t prévu pour la mèche; l'expérience a justifié jusqu'ici cette manière de procéder. On fait alors le calcul de la transmission de mouvement du frein en admettant un effort tangentiel de 15 à 20^k au maximum sur le volant de manœuvre.

Enfin, sur un assez grand nombre de navires, on a prévu l'installation d'une barre de rechange destinée à remplacer la barre ordinaire en cas d'avarie des organes de commande de celle-ci, et disposée de manière à pouvoir être manœuvrée à bras. Cette barre de rechange, dite *barre franche* ou *barre de combat*, devrait logiquement être fixée à demeure sur la mèche. Mais cet agencement est rarement possible à réaliser, en raison du peu de hauteur dont on dispose généralement entre le dessus du tube de jaumière et le pont blindé, l'espace libre étant occupé à peu près complètement par le presse-étoupes, le frein et le chapeau. On a quelquefois reporté la barre franche sur la fausse mèche, mais une avarie de la transmission intermédiaire rend alors impossible la manœuvre du safran. Assez souvent, on a installé la barre de combat au-dessus du pont blindé, en la prolongeant par une partie recourbée venant se fixer sur la tête de la mèche et passant dans le pont blindé (fig. 816). Mais alors il est en général impossible de laisser la barre de combat toujours en place, car elle se trouve pénétrer ainsi dans les logements, à moins qu'il n'y ait une tranche cellulaire de hauteur suffisante pour permettre son installation. On est par suite obligé soit de la relier à la mèche par un manchon d'embrayage de manière qu'en temps normal elle puisse rester immobilisée, soit de la rendre amovible, le trou de passage de son extrémité étant fermé au combat par une tape blindée et la mise en place n'étant effectuée qu'en cas de besoin. Mais on a encore de cette façon soit une barre très encombrante en temps ordinaire, soit une manœuvre longue et pénible à exécuter dans une région non protégée pour la mise en place de cette barre. On préfère aujourd'hui supprimer complètement la barre de combat en prenant la précaution soit de doubler l'organe de commande de la barre ordinaire, comme nous le verrons plus loin, soit de disposer la barre ordinaire de telle sorte qu'elle puisse fonctionner éventuellement comme barre franche, actionnée directement par des palans.

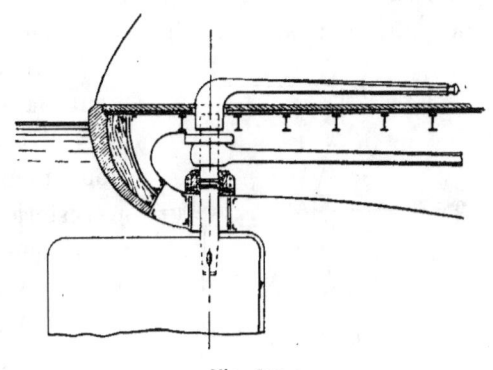

Fig. 816.

La barre franche, lorsqu'elle existe, est calculée ainsi que nous l'avons dit plus haut en ce qui concerne les dimensions de la section rectangulaire dans le voisinage de l'emmanchement. La section est réduite graduellement de manière à atteindre à l'extrémité de la barre la forme d'un octogone régulier de hauteur égale à $0,3\ l$, et la barre se termine par une pomme arrondie munie d'une partie tournée sur laquelle on peut fixer les amarrages des palans de manœuvre (fig. 817).

Fig. 817.

Même lorsqu'il n'y a pas de barre de combat installée sur la mèche, il est presque toujours nécessaire de prévoir au-dessus de la mèche un trou de démontage percé dans le pont blindé (fig. 816). En outre, pour faciliter le démontage, la tête de la mèche doit être percée d'un trou borgne dans lequel on peut visser un tire-fonds. Le trou percé dans le pont cuirassé est fermé en temps ordinaire par une tape blindée (§ 121).

172. Commande mécanique de la barre. — Le procédé le plus usuel pour produire les mouvements d'orientation du safran consiste à fixer sur la tête de la barre une *drosse*, constituée par une chaîne ou un câble en fil d'acier s'enroulant sur un tambour (appelé aussi *marbre*) actionné par un moteur mécanique (fig. 818).

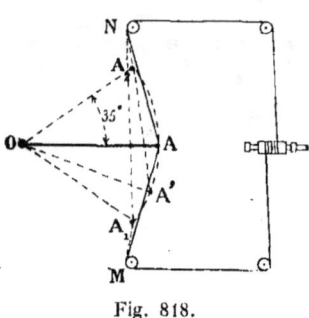

Fig. 818.

La barre est ainsi tirée alternativement dans un sens et dans l'autre, mais il est aisé de voir que dans ce mouvement la longueur de la drosse ne restera pas en général constante. Si en effet la barre vient de OA en OA', l'un de ses brins s'allonge de NA' — NA pendant que l'autre se raccourcit de MA — MA'. La différence est égale à NA' + MA' — 2 MA, quantité qui ne peut être nulle que si le point A' est situé sur une ellipse ayant pour foyers les points M et N. Lorsque l'excursion de la tête de la barre est très limitée, il est possible de placer les réas de retour M et N de telle sorte que l'arc de cercle décrit par le point A coïncide sensiblement avec l'arc d'ellipse, et la longueur de la drosse reste alors pratiquement constante. Mais dans la plupart des cas il n'en est pas ainsi; les deux points M et N étant d'ailleurs forcément assez peu distants de la corde $A_1 A_2$, afin de ne pas exagérer l'obliquité des brins par rapport à la barre, l'arc de cercle $A_1 A_2$ est toujours intérieur à l'arc d'ellipse ayant pour foyers M et N, et par suite la drosse prend du *mou*. La barre ayant été amenée à une certaine position, pour la ramener en sens inverse il faudra réenrouler d'abord sur le tambour une longueur égale à ce mou, et de plus le safran pourra se déplacer si le moment M_l vient à changer de sens, la barre n'étant pas maintenue par la drosse.

Pour remédier à cet inconvénient, on peut employer un procédé qui a été appliqué sur la plupart des paquebots de la Cie des Messageries maritimes. La drosse, au lieu de se fixer directement sur la tête de la barre, passe sur des réas fixés en ce point et vient faire dormant en un point invariablement relié à la coque et situé dans l'axe du navire. Pour nous rendre compte de la modification introduite, imaginons les réas de retour réduits à leur centre (fig. 819). Les deux brins de la drosse font retour d'abord en M ou en N, puis en A, et viennent faire dormant en P. Pour une position quelconque OA' de la barre, on a :

allongement du brin mené. . . . . . NA' + A'P — (NA + AP)
raccourcissement du brin menant. . MA + AP — (MA' + A'P)

La valeur du mou est donc :

$$MA' + NA' - 2\,MA + 2\,(A'P - AP).$$

La position du point P étant arbitraire, on peut se proposer de la déterminer de manière que l'expression précédente soit nulle, c'est-à-dire qu'on ait :

$$AP - A'P = \frac{MA' + NA'}{2} - MA.$$

Le problème est évidemment possible pour un angle de barre donné, puisqu'on est ramené à construire un triangle AA'P dont on connaît le côté AA', l'angle en A et la différence des deux autres côtés. En pratique, si on fait l'épure pour les divers angles de barre et en ramenant les réas à leurs dimensions exactes, on trouve que la position du point P n'est pas invariable, mais ne subit qu'un déplacement très faible, ne dépassant pas quelques centimètres. Il suffit alors de rattraper ce mou en attachant la drosse non en un point rigoureusement fixe, mais sur un tendeur élastique. On a ainsi la disposition représentée schématiquement par la figure 820.

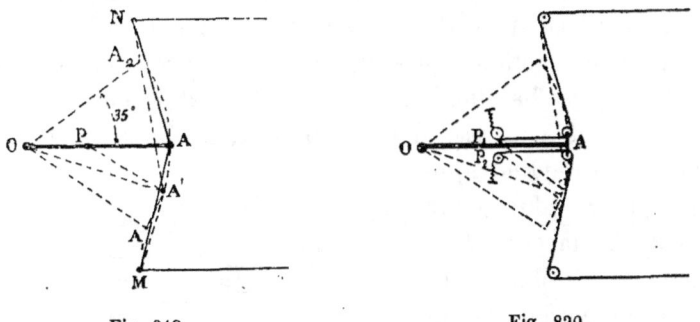

Fig. 819.   Fig. 820.

Une autre solution, couramment employée sur les paquebots, consiste à remplacer la barre par un tambour circulaire sur lequel s'enroule la drosse. Une disposition de ce genre a été appliquée sur le *Châteaurenault* (fig. 821). Sur la fausse mèche sont fixés une

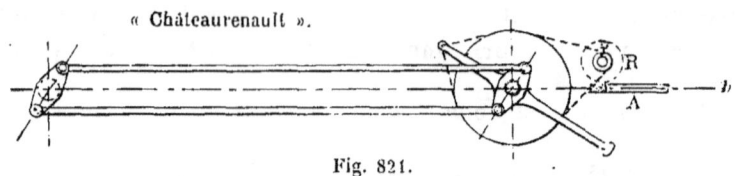

Fig. 821.

barre franche et un tambour sur lequel passe une drosse en chaîne entraînée par un pignon à axe vertical P, solidaire d'une roue striée R que mène par l'intermédiaire d'une vis tangente l'arbre A du moteur mécanique.

La solution communément appliquée dans la marine militaire française consiste dans l'emploi d'une *barre à chariot* (fig. 822).

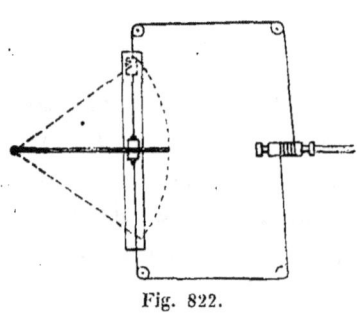

Fig. 822.

L'extrémité de la barre est engagée dans une douille portée par un chariot qui est tiré par la drosse et assujetti à se mouvoir en ligne droite sur un chemin rectiligne transversal appelé *tamisaille*. La barre coulisse ainsi dans le chariot en même temps qu'elle est entraînée par lui.

La longueur de barre, c'est-à-dire le bras de levier constant de l'effort exercé par la drosse sur la barre à chariot, est déterminée d'après les dispositions locales. Il y a intérêt à ce que cette longueur ne soit pas trop faible, pour que l'effort de traction à produire n'ait pas une valeur exagérée. Elle est comprise habituellement entre $2^m,50$ et $5^m,00$.

Pour pouvoir coulisser dans le chariot, la barre est terminée par une portée cylindrique de longueur convenable (fig. 823). La largeur l de la section au collet ayant été déterminée comme on l'a vu au paragraphe précédent, la section extrême de la barre, à la naissance

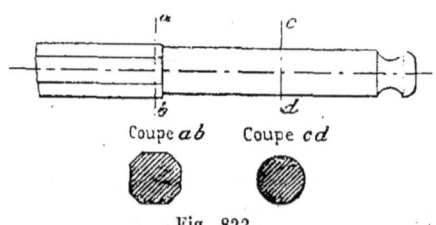

Fig. 823.

de la partie cylindrique, est un octogone régulier de hauteur 0,66 l, c'est-à-dire que la hauteur de la section reste constante sur toute l'étendue de la barre. Le diamètre de la partie tournée est égal à 0,64 l et l'extrémité se termine par une pomme arrondie dont nous verrons tout à l'heure l'utilité.

La partie cylindrique de la barre est engagée dans une douille en bronze munie de deux tourillons fixés au chariot (fig. 824). Le chariot est une pièce recevant les tourillons de la douille et les points d'attache de la drosse, et susceptible de se déplacer le long de la tamisaille. En général, pour ne pas avoir une dimension de drosse exagérée, on munit le chariot de réas sur lesquels passe la drosse, dont le dormant est alors reporté en abord contre la muraille (fig. 825). Le chariot est formé par suite de deux flasques en tôle portant la douille et les axes des réas, et monté par exemple sur des galets comme l'indique la figure 826. Les galets roulent sur des rails plats en bronze portés par la tamisaille, et un graisseur assure la lubréfaction des surfaces de frottement. La tamisaille est constituée par un carlingage en tôlerie formé par une tôle horizontale soutenue par deux tôles verticales entretoisées par des tôles armées de cornières (fig. 827). Sur la tôle horizontale sont fixés les deux rails de roulement du chariot. De plus, il est indispensable que le chariot ne puisse se soulever et sortir de son chemin de roulement. On peut employer dans ce but une agrafe fixée sous le chariot et courant le long d'un rail à boudin rivé sur la tamisaille.

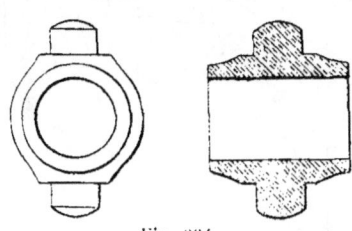

Fig. 824.

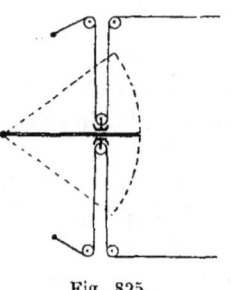

Fig. 825.

Avec le faible diamètre qu'on est conduit ordinairement à donner aux galets, pour ne pas accroître la hauteur du chariot et diminuer sa stabilité, il arrive souvent que la résistance au frottement de roulement devient supérieure à la résistance au frottement de glissement, étant donné surtout que les rails sont en général hu-

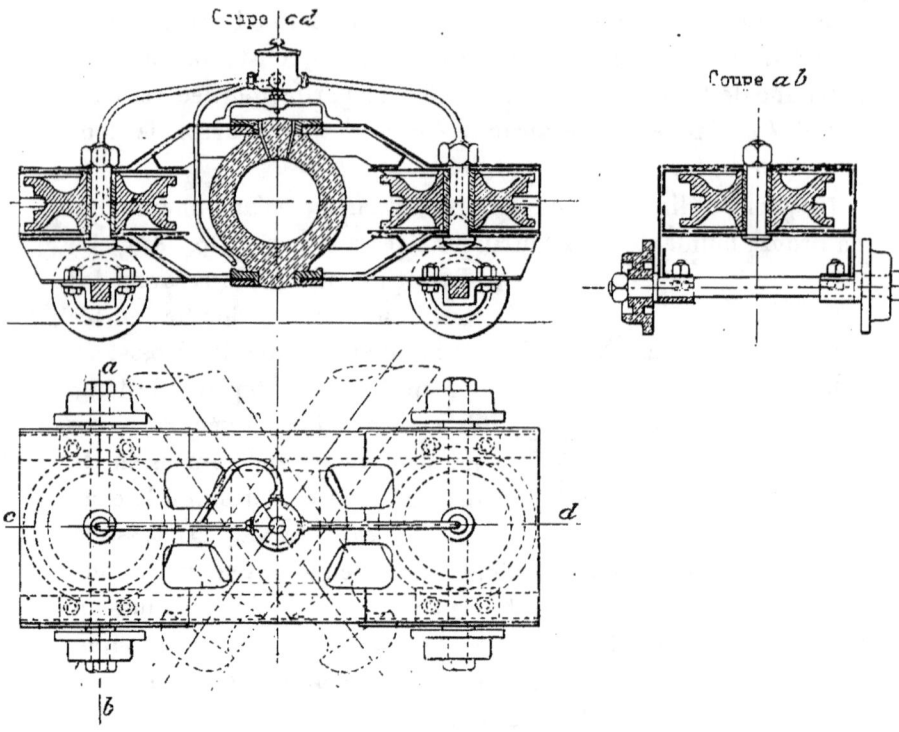

Fig. 826.

mectés d'huile provenant des graisseurs du chariot. Aussi est-il préférable de monter le chariot non sur des galets, mais sur des patins de glissement, en assurant la lubréfaction des rails. L'installation est plus simple, et des lattes en bronze en forme de Z fixées le long des rails suffisent pour guider le chariot et s'opposer à son soulèvement (fig. 828).

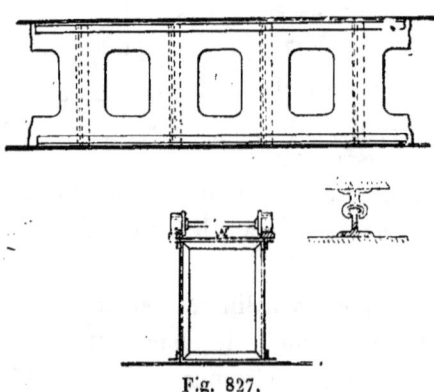

Fig. 827.

La tamisaille doit être absolument indépendante des cuirassements du navire, de façon qu'une déformation de ces cuirassements ne puisse produire une dénivellation qui pourrait immobiliser la barre ou augmenter considérablement l'effort à développer pour sa manœuvre. La barre à chariot étant placée au-dessous du pont blindé, il convient par suite de fixer la tamisaille sur le faux-pont et de l'arrêter en abord, si on le peut, à une petite distance de la muraille.

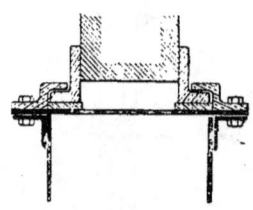

Fig. 828.

La drosse est faite soit en chaîne, soit en fil d'acier. Si la drosse est en chaîne, on fait usage du tracé à mailles courtes dont les proportions ont été indiquées précédemment (fig. 769). Les réas de retour doivent avoir un diamètre égal à 18 ou 20 fois le calibre de la chaîne ; leur profil peut être dessiné suivant l'un ou l'autre des tracés représentés par la figure 770. Si l'on fait usage d'un câble en fil d'acier, le diamètre des réas doit autant que possible ne pas être inférieur à 20 fois le diamètre de ce câble. On peut admettre pour la drosse en chaîne une charge de 5 à 7^k par $^m/_m^2$ de la double section et pour la drosse en fil d'acier une charge de 10 à 12^k par $^m/_m^2$. Les dimensions de la drosse sont ainsi déterminées par la valeur de l'effort maximum de traction F à exercer sur elle, effort dont nous verrons tout à l'heure le mode de calcul. Les drosses en chaîne sont presque seules employées aujourd'hui, les drosses en fil d'acier ayant l'inconvénient de se détériorer assez rapidement par suite des pliages répétés auxquels elles sont soumises par leur passage sur les réas.

Si l'on admet pour le tambour les mêmes proportions que pour les réas, et si l'on appelle d son diamètre, on a approximativement, que la drosse soit en chaîne ou en fil d'acier :

$$d = 0{,}0065 \sqrt{F}$$

F étant exprimé en kilogrammes et d en mètres. Dans le cas où les dimensions auxquelles on est ainsi conduit seraient jugées trop considérables, on peut employer par exemple une drosse à 4 brins (fig. 829) au lieu d'une drosse à 2 brins ; mais le nombre de retours, et par suite les pertes par frottement, se trouvent ainsi augmentés. Cette disposition n'a en somme de raison d'être que lorsque la longueur de barre est particulièrement réduite.

Avec les drosses en chaîne, on a quelquefois employé comme tambour une couronne à empreintes. Cette disposition a été abandonnée, en raison de l'usure trop rapide des chaînes résultant de leur brisure au passage de chaque empreinte, et on adopte de préférence un tambour cylindrique de grand diamètre sur lequel la drosse fait deux ou trois tours morts, une maille étant d'ailleurs fixée au tambour par une agrafe pour assurer l'entraînement. Pour éviter que les tours de chaîne ne mordent les uns sur les autres, il est bon de canneler le tambour, les rainures ayant le profil adopté pour la gorge des réas.

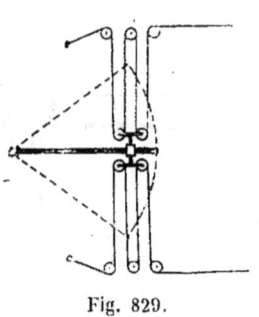

Fig. 829.

La drosse subissant toujours à la longue un certain allongement, il est nécessaire de pouvoir reprendre le mou à mesure qu'il se produit. On peut dans ce but fixer le dormant de la drosse sur un ridoir ordinaire à vis. Mais il est préférable, suivant une disposition qui tend à se généraliser, de donner une certaine élasticité à l'attache de la drosse. Si en effet un coup de mer vient frapper le safran, il en résulte un effort brusque sur la tête de la barre et par suite sur la drosse. Or très souvent les transmissions mécaniques qui agissent sur le tambour d'enroulement ne sont pas réversibles, et, en admettant même qu'elles le fussent, un effort brusque n'aurait pas le temps en général de se transmettre jusqu'au tambour, à cause des retours assez nombreux; c'est donc la drosse à peu près seule qui doit supporter le choc, et pour éviter les chances de rupture il est bon qu'elle puisse céder légèrement. La disposition fréquemment adoptée est la suivante (fig. 830). La drosse est fixée à une tige passant dans une boîte en bronze formée de deux cylindres de diamètre différent coulissant l'un sur l'autre comme des tubes de télescope et contenant des rondelles Belleville. La première série de ressorts sert à maintenir la drosse dans un état de tension convenable ($\frac{1}{10}$ environ de l'effort maximum F), le mou étant repris au moyen de l'écrou qui permet de déplacer la tige. La seconde série forme tampon de choc entrant seulement en jeu lorsque les premiers ont été comprimés si une secousse brusque vient à se produire. Sur certains navires, on s'est contenté d'employer une seule série de rondelles.

On dispose aujourd'hui habituellement une double drosse, c'est-à-dire qu'on installe deux drosses identiques dont les tambours

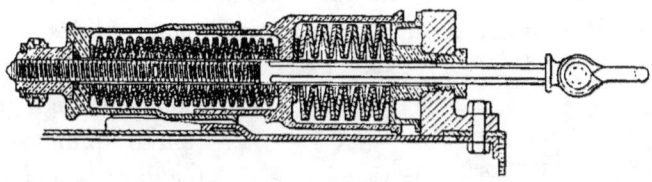

Fig. 830.

d'enroulement sont munis de manchons d'embrayage permettant d'ac'ionner l'un quelconque d'entre eux au moyen du moteur mécanique (fig. 838). On a ainsi une drosse de rechange toujours en place, qui accompagne la barre dans son mouvement et peut être substituée instantanément à la drosse ordinaire en cas d'avarie. Le chariot porte alors deux paires de réas, une pour chaque drosse. Le plus souvent, les deux réas de chaque bord sont superposés, mais ceci n'est pas sans présenter quelque inconvénient. Dans la figure 826, en effet, nous avons représenté les réas placés au niveau du plan moyen de la douille. Si au lieu d'un réa on en a deux placés symétriquement l'un au-dessus l'autre au-dessous de ce plan, la traction exercée par la drosse donnera naissance à un couple tendant à faire tourner le chariot autour de la barre et produisant par suite une résistance de frottement supplémentaire. La solution adoptée quelquefois consiste à disposer un des réas dans le plan moyen de la douille et l'autre en dehors de ce plan, ce dernier réa étant affecté à la drosse de rechange, dont le fonctionnement peut être prévu d'une manière moins satisfaisante. Sur certains bâtiments, on a placé les réas verticalement et non horizontalement, ce qui donne un couple de rotation autour des tourillons de la douille au lieu du couple de rotation autour de la barre.

Pour parer au cas d'une avarie du chariot, il est bon de prévoir la possibilité de s'en débarrasser rapidement, en le faisant glisser le long de la barre. Les chariots à patin se prêtent bien à cette disposition, car il suffit de constituer la latte en Z antérieure (fig. 828) d'une série de tronçons de longueur un peu supérieure à celle du chariot; en démontant les boulons d'un de ces tronçons, on peut sortir le chariot en le faisant glisser le long de la barre et dégager complètement celle-ci, qui se trouve alors agir comme barre franche et pourra être manœuvrée au moyen de palans fixés sur la pomme arrondie qui la termine.

Au lieu de commander la barre par une drosse, on peut évidemment l'actionner au moyen de transmissions rigides. La figure 831 représente par exemple une disposition fréquemment usitée dans la marine anglaise et dans plusieurs autres marines étrangères. La mèche (ou la fausse mèche) porte une traverse reliée par des bielles à deux curseurs se déplaçant le long de glissières longitudinales et solidaires d'écrous montés sur une vis à double filetage, qui est actionnée par le moteur mécanique. Autrement on peut atteler les bielles à des pistons se déplaçant dans des cylindres sous l'action d'eau comprimée, procédé assez fréquemment employé sur les navires américains.

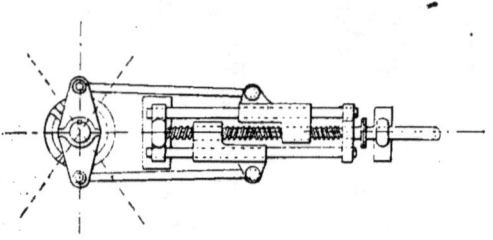

Fig. 831.

On peut également employer comme transmissions rigides des trains d'engrenages. La fig. 832 représente un dispositif de ce genre;

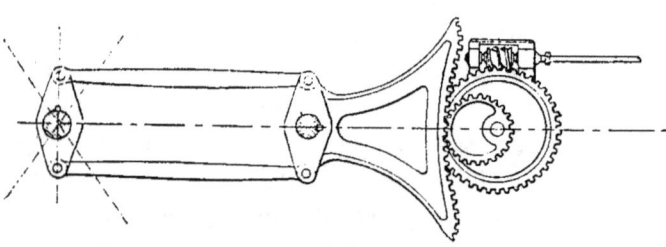

Fig. 832.

c'est le système Harfield, appliqué sur le *Friant*, dont l'agencement est combiné de manière à obtenir un bras de levier croissant avec l'angle de barre. Sur la fausse mèche est claveté un secteur denté à profil non circulaire, engrenant avec un pignon excentré mû par l'arbre du moteur mécanique. On a ainsi une diminution du rapport d'engrenage à mesure que l'angle de barre augmente.

Le moteur mécanique qui agit sur la barre est soit un moteur à vapeur, soit un moteur à eau comprimée; on commence également à essayer pour cet usage l'emploi de moteurs électriques. Dans tous les cas, il est indispensable que ce moteur puisse être manœuvré avec une grande précision, de telle sorte qu'on puisse amener exactement le safran à l'angle voulu. Aussi fait-on usage d'un *moteur asservi*, ou *servo-moteur*. Sans aborder ici l'étude des appareils de ce genre, nous nous contenterons d'exposer sommairement leur principe. Soit M (fig. 833) un moteur mécanique dont A est l'organe de mise en marche (tiroir, soupape, commutateur, etc.), manœuvré par une tige t. Supposons que le déplacement de t soit lié à celui du moteur de la façon suivante: B est un écrou monté sur une vis V et actionné par une manivelle m; cet écrou porte une gorge dans laquelle pénètre une fourche qui termine un levier articulé en un point fixe O et

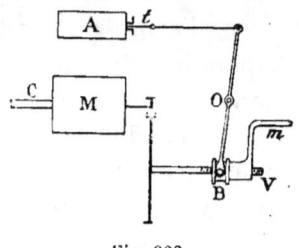

Fig. 833.

attelé à son autre extrémité à une bielle reliée à la tige t; la vis V est solidaire d'une roue dentée actionnée par un pignon mû par le moteur M. Les choses étant ainsi disposées, supposons le moteur au repos et tournons la manivelle m d'une certaine quantité. La tige t se déplacera et le moteur se mettra en marche; si nous laissons la manivelle m immobile, le mouvement du moteur se transmettant à la vis V ramène en arrière l'écrou B et par suite la tige t, ce qui produit l'arrêt. Si nous déplaçons de nouveau m, le moteur se remet en marche, et continuera son mouvement tant que celui de m persistera. Si on tourne m en sens inverse, la tige t est déplacée en sens inverse et le sens de rotation est changé. On voit donc que le mouvement de m est directement lié, ou, comme on dit, *asservi* à celui de la manivelle m. Tout se passe comme si on agissait directement à la main à l'aide de m sur l'arbre C, le moteur fournissant la puissance nécessaire et la main n'ayant à vaincre que les résistances de frottement de A.

Le servo-moteur du gouvernail doit être placé autant que possible à proximité de la barre, de manière à ne pas exagérer la longueur de la drosse ou des transmissions mécaniques agissant sur la barre. On est ainsi conduit à l'installer à l'extrémité AR du navire, au dessous du pont blindé, soit dans le même compartiment que la barre, soit le plus souvent dans un compartiment distinct placé immédiatement sur l'avant du compartiment de la barre. Avec cette disposition, la drosse, si elle existe, doit traverser des cloisonnements étanches. Il est à peu près impossible d'obtenir une étanchéité complète pour les trous de passage ainsi percés, et on doit avoir soin de les reporter à la partie supérieure du compartiment, pour atténuer leur défaut d'étanchéité. Il vaut mieux d'ailleurs, ainsi qu'on le fait souvent, installer dans le compartiment même de la barre le tambour d'enroulement et la drosse tout entière, l'arbre du tambour ayant seul à traverser la cloison de séparation des deux compartiments, et l'étanchéité s'obtenant dans ce cas sans difficulté au moyen d'un presse-étoupes (fig. 838).

Ce mode d'installation exige bien entendu l'adjonction d'une manœuvre à distance de l'organe de mise en marche du servo-moteur, la commande de la route du navire devant pouvoir être effectuée en un point situé sur le pont supérieur et à l'avant du navire, et même en général, en cas de besoin, en plusieurs points différents du navire. Nous étudierons plus loin cette installation auxiliaire.

Pour calculer les proportions des organes de commande de la barre et la puissance du servo-moteur, on part du moment de rotation qu'il est nécessaire d'exercer sur la mèche. A titre d'exemple, nous effectuerons le calcul complet pour le cas d'une barre à chariot actionnant une barre articulée.

Soient donc O le centre de la mèche (fig. 834), O' celui de la fausse mèche, AC l'axe de la tamisaille, z l'angle de barre maximum que l'on veut atteindre. Le moment M_t allant en croissant avec z et le bras de levier O'A étant constant, il faut faire le calcul pour la position extrême de la barre. Dans le cas contraire, on l'effectuerait de la même manière pour un angle quelconque. Déterminons d'abord la valeur Q de l'effort C Q qu'il faut appliquer à la barre normalement à sa direction pour équilibrer le moment M_t. On peut opérer par le calcul, mais il est plus simple de procéder graphiquement. Menons en B une perpendiculaire à OB et portons sur cette droite une longueur B N égale à $\dfrac{M_t}{OB}$ (1); BN représente

---

(1) On néglige ici les frottements de la mèche dans la jaumière, la valeur vraie de M_t n'étant connue qu'assez approximativement. Ce qu'on se propose, c'est de réaliser un moment de rotation déterminé M_t autour de l'axe O.

GOUVERNAIL.

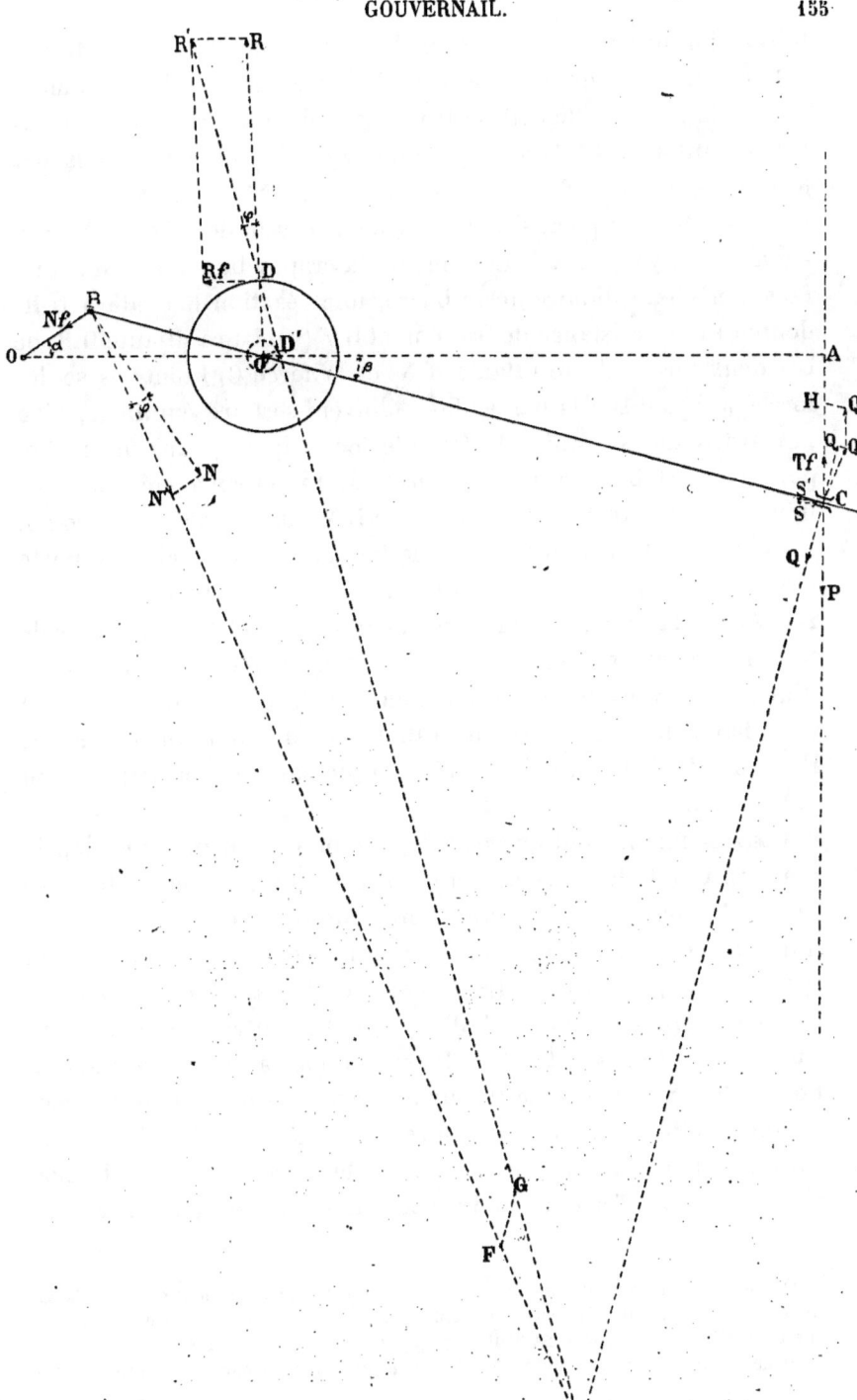

Fig. 834.

la réaction normale N exercée sur le coulisseau par la barre directe OB, réaction qui donne naissance à une résistance de frottement Nf, f étant le coefficient de frottement dans la rainure. Traçons B N' faisant avec BN l'angle φ tel que $tg\ \varphi = f$ (1), et menons par N une parallèle à BO; nous obtenons en B N' la résultante de N et de Nf. D'autre part, si nous traçons le cercle de rayon O' D $= r$, r étant le rayon de la fausse mèche, la crapaudine donne sur cette fausse mèche, solidaire de la barre, une réaction R égale à D R, donnant une résistance de frottement R f (2). La résultante D R' de ces deux forces, la résultante B N' et la force C Q sont les seules forces agissant sur la barre. Elles doivent se faire équilibre, d'où la construction suivante. On trace le cercle ayant pour centre O' et pour rayon O' D' $= r \sin \varphi$ (le cercle de rayon r n'a été tracé que pour la démonstration); on prolonge B N' jusqu'à son intersection E avec C Q, et on mène par T une tangente à ce cercle; on porte E F $=$ B N' et par F on mène une parallèle à C Q. La longueur F G représente la valeur de la force cherchée C Q et E G la valeur de R', qui servira pour le calcul de la fausse mèche et de sa crapaudine. Nous avons négligé les frottements du boulon d'articulation de la barre dans le coulisseau en B, à cause de son faible diamètre; il serait d'ailleurs aisé d'en tenir compte par une construction du même genre.

Passons maintenant au chariot. Il supporte en premier lieu la réaction C Q de la barre sur la douille, égale et opposée à la réaction de la douille sur la barre, dont nous venons de voir la détermination. Cette réaction donne lieu à une résistance de frottement Q f, et nous pouvons construire comme ci-dessus la résultante Q' des deux forces au moyen de l'angle φ. Les autres forces agissant sur le chariot sont la traction P exercée par la drosse, la réaction horizontale S de la tamisaille sur le chariot, la force de frottement Sf due à cette réaction, et une force de frottement T f dirigée suivant CA, due à la réaction verticale T de la tamisaille sur le chariot. Supposons T connu; la direction de C S', résultante de S et de

---

(1) Nous désignerons uniformément par f le coefficient de frottement et par φ l'angle correspondant. On doit, bien entendu, attribuer à f la valeur qui lui convient dans chaque cas particulier. L'angle φ est d'ailleurs toujours assez voisin de 10°.

(2) Le cercle de rayon r a été tracé à échelle plus grande afin de rendre la figure plus claire.

S f est connue, et s'obtient en menant C S' faisant avec C A l'angle $\frac{\pi}{2} - \varphi$. Par Q' menons une droite Q'Q'' égale et parallèle à Tf, et par le point Q'' menons une parallèle à C S', coupant la droite CA en H. La longueur C H représente une force égale et directement opposée à la traction cherchée P, exercée par la drosse sur le chariot. La longueur Q'' H représente la force C S', réaction de la tamisaille sur le chariot.

Pour avoir la valeur de T, on remarquera que cette réaction se compose de deux termes; l'un T' est la réaction verticale due au poids du chariot et de la partie de la barre qui pèse sur lui; l'autre T'', qui n'existe que si la traction de la drosse ne s'exerce pas dans le plan moyen de la douille, est la réaction due au couple qui tend à faire basculer le chariot autour de la barre. Pour déterminer T', on remarque que la barre est encastrée sur la mèche et appuyée sur la douille; si donc la barre était de section uniforme, la réaction exercée sur elle par la douille serait les 3/8 de son poids. En réalité, la section de la barre va en diminuant, et on peut estimer la réaction à 2/8, soit 1/4 du poids de la barre (le reste du poids étant supposé supporté par la mèche). Si donc p est le poids de la barre et p' celui du chariot, on a :

$$T' = \frac{p}{4} + p'.$$

D'autre part, soient δ et δ' (fig. 835) les distances de la tamisaille au plan moyen du réa et à l'axe de la barre, ρ le rayon de la partie cylindrique de la barre, λ l'écartement des patins ou des galets du chariot. En prenant les moments par rapport à l'axe de la barre, on a :

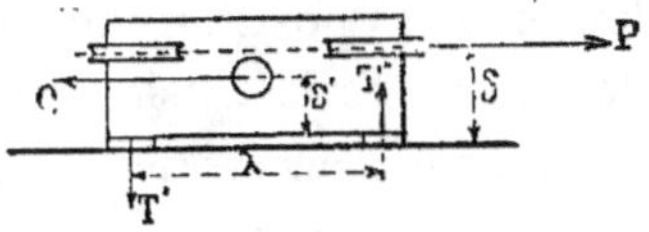

$$T'' \lambda = P (\delta - \delta') \cos \beta - Q f \rho$$

Fig. 835.

β étant l'angle extrême de la barre (fig. 834). En général δ est égal à δ' et il n'y a pas à tenir compte du terme T''. Si on le juge nécessaire, on fera une première détermination de P en donnant à T la valeur de T' et on calculera T'' d'après cette valeur; on corrigera ensuite la valeur de P en prenant $T = T' + T''$.

Pour le calcul de la drosse (fig. 836), il suffit de connaître le coefficient γ qu'il convient d'attribuer à chaque changement de direction (voir § 164). Nous supposerons, pour simplifier, qu'il conserve la même valeur pour les divers réas. La tension F du brin le plus chargé, c'est-à-dire l'effort tangentiel exercé par le tambour d'enroulement, s'obtiendra alors de la manière suivante. Le brin menant compris entre le chariot et le réa fixé à la muraille a évidemment pour tension :

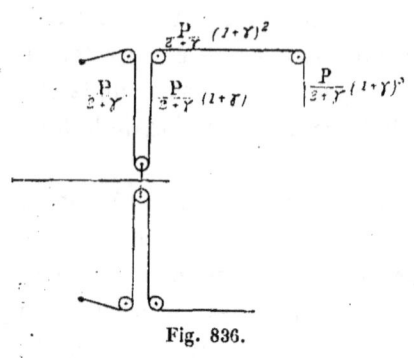

Fig. 836.

$$\frac{P}{2 + \gamma} (1 + \gamma).$$

Si donc n est le nombre de changements de direction subis par la drosse à partir du chariot jusqu'à son enroulement sur le tambour du servo-moteur, on aura :

$$F = \frac{P}{2 + \gamma} (1 + \gamma)^{n+1}.$$

Si tous les retours ne sont pas identiques, on fera le calcul de proche en proche à partir du chariot, et on aura ainsi la charge maxima supportée par la drosse.

Il nous reste à déterminer la puissance du servo-moteur. Soit L la longueur de drosse à enrouler sur le tambour pour porter la barre de sa position moyenne à sa position extrême, d'un bord ou de l'autre. Si la tension à exercer était constamment égale à F, le travail total nécessaire pour porter la barre d'un bord serait égal à FL. En réalité F est fonction de l'angle de barre et va en général en croissant avec lui. En déterminant la valeur de F pour un certain nombre de valeurs de α et traçant la courbe ayant pour ordonnées les valeurs de F et pour abscisses les valeurs de L, on aura la valeur réelle du travail dépensé pour atteindre l'angle maximum, ce travail étant égal à l'aire de la courbe obtenue (1). Avec les dis-

---

(1) Nous avons déjà indiqué plus haut certaines dispositions ayant pour but de réduire la valeur de F correspondant à l'angle de barre maximum, et revenant en prin-

positions usuelles de barre à chariot, on obtient une courbe assez peu différente d'une droite partant de l'origine, et généralement un peu plus relevée que cette droite. Le travail total est ainsi compris entre 0,50 FL et 0,65 FL environ. On peut admettre comme valeur pratique 0,60 FL, sous réserve de faire la détermination exacte si on se trouve placé dans des conditions différentes de la moyenne, et la puissance effective que devra développer le servo-moteur, mesurée à la sortie du tambour, sera dès lors égale à $\frac{0,60 \text{ FL}}{t}$, en appelant t le temps nécessaire pour porter la barre toute d'un bord. On a admis pendant longtemps que la valeur de t ne devait pas excéder 20 secondes, et on est même quelquefois descendu jusqu'à 12 secondes. Mais on a reconnu qu'une pareille rapidité de manœuvre n'était pas indispensable, et pouvait même parfois être nuisible sur les grands bâtiments ; l'accroissement de la valeur de t étant d'ailleurs avantageux au point de vue de la réduction de la puissance du servo-moteur, on admet aujourd'hui qu'elle ne doit pas être inférieure à 25 secondes, au moins sur les grands navires, et qu'elle peut sans inconvénient être portée jusqu'à 30 secondes.

173. Commande du moteur mécanique de la barre. — Le poste de commande de la barre était autrefois toujours installé à l'ÆR, sur la dunette, de telle sorte que l'homme chargé de la manœuvre eût constamment sous les yeux la voilure du bâtiment. Avec les navires à vapeur, il est au contraire logique de reporter ce poste vers l'AV, de telle sorte que la vue soit aussi dégagée que possible. On l'installe dans ce but sur une passerelle de navigation (§ 210), établie sur l'AV des mâts ou tout au moins des cheminées. Il importe d'ailleurs, au point de vue de la facilité d'appréciation de la trajectoire parcourue par le navire dans sa giration, que cette passerelle ne soit pas trop rapprochée de l'extrémité AV ; on admet que sa distance à cette extrémité ne doit pas être inférieure au quart de la longueur totale du navire. Les postes de manœuvre,

---

cipe à faire croître graduellement le bras de levier avec lequel agit l'effort F. Signalons dans le même ordre d'idées un procédé qui a été proposé récemment, et qui consiste à rendre solidaire du tambour d'enroulement un pendule terminé par un contre-poids, le moment croissant dû à l'écartement de ce contre-poids à droite ou à gauche de sa position d'équilibre étant utilisé pour contrebalancer l'effort de traction à excercer sur la drosse.

sur les navires de combat, sont d'ailleurs en général au nombre de trois (1) :

1° un poste sur la passerelle de navigation, non protégé, servant à la manœuvre ordinaire ;

2° un poste dans le blockhaus, pour le combat ;

3° un poste placé au-dessous du pont blindé, à l'aplomb du précédent, dans le compartiment dit *poste central répétiteur d'ordres* (voir § 212).

Chacun de ces postes comprend un *manipulateur*, organe de commande relié au mécanisme de mise en marche du servo-moteur, et un *axiomètre*, organe répétiteur indiquant à chaque instant l'angle de barre réalisé. Sur presque tous les navires mis en service antérieurement à 1896, le manipulateur est un volant à axe horizontal muni d'une poignée. La transmission auxiliaire reliant les manipulateurs au servo-moteur est formée soit de bouts d'arbres engrenant les uns avec les autres au moyen de pignons d'angle, soit plus souvent d'une *drosse auxiliaire* en fil d'acier, soutenue de distance en distance par des galets en bronze et aboutissant à un tambour qui actionne l'organe de manœuvre du servo-moteur. Toute cette transmission doit être évidemment disposée de manière à bénéficier autant que possible du système général de protection. La disposition d'ensemble est alors la suivante ; le manipulateur de la passerelle et celui du blockhaus sont reliés par une transmission mécanique (chaînes Galle et arbres avec pignons d'angle) à un arbre vertical descendant à l'intérieur du tube cuirassé reliant le blockhaus au pont blindé, et actionnant à sa partie inférieure un tambour sur lequel s'enroule la drosse auxiliaire ; chacun des manipulateurs est muni d'un manchon de débrayage de manière qu'on puisse utiliser à volonté un quelconque d'entre eux ; le manipulateur du poste central répétiteur d'ordres peut également être relié à volonté au tambour de la drosse auxiliaire.

Lorsque la longueur des transmissions entre le manipulateur et le servo-moteur dépasse 40 à 50 mètres, c'est-à-dire pratiquement sur le plus grand nombre des navires de combat, les résistances

---

(1) On a quelquefois ajouté des postes de manœuvre dans les hunes militaires, mais on supprime presque toujours maintenant ces postes, dont l'utilité est assez contestable.

passives de ces transmissions deviennent assez grandes pour exiger un effort trop considérable sur le manipulateur, qui doit pouvoir être manœuvré par un seul homme. On est ainsi amené à établir un deuxième appareil mécanique asservi, dit *servo-moteur auxiliaire*, dont le rôle est de fournir le travail nécessaire pour vaincre ces résistances passives. On place en général ce servo-moteur auxiliaire dans le poste central répétiteur d'ordres, l'arbre vertical qui descend par le tube cuirassé actionnant alors l'organe de mise en marche de ce servo-moteur, qui actionne à son tour le tambour de la drosse auxiliaire. L'homme qui manœuvre le manipulateur n'a plus de cette façon à vaincre que les résistances passives d'une transmission de faible longueur.

Les drosses auxiliaires en fil d'acier ont l'inconvénient de donner quelques difficultés à cause des trous qu'il est nécessaire de percer pour leur passage dans un grand nombre de cloisons, et dont il est peu aisé d'assurer l'étanchéité. Lorsque la course totale d'un point de cette drosse est peu considérable et qu'on dispose de part et d'autre de la cloison de la place suffisante, on remplace la drosse au passage de la cloison par une tige rigide cylindrique, ce qui permet d'installer un presse-étoupes. Assez souvent, comme le diamètre nécessaire pour cette drosse est faible (10 à 15 $^m/_m$ environ), on se contente de la faire passer dans un trou muni de chaque côté de la cloison d'un presse-étoupes dont le chapeau est desserré, et peut être vissé à la main en cas de besoin ; on peut même ne mettre qu'une simple garniture en gaïac, lorsque la drosse passe à la partie supérieure des cloisons, la quantité d'eau pouvant s'introduire par là étant très faible. La transmission par arbres et pignons d'angle ne présente pas le même inconvénient, mais elle est plus lourde et plus encombrante. Toutes ces transmissions auxiliaires mécaniques doivent avoir autant que possible leurs supports indépendants du pont blindé, pour éviter des chances d'avarie. En outre, s'il s'agit d'une drosse en fil d'acier, il faut disposer des ridoirs ou des tendeurs permettant de reprendre le mou.

Sur tous les navires récents, les transmissions auxiliaires mécaniques ont été remplacées par des transmissions électriques. Le servo-moteur auxiliaire est alors un moteur électrique, destiné uniquement à fournir la puissance nécessaire pour la manœuvre de l'organe de mise en marche du servo-moteur principal et placé par conséquent à l'arrière, à côté de ce servo-moteur. Les manipulateurs sont des leviers actionnant des commutateurs qui envoient le courant fourni par les dynamos du navire dans le servo-moteur auxiliaire, au moyen de canalisations passant dans les régions protégées (sauf le tronçon allant du blockhaus à la passerelle de navigation), et suivant le parcours des canalisations d'éclairage. En raison de la facilité d'installation des transmissions de ce genre, elles sont établies en double sur tous les grands navires, c'est-à-dire qu'il y a deux servo-moteurs électriques (fig. 838), deux canalisations distinctes et indépendantes, et, à chacun des trois postes de manœuvre, deux manipulateurs ; en cas d'avarie d'une des deux transmissions, l'autre est ainsi toujours prête à la remplacer instantanément (1).

D'une façon générale, pour éviter les confusions, tous les manipulateurs (volants ou leviers) doivent être installés de manière à déterminer l'abatée du navire du côté vers lequel on déplace leur partie supérieure. De même, pour éviter l'assonance des mots tribord et bâbord, les commandements de barre sont donnés par l'énonciation du nombre de degrés à réaliser, précédée des mots *droite* ou *gauche;* la barre est dite *au zéro* quand le safran est ramené dans le plan diamétral.

Les axiomètres sont, comme nous l'avons dit, des organes répétiteurs indiquant à chaque instant l'angle de barre réalisé. Avec les transmissions auxiliaires mécaniques, ce sont des cadrans gradués en degrés sur lesquels se déplace une aiguille. On profite alors de l'asservissement des moteurs pour faire commander l'aiguille par le volant même du manipulateur, puisque le déplacement angulaire du servo-moteur est proportionnel à celui de ce manipulateur. Avec les transmissions électriques, les axiomètres sont formés d'une boîte contenant des lampes à incandescence placées dans des cases fermées par des fenêtres en verre dépoli laissant apparaître en clair les chiffres indiquant les degrés de barre de 5 en 5 par exemple ; ces lampes sont allumées successivement par un frotteur se déplaçant sur des contacts et actionné par la barre.

Sur certains navires, le frotteur d'allumage des lampes des axio-

---

(1) Sur quelques navires représentant la transition entre les dispositions anciennes et les dispositions actuelles, l'une des deux transmissions auxiliaires est une transmission mécanique, installée comme il a été dit plus haut.

mètres est commandé par le servo-moteur auxiliaire. Mais il importe de remarquer qu'il n'est pas sans inconvénient de faire ainsi commander les axiomètres par un organe de transmission intermédiaire. Il suffit en effet qu'un débrayage ait été opéré quelque part et que le réembrayage ne se fasse pas exactement dans la même position pour fausser les indications de tous les axiomètres, qui se trouvent ainsi décalés par rapport à la barre. La disposition actuelle, rendue très aisée par l'emploi d'axiomètres électriques, consiste à placer les contacts qui commandent l'allumage des lampes soit sur la tamisaille, soit sur un support établi à proximité de la barre, et à fixer le frotteur à la barre elle-même.

174. Manœuvre à bras de la barre. — Sur les anciens navires, non munis de moteurs mécaniques pour actionner la barre, celle-ci était manœuvrée à bras, le tambour d'enroulement de la drosse étant reporté sur la dunette ou la passerelle de navigation et actionné par un certain nombre d'hommes au moyen de roues à manettes clavetées sur lui. On employait alors des drosses en cuir, formées de lanières minces tressées ; on obtenait ainsi un cordage bien résistant et dont le fonctionnement était moins bruyant que celui des drosses métalliques, avantage précieux en raison du parcours imposé à la drosse, qui traversait à peu près

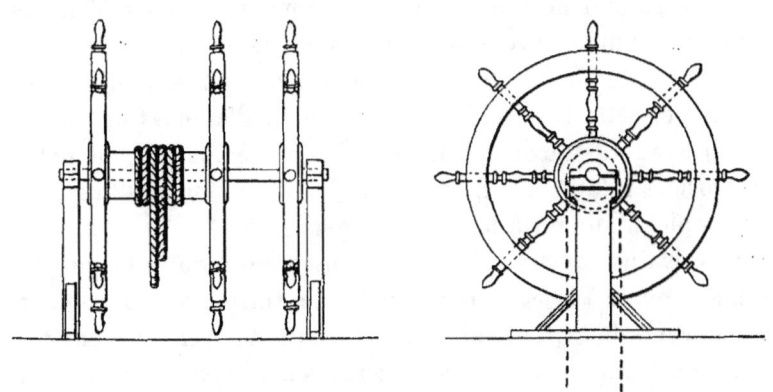

Fig. 837.

forcément la région des logements. Le tambour d'enroulement, en bois, avait son axe dans le plan diamétral et portait un certain nombre de plans de roues (fig. 837), chaque roue étant manœuvrée par deux hommes, un de chaque bord.

Une installation de ce genre existe sur certains navires de type ancien, maintenus encore en service, et ne possédant pas de moteur mécanique pour la barre. Le calcul des éléments de la transmission se fait par les procédés indiqués ci-après, en prenant pour une drosse en cuir les chiffres pratiques suivants :

Valeurs du coefficient γ { changement de direction de 90°.... $\gamma = 0,09$
d°   de 180°.... $\gamma = 0,13$

Charge pouvant être supportée avec sécurité par la drosse, c étant la circonférence du cordage en millimètres. . . . . $0^k\,04\,c^2$

Le nombre d'hommes employés pour la manœuvre à bras du gouvernail varie dans ces conditions de 1 à 8 suivant les dimensions et la vitesse du navire.

Sur tous les navires actuels, on a conservé la possibilité de manœuvrer à bras la barre du gouvernail, mais cette manœuvre n'est plus qu'une manœuvre de secours, destinée à actionner le tambour d'enroulement de la drosse principale en cas d'avarie du servo-moteur. On installe en conséquence, soit dans le compartiment du servo-moteur (et souvent dans ce cas en utilisant les bâtis du moteur mécanique lui-même), soit de préférence aujourd'hui dans un compartiment distinct contigu à celui du servo-moteur, un arbre horizontal portant un certain nombre de roues à manettes en fer. Cet arbre est relié par une transmission mécanique (engrenages, chaînes Galle, etc.) avec l'arbre du tambour de la drosse principale, cette transmission comprenant d'ailleurs un manchon de débrayage de façon à laisser isolés en temps normal tous les mécanismes relatifs à la manœuvre à bras. La figure 838 représente l'ensemble d'une installation de ce genre.

Sur certains navires, on a voulu conserver en outre la possibilité de manœuvrer à bras du pont supérieur. On a alors sur ce pont un tambour supplémentaire avec roues à manettes, relié par une transmission mécanique à l'arbre des roues à bras placées au-dessous du pont cuirassé. Mais aujourd'hui on renonce à cette complication, en admettant que les commandements de barre seront transmis en cas de manœuvre à bras, de la passerelle au compartiment contenant les roues, au moyen de porte-voix ou des autres transmetteurs d'ordres dont nous parlerons plus tard.

Le calcul des organes de la manœuvre à bras s'effectue de la manière suivante. Négligeons pour le moment les frottements de la transmission établie entre l'arbre du tambour et l'arbre des roues à bras. Soient λ le rapport de cette transmission, D le diamètre du

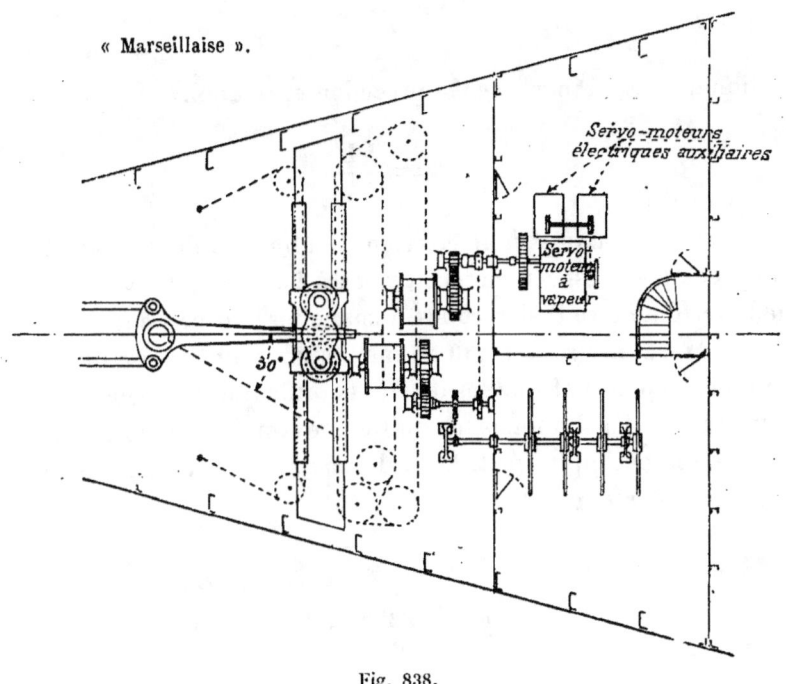

Fig. 838.

cercle décrit par les manettes, d le diamètre du pignon porté par l'arbre des roues à bras, N le nombre d'hommes employés à la manœuvre, p l'effort exercé individuellement par chaque homme sur les manettes. La condition d'équilibre au moment de l'effort maximum s'écrit :

$$N\,p\,D = \frac{F}{\lambda} \cdot d$$

F étant l'effort tangentiel sur la drosse, calculé précédemment. D'autre part, si l'on désigne par v la vitesse de déplacement des manettes, par t le temps nécessaire pour mettre la barre toute d'un bord, par n le nombre de tours des roues à bras effectué pendant le temps t, on a évidemment :

$$n \pi D = v$$
$$n \pi d = \lambda L$$

L étant la longueur de drosse à enrouler sur le tambour. On tire de là :

$$D = \frac{v t}{\lambda L} d$$

relation qui, combinée avec la précédente, donne :

$$N t = \frac{F L}{p v}.$$

Les valeurs maxima qu'il convient d'admettre dans la pratique pour p et v sont respectivement égales à 25^k et $0^m,60$ par seconde. Quant au diamètre D des roues à manettes, on ne peut dépasser $1^m,80$ à $1^m,85$ environ, $1^m,90$ au maximum, tant à cause des hauteurs d'entrepont habituelles que de la difficulté trop considérable qu'éprouvent des hommes de taille moyenne à manœuvrer des roues de diamètre plus fort. Les valeurs de p, v et D une fois choisies, les deux relations :

$$N t = \frac{F L}{p v}$$

$$\frac{d}{\lambda} = \frac{p D}{F} \cdot N$$

permettent de déterminer deux des inconnues N, t, et $\frac{d}{\lambda}$ en fonction de la troisième. On admet ordinairement que la valeur de N ne doit pas excéder 8 et celle de t 150 secondes. La valeur du produit FL se trouverait ainsi limitée à 18000. Or, si l'on néglige les frottements, on a, en appelant m le nombre de brins de la drosse, l la longueur de barre, β l'angle maximum de la barre à chariot :

$$F = \frac{1}{m} \cdot \frac{M_t}{l}$$

$$L = m \, l \, \mathrm{tg} \, \beta$$

d'où $FL = M_t \, \mathrm{tg} \, \beta$. En faisant $FL = 18\,000$, $\beta = 25°$ par exemple, on trouve $M_t = 38\,500$ ^{kgm}, valeur qui est en général dépassée sur les grands navires. Pour ne pas exagérer N et t, on admet alors, ce qui est parfaitement logique, que la manœuvre à bras est exclusivement une manœuvre de secours, dont il n'est pas utile de prévoir l'emploi à la vitesse maxima du navire. On peut très bien admettre, par exemple, que la vitesse ne dépassera pas dans ce cas les 3/4 de la vitesse maxima, ce qui donne pour l'effort maximum sur le tambour 3/5 F environ. On choisira alors N en partant de cette nouvelle valeur de l'effort maximum de manière à avoir pour t une valeur ne dépassant pas 130 à 140 secondes, et la deuxième équation fournira la valeur de $\dfrac{d}{\lambda}$ permettant de déterminer les éléments de la transmission. On vérifiera ensuite en tenant compte des frottements que la valeur de l'effort individuel p n'est pas exagérée. Quant à l'écartement des plans des roues à manettes, il ne doit pas être inférieur à $0^m,50$ et doit autant que possible être égal à $0^m,60$, distance reconnue convenable pour que les hommes ne se gênent pas pendant la manœuvre.

CHAPITRE IV

Embarcations.

175. Catégories d'embarcations. — Tous les navires sont pourvus d'un certain nombre d'embarcations destinées à assurer la communication du bord avec la terre, à concourir à certaines opérations militaires, et à constituer, le cas échéant, des moyens de sauvetage pour le personnel.

Les types d'embarcations employés sont mus les uns par un moteur mécanique actionnant une hélice, les autres à bras au moyen d'avirons. Les diverses catégories actuellement en usage dans la marine militaire française sont les suivantes.

Les embarcations à moteur mécanique sont toutes munies d'un moteur à vapeur. Elles comprennent d'abord les *canots à vapeur* ordinaires, embarcations robustes, construites en acier, destinées principalement au remorquage ou aux transports et communications rapides, et recevant en outre des installations militaires que nous examinerons plus loin. Il en existe deux types, l'un de 10^m et l'autre de $8^m,90$ de longueur. Leur vitesse maxima est d'environ 7 nœuds. En second lieu, on emploie un type plus petit et plus léger, servant exclusivement au transport du personnel; ces canots de service, dits *canots White* (du nom du constructeur anglais White, à qui sont dus les premiers types d'embarcations de ce genre), sont construits en bois; leur vitesse est la même que celle des canots en tôle. Il en existe deux types, l'un de $7^m,65$, l'autre de $6^m,65$. Enfin, on prévoit pour les grands navires de croisière l'emploi d'embarcations à vapeur à vitesse plus élevée, destinées à être exclusivement affectées à des opérations militaires. Ces canots, dits *canots vedettes*, sont construits en acier, avec des échantillons aussi réduits que possible. Il n'en existe pas encore de type définitivement adopté, le type actuel de 11^m n'étant pas considéré comme pleinement satisfaisant; on cherche à obtenir pour ces canots-vedettes une vitesse maxima de 12 nœuds environ.

Les embarcations à rames sont construites en bois. On a fait diverses tentatives pour la construction d'embarcations métalliques, à l'aide de tôles embouties, mais les résultats n'ont pas été suffisamment satisfaisants, le poids des embarcations métalliques étant, à rigidité égale, bien supérieur à celui des embarcations en bois. Les embarcations à rames comprennent cinq catégories principales :

1° Les *chaloupes*, embarcations robustes servant à effectuer les transports de matériel et d'approvisionnement, le mouillage des ancres à jet, etc. (fig. 839).

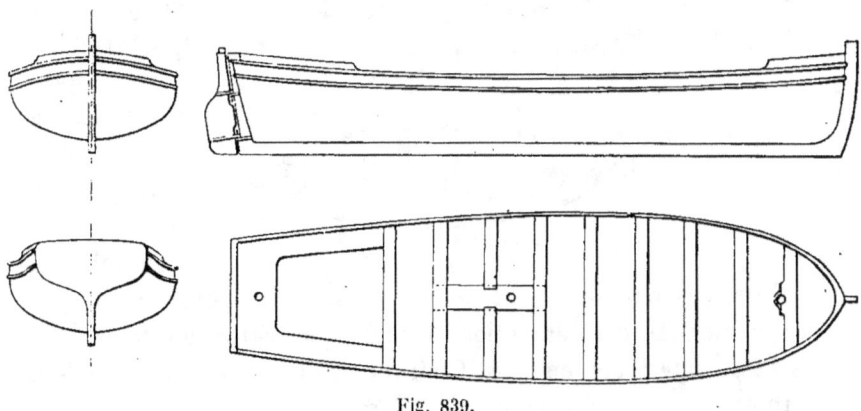

Fig. 839.

2° Les *grands canots*, embarcations de forme analogue mais plus affinées, de construction plus légère, servant à peu près aux mêmes usages, remplaçant les chaloupes sur les bâtiments auxquels il n'en est pas délivré (fig. 840).

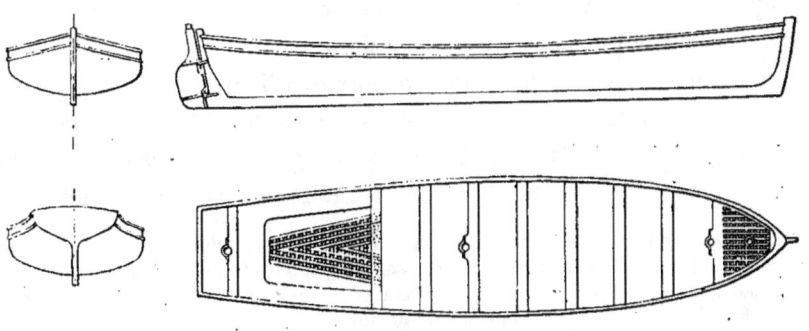

Fig. 840.

3° Les *canots*, embarcations de même forme que les grands canots, spécialement affectées au transport du personnel, et prenant, suivant leur destination habituelle, le nom de *canot du commandant, canot-major*, ou *canot de service ;* certains canots reçoivent, comme on le verra plus loin, des installations leur permettant de concourir à des opérations militaires en cas de débarquement.

4° Les *baleinières*, embarcations légères à arrière pointu, affectées au transport du personnel et aux opérations de sauvetage à la mer (fig. 841).

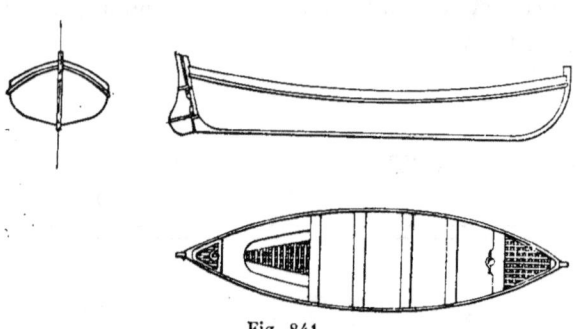

Fig. 841.

5° Les *youyous*, petites embarcations de forme analogue à celle des canots, servant également au transport du personnel.

Outre ces embarcations, on fait aussi usage pour le transport du personnel d'embarcations légères construites en toile, avec carcasse intérieure en bois. Ces canots, dits *canots Berthon*, sont formés de deux parties pouvant être réunies par des agrafes; chacune de ces parties peut en outre être repliée à plat, de manière à réduire l'encombrement (fig. 852). Le mode de construction des canots Berthon a été appliqué récemment à un type de youyou en toile, non repliable et d'une seule pièce, spécialement destiné aux torpilleurs.

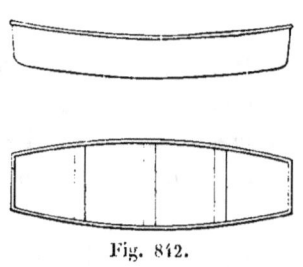

Fig. 842.

Enfin, on délivre aux navires des *plates* (fig. 842), embarcations à extrémités méplates et à fond plat légèrement arrondi (1) servant à faire les visites et la propreté le long du bord au mouillage.

(1) Des embarcations de même forme, mais un peu plus affinées, pouvant être empilées facilement les unes dans les autres, sont fréquemment employées par la marine de commerce comme embarcations de sauvetages et quelquefois comme embarcations de pêche; elles sont désignées sous le nom de *doris*.

EMBARCATIONS.

Le tableau ci-après indique les dimensions principales et les poids moyens des divers types d'embarcations actuellement en usage. Le creux est mesuré sur fond de carène au plat-bord. La dernière colonne du tableau indique le nombre *maximum* d'hommes pouvant être transporté par chaque embarcation dans des conditions de sécurité suffisante.

DÉSIGNATION DES EMBARCATIONS.	Longueur.	Largeur.	Creux.	Poids moyen.	Nombre maximum d'hommes portés.
	m.	m.	m.	kil.	
Canots à vapeur.	10,00	2,65	1,80	7200	»
	8,90	2,15	1,24	4300	»
Canots White....	7,65	1,95	1,10	2500	»
	6,65	1,72	0,95	1900	»
	11,50	3,20	1,30	6600	110
	11,00	3,00	1,20	6100	98
	10,50	2,90	1,15	5200	82
Chaloupes.......	10,00	2,80	1,10	4400	69
	9,00	2,55	1,00	3100	44
	8,50	2,40	0,93	2700	37
	8,00	2,30	0,90	2300	32
	7,00	2,20	0,83	1800	25
	10,00	2,50	0,96	3300	63
	9,00	2,30	0,92	2400	47
Grands canots...	8,50	2,25	0,86	2000	42
	8,00	2,15	0,82	1700	35
	7,00	2,00	0,74	1200	26
	10,50	2,40	0,84	2350	58
	10,00	2,40	0,84	2150	50
	9,50	2,35	0,80	1900	47
	9,00	2,30	0,80	1750	44
Canots.........	8,50	2,23	0,75	1650	37
	8,00	2,15	0,75	1500	34
	7,50	2,08	0,70	1300	31
	7,00	2,00	0,70	950	26
	6,00	1,70	0,66	750	19
	8,50	1,80	0,62	900	15
Baleinières......	8,00	1,72	0,62	850	13
	7,00	1,72	0,62	750	12
	6,00	1,58	0,57	650	10
	5,00	1,65	0,65	500	12
Youyous........	4,00	1,55	0,58	400	8
	3,50	1,40	0,53	350	7
Canots Berthon..	5,60	»	»	325	»
	3,60	»	»	100	»
Plates	3,50	1,40	0,53	200	»
	3,00	1,20	0,42	150	»

Les poids indiqués dans ce tableau se rapportent à l'embarcation complètement armée, munie de ses rechanges. Ils sont un peu approximatifs, le poids des coques variant légèrement suivant le port de construction, mais ce sont des chiffres moyens pouvant être pris comme point de départ dans l'étude d'un projet.

On désigne sous le nom de *drome* l'ensemble des embarcations d'un navire. La composition de la drome est, bien entendu, variable suivant les dimensions et le type des bâtiments. La délivrance des embarcations à vapeur, basée sur le déplacement, est réglée de la manière suivante :

CATÉGORIES DE NAVIRES.	CANOTS A VAPEUR		CANOTS WHITE	
	de 10^m	de 8^m,90	de 7^m,65	de 6^m,65
Cuirassés d'escadre...............	2	»	1	»
Cuirassés de croisière.............	»	1	1	»
Garde-côtes (de 7000^{TX} et au-dessus...	1	»	1	»
cuirassés (au-dessous de 7000^{TX}....	»	1	»	»
Canonnières cuirassées............	»	»	»	1
Croiseurs (de 6000^{TX} et au-dessus...	2	»	1	»
(de 4000^{TX} à 6000^{TX}......	»	2	»	»
(de 3000^{TX} à 4000^{TX}......	»	1	1	»
(de 2200^{TX} à 3000^{TX}......	»	1	»	»
(au-dessous de 2200^{TX}....	»	»	1	»
Contre-torpilleurs de 500^{TX} et au-dessus.	»	»	»	1
Avisos de 1re classe et avisos de 2me classe de 500^{TX} et au-dessus.............	»	»	»	1
Avisos-transports.................	»	»	1	»
Canonnières de 500^{TX} et au-dessus....	»	»	»	1
Transports	»	1	»	»

Sur les croiseurs de 4000 tonneaux et au-dessus, l'un des deux canots à vapeur est remplacé par un canot-vedette s'il s'agit d'un navire destiné au service des stations lointaines.

Pour les embarcations à rames, la base de délivrance est l'effectif total, officiers compris; le nombre et le type de ces embarcations sont réglés de manière qu'elles puissent porter en cas de besoin au moins 53 % de cet effectif. Les tableaux ci-après indiquent le mode de répartition actuellement réglementaire :

CATÉGORIES DE NAVIRES.		Chaloupes.	Grands canots.	CANOTS			Baleinières.	Youyous.	Plates.	Canots Berthon.
				Canots majors.	Canots du service.	Canots de commandant.				
Cuirassés d'escadre	de 601 à 650 ᵗ	1 de 11ᵐ	»	1 de 10ᵐ	2 de 10ᵐ	1 de 9ᵐ	2 de 8ᵐ,50	2 de 5ᵐ	2 de 3ᵐ,50	2 de 5ᵐ,60
	de 651 à 700 ᵗ	1 de 11ᵐ,50	»	1 de 10ᵐ,50	1 de 10ᵐ,50 1 de 10ᵐ,00	1 de 9ᵐ	2 de 8ᵐ,50	2 de 5ᵐ	2 de 3ᵐ,50	2 de 5ᵐ,60
	de 701 à 750 ᵗ	1 de 11ᵐ,50	»	1 de 10ᵐ,50	2 de 10ᵐ,50	1 de 10ᵐ	2 de 8ᵐ,50 1 de 8ᵐ	2 de 5ᵐ	2 de 3ᵐ,50	2 de 5ᵐ,60
	de 751 à 800 ᵗ	1 de 11ᵐ,50	1 de 9ᵐ	1 de 10ᵐ,50	1 de 10ᵐ,50 1 de 9ᵐ,00	1 de 10ᵐ	2 de 8ᵐ,50	2 de 5ᵐ	2 de 3ᵐ,50	2 de 5ᵐ,60
Garde-côtes cuirassés	de 151 à 200 ᵗ	»	1 de 8ᵐ,50	»	1 de 8ᵐ,50	»	2 de 8ᵐ	1 de 5ᵐ	1 de 3ᵐ,50	2 de 5ᵐ,60
	de 201 à 250 ᵗ	»	1 de 10ᵐ	»	1 de 8ᵐ,50	»	2 de 8ᵐ	1 de 5ᵐ	1 de 3ᵐ,50	2 de 5ᵐ,60
	de 251 à 300 ᵗ	»	1 de 10ᵐ	1 de 8ᵐ	1 de 8ᵐ,50	»	2 de 8ᵐ	1 de 5ᵐ	1 de 3ᵐ,50	2 de 5ᵐ,60
	de 301 à 350 ᵗ	»	1 de 10ᵐ	1 de 9ᵐ	1 de 8ᵐ,50	»	2 de 8ᵐ	1 de 5ᵐ	1 de 3ᵐ,50	2 de 5ᵐ,60
	de 351 à 400 ᵗ	1 de 10ᵐ	»	1 de 9ᵐ	1 de 8ᵐ,50	1 de 7ᵐ,50	2 de 8ᵐ	1 de 5ᵐ	1 de 3ᵐ,50	2 de 5ᵐ,60
Canonnières cuirassées	de 75 à 95 ᵗ	»	»	»	1 de 6ᵐ	»	2 de 7ᵐ	1 de 5ᵐ	1 de 3ᵐ	1 de 3ᵐ,60
	de 96 à 120 ᵗ	»	»	»	1 de 7ᵐ,50	»	2 de 8ᵐ	1 de 5ᵐ	1 de 3ᵐ	1 de 3ᵐ,60
Cuirassés de croisière et croiseurs cuirassés ou non	de 151 à 200 ᵗ	»	1 de 8ᵐ	»	1 de 8ᵐ	»	2 de 8ᵐ	1 de 5ᵐ	1 de 3ᵐ,50	1 de 3ᵐ,60
	de 201 à 250 ᵗ	»	1 de 8ᵐ	1 de 7ᵐ,50	1 de 8ᵐ	»	2 de 8ᵐ	1 de 5ᵐ	1 de 3ᵐ,50	1 de 3ᵐ,60
	de 251 à 300 ᵗ	1 de 9ᵐ	»	1 de 8ᵐ,50	1 de 8ᵐ,50	»	2 de 8ᵐ	1 de 5ᵐ	1 de 3ᵐ,50	2 de 5ᵐ,60
	de 301 à 350 ᵗ	1 de 10ᵐ	»	1 de 8ᵐ,50	1 de 8ᵐ,50	»	2 de 8ᵐ	1 de 5ᵐ	1 de 3ᵐ,50	2 de 5ᵐ,60
	de 351 à 400 ᵗ	1 de 10ᵐ	»	1 de 9ᵐ	1 de 9ᵐ	»	2 de 8ᵐ	2 de 5ᵐ	1 de 3ᵐ,50	2 de 5ᵐ,60
	de 401 à 450 ᵗ	1 de 10ᵐ	»	1 de 9ᵐ	1 de 9ᵐ	1 de 7ᵐ,50	2 de 8ᵐ	2 de 5ᵐ	1 de 3ᵐ,50	2 de 5ᵐ,60
	de 451 à 500 ᵗ	1 de 10ᵐ	»	1 de 9ᵐ	1 de 9ᵐ 1 de 8ᵐ	1 de 7ᵐ,50	2 de 8ᵐ	2 de 5ᵐ	1 de 3ᵐ,50	2 de 5ᵐ,60
	de 501 à 550 ᵗ	1 de 10ᵐ,50	»	1 de 9ᵐ,50	1 de 9ᵐ,50 1 de 8ᵐ	1 de 8ᵐ	2 de 8ᵐ,50	2 de 5ᵐ	1 de 3ᵐ,50	2 de 5ᵐ,60
	de 551 à 600 ᵗ	1 de 11ᵐ	»	1 de 10ᵐ	1 de 10ᵐ 1 de 8ᵐ,50	1 de 8ᵐ	2 de 8ᵐ,50	2 de 5ᵐ	1 de 3ᵐ,50	2 de 5ᵐ,60

CATÉGORIES DE NAVIRES.		Chaloupes.	Grands canots.	CANOTS			Baleinières.	Youyous.	Plates.	Canots Berthon.
				Canots majors.	Canots de service.	Canots du commandant.				
Avisos-torpilleurs et contre-torpilleurs	de 75ʰ et au-dessous.	»	»	»	1 de 7ᵐ,50	»	1 de 7ᵐ	1 de 4ᵐ	1 de 3ᵐ	1 de 3ᵐ,60
	de 76 à 100ʰ	»	»	»	1 de 7ᵐ,50	»	2 de 7ᵐ	1 de 4ᵐ	1 de 3ᵐ	1 de 3ᵐ,60
	de 101 à 150ʰ	»	»	»	1 de 7ᵐ,50	»	2 de 8ᵐ	1 de 5ᵐ	1 de 3ᵐ	1 de 3ᵐ,60 1 youyou en toile de 3ᵐ,50
	de 151 à 200ʰ	»	»	1 de 8ᵐ,50	1 de 8ᵐ	»	2 de 8ᵐ	1 de 5ᵐ	1 de 3ᵐ	1 de 3ᵐ,60 1 youyou en toile de 3ᵐ,50
Avisos	de 50ʰ et au-dessous.	»	»	»	»	»	2 de 6ᵐ	1 de 3ᵐ,50	1 de 3ᵐ	1 youyou en toile de 3ᵐ,50
	de 51 à 75ʰ	»	»	»	»	»	2 de 7ᵐ	1 de 5ᵐ 1 de 3ᵐ,50	1 de 3ᵐ	1 youyou en toile de 3ᵐ,50
	de 76 à 100ʰ	»	1 de 7ᵐ	1 de 6ᵐ	»	»	2 de 6ᵐ	1 de 3ᵐ,50	1 de 3ᵐ	1 de 3ᵐ,60
	de 101 à 125ʰ	»	1 de 8ᵐ	1 de 8ᵐ	»	»	2 de 7ᵐ	1 de 3ᵐ,50	1 de 3ᵐ	1 de 3ᵐ,60
Avisos-transports	de 50 à 100ʰ	1 de 8ᵐ	»	»	1 de 6ᵐ	»	2 de 8ᵐ	1 de 5ᵐ	1 de 3ᵐ	1 de 3ᵐ,60
	de 101 à 150ʰ	1 de 8ᵐ,50	»	»	1 de 7ᵐ	»	2 de 8ᵐ	1 de 5ᵐ	1 de 3ᵐ,50	»,60
Canonnières non cuirassées	de 90ʰ et au-dessous.	»	»	»	1 de 6ᵐ	»	2 de 8ᵐ	1 de 3ᵐ,50	1 de 3ᵐ	1 de 3ᵐ,60
	au-dessus de 91ʰ	»	»	»	1 de 7ᵐ	»	2 de 8ᵐ	1 de 5ᵐ	1 de 3ᵐ	1 de 3ᵐ,60
Transports	de 150ʰ et au-dessous.	1 de 7ᵐ	»	»	1 de 7ᵐ	»	2 de 7ᵐ	1 de 5ᵐ	1 de 3ᵐ,50	1 de 3ᵐ,60
	de 151 à 200ʰ	1 de 9ᵐ	»	1 de 8ᵐ,5	1 de 8ᵐ,50	1 de 7ᵐ,50	2 de 8ᵐ	1 de 5ᵐ	1 de 3ᵐ,50	1 de 5ᵐ,60
	de 275 à 400ʰ	1 de 10ᵐ,50	»	1 de 9ᵐ,50	2 de 9ᵐ,50	1 de 8ᵐ	2 de 8ᵐ,50	1 de 5ᵐ	1 de 3ᵐ,50	1 de 5ᵐ,60

Pour les croiseurs ayant plus de 600 hommes d'équipage, on suit les règles relatives aux cuirassés. Les croiseurs à doublage en cuivre peuvent recevoir deux plates au lieu d'une.

Dans le cas où il s'agit d'un navire portant pavillon d'un officier général, on prend pour base l'effectif total, y compris l'effectif afférent à la présence de cet officier. Il est délivré en outre, en plus des allocations ci-dessus indiquées :

1 canot amiral (en remplacement du canot de commandant qui est débarqué) ;

1 canot de 8^m pour les officiers supérieurs (dans le cas seulement où le bâtiment porte le pavillon d'un vice-amiral) ;

2 baleinières de $8^m,50$ (une pour l'amiral, une pour le chef d'état-major),

et une troisième baleinière de $8^m,50$ peut être délivrée en supplément si le chef d'état-major n'est pas capitaine de pavillon (voir § 195).

Les torpilleurs de 1re, 2e et 3e classe reçoivent chacun un youyou en toile de $3^m,50$. Les torpilleurs d'escadre reçoivent un youyou en toile de $3^m,50$ et un youyou en bois de même dimension.

Les canots repliables en toile (canots Berthon), considérés comme embarcations de secours pour les navires protégés, doivent pouvoir être logés sous le pont cuirassé. On prévoit même, en cas de guerre, la délivrance aux bâtiments de combat stationnant en France d'un certain nombre de canots Berthon supplémentaires, sous réserve de la possibilité de les loger à l'abri des parties cuirassées.

Une embarcation au moins de chaque bord (de préférence une baleinière), doit être installée de manière à pouvoir être rapidement amenée à la mer en toute circonstance, pour les opérations de sauvetage. Tous les navires, sauf les petits contre-torpilleurs et les torpilleurs, recevant deux baleinières, on installe habituellement ces deux embarcations comme embarcations de sauvetage, en les munissant d'un système de suspension à déclanchement rapide qui sera décrit plus loin.

Nous avons dit que certaines embarcations pouvaient être appelées à concourir à des opérations militaires. Les canots à vapeur de 10^m et de $8^m,90$ et les canots-vedettes sont armés d'un canon à tir rapide (1) et d'une hampe porte-torpilles (système Fliche), et reçoivent un projecteur électrique de 30 $^c/_m$. Les canots de 10^m portent un canon de 47 $^m/_m$ à l'AV, ceux de 8^m,90 un canon de 37 $^m/_m$ pouvant être installé à volonté soit à l'AV soit à l'AR. Les canots-vedettes portent en principe un canon de 37 $^m/_m$, mais le poste destiné à recevoir ce canon n'est installé que si les dispositions locales le permettent. Les canots White ne reçoivent aucune installation militaire.

Quant aux embarcations à rames, tous les canots, grands canots et chaloupes de 8^m et au-dessus reçoivent en principe un canon de 37 $^m/_m$ pouvant être installé soit à l'AV soit à l'AR. Exception est faite pour les chaloupes de 10^m et au-dessus, qui sont munies à l'AV d'un support pour canon de 47 $^m/_m$, et pour le canot amiral, qui ne reçoit aucun armement. De plus, pour les navires de station, le nombre d'embarcations à rames armées en guerre ne doit pas dépasser 5. Pour les navires d'escadre, on arme seulement les embarcations suivantes :

Cuirassés et croiseurs de 1re classe. . 1 chaloupe — 2 canots
Croiseurs de 2e classe. . . . . 1 chaloupe — 1 canot
Croiseurs de 3e classe. . . . . 1 canot

Outre les postes pour canons de 37 $^m/_m$, un des canots est souvent disposé de manière à recevoir éventuellement une hampe porte-torpilles (système Coutausse).

176. Construction des embarcations. — Les canots à vapeur de 10^m et 8^m,90 sont construits en acier, avec membrures en cornières, quille massive et bordé à clins s'arrêtant à sa partie supérieure à un plat-bord en bois. La région centrale est occupée en abord par les caisses à eau et au milieu par l'appareil moteur, composé d'une machine et d'une chaudière dont la porte de foyer est tournée vers l'AR, de sorte qu'un seul homme suffit pour la surveillance des deux parties de l'appareil. Sur l'arrière de la machine est établie la *chambre*, espace dégagé dont le plancher est formé par un caillebotis en bois et dont le pourtour est garni d'une banquette. La chambre est fermée à l'AR par un dossier transversal en bois, sur l'arrière duquel se place l'homme de barre.

(1) Les canons à tir rapide destinés à l'armement des embarcations sont installés en temps normal à bord du navire, sur des supports établis sur un pont ou une passerelle.

Sur l'avant de la chaudière sont disposés le support du projecteur, simple pièce de bois verticale terminée par une tablette, un support pour canon à tir rapide, et les divers ferrements nécessaires pour l'installation de la hampe porte-torpilles. Lorsque l'embarcation est armée en porte-torpilles, il est nécessaire de la protéger contre la chute de la gerbe d'eau soulevée par l'explosion. On installe dans ce but sur la moitié de la longueur à partir de l'AV un capot démontable formant toiture complète. Ce capot était fait autrefois de tôles tenues par des broches à clavette sur des membrures en cornières se fixant sur le plat-bord; on se contente maintenant d'une toile à prélarts soutenue par des arceaux en fer rond et transfilée le long d'une tringle fixée extérieurement au-dessous du plat-bord (fig. 843).

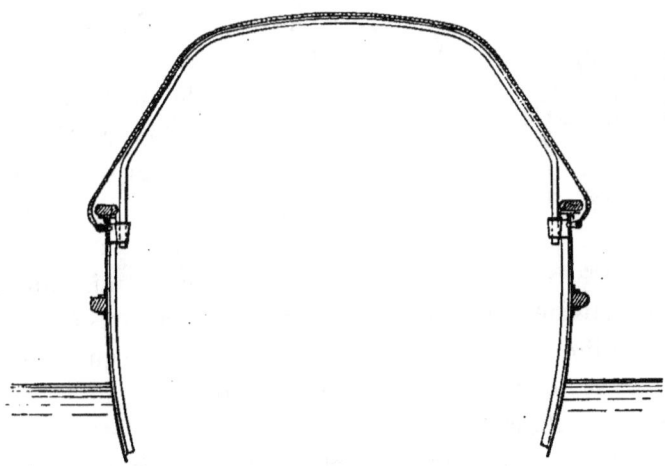

Fig. 843.

Les canots à vapeur sont disposés de manière à recevoir éventuellement un mât portant une petite voilure (§ 219). En outre, la muraille est percée de chaque bord de trois ouvertures, permettant d'installer six avirons.

Pour permettre la manœuvre de hissage et de mise à la mer, chaque canot est muni de 6 boucles rivées à la coque, 3 à l'AV, 3 à l'AR (fig. 844); une des trois boucles est rivée sur l'étrave ou l'étambot, et les deux autres sont disposées latéralement. La manœuvre s'effectue au moyen de deux *pattes*, formées chacune d'un anneau auquel sont fixés par des cosses trois bouts de cordage en fil d'acier terminés par des crocs, et dans lequel on passe le croc de suspension de l'appareil de levage.

Les canots White sont construits en bois, suivant les procédés dont nous parlerons plus loin à propos des embarcations à rames. Le bordé est exécuté en acajou de Honduras. On le disposait autrefois à clins, ce qui permet de réduire notablement l'épaisseur sans compromettre l'étanchéité et donne par suite un léger bénéfice de poids. Pour simplifier la confection et faciliter les réparations, ce bordé est toujours établi maintenant à francs-bords. Les dispositions intérieures sont à peu près les mêmes que celles des canots en tôle. Sur certains canots, la chaudière a été retournée de manière que la porte de foyer soit dirigée vers l'Av ; la vitesse de l'embarcation favorise ainsi le tirage, mais la conduite de l'appareil moteur exige deux hommes au lieu d'un. Les canots White sont munis latéralement

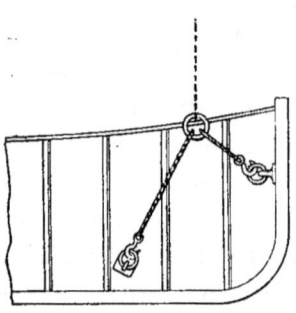

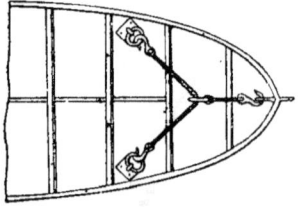

Fig. 844.

de deux caissons vides et étanches formant caissons à air assurant la flottabilité. Ils sont munis de pattes d'embarquement à deux branches seulement, dont les boucles d'attache sont fixées sur l'étrave, la quille et l'étambot.

Les embarcations à rames sont exécutées d'après des plans types établis pour chaque catégorie, et déduites de ces plans en adoptant pour rapport de similitude, parallèlement aux directions principales, le rapport de la dimension de l'embarcation à construire à la dimension correspondante du plan type. En d'autres termes, si on désigne par L, l, c, les dimensions principales de l'embarcation à construire, et par x, y, z les coordonnées d'un point de la carène du plan type par rapport aux plans de repère, les coordonnées x', y', z' du point correspondant de la carène à construire s'obtiendront en prenant :

$$\frac{x'}{x} = \frac{L'}{L} \qquad \frac{y'}{y} = \frac{l'}{l} \qquad \frac{z'}{z} = \frac{c'}{c}.$$

Les embarcations d'une même catégorie sont donc des solides semblables, mais avec un rapport de similitude différent pour chacune des trois directions principales.

La quille, l'étrave et l'étambot sont exécutés en chêne, quelquefois en orme ou en acajou pour les baleinières. Une fois ces trois pièces assemblées, on établit à cheval sur la quille un certain nombre de fausses membrures appelées *moules,* taillées d'après les formes du plan type par le procédé que nous venons d'indiquer. Les ateliers d'embarcations possèdent d'ailleurs un jeu complet de ces moules pour toutes les dimensions d'embarcations. Le bordé est formé de bordages d'une seule pièce sur toute la longueur, que l'on applique sur les moules par flexion. L'assemblage à clins, usité autrefois pour les baleinières et les youyous, n'est plus employé aujourd'hui, et le bordé est toujours exécuté à francs-bords. Les galbords et les préceintes sont en chêne sur les chaloupes, grands canots et canots ; le reste du bordé est en pin de Suède ou des Florides. Pour les autres embarcations, le bordé est entièrement exécuté en pin, quelquefois en orme pour les youyous.

Une fois le bordé en place, on établit à l'intérieur les couples, qui sont exécutés en frêne, débités droits et façonnés par étuvage. La jonction du bordé et de la membrure est opérée au moyen de clous effilés, rivés intérieurement sur une virole. Sur les extrémités des couples, on place un plat-bord en chêne ; sur les canots et les baleinières, le bordé se prolonge un peu au delà de ce plat-bord, de manière à former un pavois de faible hauteur appelé *fargue.* Les revêtements intérieurs se composent d'une carlingue formée d'un bordage plat, de quelques vaigres à claire-voie et de bauquières établies un peu au-dessous du plat-bord. Sur ces bauquières reposent les extrémités des bancs (fig. 845), soutenus au centre par une épontille s'appuyant sur la carlingue et contretenus par un garni en bois butant contre le plat-bord ; une courbe en fer complète leur liaison avec le bordé.

Les chaloupes et les grands canots sont installés *à débanquer,* c'est-à-dire qu'on peut démonter les bancs de façon à loger à l'intérieur une embarcation plus petite. Les bancs sont alors réunis à la bauquière, qui a une largeur plus grande, au moyen de broches à clavette.

Les bancs sont confectionnés en pin, sauf ceux qui forment étambrai de mât, pour lesquels on fait usage de chêne. Suivant la position des mâts, l'étambrai est soit un simple trou percé au milieu du banc, soit une engoujure fermée par un collier à charnière (fig. 846), soit un trou percé dans une entremise longitu-

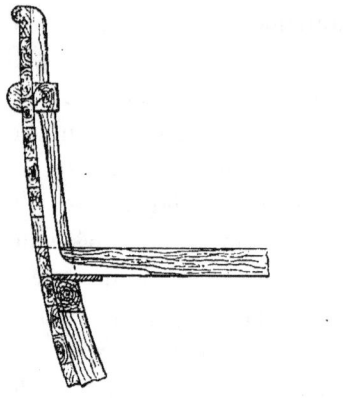
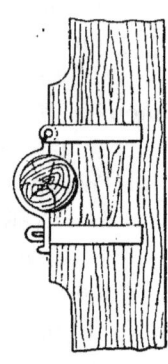

Fig. 845. Fig. 846.

dinale en chêne placée entre deux bancs (fig. 839). L'emplanture est un garni en bois chevillé sur la carlingue, muni d'un logement de forme pyramidale dans lequel s'engage le pied du mât.

Sur les chaloupes et les youyous, les avirons sont fixés par une *estrope* en filin à un *tolet* en fer enfoncé verticalement dans le plat-bord et tenu par une goupille (fig. 847); l'aviron est placé sur

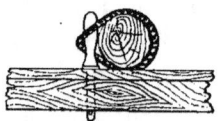
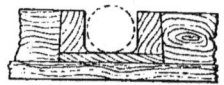

Fig. 847. Fig. 848.

l'avant du tolet. Sur les embarcations à fargue, celle-ci est découpée d'évidements appelés *dames de nage* (fig. 848) limités à l'avant et à l'arrière par des montants, au fond par un garni fixé au plat-bord. Ces trois pièces sont recouvertes d'une garniture en cuivre; quand l'aviron n'est pas employé, la dame est fermée par un petit mantelet engagé dans une rainure pratiquée dans les montants. Sur certaines embarcations sans fargue, on fait aussi usage soit de dames établies en saillie au-dessus du plat-bord, soit de tolets à fourche (fig. 849).

Les embarcations à rames sont *nagées,* c'est-à-dire déplacées à l'aviron, soit *à couple,* avec deux hommes côte à côte sur le même banc, soit *en pointe,* avec un homme sur chaque banc et les avirons alternés. La nage à couple est usi-

Fig. 849.

tée pour les chaloupes et les canots, la nage en pointe pour les baleinières et les youyous, qui sont plus étroits. Sur l'arrière de chaque banc est un petit marchepied formé par une traverse amovible sur laquelle les hommes prennent appui pour la nage.

La partie AR de l'embarcation forme chambre, de la même façon que sur les canots à vapeur. Le gouvernail porte à sa partie supérieure un aiguillot, à sa partie inférieure un fémelot, s'engageant dans un fémelot et un aiguillot fixés à l'étambot (fig. 839 à 841). Il est muni d'une sauvegarde en filin et manœuvré au moyen d'une barre franche. Pour les baleinières et youyous, la barre franche n'est utilisée que pour la marche à la voile; pour la marche à l'aviron, on se sert d'une barre formée d'une traverse en bois manœuvrée de la chambre au moyen de deux tire-veilles en filin.

Sur les chaloupes et les grands canots, l'étrave porte à son ex-

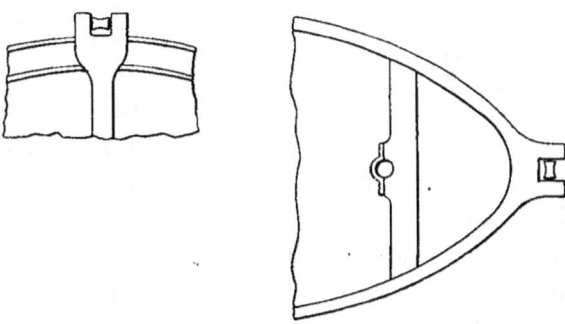

Fig. 850.

trémité un *davier,* sorte de gros réa servant à faciliter les manœuvres d'amarres (fig. 850). En outre, pour le mouillage et le relevage des ancres à jet, on installe à l'AR des chaloupes un second davier monté sur un chevalet amovible fixé à l'étambot.

Chaque embarcation est munie de pattes d'embarquement, disposées comme celles des canots à vapeur. Ces pattes sont à deux branches, fixées à des boucles tenues par des chevilles à l'étrave, l'étambot et la quille. Pendant le hissage et la mise à la mer, on relie les anneaux de suspension au plat-bord au moyen d'amarrages formant *balancines*, de manière à assurer la stabilité transversale de l'embarcation. Les plates, et quelquefois les youyous, sont élinguées au moyen d'une patte unique à deux branches.

Sur les baleinières installées comme embarcations de sauvetage, les pattes d'embarquement sont remplacées par un appareil à déclanchement dit appareil *Level* (fig. 851). Les points de suspension sont constitués par des crocs à échappement dont la bride est solidaire d'un levier coudé; les deux leviers coudés sont reliés par une tringle à un levier de manœuvre unique placé au centre de l'embarcation. De cette manière, au moment où on amène l'embarcation, on n'a pas à perdre de temps pour décrocher les palans de hissage, ce qui peut être difficile par mauvais temps, et on a la faculté de libérer instantanément l'embarcation, en la laissant au besoin tomber d'une faible hauteur.

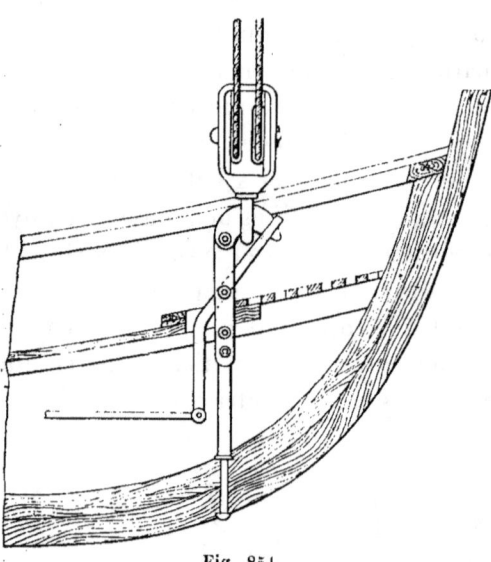

Fig. 851.

Dans toutes les embarcations, le bordé doit être percé à la partie inférieure d'un trou fermé en temps ordinaire par un tampon en bois. Ce trou, appelé *nable*, sert à laisser écouler l'eau qui a pu s'introduire à l'intérieur, au moment où on hisse l'embarcation.

Les canots Berthon (fig. 852) sont formés de membrures longitudinales en bois s'ouvrant en éventail et recouvertes intérieurement et extérieurement de toile enduite d'une composition imperméable.

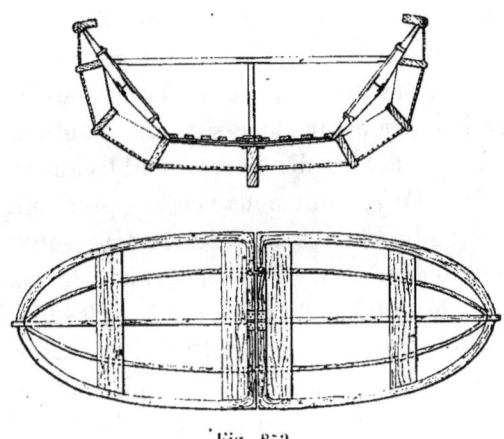

Fig. 852.

177. Manœuvre des embarcations. — Sur les navires de guerre, chaque embarcation doit pouvoir en général occuper deux postes, un *poste de rade* et un *poste de mer*. Au poste de rade, les embarcations sont suspendues sur tout le pourtour du navire en dehors de la muraille, de manière à pouvoir être mises à la mer par une manœuvre aussi simple que possible. Au poste de mer, elles sont amarrées de manière à ne pas se déplacer dans les mouvements de roulis et ne donner lieu à aucune saillie gênante en dehors de la muraille. La mise au poste de mer s'effectue par l'intermédiaire du poste de rade, le hissage et la rentrée de l'embarcation étant exécutés au moyen d'appareils de levage et de suspension dits *bossoirs d'embarcation* ou *porte-manteaux*. Lorsqu'il s'agit d'appareils fixes destinés simplement au hissage de petites embarcations, qui n'ont pas besoin d'être rentrées, on leur donne quelquefois le nom de *pistolets*.

Lorsque le navire est au mouillage, on laisse en général à flot une partie au moins des embarcations, amarrées le long du bord au tangon (§ 179). Mais en cas de mauvais temps il faut avoir la faculté de les tenir suspendues, ce qui exige l'installation d'un poste de rade pour chaque embarcation (excepté bien entendu les plates et les canots Berthon). Il est rare que l'on ait la place nécessaire pour installer autant de porte-manteaux que d'embarcations;

aussi dispose-t-on un certain nombre d'entre eux de manière à recevoir deux embarcations au poste de rade, la manœuvre de rentrée s'effectuant alors pour chaque embarcation successivement.

Les postes de mer doivent être disposés de manière que les embarcations soient abritées contre les lames, et ne gênent pas les diverses installations du bord. Les embarcations, rentrées dans un ordre déterminé, prennent place sur des chantiers placés soit sur le pont supérieur, soit sur des barrots établis au-dessus de ce pont, dits *barres de théorie,* dont nous verrons plus loin la disposition. Les dernières embarcations rentrées restent souvent suspendues aux porte-manteaux, pourvu qu'elles soient installées de manière à ne pas faire de saillie à l'extérieur. Pour les baleinières de sauvetage, le poste de mer doit être tel qu'elles puissent être amenées aussi rapidement que possible. Quelquefois, faute de place, on est obligé de débanquer au poste de mer la chaloupe ou le grand canot, de manière à loger à l'intérieur une embarcation plus petite.

Il peut arriver qu'au poste de mer une embarcation soit insuffisamment protégée contre le souffle des pièces d'artillerie. On est alors obligé de prévoir pour elle un *poste de combat,* plus abrité, en admettant qu'elle pourra n'y être amenée qu'exceptionnellement au prix d'une manœuvre plus longue et plus difficile. Il convient d'éviter autant que possible les dispositions de ce genre, qui peuvent d'ailleurs être considérées en général comme inutiles, les embarcations étant à peu près forcément destinées à être détruites pendant le combat. On admet d'ailleurs aujourd'hui qu'en cas de guerre une partie des embarcations de chaque navire sera laissée à terre.

Les appareils de manœuvre des embarcations peuvent être groupés en trois catégories :

1° les porte-manteaux oscillants;
2° les porte-manteaux tournants simples;
3° les porte-manteaux tournants doubles.

Les porte-manteaux oscillants se composent en principe de deux bras fixés à la muraille par une articulation leur permettant de se déplacer dans un plan transversal. Un premier système, très usité dans la marine de commerce, consiste à faire usage de deux porte-manteaux courbes placés le long du plat-bord à une distance égale à celle des points de suspension de l'embarcation; chaque porte-manteau constitue un levier coudé articulé sur un support fixe, dont la petite branche peut être déplacée à l'aide d'une bielle actionnée par une vis et un volant (fig. 853). Lorsque les porte-manteaux sont relevés, leur courbure est telle que l'embarcation vient se loger au-dessus du plat-bord et repose sur des chantiers rabattables fixés aux porte-manteaux eux-mêmes, auxquels elle est reliée par des saisines. En soulevant légèrement l'embarcation au moyen des palans de hissage frappés sur la tête des porte-manteaux, on la dégage de ses chantiers, et en manœuvrant les vis on apique les porte-manteaux de la quantité voulue pour amener l'embarcation au dehors; elle se trouve alors au poste de rade, et il suffit d'affaler

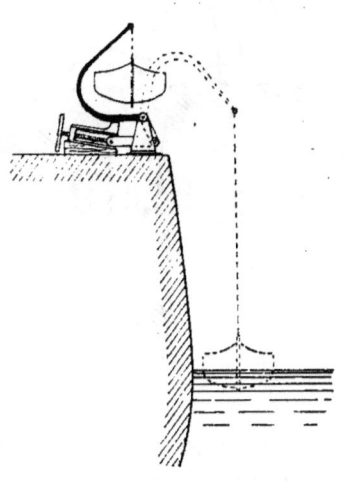

Fig. 853.

les palans pour la mettre à flot; la manœuvre inverse permet de la ramener au poste de mer.

Cette disposition ne permet pas de dégager l'embarcation une fois amenée au poste de mer, de façon à utiliser les mêmes porte-manteaux pour la rentrée d'une autre embarcation. Dans la marine militaire, on a fait quelquefois usage d'un système analogue, mais légèrement différent. Les deux porte-manteaux sont distants l'un de l'autre d'une quantité un peu supérieure à la longueur de l'embarcation, et leurs têtes sont réunies par une traverse longitudinale qui porte aux points voulus les attaches des palans de hissage (fig. 854). Pendant leur pivotement, les porte-manteaux sont soutenus par des balancines qui servent également à les relever pour la rentrée de l'embarcation. Ces balancines s'attachent soit à un des mâts soit à un mâtereau vertical spécialement disposé pour cet usage. Des bras formés de cordages en fil d'acier contre-tiennent le cadre oscillant pendant son pivotement, de manière qu'il ne puisse se déplacer que dans un plan transversal. L'embarcation une fois rentrée peut être déposée sur un chantier mobile, et dégagée ainsi de manière à laisser la place libre pour une autre embarcation. Lorsqu'on est obligé de reporter le point d'articulation complètement en abord, on peut couder les têtes des porte-

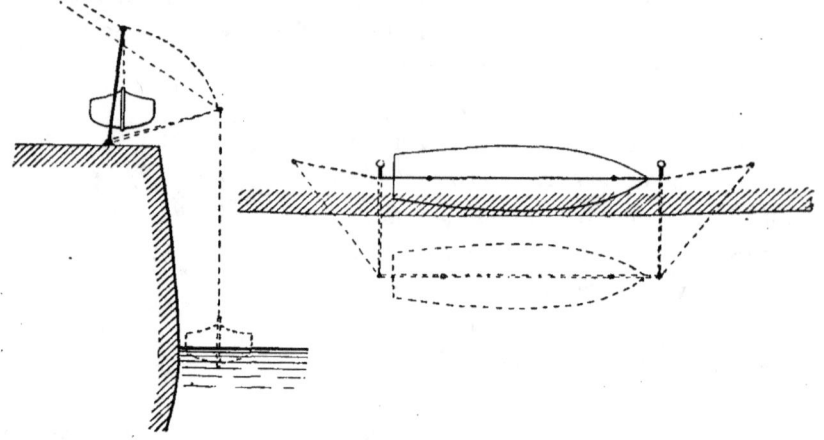

Fig. 854.

manteaux comme l'indique la figure 855. Mais il faut alors des précautions spéciales pour éviter le renversement brusque des porte-manteaux au moment où la traction des balancines amène le centre de gravité de l'ensemble à l'aplomb de l'axe d'oscillation; on est obligé par exemple de disposer des butoirs mobiles accompagnant le mouvement des porte-manteaux dès qu'ils sont à peu près complètement redressés; la même précaution est d'ailleurs nécessaire si le centre de gravité de l'ensemble doit être amené très près du plan vertical contenant l'axe d'oscillation, car il faut prévoir le cas où la manœuvre s'effectuerait à la mer pendant que le navire roule.

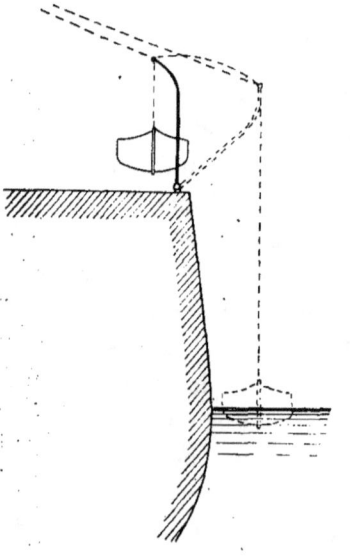

Fig. 855.

Les porte-manteaux tournants simples, appelés quelquefois porte-manteaux en Y, se composent en principe d'une grue tournante munie de deux bras (fig. 856). Les extrémités de ces bras étant à la distance voulue, l'embarcation est rentrée par simple rotation de la grue autour d'un axe vertical. Cette disposition est une des plus simples, mais n'est pas toujours applicable en raison de l'espace libre assez considérable qui est nécessaire pour

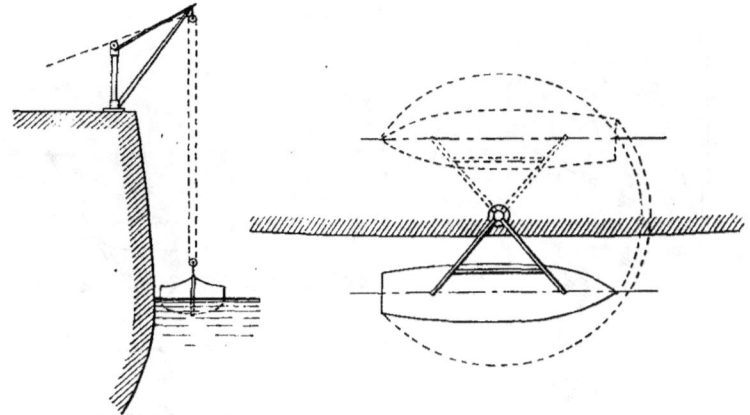

Fig. 856.

permettre la rentrée de l'embarcation. En outre, l'écartement des deux bras de la grue étant fixe, celle-ci ne peut servir que pour des embarcations ayant leurs points de suspension à peu près également écartés, tandis qu'avec le système précédent on peut placer des pitons d'attache pour les palans de hissage en divers points de la traverse longitudinale.

On peut rattacher aux porte-manteaux simples les mâts de charge, qui ont été longtemps en faveur dans la marine anglaise. Un mât de charge n'est autre chose en somme qu'une grue tournante à portée variable. Au pied de chaque mât est articulée une volée soutenue par une balancine. L'embarcation est élinguée soit au moyen d'une patte à quatre branches, soit au moyen d'une traverse reliée aux deux anneaux de suspension et fixée en son centre au palan de hissage (fig. 857). En combinant le mouvement d'orientation de la volée avec son mouvement d'apiquage, on peut amener successivement chaque embarcation à son poste de mer. On remarquera seulement que cette disposition implique la suppression des postes de rade, à moins qu'on ne dispose le long du plat-bord, ainsi qu'on l'a fait sur certains navires, des porte-manteaux fixes, ou *pistolets*, servant seulement à soulever l'embarcation et à la tenir suspendue au-dessus de l'eau, le mât de charge étant réservé exclusivement pour la manœuvre de rentrée au poste de mer.

Les porte-manteaux tournants doubles, qui sont d'un usage cou-

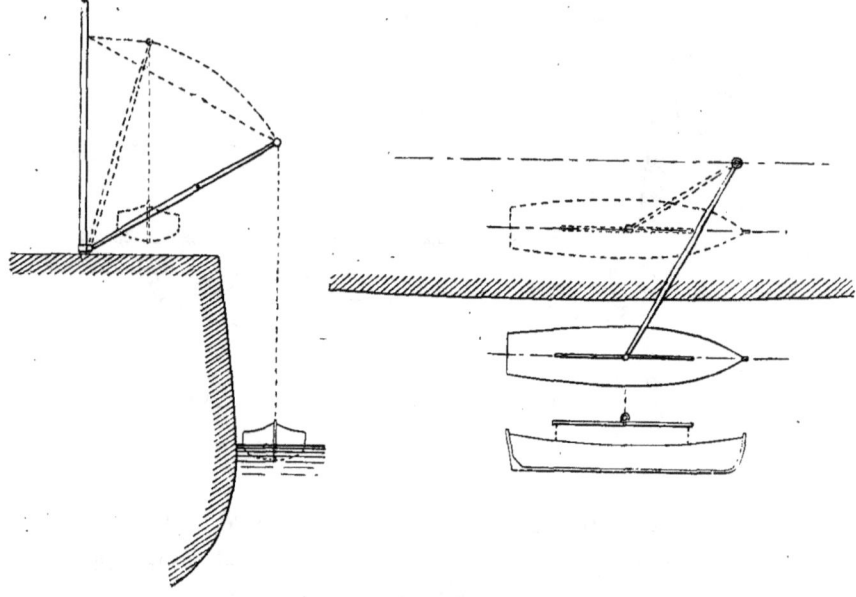

Fig. 857.

rant dans la marine militaire, permettent d'effectuer l'opération de rentrée dans un espace aussi restreint que possible et se prêtent aisément à la manœuvre d'embarcations de longueurs assez différentes. Ils se composent de deux grues tournantes à col de cygne, soutenues par un collier et une crapaudine, et distantes d'une quantité légèrement supérieure à l'écartement des points de suspension, ainsi que nous le verrons tout à l'heure. Ces deux grues étant tournées vers l'extérieur, on peut hisser l'embarcation et la tenir suspendue au poste de rade (fig. 858). En les faisant ensuite tourner successivement vers l'intérieur, on fait passer l'embarcation entre elles en lui faisant occuper la série des positions indiquées par la figure, et on l'amène finalement à la position symétrique de celle qu'elle occupait au poste de rade. Ce procédé de rentrée exige certaines relations entre la saillie et l'écartement des porte-manteaux. Considérons l'embarcation au moment où son plan diamétral passe par l'axe de rotation d'un des porte-manteaux (fig. 859); si l'on désigne par L la longueur de l'embarcation, par

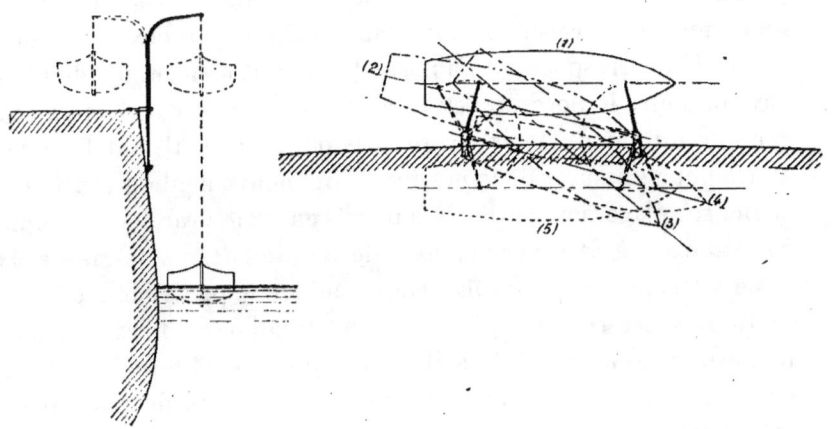

Fig. 858.

D la distance de ses points de suspension, par S la saillie du porte-manteau, on a la condition évidente :

$$S > \frac{L - D}{2}.$$

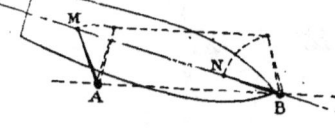

Fig. 859.

Comme d'ailleurs les points de suspension ne sont pas toujours placés exactement à la même distance des extrémités de l'embarcation, il faut se réserver un certain jeu, et la valeur minima de S est égale en pratique à $\frac{L - D}{2} + 0^m,30$ environ. D'autre part, le triangle A B M donne :

$$AB > BM - AM$$

c'est-à-dire $AB > D$. L'écartement des axes des porte-manteaux doit donc être supérieur à la distance des points de suspension. En réalité, lorsque la saillie est assez grande, le mouvement de rentrée est encore possible avec un écartement presque égal à la distance des points de suspension, à cause de la flexibilité des garants des palans de hissage. Mais en pratique la manœuvre est d'autant plus aisée que la différence entre l'écartement des axes de rotation et celui des points de suspension est plus considérable.

Enfin, il faut tenir compte de la position de l'axe de rotation par rapport au contour de la flottaison; la saillie doit être suffisante pour que, les porte-manteaux étant tournés vers l'extérieur dans la position correspondant au poste de rade, il reste un jeu de 0^m,50 environ entre le bord de l'embarcation amenée verticalement et le contour du navire. Dans chaque cas particulier, il faut faire une épure pour s'assurer de la possibilité du mouvement de rentrée, et régler sur place, au moyen de gabarits en vraie grandeur, l'emplacement exact à assigner aux axes de rotation des porte-manteaux.

Le système des porte-manteaux doubles se prête bien à la manœuvre successive de plusieurs embarcations différentes. Tout d'abord, en donnant à la saillie une valeur suffisante, il est possible de faire porter deux embarcations, au poste de rade, par la même paire de porte-manteaux (fig. 860). On amène d'abord l'embarcation suspendue en B, on la reprend avec les palans fixés en A, de manière à l'amener à l'aplomb du poste extérieur, et on peut alors la mettre à la mer. Pour la rentrée, il suffit que l'écartement des axes des porte-manteaux ait été réglé de manière à laisser passer l'embarcation la plus grande, ou du moins celle dont les points de suspension sont les plus écartés. La rentrée des autres embarcations sera évidemment possible à fortiori.

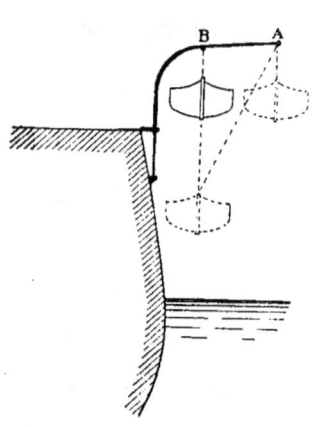

Fig. 860.

Avec les porte-manteaux tournants, le poste intérieur de l'embarcation est exactement symétrique du poste extérieur. Lorsque les œuvres mortes du navire ont une forte rentrée, on serait conduit à avoir une saillie exagérée des porte-manteaux et leur rotation amènerait l'embarcation dans la région centrale du pont, généralement encombrée par les mâts, cheminées, panneaux, etc. On peut tourner la difficulté en faisant usage de porte-manteaux à la fois tournants et oscillants (fig. 861). Le collier est en deux parties, et la crapaudine est montée sur tourillons. Une fois l'embarcation sortie, on apique les deux porte-manteaux au moyen d'une balancine de manière à avoir la saillie nécessaire pour la mise à flot de l'embarcation. Une autre solution consiste à reporter l'axe de rotation à une certaine distance de la muraille, en fixant le collier et la crapaudine à un *volet* en tôlerie, mobile lui-même autour d'un axe vertical (fig. 862). Au mouillage, les volets sont maintenus normaux à la muraille au moyen de bras formés de cordages en fil d'acier tenus sur des ridoirs, et les porte-manteaux fonctionnent comme des porte-manteaux doubles ordinaires. A la mer, les volets peuvent être rabattus et fixés le long de la muraille, de manière à dégager le champ de tir des pièces d'artillerie si cela est nécessaire.

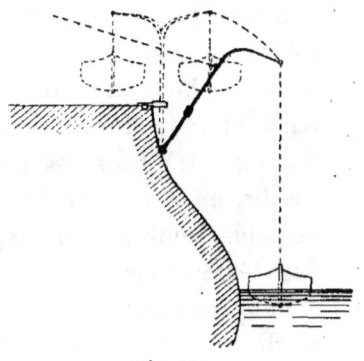

Fig. 861.

Sur le croiseur porte-torpilleurs la *Foudre*, on a fait usage de dispositions spéciales en raison du poids et des dimensions des

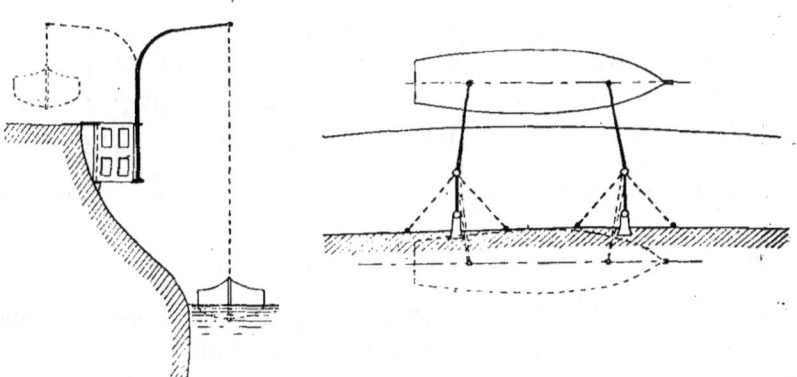

Fig. 862.

torpilleurs à manœuvrer, qui ont 19 mètres de longueur et pèsent environ 14 tonneaux. Leur mise à l'eau et leur rentrée s'effectuent au moyen de ponts roulants formés chacun d'une poutre à treillis longitudinale se déplaçant sur des chemins de roulement transversaux dont la distance est un peu supérieure à la longueur des torpilleurs et qui se prolongent en abord au moyen de volets à charnière rabattables. Sur le croiseur porte-torpilleurs anglais *Vulcan*, la manœuvre est effectuée au moyen de grues tournantes à col de cygne, chaque torpilleur étant élingué au moyen d'une patte formée de quatre branches aboutissant à un anneau de suspension unique.

Les porte-manteaux sont constitués par des poutres creuses en tôlerie ou quelquefois en tubes d'acier étirés. Pour les porte-manteaux doubles, on emploie habituellement le même mode de construction que celui que nous avons indiqué pour les bossoirs d'ancre (fig. 761). On a essayé, sur le *Guichen*, l'emploi de poutres à treillis, mais ce mode de construction, qui donne un léger bénéfice de poids, semble moins avantageux parce que la rupture d'un seul des éléments risque de provoquer la dislocation de l'ensemble.

Pour le calcul des porte-manteaux, il faut prendre comme point de départ le poids de la plus lourde des embarcations à manœuvrer, ce poids étant celui de l'embarcation complètement armée, avec tout son personnel, car le cas peut se présenter dans la pratique. Quelquefois même, par mesure de prudence, on prend comme point de départ le poids de l'embarcation supposée remplie d'eau, hypothèse qui peut en effet être réalisée dans certaines circonstances, au moins pendant les premiers instants du hissage, le nable n'ayant qu'une section très réduite. Soit Q le poids ainsi établi; si le centre de gravité de l'embarcation était exactement au milieu de la distance des points de suspension, la charge de chacun de ces points serait $\frac{Q}{2}$; mais il n'en est pas ainsi en général, et le centre de gravité peut se trouver quelquefois aux $\frac{52}{100}$ de cette distance; comme d'autre part il faut prévoir le cas d'un déplacement de poids de matériel ou de personnel dans l'embarcation, on admet d'habitude que la charge en chacun des points de suspension peut atteindre au maximum $0{,}55\ Q$. Enfin, on admet une amplitude d'oscillation de la charge égale à 20°, ainsi que nous l'avons vu pour les bossoirs d'ancre.

Les efforts supportés par les diverses pièces variant avec l'azimut dans lequel est orienté le porte-manteau, s'il s'agit d'un porte-manteau tournant, on détermine ces efforts pour un certain nombre d'azimuts, et on cherche graphiquement la valeur qui correspond aux efforts maxima.

Dans la marine anglaise et dans certaines autres marines étrangères, on effectue le hissage des embarcations au moyen d'une itague en fil d'acier, ce qui simplifie la construction des porte-manteaux et permet d'obtenir aisément une grande rapidité de manœuvre ; on augmente par contre l'encombrement des treuils de hissage, dont le tambour d'enroulement doit avoir forcément un diamètre assez considérable, pouvant atteindre $0^m,90$ à 1 mètre. Dans la marine française, on a préféré jusqu'à présent conserver l'emploi de cordages en filin, plus maniables et se prêtant mieux à la manœuvre à bras, et les dimensions des garants des palans et des réas de retour sont réglées de la manière suivante :

CATÉGORIES D'EMBARCATIONS.	Circonférence du garant en filin.	Diamètre des réas.
Canots à vapeur de 10^m. Canots vedettes de 11^m.	125 $^m/_m$	350 $^m/_m$
Canots à vapeur de $8^m,90$. Chaloupes de 10^m à $11^m,50$.	105 $^m/_m$	290 $^m/_m$
Canots White de $7^m,65$ et $6^m,65$. Chaloupes de 7^m à 9^m. Grands canots de $8^m,50$ à 10^m. Canots de 10^m et $10^m,50$.	85 $^m/_m$	240 $^m/_m$
Grands canots de 7^m à 8^m. Canots de 6^m à $9^m,50$. Baleinières.	75 $^m/_m$	210 $^m/_m$
Youyous et plates.	55 $^m/_m$	150 $^m/_m$

Le nombre de brins dépend alors du poids de l'embarcation et du nombre de retours. Si n est le nombre de brins du palan de hissage, p le nombre des retours supplémentaires, T la tension du brin le plus chargé, on a (voir § 164) :

$$T = \frac{\gamma (1 + \gamma)^{n+p}}{(1 + \gamma)^n - 1} \times 0{,}55 \; Q.$$

On peut admettre $\gamma = 0{,}17$ et on a en général $p = 3$. On a alors :

$$n = 2 \qquad T = 0{,}558 \; Q$$
$$n = 3 \qquad T = 0{,}399 \; Q$$
$$n = 4 \qquad T = 0{,}321 \; Q$$
$$n = 5 \qquad T = 0{,}276 \; Q$$
$$n = 6 \qquad T = 0{,}245 \; Q.$$

D'autre part, la charge à laquelle on peut soumettre avec sécurité un garant en filin goudronné est égale à $0^k12 \; c^2$, c étant la circonférence en millimètres, soit, pour les garants employés habituellement :

Garant de 125 $^m/_m$	. . . .	1880^k
— 105 $^m/_m$	. . . .	1320^k
— 85 $^m/_m$	. . . .	868^k
— 75 $^m/_m$	. . . .	675^k
— 55 $^m/_m$	. . . .	363^k

On prend habituellement 6 brins pour toutes les embarcations auxquelles correspondent des garants de 105 et 125 $^m/_m$, 4 brins pour les canots White, les chaloupes au-dessous de 10 mètres, les grands canots et les canots, 2 brins pour les baleinières, les youyous et les plates.

On remarque que pour les canots à vapeur de 10 mètres la valeur de Q, en y comprenant 10 hommes, peut atteindre 11700^k. Dans ces conditions avec un palan à 6 brins, la charge T peut atteindre 2860^k. La charge de rupture d'un cordage goudronné étant égale à 0^{k}5 c^2 environ, soit 7800^k à peu près pour le garant de 125 $^m/_m$, on admet que cette charge de 2860^k pourra être subie exceptionnellement, le poids du canot étant dans les conditions ordinaires généralement inférieur à 11700^k. Quant aux canots-vedettes, leur poids ne dépasse pas en général 6 à 7000^k. Pour les canots de 8^m,90, la valeur de Q peut atteindre 7750^k, ce qui avec 6 brins, donne 1900^k sur le garant. Ici encore, on admet que le garant de 105 $^m/_m$ est suffisant dans la pratique.

Le hissage des embarcations était autrefois exécuté à bras. On installe maintenant sur tous les navires un peu importants des treuils à moteur mécanique. En général, ces treuils sont au nombre de deux, et les retours sont disposés de telle sorte que chacun d'eux reçoive un des garants des deux palans de hissage d'une embarcation quelconque. On a fait quelquefois usage d'un treuil unique, actionnant simultanément les deux garants ; mais il est beaucoup plus commode de disposer de deux appareils indépendants, de manière que si un glissement vient à se produire dans un des garants, on puisse le rattraper en forçant la vitesse du treuil correspondant et maintenir l'embarcation bien horizontale pendant le hissage. Deux treuils suffisent d'ailleurs pour toutes les embarcations un peu lourdes, les baleinières et les youyous pouvant être hissés à bras sans difficulté.

L'enroulement du garant se fait ordinairement sur une paire de poupées cannelées à axes parallèles (fig. 863), décalées d'une demi-largeur de cannelure, et tournant dans le même sens. On obtient ainsi un enroulement continu sans choc et une adhérence convenable, le brin libre étant maintenu à la main comme celui d'une amarre tournée sur un cabestan. Lorsque les treuils peuvent être installés dans l'axe du navire, ils reçoivent chacun deux paires de poupées, disposées symétriquement, de manière qu'on puisse y garnir un garant venant soit d'un bord soit de l'autre. Dans le cas contraire, on est obligé d'employer quatre treuils portant chacun une seule paire de poupées.

L'effort maximum que doit pouvoir produire chaque treuil est déterminé par la plus lourde des embarcations du navire, c'est-à-dire dans la plupart des cas par les canots à vapeur. L'effort maximum devra donc être, en arrondissant les chiffres, 2900^k si le navire possède un canot de 10 mètres, 1900^k s'il n'a qu'un canot de 8^m,90.

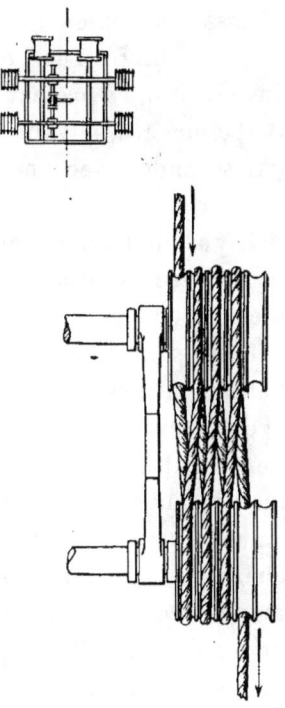

Fig. 863.

Quant à la vitesse d'enroulement à réaliser, on peut la déduire de deux considérations. D'une part, si l'on suppose le navire roulant sur mer calme, il faut que la vitesse de hissage soit telle que, l'embarcation commençant à être hissée au début d'une abatée, elle ait eu le temps de monter d'une quantité suffisante pendant la durée de l'oscillation pour ne pas choquer contre l'eau, ce qui donnerait lieu à une secousse sur les points de suspension. En second lieu, on peut considérer une houle se déplaçant dans la direction de l'axe du navire supposé immobile, et faire en sorte que l'embarcation monte avec une vitesse au moins égale à la vitesse d'ascension du niveau de l'eau en un point. En tenant compte des valeurs moyennes de l'amplitude et de la période des roulis, et des proportions et de la vitesse des houles communément observées, on arrive à peu près à la même conclusion, qui est que la vitesse d'ascension ne doit pas être inférieure à 13 ou 14 $^c/_m$ environ par seconde. Ceci correspond, pour une caliorne à 6 brins, à une vitesse d'enroulement du garant d'environ $0^m,80$ par seconde, et c'est ce chiffre que l'on adopte en pratique et que l'expérience a justifié jusqu'à présent (1). La puissance effective de chaque treuil doit donc être, suivant les cas, égale à 2320 ou 1520 kilogrammètres par seconde, avec une vitesse d'enroulement uniforme de $0^m,80$ par seconde.

Il y a lieu, bien entendu, de prévoir les retours nécessaires pour la manœuvre éventuelle à bras, en cas d'avarie des treuils à moteur mécanique.

Il est souvent assez difficile de donner aux porte-manteaux la hauteur nécessaire pour la manœuvre de rentrée de l'embarcation et de sa mise sur chantiers. On fait presque toujours usage de chantiers rabattables, comme on le verra dans le paragraphe suivant, mais il faut en tout cas que la quille de l'embarcation puisse être amenée à $0^m,20$ environ au minimum au-dessus du bordé du pont, les chandeliers de garde-corps placés en abord étant rabattus pour la manœuvre. Les pattes d'embarquement sont uniformément réglées de manière que les anneaux de suspension soient juste à la hauteur du plat-bord. Il faut donc que la tête des porte-manteaux soit placée à une distance au-dessus du pont égale à la hauteur totale de l'embarcation, augmentée de $0^m,20$ environ, plus la hauteur nécessaire pour les caliornes du palan de hissage. Il convient d'ailleurs de prévoir un jeu de $0^m,10$ environ entre la caliorne fixe et la caliorne mobile, à la position de rentrée, pour qu'on n'ait pas besoin d'amener les palans complètement à bloc et qu'on ne risque pas de forcer sur les garants.

Pendant le séjour au poste de rade et pendant la manœuvre de rentrée de l'embarcation, il ne serait pas prudent de la laisser suspendue à ses palans de hissage, le glissement accidentel d'un garant pouvant causer des avaries. En outre, on ne peut pas tou-

---

(1) Dans la marine allemande, la vitesse d'ascension des embarcations a été portée sur les navires les plus récents à $0^m,33$ par seconde.

jours disposer les retours de telle sorte que pendant la manœuvre de rentrée la longueur de garant entre le treuil et la caliorne fixe reste constante, ce qui produirait un déplacement en hauteur de l'embarcation. Pour éviter ces inconvénients, on suspend l'embarcation à des *braguets*, formés de bouts de chaînes fixés à l'axe de la caliorne fixe, et terminés par un croc qu'on peut engager dans des œils ménagés aux extrémités de l'axe de la caliorne mobile (fig. 864). Pour dégager les braguets, il suffit de raidir légèrement les garants; on a fait quelquefois des braguets avec croc à échappement, mais cette complication est inutile en raison du jeu qu'il est nécessaire de maintenir entre les deux caliornes, comme il a été dit plus haut, et qui permet de soulever sans difficulté l'embarcation de la quantité voulue pour la dégager.

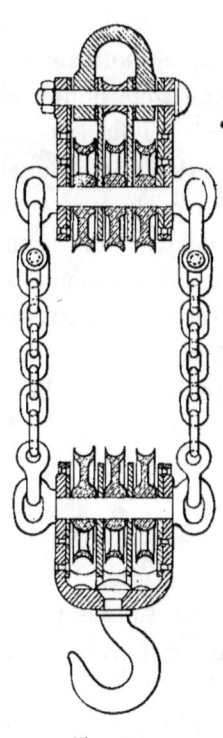

Fig. 864.

Malgré l'emploi des braguets, il convient de disposer autant que possible les retours de manière que le garant n'ait pas besoin d'être dégarni des poupées du treuil pendant la rentrée et conserve une longueur à peu près constante. On y arrive aisément pour les porte-manteaux doubles par l'emploi de marionnettes. Les retours sur le pont supérieur s'obtiennent au moyen de poulies coupées.

Pour permettre d'immobiliser temporairement l'embarcation à une hauteur quelconque, on munit habituellement les portemanteaux de *taquets de tournage* en fer (fig. 865) pour l'amarrage du garant. Ces taquets sont d'ailleurs indispensables pour les porte-manteaux des petites embarcations, destinées à être hissées et amenées à bras. Le taquet de tournage permet alors d'exercer sur le garant l'effort de frottement nécessaire pour affaler doucement l'embarcation. Comme dans ce cas les taquets en fer usent rapidement

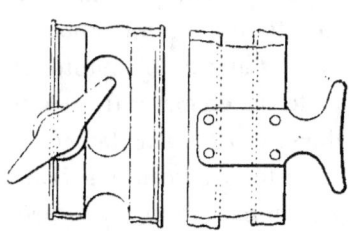

Fig. 865.

les garants, on les remplace souvent par des poupées en bois d'orme montées sur un axe en fer, sur lesquelles on peut faire riper le garant sans inconvénient. On installe même quelquefois ces poupées en bois sur les grands porte-manteaux, en vue de l'éventualité d'une manœuvre à bras.

La rotation des porte-manteaux tournants est obtenue, pour les porte-manteaux simples, soit au moyen d'engrenages agissant sur une roue dentée clavetée sur le pivot, soit au moyen de *bras*, formés d'itagues en fil d'acier fixées à la tête du porte-manteau et sur l'extrémité desquelles sont frappés des palans de manœuvre. Pour les porte-manteaux doubles, on fait exclusivement usage de bras, en ayant soin, pour faciliter la manœuvre, de relier les têtes des deux porte-manteaux par une entremise en chaîne ou en fil d'acier fixée à ses extrémités sur des émerillons à axe vertical de manière à ne pas gêner la rotation. Il suffit alors de tourner les garants des palans des bras pour assurer l'immobilité du système (fig. 866).

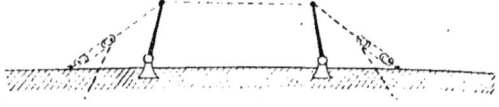

Fig. 866.

Lorsque la rotation du porte-manteau est obtenue au moyen de bras, il arrive en général que pour certaines positions il est impossible de trouver sur le navire un point d'appui tel que la traction du bras s'exerce dans une direction convenable. On y remédie par l'emploi de *leviers de rotation*, disposés ainsi que nous l'avons dit à propos des bossoirs d'ancre (fig. 763). Ces leviers sont en général amovibles, le même levier pouvant être utilisé successivement pour les deux porte-manteaux, lorsqu'il s'agit de porte-manteaux doubles.

178. Chantiers d'embarcation. — Lorsque chaque embarcation a ses appareils de manœuvre spéciaux, toutes les embarcations peuvent, au poste de mer, rester suspendues aux porte-manteaux qui ont servi à les rentrer. Tel n'est pas le cas en général, et une partie au moins des embarcations est alors installée sur des *chantiers*, formés de deux consoles en bois ou en tôlerie taillées suivant la forme de deux sections verticales de l'embarcation à peu près équidistantes de ses extrémités (fig. 867). Pour ne pas détériorer le bordé de l'embarcation, les surfaces de portage de ces chantiers sont garnies de coussins en cuir ou en feutre.

Les chantiers d'embarcation sont fixes ou mobiles, suivant la disposition des appareils de manœuvre et des emménagements du navire. Dans le premier cas, ils sont fixés soit sur le pont supérieur, soit sur des *barres de théorie*, sorte de barrots transversaux établis au-dessus du pont supérieur, s'appuyant en abord sur la muraille latérale et dans la région centrale sur des épontilles (fig. 868), et reliés longitudinalement par des entremises. Lorsque les dispositions des porte-manteaux ne

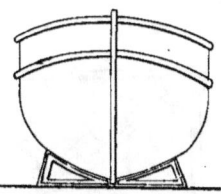

Fig. 867.

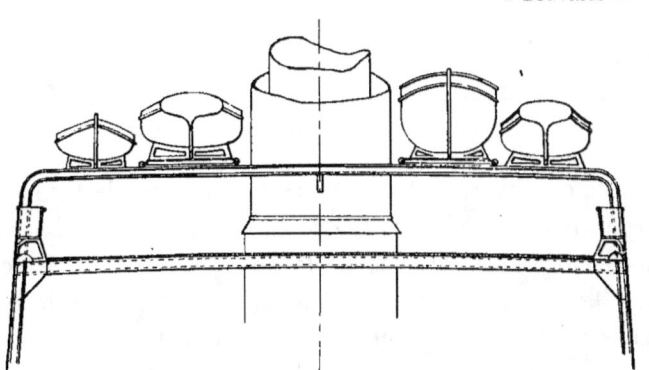

« Bouvines ».

Fig. 868.

permettent pas d'amener chaque embarcation à l'aplomb de son poste de mer, on installe des chantiers mobiles, c'est-à-dire des chantiers fixés sur un chariot mobile. Ces chariots sont formés d'un cadre rectangulaire en barres profilées (fig. 869), dont les côtés sont reliés par des croix de Saint-André et des taquets en tôle. Les petits côtés du cadre supportent les chantiers, et l'ensemble est monté sur quatre galets en bois ou en fonte dont l'essieu est porté par un étrier mobile autour d'un axe vertical. En orientant les étriers au moyen d'une clef engagée sur le bout carré qui termine leur axe, on peut déplacer le chariot dans une direction quelconque. On le place d'abord à l'aplomb des porte-manteaux, on y dépose l'embarcation, et on l'amène ensuite au poste de mer.

Dans le cas où l'embarcation n'a besoin d'être déplacée que transversalement, on peut monter le chariot mobile sur des rails, fixés soit sur le pont, soit sur des barres de théorie (fig. 868).

En général, pour diminuer le guindant des appareils de ma-

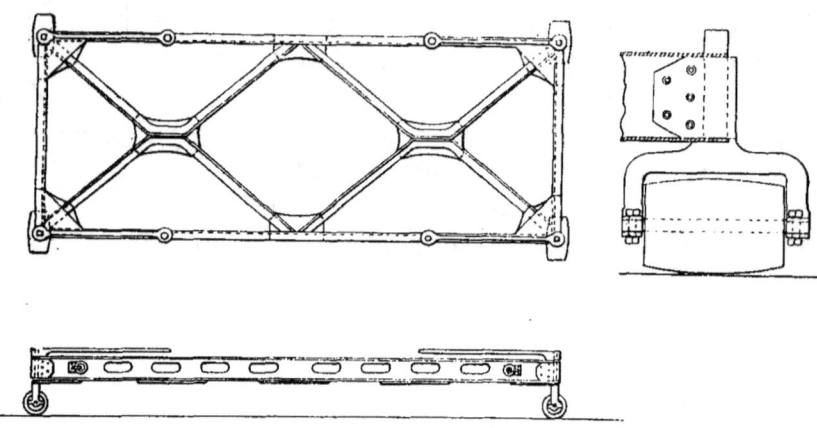

Fig. 869.

nœuvre, les chantiers sont montés sur charnières de façon à pouvoir être rabattus à plat et relevés une fois que l'embarcation a été amenée un peu au-dessus de la position qu'elle doit occuper.

A tous les postes de mer, on installe deux paires de boucles, auxquelles on fixe des saisines servant à amarrer l'embarcation et à l'empêcher de se déplacer dans les mouvements de roulis.

179. Installations accessoires. — Pour faciliter l'accostage et l'appareillage des embarcations le long du bord, on établit tout autour du navire une ceinture en chaîne (de calibre variant de 8 à 16 $^m/_m$ suivant les dimensions du bâtiment), placée à une hauteur de $0^m,50$ à $0^m,90$ au-dessus de la flottaison. Cette ceinture part de l'arrière et s'arrête généralement à 2 mètres environ sur l'arrière des écubiers, de façon à ne pas gêner le relevage des ancres; elle est passée dans des boucles rivées à la coque et espacées de 2 mètres environ. Quelquefois, on ajoute sur l'étrave une boucle permettant d'amarrer au mouillage une ceinture en filin prolongeant la ceinture en chaîne.

En regard de chaque porte-manteau, on fixe à la muraille, à $0^m,50$ environ au-dessus de la flottaison, des boucles destinées à recevoir le croc de la caliorne mobile de chaque palan de hissage.

Ces palans en effet sont conservés à poste, une fois l'embarcation amenée, de manière à être prêts pour le hissage ultérieur, et il est nécessaire de fixer la caliorne mobile pour l'empêcher de battre le long du bord.

Lorsque, le navire étant sur rade, un certain nombre des embarcations sont laissées à flot, on dispose de chaque bord, pour leur amarrage, un arc-boutant transversal en bois qui porte le nom de *tangon*. Les tangons sont placés horizontalement, à peu près par le travers du mât de l'avant, et sont soutenus par une balancine fixée au mât et deux bras dirigés l'un vers l'avant, l'autre vers l'arrière (fig. 870). Le long de chaque tangon sont suspendues

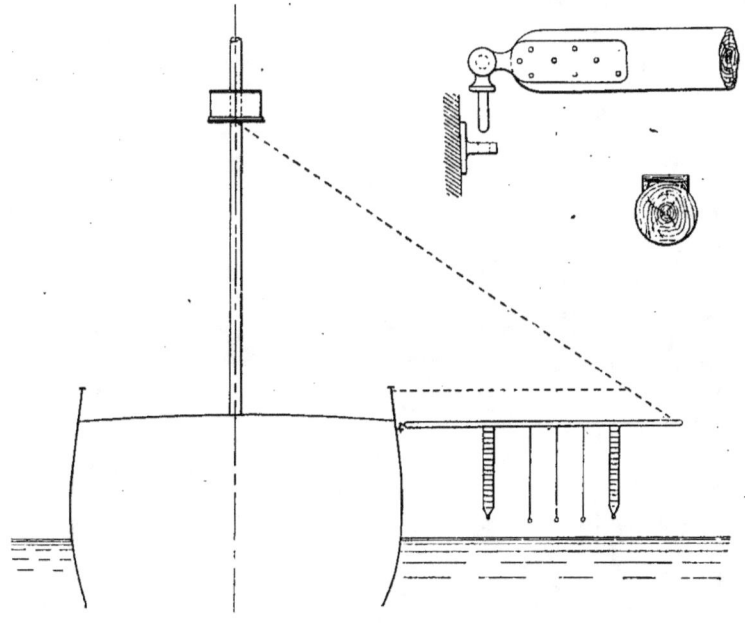

Fig. 870.

des *pantoires* en filin, c'est-à-dire des bouts de cordages terminés par une cosse pour l'amarrage de l'embarcation ; la circulation et la rentrée à bord du personnel s'effectuent au moyen d'échelles de corde fixées au tangon et d'un bordage plat régnant tout le long de la génératrice supérieure du tangon ; une main-courante en filin tendue entre la balancine et la muraille sert de point d'appui.

Chaque tangon est porté à son pied par un ferrement à pivot et à charnière. On peut ainsi *croiser* le tangon, c'est-à-dire le placer au mouillage normalement à la muraille, ou le *rentrer*, c'est-à-dire le rabattre le long du bord. Dans ce mouvement, le tangon pivote autour de l'axe passant par l'œil du ferrement et par le point d'attache supérieur de la balancine, et est manœuvré au moyen des bras. Pour faciliter le croisement, il est bon que l'axe de pivotement soit un peu incliné longitudinalement, de manière que le tangon tende naturellement à s'écarter de la muraille.

CHAPITRE V

Installation des services d'épuisement, d'incendie et de lavage.

180. Épuisement des grands compartiments de la cale. — L'épuisement des grands compartiments de la cale, en cas d'envahissement de ces compartiments par l'eau, est assuré au moyen d'appareils de pompage aspirant dans un *collecteur d'épuisement* ou *drain*, régnant sur une partie de la longueur du navire et disposé de manière à pouvoir être mis en communication avec les divers compartiments. Ce collecteur est assez souvent désigné sous le nom de *grand drain*, pour le distinguer d'un autre collecteur appelé quelquefois *petit drain*, comme nous le verrons plus loin.

Le drain est constitué essentiellement par un tuyautage longitudinal, s'étendant sur une longueur aussi grande que possible d'une extrémité à l'autre du navire et comportant en divers points de sa longueur d'une part des branchements munis de soupapes débouchant dans les principaux compartiments de la cale, de l'autre des puisards dans lesquels aspirent les appareils de pompage. Au point de vue de la sécurité, il serait évidemment préférable de placer le drain au-dessus du vaigrage. Mais cette solution est en général inadmissible à cause de l'encombrement qui en résulte, et n'a été que rarement appliquée. En outre, si les soupapes des branchements sont placées également au-dessus du vaigrage, il est nécessaire d'installer un tuyautage d'assèchement pour obtenir la vidange complète de chaque compartiment, les pompes se désamorçant dès que le niveau de l'eau atteint les soupapes. Pour ces motifs, on fait passer le drain dans le double fond, entre le vaigrage et le bordé extérieur. Il est ainsi plus exposé en cas d'avarie déterminant une brèche dans le bordé des fonds, mais son installation est grandement facilitée, et, avec la hauteur habituelle des doubles fonds, il est possible de conserver une distance de 20 à 30 °/m entre le dessous du drain et le bordé de carène, ce qui paraît suffisant dans la pratique.

Le diamètre du drain varie de 250 m/m à 350 m/m suivant les dimensions du navire. Le chiffre de 350 m/m est celui qui est adopté sur tous les grands bâtiments de combat, de déplacement supérieur à 9000 tonneaux environ. Le diamètre du drain doit d'ailleurs être en rapport avec la puissance des appareils de pompage installés pour l'épuisement, sa section devant être telle que, en tenant compte des pertes de charge dues au frottement sur les parois et aux changements de direction, il puisse assurer le fonctionnement à plein débit des pompes aspirant dans un compartiment quelconque.

Le drain est confectionné en tôle zinguée de 4 à 5 m/m d'épaisseur. On a fait quelquefois des drains en bronze, pour prévenir leur détérioration par oxydation. Mais on a ainsi un tuyautage notablement plus lourd et plus coûteux, et présentant moins de

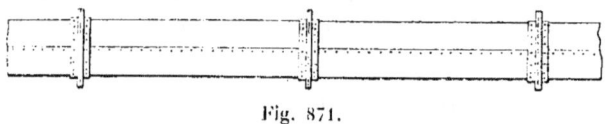

Fig. 871.

souplesse, ce qui l'expose à des ruptures en cas d'échouage ou de déformation du bâtiment. Habituellement, on constitue le drain au moyen de tronçons terminés par des collerettes en cornière rivées, assemblés au moyen de boulons (fig. 871). Ces tronçons ont de 1 à 2 mètres de longueur, de manière à pouvoir être introduits par les trous d'homme du vaigrage. Sur certains navires récents, cependant, on s'est affranchi de cette obligation, et on a construit le drain en même temps que la membrure des fonds, par tronçons de grande longueur, en disposant seulement de distance en distance des tronçons plus courts et facilement amovibles, permettant de déplacer au besoin les grands tronçons pour la réfection des joints. Dans tous les cas, il est bon de ménager de distance en distance des tronçons munis de brides obliques (fig. 872), formant des clefs qui facilitent le démontage ou la mise en place des autres tronçons.

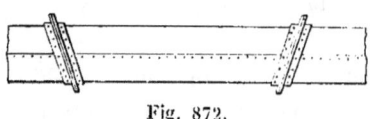

Fig. 872.

SERVICES D'ÉPUISEMENT, D'INCENDIE ET DE LAVAGE.

Le drain ainsi constitué passe à la partie supérieure des évidements des varangues, soutenu par des étriers formés d'un morceau de tôle ployée (fig. 873). Au droit des couples étanches, le drain fait joint sur la tôle du couple. Il convient seulement de prendre des précautions contre l'oxydation de cette tôle, en raison de la présence d'accessoires en bronze (vannes, soupapes, etc.) disséminés sur toute la longueur du drain. On peut par exemple protéger la tôle non zinguée au moyen d'un anneau en plomb formé de deux rondelles à bord rabattu soudées à l'étain, et sur lesquelles on fait joint en interposant entre elles et les cornières de la toile enduite de mastic de minium (fig. 874). On peut aussi faire usage de deux brides inégales, la grande seule faisant

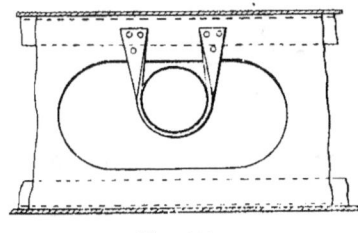

Fig. 873.

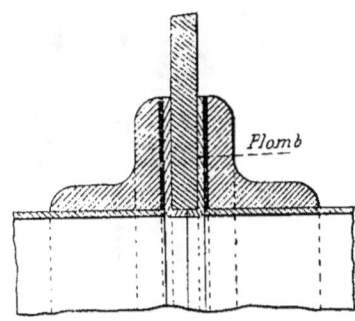

Fig. 874.

joint sur la tôle du couple, suivant une disposition analogue à celle qui sera indiquée plus loin pour les tuyautages en cuivre (fig. 884).

A intervalles convenables, on ménage sur le drain des trous de visite formés d'une tubulure en tôle fermée par un mantelet étanche tenu sur boulons (fig. 875). Les soupapes, placées au niveau du vai-

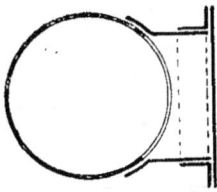
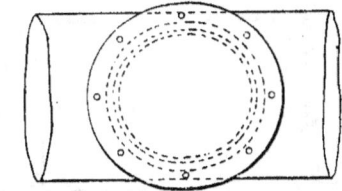

Fig. 875.

grage, au point le plus bas du compartiment, ont leur siège encastré dans une boîte en fonte fixée sous le vaigrage et reliée au drain par une tubulure en tôle. La figure 876 représente une des dispositions usuellement adoptées. La tige de la soupape est manœuvrée de la manière qui sera indiquée plus loin. Quant aux puisards, on peut, soit les constituer simplement au moyen de la

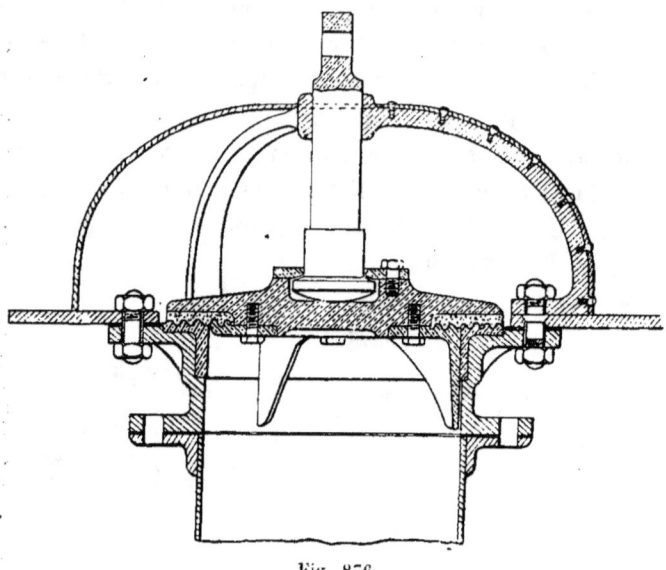

Fig. 876.

partie centrale d'une maille du double fond, soit au moyen d'une boîte en tôlerie fixée seulement au vaigrage (fig. 877). La première

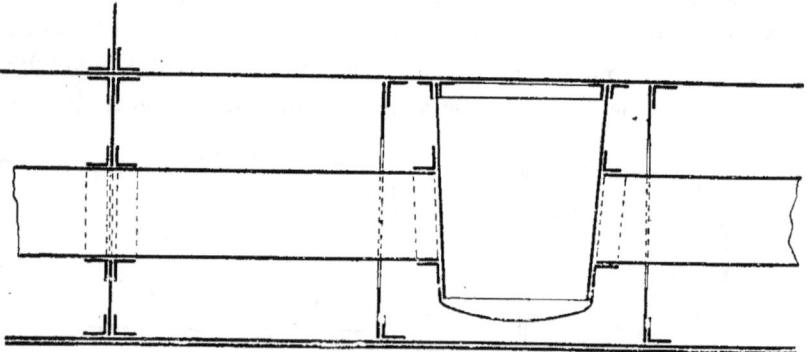

Fig. 877.

disposition est plus simple, mais la seconde présente évidemment une sécurité beaucoup plus grande, le fonctionnement du drain pouvant être annihilé dans le premier cas par une brèche produite dans le bordé extérieur au droit du puisard.

SERVICES D'ÉPUISEMENT, D'INCENDIE ET DE LAVAGE.   207

Sur tous les grands navires, l'installation du drain est faite en double, au moins sur une partie de la longueur, c'est-à-dire que chacun des grands compartiments de la région centrale est desservi par deux soupapes et peut être mis en communication avec l'un ou l'autre des deux drains. Ces deux drains, disposés symétriquement de part et d'autre de la carlingue centrale, sont réunis par des traverses et munis de vannes de sectionnement, de telle sorte qu'on puisse réduire au strict nécessaire le tronçon du drain employé dans chaque cas particulier, et affecter un quelconque des appareils de pompage à l'épuisement d'un quelconque des compartiments desservis par les drains. Pour les compartiments des extrémités, de volume plus faible, on se contente d'un drain unique dont on réduit le diamètre, en lui donnant par exemple 150 à 160 $^m/_m$ sur un grand navire.

A titre d'indication, les figures 878 et 879 représentent le schéma

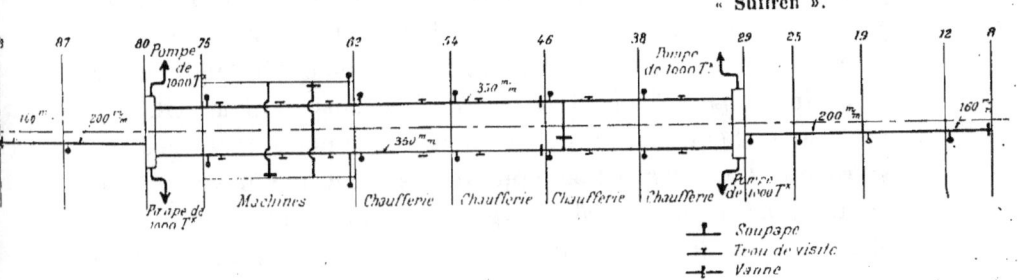

Fig. 878.

de la disposition des drains, des soupapes, et des aspirations de pompes sur deux navires récents, un cuirassé de 12700 tonneaux et un croiseur protégé de 8300 tonneaux. Dans le cas de la figure 878, on a deux drains de 350 $^m/_m$ s'étendant du couple 29 au couple 80, et aboutissant à des puisards dans chacun desquels aspirent deux pompes d'épuisement d'un débit maximum de 1000 tonneaux par heure. Ces deux drains sont réunis par une traverse munie d'une vanne d'arrêt ; chacun d'eux est en outre divisé en deux tronçons par une vanne de sectionnement. Sur l'avant du puisard AV et sur l'arrière du puisard AR, il n'y a plus qu'un drain unique de diamètre réduit d'abord à 200 $^m/_m$, puis à 160 $^m/_m$. Pour les compartiments des machines principales, au nombre de trois juxtaposés, une disposition spéciale est nécessaire ; les deux compartiments latéraux peuvent être mis en communication au moyen de traverses munies de vannes, de sorte que les deux drains peuvent concourir à l'épuisement d'un quelconque des compartiments de machines.

La figure 879 représente une disposition moins compliquée, com-

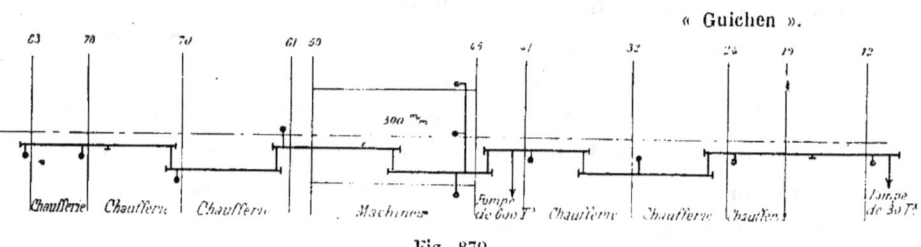

Fig. 879.

prenant un drain unique de 300 $^m/_m$, dans lequel aspirent une grande pompe d'épuisement d'un débit de 600 tonneaux et une petite pompe de 30 tonneaux. On remarquera le mode d'installation des divers tronçons du drain, établis *en échelons* dans le but de faciliter le nettoyage, chaque tronçon étant muni d'une porte de visite à son extrémité. Cette disposition, appliquée sur certains navires, a par contre l'inconvénient d'accroître très notablement les pertes de charge et de diminuer ainsi le débit des pompes. Avec les drains rectilignes, il suffit de ménager aux extrémités des portes de visite de manière à pouvoir passer une chaîne dans toute la longueur, et on peut ainsi effectuer le nettoyage sans trop de difficulté.

Quelle que soit la disposition du drain, il convient de disposer à une de ses extrémités une tubulure remontant au-dessus du vaigrage et fermée en temps ordinaire par une tape vissée. On peut ainsi relier le drain au moyen d'une manche en cuir avec le collecteur d'eau de mer dont nous verrons plus loin le mode d'installation, et y déterminer une chasse d'eau énergique. Une des petites pompes de service doit en outre aspirer au point le plus bas du drain, pour permettre son assèchement complet.

Sur les grands bâtiments, on se réserve ordinairement la possibilité de faire concourir à l'épuisement les grandes *turbines de circulation*, c'est-à-dire les pompes produisant la circulation de l'eau de mer dans les condenseurs des machines principales, dont le débit horaire est souvent supérieur à 1000 tonneaux. La solution la plus simple consiste évidemment à établir sur le tuyau d'aspiration de ces pompes un branchement aboutissant directement au drain. Mais, pour éviter tout risque d'introduction d'eau de mer à l'intérieur du navire par suite d'un désamorçage ou d'une fausse manœuvre, on a préféré jusqu'ici, du moins en France, faire simplement aboutir le branchement d'aspiration au-dessus du vaigrage, en le munissant d'une crépine qui enveloppe le clapet de pied. Chaque pompe de circulation ne peut ainsi aspirer que dans le compartiment dans lequel elle est placée. Pour pouvoir l'utiliser en cas d'avarie affectant d'autres compartiments, on établit alors un *drain supplémentaire* reliant ces compartiments à ceux des machines principales (ou aux chambres de condensation si celles-ci forment un compartiment distinct). Pour ne pas compliquer outre mesure le tuyautage, on borne cette installation aux chaufferies, c'est-à-dire aux compartiments les plus importants. La figure 880 représente le schéma du drain supplémentaire du cui-

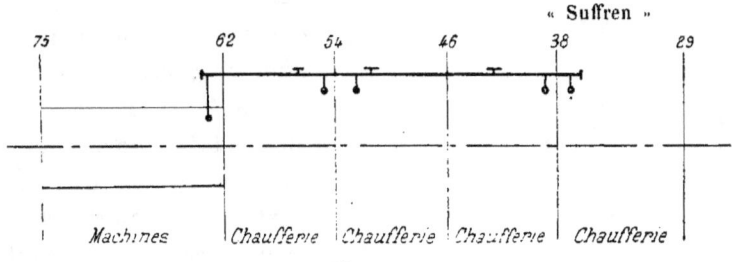

Fig. 880.

rassé dont la figure 878 représente les drains principaux. Ce drain, d'un diamètre de 350 $^m/_m$, est disposé comme les drains principaux et permet de mettre en communication l'une quelconque des chaufferies avec le compartiment de la machine centrale, qui, dans le cas considéré, est la seule dont la turbine soit disposée pour aspirer à la cale. Si l'on voulait utiliser les turbines des machines latérales, on pourrait, comme on l'a fait d'ailleurs sur d'autres navires, ajouter au pied des cloisons longitudinales de séparation des vannes permettant la mise en communication éventuelle des trois compartiments de machines. Mais il est préférable d'écarter les dispositions de ce genre, qui peuvent en cas de manœuvre précipitée compromettre gravement la stabilité du navire.

Les diverses vannes et soupapes réparties sur le drain doivent, bien entendu, pouvoir être manœuvrées à distance, puisqu'elles se trouveraient noyées dès le début de l'irruption d'eau dans le compartiment qu'elles occupent. Il est par suite nécessaire de ramener leur organe de manœuvre au niveau du premier pont situé au-dessus de la flottaison ; ce pont étant en général le pont cuirassé, ou pouvant même être situé au-dessus du pont cuirassé, il faut en outre se réserver la possibilité d'effectuer la manœuvre de l'étage situé immédiatement au-dessous du pont cuirassé, et agencer les organes de manœuvre de telle sorte qu'une avarie du pont cuirassé ne puisse les mettre hors de service. Ces conditions sont réalisées de la manière suivante.

Chaque soupape du drain est établie à proximité d'une des cloisons de la cale. L'extrémité de la tige de la soupape est reliée par une menotte à un levier articulé avec une tige montant verticalement le long de la cloison et guidée par des douilles rivées à cette cloison (fig. 881). A sa partie supérieure, la tige porte une chape filetée dans laquelle s'engage l'extrémité inférieure d'un arbre de commande qui aboutit au pont au niveau duquel doit s'effectuer la manœuvre. Suivant la position de la soupape et le parcours imposé aux transmissions, on peut adopter diverses combinaisons de leviers. Il importe seulement, si on a des tiges verticales d'assez grande longueur, de régler les choses de manière que ces tiges travaillent par traction, et non par compression, dans les conditions correspondant à l'effort maxi-

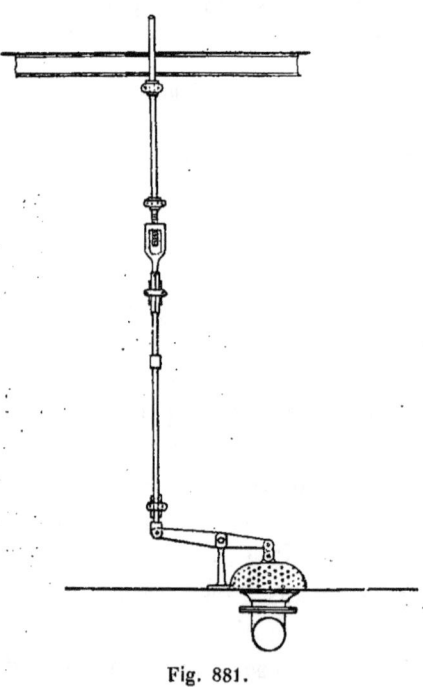

Fig. 881.

mum, c'est-à-dire à la fermeture de la soupape. Pour l'ouverture de la soupape, en effet, on n'a à vaincre qu'une résistance bien déterminée, égale au poids d'une colonne d'eau ayant pour hauteur la distance de la soupape à la flottaison, ou plus exactement cette distance majorée par prudence de 1 mètre environ. Lorsqu'on veut au contraire appliquer la soupape sur son siège, on produit sur le volant de manœuvre un effort souvent assez considérable et difficile à évaluer; en calculant les tiges de manière qu'elles supportent à la compression une charge maxima de 1 à 2 ^{k} par $^m/_m{}^2$, dans la manœuvre d'ouverture, on est sûr qu'elles présenteront une solidité suffisante pour la manœuvre de fermeture.

L'arbre de commande doit pouvoir être manœuvré de deux étages différents. Pour cela, il se termine à l'étage situé au-dessous du pont cuirassé par un bout carré sur lequel est engagée une longue douille (fig. 882). Cette douille est reliée par une double articulation à la Cardan avec un bout d'arbre se terminant par un emmanchement carré logé dans une boîte en bronze encastrée dans le pont de manœuvre. Cette boîte contient un indicateur d'ouverture dont nous allons voir tout à l'heure la disposition, et est fermée par une petite tape amovible; la manœuvre normale s'exécute au moyen d'une clef à douille que l'on engage dans le bout carré contenu dans la boîte. De cette manière, on voit qu'il peut y avoir enfoncement ou déplacement latéral de la région du pont cuirassé voisine de la boîte sans que cette déformation entraîne la désorganisation du mécanisme de transmission. Si l'avarie a produit la rupture des pièces supérieures ou si le séjour au-dessus du pont cuirassé n'est pas possible, on a la faculté d'effectuer la manœuvre en agissant sur l'arbre inférieur soit au moyen d'un volant claveté à l'avance sur lui, soit au moyen d'une clef à rochet engagée sur son extrémité après enlèvement de la douille. Au lieu de placer l'arbre supérieur dans le prolongement de l'arbre infé-

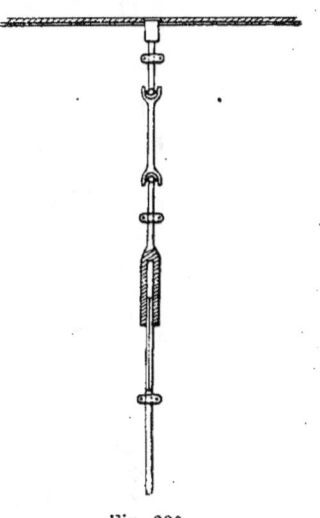

Fig. 882.

rieur, on peut aussi l'installer à une certaine distance, en le reliant au premier par une transmission horizontale à chaîne Galle. Mais ce système, plus encombrant et plus lourd, donne moins de sécurité, car il y a une direction dans laquelle le déplacement latéral de l'arbre supérieur peut entraîner celui de l'arbre inférieur.

La boîte qui reçoit l'aboutissement de l'arbre supérieur porte un indicateur d'ouverture permettant de vérifier d'un coup d'œil la position de la soupape (fig. 883). L'arbre est muni d'une partie filetée agissant sur un écrou guidé; cet écrou porte un doigt engagé dans une rainure hélicoïdale pratiquée dans un manchon cylindrique en tôle concentrique à l'arbre. Ce manchon reçoit par suite un mouvement de rotation autour de son axe dans un sens ou dans l'autre lorsqu'on manœuvre l'arbre; il porte à sa partie supérieure un index se déplaçant dans une rainure circulaire entre deux repères extrêmes marqués O et F au moyen de lettres en saillie, de façon qu'on puisse au besoin se rendre compte par le toucher de la position

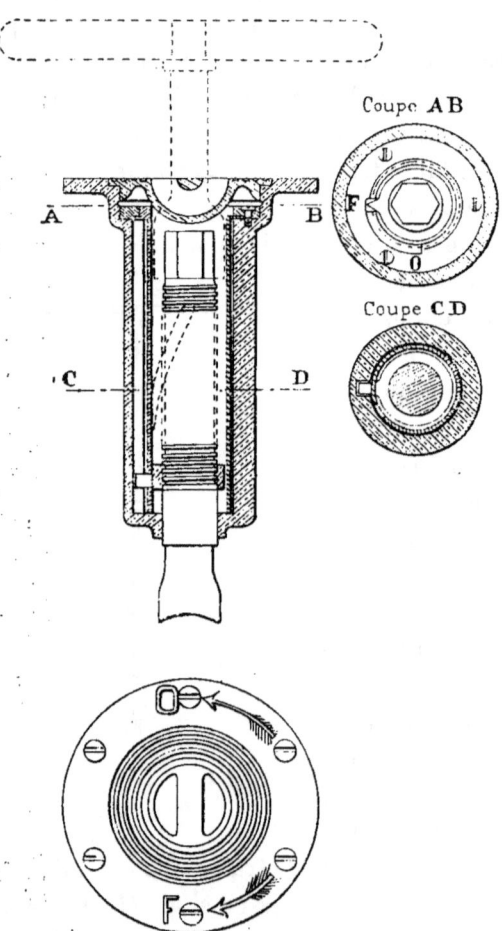

Fig. 883.

de la soupape. Si on le juge nécessaire, il est aisé d'installer également un indicateur d'ouverture sur l'arbre inférieur, au moyen d'un écrou guidé.

Comme règle générale, qu'il convient d'étendre à toutes les vannes, soupapes, robinets, etc., les organes de transmission doivent être agencés de telle sorte que l'ouverture soit produite par une rotation de l'organe de manœuvre dans le sens habituel des dévissages d'écrous (sens inverse des aiguilles d'une montre) et la fermeture par une rotation dans le sens du vissage. On évite ainsi les confusions qui peuvent se produire dans une manœuvre précipitée, malgré les flèches et repères que l'on place pour indiquer le sens dans lequel il faut agir.

Les vannes de sectionnement du drain sont manœuvrées à distance de façon analogue. Elles sont disposées horizontalement dans la maille et leur arbre de commande est ramené au moyen de pignons d'angle à proximité d'une cloison ; le reste de la transmission s'établit comme dans le cas d'une soupape.

Le drain peut ne pas être utilisé exclusivement pour l'épuisement des grands compartiments de la cale. C'est ainsi qu'on a essayé quelquefois de le faire concourir à l'enlèvement de l'eau s'introduisant au-dessus du pont blindé par les brèches de la muraille extérieure, en disposant des tuyaux d'écoulement, ou *dalots*, munis à la partie supérieure d'une crépine et d'une soupape de fermeture, et débouchant directement dans le drain. Cette disposition a été abandonnée, comme étant d'une efficacité contestable et pouvant, en cas d'avarie des soupapes, déterminer des rentrées d'air qui provoqueraient le désamorçage des pompes. On n'établit actuellement de dalots allant au drain que pour les compartiments importants du faux-pont et de la plate-forme de cale qui forment cellule étanche. Les soupapes de fermeture de ces dalots ne sont pas munies d'organes de manœuvre à distance. Pour les compartiments contenant des appareils auxiliaires, on ne doit pas installer de dalots aboutissant au grand drain ; les eaux grasses provenant de ces compartiments sont évacuées au moyen du petit drain, dont nous allons voir le rôle et la disposition.

181. Épuisement des petits compartiments et assèchement des fonds. — Indépendamment du grand drain, qui est un tuyautage de secours en cas d'avarie importante, on installe un *collecteur d'assèchement* ou *petit drain*, qui doit remplir les fonctions suivantes :

Épuisement des compartiments non desservis par le grand drain ;
Asséchement des fonds au-dessus du vaigrage ;
Enlèvement des eaux sales et grasses susceptibles de s'accumuler dans certains compartiments.

Ce petit drain est un tuyautage longitudinal en cuivre, courant au-dessus du vaigrage de l'avant à l'arrière du navire. On lui donne un diamètre de 80 à 100 $^m/_m$, suivant l'importance du bâtiment. Il fait joint sur toutes les cloisons transversales qu'il traverse ; il est par suite nécessaire de prendre des précautions pour empêcher la corrosion galvanique des tôles de la cloison, précautions qui doivent d'ailleurs s'étendre d'une manière générale à tous les tuyautages en cuivre contenant de l'eau ou de la vapeur (1). On peut faire usage d'une collerette en cuivre à bords rabattus, suivant une disposition analogue à celle que nous avons indiquée pour le grand drain, mais la solution la plus simple consiste à faire usage de deux brides inégales, une seule d'entre elles faisant joint sur la cloison (fig. 884).

Dans chacun des grands compartiments de la cale, le petit drain

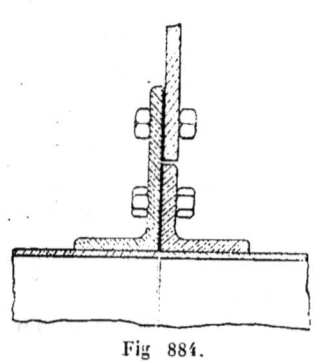

Fig. 884.

porte un branchement fixe muni d'un robinet d'arrêt et aboutissant à un puisard crépiné ménagé dans le vaigrage au point le plus bas du compartiment. Il est nécessaire en particulier d'installer un branchement de ce genre dans chacun des compartiments de machines et de chaudières, pour l'enlèvement des eaux d'arrosage et de vidange. Il est bon d'en installer un également dans la *cale à eau*, c'est-à-dire dans le compartiment où sont logées les caisses contenant l'approvisionnement d'eau douce, comme nous le verrons plus tard. Enfin, les compartiments de la plate-forme de cale et du faux-pont renfermant des appareils auxiliaires sont réunis au petit drain par des branchements de 40 $^m/_m$ environ munis de robinets d'arrêt.

(1) Pour préserver le cuivre lui-même de l'oxydation, on dispose de distance en distance, dans les tuyautages d'eau salée, des manchons ou des barrettes en zinc dont la surface doit être comprise entre $\frac{1}{25}$ et $\frac{1}{50}$ de la surface intérieure du tuyautage à préserver.

Pour l'épuisement des compartiments non desservis par le grand drain, on procède de la manière suivante. Dans chacune des cellules axiales de la double coque (ou dans les cellules contiguës si les cellules axiales sont utilisées comme water-ballast), on installe un bout de tuyau de 40$^m/_m$ plongeant jusqu'au fond de la cellule et terminé par une crépine ; ce tuyau remonte au-dessus du vaigrage et se termine par un robinet muni d'un raccord fermé par une tape filetée. Des raccords identiques sont ménagés de distance en distance sur le petit drain, et peuvent être reliés aux raccords des cellules par des manches mobiles en cuir. Pour tous les autres compartiments, on utilise la pesanteur pour ramener l'eau qui peut s'y introduire soit au-dessus du vaigrage dans le grand compartiment central, c'est-à-dire au puisard du petit drain, soit, si la différence de niveau est insuffisante, dans la cellule axiale du double fond. On dispose dans ce but des dalots munis de robinets dont la manœuvre est ramenée au besoin en un point facilement accessible. Pour les cellules de la double coque ou les compartiments sans communication avec l'atmosphère, il faut ajouter bien entendu un tuyautage de rentrée d'air, dont le robinet peut avantageusement être ramené à côté du robinet d'épuisement et disposé de manière à être commandé par lui, ce qui simplifie la manœuvre. Pour les compartiments extrêmes de l'avant et de l'arrière, on dispose de même des dalots ou des vannes permettant de ramener l'eau en un point où son aspiration soit possible. Pour assurer l'écoulement naturel de cette eau, malgré l'acculement des couples, on a soin de placer dans les fonds des anguillers réunis au besoin par un remplissage en ciment (fig. 344). Lorsque ce remplissage doit occuper une grande hauteur, ainsi qu'il arrive souvent pour les compartiments de la double coque à l'arrière, on réduit avantageusement son poids en confectionnant des boîtes en fer-blanc soudées, de forme prismatique, que l'on arrime dans les mailles et que l'on noie dans un lit de ciment.

Certains compartiments, qu'il est nécessaire de pouvoir remplir à volonté, nécessitent des installations spéciales. Ce sont les soutes à munitions d'une part et les water-ballast de l'autre. Pour les soutes à munitions, dont le remplissage ne doit être effectué que dans des circonstances exceptionnelles, en cas d'incendie, on installe un tuyautage spécial, sans relations avec le petit drain, dont nous parlerons plus loin. Quant aux water-ballast, ils doivent pouvoir être remplis ou vidés à volonté. Pour ceux dont l'usage doit être vraisemblablement très rare, l'épuisement peut être prévu au moyen du tuyau servant au remplissage, comme nous le verrons au § 183. Pour ceux au contraire qui sont utilisés fréquemment, c'est-à-dire pour ceux des extrémités AV et AR, il vaut mieux prévoir leur vidange à l'aide d'un tuyau distinct constitué par un branchement fixe du petit drain.

Les pompes aspirant dans le petit drain sont les pompes de service à vapeur que l'on installe habituellement dans chacun des compartiments de machine et qui sont désignées sous le nom de *pompes de cale*. Dans certains cas, on a également disposé dans les chaufferies des pompes de service aspirant au petit drain, ou du moins on a utilisé pour l'aspiration au petit drain des pompes affectées éventuellement à un autre service. Pour parer au cas d'avarie dans les appareils à vapeur, moteurs ou tuyautages, on dispose une pompe de secours à bras aspirant au petit drain.

Lorsque le navire est en marche, c'est principalement dans les compartiments de machines qu'il est nécessaire d'épuiser l'eau provenant de l'arrosage. Il est bon, par suite, de munir le petit drain de robinets de sectionnement de façon à pouvoir isoler à la mer la partie non utilisée de ce collecteur ; on dispose même quelquefois un branchement spécial sur chacune des pompes de cale, de manière qu'à la mer elle aspire uniquement dans le compartiment qui lui correspond.

Le mode d'installation que nous venons de décrire est celui qui est appliqué actuellement. Mais il importe de remarquer que sur beaucoup de navires encore en service le petit drain n'existe pas, ou plutôt se trouve confondu avec le collecteur d'eau de mer, qui joue ainsi un double rôle suivant les circonstances. Il est évidemment préférable de séparer les deux tuyautages, le petit drain ayant pour fonction principale l'enlèvement des eaux sales, et éventuellement l'épuisement des compartiments non desservis par le grand drain, et le collecteur d'eau de mer ayant pour rôle de fournir la distribution d'eau propre aux points nécessaires.

On peut d'ailleurs, ainsi qu'on le fait dans d'autres marines, obtenir les mêmes résultats au moyen d'une installation différente. Il suffit d'affecter une pompe à un groupe déterminé de compartiments voisins, les branchements venant de ces compartiments aboutissant tous à une boîte à soupapes sur laquelle est greffée l'aspiration de la pompe. On peut ainsi aspirer à volonté dans tel ou tel compartiment, mais on n'a plus la faculté de substituer l'une à l'autre les diverses pompes. Un système analogue a quelquefois été proposé pour l'épuisement des grands compartiments, en remplacement du grand drain.

182. Asséchement des étages supérieurs. — L'asséchement des étages supérieurs s'obtient sans difficulté, en utilisant la pesanteur, lorsque ces étages sont placés à un niveau suffisamment élevé au-dessus de la flottaison. Pour assurer l'écoulement des eaux de pluie et de lavage, on installe en abord un certain nombre de dalots, formés de tuyaux en cuivre de 40 à 80$^m/_m$ aboutissant à leur partie supérieure à une boîte en bronze encastrée dans le pont. Cette boîte est munie d'une crépine arasant le niveau du pont et montée sur une charnière pour faciliter le nettoyage. Pour les étages situés à faible distance au-dessus de la flottaison, la boîte à crépine porte en outre une tape pleine à charnière, disposée comme celle des hublots, permettant de fermer l'orifice en cas de mauvais temps et d'éviter la rentrée d'eau venant de l'extérieur.

Les dalots des ponts supérieurs débouchent en abord au-dessus de la flottaison, à 50 $^c/_m$ environ au-dessus de son niveau normal si la présence d'une cuirasse ne conduit pas à les placer plus haut. Dans le cas où la muraille est droite, on prolonge le dalot à l'extérieur par un bec en saillie formant gargouille, pour éviter les égouts d'eau sale le long du bordé. Si la muraille est très inclinée, on termine extérieurement le dalot par une tubulure en saillie, sur laquelle on fixe au moment du lavage des ponts un bout de manche en toile ou en cuir descendant jusqu'à la flottaison, afin de ne pas salir la peinture extérieure.

En général, les tuyaux de dalots passent en maille; leur parcours doit être aussi direct que possible, pour éviter l'engorgement. Si l'on est conduit à leur faire faire un coude un peu brusque, ce coude doit être muni d'un raccord fermé par une tape pour permettre le nettoyage.

Lorsque le pont supérieur découvert est limité en abord par des pavois, il importe d'assurer l'évacuation rapide de la masse d'eau emprisonnée momentanément entre ces pavois dans un coup de mer. La section des dalots d'assèchement étant insuffisante pour cet objet, on installe des *dalots de mer*, c'est-à-dire des clapets s'ouvrant de dedans en dehors, ménagés à la partie inférieure des pavois. Ces dalots de mer, de forme rectangulaire, sont fermés par un mantelet à charnière non étanche, que l'on peut immobiliser de l'intérieur au moyen d'un crochet pour l'empêcher de battre en temps ordinaire. Ils doivent être percés au-dessus de la cornière longitudinale inférieure du pavois, de manière à ne pas donner issue aux eaux de lavage, qui saliraient la peinture. On leur donne environ 20 $^c/_m$ de hauteur et 40 à 70 $^c/_m$ de longueur.

Lorsque le navire possède une tranche cellulaire, le pont limitant inférieurement cette tranche peut être au-dessus du niveau de la flottaison ou se trouve en tout cas à hauteur trop faible au-dessus de ce niveau pour qu'on puisse le munir de dalots aboutissant à l'extérieur. Comme il importe d'autre part d'assurer la possibilité d'évacuation de l'eau s'introduisant par les brèches de la muraille, on dispose des dalots permettant de ramener cette eau dans les compartiments inférieurs de la cale, d'où elle peut ensuite être expulsée à l'aide du petit drain et au besoin du grand drain. On installe tout d'abord une première file de dalots correspondant aux diverses cellules de la coursive longeant la paroi intérieure du cofferdam. Ces dalots, de 90 à 120 $^m/_m$ de diamètre, sont installés comme les dalots des ponts supérieurs, et débouchent au-dessus du vaigrage dans le compartiment correspondant de la cale ; ils sont munis d'un robinet d'arrêt placé au-dessous du pont cuirassé dans un endroit facilement accessible. Les compartiments de la tranche cellulaire intérieurs à la coursive reçoivent des dalots analogues.

Dans le cas où la protection est obtenue au moyen d'un caisson blindé n'ayant qu'une hauteur modérée au-dessus de la flottaison, il importe également d'assurer la possibilité d'évacuation de l'eau s'introduisant par les brèches faites au-dessus du pont cuirassé limitant la partie supérieure de ce caisson. On a quelquefois essayé de disposer des dalots aboutissant soit au drain, soit mieux au-dessus du vaigrage comme dans le cas précédent. On a renoncé actuellement à ce mode de procéder qui, si l'on veut une section de dalots suffisante, entraîne le percement de nombreuses ouvertures d'assez grand diamètre et affaiblit le pont cuirassé. On préfère aujourd'hui faire usage de dalots de mer, c'est-à-dire de clapets disposés à peu près comme ceux du pont supérieur. La difficulté provient de ce qu'il est peu aisé de réaliser l'étanchéité de ces clapets, et que d'autre part cette étanchéité est indispensable dans les circonstances de navigation ordinaires. La figure 885 représente la disposition adoptée pour ces dalots. Ils se composent d'un clapet incliné à charnière (1), garni de cuir sur son pourtour, et

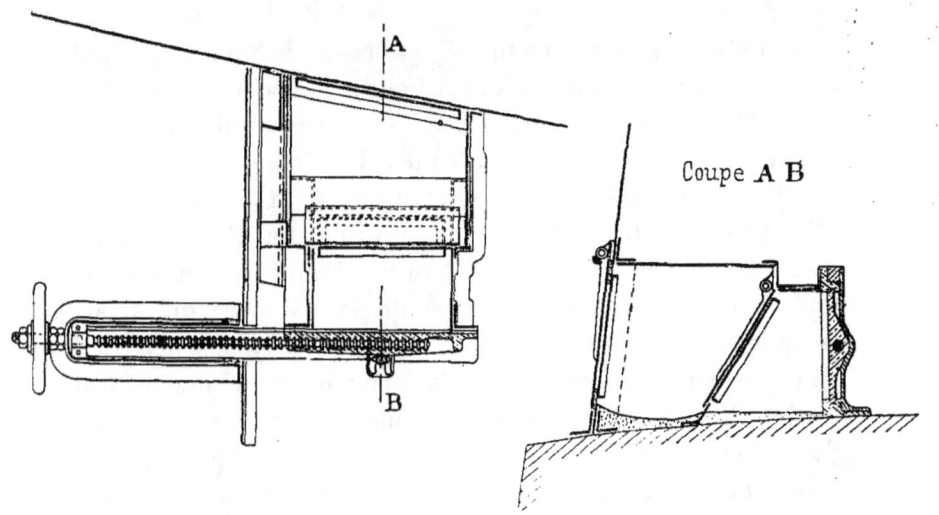

Fig. 885.

d'une vanne à coulisse horizontale formant obturateur bien étanche en temps ordinaire. S'il y a une tranche cellulaire incomplète, il faut bien entendu munir les cloisons de barrage des vannes ou clapets nécessaires pour que l'eau puisse arriver jusqu'aux dalots percés dans la muraille extérieure.

183. Collecteur de distribution d'eau de mer. Noyage des soutes à munitions. — L'eau de mer doit pouvoir être distribuée dans différentes régions du navire pour satisfaire aux services principaux suivants :

Noyage des soutes à munitions en cas d'incendie ;

---

(1) Le clapet extérieur représenté sur la figure 885 a été installé sur certains navires, mais sa présence semble défavorable à l'évacuation rapide d'une grande masse d'eau, et il est préférable de le supprimer.

Remplissage des compartiments formant water-ballast;
Service d'incendie;
Service de lavage.

Il y a aussi dans certains cas à prévoir l'alimentation éventuelle des chaudières par l'eau de mer. Mais ce service, qui est limité actuellement au cas de chaudières cylindriques, est entièrement indépendant des autres services du bord, et est assuré s'il y a lieu au moyen de prises d'eau spéciales établies dans chaque chaufferie.

De tous les services énumérés ci-dessus, le plus important au point de vue du volume d'eau à fournir est celui du remplissage éventuel des compartiments contenant des munitions, lorsqu'il est nécessaire de les protéger contre la propagation d'un incendie. La condition à réaliser, c'est d'assurer la possibilité du remplissage de chaque soute à munitions dans un délai assez court, fixé actuellement à 10 minutes au maximum. Il faut donc avant tout déterminer pour chaque soute le diamètre du tuyau de remplissage, de façon que cette durée ne soit pas dépassée. Si l'on considère une soute ayant la forme d'un prisme vertical de section S, dont le plancher et le plafond sont respectivement à des distances H et H' de la flottaison, et si l'on suppose cette soute mise en communication à sa partie supérieure avec l'atmosphère et à sa partie inférieure avec la mer au moyen d'un tuyau de longueur L et de diamètre D, la durée T du remplissage est donnée avec une grande approximation par

$$T = \frac{\pi D^2}{2} \cdot S \sqrt{0{,}120 + 0{,}0008 \frac{L}{D}} \left(\sqrt{H} - \sqrt{H'} \right)$$

T étant exprimé en secondes et les longueurs en mètres. Pratiquement, on admet d'abord une valeur moyenne de $\frac{L}{D}$ et, faisant $T = 600$, on déduit de la formule ci-dessus une première valeur de D. On choisit alors dans les séries ordinaires de diamètres de tuyaux la valeur la plus voisine, et on vérifie au moyen de la formule complète que la valeur de T est satisfaisante.

Ce qui précède suppose que la soute est en communication avec l'atmosphère par un conduit de section suffisante pour qu'il ne puisse jamais y avoir à l'intérieur de la soute une pression supérieure à la pression atmosphérique. Des expériences faites à Brest en 1893 par M. l'ingénieur de la marine Gayde ont montré que ce résultat était obtenu en pratique lorsque le conduit de communication avec l'atmosphère était un tuyau de diamètre égal à la moitié du diamètre du tuyau de remplissage. Pour les soutes à munitions, d'ailleurs, on n'a pas en général à s'occuper de cette question, les conduits de ventilation qu'il est nécessaire d'installer d'autre part fournissant une communication largement suffisante avec l'atmosphère.

Quant à la valeur de S, elle est égale à la section de la soute nue diminuée de la section occupée par les munitions lorsque celles-ci sont réparties sur toute la hauteur d'une manière régulière. Mais il est rare qu'il en soit ainsi ; on est alors obligé d'estimer la valeur de S, soit en divisant par la hauteur la différence entre le volume de la soute nue et le volume d'encombrement des munitions et étagères, soit en adoptant empiriquement une fraction déterminée de la section de la soute nue, fraction que l'on peut prendre égale à $\frac{2}{3}$ dans les conditions usuelles.

Sur certains navires, on a quelquefois disposé un tuyau de remplissage unique pour plusieurs soutes contiguës, mises en communication par des clapets. Le problème de la détermination du diamètre du tuyau est alors plus compliqué ; cette solution, dont l'unique but est de simplifier le tuyautage, doit d'ailleurs être écartée en raison des inconvénients graves qu'elle présente. Elle détruit en effet l'étanchéité des cloisons de séparation des soutes contiguës, et de plus elle empêche de procéder à la vidange des soutes autres que celle où débouche le tuyau de remplissage. Il est préférable d'adopter pour chaque soute un tuyautage distinct.

La totalisation des sections de tuyautage déterminées comme il vient d'être dit pour les différentes soutes à munitions du navire conduirait à un collecteur général de dimensions absolument inadmissibles. On règle en conséquence l'installation de la manière suivante. Les soutes à munitions étant ordinairement réparties en un certain nombre de groupes, on établit pour chaque groupe une prise d'eau de section convenable, munie d'un robinet d'arrêt manœuvrable à distance de la même manière que les soupapes et vannes du drain. De cette prise d'eau part un collecteur sur lequel sont greffés les branchements afférents aux diverses soutes du groupe; pour diminuer le poids et l'encombrement, on calcule les dimensions de la prise d'eau et du collecteur en admettant 20 minutes pour durée du remplissage simultané de toutes les soutes du groupe, opération qui n'aura pas besoin d'être effectuée en général, les branchements individuels seuls étant calculés pour une durée de remplissage de 10 minutes; en outre, on rétreint de distance en distance le diamètre de ce collecteur de manière à lui conserver seulement une section correspondant à la somme des sections des branchements placés en aval. Chaque branchement est muni d'un robinet de noyage placé en dehors de la soute et manœuvrable à distance, et débouche à la partie inférieure de la soute. On a quelquefois installé sur chaque branchement un deuxième robinet dit de sûreté, placé entre le robinet de noyage et la paroi de la soute, dans le but de rendre possible la manœuvre à blanc des robinets de noyage. Mais ce système est encombrant et dangereux, car on peut craindre que les robinets de sûreté ne soient pas maintenus ouverts en temps normal; on obtient plus simplement le même résultat en fermant momentanément la prise d'eau du collecteur de noyage, pourvu qu'on ait eu soin de disposer un robinet d'assèchement à la partie la plus basse de ce collecteur.

On a ainsi un certain nombre de prises d'eau, variable suivant l'importance du navire, qui doivent toujours être maintenues ouvertes en temps normal. Le service de distribution d'eau de mer est alors assuré par un collecteur longitudinal réunissant entre eux les divers collecteurs de noyage, et pour lequel il est inutile d'avoir une prise d'eau spéciale. Ce collecteur a ordinairement un diamètre de 120 $^m/_m$ sur les grands navires. C'est sur lui que sont branchées les aspirations des pompes servant à distribuer l'eau de mer pour les services d'incendie et de lavage, pompes dont le nombre est assez variable suivant l'importance du navire (voir § 185). Chaque branchement d'aspiration doit être muni d'un robinet d'arrêt à sa jonction avec le collecteur, pour qu'une avarie dans l'un de ces tuyaux soit sans influence sur le service général.

La vidange des soutes à munitions, au cas où on a été obligé de les remplir, s'effectue par l'intermédiaire des tuyaux de remplissage, qu'il est par suite nécessaire de munir de crépines à leur débouché dans chaque soute. Il suffit de fermer la prise d'eau de noyage et d'isoler le collecteur de distribution d'eau de mer des autres prises d'eau. Ce collecteur fonctionne alors comme collecteur d'aspiration, les pompes de service devant être agencées pour pouvoir refouler à la mer. Cela n'a d'ailleurs aucun inconvénient, l'opération étant très rare et n'entraînant pas la circulation d'eau sale dans le collecteur de distribution.

Le remplissage des cellules formant water-ballast s'opère au moyen de tuyaux branchés soit sur le collecteur de distribution d'eau de mer, soit sur un branchement spécial greffé sur le collecteur de noyage le plus voisin. Les sections de tuyautage s'établissent comme il a été dit pour les soutes à munitions, en adoptant ordinairement une durée de 20 minutes pour le remplissage ; il faut seulement remarquer qu'on n'a pas besoin en général d'opérer le remplissage simultané de tout un groupe de cellules, ce qui permet de ne pas exagérer le diamètre des tuyaux. Pour chaque cellule, on installe un tuyau de dégagement d'air partant de la partie supérieure, et ayant un diamètre égal à la moitié de celui du tuyau de remplissage. Ce tuyau d'air est avantageusement ramené à côté du tuyau de remplissage, de manière qu'une même clef effectue d'un seul coup la manœuvre du robinet d'eau et du robinet d'air, qui doivent toujours être ouverts simultanément; en outre, avec cette disposition, on est averti du remplissage complet de la cellule par l'écoulement de l'eau sortant par le tuyau d'air.

Lorsqu'il s'agit de water-ballast dont l'usage est fréquent, il est préférable, comme nous l'avons dit, de leur affecter un tuyau de vidange spécial relié au petit drain, le robinet de ce tuyau étant relié à un robinet placé sur un branchement du tuyau d'air. Mais dans tous les autres cas le tuyau de remplissage peut servir également pour la vidange. Il suffit d'employer temporairement le tronçon correspondant du collecteur d'eau de mer comme collecteur d'aspiration, ce qui est sans inconvénient puisqu'il s'agit d'évacuer de l'eau propre.

Dans le cas où le bâtiment est muni de chaudières multitubulaires, les chaufferies ne possèdent pas de prises d'eau spéciales; on installe par suite dans chacune d'elles des branchements reliés au collecteur d'eau de mer pour desservir les pompes à escarbilles (§ 188), s'il en existe, et un ou deux cols de cygne permettant aux chauffeurs de prendre de l'eau pour éteindre les escarbilles ou remplir le fond des cendriers. Des branchements sont également installés pour desservir les citernes à pétrole, comme on le verra au chapitre suivant.

184. Service d'incendie et de lavage. — Le service d'incendie comprend essentiellement l'installation d'un collecteur d'eau sous pression ou *collecteur d'incendie,* desservant les diverses régions du navire, et d'un réservoir appelé *château d'eau de mer,* établi aussi haut que possible et mis en communication avec le collecteur d'incendie (fig. 886). Le collecteur d'incendie est ainsi toujours rempli d'eau sous pression, le château d'eau fournissant le volume d'eau nécessaire pour l'organisation des premiers secours pendant la mise en marche des pompes. Dès que celles-ci sont prêtes, on les fait refouler directement dans le collecteur d'incendie, que l'on isole alors du château d'eau.

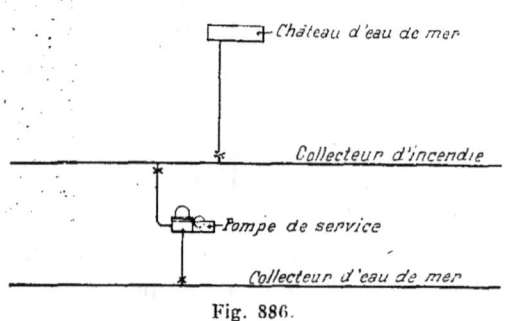

Fig. 886.

Le château d'eau de mer est installé aussi haut que possible, sur une passerelle ou tout au moins sur le pont supérieur. Sa contenance varie habituellement de 1000 à 3000 litres suivant l'importance du navire. Le collecteur d'incendie est constitué par un tuyau longitudinal de 80 à 120 $^m/_m$ de diamètre, établi au-dessous du pont cuirassé et régnant d'une extrémité à l'autre du navire. Ce collecteur est en général installé à l'étage situé immédiatement au-dessous du pont cuirassé, mais ses brides de support doivent être indépendantes de ce pont. Dans chacun des compartiments qu'il traverse, il est muni d'un ou plusieurs robinets à raccord de 40 $^m/_m$, sur lesquels on peut visser des manches en cuir terminées par une lance, fixées en temps ordinaire contre les cloisons. Des branchements ménagés aux points convenables desservent tous les compartiments de la cale non traversés par le collecteur d'incendie. D'autres branchements, munis à leur base de robinets de sûreté, remontent par les panneaux du pont cuirassé et desservent les étages supérieurs; un de ces branchements relie directement le collecteur d'incendie avec le château d'eau de mer.

Le collecteur d'incendie est muni de robinets de sectionnement le divisant en 3 ou 4 tronçons, et chaque tronçon est muni d'une soupape de sûreté chargée à 5^k environ, pour éviter qu'une fermeture intempestive de robinets ne puisse faire éclater les joints du collecteur. Les diverses pompes de service, à bras ou à moteur mécanique, destinées à jouer éventuellement le rôle de pompes à incendie ont leurs tuyaux de refoulement répartis entre ces tronçons, de telle sorte que chaque tronçon soit desservi par une pompe mécanique au moins. On peut ainsi en cas d'incendie isoler la portion du réseau de tuyautage qui n'a pas besoin d'être utilisée. Bien que ce ne soit pas absolument indispensable, il est bon de placer un robinet d'arrêt à la jonction de chaque refoulement de pompe avec le collecteur d'incendie, de manière qu'une avarie dans un de ces tuyaux ne compromette pas le fonctionnement général.

Le service de lavage s'obtient comme accessoire du service d'incendie, au moyen de tuyaux reliés au château d'eau de mer. On a fait quelquefois usage de branchements horizontaux établis aux divers étages et reliés aux branchements verticaux partant du collecteur d'incendie. Mais il est préférable de faire usage de branchements greffés sur le tuyau de communication entre le collecteur d'incendie et le château d'eau, car les tuyaux de lavage ne portent pas de soupapes de sûreté et avec la première disposition on risquerait de faire éclater leurs joints, une fois le château d'eau isolé. Avec la seconde, au contraire, le service de lavage se trouve isolé en même temps que le château d'eau lorsqu'on fait refouler des pompes dans le collecteur d'incendie. Les branchements horizontaux formant collecteurs de lavage desservent les *bouteilles* (water-closets), les salles de bains et les lavabos. En outre, à chaque étage, on installe sur ces branchements un certain nombre de robinets de prise d'eau pour le lavage des ponts. Quelques branchements remontent jusqu'au pont supérieur, et se terminent au niveau de ce pont par une boîte à raccord fileté, sur lequel on peut visser un col de cygne à robinet au moment du lavage.

Pour maintenir le château d'eau de mer toujours plein, on est conduit à affecter spécialement une des pompes de service à son remplissage, en la faisant fonctionner chaque fois qu'il est nécessaire. Le château d'eau est muni d'un tube de niveau et d'un trop plein que l'on fait aboutir aux corneaux de l'équipage (voir § 198), où il fonctionne comme tuyau de chasse supplémentaire.

On voit par ce qui précède que le service d'incendie cesse d'être assuré lorsque le bâtiment est à sec, échoué dans un bassin de radoub. On prenait par suite autrefois la précaution de faire débarquer au navire toutes ses munitions avant l'entrée dans le port ; une fois le navire échoué, on installait sur le bord du bassin une des pompes à incendie portatives dont dispose chaque navire, la manche d'aspiration de cette pompe plongeant dans la mer et sa manche de refoulement venant s'adapter à un des raccords ménagés sur le collecteur d'incendie. Pour éviter la manœuvre de débarquement des munitions et assurer en même temps des secours plus puissants en cas d'incendie, on établit maintenant le long de tous les bassins des arsenaux des collecteurs d'eau sous pression alimentés par des réservoirs installés à terre. Ces collecteurs sont munis de raccords ménagés de distance en distance. Sur tous les navires, on greffe sur chacun des collecteurs de noyage un branchement de 120 $^m/_m$ de diamètre, remontant au-dessus du pont cuirassé et aboutissant à une boîte à raccord fixée à la muraille extérieure, et fermée en temps ordinaire par une tape filetée. Lorsque le navire est au bassin, il suffit de fermer les prises d'eau de noyage et de relier les boîtes à raccord avec les collecteurs établis à terre, au moyen de manches souples. On assure ainsi, dans ses conditions normales, tout le service de distribution d'eau à bord.

185. Appareils de pompage. — Pour assurer les divers services que nous venons d'énumérer, le navire possède un certain nombre de pompes, dont le nombre et la répartition sont assez variables d'un navire à l'autre.

Pour l'épuisement des grands compartiments de la cale, on installe un certain nombre de pompes à moteur mécanique, dites pompes de grand épuisement, qui sont réservées uniquement pour cet usage. Jusqu'à ces dernières années, on a fait à peu près exclusivement usage de pompes à vapeur à mouvement alternatif du système Thirion ; il en existe 7 types, dont le débit horaire varie de 200 à 1000 tonneaux par heure.

Les *pulsomètres*, dont l'emploi a été essayé à diverses reprises, ont été abandonnés en raison de leur difficulté d'amorçage et de leur consommation de vapeur élevée. C'est ce dernier motif qui a fait également renoncer à l'emploi des *éjecteurs*, appareils fondés sur le principe de l'injecteur Giffard. Les éjecteurs n'ont été conservés comme appareils d'épuisement que sur les torpilleurs et les canots à vapeur, en raison de leur simplicité et de leur encombrement réduit.

La tendance actuelle est de revenir pour les grands appareils d'épuisement à l'usage de pompes rotatives, essayées autrefois et abandonnées en raison de leur difficulté d'amorçage. Ces pompes se prêtent bien à l'emploi de moteurs électriques, avantageux au point de vue de la suppression d'une partie des tuyautages de vapeur et de la proportionnalité entre la dépense d'énergie et le travail utile ; des dispositifs récents permettent d'ailleurs d'assurer leur amorçage dans des conditions satisfaisantes. On les place aussi bas que possible, soit au-dessus du vaigrage, soit même quelquefois au-dessous ; leur axe est vertical, et leur arbre de commande remonte jusqu'au niveau de la plate-forme de cale ou du faux-pont, où se trouve placé le moteur.

Le refoulement des grandes pompes d'épuisement se fait toujours actuellement au-dessous de la flottaison. On a hésité longtemps avant d'adopter cette disposition considérée comme un peu dangereuse ; mais, indépendamment de la réduction de longueur des tuyautages, il faut remarquer que la partie des tuyaux de refoulement remontant au-dessus du pont cuirassé aurait bien des chances d'être détruite dans un combat, et que le tuyautage pourrait ainsi se trouver obstrué au moment même où son emploi devient nécessaire. L'installation du tuyau de refoulement au-dessous de la flottaison comporte dès lors un clapet de retenue et une vanne d'obturation étanche, maintenue fermée en temps ordinaire, dont l'organe de manœuvre est ramené à proximité immédiate du moteur de la pompe (fig. 887).

Les autres pompes à moteur mécanique comprennent d'abord les *pompes de cale*, à raison de une par machine motrice. Ces pompes aspirent, comme nous l'avons dit, au petit drain et souvent directement au point le plus bas du compartiment auquel elles correspondent. On utilise en général au moins l'une d'elles pour aspirer également au grand drain, soit pour l'assécher après lavage, soit pour concourir à l'épuisement. On a quelquefois disposé

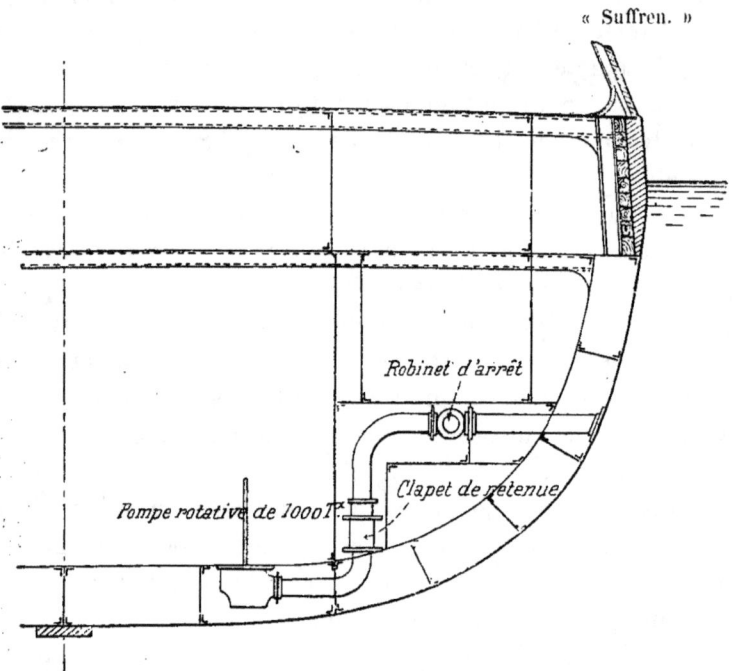

Fig. 887.

une des pompes de cale pour concourir éventuellement au service d'incendie, mais il est préférable d'affecter exclusivement ces pompes à l'enlèvement des eaux sales. Les pompes de cale, qui en raison de leur destination fonctionnent d'une manière à peu près continue lorsque le navire est en marche, ont leur tuyau de refoulement aboutissant au-dessus de la flottaison ; ce tuyau est muni à son débouché sur la muraille d'un clapet de retenue empêchant les rentrées d'eau de mer venant de l'extérieur.

Le service de l'appareil moteur exige en outre l'installation d'une ou deux pompes de service permettant de faire le plein des chaudières et des citernes de réserve des machines (§ 189) en deux heures au plus. Ces pompes sont agencées de manière à pouvoir aspirer au dehors, dans une citerne accostée le long du bord, et à refouler dans le collecteur d'alimentation des chaudières. Pour cela, leur tuyau d'aspiration remonte au-dessus du pont blindé et aboutit à une boîte à raccord fixée à la muraille, sur laquelle on peut greffer une manche plongeant dans le bateau-citerne. Ces pompes auxiliaires peuvent avantageusement être utilisées pour l'incendie, en les munissant d'une aspiration au collecteur d'eau de mer et d'un refoulement au collecteur d'incendie. On installe de plus une pompe de service à moteur mécanique indépendante des services de l'appareil moteur, et spécialement destinée au remplissage du château d'eau de mer. Cette pompe aspire au collecteur d'eau de mer et refoule au collecteur d'incendie, ou mieux dans le branchement reliant le château d'eau à ce collecteur.

Enfin, on installe également une pompe de service à moteur mécanique pour le service spécial de l'eau douce, dont le mode de distribution sera indiqué plus tard (§ 207).

Toute ces pompes de service à moteur mécanique ont été jusqu'à ces dernières années des pompes à vapeur alternatives du système Thirion. Il en existe 8 modèles, portant les n°s 1 à 8, dont les débits horaires varient de 2^{tx},25 à 90 tonneaux. On commence à leur substituer dans beaucoup de cas des pompes rotatives mues par des moteurs électriques.

Outre les pompes à moteur mécanique, on installe un certain nombre de pompes à bras fonctionnant comme pompes de secours. On délivre actuellement à tous les grands navires une pompe à bras à 2 corps du système Letestu, dont les pistons sont actionnés par des bringueballes. Il y en a deux modèles, l'un à corps de pompe de 30 $^c/_m$ de diamètre, pouvant débiter 60 tonneaux par heure, l'autre à corps de pompe de 20 $^c/_m$ pouvant débiter 36 tonneaux. Les pompes Letestu à 2 corps sont quelquefois remplacées par un modèle un peu différent, dit *pompe à 4 pistons*. Ces grandes pompes à bras sont disposées pour concourir soit à l'épuisement, soit à l'incendie. Elles sont par suite agencées de manière à aspirer soit au grand drain, soit quelquefois au petit drain, soit au collecteur d'eau de mer, et à refouler soit au dehors, soit au collecteur d'incendie. On les installe au-dessus ou au-dessous du pont cuirassé, suivant les conditions locales.

On répartit en outre dans les étages supérieurs quelques pompes à bras pour le service du lavage. Ce sont des pompes Letestu à un seul corps de pompe, de 8 ou 12 $^c/_m$ de diamètre. L'une d'elles peut avantageusement être branchée sur le petit drain, pour le service d'assèchement; elle refoulera par suite à l'extérieur; les autres aspirent au collecteur d'eau de mer et refoulent au collecteur d'incendie. On doit également prévoir une pompe à bras spécialement affectée au service de l'eau douce, pour remplacer en cas d'avarie la pompe à moteur mécanique destinée à cet usage.

A titre d'exemple, nous indiquerons le détail des diverses pompes installées à bord des croiseurs cuirassés de 12550 tonneaux, type *Jules Ferry* :

3 pompes d'épuisement rotatives de 1000 tonneaux;

2 pompes rotatives de 30 tonneaux aspirant au grand drain, au petit drain et au collecteur d'eau de mer, refoulant au collecteur d'incendie et à la mer;

5 pompes de cale de 20 tonneaux (1);

2 pompes de service de 30 tonneaux dans les chaufferies;

2 pompes rotatives de $4^{tx},500$, l'une pour le service du château d'eau de mer, l'autre pour le service du château d'eau douce (§ 207);

2 pompes à vapeur de $2^{tx},25$ pour le service des appareils distillatoires (§ 189);

1 pompe à bras à 4 pistons de 160 $^m/_m$ aspirant au grand drain et au collecteur d'eau de mer, refoulant à la mer et au collecteur d'incendie;

1 pompe à bras de 120 $^m/_m$ pour le service de l'eau douce (§ 207);

3 pompes à bras de 120 $^m/_m$ pour le service d'eau sale des lavabos;

1 pompe à bras de 120 $^m/_m$ aspirant au collecteur d'eau de mer et refoulant au collecteur de lavage.

Enfin, chaque navire reçoit une ou deux pompes à incendie portatives (pompes Letestu à 2 corps de 10 ou 12 $^c/_m$) qui

---

(1) Une dans chacun des compartiments des machines et une dans chacune des deux chambres de condensation.

peuvent également être utilisées au mouillage pour le lavage, en faisant plonger leur manche d'aspiration dans la mer.

186. Plans de tuyautage. Teintes conventionnelles. — En raison de la complication de tuyautage qu'entraîne la multiplicité des exigences à satisfaire, on délivre aux navires des plans établis sous forme schématique, indiquant le parcours, les dimensions et le rôle des divers tuyaux ainsi que l'emplacement et la disposition de tous les organes accessoires, robinets, soupapes, clapets, etc. Pour éviter la confusion, on établit des planches séparées pour les divers services, en représentant à part les tuyautages d'épuisement et d'assèchement, par exemple, les tuyautages de noyage de soutes, de remplissage des water-ballast et de distribution d'eau de mer, etc.

Dans le but de faciliter la surveillance à bord et d'éviter les hésitations dans les manœuvres, on prend la précaution de recouvrir les tuyaux, dans les parties apparentes, d'une couche de peinture de teinte conventionnelle, indiquant immédiatement le rôle et la destination de chaque tuyau. Les conventions adoptées sont les suivantes. Les tuyaux affectés au service de l'eau de mer propre sont peints en *noir*, ceux affectés au service de l'eau douce en *bleu*, ceux affectés au service de l'eau sale en *jaune*. Les tuyaux d'aspiration sont recouverts d'une teinte uniforme; les tuyaux de refoulement sont distingués par des anneaux blancs séparant des anneaux de même largeur recouverts de la teinte conventionnelle (1). Ainsi le tuyau d'aspiration d'une pompe de service au petit drain sera peint en jaune plein; le collecteur d'incendie sera peint en anneaux alternativement blancs et noirs, etc. Ces conventions sont étendues aux plans de tuyautages lorsqu'il s'agit de plans complets, non schématiques.

---

(1) Les tuyaux de vapeur sont peints en rouge plein pour les tuyaux d'admission contenant de la vapeur vive, en anneaux rouges et blancs pour les tuyaux d'évacuation. Les tuyaux d'eau sous pression des appareils hydrauliques sont peints en violet plein pour les tuyaux d'admission, en anneaux blancs et violets pour les tuyaux d'évacuation. Les tuyaux de pétrole sont peints par anneaux alternativement rouges et noirs s'il s'agit d'un tuyau d'aspiration, par anneaux alternativement rouges, noirs et blancs s'il s'agit d'un tuyau de refoulement. Sur les plans, les conduits de ventilation reçoivent également des couleurs distinctives; les conduits d'arrivée d'air frais sont teintés en vert, les conduits d'évacuation d'air vicié en rose.

CHAPITRE VI

Emménagements relatifs au service de l'appareil moteur.

187. Soutes à charbon. — Le charbon nécessaire au fonctionnement de l'appareil moteur et des appareils auxiliaires du navire est logé dans des soutes qui doivent être placées de façon que la manutention du charbon puisse s'effectuer aussi aisément que possible. La majeure partie de ce charbon, sinon la totalité, doit par suite être répartie entre des soutes placées à proximité immédiate des chaufferies. Lorsque ces soutes, dites *soutes alimentaires,* ne peuvent contenir l'approvisionnement total prévu, on peut installer des *soutes de réserve* non contiguës aux chaufferies, placées soit au-dessous, soit au-dessus du pont blindé, et concourant dans ce dernier cas à la protection du navire. Mais il faut, bien entendu, que toutes les dispositions soient prises pour que le charbon des soutes de réserve puisse être transporté sans trop de difficulté dans les soutes alimentaires.

Dans la marine française, on emploie habituellement du charbon aggloméré en *briquettes*. Ces briquettes, de forme et de poids un peu variables suivant l'usine d'où elles proviennent, sont des solides prismatiques ayant à peu près $300\ ^m/_m \times 200\ ^m/_m$ de côté et $120\ ^m/_m$ d'épaisseur, et pesant environ 8^k. La forme prismatique facilite l'arrimage, et on peut ainsi arriver à loger sans difficulté 900^k et même 1000^k de charbon par mètre cube de soute. Mais il faut prévoir le cas où le navire devra faire usage de charbon en roches, ce qui ne permet pas de loger plus de 800 à 850^k par mètre cube. Pour cette raison, le volume des soutes du navire doit être calculé autant que possible en partant du chiffre de 800^k par mètre cube, l'approvisionnement total étant déterminé par diverses considérations qui seront exposées dans la 7e partie.

Sur les grands navires récents, cependant, on a admis comme point de départ 850^k pour les soutes de la cale et 900^k pour celles de la tranche cellulaire.

Le charbon, amené à bord par les sabords spéciaux dont il a été parlé au § 110, est introduit dans les soutes par des trous d'homme circulaires percés dans le plafond de chaque soute. Chacun de ces trous doit avoir au minimum 0^m,38 de diamètre, et de préférence 0^m,40. On a souvent besoin en effet, pour les expériences relatives au fonctionnement de l'appareil moteur, d'introduire dans les soutes du charbon contenu dans des sacs pesés à l'avance, et on se sert dans ce but de sacs contenant 50^k de charbon, dont le diamètre extérieur peut atteindre 0^m,38. Le nombre des trous percés dans le plafond de chaque soute doit être proportionné au volume ou plus exactement à l'aire de la section horizontale de cette soute. On doit avoir au minimum un trou par 15^{m2} environ.

Les trous d'embarquement de charbon sont fermés en temps ordinaire par un bouchon plein (ou une tape cuirassée s'ils sont percés dans un pont blindé). On dispose en outre des grillages circulaires pouvant être mis éventuellement à la place des bouchons pleins, lorsqu'il est nécessaire d'aérer les soutes.

Les soutes alimentaires doivent être groupées autour des chaufferies et percées à leur base d'ouvertures débouchant directement sur le parquet de chauffe, par lesquelles le charbon peut être amené aux foyers. Ces ouvertures sont de forme rectangulaire; on leur donne habituellement 650$^{m/m}$ de hauteur et 430$^{m/m}$ de largeur. Leur nombre dépend de la surface à desservir; on peut admettre une ouverture par 10^{m2} de surface de grille environ. Les passages de charbon ainsi disposés étant percés dans des cloisons étanches de la cale, et à la partie inférieure de ces cloisons, il est indispensable de les munir de portes étanches manœuvrables à distance; ces portes ont été décrites au § 107 (fig. 458); leur mouvement est obtenu au moyen d'une vis dont la rotation est commandée par un volant manœuvrable du parquet de chauffe, et par une transmission aboutissant au pont blindé, identique à celle décrite précédemment à propos des soupapes de drain.

Pour pouvoir éteindre rapidement un incendie causé par la combustion spontanée du charbon accumulé dans les soutes, on dispose dans chaque soute un tuyautage permettant d'y injecter de la vapeur prise aux chaudières. On se sert de tuyaux en cuivre qui, avec les hautes pressions actuellement en usage, peuvent n'avoir que 15 à 30$^m/_m$ de diamètre; le tuyau affecté à une soute aboutit à la partie inférieure de cette soute, de façon que la vapeur ne puisse se dégager sans traverser la couche de charbon et se condenser à son contact; on garnit son extrémité d'une crépine, pour que les débris de charbon ne puissent l'obstruer; enfin, le tuyau doit être muni d'un robinet d'arrêt placé bien entendu en dehors de la soute.

Pour les soutes dont la température est forcément élevée en raison de leur situation par rapport aux chaudières, il importe de prévoir l'évacuation des gaz provenant de la distillation lente du charbon, dont l'accumulation pourrait être dangereuse. Le cas se présente quelquefois pour des soutes de réserve logées par exemple entre le pont blindé et un pont pare-éclats directement au-dessus des chaudières. On établit alors des cheminées de dégagement formées de tuyaux en tôle de 140$^m/_m$ de diamètre environ, débouchant soit sur le pont supérieur, soit dans une région bien aérée. L'extrémité de ces cheminées est recouverte d'un petit capot en tôle, et on interpose sur leur parcours trois écrans en toile métallique, de manière à prévenir l'inflammation accidentelle des gaz, par une escarbille venant des cheminées de l'appareil moteur par exemple.

Enfin, il convient de remarquer que l'emploi de la vapeur pour l'extinction d'un incendie dans une soute (procédé qui est d'ailleurs très efficace et que l'on tend à appliquer à des soutes autres que les soutes à charbon) implique forcément la libre communication de cette soute avec l'extérieur, de façon que la pression à l'intérieur de la soute ne puisse jamais excéder sensiblement la pression atmosphérique et produire une déformation des cloisons, qui ne sont calculées que pour résister à une charge d'eau de hauteur modérée. En général, les bouchons de fermeture des trous d'embarquement de charbon étant simplement posés sur une feuillure, on peut admettre qu'ils seraient soulevés par la pression de la vapeur, mais cette question ne doit pas être perdue de vue s'il s'agit d'une soute non munie de cheminées de dégagement et dont les bouchons sont maintenus par des agrafes ou des boulons.

188. Enlèvement des escarbilles. — Le service des chaufferies exige que des dispositions soient prises pour l'enlèvement des *escarbilles,* en englobant sous ce nom les cendres, les mâchefers et les résidus non brûlés qui tombent dans les cendriers, en passant à travers les grilles.

Les escarbilles, dont le poids total peut atteindre 10 % environ du poids de charbon mis sur les grilles, peuvent être enlevées au moyen d'appareils mécaniques que nous n'avons pas à décrire ici. Les uns, assez usités dans la marine de commerce, sont des éjecteurs dans lesquels l'entraînement mécanique est produit par un jet de vapeur ou d'eau comprimée ; les autres, employés dans la marine militaire, sont des pompes à broyeur comprenant un broyeur à mâchoires qui réduit les escarbilles en menus fragments et une pompe qui expulse au dehors ces fragments mélangés à une quantité d'eau convenable. Le refoulement de ces pompes à escarbilles débouche au-dessous de la flottaison et est disposé de la même manière qu'une prise d'eau (§ 103).

Pour prévoir le cas d'une avarie des escarbilleurs mécaniques, on doit se réserver la possibilité d'enlever les escarbilles à bras. On emploie dans ce but des *seaux à escarbilles* en tôle, de forme cylindrique, ayant $0^m,90$ de hauteur et $0^m,45$ de diamètre. Ces seaux, d'une contenance d'un hectolitre, sont hissés au-dessus du pont blindé et déversés au dehors. On est ainsi amené à établir dans chaque chaufferie un conduit vertical cylindrique de $0^m,50$ à $0^m,55$ de diamètre, appelé *manche à escarbilles,* débouchant soit sur le pont supérieur, soit dans un entrepont au-dessus de la flottaison. La manche à escarbilles, construite en tôle zinguée de $2^m/_m$, est utilisée en général comme conduit de ventilation et débouche par suite sur le pont supérieur. On l'arrête à sa partie inférieure à 2^m ou $2^m,20$ au-dessus du parquet de chauffe, et on évase son orifice pour faciliter l'engagement du seau (fig. 888); cet orifice doit être muni d'un clapet de fermeture dans le cas où l'on doit pouvoir fonctionner avec tirage activé (voir § 217). A la hauteur voulue, la manche à escarbilles est percée d'une porte par laquelle on fait sortir le seau, que l'on amène au moyen d'un petit chemin de fer aérien à un déversoir établi en abord, prolongé par une *manche à saletés* disposée extérieurement contre le bordé et débouchant à peu de distance au-dessus de la flottaison. Il y a ainsi une ou deux manches à saletés de chaque bord, et il y a intérêt à les faire aboutir à l'étage où sont installées les cuisines, de façon qu'elles puissent servir pour l'évacuation de tous les résidus.

Le hissage des seaux est effectué au moyen d'une chaîne s'enrou-

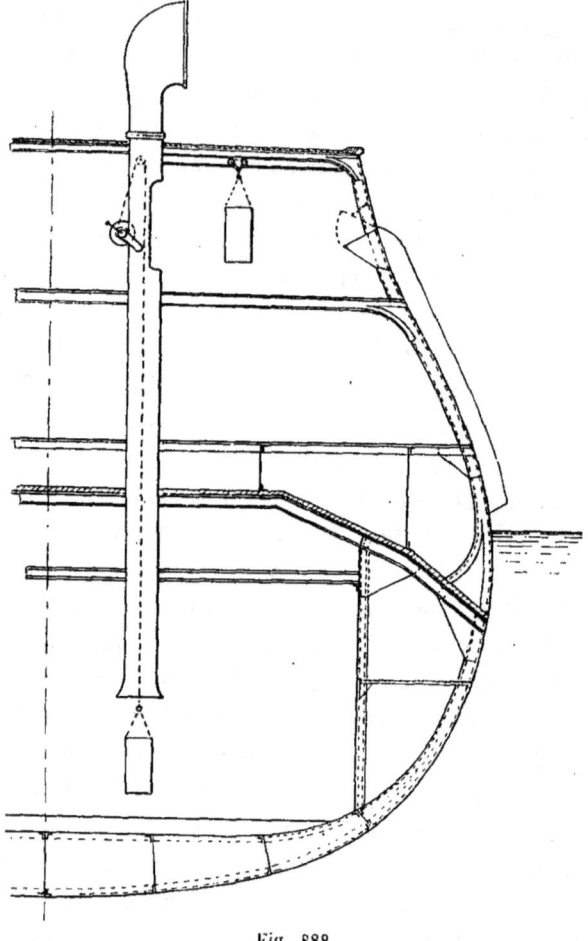

Fig. 888.

lant sur un petit treuil fixé contre la manche à escarbilles. Ce treuil est actionné à bras si le navire possède des escarbilleurs mécaniques, au moyen d'un moteur mû par la vapeur ou l'électricité dans le cas contraire. C'est cette dernière solution qui a été appliquée sur la plupart des navires récents, la puissance du moteur étant calculée de manière à obtenir un effort de traction effectif de 130^k avec une vitesse d'enroulement de 0^m,50 par seconde environ.

189. Citernes d'alimentation. Citernes à pétrole. — Le service des chaudières exige que l'on dispose d'un certain approvisionnement d'eau douce, pour la réparation des pertes d'eau de l'appareil évaporatoire, et des moyens de reconstituer cet approvisionnement dès que cela devient nécessaire. On ménage dans ce but des cellules étanches (1) formant *citernes d'alimentation,* ou réservoirs d'eau douce, en nombre égal à celui des machines principales. La contenance totale de ces citernes doit être égale à 2^{m3} par 1000 chevaux de la puissance maxima de l'appareil moteur. On les munit au besoin d'écrans partiels formant chicanes, pour modérer les mouvements de l'eau à la mer.

Pour la production de l'eau douce, on installe des appareils de distillation. Ces appareils, désignés sous le nom de *bouilleurs,* sont constitués en principe par un récipient rempli d'eau de mer, dans lequel est placé un faisceau tubulaire ou un serpentin qui reçoit de la vapeur empruntée aux chaudières. La vapeur produite par l'ébullition de l'eau de mer est envoyée de là aux appareils de condensation des machines, d'où elle est renvoyée aux citernes. Les bouilleurs sont au nombre de deux. Leur puissance totale doit être telle qu'ils puissent fournir par 24 heures un débit de 4 litres par cheval à la puissance maxima et de 16 litres par homme. Ils doivent en effet, comme nous le verrons plus tard, concourir à la production d'eau potable pour l'équipage. Ainsi, pour un navire ayant une puissance maxima de 10000 chevaux et un équipage de 500 hommes, les bouilleurs devront pouvoir produire 48 tonneaux d'eau douce par 24 heures.

Sur presque tous les navires actuels, on prévoit l'embarquement d'un certain approvisionnement de pétrole comme combustible auxiliaire. Ce pétrole est logé dans des citernes dont la contenance totale, en mètres cubes, doit être égale aux $\dfrac{75}{1000}$ du nombre de tonnes de charbon représentant l'approvisionnement normal.

---

(1) Il est rigoureusement interdit d'affecter à cet usage des cellules du double fond, dont les tôles, exposées à des alternatives de sécheresse et d'humidité, se rongeraient rapidement par oxydation; on utilise des cellules intérieures au vaigrage, dont la visite et l'entretien sont plus faciles.

A la partie inférieure de chaque citerne aboutit un tuyau greffé sur le collecteur d'eau de mer, qui permet de remplacer le pétrole par de l'eau au fur et à mesure de sa consommation, la citerne restant toujours pleine.

190. Installations diverses. — Pour loger le menu matériel des mécaniciens (pièces de rechange, clefs, boulons, chiffons, étoupes, etc.), on dispose à proximité de chaque compartiment de machine, et autant que possible avec accès direct dans ce compartiment, un emplacement dit *magasin de la machine*. Ce magasin est emménagé d'armoires et de caissons ; il est bon d'y réserver la place d'un établi avec étaux à pied pour les menues réparations.

On délivre aux navires un certain nombre de machines-outils permettant d'exécuter à bord diverses réparations courantes. Ces machines comprennent un ou deux tours, suivant l'importance du navire, une machine à percer, et une poinçonneuse-cisaille à main. Les navires portant un officier général ou un chef de station reçoivent en outre un étau-limeur, une forge de chaudronnier, un marbre, un outillage de fonderie, et une perceuse électrique portative avec ses accessoires. Il est par suite nécessaire de prévoir l'espace voulu pour l'installation de ces machines, c'est-à-dire un *atelier des mécaniciens*. Cet atelier n'est pas toujours un compartiment distinct, et peut être constitué par exemple par un emplacement ménagé à cet effet dans un entrepont. Pour actionner les machines-outils, on installe une transmission d'arbres et de courroies, mûe par un petit moteur à vapeur ou électrique.

Pour permettre l'exécution de réparations exigeant un travail de forgeage, on délivre à chaque navire une forge portative. Les forges adoptées sont celles du système Méhu, dont il existe 4 grandeurs. Cette forge portative est installée sur le pont supérieur dans un emplacement recouvert d'un doublage en cuivre ou mieux en tôle striée si le pont est muni d'un revêtement en bois. On lui adjoint une enclume fixée sur un billot en bois. Il est avantageux de placer cette forge à proximité d'une des cheminées, ce qui permet d'y faire aboutir le tuyau de la hotte.

CHAPITRE VII.

Emménagements relatifs à la puissance militaire.

194. Installation des soutes à munitions. — Les soutes à munitions doivent avoir des parois remplissant la double condition d'être étanches, pour permettre le noyage éventuel, et aussi peu conductrices que possible, en vue de combattre l'élévation de température très préjudiciable aux explosifs actuellement en usage, pour la stabilité desquels il importe de ne jamais dépasser une température de 35°. Dans ce but, les soutes à munitions sont installées à double paroi. La paroi extérieure, empruntée ou non aux cloisons principales de la cale, est une cloison étanche ordinaire, raidie par des montants verticaux en [. Lorsqu'il s'agit d'une paroi ne faisant pas partie des cloisons principales, on donne aux tôles une épaisseur de 6 à 7 $^m/_m$ et on emploie des [de 120 × 40 environ. La paroi intérieure est formée par un lambrissage fixé sur les pinces des montants, et exécuté soit en bois incombustibilisé de 15 à 20 $^m/_m$ d'épaisseur, soit en tôle de 2 $^m/_m$ revêtue de linoleum de 4 $^m/_m$. Le plancher est recouvert de linoleum de 4 $^m/_m$, au moins dans les parties formant coursives de circulation ; le plafond est revêtu de peinture au liège ou à la sciure de bois.

Ces dispositions, jointes à une ventilation convenablement étudiée, ainsi qu'on le verra plus tard, sont suffisantes pour les soutes non contiguës à des compartiments contenant des appareils (machines, chaudières, tuyautages) susceptibles de produire une élévation de température. Pour les cloisons séparant une soute à munitions d'un compartiment contenant des sources de chaleur, ou même d'une soute contenant du charbon ou des matières inflammables, des précautions spéciales doivent être prises. Pour les cloisons verticales, on ajoute intérieurement au lambrissage un revêtement isolant formé de carton d'amiante mince s'il s'agit d'une cloison contiguë à une soute contenant des matières inflammables, d'un matelas à bourrage d'amiante de 25 $^m/_m$ d'épaisseur s'il s'agit d'un compartiment contenant des sources de chaleur. Pour les planchers et plafonds, on emploie un revêtement isolant en briques de liège par exemple, établi si on le peut en deux plans séparés par une lame d'air. Enfin, lorsqu'il s'agit de parois de soutes à munitions particulièrement exposées à être chauffées par des tuyaux de vapeur ou des appareils à vapeur voisins, on prévoit les moyens de refroidir extérieurement ces parois. Le procédé le plus simple et le plus efficace consiste à disposer un rideau en toile tendu parallèlement à la cloison et arrosé à la partie supérieure par un tuyau percé de trous branché sur le collecteur d'eau de mer (fig. 889); l'eau s'écoulant le long du rideau en toile est recueillie à sa base par une gouttière, d'où elle est renvoyée aux puisards de la cale.

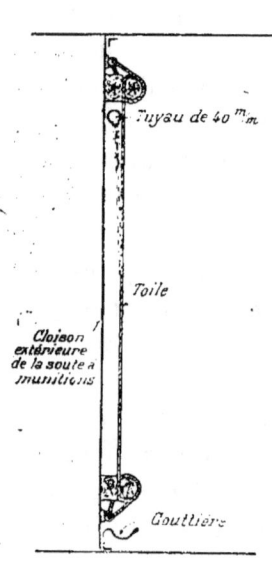

Fig. 889.

Les précautions que nous venons d'indiquer sont en général suffisantes, pourvu que dans l'étude des emménagements on ait eu soin d'éviter de placer des soutes à munitions dans des conditions par trop défavorables. Si, malgré les précautions prises, la température vient à dépasser 35° dans certaines circonstances, ce que l'on constate au moyen de thermomètres à maxima installés dans les diverses soutes, il devient indispensable de faire usage d'appareils de refroidissement, qui sont en général des machines débitant de l'air refroidi par une compression suivie d'une détente brusque. Ces appareils sont d'un fonctionnement délicat, et il importe d'éviter autant que possible l'obligation d'y avoir recours.

L'emménagement intérieur des soutes dépend de la nature des munitions qu'elles doivent contenir, le mode d'emmagasinage étant très variable suivant les calibres. Nous allons indiquer à ce sujet les dispositions actuellement suivies, mais ces dispositions sont fréquemment modifiées, et, pour l'étude de l'emménagement des soutes à munitions, il importe de se renseigner très exactement sur la nature et le type des munitions qui seront effectivement délivrées au navire.

La charge est contenue soit dans une gargousse en serge, soit dans une douille métallique. Les gargousses sont logées dans des caisses en cuivre, à fermeture étanche. Les douilles métalliques peuvent être laissées en vrac ou logées dans des caisses en bois. Pour la petite artillerie, le projectile est serti dans la douille qui contient la charge, l'ensemble constituant une *cartouche*.

Le mode de confection et d'emmagasinage des munitions pour les différents calibres est actuellement le suivant :

Canons de 305 $^m/_m$, 274 $^m/_m$,4 et 240 $^m/_m$.	Projectile séparé; charge scindée en deux, trois ou quatre gargousses, enfermées dans des caisses en cuivre.
Canon de 194 $^m/_m$.	Projectile séparé; charge scindée en trois gargousses logées en caisses.
Canon de 164 $^m/_m$,7.	Projectile séparé; une moitié de la charge en douille métallique, l'autre moitié en une gargousse logée en caisses.
Canons de 138 $^m/_m$,6 et de 100 $^m/_m$.	Projectile séparé; douille métallique.
Canons de 65 $^m/_m$, de 47 $^m/_m$ et de 37 $^m/_m$.	Cartouches logées dans des caisses en bois.

Pour un même calibre, il y a bien entendu diverses catégories de munitions comprenant des charges de poids différent et des projectiles de diverse nature.

On a essayé pendant quelque temps l'emploi de cartouches pour les calibres de l'artillerie moyenne, et certains navires possèdent encore des munitions de ce type. On a dû y renoncer en raison de leur poids trop considérable et de leur rigidité insuffisante. Les cartouches de la petite artillerie sont logées dans des caisses en bois dont il existe deux modèles; l'un, exclusivement destiné aux canons de 65 $^m/_m$, contient 3 cartouches de ce calibre; l'autre, servant pour les calibres de 47 $^m/_m$ et 37 $^m/_m$, peut renfermer soit 6 cartouches de 47 $^m/_m$ soit 33 cartouches de 37 $^m/_m$.

D'après les réglementations actuelles, les bases de délivrance pour les divers calibres sont les suivantes :

Calibre des pièces.	Nombre de coups de combat.
millim.	
305	65
274,4	80
240	80
194	125
164,7	220
138,6	250
100	315
65	660
47 et 37 { Cuirassés d'escadre, garde-côtes cuirassés et croiseurs cuirassés	750
Autres bâtiments (contre-torpilleurs et torpilleurs exceptés)	525

La proportion de projectiles de rupture, par rapport au nombre total de coups de combat, est de $\frac{2}{5}$ pour les calibres de 164,7 et au-dessus, de $\frac{1}{5}$ pour le calibre de 138,6, de $\frac{1}{3}$ pour les calibres inférieurs.

Il résulte de ce qui précède que, au point de vue de la forme extérieure, les objets à loger dans les soutes à munitions se décomposent en deux groupes :

1° des caisses, prismatiques ou cylindriques;

2° des douilles ou des projectiles, de forme à peu près cylindrique.

Les caisses pour gargousses de 240 $^m/_m$ et au-dessus, dont le poids est assez considérable, sont disposées en un seul plan; on les place en général verticalement, reposant sur un plancher en bois creusé de mortaises dans lesquelles s'engage le pied de chaque caisse; des tringles assurent au besoin l'immobilisation des diverses rangées de caisses dans les mouvements de roulis; un palan suspendu à un chariot roulant sur des rails fixés aux barrots facilite la manutention des caisses. Le bois servant à la confection du plancher et des tringles doit être du bois incombustibilisé, précaution indispensable pour tout le bois utilisé dans les emménagements intérieurs de soutes à munitions.

Les caisses pour gargousses ou cartouches de calibre inférieur à 240$^m/_m$, de poids plus réduit, peuvent être maniées à la main. On les arrime sur des étagères soutenues par des montants en bois et occupant toute la hauteur disponible, en ayant soin de prendre les précautions nécessaires pour éviter leur déplacement dans les mouvements de roulis et de tangage. Pour les caisses contenant des cartouches de 65 $^m/_m$, il importe de les disposer de telle sorte que les cartouches soient horizontales, afin d'éviter toute chance de déformation.

Les projectiles et les douilles sont arrimés en grenier, au moyen de casiers ou de rances disposés de manière à empêcher tout déplacement dans les mouvements du navire. Les douilles peuvent être sans inconvénient arrimées verticalement, mais il est souvent plus commode de les placer horizontalement. Quant aux projectiles, ils doivent toujours être disposés horizontalement, et autant que possible avec leur axe parallèle à celui du navire. Cette précaution doit surtout être observée pour les projectiles de calibre supérieur à 164 $^m/_m$ 7 munis d'un mécanisme à frein.

Suivant la disposition la plus usuelle, on fait usage de rances horizontales en bois munies d'engoujures demi-circulaires (fig. 890). Les projectiles ou douilles reposent sur ces rances, de manière à

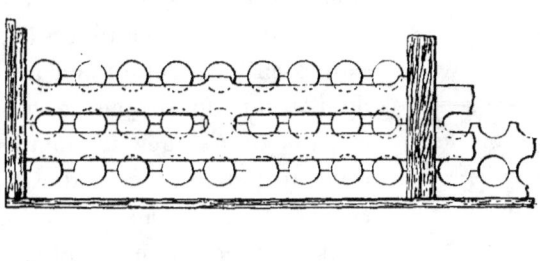

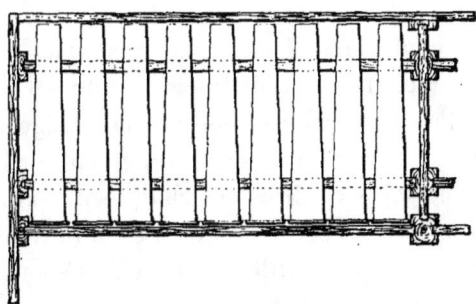

Fig. 890.

former une série de couches horizontales superposées. On les dispose soit en chaîne, soit en quinconce, de manière qu'il reste une épaisseur minima de 3 °/ₘ de bois environ entre deux engoujures voisines. Il y a deux ou plusieurs séries de rances parallèles, engagées dans des montants verticaux en bois. Des planches à roulis évidées, reposant les unes sur les autres par des tasseaux, s'opposent au retour en arrière dans un mouvement d'inclinaison du navire. On voit que de cette façon les douilles ou projectiles sont maintenus isolément, et ne sont libérés qu'au fur et à mesure des besoins. Lorsqu'il s'agit de douilles métalliques, il est indispensable que les engoujures présentent un diamètre un peu supérieur à celui de la douille, de manière qu'en aucun cas une douille ne supporte le poids de celles qui sont placées au-dessus. Pour les projectiles ne contenant pas d'explosifs, on peut prendre moins de précautions, et se contenter de les arrimer par couches horizontales séparées par des torons de chanvre, et de les maintenir au moyen de planches à roulis.

On a quelquefois essayé de substituer aux rances en bois des casiers métalliques. On fait alors usage de lames minces en tôle d'acier zingué ou de laiton, ployées comme l'indique la figure 891

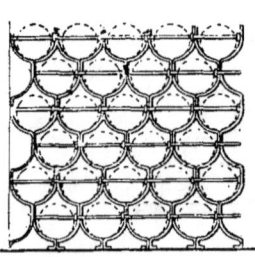

Fig. 891.

et assemblées les unes aux autres par des rivets. Des crochets placés à chaque case s'opposent au retour en arrière de la douille ou du projectile. On arrive de cette façon à loger un nombre de munitions un peu plus considérable dans un espace donné, mais les casiers métalliques sont notablement plus lourds que les rances en bois, à rigidité égale.

Pour éviter les confusions, les rances ou casiers doivent être scindés en compartiments bien distincts, contenant chacun des munitions de même nature. Outre les diverses catégories de munitions de combat, il y a à prévoir le logement des munitions d'exercice et pour certains calibres des charges de salut. En principe, chaque soute ne doit contenir que des munitions d'un seul calibre, cette soute pouvant d'ailleurs être affectée au service de plusieurs canons identiques. Ordinairement, pour les calibres de la grosse artillerie, les projectiles et les charges sont logés dans des soutes distinctes. Lorsqu'on est obligé d'affecter une même soute au logement de munitions de calibre différent, il importe que ces calibres ne soient pas trop voisins, pour éviter les confusions. On pourra par exemple, si c'est nécessaire, loger des munitions de 47 $^m/_m$ dans une soute pour canons de 100 $^m/_m$ ou de 138 $^m/_m$, 6. On réunit cependant d'habitude dans une même soute les munitions de 37 $^m/_m$ et 47 $^m/_m$.

Lorsqu'il s'agit de canons à tir rapide, la nécessité d'accélérer le transport des munitions aux pièces conduit à employer dans beaucoup de cas des appareils mécaniques, ou *monte-charges*, dont nous étudierons tout à l'heure les dispositions. Pour les canons de moyen calibre (100 $^m/_m$, 138 $^m/_m$, 6 et 164 $^m/_m$, 7), ces monte-charges sont le plus souvent constitués par des ascenseurs transportant à chaque course un *plateau* ou *benne* contenant un certain nombre de coups (projectiles et charges.) On est alors amené, pour rendre l'approvisionnement aussi rapide que possible, à préparer à l'avance dans la soute un certain nombre de bennes, en les arrimant de manière qu'elles puissent être commodément transportées jusqu'à la cage de l'ascenseur. Le nombre de coups contenu dans chaque benne varie avec le calibre, car s'il y a intérêt évident à transporter d'un seul coup un certain nombre de charges, encore faut-il que le poids total soit assez peu considérable pour que la manœuvre reste aisée. Les bennes étant suspendues à des chariots roulant sur des rails fixés sous le plafond de la soute, l'expérience a montré qu'il convenait de ne pas dépasser pour chaque benne chargée un poids total de 300 à 320 kilogrammes. En vue d'obtenir d'autre part un groupement aussi compact que possible, on a été conduit à adopter les chiffres suivants :

  4 coups par benne de. . . . . 164 $^m/_m$, 7
  6   —   . . . . 138 $/_m$, 6
  9   —   . . . . 100 $^m/_m$

le poids des munitions transportées étant à peu près égal dans ces conditions à 280, 290 et 216 kilogrammes. Le poids des munitions de 100 $^m/_m$ permettrait d'employer des bennes à 12 charges, mais leur encombrement serait trop considérable.

Une benne est constituée ordinairement par un plateau en bois, suspendu par des tiges de fer ou des flasques en tôle à un petit chariot roulant sur des rails aériens (fig. 892). Ce plateau supporte les projectiles, placés verticalement, et les douilles ou gargousses, également verticales, sont supportées par des consoles fixées aux tiges ou aux flasques au-dessus des projectiles. La règle actuelle (pour les pièces non installées en tourelles) est de disposer ainsi sur bennes, à l'avance, un quart du nombre des munitions de combat, les trois autres quarts étant arrimés en grenier ainsi qu'il a été dit plus haut. Chaque benne ne reçoit que des munitions de même nature, et les bennes doivent être réparties en autant de groupes qu'il y a de catégories de munitions, de telle sorte qu'une benne d'une quelconque des séries puisse être prise instantanément et amenée au monte-charges. On installe dans ce but chaque groupe de bennes sur un même rail, et on relie les divers rails au moyen d'aiguilles ou de plaques tournantes avec un rail commun aboutissant au monte-charges. En outre, on agence les rails de manière que les bennes vides ramenées dans la soute puissent être en cas de besoin rechargées et replacées sur les voies de roulement. L'ensemble de la soute présente alors une disposition du genre de celle qui est indiquée par la figure 893.

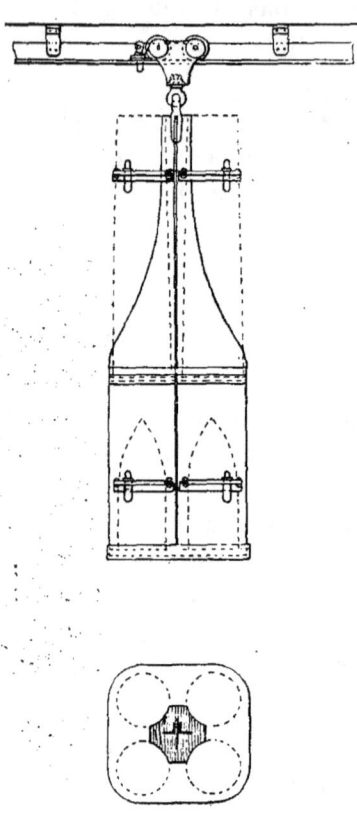

Fig. 892.

Lorsqu'une partie des munitions est ainsi arrimée en bennes, il faut prendre des précautions pour empêcher le déplacement de ces munitions dans les coups de roulis et de tangage, et pour les soustraire autant que possible à l'influence des vibrations dues à l'appareil moteur. Tout d'abord, chaque chariot de benne est muni d'une patte percée d'un trou; une goupille enfoncée dans ce trou et dans un trou correspondant du rail permet ainsi d'immobiliser la partie supérieure de la benne à sa position d'arrimage (fig. 892). Pour immobiliser la partie inférieure, on dispose

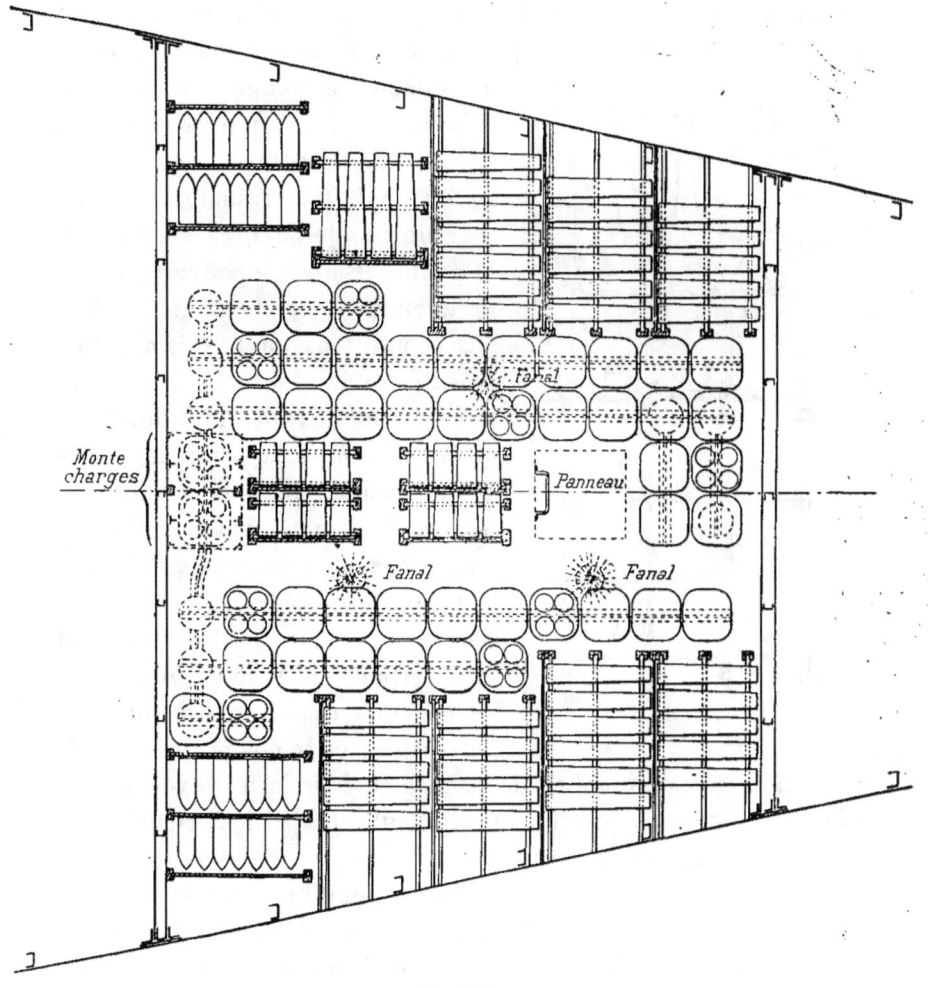

Fig. 893.

au-dessous des plateaux un quadrillage formé de pièces de bois ou de barres profilées (fig. 894), dirigées parallèlement aux rails, et entrecroisées par des traverses interchangeables et facilement amovibles. On laisse un jeu de quelques millimètres entre les plateaux et les longrines du quadrillage parallèles aux rails. Chaque benne est ainsi maintenue en temps ordinaire, et peut être déplacée le long du rail lorsqu'on enlève la traverse qui lui correspond. Les longrines sont en outre disposées de manière à soutenir les bennes et à prévenir leur chute sur le plancher de la soute en cas de rupture de la liaison avec le chariot. A la mer, en cas de très mauvais temps, on peut, si on le juge nécessaire, compléter l'accorage par des arcs-boutants en bois appuyés contre les cloisons de la soute.

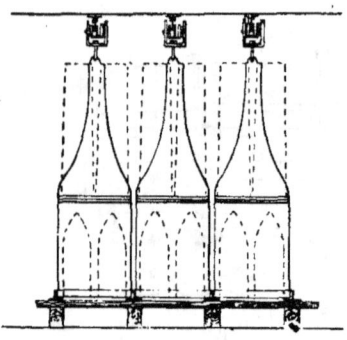

S'il s'agit d'une soute desservie par un monte-charges mécanique, il est nécessaire de pouvoir exercer fréquemment le personnel, dans des conditions aussi voisines que possible de la réalité, à la manœuvre de transport des munitions. On prévoit pour cela dans la soute l'emplacement nécessaire pour loger une benne contenant de fausses munitions en bois, lestées de manière à avoir le même poids que les munitions réelles; cette benne est utilisée pour les manœuvres à blanc. Si la soute renferme des munitions en caisses, on ménage de même la place d'un certain nombre de caisses en bois lestées avec du sable, de manière à pouvoir effectuer un chargement complet de la cage du monte-charges.

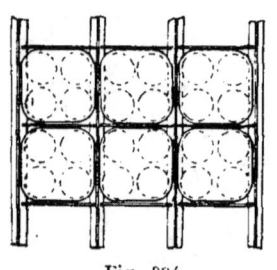

Fig. 894.

L'ouverture d'accès d'une soute à munitions peut être percée soit dans le plafond, soit dans une des parois verticales, suivant les circonstances locales. La seconde disposition est cependant préférable, lorsqu'on peut l'adopter, car il convient d'écarter autant que possible toute chance de chute d'objets venant de l'extérieur. Lorsque plusieurs soutes sont groupées dans le voisinage l'une de l'autre, on peut quelquefois avantageusement employer une disposition imitée de celle en usage sur les anciens navires en bois; on ménage un petit compartiment appelé *guérite,* ayant son panneau d'accès percé dans le plafond, et communiquant avec les soutes par des portes percées dans les parois verticales (fig. 895).

Les soutes à munitions doivent être bien entendu placées au-dessous du pont blindé, dans les parties protégées. Elles doivent d'ailleurs être situées au-dessous de la flottaison, pour que le noyage puisse s'effectuer sans le secours des pompes. Il convient à cet égard de faire en sorte que le plafond des soutes soit placé aussi bas que possible, de manière à ne pas avoir un diamètre de tuyau de noyage exagéré (§ 183). Ceci conduit à disposer les soutes à munitions dans les fonds. Elles occupent en général l'espace compris entre le faux-pont et le vaigrage, leur groupement étant d'ailleurs corrélatif de l'emplacement des pièces d'artillerie.

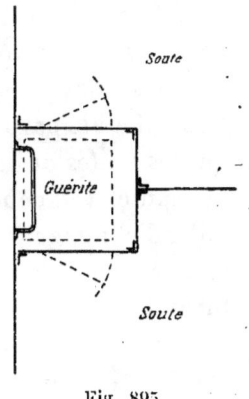

Fig. 895.

L'éclairage des soutes à munitions doit être réalisé de manière à écarter les chances d'incendie, considérablement atténuées d'ailleurs par l'emploi de l'éclairage électrique à incandescence. On se sert de fanaux placés extérieurement et séparés de l'intérieur de la soute par une ou plusieurs glaces de 7 $^m/_m$ au moins d'épaisseur. Chaque fanal contient un porte-lampes à deux douilles, recevant deux lampes à incandescence; ces lampes, dont une seule doit être allumée, sont branchées sur des circuits distincts de façon à pouvoir être substituées instantanément l'une à l'autre; en outre, le porte-lampes est muni d'un porte-bougie ou bien est disposé de manière à pouvoir être rapidement remplacé par un porte-bougie, de façon que l'éclairage soit assuré dans tous les cas. Il existe deux modèles de fanaux, agencés de manière à être fixés l'un au plafond, l'autre contre une paroi verticale; leur emploi dépend de la disposition des emménagements. Chaque fanal doit être bien accessible, du côté du compartiment contigu à la soute, et être protégé autant que possible de ce côté par un mantelet étanche, car on ne peut compter absolument sur l'étanchéité des montures des glaces qui le séparent de la soute.

Les *soutes volantes* destinées à l'aménagement des croiseurs auxiliaires sont installées conformément aux indications que nous venons d'énumérer. On sait qu'en temps de guerre un certain nombre de navires de la flotte commerciale sont appelés à jouer un rôle militaire, en vue duquel certaines installations doivent être prévues. Sur les ponts découverts, on réserve pendant la construction des emplacements destinés à recevoir des pièces d'artillerie, et on y installe à demeure les sous-sellettes (§ 112), sur lesquelles on n'aura plus qu'à poser en cas de guerre les affûts et les pièces. En ce qui concerne les munitions, on prépare des soutes volantes destinées à être embarquées et arrimées dans les cales à bagages. Ce sont des caisses parallélipipédiques en tôle à double paroi, construites et aménagées de la même manière que les soutes ordinaires, et munies d'un panneau d'accès fermé par un mantelet étanche, d'un fanal, d'une tubulure de noyage et de manilles d'élingage rivées sur la paroi extérieure. Cette caisse une fois embarquée et accorée à bord, il suffit de relier par un bout de tuyau la tubulure de noyage au collecteur d'eau de mer du navire.

La capacité intérieure des soutes à munitions doit être réglée de manière à assurer la possibilité et la facilité du service de transport des munitions, principalement pour les soutes relatives à l'artillerie à tir rapide. A titre d'indication, et en admettant les chiffres d'approvisionnement actuellement réglementaires (chiffres très susceptibles de modifications, ainsi que nous l'avons déjà indiqué), voici les valeurs que l'on peut attribuer au volume de soute nécessaire pour un canon de chaque calibre :

Canons de 305 $^m/_m$, 274 $^m/_m$,4 et 240 $^m/_m$.	Soute à gargousses	68 m^3
	Soute à projectiles	39
Canon de 194 $^m/_m$	Soute à gargousses	18
	Soute à projectiles	9
Canon de 164 $^m/_m$,7	....	75
Canon de 138 $^m/_m$,6	....	47
Canon de 100 $^m/_m$	....	42
Canon de 65 $^m/_m$	....	26
Canon de 47 $^m/_m$	....	3
Canon de 37 $^m/_m$	....	0,5

192. Service d'approvisionnement des pièces. — Le service d'approvisionnement des pièces d'artillerie a une importance capitale et doit être l'objet d'une étude minutieuse. Le poids des munitions et la rapidité du tir s'opposant en général à ce que le transport s'effectue entièrement à bras depuis les soutes jusqu'aux pièces, on est amené à installer certains appareils de transport mécaniques, en prenant les précautions nécessaires pour qu'une avarie de ces appareils ne puisse paralyser entièrement le service d'approvisionnement.

Tout d'abord, à proximité immédiate de chaque pièce, on dispose un *parc*, c'est-à-dire un emplacement permettant d'arrimer à l'avance un certain nombre de coups de combat pour faire face aux premiers besoins pendant la période de mise en marche des monte-charges. En temps ordinaire, les munitions sont toutes conservées dans les soutes, et les parcs ne sont constitués que sur ordre spécial en prévision d'un combat. Cependant, pour ne pas exagérer le volume des soutes, on admet que les munitions du parc peuvent être installées au moyen de dispositifs volants en utilisant les espaces disponibles nécessaires pour le service normal de la soute. Le nombre de charges à installer éventuellement en parc doit être réglé de manière à ne pas être inférieur aux chiffres suivants :

Calibre des pièces.	Nombre de coups en parc.	Calibre des pièces.	Nombre de coups en parc.
millim.		millim.	
305	2	100	16
274,4	4	65	24
240	6		
194	9	47	gaillards.... 36
164,7	12		hunes...... 100
138,6	14	37	100

Pour les pièces d'artillerie de gros calibre, installées toujours actuellement en tourelles, les parcs sont formés par des consoles en bois ou en tôlerie recevant les projectiles et les gargousses. Ces consoles sont installées dans la chambre de tir, et desservies par une grue ou un chemin de fer aérien les reliant au monte-charges de la tourelle; il convient de ne pas les fixer directement contre les parois verticales, de manière à les soustraire autant que possible à l'effet du choc d'un projectile. Dans les parcs ainsi installés, les projectiles doivent être placés couchés, et non debout (1). Si l'on ne dispose pas dans la chambre de tir de la tourelle d'une place suffisante pour loger le nombre de coups indiqué plus haut, on peut en loger une partie dans la chambre de relai du monte-charges, si elle existe.

(1) Les obus à mélinite des parcs doivent être écartés les uns des autres de 2 calibres au moins pour les obus de 164,7 et au-dessous, de 3 calibres au moins pour les obus de 194 et au-dessus. En aucun cas les obus à mélinite ne doivent être en contact direct avec les obus voisins, quelle que soit la nature de ceux-ci.

Pour les pièces de 164 $^m/_m$ 7, 138 $^m/_m$ 6 et 100 $^m/_m$ dont les munitions sont arrimées en bennes, le parc peut être constitué par un simple rail aérien de garage, aboutissant à la partie supérieure du monte-charges, et sur lequel on peut disposer à la suite les unes des autres un certain nombre de bennes. S'il s'agit de pièces de 164 $^m/_m$ 7 ou 138 $^m/_m$ 6 installées en tourelles ou en casemates, on retombe sur les dispositions indiquées pour la grosse artillerie.

Pour les pièces de 65 $^m/_m$, 47 $^m/_m$ et 37 $^m/_m$, les parcs sont constitués par des caissons en tôle pouvant recevoir, d'après ce qui a été dit plus haut, 8 caisses pour cartouches de 65 $^m/_m$, 6 ou 17 caisses pour cartouches de 47 $^m/_m$, 4 caisses pour cartouches de 37 $^m/_m$. Comme ces caissons ne sont pas étanches et que les parcs peuvent être constitués un certain temps à l'avance, on emploie pour les remplir des caisses en cuivre et non en bois. Ces caisses en cuivre sont préparées à l'avance en nombre voulu dans les soutes, et arrimées de manière à pouvoir être montées les premières.

Voyons maintenant comment s'effectue le transport des munitions des soutes aux pièces. Pour la grosse artillerie, le pivot de chaque tourelle renferme un ascenseur aboutissant à la chambre de tir, dont nous n'avons pas à décrire ici les dispositions de détail. Il suffit donc d'amener les munitions des soutes jusqu'à l'orifice percé dans la partie inférieure du pivot. On installe dans ce but des rails aériens sur lesquels courent des palans à chariot ; la longueur du trajet à parcourir est d'ailleurs en général très réduite.

Pour l'artillerie à tir rapide, la vitesse d'approvisionnement doit satisfaire à certaines conditions déterminées. On distingue à ce point de vue deux sortes de tirs, le tir *accéléré* et le tir *méthodique*. Ces dénominations correspondent pour chaque calibre aux vitesses de tir suivantes :

Calibre des pièces.	Nombre de coups par minute	
	tir accéléré	tir méthodique.
millim.		
164,7	3,5	2
138,6	4,5	2,5
100	6	3,5
65	8	5
47 et 37	15	7,5

Les pièces sont agencées de manière à pouvoir fournir éventuellement le tir accéléré (elles peuvent en réalité donner pendant quelques instants des vitesses de tir notablement supérieures); quant aux passages et aux monte-charges, ils doivent être organisés de manière à assurer en toute circonstance et d'une manière continue le tir méthodique des pièces qu'ils desservent; on doit même s'efforcer d'assurer le tir accéléré toutes les fois que ce résultat peut être atteint sans amener une complexité ou un encombrement trop considérable, mais ces conditions sont rarement réalisées dans la pratique.

On est amené ainsi à établir à bord des navires munis d'artillerie à tir rapide un assez grand nombre de monte-charges mécaniques. Ces monte-charges peuvent se classer en deux catégories distinctes, les *ascenseurs* et les *norias*. L'ascenseur se compose en principe d'une cage guidée suspendue à un câble enroulé sur le tambour d'un treuil et effectuant une série de montées et de descentes; la noria est constituée par une chaîne sans fin munie de taquets ou de godets et recevant un mouvement continu ou intermittent en vertu duquel elle déverse à la partie supérieure les charges reçues à la partie inférieure. Chacun de ces systèmes a ses avantages et ses inconvénients. Les norias sont en général moins encombrantes et d'un fonctionnement plus régulier; on leur reproche par contre d'immobiliser temporairement hors des parties protégées un plus grand nombre de munitions, celles-ci se succédant sans interruption le long de la chaîne sans fin, et le choc d'un projectile pouvant dans ces conditions déterminer une explosion qui se propagerait jusqu'à la partie inférieure; l'ascenseur, fonctionnant par apports intermittents, exige une vitesse de cage assez considérable, ce qui complique souvent l'installation, mais cette vitesse même atténue les chances d'explosion de la charge sous le choc d'un projectile. Dans le cas où il est possible de disposer d'un poids suffisant pour blinder les puits des monte-charges jusqu'à leur extrémité supérieure, l'emploi de la noria est souvent avantageux; mais il en est rarement ainsi, et c'est pour cela que, dans la plupart des cas on fait usage d'ascenseurs; tout ceci dépend d'ailleurs, dans une large mesure, des dispositions locales d'emménagement.

Quel que soit le type de monte-charges adopté, l'installation comporte un puits vertical reliant la soute aux pièces qu'elle doit alimenter. Si l'on n'envisageait que la question de rapidité de transport, on serait évidemment conduit à disposer les soutes à l'aplomb des pièces et à y faire aboutir directement le puits du monte-charges. Mais cette superposition exacte des pièces aux soutes ne peut être réalisée dans tous les cas et n'est d'ailleurs pas sans danger. Il convient en effet de se préoccuper des chances d'explosion des munitions de la soute soit par suite d'une explosion consécutive à la chute d'une cage, soit par suite de jets de flamme provoqués par l'explosion des munitions en cours de hissage sous l'effet du choc d'un projectile. Pour ces motifs, on constitue les puits non par un tambour continu en tôlerie, mais par une succession de panneaux placés verticalement à l'aplomb les uns des autres, de manière à faciliter l'expansion des gaz en cas d'explosion des munitions en cours de hissage. En outre, on munit les appareils d'ascension de mécanismes de sécurité que nous décrirons au paragraphe suivant et qui s'opposent dans une certaine mesure à la chute des charges. Malgré l'emploi de ces appareils, il est préférable, lorsqu'on le peut, de faire aboutir le puits non directement dans la soute, mais dans une guérite communiquant avec la soute. Le panneau inférieur du puits peut être fermé par un mantelet étanche; les autres, qui concourent à l'aération des étages supérieurs, sont munis de simples caillebotis amovibles.

A la partie supérieure, les pièces doivent être aussi rapprochées que possible de l'aboutissement du puits qui leur est affecté. Mais l'emplacement des pièces est également subordonné à d'autres considérations, et d'autre part il arrive souvent qu'un même monte-charges doit desservir plusieurs pièces. Ceci conduit quelquefois à établir des relais, c'est-à-dire à disposer des puits ne se correspondant pas verticalement et reliés à hauteur d'un pont par des rails horizontaux. Ces relais occasionnent des pertes de temps appréciables et augmentent le nombre des appareils de hissage; il convient donc de les éviter autant que possible et de n'installer que des puits directs. Une étude attentive doit être faite dans ce sens lorsqu'on règle la disposition des emménagements intérieurs du navire.

Dans la plupart des cas, chaque puits de monte-charges peut être établi de manière à desservir plusieurs pièces de même calibre. Supposons qu'il s'agisse d'un puits direct, sans relai, renfermant un ascenseur. Soit H la hauteur d'ascension, v la vitesse de la cage, n le nombre de charges transportées à chaque voyage, t la durée moyenne des opérations de chargement ou de déchargement de la cage. Le nombre de coups N fourni par minute sera donné par :

$$N = \frac{60 \times n}{2\left(t + \frac{H}{v}\right)}$$

H étant exprimé en mètres, v en mètres par seconde, et t en secondes. La valeur de H est une donnée du problème. Pour v, il est bon de ne pas dépasser la valeur de 1^m à $1^m,20$ au maximum, limite à partir de laquelle le guidage de la cage exigerait des installations plus robustes et par suite plus lourdes que celles que l'on établit d'ordinaire. Quant à n et t, leur valeur dépend du mode d'arrimage dans la soute. S'il s'agit de munitions en bennes, on ne fait monter en général qu'une benne à la fois, pour diminuer l'encombrement du puits ; on peut alors estimer la valeur de t à 10 secondes environ. S'il s'agit de munitions en caisses, les dimensions usuelles des puits permettent de placer dans chaque cage soit 6 ou 8 caisses pour cartouches de 65 $^m/_m$, soit 10 ou 12 caisses pour cartouches de 47 $^m/_m$ ou 37 $^m/_m$. Dans ces conditions, t varie de 20 à 40 secondes environ (1). Cela étant, considérons par exemple un monte-charges desservant des pièces de 100 $^m/_m$, dont les munitions sont arrimées par bennes de 9. Soit H = 10 ^{m}. On aura :

$$N = \frac{60 \times 9}{2\left(10 + \frac{10}{v}\right)}$$

ce qui pour $v = 1^m$ donne N = 13,5. On pourra donc, avec ce monte-charges, desservir au maximum 4 pièces de 100 $^m/_m$ (N = 14),

---

(1) Dans certains cas, comme on le verra plus loin, on fait usage d'ascenseurs à 2 cages conjuguées, l'une montant pendant que l'autre descend. Il est facile de voir que la valeur de N correspondant au cas d'une cage unique est alors doublée, c'est-à-dire que tout se passe au point de vue du débit moyen comme si on montait à la fois deux bennes ou deux groupes de caisses.

en forçant un peu la valeur de v, et, dans le cas de deux pièces assurer le tir accéléré ($N = 12$) avec une valeur de v modérée.

Pour les pièces de 47 $^m/_m$ et 37 $^m/_m$ réparties sur les gaillards et les passerelles, on adopte des dispositions particulières en vue de réduire le nombre des appareils mécaniques. Les parcs individuels étant installés comme nous l'avons vu, le réapprovisionnement de ces parcs s'effectue au moyen de *dépôts*, c'est-à-dire de grands parcs établis soit sur le pont des gaillards, soit sur un pont inférieur, mais au-dessus du pont blindé, et desservis par des monte-charges. Si l'emplacement choisi pour les dépôts impose l'emploi de monte-charges pour le transport des munitions aux pièces, ces monte-charges doivent être mûs exclusivement à bras. On admet que pour les plus grands navires il est suffisant d'établir trois dépôts, un à l'avant, un à l'arrière et un dans la région centrale.

Quant aux pièces de 47 $^m/_m$ et 37 $^m/_m$ installées dans les hunes militaires, elles sont desservies par des monte-charges mécaniques passant dans le noyau du mât, et aboutissant à la hune inférieure. S'il y a une hune supérieure armée, on admet que les caisses y sont élevées à bras de la hune inférieure.

Indépendamment des monte-charges mécaniques, il faut prévoir l'installation d'appareils de fortune permettant le transport à bras des munitions depuis les soutes jusqu'aux pièces, en cas d'avarie des organes mécaniques. Assez souvent, ces installations de fortune comprennent simplement un plateau en bois guidé dans le puits du monte-charges et pouvant être élevé au moyen d'un palan. Mais il est préférable de prévoir la possibilité du passage des munitions par un chemin autre que le puits du monte-charges, celui-ci pouvant se trouver engagé par suite d'une avarie telle que le coinçage d'une benne par exemple. Pour les installations de fortune, il est clair qu'on ne peut s'imposer dans tous les cas les mêmes conditions de vitesse qu'avec les installations normales; on doit seulement chercher à rendre le service d'approvisionnement aussi aisé que possible.

A titre d'indication, nous donnons dans le tableau ci-dessous les poids des munitions et caisses pour les divers calibres actuellement en service, poids qu'il est nécessaire de connaître pour étudier les organes mécaniques du service d'approvisionnement :

EMMÉNAGEMENTS RELATIFS A LA PUISSANCE MILITAIRE. 257

Canon de 305 m/m (charge en 4 gargousses).	Poids du projectile le plus lourd	292 k
	Poids de chaque gargousse	29 k
Canon de 274 m/m,4 (charge en 2 gargousses).	Poids du projectile le plus lourd	216 k
	Poids de chaque gargousse	36 k
Canon de 240 m/m (charge en 2 gargousses).	Poids du projectile le plus lourd	144 k
	Poids de chaque gargousse	24 k
Canon de 194 m/m (charge en 3 gargousses).	Poids du projectile le plus lourd	87 k
	Poids de chaque gargousse	12 k
Canon de 164 m/m,7 (charge en 1 douille et 1 gargousse).	Poids du projectile le plus lourd.	52 k
	Poids de la douille chargée	25 k
	Poids de la gargousse.	8 k
Canon de 138 m/m,6 (charge en 1 douille).	Poids du projectile le plus lourd	34 k 500
	Poids de la douille chargée	18 k 600
Canon de 100 m/m (charge en 1 douille).	Poids du projectile le plus lourd	15 k 600
	Poids de la douille chargée	9 k 500
Canon de 65 m/m (1 cartouche).	Poids de la cartouche de combat	7 k,400
	Poids de la caisse à 3 cartouches . . . . { en bois	5 k
	{ en cuivre . . .	10 k
Canons de 47 m/m et 37 m/m (1 cartouche).	Poids de la cartouche de combat . . . . . . { de 47 m/m . . .	2 k 880
	{ de 37 m/m . . .	0 k 780
	Poids de la caisse . . . . { en bois	4 k
	{ en cuivre . . .	7 k

193. Installation des monte-charges. — Les ascenseurs comprennent, comme nous l'avons dit, une cage guidée suspendue à un câble enroulé sur un treuil. Ce câble, en fil d'acier, passe sur des réas fixés à la partie supérieure du puits (fig. 898), redescend le long du puits, et vient s'enrouler sur le tambour du treuil, placé au-dessous du pont blindé. Ce treuil est ordinairement actionné par un moteur électrique, avec manœuvre éventuelle à bras. Lorsque le puits aboutit directement dans la soute, le treuil est quelquefois placé dans la soute même, mais il faut alors avoir soin de protéger l'induit ainsi que les commutateurs et les relais au moyen de capots, pour éviter les chances d'incendie causé par les étincelles. D'ailleurs, avec les poudres actuellement en usage, qui sont susceptibles de dégager des gaz inflammables, il vaut mieux placer toujours les treuils en dehors des soutes.

Le guidage de la cage est obtenu au moyen de rails verticaux; le puits ayant une section rectangulaire, ces rails doivent être établis seulement sur deux des faces parallèles de manière à laisser libres les deux autres faces pour le chargement et le déchargement de la cage, qui très souvent doivent être effectués par des côtés différents ou même doivent pouvoir être effectués indifféremment d'un côté ou de l'autre. On constitue quelquefois les rails de guidage au moyen de tronçons démontables ayant la hauteur des divers entreponts traversés. Il est préférable de les installer à demeure, leur remontage pouvant ne pas être fait très exactement et exigeant un temps assez long au moment de la préparation du combat. Autant que possible, il convient de placer les rails de guidage sur les côtés transversaux du puits, de manière à bien appuyer la cage dans les mouvements de roulis.

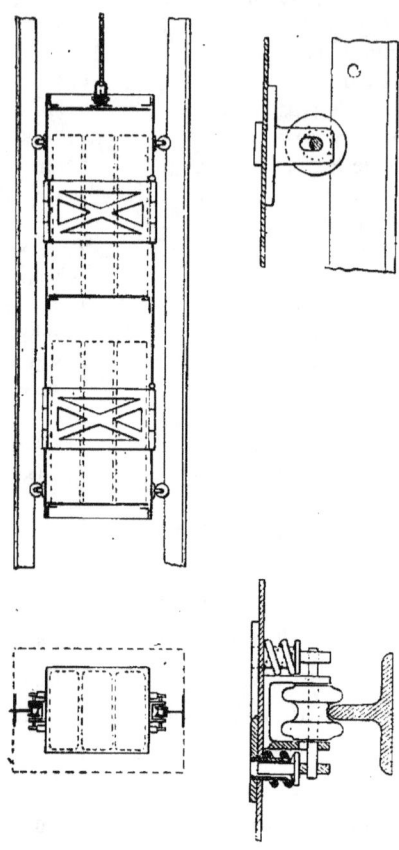

Fig. 896.

Le profil des rails de guidage peut d'ailleurs être quelconque. On emploie fréquemment des barres en T sur l'âme desquelles roulent 4 galets à gorge en bronze fixés à la cage (fig. 896). Comme il est à peu près impossible d'obtenir sur toute la hauteur du puits le parallélisme rigoureux des rails, les galets doivent pouvoir se déplacer légèrement. Leur axe peut par exemple être monté dans un étrier percé de deux trous ovalisés, des ressorts à boudin les maintenant constamment en contact avec les rails (fig. 896). De cette façon, il ne peut y avoir coinçage, et le guidage est toujours assuré sans secousses.

La cage est constituée par deux flasques parallèles en tôle évidée, supportant les chapes des galets de guidage, réunies en haut et en bas par deux cloisons en tôle. Lorsque la cage doit recevoir des caisses, on la divise en deux compartiments dans le sens de la hauteur, chaque compartiment pouvant être fermé au moyen de crochets ou de traverses à charnière s'opposant au déplacement des caisses pendant l'ascension (fig. 896). Si la cage doit contenir une benne, la cloison supérieure porte un bout de rail de même profil que ceux du chemin de fer de la soute (fig. 897). En réglant alors les butoirs qui déterminent la position de la cage au bas de sa course de telle sorte que ce bout de rail se place exactement dans le prolongement d'un rail fixe venant de la soute, on peut faire passer très rapidement la benne de la soute dans la cage. Il suffit ensuite de l'immobiliser dans la cage au moyen de goupilles ou de loquets. De la même manière, au poste supérieur, on établit un rail fixe horizontal aboutissant dans le voisinage de la pièce, et il suffit de régler les choses de manière que la cage s'arrête au moment où son bout de rail est dans le prolongement de ce rail fixe. Cette coïncidence ne peut être réalisée d'une manière rigoureuse avec les treuils à moteur mécanique, avec lesquels l'arrêt ne peut être obtenu qu'à un ou deux centimètres près, en dessus ou en dessous de la position théorique. On tourne alors la difficulté de la manière suivante. L'extrémité du rail fixe supérieur est rendue mobile autour d'une charnière à axe horizontal sur une longueur de 50 à 60 centimètres, de façon à pouvoir occuper une position légèrement inclinée au-dessus ou au-dessous de l'horizontale (fig. 898). Ce tronçon mobile porte un butoir qui peut être soulevé par l'extrémité du bout de rail fixé à la cage. Le raccordement des deux rails est ainsi assuré d'une manière suffisante, quelle que soit la position réelle d'arrêt. Un autre procédé consiste à disposer à la partie supérieure du puits des butoirs formant linguets. On règle l'arrêt de la cage en haut de course de manière qu'elle dépasse sûrement ces linguets, et il suffit ensuite de la laisser redescendre jusqu'à ce qu'elle repose sur eux. On doit alors les dégager à la main pour permettre la descente.

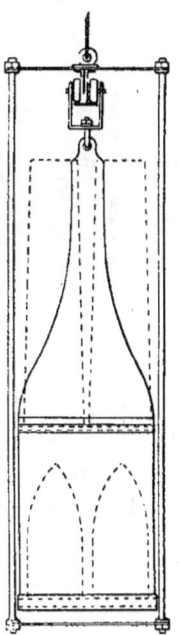

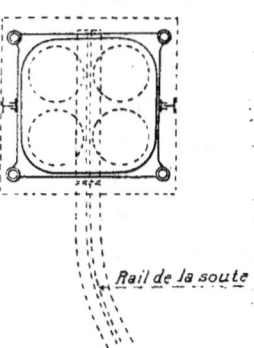

Rail de la soute

Fig. 897.

Pour parer au cas d'une rupture dans les mécanismes de hissage, il est indispensable d'adjoindre à chaque cage un appareil de sécurité s'opposant à sa chute. Une des dispositions le plus fréquemment

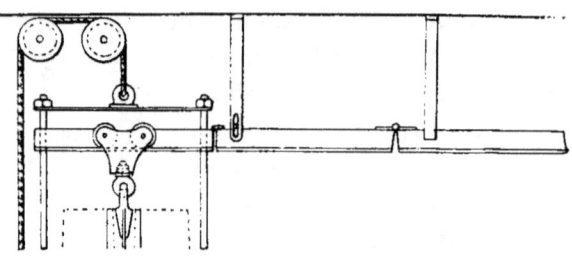

Fig. 898.

usitées est la suivante. Le câble soutient la cage par l'intermédiaire de deux tiges aboutissant à des leviers coudés et exerçant un effort de compression sur des ressorts à boudin (fig. 899). Dans ces conditions, la cage est libre de se mouvoir verticalement. Si le câble vient à être rompu, les ressorts en se détendant repoussent au dehors les secondes branches des leviers coudés, qui viennent mordre sur les dents de crémaillères fixées parallèlement aux rails de guidage et déterminent ainsi l'arrêt de la cage. L'inconvénient de ce système, c'est que les ressorts de rappel peuvent ne pas se détendre brusquement, soit qu'il y ait adhérence entre les spires par défaut d'entretien, soit que le câble conserve pendant quelques instants une tension résiduelle s'il n'a pas été coupé net ou si la rupture s'est produite dans les engrenages du treuil par exemple. La cage effectue alors un certain parcours vertical avant que les griffes mordent sur la crémaillère, et il en résulte un choc violent qui peut désorganiser la cage. Dans tous les cas, le mécanisme de sécurité doit être placé à la partie inférieure de la cage et non à la partie supérieure, sous peine d'être inefficace en cas de rupture des flasques de la cage.

Un procédé plus sûr consiste à employer une sorte de frein continu permettant seulement le mouvement de la cage dans le sens de la montée. L'inconvénient est alors que ce frein doit être supprimé pour la descente, mais ceci est peu important puisque la cage descend à vide, non chargée de munitions. La disposition est alors la suivante. Les rails de guidage étant formés de barres en T, la cage est munie à sa partie inférieure de deux paires de cames à courbure excentrée que des contrepoids maintiennent appliquées de part et d'autre de l'âme de chaque rail (fig. 900). Tant que les contrepoids sont libres, le mouvement de montée est possible, les cames glissant le long des rails, mais tout mouvement de descente, quelle que soit la cause qui le provoque, est arrêté immédiatement et sans secousse par le coincement des cames. La suppression du mécanisme de sécurité, pour la descente, est réalisée en soulevant simultanément les 4 contrepoids de manière à écarter légèrement les cames des rails. Ce mouvement est obtenu à l'aide d'une pièce à 4 branches guidée par des glissières verticales, et manœuvrée au moyen de leviers aboutissant à une poignée placée sur le côté de la cage.

Avec ce système, il est indispensable de rendre toute fausse manœuvre impossible, c'est-à-dire d'empêcher qu'on ne puis-

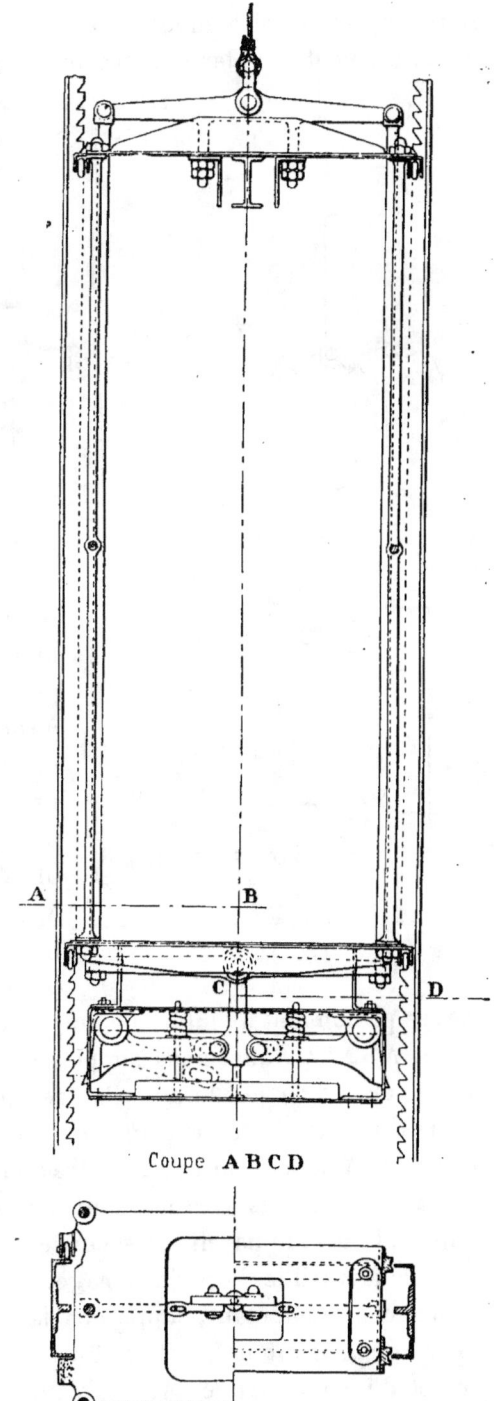

Coupe **A B C D**

se par exemple faire monter la cage sans avoir mis les cames en prise. On peut adopter dans ce but le dispositif suivant. La mise

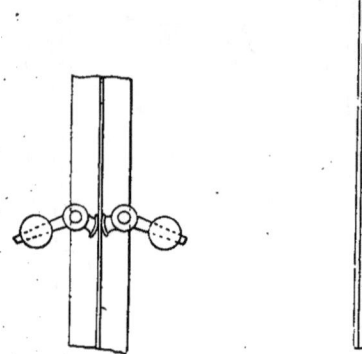

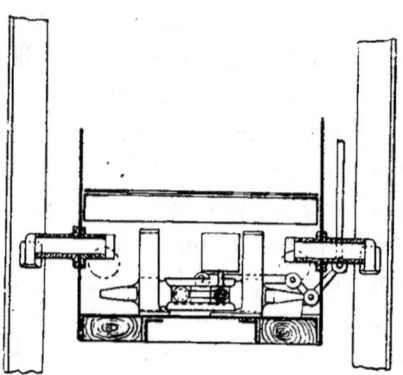

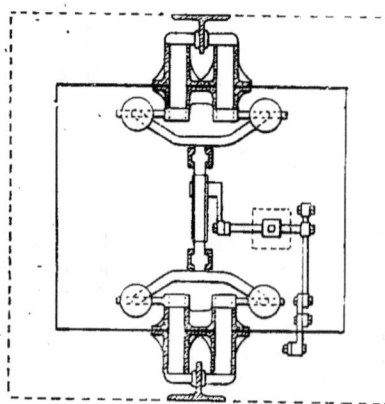

Fig. 900.

en marche et l'arrêt du moteur électrique du treuil sont commandés par deux commutateurs montés en tension l'un par rapport à l'autre, et placés l'un au poste supérieur, l'autre au poste inférieur. Aucun mouvement ne peut ainsi se produire s'il n'y a pas accord entre les hommes placés à ces deux postes. Soit A (fig. 901) l'axe du commutateur supérieur, A' celui du commutateur inférieur. Ces axes se prolongent à l'intérieur du puits, et portent deux bras AB, AC, et A'B', A'C', que nous supposerons d'abord pour simplifier dans le prolongement l'un de l'autre. Les bras AB et A'B' sont rencontrés aux extrémités de course par un galet D fixé à la cage ; les bras AC et A'C' peuvent buter contre deux verrous V et V' également fixés à la cage ; ces verrous sont manœuvrés par la poignée de commande de l'appareil de sécurité, de telle sorte que si V par exemple fait saillie hors de la cage, V' est au contraire rentré, et inversement. Cela étant, supposons la cage en haut de sa course, AB et AC occupant la position BAC correspondant à la position d'arrêt du commutateur A. Les cames de l'appareil de sécurité sont en prise, et le verrou V est sorti. Dans ces conditions, il est impossible de déplacer l'axe A dans un sens ou dans l'autre. Pour pouvoir faire descendre la cage, il faut commencer par tourner la poignée du mécanisme de sécurité de manière à annuler celui-ci; le verrou V s'efface, en faisant sortir V', et le commutateur peut alors être amené à la position C_1AB_1 correspondant à la descente. Si le commutateur inférieur a été également placé dans la position $B'_1A'C'_1$, la descente s'opère. Au bas de la course, le galet D rencontre le bras B'_1A' et l'amène à la position $B'A'$ correspondant à l'arrêt. Le second bras est alors bloqué par le verrou V, et pour que la cage puisse remonter il faut que la poignée de l'appareil de sécurité ait été tournée de manière que les cames soient en prise; le verrou V s'efface alors, et le commutateur peut être amené à la position $B'_2A'C'_2$, correspondant à la

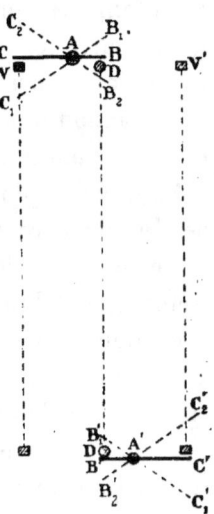

Fig. 901.

montée; si le commutateur supérieur a été également placé en B_2AC_2, la montée s'effectue, et les mêmes opérations se reproduisent périodiquement.

En réalité, les pièces AB et AC doivent avoir une forme un peu différente pour tenir compte de l'écart entre la position réelle et la position théorique d'arrêt. Elles sont constituées par deux branches rectilignes faisant entre elles un angle égal à celui qui sépare les touches du commutateur (fig. 902). De cette façon, une fois que le galet D a amené le commutateur de la position B_2AC_2 (montée) à la position BAC (arrêt théorique), la cage peut encore monter de quelques centimètres sans que l'axe A se déplace et sans que le blocage par B et V cesse d'exister.

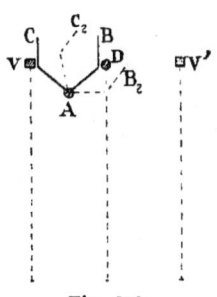

Fig. 902.

A la partie inférieure, le commutateur peut être disposé de la même manière que le commutateur supérieur. Ce n'est d'ailleurs pas indispensable, car on installe des butoirs fixes sur lesquels vient reposer la cage au bas de sa course. Ces butoirs sont munis de tampons en caoutchouc pour amortir les chocs.

L'emploi de cames excentrées peut être combiné avec le système à ressort décrit plus haut. La tension du câble a alors pour effet de maintenir les cames écartées, et la détente des ressorts de les appliquer contre les rails. On évite ainsi les chocs brusques dus à la prise des griffes sur la crémaillère, mais il reste l'inconvénient d'une action non instantanée, qui permet en général à la cage de glisser pendant un certain temps avant de s'arrêter.

Malgré l'emploi de mécanismes d'arrêt, il est bon de disposer des butoirs à ressort à la partie supérieure du puits, pour amortir le choc qui viendrait à se produire si l'arrêt du treuil ne s'effectuait pas à l'instant voulu.

Au lieu d'ascenseurs à cage unique, on emploie quelquefois des ascenseurs à deux cages conjuguées, c'est-à-dire reliées à un même câble de telle sorte que l'une monte pendant que l'autre descend. A dimensions de cages égales, le débit est doublé sans que la puissance du treuil soit augmentée dans le même rapport, puisque les deux cages s'équilibrent et qu'on n'a plus à monter que le poids de la charge. Mais, à débit égal, l'encombrement du puits est plus considérable.

Les norias, d'une façon générale, sont constituées par un câble sans fin (chaîne Galle ou fil d'acier) s'enroulant sur deux pignons ou réas placés l'un au poste supérieur, l'autre au poste inférieur. Le câble porte de distance en distance des agrafes ou des consoles auxquelles sont fixées les munitions, et est animé soit d'un mouvement intermittent de course égale à l'intervalle qui sépare deux consoles, soit d'un mouvement continu, suivant le mode de déversement adopté. On emploie par exemple dans certains cas, pour l'approvisionnement des dépôts de munitions de petit calibre, des norias à mouvement continu formées d'un câble en fil d'acier portant de distance en distance des paires d'agrafes symétriques auxquelles on accroche les caisses au poste inférieur à l'aide de l'anse en filin qui sert à les transporter (fig. 903). Les caisses montent ainsi par groupes de deux; au poste supérieur, des guides les forcent à passer de part et d'autre

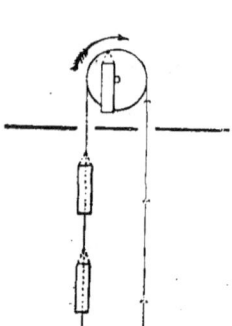

Fig. 903.

du réa de retour, et elles se déposent d'elles-mêmes sur le pont, d'où elles doivent être enlevées au fur et à mesure de leur arrivée pour faire place aux suivantes.

194. Installations relatives aux petites armes et aux torpilles. Projecteurs. — Une fraction de l'équipage du navire est armée de manière à pouvoir constituer une ou plusieurs compagnies de débarquement. L'armement de ces compagnies comprend un fusil, un sabre et un revolver par homme, et, suivant l'importance du navire, un ou deux canons légers de 65 $^m/_m$ (modèle 1881) montés sur affût de campagne. Ces canons ne nécessitent aucune installation particulière, et sont logés dans un des entreponts couverts. On a essayé de les faire concourir à la défense du navire en les montant sur un affût de bord placé sur les gaillards, mais cette disposition est aujourd'hui abandonnée. Leurs munitions se logent en général dans une des soutes affectées aux canons de 47 et 37 $^m/_m$.

Les fusils, sabres et revolvers sont arrimés dans les coursives des logements et contre les parois du poste de l'équipage; ils sont fixés à des râteliers en bois ou en métal. Les munitions de ces armes portatives, ou petites armes, sont arrimées en caisses, et logées soit dans une des soutes à munitions pour canons de petit calibre, soit quelquefois dans une soute spéciale, où on les réunit alors aux munitions des pièces de débarquement.

Les *torpilles automobiles* comprennent en général deux torpilles de combat par tube de lancement et deux torpilles d'exercice. Pour le logement de ces torpilles, il est nécessaire de disposer un magasin placé autant que possible dans la région protégée du navire. Les torpilles, séparées de leur cône de charge, sont logées

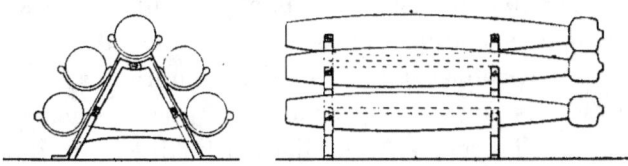

Fig. 904.

dans ce magasin soit sur des consoles fixées au parois, soit sur un chantier constitué par deux bâtis en forme d'A et placé au centre (fig. 904). Les torpilles reposent sur des demi-colliers en fer plat garnis de coussins en cuir ou en feutre. Des rails aériens et un chariot supportant un palan différentiel permettent la mise en place et la manœuvre des torpilles. La difficulté réside en général dans l'établissement d'un panneau d'accès de dimensions suffisantes pour l'introduction des torpilles dans le magasin, en raison de leur grande longueur. Sur les croiseurs de faible tonnage, on est souvent forcé de loger les torpilles au-dessus du pont cuirassé, contre les parois des coursives. Sur les torpilleurs et contre-torpilleurs, on admet qu'une torpille est placée à l'avance dans chaque tube, prête à être lancée ; la seconde torpille est logée dans un caisson en tôle à fermeture étanche placé sur le pont.

Les cônes de charge sont logés soit dans le magasin à torpilles, soit assez souvent dans un petit compartiment spécial, à proximité des tubes de lancement si ceux-ci sont installés dans une région protégée. On les arrime verticalement, la pointe en bas, cette pointe reposant dans une alvéole pratiquée dans une rance en bois.

Pour l'utilisation des torpilles il faut en outre installer les palans, rails et chariots nécessaires pour amener les torpilles du magasin jusqu'aux différents tubes de lancement. Les rails de transport doivent aboutir à un sabord de dimensions convenables, muni d'un tangon ou d'une potence permettant l'embarquement des torpilles de combat et la rentrée à bord des torpilles d'exercice après leur lancement.

Le fulmi-coton servant au chargement des torpilles comprend des charges de fulmi-coton sec et des charges de fulmi-coton humide. Les premières sont logées dans de petites boîtes en bois incombustibilisé, fermées à clef, fixées dans les entreponts couverts contre les barrots, et disséminées autant que possible de façon à ne pas être trop rapprochées les unes des autres. Les charges de fulmi-coton humide, plus encombrantes, sont logées sur étagères dans une soute spéciale construite et aménagée de la même façon que les soutes à munitions ordinaires. Dans cette soute doit être installée une caisse étanche en tôle, pouvant être remplie au moyen d'un petit tuyautage branché sur le collecteur d'eau douce, et servant à maintenir le fulmi-coton au degré d'humidité voulu. La soute à fulmi-coton reçoit en outre diverses munitions pour artifices, amorçage, etc.

Sur les grands navires, on a quelquefois disposé un atelier de réparation des torpilles, c'est-à-dire un emplacement de dimensions suffisantes pour qu'on puisse y amener une torpille, la démonter et la visiter. Lorsque cet atelier n'existe pas, il est bon de donner au magasin des dimensions telles qu'une torpille quelconque puisse être enlevée des chantiers, placée sur chevalets et démontée.

Outre les torpilles automobiles, la plupart des navires reçoivent un certain nombre de *torpilles automatiques mécaniques* (appelées quelquefois torpilles de blocus) dont il faut prévoir l'arrimage. Ces torpilles, qui avec leurs treuils d'immersion forment un ensemble très encombrant, sont assez souvent logées dans le compartiment de la barre. Certains navires doivent en outre posséder les installations nécessaires pour l'immersion des torpilles automatiques mécaniques. Ces installations comprennent des chariots et rails de transport aboutissant à l'extrémité arrière du navire à un rail de mouillage recourbé se prolongeant au delà de la muraille et soutenu par des consoles.

On s'est préoccupé pendant longtemps de la protection des navires au mouillage contre les torpilles automobiles, au moyen de filets métalliques tendus verticalement sur tout le pourtour de la muraille. Ces *filets pare-torpilles*, appelés souvent filets Bullivant, ont été abandonnés depuis quelques années par la marine militaire française, mais la plupart des marines étrangères en ont maintenu l'emploi. En principe, l'installation comporte un certain nombre de tangons articulés à leur pied contre la muraille, à 70 ou 80 centimètres environ au-dessus de la flottaison, maintenus et manœuvrés au moyen de bras et de balancines en fil d'acier. Ces tangons, d'une longueur de 9 mètres environ, sont espacés de 7 à 8 mètres, et leurs têtes sont réunies par une filière à laquelle est suspendu le filet, formé d'un certain nombre de panneaux rectangulaires de $6^m \times 6^m$, dont les mailles sont constituées par des anneaux en fil d'acier de 16 $^c/_m$ de diamètre, assemblés les uns aux autres par des bagues (fig. 905); ces panneaux sont réunis entre eux et à la filière par des transfilages. Les tangons étant

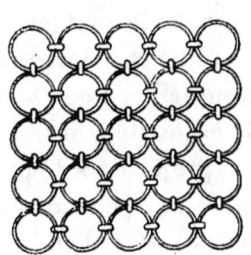

Fig. 905.

croisés au mouillage de manière à se placer normalement à la muraille, les filets forment un rideau protecteur enveloppant tout le navire à 9 mètres de distance avec un tirant d'eau d'environ 5 mètres (fig. 906). Chaque panneau du filet est muni de *cargues*, c'est-à-dire de cordages en fil d'acier partant de la bordure inférieure, passant sur des poulies de retour fixées à la filière et à la tête des tangons, et rentrant à bord. Pour rentrer les filets, on défait d'abord les transfilages des extrémités AV et AR, on agit sur les cargues de manière à ramener les filets en paquet tout le long de la filière, et au moyen de bras convenablement disposés on fait pivoter tout l'ensemble des tangons d'un même bord de manière à les rabattre contre la muraille (fig. 906). Dans ce mouvement,

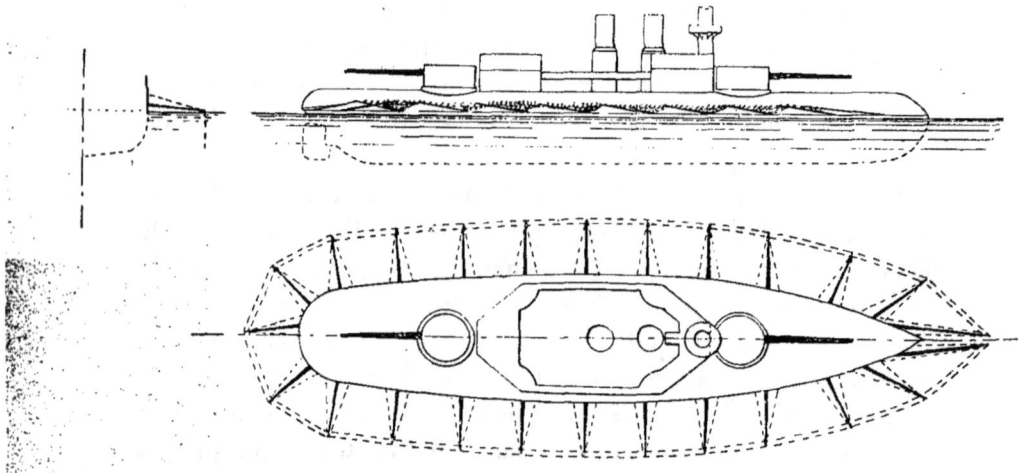

Fig. 906.

les filets viennent quelquefois se placer sur une petite plateforme en tôlerie ménagée à cet effet tout le long de la muraille, et sur laquelle ils sont maintenus à la mer par des amarrages.

Tous les navires reçoivent des *projecteurs* électriques, destinés à surveiller l'horizon ou à éclairer le but dans les combats de nuit. Il en existe trois modèles, caractérisés par le diamètre du miroir. Les projecteurs de $0^m,30$ sont réservés aux canots à vapeur de $8^m,90$ et de 10^m; chaque canot reçoit un projecteur, monté sur un socle fixe à l'AV de l'embarcation (§ 176). Les projecteurs de $0^m,40$ sont affectés aux torpilleurs d'escadre, aux contre-torpilleurs de déplacement inférieur à 500^{tx} et à certains avisos, à raison de un par bâtiment. Les projecteurs de 0^m,60 sont ceux qui sont installés sur la généralité des navires, où ils sont divisés en deux groupes; les uns, formant la *ligne haute*, sont installés sur des plates-formes portées par les mâts (§ 99) et servent à guider le tir de l'artillerie; les autres, formant la *ligne basse*, sont répartis à peu de distance de la flottaison (4 à 6^m), de manière à donner des feux rasants en vue de la défense contre les torpilleurs. Sur tous les grands navires d'escadre, la ligne haute comprend deux projecteurs, un à chaque mât sur console fixe, et la ligne basse quatre projecteurs, montés sur des chariots disposés de manière à pouvoir être poussés au dehors de la muraille du bâtiment ou rentrés à l'intérieur pour la navigation ordinaire ; à chacun de ces projecteurs correspond un manipulateur de commande à distance de l'orientation du faisceau lumineux, installé sur une passerelle ou sur un pont découvert.

CHAPITRE VIII

Emménagements relatifs à l'habitabilité.

195. Catégories de personnel. — Le personnel susceptible d'être embarqué à bord d'un bâtiment de la marine militaire comprend les catégories suivantes :

État-major.
- 1re catégorie. — Officier général, chef d'escadre ou de division, et son chef d'état-major; officier commandant le navire.
- 2e catégorie. — Officiers supérieurs.
- 3e catégorie. — Officiers subalternes.
- 4e catégorie. — Aspirants de 1re classe.

Équipage.
- 5e catégorie. — Premiers-maîtres et maîtres.
- 6e catégorie. — Seconds-maîtres.
- 7e catégorie. — Quartiers-maîtres, ouvriers mécaniciens et chauffeurs, matelots.
- 8e catégorie. — Agents de service.

En principe, le personnel de chacune de ces catégories possède des logements spéciaux. En outre, d'une manière générale, le personnel d'une même catégorie prend ses repas dans une salle commune, salle à manger, carré ou poste.

Lorsqu'il s'agit d'un bâtiment portant le pavillon d'un officier général chef d'escadre ou de division, la 1re catégorie comprend 3 officiers, savoir :

l'officier général chef d'escadre ou de division (grade de vice-amiral ou de contre-amiral);

le chef d'état-major (grade de contre-amiral ou de capitaine de vaisseau);

le capitaine de pavillon, c'est-à-dire l'officier commandant le navire (grade de capitaine de vaisseau).

Dans le cas où il s'agit d'une armée navale, formée de la réunion de plusieurs escadres, le chef d'état-major a toujours le grade de contre-amiral. Dans une division navale commandée par un officier général, le capitaine de pavillon peut remplir en même temps les fonctions de chef d'état-major. Sur les bâtiments ne portant pas pavillon d'un officier général, la 1re catégorie peut ne comprendre qu'un seul officier, le commandant du navire. Dans ce cas cependant l'officier commandant en second est souvent placé dans la 1re catégorie, ainsi que nous allons le voir.

La 2e catégorie n'existe que sur les navires portant le pavillon d'un officier général commandant une escadre ou une division. Dans le cas d'une escadre, elle comprend :

le capitaine de frégate commandant en second le navire ;
le capitaine de frégate premier aide de camp ;
le mécanicien d'escadre ;
l'ingénieur d'escadre ;
le commissaire d'escadre ;
le médecin d'escadre ;
l'aumônier.

Dans le cas d'une armée navale, il y a un deuxième aide de camp du grade d'officier supérieur. Dans le cas d'une division, il n'y a pas d'aide de camp du grade d'officier supérieur, et il n'y a pas en général d'ingénieur de division ni d'aumônier. Pour les navires ne portant pas pavillon d'officier général, le commandant en second est rattaché soit à la 1re catégorie, soit à la 3e dans le cas où le commandant du navire est du grade de capitaine de frégate, le commandant en second étant alors du grade de lieutenant de vaisseau.

La 3e catégorie comprend les officiers subalternes du grade de lieutenant de vaisseau et d'enseigne, ainsi que les officiers assimilés. Pour un navire portant pavillon d'un officier général chef d'armée ou d'escadre, il y a trois aides de camp officiers subalternes, un enseigne de vaisseau adjoint au chef d'état-major et un pilote-major ayant rang d'officier. S'il s'agit d'une division, il y a, suivant les cas, un ou deux aides de camp. Quant à l'état-major proprement dit du navire, sa composition est très variable suivant l'importance du navire et est ordinairement fixée dans chaque cas par une décision spéciale. Le tableau ci-après indique les usages actuellement suivis :

	Capitaine de vaisseau.	Capitaine de frégate.	Lieutenants de vaisseau.	Enseignes de vaisseau.	Mécaniciens principaux de 1re et 2e classe.	Commissaires de 1re ou 3e classe.	Médecins de 1re ou 2e classe.
Cuirassés d'escadre.	1	1	6	7	4	1	2 (1)
Cuirassés garde-côtes, croiseurs cuirassés et croiseurs de 1re classe.	1	1	5	2	4 (2)	1	1
Croiseurs de 2e classe.	»	1	4	3	4	1	1
Croiseurs de 3e classe.	»	1	1	5	2	1	1
Canonnières cuirassées. . . .	»	1	1	3	1	»	1
Contre-torpilleurs d'escadre . .	»	1	1	4	1	»	1
Avisos de 1re classe.	»	1	1	4	1	1	1
Avisos de 2e classe.	»	»	1	4	»	»	1
Avisos transports	»	1	1	4	»	1	1
Canonnières.	»	»	1	4	»	»	1
Torpilleurs d'escadre et torpilleurs de 1re classe.	»	»	1	1	»	»	»
Chaloupes canonnières. . . .	»	»	1	»	»	»	»

La 4e catégorie comprend les aspirants de 1re classe qui sont embarqués, d'une façon générale, sur tous les grands navires d'escadre et sur les navires de station. Le nombre d'aspirants embarqués est assez variable; pour les installations à prévoir, on peut adopter les chiffres suivants :

 Cuirassés d'escadre. 14
 Cuirassés garde-côtes, croiseurs cuirassés et croiseurs de 1re et 2e
  classe. 8
 Croiseurs de 3e classe et avisos-transports. 5

La 5e catégorie comprend les *premiers-maîtres* (grade correspondant à peu près à celui d'adjudant) et les *maîtres* (grade de sergent-major). Elle peut aussi, sur les petits bâtiments, comprendre des seconds-maîtres, lorsque ceux-ci, à défaut de premiers-maîtres, font fonction de *maîtres chargés,* c'est-à-dire de maîtres responsables d'une certaine partie du matériel. A grade

---

(1) Un médecin principal (officier supérieur) et un médecin de 2e classe sont embarqués sur tous les cuirassés d'escadre, sauf quand le navire porte pavillon d'un officier général; l'état-major du navire ne comprend dans ce cas qu'un médecin de 1re classe.

(2) Un cinquième officier mécanicien est embarqué sur les croiseurs cuirassés dont l'appareil moteur a une puissance maxima supérieure à 17500 chevaux.

EMMÉNAGEMENTS RELATIFS A L'HABITABILITÉ.

égal, les maîtres chargés sont classés dans l'ordre suivant (décret du 20 mai 1885), d'après leur spécialité :

> Maître de manœuvre,
> Maître canonnier,
> Maître torpilleur,
> Maître de mousqueterie,
> Maître de timonerie,
> Maître mécanicien,
> Maître fourrier,
> Maître charpentier,
> Maître commis aux vivres,
> Maître armurier.

Sur tous les grands navires, les neuf premières spécialités sont toujours confiées à des premiers-maîtres. Le maître armurier n'est jamais un premier maître, et a au plus le grade de maître.

Sur les bâtiments amiraux, il y a en plus deux premiers-maîtres fourriers, secrétaires du chef d'état-major et du commissaire d'escadre ou de division, un premier-maître infirmier, et un chef de musique (grade de maître).

Enfin, le personnel mécanicien comprend un certain nombre de maîtres mécaniciens (appelés aussi sergents-majors mécaniciens). Dans la plupart des cas, au moins sur les grands navires, on scinde en deux la 5ᵉ catégorie, en mettant à part ces maîtres mécaniciens, qui forment alors une table spéciale. Leur nombre est en général de 3 par machine motrice principale, soit 6 ou 9 dans la plupart des cas.

La 6ᵉ catégorie comprend tous les seconds-maîtres (grade de sergent) des diverses spécialités. Cependant, en raison de leur nombre, les seconds-maîtres mécaniciens sont groupés à part sur tous les grands navires, et forment une table spéciale, à laquelle sont admis les *élèves-mécaniciens* embarqués pour compléter leur instruction.

La 7ᵉ catégorie comprend les quartiers-maîtres (grade de caporal) des diverses spécialités, le personnel ouvrier mécanicien, et les matelots avec ou sans spécialité.

La 8ᵉ catégorie comprend les *agents de service*, c'est-à-dire les maîtres d'hôtel et cuisiniers des 3 premières catégories. Le nombre de ces agents est donc de 4 ou de 6 suivant que la 2ᵉ catégorie est ou non constituée. Les domestiques qui peuvent être affectés au service de l'état-major ne sont pas comptés, au point de vue du logement, comme agents de service, et rentrent dans la 7ᵉ catégorie.

La composition de l'effectif est déterminée pour chaque navire d'après ses dispositions spéciales. Dans le cas d'un projet, on peut établir un tableau provisoire d'effectif probable en se référant aux prescriptions générales de l'arrêté ministériel du 1ᵉʳ juin 1890 (1).

196. Logement de l'état-major. — D'une manière générale, chaque officier d'une des trois premières catégories possède une chambre distincte. Seuls, les officiers de la 1ʳᵉ catégorie ont un logement composé de plusieurs pièces. Dans la plupart des cas cependant, le commandant en second est traité à cet égard de la même manière que les officiers de la 1ʳᵉ catégorie. Le logement de l'officier le plus élevé en grade de la 1ʳᵉ catégorie comprend une salle à manger, et cet officier reçoit à sa table les autres officiers de la même catégorie. Les officiers de la 2ᵉ catégorie, si elle existe, prennent leurs repas dans une salle commune servant à la fois de salle à manger et de salle de réunion, dite *carré des officiers supérieurs*, à laquelle est adjoint un *office;* de plus le logement des officiers supérieurs comprend une *bouteille* (water-closet) et une salle de bains. Les installations sont les mêmes pour la 3ᵉ catégorie. Quant aux aspirants, ils n'ont pas de chambre, et couchent dans des hamacs identiques à ceux de l'équipage, dont nous verrons plus loin le mode d'installation. Ils ont à leur disposition une salle commune dite *poste des aspirants,* à laquelle on adjoint une bouteille et en général un lavabo commun et un office.

D'après ce qui précède, et en se reportant au paragraphe précédent, on voit que les logements à prévoir pour l'état-major doivent être réglés de la manière suivante, pour les navires destinés à porter pavillon d'un officier général :

---

(1) Voir au Bulletin officiel les circulaires modificatives du 7 février, 22 septembre et 11 décembre 1891, 8 juillet 1892, 30 juillet 1893, 6 avril 1895 et 18 mai 1896.

Navires destinés à porter pavillon d'un officier général chef d'escadre et éventuellement chef d'armée.	1 logement d'amiral. 1 logement de chef d'état-major (celui-ci pouvant être un officier général). 1 logement de capitaine de pavillon. 1 logement de commandant en second. 7 chambres d'officiers supérieurs. 23 chambres d'officiers subalternes. 1 poste pour 14 aspirants.
Navires destinés à porter pavillon d'un officier général chef de division indépendante.	1 logement d'amiral. 1 logement de capitaine de pavillon. 1 logement de chef d'état-major. 1 logement de commandant en second. 3 chambres d'officiers supérieurs. 16 chambres d'officiers subalternes. 1 poste pour 8 aspirants.

Pour les navires non destinés à porter pavillon d'un officier général, il suffit de se référer au tableau de la page 272, le poste des aspirants étant emménagé s'il existe d'après les chiffres indiqués à propos de la 4ᵉ catégorie.

Dans la marine à voiles, le logement de l'officier le plus élevé en grade, amiral ou commandant du navire, était toujours établi à l'extrême AR, sous la dunette. De cette façon en effet, grâce à un balcon installé en saillie sur le pourtour du couronnement au niveau du logement, cet officier pouvait, sans sortir de chez lui, examiner et surveiller l'état de la voilure. Le reste de l'état-major était également logé à l'arrière, sous la dunette et à l'étage placé immédiatement au-dessous. Cet usage, bien que sa raison d'être ait disparu, s'est conservé sur la plupart des navires modernes. Au point de vue du confort cependant, il serait souvent plus rationnel de reporter les logements de l'état-major vers la région milieu du navire, et c'est ce qu'on a fait quelquefois, au moins en partie.

Le logement d'amiral comprend :

Un salon,
Une salle à manger,
Une chambre à coucher,
Un cabinet de travail,
Un office,
Un cabinet de toilette avec baignoire et bouteille,
Une chambre disponible.

En outre, on a conservé l'usage d'installer une *galerie* ou balcon en saillie, attenant directement au salon, et constituant une sorte de promenoir extérieur.

Il n'y a, bien entendu, aucune règle pour les dimensions de ces logements; la salle à manger doit être établie de manière à recevoir au minimum dix-huit à vingt personnes, et davantage si on le peut; une table de dix-huit à vingt-deux couverts a environ $1^m,60 \times 4^m,60$ et une table de vingt-quatre à trente couverts $1^m,65 \times 5^m,65$. Le salon est emménagé de caissons-canapés, d'une bibliothèque, d'une table de milieu, de deux tables à jeu, et de fauteuils et chaises en nombre variable. Il est bon de disposer soit la partie inférieure de la bibliothèque, soit l'un des caissons ménagés au-dessous des canapés, de manière à former meuble à cartes (voir § 210), pouvant recevoir les cartes de la collection personnelle de l'amiral. La salle à manger est emménagée d'une table à manger à rallonges, d'un buffet communiquant avec l'office par un passe-plats, d'une ou deux servantes et de chaises en nombre convenable. Dans le salon et la salle à manger sont installées en outre de fausses cheminées en bois surmontées d'une glace, contenant soit une grille à charbon de terre, soit un poêle à vapeur (voir § 201). La chambre à coucher est emménagée d'un lit, d'une armoire, d'une table de nuit, d'un fauteuil, et, si on dispose de la place suffisante, d'une commode. Le cabinet de travail est emménagé d'un bureau, d'un fauteuil de bureau et de quelques chaises; on y ajoute, si on a la place suffisante, un caisson-canapé, et éventuellement une petite bibliothèque. L'office comporte un buffet d'office, une table de service au niveau du passe-plats, et une souillarde en tôle émaillée pour le lavage de la vaisselle, avec tuyau d'eau greffé sur le collecteur d'eau douce (§ 207). Le cabinet de toilette est emménagé d'une toilette-lavabo à tablette en marbre; l'installation de la baignoire et de la bouteille sera étudiée au § 198. Enfin, la chambre disponible, destinée à être mise à la disposition d'une personne embarquée éventuellement à la table de l'amiral, est emménagée de la même manière qu'une chambre d'officier supérieur ordinaire.

La disposition relative de ces diverses pièces n'a rien d'absolu. Il importe seulement que la chambre à coucher ait une issue non commandée par les appartements de réception, afin de faciliter le service. L'office est contigu à la salle à manger, laquelle est ordinairement contiguë au salon. La figure 907 représente à titre d'exemple la disposition du logement d'amiral du *Suffren*.

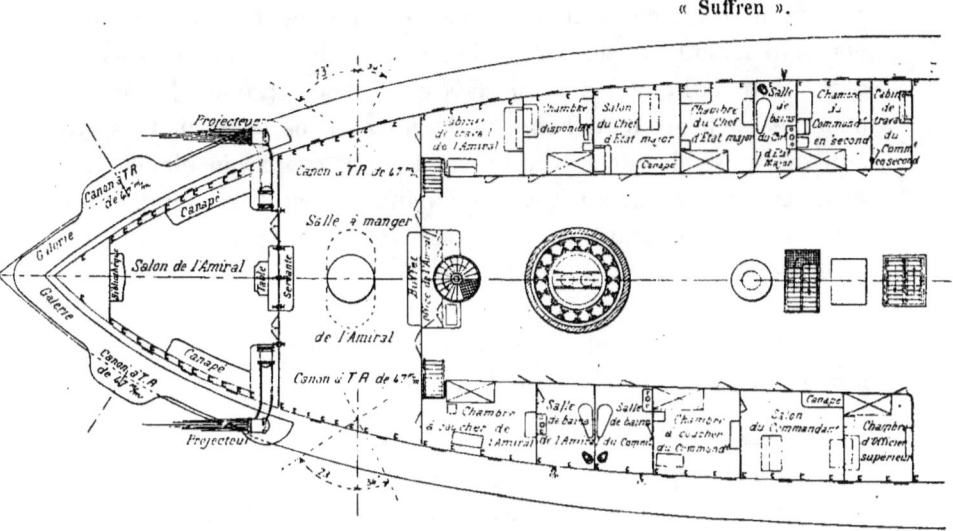

Fig. 907.

Il n'existe pas de type réglementaire pour le mobilier du logement d'amiral. Il est en effet rationnel d'exécuter pour ce logement des ameublements spéciaux, adaptés à sa configuration particulière, et qui peuvent durer autant que le navire. Pour les appartements de réception, on fait souvent usage de chêne sculpté permettant d'obtenir des meubles d'un très bel effet. Pour les autres pièces, on emploie ordinairement l'acajou, sauf bien entendu pour l'office, dont les emménagements sont exécutés en bois blanc. Le plancher est recouvert de linoleum à dessins dans la salle à manger, de linoleum uni dans les autres pièces; dans le salon, la chambre, le cabinet de travail et la chambre disponible, ce linoleum est recouvert par un tapis en moquette. L'étoffe réglementaire pour les tentures (meubles capitonnés, portières, rideaux) est une brocatelle de soie cramoisie. Pour le revêtement des cloisons et parois, on fait ordinairement usage de linoleum à dessins dit *lincrusta,* permettant d'obtenir une décoration d'aspect très varié et d'un entretien facile.

En vue de réduire autant que possible les chances d'incendie, on a essayé l'emploi d'ameublements métalliques; mais les résultats ont été peu satisfaisants, l'usage exclusif de métal se prêtant mal à la confection des parties mobiles telles que tiroirs, portes d'armoires, etc. La tendance actuelle est de faire usage d'un lit métallique genre anglais et de confectionner les autres meubles en combinant l'emploi du métal avec celui du bois autant que possible incombustibilisé, toutes les parois planes des meubles étant faites au moyen de panneaux en tôle peinte encadrés par des montants en bois, suivant le procédé indiqué au § 108 pour les portes des logements.

Le logement de chef d'état-major et celui de capitaine de pavillon comprennent chacun (fig. 907) :

Une chambre à coucher,
Un salon,
Un cabinet de toilette avec baignoire et bouteille.

La chambre à coucher est emménagée d'un lit avec tiroirs par dessous, d'une armoire et d'une commode. Le salon est emménagé d'un bureau, d'une bibliothèque, et d'un caisson-canapé. Le cabinet de toilette est installé comme celui de l'amiral. Il n'y a pas de type réglementaire pour les meubles, qui sont exécutés en acajou. Le revêtement des parois est fait en lincrusta et le plancher est recouvert de linoleum et de tapis en moquette. Pour les tentures, l'étoffe réglementaire est un damas de laine rouge; cependant, s'il s'agit d'un navire destiné à porter pavillon d'un officier général chef d'escadre, le chef d'état-major pouvant être éventuellement un officier général, on emploie pour le logement de cet officier la brocatelle de soie.

Sur les navires non destinés à porter pavillon d'un officier général, le logement du commandant est composé comme le logement d'amiral, à l'exception de la chambre disponible. Sur les petits bâtiments, faute de place, on supprime le cabinet de travail et on installe le bureau dans le salon. Les meubles sont faits en acajou; les tentures sont en damas de laine rouge.

Le commandant en second peut, à défaut de la place nécessaire, n'avoir à sa disposition qu'une chambre unique, installée comme une chambre d'officier supérieur ordinaire. Mais, en raison du service de cet officier à bord, il convient, toutes les fois qu'on le peut, de lui affecter un bureau ou cabinet de travail, attenant à sa chambre (fig. 907). C'est alors dans cette pièce qu'on installe le bureau et la bibliothèque faisant partie de l'ameublement réglementaire d'officier supérieur, ainsi que nous allons le voir.

Les chambres d'officiers supérieurs sont toutes identiques, sauf les légères variations de dimension résultant de ce qu'une de leurs parois est formée par la muraille du navire. Elles sont en effet disposées en abord, de manière à être éclairées et aérées directement par un sabord. On y accède par une porte percée dans la cloison intérieure les séparant de la coursive. Ces chambres reçoivent un ameublement réglementaire ainsi composé :

1° un lit constitué par une couchette d'attache avec planche de roulis, comprenant un sommier en corde système Thuau, un matelas, un traversin, un oreiller et deux couvertures; au-dessous de la couchette se trouvent deux tiroirs de commode, une armoire à chaussures et un logement pour le tub (1);

2° un bureau du type dit bureau-ministre avec tiroirs de côté et tiroir de milieu fermant à clef;

3° une bibliothèque formée d'une étagère à 4 tablettes fixée ordinairement au-dessus du bureau;

4° une armoire formant pendoir, avec une tablette et une tringle supportant 12 porte-manteaux arqués;

5° un lavabo avec bloc en porcelaine et glace; le caisson qui supporte le bloc forme armoire recevant un seau à eaux sales et un broc en tôle émaillée; au lavabo est adjointe une équipette fixée contre la cloison, composée d'une tablette à 2 trous pour la carafe et le verre de toilette et au-dessous d'un tiroir pour les menus objets de toilette.

6° un caisson à linge sale;

---

(1) Ce type de couchette est le modèle réglementaire, construit en bois; on le remplace actuellement par un lit métallique au-dessous duquel est fixé un coffre en bois et métal comprenant les deux tiroirs de commode et l'armoire à chaussures.

7° un poêle à vapeur;
8° un fauteuil Voltaire et 2 chaises cannées;
9° divers objets d'attache comprenant :

> 2 porte-chapeaux nickelés;
> 2 filets de type analogue à ceux employés dans les wagons de chemins de fer;
> 1 porte-sabre composé de 2 agrafes en laiton fixées à un barrot;
> 1 lampe électrique avec commutateur;
> 1 photophore à bougie nickelé monté sur support à la Cardan;
> 1 bouton de sonnerie électrique communiquant avec la timonerie.

Le bois réglementaire pour la confection des meubles indiqués ci-dessus est l'acajou verni. Mais, comme nous l'avons dit plus haut, après avoir essayé l'emploi de meubles entièrement métalliques, on tend à combiner l'usage du métal avec celui du bois, les tablettes, encadrements, dessus de table, etc., étant seuls exécutés en acajou. Les parois et le plafond sont recouverts de peinture hydrofuge, et le plancher de linoléum par-dessus lequel est fixé un tapis en moquette. Les tentures sont en damas de laine rouge.

Avec cet ameublement réglementaire, les dimensions minima d'une chambre sont $2^m,680 \times 2^m,400$. La première de ces dimensions est comptée dans le sens de la longueur du lit; ce lit est disposé usuellement dans le sens longitudinal, et il y a avantage à le placer contre la cloison intérieure, pour l'éloigner du sabord et faciliter l'assèchement du plancher, l'eau qui peut s'introduire par le sabord se rassemblant en abord à cause du bouge du pont. Autant que possible, il convient d'adopter des dimensions un peu supérieures à celles que nous venons d'indiquer; il y a d'ailleurs intérêt à établir un rapport simple entre la dimension longitudinale et l'écartement des barrots, de telle sorte que les cloisons transversales tombent toutes soit à l'aplomb d'un barrot, soit au milieu de la maille. Avec un écartement de barrots de $0^m,90$ à $1^m,20$, on pourra ainsi adopter une dimension longitudinale comprise entre $2^m,70$ et $3^m,00$. La dimension transversale variera un peu d'une chambre à l'autre en raison de la courbure de la muraille, mais autant que possible ne devra jamais être inférieure à $2^m,50$. Si la muraille a une inclinaison notable, cette dimension transversale doit être comptée au moins à mi-hauteur de l'entrepont. Chaque chambre est éclairée par un sabord. On doit étudier séparément la disposition relative des meubles pour les chambres de tribord et pour celles de babord, de façon que, autant que possible, le bureau soit éclairé par la gauche. La position des sabords est corrélative de cette étude d'emménagement intérieur.

Le carré des officiers supérieurs est emménagé d'une table à manger, d'un buffet avec passe-plats, d'une ou deux servantes, d'une ou deux tables à jeu, de caissons-canapés et de chaises. Le bois employé est l'acajou. Il n'y a pas de types réglementaires, et on exécute des ameublements spéciaux comme pour les logements de la 1re catégorie. Les tentures sont en damas de laine rouge, le sol est recouvert de linoleum à dessins; on emploie généralement le lincrusta pour le revêtement des parois. Ce carré est souvent installé dans la région centrale d'un entrepont, éclairé par une claire-voie. L'office, qui lui est contigu, est emménagé de la même manière que celui de l'amiral ou du commandant.

Le logement des officiers subalternes comprend un certain nombre de chambres, un carré et un office. Les installations sont d'une façon générale identiques à celles faites pour les officiers supérieurs. Les seules différences sont les suivantes :

    1° le bois employé est du pitch-pin verni ;
    2° les tentures sont en serge rouge ;
    3° le fauteuil Voltaire est supprimé ;
    4° le linoleum recouvrant le parquet est du linoleum à dessins, et, au lieu d'un tapis complet en moquette, il n'y a qu'une simple descente de lit.

Pour le carré, cependant, on emploie ordinairement soit l'acajou, soit le noyer, plus décoratifs que le pitch-pin.

Le poste des aspirants est emménagé d'armoires et de caissons (une armoire et un caisson par aspirant), d'une table à manger et de pliants en toile. S'il y a un office contigu, on établit un passe-plats pour le service. Les armoires et caissons sont constitués par des panneaux en tôle avec encadrement en bois; le bois employé est en général le teak. Toutes les fois qu'on dispose d'une place suffisante, il convient d'installer un office et un lavabo à plusieurs places pour les aspirants, en logeant s'il y a lieu dans ce lavabo les armoires et caissons qui n'ont pu trouver place dans le poste. Nous avons dit que les aspirants couchaient dans des hamacs ; assez souvent les crocs de suspension de ces hamacs sont établis dans le poste même, mais il est préférable de les installer à proximité dans une coursive, en les isolant suffisamment du poste de l'équipage.

197. Logement de l'équipage. — Les premiers maîtres ont en général chacun une chambre, bien qu'ils n'y aient pas droit réglementairement; ils ont de plus, en commun, un poste et une bouteille. Mais il n'est pas toujours possible d'installer un nombre de chambres suffisant, et dans ce cas les chambres disponibles sont attribuées dans l'ordre de préséance fixé par le décret de 1885 (§ 195). Les premiers maîtres qui n'ont pas de chambre couchent dans des hamacs installés dans le poste. On doit cependant s'efforcer de réserver une chambre distincte à chaque premier maître, et cet usage s'est étendu au maître armurier, ainsi qu'au chef de musique des bâtiments amiraux. On arrive ainsi à un total de 14 chambres sur les bâtiments amiraux, mais un certain nombre de navires en service n'en possèdent que 10 à 12. Pour les bâtiments non destinés à porter pavillon d'un officier général, il convient de prévoir autant que possible 9 chambres sur les cuirassés garde-côtes, croiseurs cuirassés et croiseurs de 1re et 2e classe, 3 sur les croiseurs de 3e classe et les grands contre-torpilleurs d'escadre, et 1 sur les avisos de 1re classe.

Les chambres de maîtres sont installées généralement dans les régions milieu et avant, à proximité immédiate du poste de l'équipage pour faciliter la surveillance. Elles comportent un ameublement réglementaire en bois blanc (actuellement en métal et en bois blanc), comprenant :

Une couchette à tiroirs,
Une table à écrire formée d'une planche rabattable,
Une armoire,
Un lavabo avec bloc en fonte émaillée, glace, broc et seau,

Deux tablettes,
Un caisson à linge sale,
Deux chaises (remplacées par des pliants si les dimensions de la chambre sont trop restreintes),
Un poêle à vapeur.

et les mêmes objets d'attache que les chambres d'officier, à l'exception du bouton de sonnerie. Les porte-chapeaux, le photophore et le support de la lampe électrique sont bronzés au lieu d'être nickelés. Le sol est recouvert de linoleum uni; les tentures sont en serge bleue.

Avec cet ameublement, les dimensions minima admissibles sont $2^m \times 2^m$. Mais, autant que possible, il est bon de ne pas descendre au-dessous de $2^m,60$ dans le sens parallèle à l'axe du lit, qui est d'ailleurs souvent dirigé transversalement.

Le poste des maîtres est emménagé d'une table, de pliants en toile, de caissons et d'un buffet d'office. Ses dimensions sont réglées par celles de la table à manger; une table de 6 à 10 couverts a environ $1^m,10 \times 2^m,10$ et une table de 12 à 16 couverts $1^m,35 \times 3^m,35$.

Les maîtres ou sergents-majors mécaniciens forment, si les emménagements le permettent, une table spéciale. Ils ont alors un poste distinct emménagé comme celui des premiers maîtres. Ils couchent dans des couchettes superposées par groupes de deux, installées soit le plus souvent dans le poste, soit quelquefois dans une ou deux chambres spéciales. Si ces chambres existent, on y installe des lavabos à bloc en fonte émaillée; dans le cas contraire, un lavabo à plusieurs places doit être prévu dans le poste.

Les seconds-maîtres couchent dans des hamacs. Bien que ce ne soit pas réglementaire, il est d'usage d'installer pour eux un poste ou même plusieurs postes, leur nombre total pouvant atteindre 50 environ sur les grands navires. Assez souvent, on établit des postes distincts pour les seconds-maîtres mécaniciens et pour les seconds-maîtres des autres spécialités. Ces postes sont emménagés chacun d'une table avec bancs en bois, de caissons, d'armoires, et si on le peut de quelques lavabos. Le nombre d'armoires doit être égal à la moitié du nombre de seconds-maîtres, chaque armoire étant divisée en deux dans le sens de la hauteur par une tablette. Aussi est-il rarement possible d'installer toutes ces armoires dans les postes; les autres sont alors réparties dans les emplacements disponibles des divers entreponts. Toutes ces armoires sont confectionnées en tôle, ou mieux à l'aide de panneaux en tôle avec encadrements en bois incombustibilisé. Les crocs de hamac pour seconds-maîtres, sont installés dans les postes, au moins dans la mesure de l'espace disponible. Pour les postes de seconds-maîtres mécaniciens, il est bon de disposer le dessus des caissons de manière à former table à dessiner.

Les élèves-mécaniciens, s'il y en a d'embarqués à bord du navire, prennent leurs repas avec les seconds-maîtres mécaniciens.

L'équipage est logé dans les parties dégagées des entreponts formant ce qu'on appelle le *poste de l'équipage*. Pendant la nuit, ce poste est occupé par les hamacs de couchage, arrimés pendant le jour dans les caisses appelées *bastingages*. Au moment des repas, on y installe les tables et bancs nécessaires, qui sont ensuite démontés et logés sous barrots, comme nous le verrons plus loin.

Le hamac (1) est formé par un *corps* constitué par deux bandes ou *laizes* de toile assemblées par une couture, et par une *fonçure* en toile plus légère cousue par ses bords au milieu des deux laizes de manière à former une sorte de gaine dans laquelle est enfilé un matelas (fig. 908). Sur chacun des petits côtés, le hamac porte 18 œillets dans lesquels se fixent de petits cordages réunis par une boucle formant ce qu'on appelle une *araignée*. Le hamac est suspendu au moyen de ces boucles à deux *crocs* fixés sous barrots; en général une seule des boucles est engagée dans son croc, et l'autre est tenue au moyen d'un *raban*, permettant de tendre plus ou moins le hamac et de régler sa flèche (fig. 909).

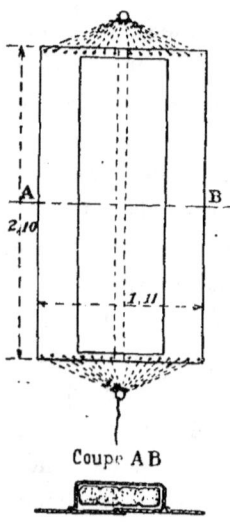

Fig. 908.

La distribution des crocs de hamac doit être étudiée avec beaucoup de soin, car il est souvent peu aisé de loger convenablement le nombre de crocs nécessaire. Les hamacs sont installés longitudi-

---

(1) Les hamacs portaient autrefois le nom de *branles*, d'où l'expression de branle-bas.

nalement, formant deux séries de files décroisées d'une certaine quantité (fig. 909). L'espacement t des crocs dans une même file transversale est pris usuellement égal à $0^m,50$, mais ce chiffre doit

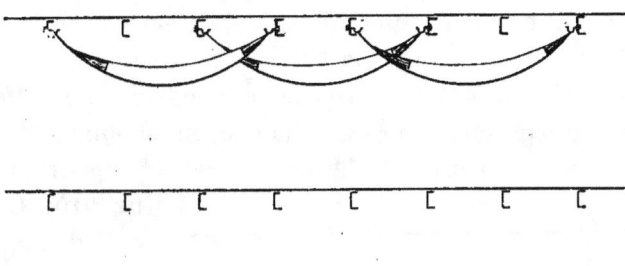

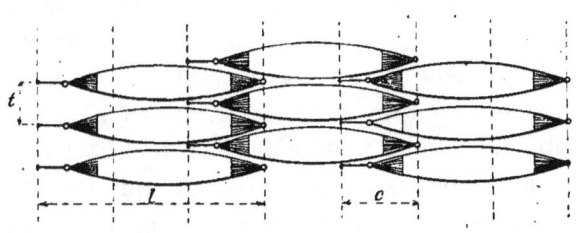

Fig. 909.

être considéré comme un minimum qu'il est bon de dépasser un peu lorsqu'on dispose d'une place suffisante. L'espacement l des crocs dans une même file longitudinale ne doit pas être inférieur à $2^m,40$, ce chiffre correspondant au hamac tenu par ses boucles, sans raban, avec une flèche juste suffisante pour que l'homme puisse s'y introduire sans trop de difficulté. Autant que possible, on doit donner à l une valeur supérieure à ce minimum, pour permettre l'usage du raban. De plus, il convient de considérer la valeur c du croisement des hamacs; ce croisement est en général égal au tiers ou à la moitié de l, de manière à obtenir un écartement régulier des files transversales, mais peut avoir une valeur différente, sous réserve de ne pas dépasser $1^m,30$ si la valeur de t est égale à $0^m,50$. Enfin, la hauteur des crocs au-dessus du sol ne doit pas dépasser 2^m. Au-dessus de ce chiffre, la manœuvre de mise en place et d'enlèvement des hamacs devient difficile, et les hommes ont trop de peine à s'y introduire.

Autant que possible, on utilise les barrots pour la fixation des crocs de hamac. Si l'écartement des barrots est compris entre 0ᵐ,90 et 1ᵐ,20, on peut espacer les deux crocs d'un même hamac de trois intervalles de barrots. Dans le cas où cet écartement est égal à 1ᵐ,20, on pourra à la rigueur, si la place est limitée, se contenter de les espacer de deux intervalles. Le croisement dans les deux cas sera égal à un intervalle de barrots. Si, avec un écartement de barrots inférieur à 1ᵐ,20, l'espacement de trois intervalles ne permet pas de loger tous les crocs de hamac, on est obligé de faire usage de tringles en fer creux fixées aux barrots et supportant les crocs (fig. 910). Ces tringles sont d'ailleurs indispensables lorsque la hauteur d'entrepont est trop considérable pour qu'on puisse fixer

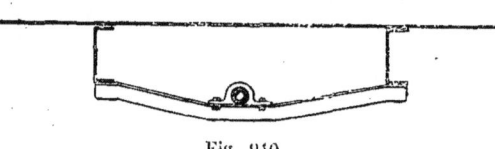

Fig. 910.

les crocs directement sur les barrots. Avec des barrots espacés de 1ᵐ par exemple, on pourra placer des tringles à mi-distance des barrots en supprimant une tringle de 3 en 3, et fixer les crocs alternativement aux tringles et aux barrots, ce qui donnera $l = 2^m,50$ et $c = 1^m$ (fig. 911). Autant que possible, on doit éviter l'emploi

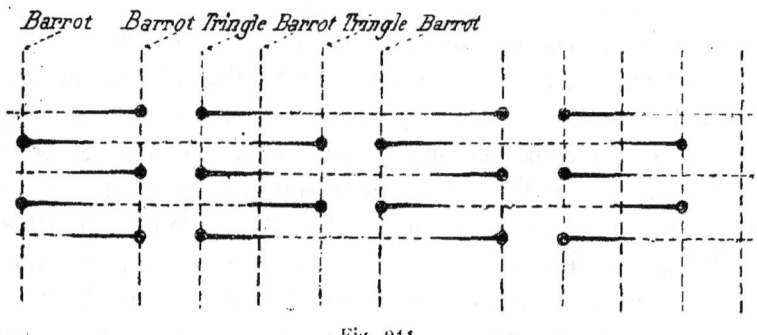

Fig. 911.

de tringles à cause du supplément de poids qu'elles entraînent.

Il résulte de ce qui précède que l'encombrement en surface d'un hamac est de 1ᵐ²,2 environ. On a ainsi une première indication approximative de la surface libre nécessaire pour les postes d'équipage, qui doit être égale au minimum à 1ᵐ²,5 par homme, pour tenir compte des emplacements perdus en raison des obstacles divers (cabestans, épontilles, conduits de ventilation, etc.), disséminés dans les entreponts. On doit d'ailleurs faire une étude détaillée de l'installation des hamacs, pour s'assurer qu'on peut placer le nombre de crocs nécessaires. Exceptionnellement, si les dispositions locales l'exigent, certains hamacs peuvent être disposés transversalement.

Les objets de couchage comprennent, par hamac, un matelas et, suivant la saison, une ou deux couvertures. Pendant le jour, l'ensemble est roulé dans le corps du hamac parallèlement au grand axe, et replié ensuite en deux. Les hamacs ainsi roulés sont logés dans des caissons appelés *bastingages*, établis autant que possible sur un pont découvert, à l'air libre. Dans la plupart des cas, on fait usage de caissons ouverts par le haut, en tôle de $3^{m/m}$, garnis au fond d'un caillebotis en bois et sur les parois verticales d'un lambrissage à claire-voie également en bois, pour préserver la toile du contact de l'humidité (fig. 912). Dans le sens de la longueur

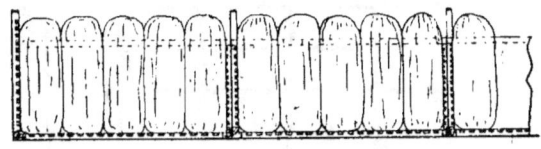

ces caissons sont fractionnés par des cloisons à claire-voie en tronçons de longueur comprise autant que possible entre $1^m,40$ et $1^m,50$, ce qui permet de loger 4 ou 5 hamacs par rangée, suivant le sens dans lequel on les arrime; la largeur du caisson est déterminée par le nombre de rangées que l'on veut loger, nombre qui ne doit pas dépasser 3, sous peine de rendre l'arrimage trop difficile. Avec la disposition représentée par la figure

Fig. 912.

912, il faut compter comme largeur intérieur-tôles $0^m,450$ pour une rangée, $0^m,740$ pour deux rangées, $1^m,050$ pour trois rangées. Avec 4 hamacs par rangée, disposés dans le sens perpendiculaire, les dimensions ci-dessus peuvent être réduites respectivement de $0^m,11$, $0^m,12$ et $0^m,17$. La hauteur des caissons doit être égale à $0^m,675$. A chaque cloison partielle correspond une arcade cintrée en tôle de $6^{m/m}$ qui sert de support à un capot en toile protégeant les hamacs; ce capot est fixé d'un côté tout le long d'une latte en bois et de l'autre par de petits bouts de filin appelés *hanets*, amarrés à des pitons à œil rivés de distance en distance (fig. 912).

Les caissons ainsi disposés sont répartis sur le pont supérieur et les passerelles. Dans le cas où le pont supérieur est limité en abord par des pavois, on peut adosser les bastingages à ces pavois. Les hamacs sont alors introduits par des ouvertures latérales percées dans la cloison interne verticale (voir fig. 435) ; ces ouvertures, dont la hauteur doit être au moins égale à $0^m,42$, sont masquées par un capot en toile. Avec ce système, l'arrimage des hamacs est moins facile qu'avec le type de caissons précédemment décrit.

Chaque homme loge ses effets personnels dans deux sacs, un grand et un petit, de même diamètre mais de longueur différente. Ces sacs sont logés dans des casiers dits *casiers à sacs,* établis autant que possible dans le poste de l'équipage (1). Suivant la disposition usuelle, les deux sacs de chaque homme sont placés horizontalement bout à bout dans une case rectangulaire ayant $0^m,370 \times 0^m,370$ de section et $1^m,000$ de longueur (fig. 913).

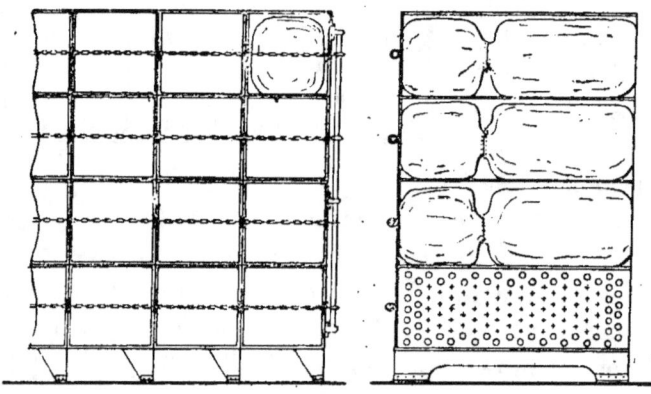

Fig. 913.

Chaque casier, formé de cloisons latérales en tôle de $2^m/_m$, avec cloisonnements intérieurs en tôle de $1^m/_m 5$ ajourée, comprend quatre rangées de cases superposées, surélevées de 10 à 15 $^c/_m$ au-dessus du plancher pour éviter le contact des eaux de lavage. Si la hauteur d'entrepont est suffisante, on peut faire des casiers à cinq rangées superposées, en réduisant au besoin le côté des cases à $0^m,360$, di-

(1) Sur quelques navires récents, on a installé à titre d'essai, pour les quartiers-maîtres, des armoires analogues à celles des seconds-maîtres. A chaque quartier-maître est affectée une case de 80 $^c/_m$ de hauteur, 35 $^c/_m$ de largeur et 60 $^c/_m$ de profondeur, subdivisée en 3 compartiments dans le sens de la hauteur.

mension minima; mais il est rare qu'il en soit ainsi. La longueur de chaque casier est subordonnée aux dispositions locales. Les bords antérieurs des cloisons limitant les cases sont garnis de fers demi-ronds, pour assurer la rigidité de l'ensemble et faciliter l'introduction des sacs. L'ouverture des sacs n'étant permise aux hommes qu'à certaines heures déterminées, les casiers sont condamnés en temps ordinaire au moyen de bouts de chaînes horizontaux passant dans des anneaux rivés aux cloisons verticales à mi-hauteur de chaque rangée, et aboutissant à des doigts portés par une barre verticale mobile autour de son axe, suivant une disposition analogue à celle des mouilleurs d'ancres. La barre verticale, appelée autrefois *barre de perrot,* est établie à un des angles du casier et munie d'une patte permettant de l'immobiliser au moyen d'un cadenas.

Les casiers à sacs étant assez encombrants, on fait quelquefois un certain nombre d'entre eux démontables, pour dégager le poste de l'équipage lorsque le navire n'est pas armé avec effectif complet. Mais ces casiers démontables sont peu rigides, et il est plus simple de régler les emménagements de manière à pouvoir les installer tous à demeure.

Le personnel des machines et des chaufferies doit avoir en outre à sa disposition des *casiers pour gris de chauffe,* dans lesquels les hommes rangent leurs vêtements de fatigue et leurs effets propres. Il est attribué à chaque mécanicien, chauffeur ou soutier (jusqu'au grade de second-maître exclusivement), un casier fermé à deux compartiments pouvant contenir, l'un le gris sale et une paire de souliers, l'autre le gris propre et une paire de souliers. Chaque compartiment doit avoir $0^m,35$ environ de profondeur et une section carrée de côté compris entre $0^m,20$ et $0^m,25$. Les casiers pour gris de chauffe sont agencés de la même manière que les casiers à sacs, avec fermeture à chaîne. Autant que possible, on les installe à l'intérieur des lavabos dont il sera parlé au paragraphe suivant, ou tout au moins à proximité immédiate de ces locaux (fig. 915).

L'équipage prend ses repas dans le poste, emménagé de tables et de bancs pouvant être facilement démontés pour laisser libre la circulation en dehors des heures de repas. Chaque table est destinée à 8 hommes sur les grands bâtiments, à 6 sur les petits, ce groupe de 8 ou 6 hommes constituant ce qu'on appelle un *plat*. Chaque plat a à sa disposition une série de *gros ustensiles* comprenant un bidon et deux gamelles, et une série de *petits ustensiles* comprenant une cuiller à bouche, une fourchette et une tasse par homme, plus une cuiller à pot, un quart et un boujaron (quart pour l'eau-de-vie) pour le service commun de la table. Bien que les plats soient de 8 hommes sur presque tous les navires un peu importants, le nombre de séries d'ustensiles délivré est égal au sixième du nombre d'hommes d'équipage.

Les gros ustensiles de plat sont logés comme nous le verrons dans la cambuse (§ 206). Les petits ustensiles de chaque plat sont enfermés dans une boîte en bois, et toutes ces boîtes sont logées dans des *casiers pour boîtes à plat*, construits et agencés de la même manière que les casiers à sacs et à gris de chauffe ; chaque case doit avoir $0^m,15$ de hauteur, $0^m,26$ de largeur et $0^m,44$ de profondeur.

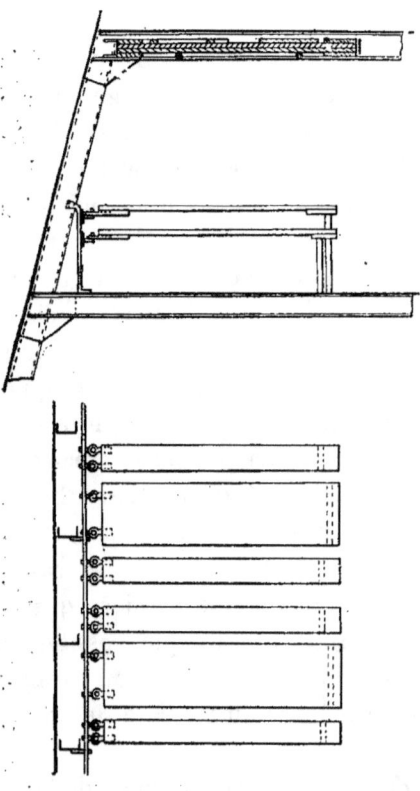

Fig. 914.

La table d'un plat est formée d'un panneau rectangulaire en bois fixé par un de ses petits côtés à deux gonds rivés contre la muraille ou contre une cloison, et reposant par l'autre extrémité sur un pied en bois (fig. 914). A chaque table sont affectés deux bancs, agencés de la même manière. La largeur d'une table est égale à $0^m,560$, la longueur étant de $1^m,50$ ou 2 mètres suivant qu'elle doit recevoir 6 ou 8 hommes. Les bancs ont même longueur que la table, et $0^m,200$ de largeur. L'espace libre laissé en plan entre la table et les bancs doit être égal à $0^m,12$ environ, et la distance entre les bancs adossés de deux tables contiguës ne doit pas être inférieure à 0^m,300, soit 1^m,50 de distance d'axe en axe des tables.

Autant que possible, les tables doivent être installées transversalement, à cause des mouvements de roulis, leurs gonds d'attache et ceux des bancs étant fixés en abord soit aux couples, soit à des supports en cornière, si la muraille est trop inclinée (fig. 914). Si on ne peut ainsi loger toutes les tables en abord du poste de l'équipage, on aménage le reste dans la partie axiale en fixant les gonds aux entourages de cheminées, aux épontilles, ou aux cloisons d'emménagement. On peut aussi, dans certains cas, établir les tables par séries de 2, mises bout à bout, les gonds de la 2e table étant fixés sur le côté libre de la table fixée en abord. De toute façon, on doit s'arranger pour qu'au moment des repas, toutes les tables étant en place, la circulation ne soit pas rendue complètement impossible.

En dehors des heures de repas, les tables et bancs sont démontés, les pieds et les bancs étant posés à plat sur la table. L'ensemble est fixé sous le plafond entre les barrots, soutenu par des galiotes amovibles appuyées sur des consoles rivées aux barrots, et maintenu par des tringles à crochet empêchant tout déplacement au roulis (fig. 914).

Les agents de service, composant la 8e catégorie, sont logés par groupes de 2 dans des chambres emménagées chacune de deux couchettes superposées, d'un lavabo à deux places, de deux armoires et d'une table à rabattre, le tout en tôle et bois blanc.

Enfin, les logements doivent être complétés par un *bureau de détail*, pour les écritures du bord. Ce bureau est emménagé d'une table à écrire et de casiers et étagères pour recevoir les registres. Sur les navires portant pavillon d'un officier général on installe un bureau analogue pour les fourriers de la majorité, et autant que possible, sur les navires d'escadre, un bureau spécial pour le secrétaire du commissaire d'escadre.

198. Salles de bains et lavabos. Bouteilles. Corneaux. — D'après les usages actuellement suivis, lorsqu'il s'agit d'un bâtiment destiné à porter pavillon d'un officier général, on installe une baignoire en cuivre étamé dans le cabinet de toilette de l'amiral, ainsi que dans ceux du chef d'état-major et du capitaine de pavillon. On dispose pour chaque baignoire deux tuyaux de remplissage greffés l'un sur le collecteur d'eau douce, l'autre sur le collecteur d'eau de mer, aboutissant à un chauffe-bains formé d'une caisse dans laquelle est placé un serpentin greffé sur le tuyautage de chauffage par la vapeur (§ 201). Un robinet à douches est en outre placé au-dessus de la baignoire. Deux salles de bains avec douches sont installées de la même manière, l'une pour les officiers supérieurs, l'autre pour les officiers subalternes.

Pour les bâtiments non destinés à porter pavillon d'officier général, on installe une baignoire dans le cabinet de toilette du commandant, et, si les emménagements le permettent, une salle de bains pour les officiers. Sur les petits bâtiments, on se contente d'un appareil à douches pour le commandant, lorsqu'on dispose de la place nécessaire.

Enfin, sur tous les bâtiments ayant au moins 50 hommes d'équipage, on installe une salle de bains annexée à l'hôpital, ainsi que nous le verrons au § 200.

Pour les mécaniciens, chauffeurs et soutiers, on installe des lavabos qui doivent comprendre un nombre total de cuvettes égal au sixième du personnel de la machine. Ces lavabos, scindés ordinairement en plusieurs compartiments, doivent être établis à proximité des machines et des chaufferies, de manière que les hommes puissent y accéder sans être exposés aux courants d'air. Aussi sont-ils fréquemment installés au-dessous du pont cuirassé. Chaque compartiment (fig. 915) comprend un certain nombre de cuvettes formées d'une auge en cuivre rouge étamé de 2 à 3 $^m/_m$, de 320 à 350 $^m/_m$ de largeur, divisée par des cloisons espacées de $0^m,50$ environ. Chaque cuvette doit être alimentée d'eau douce et suffisamment chaude pour dissoudre le savon. A cet effet, on installe sous le plafond du compartiment un réservoir en tôle de capacité convenable, pouvant être rempli au moyen du collecteur d'eau douce et contenant un serpentin branché sur le tuyautage de chauffage par la vapeur. On peut ainsi amener l'eau à la température voulue, et en même temps contrôler la dépense d'eau douce, en plaçant un cadenas sur le robinet de remplissage du réservoir. On installe en outre, dans chaque compartiment, un certain nombre de robinets à pomme pour douches, alimentés en eau salée et froide. Les eaux de lavages sont envoyées par un dalot au puisard du compartiment de la cale placé au-dessous.

L'installation des *bouteilles* est réglée de la manière suivante. Sur les bâtiments amiraux on installe une bouteille dans le cabinet de toilette de l'amiral, ainsi que dans ceux du chef d'état-

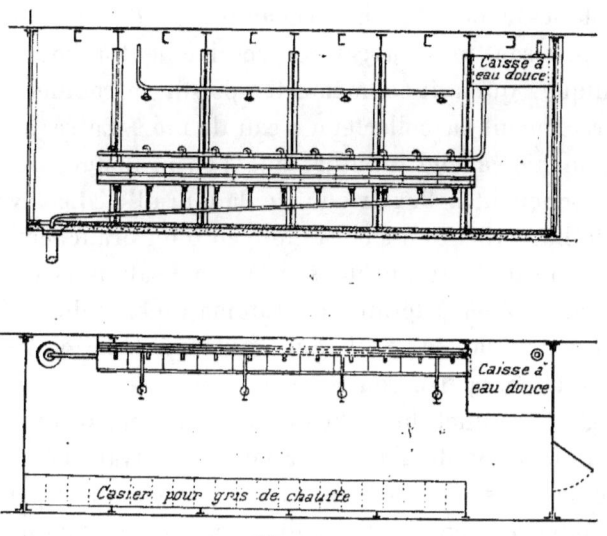

Fig. 915.

major et du capitaine de pavillon. Sur les bâtiments non destinés à porter pavillon d'un officier général et commandés par un capitaine de vaisseau, on installe une bouteille individuelle, dans un compartiment distinct, pour le commandant, et une autre pour le commandant en second; sur les autres bâtiments on n'installe de bouteille individuelle que pour le commandant seul. Pour le reste de l'état-major, on installe sur chaque navire une bouteille commune pour les officiers subalternes, et, s'il y a lieu, une bouteille commune pour les officiers supérieurs et une pour les aspirants. Dans le cas où le nombre des officiers de la 3° catégorie est supérieur à 10, on installe deux bouteilles au lieu d'une pour leur usage.

Il est également réglementaire d'installer une bouteille commune pour les maîtres et une pour l'hôpital. Dans la plupart des cas, on installe une deuxième bouteille pour l'hôpital (voir § 200) et souvent une bouteille commune pour les seconds-maîtres.

La bouteille employée à bord des navires, dont le type définitif n'est pas encore arrêté, se compose d'un corps en bronze à double clapet, surmonté d'une cuvette ovalaire en faïence au-dessus de laquelle est établie une lunette en bois verni (acajou, teak ou noyer suivant les catégories de personnel). L'emploi de deux clapets est nécessaire pour empêcher les retours d'eau dans les appareils installés à peu de distance au-dessus de la flottaison. Ces deux clapets sont manœuvrés consécutivement à l'aide d'une poignée unique, qui agit en même temps sur le robinet de lavage, relié directement au collecteur d'eau de mer. Entre les deux clapets est ménagée une tubulure que l'on prolonge par un tuyau d'air, débouchant à l'extérieur de la muraille. Le lavage éventuel de la bouteille est assuré au moyen d'un branchement spécial de 40 $^m/_m$ de diamètre, greffé sur la canalisation d'eau de mer et muni d'un robinet à fermeture automatique, indépendant de la manœuvre des clapets. A chaque bouteille est adjoint un urinoir à bec en faïence, fixé contre une cloison, et muni d'un tuyau de lavage à robinet branché sur le collecteur d'eau de mer. Le tuyau d'évacuation de l'urinoir aboutit au tuyau d'évacuation de la bouteille. Lorsqu'on a à installer deux bouteilles pour les officiers subalternes, on établit ordinairement les urinoirs, au nombre de 3 ou 4, dans un local distinct, formant par exemple vestibule d'accès aux bouteilles.

Les tuyaux d'évacuation des bouteilles, ou *corneaux*, aboutissent à la mer soit au-dessus, soit au-dessous de la flottaison. Lorsqu'ils débouchent au-dessus de la flottaison, on les prolonge extérieurement par un capuchon en tôle appelé *lézard*, rivé contre la coque et complété par une maugère en cuir descendant un peu au-dessous du niveau de l'eau (fig. 916). Ces lézards extérieurs sont très exposés à être détériorés par les chocs, et la disposition que nous venons de décrire, qui n'a d'autre avantage que de réduire le nombre des ouvertures à percer dans le pont cuirassé et dans le bordé de carène, tend à être abandonnée. Il faut remarquer d'ailleurs que, dans la plupart des cas, un certain nombre de bouteilles doivent être installées sur le pont cuirassé, ce qui oblige à faire déboucher le corneau au-dessous de la flottaison pour lui assurer une pente suffisante. La meilleure

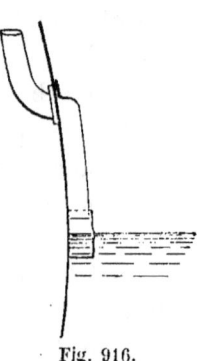
Fig. 916.

disposition consiste donc à régler les emménagements de façon que les bouteilles placées aux divers étages soient réparties en groupes se correspondant verticalement, les tuyaux d'évacuation d'un même groupe se réunissant dans un corneau commun qui débouche au-dessous de la flottaison. Ce corneau commun est muni d'un robinet d'arrêt installé contre le bordé de la même façon qu'un robinet de prise d'eau; ce robinet reste ouvert en temps normal, mais permet d'effectuer le démontage et la visite des tuyaux. Le parcours des corneaux doit être étudié avec grand soin, de manière à éviter tout coude brusque et d'une façon générale toute chance d'engorgement.

Les latrines de l'équipage sont habituellement désignées sous le nom de *corneaux*, bien que ce mot s'applique plus particulièrement, comme nous venons de le dire, aux tuyaux d'évacuation. On emploie aussi quelquefois la dénomination de *poulaines*, du nom de l'emplacement qui leur était autrefois affecté sur les navires à guibre (§ 65). Ces latrines comprennent deux compartiments, contenant chacun un *banc creux* et un *urinoir*, constitués par des auges en cuivre étamé à fond incliné fixées contre la cloison et aboutissant au corneau; le banc creux est muni d'accoudoirs en tubes de laiton, espacés de $0^m,50$ environ, qui séparent les diverses places, et les hommes perchent sur le rebord du banc, garni d'une latte en laiton strié. Sur certains navires, le banc creux a été constitué d'une manière plus satisfaisante au moyen d'un collecteur horizontal en bronze, percé de trous munis de bords rabattus auxquels se fixent des cuvettes en cuivre étamé (fig. 917). Ce collecteur, soutenu de distance en distance par des étriers en fer zingué, a sa génératrice inférieure horizontale et aboutit à un tuyau d'évacuation muni d'un regard permettant la visite et le nettoyage, dont il est séparé par un ressaut de 15 à 20 $^m/_m$ de hauteur, de façon qu'il reste toujours un peu d'eau dans le fond. Le lavage est produit par le trop-plein du château d'eau de mer et par des afflux d'eau intermittents fournis par un appareil de chasse automatique. Les appareils de ce genre, dont le type définitif n'est pas encore adopté, sont constitués en général par une caisse renfermant un siphon à amorçage automatique (fig. 918) et remplie par un tuyau greffé sur le collecteur de lavage général; le degré d'ouverture du robinet de ce tuyau règle la durée de remplissage de la caisse et par suite l'intervalle des chasses. Outre l'appareil de chasse, dont l'action est complétée par le trop-plein du château d'eau de mer (§ 184), on

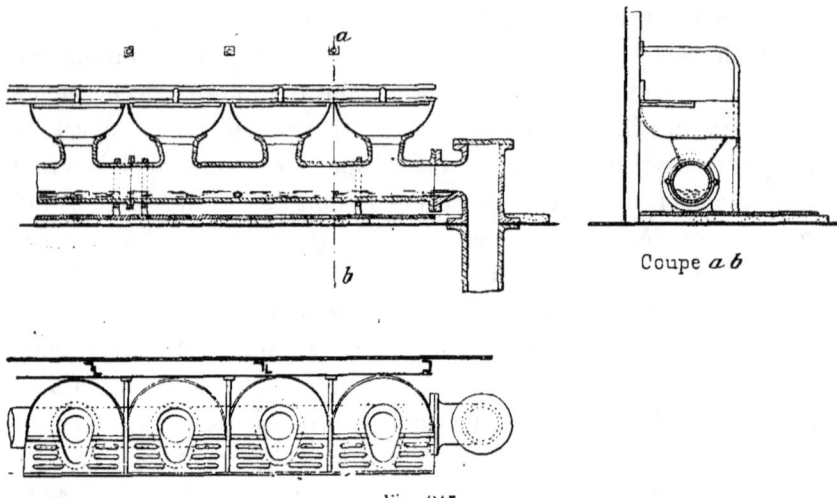

Coupe ab

Fig. 917.

installe un tuyau branché sur le collecteur de lavage et permettant d'effectuer une chasse directe et abondante pour un lavage momentané. On greffe habituellement sur ce tuyau le refoulement d'une pompe de service à bras, aspirant au collecteur d'eau de mer, de manière à assurer le lavage même en cas d'avarie des appareils mécaniques. Le lavage de l'urinoir est obtenu au moyen d'un tuyau horizontal percé de trous, muni d'un robinet d'arrêt et branché sur le collecteur de lavage. On obtient de bons résultats en enduisant régulièrement les parois de l'urinoir d'huile lourde minérale, qui empêche l'adhérence de l'urine sur ces parois.

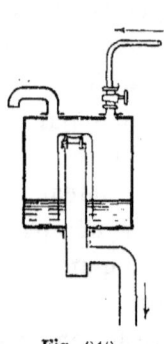

Fig. 918.

Le nombre total de places du banc creux doit être égal au vingtième de l'effectif, soit 5 places par 100 hommes d'équipage. Ce nombre de places est réparti, comme nous l'avons dit, entre deux locaux séparés, dont un seul est en service pendant que l'autre est maintenu fermé et peut être nettoyé avec soin, chaque local étant employé alternativement pendant une semaine environ. Assez souvent, sur les grands navires, l'urinoir est installé dans un local séparé, distinct du corneau proprement dit; on a alors deux urinoirs, dont un seul est en service à la fois, comme il vient d'être dit.

La ventilation des corneaux et urinoirs de l'équipage doit être assurée par des conduits convenablement installés (1). Ces locaux sont en général disposés dans la région N aux étages supérieurs; chacun d'eux doit être muni de deux portes d'accès, de manière à éviter l'encombrement au moment du branle-bas. Ces portes doivent être précédées, si c'est possible, d'un tambour avec portes pour éviter la propagation des mauvaises odeurs dans les locaux avoisinants.

Le sol et les parois latérales des salles de bains, bouteilles et corneaux doivent être munis de revêtements spéciaux permettant le lavage. Pour le sol, on se sert des carrelages en grès reposant sur un lit de ciment de 15 à 20 $^m/_m$ d'épaisseur. Pour les parois latérales, on peut employer soit une peinture laquée résistant bien à l'eau, soit des plaques de zinc-émail, feuilles de zinc émaillé de 0 $^m/_m$, 25 d'épaisseur collées sur une couche de mastic de céruse comme du papier de tenture. Sur le sol des corneaux de l'équipage on installe quelquefois un caillebotis en fer zingué maintenu par des tasseaux en fer zingué à quelques centimètres au-dessus du carrelage, qui peut ainsi être lavé fréquemment; on ne doit en aucun cas faire usage de tasseaux ou de caillebotis en bois.

199. Cuisines. Boulangerie. — Chacune des sept premières catégories de personnel forme ce qu'on appelle une *table* distincte, ayant sa cuisine spéciale. On installe en outre une cuisine particulière pour le service de l'hôpital. Lorsque le nombre de seconds-maîtres dépasse 20, on affecte à la 6ᵉ catégorie une cuisine par fraction de 20 seconds-maîtres. Toutefois, des cuisines distinctes ne sont accordées aux aspirants, aux seconds-maîtres et à l'hôpital qu'autant que les installations du bord le permettent. Les cuisines pour officiers supérieurs et aspirants ne sont bien entendu délivrées qu'aux navires sur lesquels les 2ᵉ et 4ᵉ tables peuvent être éventuellement constituées.

Les cuisines employées pour les 6 premières catégories et pour

---

(1) Sur certains navires de transport, on a obtenu une solution très satisfaisante en installant les corneaux et urinoirs dans des encorbellements latéraux, avec ouvertures à l'N et à l'R assurant une ventilation énergique par la marche même du navire.

l'hôpital sont des fourneaux du système *Hurez*. Il en existe 6 grandeurs, dont l'affectation usuelle est la suivante. La cuisine de la 1re catégorie est de 1re grandeur si le bâtiment est destiné à porter pavillon d'un officier général, de 2e ou 3e grandeur dans le cas contraire. Les cuisines des 4e, 5e et 6e catégories et la cuisine de l'hôpital sont de 6e grandeur. Quant aux cuisines des 2e et 3e catégories, leur grandeur est proportionnée au nombre d'officiers auxquels elles sont affectées, de la manière suivante :

	Nombre de couverts.
Cuisine de 1re grandeur	20 et au-dessus
— 2e —	15 à 20
— 3e —	11 à 14
— 4e —	6 à 10
— 5e —	5

Une cuisine de type spécial est délivrée aux torpilleurs.

Pour la 7e catégorie (équipage), on a employé jusqu'à présent des cuisines du système *Pironneau*, qui sont encore en service sur tous les bâtiments. Sur les navires actuellement en construction, on prévoit l'emploi de cuisines permettant la confection de repas variés (ragoûts, rôtis et fritures). Ces cuisines, dont il n'existe pas encore de modèle définitif, doivent être de l'un des types acceptés par le ministère de la guerre à la suite d'un concours ouvert en 1895. Le type est choisi dans chaque cas d'après les dispositions locales. Les dimensions sont déterminées en fonction de l'effectif N de la 7e catégorie, par la condition que les marmites à soupe doivent avoir une contenance totale de N litres, les marmites à ragoût une contenance de $\frac{N}{2}$ litres, et que le four doit permettre de faire rôtir $\frac{N}{10}$ kilogrammes de viande.

Chaque cuisine est installée en principe dans un local distinct, sauf les cuisines de seconds-maîtres qui sont réunies dans un même local. On réunit cependant souvent la cuisine de l'hôpital soit avec celles des maîtres, soit avec celles des aspirants si elle existe. Tous ces locaux sont groupés autant que possible dans les hauts, dans des parties bien aérées du bâtiment. Très souvent, on les installe sur le ponts des gaillards, dans un ou plusieurs roofs disposés à cet effet (fig. 919). Les cloisons des compartiments de cuisines sont faites en tôles de 2 à 3 $^m/_m$ ayant une hauteur de 1^m,20 et raidies par des montants en cornière s'élevant jusqu'aux barrots ou jusqu'au plafond du roof. Les intervalles entre ces montants sont garnis d'un treillage métallique, de façon à assurer la libre circulation de l'air.

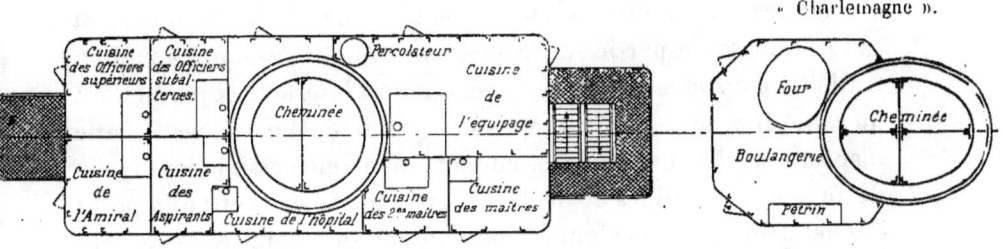

Fig. 919.

Si le bordé du pont sur lequel reposent les cuisines est en bois, on le recouvre de feuilles de cuivre à doublage clouées sur une couche de plaques de feutre brayé. Si le bordé est métallique, on fait un revêtement en carrelages de grès striés reposant sur un lit de ciment.

Chaque cuisine a comme accessoires un *banc de cuisine* en bois, avec armoires, et un caisson à charbon en tôle. Au-dessus du banc de cuisine, on installe une double tablette percée de trous pour recevoir les bouteilles et les verres, et des tringles en fer munies de crochets pour suspendre les divers ustensiles. Dans chaque local de cuisine, on fait arriver un tuyau greffé sur le collecteur d'eau douce et muni d'un robinet. Pour les cuisines d'équipage, on fait arriver un tuyau d'eau douce directement au-dessus de chaque marmite à soupe. Autant que possible, il convient de placer les cuisines de telle sorte que les portes de fourneaux soient dans un plan transversal; le cuisinier a ainsi plus de facilité pour se tenir au roulis sans être obligé de s'appuyer sur le fourneau, et le charbon enflammé risque moins d'être projeté en dehors du foyer.

Dans le local de la cuisine d'équipage est également installé l'appareil servant à faire le café ou *percolateur*. Ce percolateur, dont il existe cinq grandeurs, est une cafetière du modèle dit *à immersion*, constituée par un cylindre vertical, formant chaudière, dans lequel on peut faire plonger un panier en fer-blanc percé de trous suspendu à un levier et contenant le café moulu.

Les tuyaux de fumée des cuisines sont exécutés en cuivre de $2^m/_m$ à $2^m/_m,5$ d'épaisseur. Les tuyaux des cuisines d'un même groupe se réunissent dans un tuyau commun débouchant au-dessus du pont supérieur. Ces tuyaux communs étant assez encombrants, il est commode de les faire passer dans l'enveloppe des cheminées des chaudières; ils montent verticalement le long de la cheminée, et se terminent à la partie supérieure par une *tête de loup*, capuchon à ailettes empêchant la pluie de pénétrer à l'intérieur et permettant au courant gazeux de s'échapper sans être refoulé par le vent. Cette disposition a l'avantage de dissimuler autant que possible les tuyaux de fumée des cuisines et de favoriser le tirage en mettant à profit l'échauffement de la colonne montante dû au voisinage de la cheminée. Elle s'applique aisément lorsque les cuisines sont groupées à proximité immédiate de l'enveloppe (fig. 919), soit dans un roof du pont des gaillards, soit dans un entrepont couvert. Si les cuisines sont installées en abord, ce qui est dans une certaine mesure préférable au point de vue de l'aération, on est obligé, pour ramener les tuyaux communs vers l'axe du navire, de leur donner un certain parcours horizontal sous barrots, ce qui est très défavorable au tirage. On peut cependant appliquer cette solution lorsque les cheminées du navire ont assez de hauteur pour que les têtes de loup, que l'on place généralement un peu en contre-bas de leur sommet, soient elles-mêmes assez élevées pour assurer le tirage; on doit avoir soin, dans ce cas, de faire les coudes aussi peu brusques que possible et de les munir de portes de ramonage pour l'enlèvement de la suie.

Pour la préparation du pain, on installe une *boulangerie* comprenant un *four*, un *pétrin* en bois (1), et des étagères à claire-voie servant à déposer les pannetons sortant du pétrin et les pains après leur cuisson. Le four, en briques maçonnées maintenues par une enveloppe extérieure en tôle, doit avoir des dimensions suffisantes pour que l'ensemble d'une ration journalière de pain (c'est-à-dire $\frac{N}{2}$ pains, N étant le nombre des rationnaires) puisse être préparé en 4 fournées. Il n'existe pas actuellement de modèle ré-

---

(1) On commence à essayer l'emploi de pétrisseuses mécaniques, actionnées par un petit moteur électrique.

glementaire de four, aucun type n'ayant encore été considéré comme pleinement satisfaisant.

La boulangerie est installée comme un local de cuisine ordinaire (fig. 919), avec des dimensions suffisantes pour la manœuvre de la pelle d'enfournement. Le tuyau du four vient se réunir, s'il y a lieu, aux tuyaux de fumée des cuisines avoisinantes.

200. Hôpital et annexes. — L'installation du service médical à bord comprend (fig. 920) :

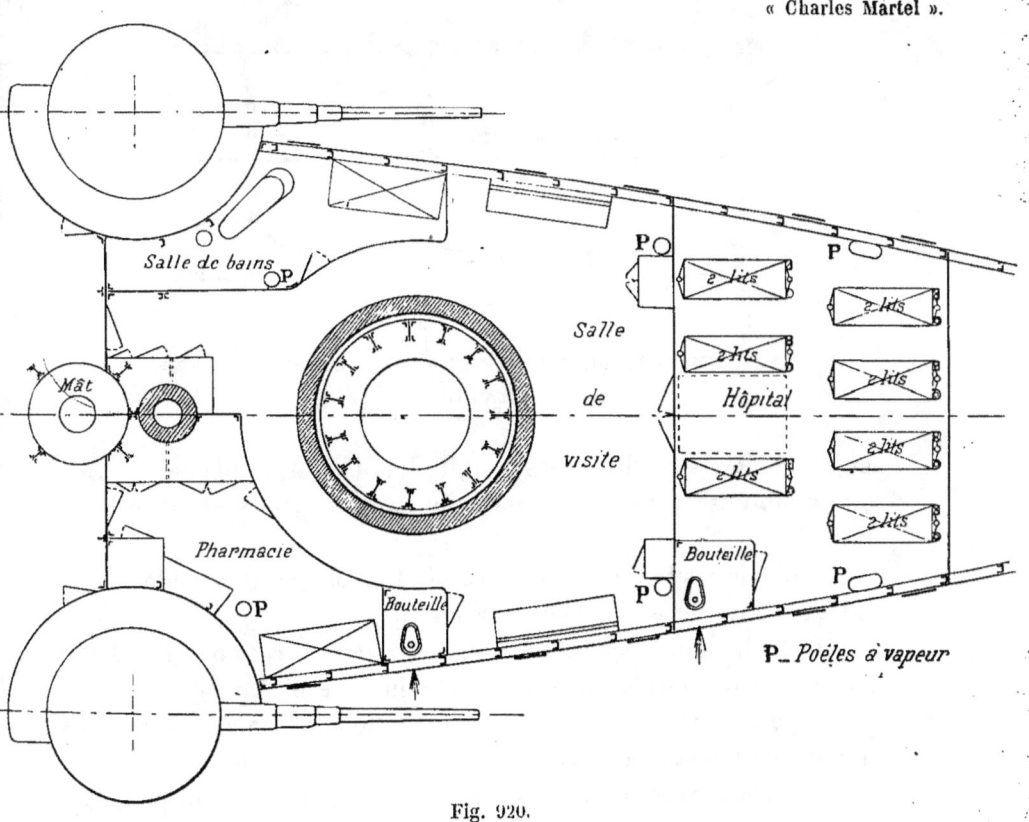

Fig. 920.

1° un *hôpital*, destiné à recevoir les malades alités ;

2° un local, autant que possible contigu au précédent, servant de *salle de visite* et dans lequel se tiennent les simples exempts de service ;

3° une salle de bains ;

4° une *pharmacie* ;

5° une ou plusieurs bouteilles.

L'hôpital, qui peut être suivant les dispositions locales scindé en deux compartiments, doit contenir un nombre total de lits égal à 2 par 100 hommes ou par fraction de 100 hommes d'équipage. Pour réduire l'encombrement, on installe des lits démontables par groupes de 2 superposés. Chaque lit est constitué par une couchette métallique suspendue par ses extrémités à des crocs fixés à des épontilles démontables (fig. 921). Autant que possible,

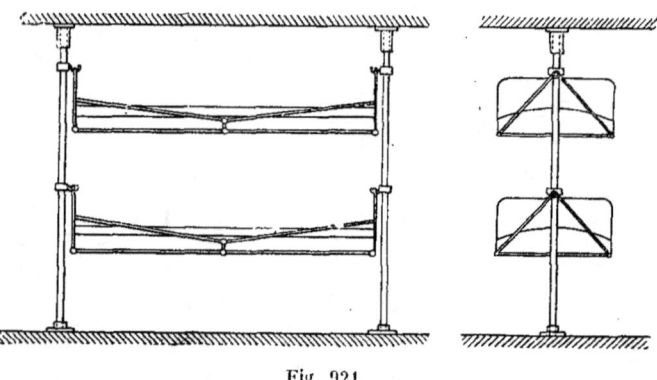

Fig. 921.

ces couchettes sont disposées longitudinalement, et peuvent être soit immobilisées au moyen d'une broche, soit laissées libres au roulis.

La salle de visite est emménagée d'une table pour le médecin et de bancs pour les exempts de service.

La salle de bains reçoit les installations nécessaires pour bains et douches d'eau chaude ou froide. On y installe en outre une couchette permettant d'isoler un homme atteint de maladie contagieuse en attendant son évacuation sur un hôpital à terre.

La pharmacie est emménagée d'armoires et d'une table pour la préparation et la délivrance des médicaments. Sur les bâtiments à bord desquels peuvent être embarqués des aspirants, on installe d'habitude dans la pharmacie une couchette permettant de loger un aspirant malade.

A l'hôpital (ou à chaque local contenant des lits si l'hôpital est scindé en plusieurs compartiments), doit correspondre une bouteille spéciale, communiquant directement avec cet hôpital. On installe d'habitude une 2ᵉ bouteille, autant que possible contiguë à la salle de bains, de manière à permettre l'isolement complet d'un homme atteint de maladie contagieuse.

Toutes les fois que les dispositions locales s'y prêtent, il convient d'établir l'hôpital et ses annexes dans la région N des étages supérieurs, pour rendre la ventilation aussi aisée et aussi efficace que possible, et de manière à pouvoir laisser ouverts à la mer, dans les circonstances normales de la navigation, les sabords ou hublots éclairant ces divers locaux.

Outre les installations dont nous venons de parler, il faut prévoir au-dessous du pont cuirassé un ou deux *postes de blessés*, destinés à être utilisés pendant le combat. Il ne s'agit pas là de compartiments spécialement affectés à cette destination, mais de compartiments présentant un espace libre suffisant, et desservis par un panneau de dimensions assez grandes pour que les blessés puissent y être amenés sans trop de difficulté. On a essayé quelquefois l'emploi d'installations mécaniques, comprenant par exemple un plateau horizontal guidé par des câbles verticaux et hissé ou affalé à l'aide d'un treuil ou d'un palan. Mais on est loin d'être d'accord sur le meilleur mode de transport des blessés pendant le combat, et il n'y a jusqu'ici à cet égard aucune prescription ferme.

Les compartiments destinés à servir de postes de blessés pendant le combat doivent être munis d'étagères permettant de loger à l'abri les coffres contenant le matériel médical et pharmaceutique, et d'un tuyau à robinet greffé sur le collecteur d'eau douce.

201. Chauffage par la vapeur. Séchoir. — Pour atténuer les effets de la conductibilité thermique des parois métalliques pendant l'hiver, on installe à bord des navires un système de chauffage au moyen de vapeur empruntée aux chaudières. Les appareils de chauffage sont des poêles formés de serpentins ou de gros tuyaux dans lesquels la vapeur, débitée par un régulateur automatique sous une pression que l'on fait varier de $0^k,500$ à 2^k environ suivant la température réclamée, se condense et abandonne sa chaleur de vaporisation. L'eau condensée est reprise par une canalisation spéciale et renvoyée aux chaudières.

Le chauffage par la vapeur doit être appliqué en principe à tous les locaux situés au-dessus du pont blindé et habités tant par les officiers que par l'équipage. Les surfaces de chauffe doivent être calculées de manière à permettre de maintenir entre la température intérieure et celle de l'air extérieur un écart de 12 degrés dans les logements, de 5 degrés dans les entreponts couverts. La canalisation d'arrivée de vapeur doit être munie des robinets nécessaires pour assurer le chauffage des différents locaux indépendamment les uns des autres et pour permettre de régler à volonté la quantité de vapeur condensée, c'est-à-dire la température, dans chaque local.

On établit un poêle distinct, muni d'un robinet d'arrêt et de réglage, dans chaque chambre d'officier ou de maître, dans l'hôpital et ses annexes, dans les carrés et les postes, et généralement dans tout logement clos et habité. Pour les carrés et postes de grande dimension, on fractionne souvent le poêle en deux appareils, de manière à réduire l'encombrement. La canalisation d'arrivée de vapeur est établie à la partie supérieure des locaux à chauffer, la canalisation de retour de l'eau condensée étant au contraire à la partie inférieure. Chaque poêle doit être établi autant que possible près du plancher du local à chauffer; il est entouré d'une enveloppe de protection en tôle ajourée.

La canalisation générale desservant tous ces poêles est établie dans les coursives le long de la partie supérieure des cloisons. La surface de chauffe ainsi obtenue étant en général insuffisante eu égard aux volumes des espaces dégagés des entreponts couverts constituant le poste de l'équipage et les diverses coursives de circulation, on la complète par de gros tuyaux horizontaux disposés en abord, et formant poêles.

Tous les tuyaux constituant la canalisation de chauffage doivent bien entendu n'être recouverts d'aucun revêtement isolant, et il convient d'éviter de polir leur surface extérieure, de façon à accroître le rayonnement. Ces tuyaux sont exécutés en cuivre.

Pour permettre aux hommes rentrant mouillés d'une corvée de faire sécher leurs effets, on installe dans le poste de l'équipage, généralement en contact immédiat avec une des enveloppes de cheminées, un *séchoir* constitué par un compartiment clos emménagé de tringles horizontales amovibles auxquelles on peut suspendre le linge et les effets. Pour que le séchage puisse s'effectuer rapidement même lorsque les chaudières correspondantes ne sont pas en service, on installe dans ce compartiment un ou plusieurs poêles à vapeur greffés sur la canalisation générale de chauffage.

Indépendamment des appareils de chauffage par la vapeur, on installe des poêles ordinaires à charbon dans le salon et la salle à manger de l'amiral ou du commandant, les salons du capitaine de pavillon et du chef d'état-major, les carrés des officiers supérieurs et subalternes, et l'hôpital.

202. Éclairage intérieur. — L'éclairage intérieur du navire est assuré dans les conditions normales par des lampes à incandescence alimentées par des dynamos mues par des moteurs à vapeur. Nous n'avons pas à étudier ici les conditions d'établissement de ces lampes et des canalisations d'éclairage. Ces canalisations forment un réseau important de câbles en cuivre recouverts d'une enveloppe isolante, qu'il importe d'installer de manière à les soustraire autant que possible aux chances d'avarie, à les isoler de la coque métallique, et à respecter l'étanchéité des diverses cloisons qu'ils traversent. Pour le réseau des conducteurs principaux établi au-dessous du pont blindé, on fait usage actuellement de câbles armés, recouverts d'un guipage formé de rubans métalliques, qui peuvent être fixés le long des cloisons sans précautions spéciales. Les conducteurs secondaires formés de câbles recouverts de rubans en caoutchouc et de tresses imprégnées d'un enduit isolant sont recouverts d'une gaine protectrice en plomb et fixés de la même manière. Pour assurer l'isolement et l'étanchéité au passage des câbles dans les cloisons du compartimentage, on emploie ordinairement des plaques de caoutchouc serrées de part et d'autre de la cloison par des plaques en bronze ou en acier et faisant joint sur des bagues en caoutchouc enfilées sur chaque câble (fig. 922).

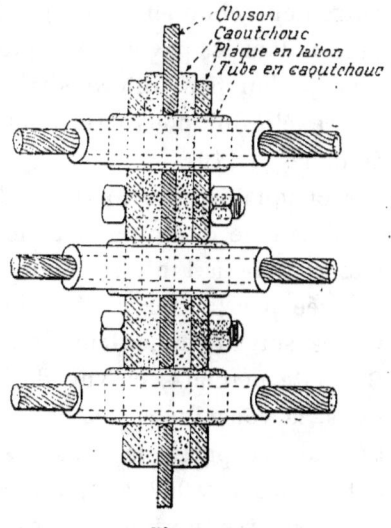

Fig. 922.

Indépendamment de l'éclairage électrique, il convient de prévoir l'installation d'un éclairage de secours, d'ailleurs très restreint. Pour les postes d'équipage et les coursives, on se sert de fanaux à bougie dits *fanaux de poste,* pour la suspension desquels on établit aux points convenables des supports formés de deux agrafes en laiton. Pour les machines et chaufferies, l'éclairage de secours est obtenu au moyen de *quinquets* à huile à deux ou trois becs. Pour les carrés et postes, on se sert de lampes à huile à modérateur portées par une suspension en forme de lyre ; il suffit par suite d'installer dans ces locaux une tringle horizontale en laiton fixée sous barrots, à laquelle on peut éventuellement accrocher la suspension.

203. Coupées et échelles d'embarquement. — La *coupée* est une ouverture ménagée soit dans la muraille, soit dans les pavois et donnant accès à l'intérieur du navire. Il est d'usage d'installer toujours deux coupées symétriques, une de chaque bord, dans la région comprise entre le milieu et l'Æ, la coupée de tribord étant exclusivement réservée aux officiers. Dans beaucoup de cas, la coupée est établie au niveau du pont supérieur, et alors, s'il n'y a pas de pavois, elle consiste en un simple passage ménagé entre deux chandeliers de garde-corps (fig. 923). Si la coupée est percée dans les pavois, et à plus forte raison si elle est établie au niveau d'un pont intermédiaire et percée dans la muraille extérieure, elle doit pouvoir être fermée à la mer au moyen de mantelets étanches (§ 110).

A chaque coupée correspond une *échelle de coupée*, appelée aussi échelle de commandement, disposée de manière à pouvoir être rentrée à l'intérieur du navire pour ne pas risquer d'être enlevée par la mer. Cette échelle est formée d'une ou plusieurs volées, suivant la hauteur de la coupée au-dessus de la flottaison. De toute manière, en vue de la facilité d'accostage des embarcations, la volée inférieure doit être dirigée parallèlement au longitudinal, sa partie la plus basse étant usuellement du côté Æ. Cette volée (fig. 923) aboutit à une plate-forme formée d'un cadre en cornières portant un caillebotis en bois, établie soit au niveau de la coupée, soit à un niveau inférieur, et est articulée sur une charnière horizontale à sa jonction avec cette plate-forme. Son extrémité inférieure est suspendue par une balancine en chaîne à un palan fixé à une petite potence, et porte un palier formé d'un caillebotis, tracé de manière à se trouver lorsque l'échelle est dans sa position normale à $0^m,50$ environ au-dessus de la flottaison en charge. On peut ainsi, en faisant varier légèrement

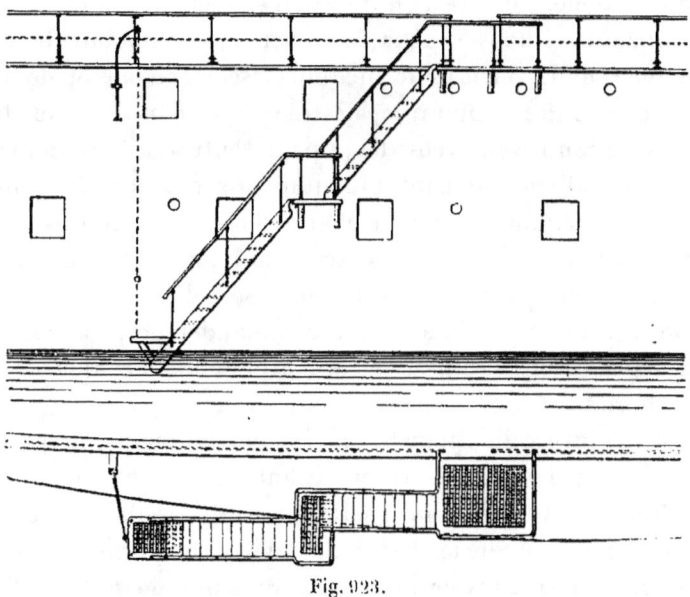

Fig. 923.

l'inclinaison de la volée, l'adapter aux différents états de chargement. Le bord du limon extérieur et du palier sont garnis de coussins en cuir pour que le bordé des embarcations ne soit pas détérioré dans l'accostage. Si l'échelle de coupée est fractionnée en plusieurs volées, les volées autres que la volée inférieure peuvent être, suivant la disposition et la forme des œuvres mortes, soit parallèles, soit perpendiculaires à la muraille. La seule condition à remplir, c'est que l'échelle soit suffisamment fractionnée pour que ses diverses parties soient aisément maniables et puissent être rentrées à bord sans difficulté. La volée supérieure aboutit à une plate-forme extérieure établie de plain-pied avec la coupée, et dont les dimensions doivent être suffisantes pour que le factionnaire de coupée, au mouillage, puisse s'y tenir et rendre les honneurs sans gêner la circulation. Dans le cas où les plateformes extérieures ainsi établies forment une saillie trop grande sur les œuvres mortes, on les monte sur charnières de façon à pouvoir les rabattre à plat contre la muraille. Les échelles de coupée sont confectionnées en chêne, ou quelquefois en teak, chaque marche étant formée d'un cadre contenant un caillebotis en bois blanc.

Sur les anciens navires, on installait seulement les deux échelles de coupée dont nous venons de parler, et on ajoutait de chaque bord une échelle verticale formée de tasseaux en bois ou de rondins en fer fixés contre la muraille, destinée à être utilisée une fois les échelles de coupée enlevées; l'équipage rentrait à bord par les tangons. On installe maintenant d'habitude deux coupées supplémentaires pour l'équipage, une de chaque bord. Ces coupées sont établies dans la région comprise entre le milieu et l'AV ; on les munit suivant la forme des œuvres mortes, soit d'échelles extérieures disposées comme les échelles de commandement, soit, si la muraille a une rentrée suffisante, de marches en tôle ajourée rivées sur le bordé.

Il est en outre utile, pour le cas de mauvais temps, de prévoir la possibilité de monter à bord en faisant accoster une embarcation à l'extrémité AR, dans une partie un peu plus abritée au mouillage contre la mer que les flancs du navire. On dispose dans ce but contre la muraille extérieure, aussi près que possible de l'extrémité AR, des échelons formés de rondins en fer rivés au bordé.

204. Tentes-tauds. Rideaux de carène. — Les ponts découverts doivent pouvoir être protégés au besoin par des abris en toile facilement amovibles. On distinguait jusqu'à ces dernières années deux sortes d'abris, la *tente*, destinée à protéger contre le soleil, et le *taud*, destiné à protéger contre la pluie. On confond maintenant ces deux abris en un seul, dénommé *tente-taud*, dont le mode d'installation est le suivant. Tout le long du livet extérieur des ponts découverts et des diverses passerelles on établit de distance en distance des *montants de tente* faciles à mettre en place ou à démonter; chaque montant est une sorte de grand chandelier vertical en tube de fer étiré, engagé dans deux colliers ou *blins* rivés à la muraille; le pied du montant porte un épaulement s'appuyant sur le blin inférieur, et pénètre dans ce blin par un bout carré maintenu par une clavette (fig. 924). A leur partie supérieure, établie à 2^m environ au-dessus du livet du pont, les montants sont terminés par un croc double à ciseaux dans lequel est engagée une *filière* formée d'une aussière en fil d'acier. A mi-distance entre le livet du pont et le croc supérieur est disposé un croc intermédiaire analogue dans lequel est engagée une deuxième filière semblable à la première. Aux extrémités AV et AR du navire, les montants de tente les plus voisins de l'axe sont contretenus par des jambes de force et portent des crocs simples auxquels s'attachent des ridoirs permettant de raidir les deux filières.

L'abri en toile est formé de deux moitiés symétriques fixées à un cordage souple appelé *ralingue*, constituant l'arête médiane placée dans le plan longitudinal. Cette arête médiane, qui porte le nom de *fune*, est interrompue au droit des mâts, cheminées, roofs, etc., sur lesquels elle s'attache par des amarrages fixés à des pitons. Si les points d'attache extrêmes sont un peu éloignés l'un de l'autre, la fune est soutenue dans l'intervalle par des araignées fixées à des balancines suspendues à des points convenables de la mâture ou du gréement. Autrefois, la fune était établie au niveau de la partie supérieure des montants de tente, et la tente, bordée sur son pourtour d'une ralingue, était fixée à la filière supé-

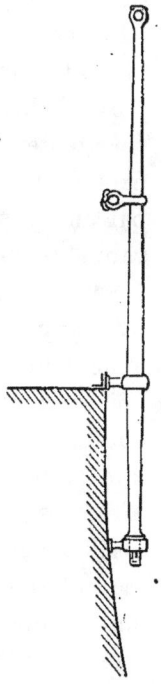

Fig. 924.

rieure par des hanets formant transfilage. Le taud, au contraire, était mis en place en conservant la position de la fune et en amarrant la bordure sur la filière inférieure, de manière à constituer un double toit incliné facilitant l'écoulement de l'eau. Actuellement, la fune est établie un peu au-dessus du niveau de la filière supérieure, et on emploie exclusivement une *tente-taud*, dont la ralingue de bordure s'amarre sur la filière supérieure de manière à former un toit légèrement incliné. La filière inférieure n'est plus indispensable, mais il y a en général avantage à la conserver pour servir de marche-pied aux hommes et faciliter ainsi la mise en place de la tente-taud. La tente-taud est confectionnée en toile à voiles n° 3; elle comprend bien entendu autant de parties qu'il y a d'espaces découverts à protéger, chaque partie étant découpée des ouvertures nécessaires pour permettre sa mise en place et laisser passer les mâts, cheminées, conduits de ventilation, etc.; les lèvres des diverses coupures sont maintenues rapprochées par des transfilages. Une deuxième tente-taud, composée de parties identiques et interchangeables avec les précédentes, est délivrée au navire lorsqu'il est destiné à une mission lointaine ; on doit même dans ce cas prévoir la possibilité d'établir les deux jeux d'abris parallèlement l'un au-dessus de l'autre.

La tente-taud est complétée au besoin par des rideaux verticaux fixés le long des montants et suspendus à la filière supérieure par un transfilage. On ne dispose qu'un seul jeu de rideaux, pouvant être installés à volonté d'un bord ou de l'autre du navire.

Sur les paquebots, dont le pont supérieur n'a pas besoin d'être fréquemment dégagé, on installe ordinairement la fune de tente à demeure, en la constituant par une hiloire longitudinale en bois soutenue par des épontilles et reliée aux montants fixés en abord par des chevrons en bois légèrement inclinés. On a ainsi une série de fermes transversales servant de support aux tentes.

Sur les petits navires de station (avisos ou canonnières) destinés à séjourner d'une manière permanente dans les pays chauds, la tente-taud est remplacée par une toiture légère en planches embouvetées soutenue de distance en distance par des montants (voir fig. 415); on conserve seulement les rideaux latéraux en toile.

Pour les navires susceptibles de séjourner au mouillage dans les pays chauds, et même simplement de passer l'été dans la Méditerranée, il faut se préoccuper en outre de préserver contre le soleil les murailles métalliques latérales pour éviter un échauffement exagéré de l'atmosphère intérieure. On installe dans ce but des *rideaux de carène,* c'est-à-dire de grands rideaux latéraux en toile à voiles dont le bord supérieur est fixe le long du livet, au pied du rideau de tente, et dont le bord inférieur trempe légèrement dans l'eau. Ce rideau, qui n'est établi que pour une moitié du navire, de façon à pouvoir être monté soit d'un bord soit de l'autre, est maintenu écarté de la muraille au moyen de petits tangons portant des filières longitudinales; on a ainsi une lame d'air séparant la muraille du rideau, qui s'imbibe par capillarité et donne une surface d'évaporation assez considérable.

205. Emménagements spéciaux aux transports. — Les navires de transport comportent certaines installations spéciales motivées par le rôle qu'ils sont appelés à remplir. Nous nous contenterons de les énumérer très rapidement, le service des transports de la marine étant depuis un certain nombre d'années à peu près exclusivement effectué par des navires de commerce affrétés.

Pour un navire destiné à transporter spécialement des troupes, on établit pour les officiers passagers des chambres à 2, 4 ou 6 couchettes installées par groupes de 2 superposées, et deux carrés, l'un pour les officiers supérieurs, l'autre pour les officiers subalternes. Le service de la nourriture des officiers passagers est assuré par un agent civil, dit *pourvoyeur*, ayant à sa disposition une cuisine et ses accessoires, des soutes à vivres, et un parc à bestiaux établi sur le pont supérieur. Les passagers rationnaires couchent dans des hamacs et prennent leurs repas sur des tables démontables ; ces installations sont identiques à celles de l'équipage, mais doivent en être aussi distinctes que possible pour faciliter la surveillance. Des compartiments de la cale doivent pouvoir être réservés pour servir de soutes à bagages.

Pour le rapatriement des malades provenant des colonies, on transforme une partie du poste des passagers en hôpital volant, en installant des épontilles amovibles auxquelles peuvent être suspendues des couchettes disposées comme il a été dit au § 200. De nombreuses bouteilles, aussi aérées que possible, doivent être adjointes à cet hôpital, ainsi que divers locaux tels que pharmacie, lingerie, buanderie, etc. Il convient également de disposer d'appareils à faire de la glace et de chambres frigorifiques, installations qui existent aujourd'hui sur presque tous les paquebots.

Pour le transport des condamnés aux travaux forcés, on installe dans un entrepont un poste limité par des grillages formés de barres de fer rond verticales. Ces grillages sont établis de manière à ménager dans l'axe et le long de la muraille latérale des coursives pour la circulation et la surveillance. Ces coursives longitudinales sont reliées de distance en distance par des coursives transversales, de manière à constituer une série de petits postes isolés les uns des autres contenant chacun 50 prisonniers environ. Les hamacs et tables sont installés dans ces postes de la même manière que pour l'équipage. On installe en outre dans chaque poste une bouteille, et des bancs fixes en bois le long du grillage.

Pour le transport des chevaux, on établit des groupes de 5 ou 6 stalles juxtaposées formées de montants verticaux en bois sur lesquels s'appuient des bordages transversaux et longitudinaux soutenant la croupe, le poitrail et les flancs des animaux. Toutes ces traverses sont garnies de bourrelets en toile fourrée d'étoupes. Le sol est recouvert d'un soufflage en chêne sur lequel on cloue des grains d'orge pour empêcher les chevaux de glisser. La traverse du poitrail est amovible, pour permettre l'entrée et la sortie de l'animal; elle porte une mangeoire étanche, en tôle ou en bois doublé de plomb, servant pour la boisson et la nourriture. Au-dessus de chaque stalle sont disposés de forts pitons auxquels on peut amarrer des sangles servant à soutenir les chevaux en cas de roulis violents. D'autres pitons servent à la fixation du harnachement. Des coursives ménagées autour des groupes de stalles permettent la surveillance et le pansage. Des gattes et des dalots assurent l'écoulement de l'urine au dehors.

Sur les navires non destinés spécialement au transport des chevaux, ces installations sont exécutées à faux frais sur le pont supérieur. Sur les navires spéciaux, les groupes de stalles sont disposés dans les divers entreponts, qui doivent avoir dans ce cas la hauteur suffisante (§ 77), et autant que possible des sabords de dimensions convenables sont percés dans la muraille extérieure, de manière à permettre l'embarquement direct des chevaux, plus facile et plus rapide que l'embarquement par les panneaux à l'aide d'une sangle. Les stalles sont disposées de manière que les chevaux soient placés en travers, la tête tournée du côté du panneau d'aérage. Pour les entreponts situés à peu de distance de la flottaison, les dalots d'écoulement des urines aboutissent à des caisses spéciales placées dans la cale, d'où elles sont évacuées au moyen d'une pompe.

CHAPITRE IX.

Emménagements relatifs à l'approvisionnement.

206. Soutes à vivres. Cambuse. — L'approvisionnement de vivres que doit posséder chaque navire est calculé de manière à représenter le total des denrées nécessaires pour l'équipage complet pendant un nombre de jours fixé. Ces vivres, dits *vivres de campagne*, ne sont consommés normalement que lorsque le navire est à la mer. Lorsqu'il séjourne dans un port ou une rade, il lui est alloué à intervalles réguliers une certaine quantité de vivres frais, proportionnellement au nombre d'hommes réellement embarqués; ces vivres ne nécessitent pas de logement spécial, et sont déposés ordinairement dans le compartiment appelé *cambuse*, qui est, comme nous le verrons tout à l'heure, le lieu de dépôt des vivres en consommation.

La délivrance des vivres de campagne se fait en prenant pour base la ration dite complète, une ration correspondant à un jour de vivres pour chaque individu embarqué, quelle que soit sa qualité à bord. Le tableau suivant indique la composition, en poids, de 1000 rations complètes :

Biscuit.		155^k
Farine d'armement		432^k
Conserves { Conserves de bœuf . . 166^k » Porc salé . . . . 86^k » Conserves de poisson. $8^k,600$ Légumes secs . . . . . 103^k » }		$383^k,600$
Riz, café, sucre, fromage, assaisonnements.		$59^k,200$
Vin.		525^k »
Spiritueux		31^k »
Total		$1625^k,800$

Cette composition de rations peut subir dans certains cas diverses modifications, par exemple en raison de la nature spéciale de la campagne faite par le bâtiment. Mais les chiffres que nous venons de donner peuvent être pris pour base dans l'étude d'un projet de navire et dans la détermination des emménagements.

La quantité totale de vivres à loger à bord s'obtient en multipliant la ration complète par le nombre d'hommes d'équipage (officiers compris) et par le nombre de jours d'approvisionnement que doit posséder le navire. Ce nombre de jours, qui doit être fixé lorsqu'on arrête le programme du navire, est ordinairement égal à 90 pour les navires de croisière, 60 pour les grands navires d'escadre (1), 45 pour les garde-côtes, 30 pour les contre-torpilleurs et 15 pour les torpilleurs.

Les soutes à vivres comprennent en général une soute à biscuit, une soute à farine, une soute à conserves, et une soute à vivres liquides dite cale à vin. Ces soutes peuvent être situées, suivant les dispositions locales, soit au-dessus soit au-dessous du pont cuirassé. Comme mesure de sécurité, il est bon de scinder en deux chaque soute, et de répartir ainsi les vivres dans deux régions distinctes du navire, par exemple à l'avant et à l'arrière. Pour le même motif, une partie au moins des vivres devra être placée dans les régions protégées. Le service des vivres s'effectuant plutôt à l'avant, comme nous le verrons, il conviendra, lorsque les emménagements le permettent, de scinder les vivres en deux parties inégales; la plus grande partie sera logée à l'avant, soit au-dessus soit au-dessous du pont blindé; le reste, formant l'approvisionnement de réserve, sera logé à l'arrière au-dessous du pont blindé, et de cette façon le navire ne risquera pas d'être complètement démuni à la suite d'un combat. D'une manière générale, toutes les soutes renfermant des vivres doivent être munies d'une fermeture à clef.

Le biscuit était autrefois logé en vrac, c'est-à-dire que la soute à biscuit était un simple compartiment dont les parois étaient revêtues d'un lambrissage en pin calfaté et enduit de brai végétal, et dans lequel le biscuit était arrimé en galettes. Il est toujours logé aujourd'hui dans des caisses métalliques à section rectangulaire, ce qui facilite sa conservation et son arrimage. On a d'abord essayé l'emploi de caisses en zinc groupées par séries de cinq ayant

---

(1) Ce chiffre est souvent aujourd'hui réduit à 45 pour les vivres solides, et même quelquefois pour la totalité des vivres.

des dimensions progressivement décroissantes, de manière à pouvoir une fois vides être emboîtées les unes dans les autres. Les récipients actuellement usités sont des caisses en fer-blanc avec enveloppe extérieure en bois, dont les dimensions sont les suivantes :

	Caisses n° 1.	Caisses n°2
Hauteur	335 m/m	325 m/m
Longueur	660 m/m	540 m/m
Largeur	415 m/m	285 m/m
Tare	11k,700	7k,400
Contenance	34k	18k

Le biscuit étant ainsi bien protégé, la soute n'a pas besoin d'être lambrissée ; il suffit de coller sur les parois un revêtement en linoleum de 1 à 2 m/m, de placer sur le plancher un caillebotis en bois, et d'appliquer sous le plafond une peinture au liège ou à la sciure de bois, afin de prévenir les condensations et de maintenir les caisses bien sèches. Autant que possible, la soute doit avoir une forme prismatique régulière pour faciliter l'arrimage des caisses. Pour l'étude des emménagements du navire, on peut admettre que le volume de soute nécessaire pour loger le biscuit est égal à 2^{m3},9 par tonne de biscuit embarqué.

Pour la farine, comme pour le biscuit, on fait usage de récipients métalliques. On a essayé d'abord des caisses cylindriques en fer-blanc, formant des séries de cinq disposées de manière à s'emboîter une fois vides les unes dans les autres. On emploie aujourd'hui des caisses identiques aux caisses à biscuit ; les caisses n° 1 reçoivent 50 kilos de farine, et les caisses n° 2 en reçoivent 25 kilos. La soute à farine nécessite les mêmes précautions contre l'humidité que la soute à biscuit ; on y installe souvent une étagère à mi-hauteur, de manière à arrimer les caisses sur deux plans. Cette soute doit être bien ventilée et autant que possible soustraite à l'influence des sources de chaleur extérieures, afin d'assurer la conservation de la farine. Pour l'étude des emménagements, on peut admettre un volume de soute de 2^{m3} par tonne de farine embarquée, si les caisses sont arrimées en vrac, de 3^{m3} si on les arrime en deux plans sur étagères, avec coursive de circulation.

Le fleurage nécessaire pour la fabrication du pain est délivré en *quarts;* ces quarts sont des barils en bois qui servaient autrefois pour le logement de la farine, et dont les dimensions sont les suivantes :

Hauteur.	690 $^m/_m$
Diamètre	580 $^m/_m$
Tare.	16^k
Contenance.	42^k

Les conserves sont délivrées soit en quarts, soit en caisses. On les répartit en une ou plusieurs soutes, suivant les emplacements dont on dispose, chaque soute étant installée comme il a été dit plus haut pour les soutes à biscuit. Pour le volume total, on peut admettre 2^{m3} par tonne de conserves embarquées.

Le vin est logé dans une soute spéciale qui porte le nom de *cale à vin.* Il est renfermé dans des barriques ou *pièces,* en bois cerclé de fer, dont il existe actuellement quatre types, d'une contenance respective de 500, 250, 125 et 65 litres. Les pièces de 500 litres (anciennement appelées *pièces de 2*) sont employées pour les bâtiments ayant plus de 200 hommes d'équipage (1), les pièces de 250 litres (anciennement *pièces d'une*) pour les bâtiments ayant de 200 à 500 hommes d'équipage, les pièces de 125 et 65 litres (anciennement *tierçons* et *demi-tierçons*) pour les bâtiments ayant moins de 200 hommes d'équipage. Les bâtiments reçoivent en outre un certain nombre de barils de 50, 25 et 15 litres (anciennement *barils de galère*) pour transvaser au besoin du vin restant au fond d'une pièce. L'approvisionnement total n'étant pas en général un multiple de la contenance du type de pièce afférent au navire, on complète l'approvisionnement au moyen de quelques pièces de dimension inférieure.

Les spiritueux et le vinaigre sont également logés dans la cale à vin. Ils sont contenus dans des pièces identiques aux pièces à vin.

Les pièces doivent être arrimées avec leur axe horizontal et pa-

---

(1) Bien que l'emploi de la pièce de 500 litres soit encore réglementaire, on l'a remplacée souvent par la pièce de 250 litres, qui a l'avantage d'être plus maniable.

rallèle à celui du navire, de manière à réduire autant que possible l'agitation du vin dans les mouvements de roulis. La cale à vin doit par suite avoir pour longueur un multiple de la longueur des pièces employées, plus un certain jeu nécessaire pour faciliter l'arrimage et qui ne doit pas être inférieur à 50 centimètres. Les dimensions des divers types de pièces sont les suivantes :

Contenance des pièces.	Longueur hors tout.	Grand diamètre.	Tare.
litres.	m.	m.	kil.
500	1,300	0,800	120
250	0,970	0,700	60
125	0,775	0,550	30
65	0,630	0,440	18
50	0,620	0,405	14
25	0,530	0,310	8
15	0,440	0,270	5

Quant au volume de la cale à vin, il faut compter au minimum 3^{m3} par tonne de vin et de spiritueux embarqués. Mais ce chiffre est un peu faible, et pour faciliter l'arrimage et la manutention des pièces, il est bon d'adopter si on le peut un volume de 4 à 5^{m3} par tonne.

Les pièces de la rangée inférieure reposent sur des chantiers en bois ou en tôlerie ; les autres pièces leur sont superposées (fig. 925). Pour combler les intervalles et assurer la tenue des pièces, on utilise l'approvisionnement de bois à brûler, qui peut être évalué à $0^k,2$ par jour et par homme pour les bâtiments de 400 à 600 hommes d'équipage, $0^k,25$ pour les bâtiments de 200 à 400 hommes, $0^k,3$ pour les bâtiments de moins de 200 hommes. Lorsque les dimensions de la soute le permettent, il est bon d'installer sous les barrots des rails sur lesquels peut courir un chariot portant un palan différentiel, pour la manœuvre des pièces.

La cale à vin (ou du moins la cale principale, s'il existe une seconde soute contenant l'approvisionnement de réserve) doit être autant que possible située au-dessous de la cambuse, directement à l'aplomb de celle-ci et communiquant avec elle par un panneau. Les pièces doivent en effet pouvoir être amenées dans la cambuse à mesure qu'elles sont mises en consommation, et sur un grand navire cette manœuvre se répète presque chaque jour. Autrefois, le vin était amené au moyen d'une pompe spéciale, aspirant successivement dans chaque pièce, dans un récipient en bois appelé *charnier*, installé dans la cambuse. Mais il était difficile d'em-

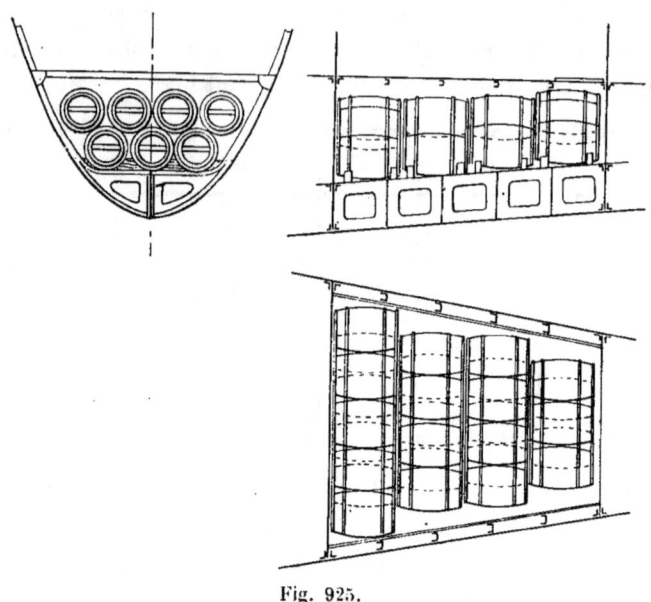

Fig. 925.

pêcher l'altération du vin, et on a complètement renoncé à ce procédé.

Lorsque la cale à vin est installée au-dessous du pont cuirassé, on la munit d'un tuyautage de vapeur pour l'extinction d'un incendie, dans les conditions indiquées au § **187** pour les soutes à charbon.

A bord des torpilleurs, le vin et les spiritueux sont logés, non dans des barils, mais dans des *dames-jeannes* en verre, de forme arrondie, revêtues d'une garniture en osier. Il en existe deux modèles dont les dimensions sont les suivantes :

	Dames-jeannes n° 1.	Dames-jeannes n° 2.
Hauteur.	0^m,50	0^m,48
Diamètre maximum	0^m,39	0^m,33
Tare	4^k	3^k
Contenance	24 litres	15 litres

La *cambuse* est en principe le lieu de dépôt et de distribution des vivres en consommation. Mais elle sert aussi pour le logement des vivres n'ayant pas de soute spéciale (café, sucre, assaisonnements, etc.), du pain prêt à être consommé, et des *gros ustensiles de plat*, soit 2 gamelles et 1 bidon par plat. Le nombre des séries d'ustensiles est égal, comme nous l'avons vu (§ 197), au sixième du nombre des rationnaires; les dimensions d'encombrement d'une série sont respectivement 350 $^m/_m$ en longueur, 350 $^m/_m$ en largeur et 320 $^m/_m$ en hauteur. Pour le pain, il faut prévoir le logement de l'approvisionnement de deux jours, à cause du dimanche, ce qui représente un nombre de pains égal au nombre des hommes d'équipage, chaque pain ayant environ 30 $^c/_m$ de diamètre et 12 $^c/_m$ d'épaisseur.

D'après ce qui précède, la cambuse doit contenir :

1° des caissons et armoires, en bois doublé de zinc ou de fer-blanc, d'un volume total de 2 à 6^{m3} suivant l'importance du bâtiment, pour les vivres non renfermés dans des soutes spéciales (riz, café, sucre, sel, etc.) et les divers ustensiles de distribution ;

2° des étagères en bois pour les gros ustensiles de plat ;

3° des étagères à pain, à claire-voie, formées de lattes et de tringles en bois ;

4° des chantiers en bois pour les pièces de vin et de spiritueux en cours de vidange.

On ajoute ordinairement un bureau-pupitre en bois blanc pour les écritures du maître magasinier.

La cambuse est installée en général dans la région de l'avant, de manière à être à proximité immédiate du poste de l'équipage. Elle peut être soit au-dessus, soit au-dessous du pont cuirassé; son volume se détermine en partant du volume d'encombrement des denrées et objets qui doivent y trouver place, mais on doit chercher à la faire aussi spacieuse que possible, pour faciliter le service de distribution. Sur les grands navires, on scinde quelquefois la cambuse en deux, un des compartiments, dit *annexe de la cambuse*, servant plus particulièrement au logement des vivres et l'autre au logement du pain et des ustensiles de plat et à la distribution. Lorsque la cambuse et son annexe sont installés au-dessous du pont cuirassé, on les munit d'un tuyautage d'extinction d'incendie par la vapeur, comme il a été dit plus haut pour la cale à vin.

On ne doit pas oublier, dans l'étude des emménagements, de réserver les panneaux et portes nécessaires pour l'embarquement des vivres à bord, et leur introduction dans les soutes. Les objets les plus encombrants sont les pièces de vin, dont nous avons donné plus haut les dimensions.

Pour l'étude d'un projet de navire, il est nécessaire de pouvoir évaluer à l'avance le poids global ou tare des récipients de diverse nature servant à contenir les vivres. On peut admettre pour cette tare les $\frac{21}{100}$ du poids total des vivres embarqués.

207. Cale à eau. Service de l'eau douce. — Malgré l'installation d'appareils permettant d'effectuer la distillation de l'eau de mer, chaque navire doit posséder un certain approvisionnement d'eau douce, emmagasinée dans une soute dite *cale à eau*. Cet approvisionnement est calculé sur la base de 4 litres par jour et par homme, pour un nombre total de jours fixé à l'avance pour chaque navire, et généralement égal à 20 pour tous les grands navires d'escadre et de croisière, 15 pour les garde-côtes, 10 pour les contre-torpilleurs et 5 pour les torpilleurs.

On a quelquefois essayé de loger cet approvisionnement d'eau douce dans des citernes formées par des compartiments étanches de la cale, intérieurement au vaigrage. Mais, si on laisse de côté la question de réduction de la stabilité, qui peut être atténuée par des chicanes convenablement disposées, le nettoyage de ces citernes ne peut être fait fréquemment, et l'eau est exposée à s'altérer. On fractionne habituellement l'approvisionnement d'eau douce en un certain nombre de caisses de capacité modérée, arrimées les unes à côté des autres sur un seul plan, de telle sorte que la face supérieure d'une caisse quelconque soit toujours accessible, et que sa vidange, son remplissage ou son nettoyage puissent s'effectuer sans difficulté. Les caisses dont on fait usage sont des caisses en tôle non zinguée, recouvertes à l'extérieur d'une couche de coaltar. Les parois intérieures sont laissées nues, aucun enduit satisfaisant n'ayant pu être adopté jusqu'ici ; leur nettoyage doit par suite être effectué avec beaucoup de soin pour que l'eau ne se

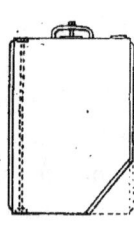
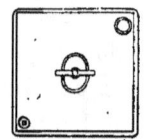

Fig. 926.

charge pas trop d'oxyde de fer. Les caisses à eau sont de forme prismatique, la section horizontale étant un carré à angles arrondis. Les types normaux contiennent respectivement 1000, 2000, 2500 et 3000 litres. Pour faciliter l'arrimage à bord, la cale à eau étant souvent placée dans les fonds comme nous le verrons plus loin, on emploie également des caisses tronquées, ayant même section et même hauteur que les caisses ordinaires mais présentant un pan coupé à la partie inférieure (fig. 926). Les dimensions d'encombrement sont les suivantes :

CAPACITÉ DES CAISSES.	HAUTEUR.	CÔTÉ DE LA BASE.
litres.	m.	m.
3000	1,940	1,300
2800 (tronquée)	1,940	1,300
2500	1,890	1,300
2300 (tronquée)	1,890	1,300
2000	1,300	1,300
1800 (tronquée)	1,300	1,300
1600 (tronquée)	1,300	1,300
1000	1,050	1,050
900 (tronquée)	1,050	1,050
800 (tronquée)	1,050	1,050

Chaque caisse est munie sur sa face supérieure d'un trou d'homme fermé par un bouchon autoclave et d'un trou plus petit pour le passage de la manche en cuir servant à remplir ou à vider la caisse. En outre, la face inférieure est munie d'une bonde de vidange manœuvrée par une tige terminée par un bout carré et débouchant sur la face supérieure (fig. 926).

La récupération de l'approvisionnement d'eau douce s'obtient au moyen des bouilleurs dont nous avons parlé au § 189. La vapeur venant de ces bouilleurs est amenée dans des condenseurs dits *réfrigérants*; l'eau condensée passe dans des *filtres* à noir animal, et se rend de là aux caisses. Sur le trajet entre le réfrigérant et le filtre est installé un *aérateur*, petit appareil fondé sur le principe des injecteurs et ayant pour but de mélanger à l'eau la quantité d'air nécessaire pour la rendre potable. L'installation est faite en double, c'est-à-dire qu'il y a deux réfrigérants et deux filtres, l'ensemble devant pouvoir produire en 24 heures 16 litres d'eau douce par homme. Ces réfrigérants et ces filtres sont ordinairement installés dans les parties protégées, au-dessous du pont cuirassé. Ceci conduit à placer la cale à eau dans les fonds, de manière que l'eau sortant des filtres y soit amenée par l'effet de la pesanteur, sans nécessiter l'emploi d'une pompe supplémentaire.

Pour les motifs indiqués au paragraphe précédent, il est bon de scinder en deux la cale à eau, pour atténuer les conséquences d'une avarie locale. Dans chaque cale à eau, les caisses sont arrimées en un seul plan, à côté les unes des autres, de manière que leurs faces supérieures soient au même niveau. Elles sont accorées au moyen de tasseaux en bois et reposent sur des rances en bois ou mieux en tôlerie, percées des anguillers convenables pour que l'eau de la cale arrive à un puisard où on fait aboutir un branchement du petit drain. Les dimensions du compartiment sont réglées autant que possible d'après les dimensions des caisses, de manière à ne pas avoir d'espace perdu. On utilise en abord des caisses tronquées, si l'acculement des formes du navire le rend nécessaire (fig. 927).

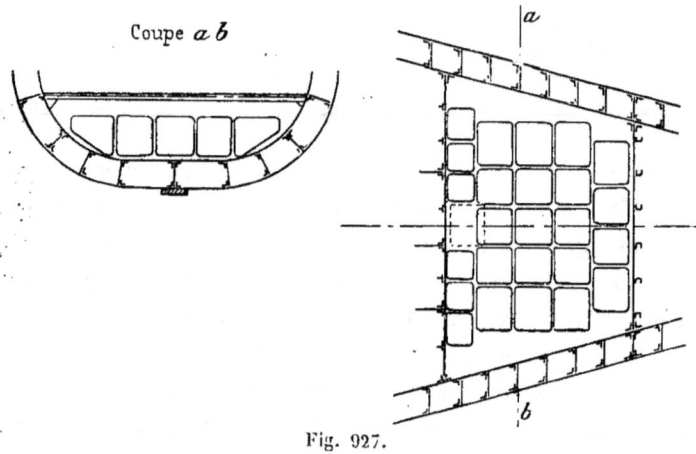

Fig. 927.

Au-dessus du niveau supérieur des caisses, on doit réserver un espace libre sous barrots de $0^m,600$ au minimum, pour permettre la visite et le nettoyage, ainsi que la manœuvre des manches.

Dans l'étude d'un projet de navire, il est nécessaire de pouvoir évaluer le poids des caisses destinées à contenir l'approvisionnement d'eau douce. On peut admettre que ce poids représente en moyenne les $\frac{20}{100}$ du poids de l'eau embarquée.

Pour le service de distribution d'eau douce, on installe un *château d'eau douce*, placé ordinairement à côté du château d'eau de mer, et constitué comme lui soit par un réservoir en tôle spécial, soit par une caisse à eau d'un des modèles réglementaires ; on donne en général aux deux châteaux d'eau la même capacité, c'est-à-dire de 1000 à 3000 litres suivant l'importance du navire. Du château d'eau douce part un tuyau de distribution dit *collecteur d'eau douce,* desservant les cuisines, l'hôpital, les lavabos, les offices, les salles de bains et les postes de blessés ménagés au-dessous du pont cuirassé. On dispose en outre sur le pont supérieur quelques raccords à robinet pour le lavage du linge et de chaque bord un raccord auquel on peut adapter une manche pour faire le plein des chaudières et des caisses de réserve des canots à vapeur.

On donne habituellement au collecteur d'eau douce un diamètre de 40 à 50 $^m/_m$, les branchements des cuisines, offices, etc. ayant de 20 à 30 $^m/_m$. Toute la portion de ce tuyautage parcourue par de l'eau destinée à l'alimentation doit être exécutée en fer, et non en cuivre, avec joints à la toile caoutchoutée et non au minium. On a quelquefois exécuté en cuivre les autres parties du tuyautage, mais il est bien difficile de s'opposer à la corrosion galvanique, qui salit rapidement l'eau ; en tout cas, les parties de tuyautage en cuivre doivent être étamées. Assez souvent, on emploie le fer pour la totalité du tuyautage d'eau douce.

Le château d'eau douce est alimenté par une pompe à vapeur d'un débit de 2 à 3000 litres par heure, suppléée en cas d'avarie par une pompe à bras (§ 185). Au-dessus des caisses, dans la cale à eau, est établi un collecteur d'aspiration muni de quelques raccords sur lesquels on peut fixer des manches en cuir plongeant dans les caisses. La pompe à vapeur et la pompe à bras sont agencées de manière à aspirer dans ce collecteur et à refouler dans le collecteur de distribution communiquant avec le château d'eau. Les tuyaux de sortie des filtres aboutissent bien entendu au collecteur d'aspiration. En outre, pour faciliter le remplissage initial des caisses, la pompe à vapeur est disposée de manière à pouvoir refouler dans le collecteur d'aspiration, c'est-à-dire dans les caisses, et aspirer dans un tuyau aboutissant à une tubulure fixée contre la muraille extérieure, sur laquelle on peut adapter une manche plongeant dans une citerne accostée le long du bord. On a ainsi la disposition représentée schématiquement par la figure 928.

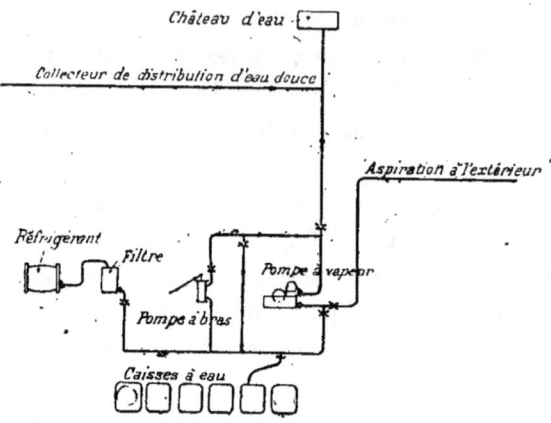

Fig. 928.

Depuis quelques années, on sépare du service général de distribution d'eau douce celui de l'eau destinée à la boisson, qui doit être exclusivement de l'eau distillée. Dans ce but, on réserve une fraction des caisses contenant l'approvisionnement total d'eau douce de manière à y loger à l'avance une certaine quantité d'eau distillée, à raison de 20 litres environ par homme embarqué ; ces caisses ainsi réservées sont ensuite remplies à mesure des besoins au moyen des appareils distillatoires du navire. Un tuyautage spécial, entièrement indépendant des autres canalisations de distribution d'eau, dessert les offices, la pharmacie et les *charniers*, récipients installés dans le poste de l'équipage et mis à la disposition des hommes. Ces charniers sont des réservoirs de 50 à 100 litres, qui étaient autrefois confectionnés en bois; on essaie actuellement l'emploi de charniers en tôle recouverts intérieurement d'un enduit en caoutchouc vulcanisé (enduit Lacollonge), qui ont donné jusqu'ici de bons résultats. Le tuyautage de distribution d'eau distillée est desservi par une pompe à bras, qui doit être exclusivement affectée à ce service.

208. Soute à voiles. Étagères à filin. — Sur les navires munis d'une voilure, les voiles de rechange et les voiles non enverguées, c'est-à-dire celles qu'on ne laisse pas fixées à la mâture d'une manière permanente, sont logées dans un compartiment qui porte le nom de *soute à voiles*. Mais la soute à voiles doit exister même sur les navires entièrement dépourvus de voilure, car elle sert à loger les voilures des embarcations, les hamacs de rechange (un par 30 hommes d'équipage) les hamacs des hommes absents, les tentes-tauds, les étuis de chauffe des mâts, les capots en toile des embarcations, des dômes de panneaux, des habitacles, etc.

La soute à voiles est en général un des compartiments de la cale, mais elle n'a aucun emplacement spécial. On doit prendre des précautions pour empêcher la toile de se pourrir sous l'effet de l'humidité. Pour cela, on dispose sur le sol un caillebotis en bois, et les parois sont garnies de lattes en sapin formant un lambrissage à claire-voie, de façon à éviter le contact direct entre la toile et les parois métalliques, qui doivent d'ailleurs être recouvertes de peinture hydrofuge au liège ou à la sciure de bois. La soute doit être bien ventilée, et les conduits de ventilation doivent être munis d'écrans en toile métallique pour s'opposer à l'invasion des rats. Lorsque la soute à voiles est placée au-dessous du pont cuirassé, le service d'extinction d'un incendie y est assuré au moyen d'un tuyautage de vapeur (§ 187).

Le volume de la soute à voiles ne peut guère être fixé d'une manière précise. Pour les navires dépourvus de voilure, on peut admettre les chiffres suivants :

Avisos et grands contre-torpilleurs d'escadre........ 5 à 10^{m3}
Croiseurs de 2e et 3e classe...................... 10 à 20^{m3}
Cuirassés, croiseurs cuirassés et croiseurs de 1re classe... 20 à 35^{m3}

Pour les navires possédant une voilure, il faut augmenter ce volume de $1^{m3},5$ à 2^{m3} par 100^{m2} de surface de voilure.

Les nombreuses aussières en chanvre de toute dimension qui sont délivrées au navire comme garants de palans, tant comme approvisionnement normal que comme rechange, sont logées sur des étagères dites *étagères à filin*. Ces étagères, en bois, sont formées de deux tablettes à claire-voie, l'une un peu au-dessus du plancher l'autre à mi-hauteur de l'entrepont, soutenues de distance en distance par des montants. Il faut compter sur une surface totale d'étagères variant de 2 à 20^{m2} suivant l'importance du navire. Les étagères à filin doivent être placées dans un endroit parfaitement ventilé et éloigné de toute source de chaleur, pour assurer la conservation du filin ; aussi les installe-t-on de préférence au-dessus du pont cuirassé. Les poulies d'approvisionnement et de rechange pour les divers palans se logent en général sur les étagères à filin ; on peut aussi installer des tringles permettant de les suspendre dans un emplacement disponible quelconque.

209. Magasin général. Soutes de maîtres. Coquerons. — Le *magasin général* est le lieu de dépôt de tous les menus objets de rechange et des matières de consommation générale, telles que la peinture, l'huile d'éclairage, la bougie, etc. Il est emménagé de casiers et d'armoires. Le plus ordinairement, on réserve un compartiment distinct dit *annexe du magasin général,* dans lequel on loge les matières de consommation susceptibles de salir les autres objets (peinture, huile, goudron, etc.); on y loge également le sable délivré pour l'entretien des ponts à revêtement en bois.

Le magasin général et son annexe sont le plus souvent des compartiments de la cale, mais ils n'ont en somme aucun emplacement spécial. Les armoires du magasin général destinées à contenir les effets de rechange doivent être doublées en fer-blanc si elles sont exécutées en bois, pour préserver les effets contre l'humidité et les rats. Lorsque le magasin général et son annexe sont placés au-dessous du pont blindé, le service d'extinction d'incendie y est assuré au moyen d'un tuyautage de vapeur.

Les maîtres chargés des quatre premières spécialités, c'est-à-dire le maître de manœuvre, le maître canonnier, le maître torpilleur et le maître de mousqueterie (capitaine d'armes), doivent avoir chacun une soute spéciale fermant à clef dans laquelle sont logés les menus objets de matériel dont ils ont la responsabilité. Le nombre des soutes de maîtres était autrefois plus considérable, le maître de timonerie, le maître armurier et le maître voilier (qui n'est plus actuellement qu'un second-maître) ayant, eux aussi, des soutes distinctes. L'importance du matériel confié à ces maîtres ayant beaucoup diminué, on n'installe plus pour eux de soutes spéciales, sauf quelquefois pour le maître de timonerie. Ces soutes de maître doivent avoir chacune une capacité de 20 à 25^{m3} sur les grands navires. Ce sont en général des compartiments de la cale.

Les *coquerons* sont des compartiments destinés à recevoir les approvisionnements particuliers des tables des 3 premières catégories. Il y en a donc 2 ou 3 suivant les cas. Ce sont ordinairement des compartiments de la cale, auxquels on accède par une porte ou un panneau fermant à clef. Il est bon de donner à ces portes ou panneaux les dimensions suffisantes pour le passage d'une pièce de vin de dimensions analogues à celle de la pièce réglementaire de 250 litres.

On a quelquefois réservé sur certains navires protégés des *chambres de combat*, compartiments situés au-dessous du pont cuirassé et destinés à loger au combat les effets mobiliers personnels appartenant à l'état-major. Ces chambres de combat étaient utilisées en temps ordinaire pour le logement des agents de service. On les supprime presque toujours aujourd'hui, leur rôle pouvant être rempli par les coquerons.

CHAPITRE X

Emménagements relatifs à la navigation.

210. Passerelles et abris de navigation. — L'officier chargé de la manœuvre du navire doit pouvoir se placer à chaque instant de la manière la plus favorable pour se rendre compte de la route suivie par le navire, tout en étant à proximité suffisante du timonier pour pouvoir lui transmettre directement à la voix les ordres de barre, dans les conditions de navigation normale. Sur les anciens navires à voiles, on se contentait d'une sorte de banc mobile dit *banc de quart*, établi en abord sur la dunette soit d'un bord soit de l'autre. La roue du gouvernail était, comme nous l'avons dit, placée à l'AR sur la dunette, de façon que l'officier de quart et le timonier eussent à chaque instant la voilure sous les yeux. Aujourd'hui encore, sur les navires à voiles, il convient d'établir à l'AR de chaque bord une petite plate-forme en saillie pouvant jouer le rôle du banc de quart.

Avec la navigation à vapeur, il est avant tout indispensable que l'officier de quart et le timonier aient une vue aussi dégagée que possible dans toutes les directions, et principalement vers l'avant. On installe dans ce but une *passerelle de navigation*, c'est-à-dire une plate-forme élevée de $2^m,50$ à $3^m,00$ au-dessus du pont supérieur, établie sur l'AV de la cheminée AV et même si on le peut sur l'AV du mât AV. Cette passerelle reçoit le manipulateur de commande destiné à agir sur le gouvernail, dans les conditions de navigation normale, et le *compas de route* permettant au timonier de maintenir le navire suivant une direction déterminée. Pour faciliter la conduite du navire par mauvais temps, ces deux organes sont installés à l'intérieur d'un *abri de navigation*, constitué par des panneaux vitrés surmontés d'un toit léger en bois ou en tôle. Cet abri (fig. 929) est formé d'un panneau central dirigé transversalement et de deux ailes en retour; il est libre-

« Jauréguiberry. »

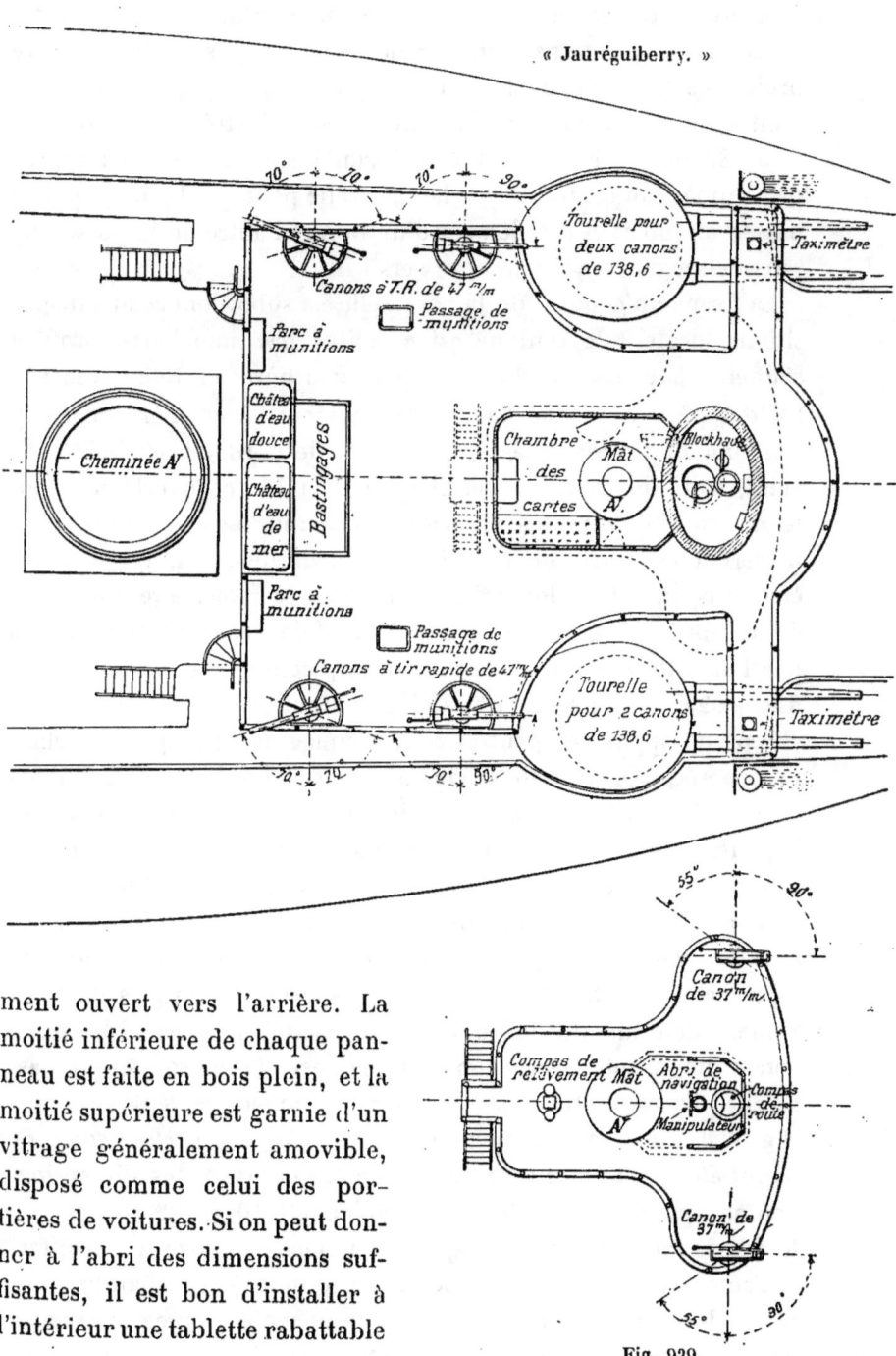

Fig. 929.

ment ouvert vers l'arrière. La moitié inférieure de chaque panneau est faite en bois plein, et la moitié supérieure est garnie d'un vitrage généralement amovible, disposé comme celui des portières de voitures. Si on peut donner à l'abri des dimensions suffisantes, il est bon d'installer à l'intérieur une tablette rabattable permettant d'étendre et de consulter momentanément une carte.

En ce qui concerne l'officier de quart, la passerelle doit être prolongée transversalement de chaque bord de façon à lui permettre, en se plaçant à l'extrémité, de voir l'extrémité AR du navire. En outre, l'abri doit être installé suffisamment en retrait par rapport au contour AV de la passerelle pour que l'officier puisse passer aisément et rapidement d'un bord à l'autre de la passerelle sans cesser d'avoir la vue libre vers l'AV.

La forme du contour de la passerelle est subordonnée aux dispositions locales. Ce contour est constitué par une barre profilée soutenue par des épontilles, et une gouttière en tôle rivée sur l'aile supérieure de la barre. Des barrots en cornière ou en T soutiennent un bordé léger formé soit de bordages en bois bouvetés, soit plus souvent maintenant de tôle recouverte de linoleum, pour réduire les chances d'incendie. Le pourtour de la passerelle est garni de chandeliers de garde-corps, qui doivent être faits en laiton lorsqu'ils sont dans le voisinage immédiat du compas, pour réduire l'importance des perturbations subies par l'aiguille aimantée. Assez souvent, comme le représente la figure 929, la passerelle est établie autour du mât AV, sur lequel elle prend appui, et peut être fractionnée en deux plates-formes superposées. On installe fréquemment en abord des pièces d'artillerie de petit calibre, mais il vaut mieux écarter, lorsqu'on le peut, cette disposition, pour ne pas troubler au combat le service de navigation et de transmission des ordres généraux.

A proximité de l'abri de navigation doit être installée la *chambre des cartes*, permettant d'examiner une carte dans un espace clos, à l'abri du vent, et d'y reporter les angles de relèvement déterminant la route suivie. Cette chambre des cartes, construite en tôle nervée ou ondulée, est établie soit sur la passerelle de navigation, soit à l'étage immédiatement inférieur (fig. 929). Elle est emménagée d'un *meuble à cartes*, sorte de bahut en acajou, muni de tablettes à tirage ayant les dimensions voulues pour recevoir les cartes étalées ($1^m,10 \times 0^m,75$), et dont le dessus forme table sur laquelle on étend la carte à consulter.

Toutes les fois qu'on le peut, on donne à la chambre des cartes des dimensions suffisantes pour pouvoir y loger un caisson-canapé de 2^m de longueur. La chambre des cartes sert alors en même temps de *chambre de veille*, permettant au commandant de se reposer et de passer en cas de besoin la nuit sur la passerelle. Sur les grands navires, on a quelquefois installé une chambre de veille distincte de la chambre à cartes.

Le blockhaus est établi, suivant les dispositions locales, soit au niveau de la passerelle, soit plus souvent à l'étage immédiatement inférieur (fig. 929). Nous examinerons plus loin (§ 212) les détails de son installation intérieure.

Sur les navires destinés à porter le pavillon d'un officier général, on installe en plus, dans la région comprise entre le milieu et l'arrière, et s'il est possible à proximité des appartements de l'amiral, une deuxième chambre à cartes, dite *kiosque de majorité*. Ce kiosque de majorité, emménagé comme les chambres à cartes de l'A/, mais de dimensions un peu plus grandes, est affecté au service de l'amiral et de son état-major. Il doit offrir une vue bien dégagée, et on lui fait correspondre une petite passerelle transversale dite *passerelle de majorité*, sur laquelle peut se tenir l'amiral.

Les chambres de cartes et de veille, et, s'il y a lieu, le kiosque de majorité, sont éclairées par des fenêtres. Celles-ci doivent pouvoir être obturées au moyen de mantelets pleins en tôle mince engagés dans une rainure ou agrafés sur des crochets, de manière à permettre de masquer au besoin tous les feux pendant la nuit, ainsi que nous l'avons expliqué à propos des hublots.

L'installation de passerelles fixes d'une certaine étendue est difficilement compatible avec l'établissement d'une voilure. Sur les navires à propulsion mixte, on est ainsi conduit à réduire la passerelle de navigation aux dimensions strictement nécessaires, et à constituer au besoin les ailes transversales de cette passerelle au moyen de parties rabattables pouvant être rentrées lorsqu'il y a lieu d'établir la voilure.

211. Instruments de navigation et signaux. — Pour permettre au navire d'apprécier l'orientation de sa route par rapport aux méridiens magnétiques, on installe à bord un certain nombre de *compas*. Ces compas sont au nombre de 3 au minimum ; ils comprennent un *compas de route*, placé, comme nous l'avons vu, dans l'abri de navigation, un *compas étalon de relèvement* muni d'une alidade permettant de mesurer les angles de relèvement d'objets extérieurs au navire, et un *compas de secours* installé au-dessous du pont blindé, généralement à proximité du servo-moteur principal. Le compas de relèvement est installé soit sur la passerelle (fig. 929), soit sur un roof du pont des gaillards, soit sur le kiosque de majorité s'il existe; en tout cas, il convient de lui assurer un horizon aussi dégagé que possible, de le placer dans le plan diamétral, et de l'éloigner autant qu'on le peut des grandes masses de fer verticales, telles que les mâts et les cheminées, pour faciliter l'exactitude de sa compensation.

On a délivré à certains navires un deuxième compas de relèvement. En outre, s'il y a une roue à bras établie à l'AR sur le pont supérieur, il convient de lui adjoindre un compas de route. On n'installe jamais de compas dans le blockhaus; sa situation au point de vue magnétique serait très défectueuse, et on peut admettre que pendant le combat on n'a qu'à effectuer des évolutions, sans avoir besoin de naviguer suivant une route de direction définie.

Pour faciliter la conduite du navire, on installe sur la passerelle de navigation un ou deux *taximètres* (fig. 929). Ce sont des alidades se déplaçant sur une rose graduée qu'on peut immobiliser dans un azimut quelconque par rapport à l'axe du navire; on peut ainsi mesurer rapidement des angles de relèvement. Chaque appareil est monté sur un socle contenant une lampe électrique qui éclaire la rose par-dessous et permet de prendre des relèvements pendant la nuit. Des alidades à cercle fixe sont installées dans les fenêtres de visée du blockhaus (§ 212) pour pouvoir être utilisées pendant le combat.

La navigation de nuit exige l'emploi d'un certain nombre de feux extérieurs, dont l'usage et le mode d'installation sont définis par une convention internationale, sanctionnée par un décret du 21 février 1897. Les règles principales sont les suivantes :

1° Tout navire naviguant à la voile seule doit porter deux *feux de côté,* l'un vert à tribord, l'autre rouge à bâbord. Ces feux sont pourvus d'écrans se projetant en avant d'au moins 91 $^c/_m$, de telle sorte que leur lumière ne puisse pas être aperçue de tribord devant pour le feu rouge, de bâbord devant pour le feu vert. L'amplitude du secteur éclairé par chaque feu est de

10 quarts, soit 112° 30′ (1), à partir d'une parallèle à l'axe du navire dirigée vers l'avant (fig. 930).

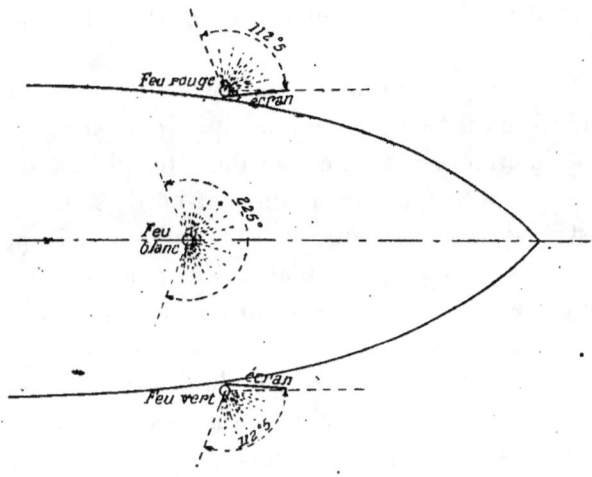

Fig. 930.

2° Tout navire naviguant à la vapeur doit porter en plus des deux feux précédents un feu blanc, dit *feu de hune*, éclairant un secteur d'une amplitude de 20 quarts (225°) symétriquement par rapport à l'axe. Ce feu doit être installé à une hauteur au-dessus du plat-bord au moins égale à $6^m,10$, ou, si la largeur du navire dépasse $6^m,10$, au moins égale à cette largeur, sans toutefois dépasser une hauteur maxima de $12^m,20$ au-dessus du plat-bord.

3° Tout navire à vapeur remorquant un autre navire doit porter, outre les feux précédents, un deuxième feu blanc identique au feu de hune et placé verticalement au-dessous de lui à une distance de $1^m,83$ au moins. Dans le cas où il remorque plus d'un navire, et si la longueur de la remorque, mesurée entre l'Æ du remorqueur et l'Æ du dernier navire remorqué, est au moins égale à 183^m, il doit porter à l'Av un troisième feu blanc, placé à $1^m,83$ au moins au-dessus ou au-dessous des deux précédents.

4° Tout navire naviguant à la vapeur a la faculté de faire usage d'un deuxième feu blanc identique au feu de hune, mais

---

(1) L'unité restée en usage pour mesurer les aires de vent est le *quart* ou *rumb*, égal à la 4ᵉ partie de 45°, soit 11° 15′.

placé sur l'ÆR et au-dessus de ce feu dans le plan longitudinal; la distance verticale entre les deux feux doit être de $4^m,60$ au moins et leur distance horizontale doit être plus grande que leur distance verticale (ce feu additionnel sert pour ce qu'on appelle l'éclairage *en pointe.*)

5° Tout navire au mouillage doit porter un feu blanc à l'avant dans l'endroit où il peut être le plus apparent; si la longueur du navire est inférieure à 46^m, ce feu doit être placé à une hauteur n'excédant pas $6^m,10$ au-dessus du plat-bord; si la longueur du navire est égale ou supérieure à 46^m, celui-ci doit porter deux feux de mouillage blancs, l'un placé à l'AV à une hauteur de $6^m,10$ au moins et de $12^m,20$ au plus au-dessus du plat-bord, et l'autre à l'ÆR ou près de l'ÆR, placé à une hauteur telle qu'il ne se trouve pas à moins de $4^m,57$ en contre-bas du feu de l'avant.

Les feux de côté sont installés dans des fanaux dits *fanaux-phares,* disposés de manière à pouvoir être éclairés soit à l'électricité, soit au pétrole si l'électricité fait défaut. Ces fanaux sont montés sur une suspension à la Cardan portée par une fourche et pouvant être immobilisée en temps ordinaire, lorsqu'on fait usage de l'éclairage électrique. Les lampes électriques employées sont des lampes à incandescence de 20, 30 ou 50 bougies dont les filaments sont disposés de façon que le contour de leur projection sur un plan horizontal soit à peu près une circonférence de diamètre compris entre 25 et 50 $^m/_m$, l'axe de la lampe étant vertical. Pour l'éclairage de secours au pétrole, on emploie des lampes à mèche circulaire de diamètre compris entre 25 et 50 $^m/_m$. Les feux de côté sont installés en abord (fig. 929), assez souvent aux extrémités des ailes de la passerelle de navigation. Leurs écrans doivent être disposés de telle sorte qu'une ligne joignant le bord intérieur du filament ou de la mèche à la partie AV de l'écran soit parallèle à la quille (fig. 930). Ces écrans, confectionnés en tôle, doivent être bien rigides, et ne pas être assujettis à l'aide de crochets mobiles. Toutes les fois que le fanal lui-même ne limite pas d'une façon suffisamment précise un champ d'éclairement de deux quarts sur l'ÆR du travers, on installe un écran ÆR disposé de façon que la ligne joignant le bord intérieur du filament ou de la mèche à l'extrémité de cet écran fasse avec l'axe du bâtiment un angle de 10 quarts.

Les feux de hune et de remorque sont installés dans des fanaux-phares analogues à ceux des feux de côté. Leurs fourches de suspension sont fixées en général au mât de l'AV ; celle du feu complémentaire destiné à l'éclairage en pointe est fixée au mât de flèche ÆR (1).

Le fanal du feu de mouillage AV est fixé en général à un cordage en fil d'acier formant étai, établi dans le plan diamétral entre le mât AV et l'extrémité AV du navire ; le fanal du feu ÆR est fixé ordinairement au montant de tente placé à l'extrémité ÆR.

Les communications des navires entre eux s'obtiennent au moyen de signaux, effectués pendant le jour à l'aide de pavillons et de sémaphores, pendant la nuit à l'aide de lampes électriques. La série de pavillons constituant un signal est frappée sur un cordage sans fin appelé *drisse*, passant sur un réa fixé soit en tête d'un mât, soit souvent, sur les navires sans voilure, à une entremise longitudinale en fil d'acier appelée *marocain*, reliant le mât AV au mât ÆR. Le jeu de pavillons délivré à chaque navire est logé dans des *coffres à pavillons* en bois, contenant des séries de cases rectangulaires de 10 $^c/_m$ de côté, que l'on installe sur le pont supérieur ou sur les passerelles. Une partie des cases à pavillons peut aussi être logée dans la *timonerie*, local qu'il convient de réserver dans un roof du pont supérieur ou en tout cas à proximité de ce pont, pour le service des timoniers. La timonerie doit être emménagée d'une table à écrire, de quelques pliants en toile, et d'étagères pour recevoir les registres et codes de signaux.

Sur les navires portant une voilure, le pavillon national est hissé à la corne du mât d'artimon (voir chapitre XII). Sur les navires dépourvus de voilure, on installe d'ordinaire pour le recevoir un *mât de pavillon*, établi à l'arrière et passant dans des blins fixés par exemple au montant de tente de l'extrémité ÆR. On installe en général à l'AV un deuxième mât de pavillon, plus petit, passant dans des blins fixés au montant de tente de l'extrémité AV.

Le sémaphore se compose de trois paires de lames mobiles fixées au mât de flèche AV ; ces lames, dont les axes sont espacés de

---

(1) Ce feu est maintenant obligatoire dans la marine française pour les bâtiments de combat ayant une longueur égale ou supérieure à 80 mètres, Le rapport entre la distance horizontale et l'écart vertical de ce feu et du feu de hune doit autant que possible être compris entre 5 et 5,5.

$3^m,60$, peuvent occuper chacune quatre positions séparées par un écart angulaire de 45°.

Les signaux de nuit sont effectués au moyen de lampes à incandescence logées dans des fanaux spéciaux. On distingue principalement les *signaux clignotants* et les *signaux spéciaux*. Chacun de ces groupes de signaux est constitué par une *colonne* composée de quatre fanaux frappés à la suite l'un de l'autre, à intervalles de $4^m,50$ environ, sur une drisse passant sur un réa fixé en tête d'un mât. On doit par suite installer en tête de chacun des mâts de signaux une chape portant une double potence, de manière à pouvoir fixer à ce mât les deux colonnes de signaux principales. Une troisième colonne de deux fanaux sert pour les *feux de position*, destinés à indiquer si le navire est immobile ou marche en AV ou en AR; on la hisse généralement à une corne fixée au mât de signaux AR.

Nous n'avons pas à examiner ici les combinaisons d'allumage que doivent présenter ces feux. En ce qui concerne l'installation à bord, il faut encore disposer des supports pour un certain nombre de feux accessoires, comprenant les *feux de poupe*, les *feux de direction*, les *feux de sillage* et les *feux de commandement*. Les feux de poupe sont des feux blancs installés dans des fanaux placés à l'AR, et utilisés dans la navigation d'escadre. Le navire que monte le commandant en chef doit porter trois feux de poupe ; un navire monté par un chef de division doit en porter deux, et les autres navires un seul. Les feux de direction sont enfermés dans une boîte cylindrique à trois compartiments, appelée *ratière*, qui doit être fixée à l'AR du navire, dans le plan diamétral, de manière à ne jamais être masquée dans la direction de l'axe du navire. Les feux de sillage sont enfermés dans une boîte flottante remorquée par l'intermédiaire du câble conducteur amenant le courant aux lampes, enveloppé d'une gaine tissée en chanvre de Manille de manière à conserver une légère flottabilité. Le feu de commandement est un feu blanc employé comme signe distinctif au mouillage par les bâtiments portant pavillon d'un officier général, indépendamment des feux communs à tous les bâtiments. Ce feu est placé dans la hune du mât AV si le bâtiment porte le pavillon d'un vice-amiral, dans la hune du mât AR s'il porte le pavillon d'un contre-amiral.

EMMÉNAGEMENTS RELATIFS A LA NAVIGATION.

212. Appareils de transmission d'ordres. — La transmission des ordres aux différentes régions du navire, machines, servomoteur du gouvernail, tourelles, etc., s'effectue au moyen de tuyaux acoustiques dits *porte-voix* et d'appareils de signaux désignés sous le nom général de *transmetteurs d'ordres*. L'emploi d'un réseau téléphonique, essayé à diverses reprises, ne s'est pas encore généralisé, en raison de la difficulté de soustraire les transmetteurs microphoniques à l'influence des vibrations de la coque. Certains navires ont reçu cependant une installation complète de téléphones dits *haut-parleurs*, déjà en usage dans plusieurs marines étrangères.

Les porte-voix sont constitués en général par des tuyaux de 30 $^m/_m$ de diamètre, terminés à chaque extrémité par des embouchures en bois dans lesquelles on peut enfoncer un sifflet acoustique d'appel. La matière qui constitue le tuyau n'est pas indifférente, car il importe de soustraire la colonne d'air contenue dans ce tuyau à l'influence des vibrations et trépidations extérieures. Le métal le plus convenable à cet égard est le plomb, mais on a dû écarter son emploi en raison de sa densité trop considérable, et de la facilité d'écrasement des tuyaux par un choc extérieur. Les porte-voix des navires sont usuellement confectionnés avec des tubes sans soudure en laiton à 68 % de cuivre de $1^m/_m$, 5 d'épaisseur. Il est essentiel d'étudier leur parcours de manière que les changements de direction soient aussi peu nombreux et aussi peu brusques que possible.

Lorsque la distance à parcourir excède 40 ou 50 mètres, la transmission de la voix dans un tuyau cylindrique plusieurs fois coudé devient assez défectueuse. On profite dans ce cas de ce que l'appareil n'a pas en général besoin d'être réversible pour appliquer une solution employée pour la première fois sur les paquebots de la compagnie des Messageries maritimes, et consistant à accroître progressivement le diamètre du porte-voix à partir de son point de départ. En pratique, le diamètre du porte-voix au départ étant toujours égal à 30 $^m/_m$, on constitue le tube acoustique par une série de tronçons de 4 à 6^m de longueur environ et de diamètres graduellement croissants de 5 en 5 $^m/_m$, de façon à atteindre au point d'arrivée un diamètre de 90 $^m/_m$. A chaque extrémité, le porte-voix se termine par une embouchure évasée. Les sifflets d'appel ne peuvent plus être commodément installés sur le porte-voix lui-même, et on les place en général aux extrémités d'un tube cylindrique de faible diamètre (10 à 15 $^m/_m$) qui suit le même trajet que le porte-voix.

En raison de l'importance de la transmission des ordres aux machines motrices et au servo-moteur (dans le cas où l'on est forcé de gouverner en manœuvrant le volant de cet appareil), on emploie pour cet objet spécial, en plus des porte-voix ordinaires, des appareils à signaux ou transmetteurs d'ordres. Les ordres à envoyer pouvant être limités à un nombre restreint de commandements bien définis, on a des appareils de dimensions modérées, donnant une transmission rapide et sûre. Pendant longtemps, on a employé dans la marine militaire des transmetteurs mécaniques, constitués par deux cadrans identiques sur lesquels peuvent se déplacer des aiguilles reliées l'une à l'autre par une chaîne sans fin formée d'un fil métallique ou mieux d'une chaînette souple analogue aux chaînes Galle. Un de ces cadrans est placé au poste transmetteur, l'autre au poste récepteur; tous deux sont divisés en secteurs sur lesquels sont inscrits les commandements à exécuter. En manœuvrant au moyen d'une manette l'aiguille du poste transmetteur de manière à l'amener en regard d'un de ces secteurs, on amène l'aiguille du récepteur dans la même position, et on actionne en même temps un timbre qui sert de signal d'avertissement. Ces appareils sont disposés en outre de manière à fonctionner comme répétiteurs, permettant de vérifier que l'ordre a été bien compris. A cet effet chaque cadran porte deux aiguilles, dont l'une est motrice et l'autre réceptrice. Lorsqu'un commandement a été transmis, l'homme placé au poste récepteur ramène la seconde aiguille de son cadran en coïncidence avec celle qui a été déplacée par le poste transmetteur, et ce mouvement rétablit également la coïncidence des aiguilles sur le cadran du poste transmetteur. L'inconvénient des transmetteurs mécaniques réside dans la difficulté du réglage des chaînes de transmission, dont la moindre variation de longueur détruit le synchronisme du mouvement des aiguilles. Ils sont cependant restés en usage dans la marine de commerce. Mais ils ont en outre le désavantage de se prêter difficilement à un dédoublement du poste transmetteur, qui est à peu près imposé comme nous allons le voir sur les navires de guerre. Aussi la marine militaire emploie-t-elle exclusivement depuis quelques années, sauf sur certains contre-torpilleurs, des transmetteurs électriques, fondés sur le principe suivant. Chaque poste est muni d'une boîte contenant un certain nombre de cases renfermant chacune une lampe à incandescence; les couvercles de ces cases sont en verre dépoli, sur lequel on a ménagé en clair les lettres ou les chiffres indiquant les divers commandements; les lampes des deux cases correspondantes, au poste transmetteur et au poste récepteur, sont montées *en tension*, de telle sorte qu'on est sûr que si l'une d'elles est allumée, l'autre l'est également. Il suffit dès lors d'avoir au poste transmetteur un commutateur d'allumage permettant d'éclairer à volonté une quelconque des cases; l'appareil est complété par une sonnerie électrique actionnée par un commutateur spécial et formant signal d'appel. On voit qu'avec ce système il n'y a plus besoin d'organe répétiteur; il suffit d'un signal conventionnel (coup de timbre ou sonnerie électrique) indiquant au poste transmetteur que l'ordre envoyé a été exécuté.

Les transmetteurs primitivement employés pour les machines et la barre ont été des appareils à 11 lampes portant les commandements suivants :

| Machines | { | STOP. | | |
| | | EN AVANT
ou
EN ARRIÈRE | { | à toute vitesse.
plus vite.
allure normale.
plus doucement.
le plus doucement possible. |

| Servo-moteur | { | 0 | | |
| | | A DROITE
ou
A GAUCHE | { | 5
10
15
20
toute |

On emploie depuis quelque temps, pour la navigation en escadre, des transmetteurs un peu différents. Les transmetteurs des machines ont 16 lampes, et permettent d'indiquer le nombre de tours à atteindre, en AV ou en AR, ainsi que l'avance ou le retard à réaliser à l'aide du compteur Valessie. Un premier groupe de 3 lampes correspond aux indications : *en AV., stop, en AR*; un deuxième groupe de 8 lampes éclaire des fenêtres portant par exemple les chiffres 60, 30, 20, 10, 8, 4, 2, 1, ce qui permet, par l'allumage simultané d'un nombre convenable de lampes, d'indiquer un nombre quelconque de tours compris entre 1 et 135 ; enfin, un dernier groupe de 5 lampes correspond aux indications : *gagnez*, 20, 10, 5, *perdez*, ce qui permet de faire gagner ou perdre au compteur un nombre de secondes variant de 5 en 5, de 5 à 35 secondes. Les touches du commutateur d'allumage sont disposées de manière que son déplacement sur un cadran circulaire produise l'allumage du nombre de lampes voulu pour représenter l'ordre en regard duquel on le place. Le transmetteur de barre comprend de même un groupe de 3 lampes correspondant aux indications : *droite*, *zéro*, *gauche*, et un nombre de lampes suffisant pour permettre d'indiquer le nombre de degrés à faire parcourir à la barre.

Le service spécial de transmission des ordres de tir (appareils Germain) est assuré au moyen d'une canalisation constituée par des tubes en cuivre de 3 $^m/_m$ 5 de diamètre extérieur, remplis d'eau additionnée de $\frac{1}{5}$ d'alcool à 85°. Cette eau est maintenue sous une pression initiale de 5^k et ce sont les variations de cette pression qui actionnent les appareils récepteurs, qui sont des manomètres métalliques ordinaires réglés pour fonctionner entre 5^k et 40^k. Les organes transmetteurs sont de petits pistons compresseurs manœuvrés par des volants et munis d'un manomètre témoin identique au manomètre récepteur.

Sur un navire de guerre, la transmission des ordres doit être en principe centralisée dans le blockhaus. Celui-ci doit donc renfermer tous les porte-voix et transmetteurs nécessaires à l'émission des ordres généraux pendant le combat. La figure 931 représente le mode d'installation actuellement adopté. Le blockhaus renferme un manipulateur de commande du gouvernail, les transmetteurs d'ordres aux machines principales (au nombre de 2 ou 3 suivant le nombre d'hélices), le transmetteur d'ordres au servo-moteur de la barre, des transmetteurs spéciaux, que nous n'avons pas à décrire ici, pour les ordres relatifs au tir des pièces d'artillerie, des alidades permettant de prendre des relèvements pendant le combat, et enfin des porte-voix, dont le nombre est un peu variable, et qui sont en général les suivants :

Un porte-voix aboutissant à chacune des machines motrices ;

Un porte-voix aboutissant au servo-moteur de la barre ;

Un porte-voix aboutissant au poste d'observation pour le tir des pièces d'artillerie (hune télémétrique) ;

Un porte-voix aboutissant au poste d'observation pour le tir des torpilles (placé souvent dans une hune du mât Æ) ;

Un porte-voix aboutissant à chacune des sections d'artillerie (1) ;

Un porte-voix aboutissant au poste central répétiteur d'ordres.

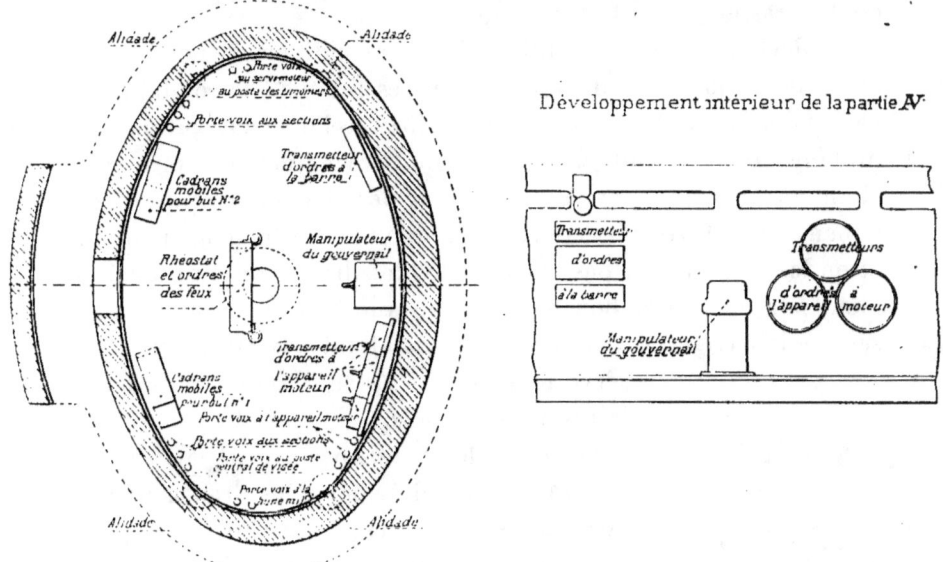

Fig. 931.

Le *poste central répétiteur d'ordres* est un compartiment de la région protégée placé autant que possible directement à l'aplomb du tube protecteur des transmissions d'ordres ; ce compartiment, dont on recouvre les parois d'un lambrissage épais en bois et feutre de manière à en faire une sorte de cabine téléphonique sourde, constitue un relai dépendant du blockhaus. On y installe à cet effet un manipulateur de commande de la barre, des transmetteurs pour les machines, le servo-moteur et les ordres de tir, et des embouchures branchées sur les porte-voix allant du blockhaus aux sec-

---

(1) Au point de vue des ordres de tir, l'artillerie d'un navire est groupée en *sections*, chaque section étant composée d'un certain nombre de pièces réunies sous un même commandement.

tions; on le relie en outre par des porte-voix aux divers tubes lance-torpilles. On peut de cette façon, en cas de mise hors de combat d'une partie du personnel placé dans le blockhaus ou d'avarie des organes qui y sont installés, assurer néanmoins la transmission des ordres en les faisant passer par le poste central. C'est également dans ce poste central que l'on installe le tableau indicateur des avertisseurs de voie d'eau (§ 107). Tous les porte-voix ou câbles électriques partant du blockhaus passent, bien entendu, dans le tube protecteur qui le relie à la région située au-dessous du pont cuirassé.

Le blockhaus n'étant pas utilisé dans les conditions de navigation normale, le poste d'émission des ordres relatifs à la conduite du navire doit pouvoir être reporté sur la passerelle de navigation. On prolonge dans ce but jusqu'à l'abri de navigation les porte-voix allant aux machines et au servo-moteur de la barre, ou, plus exactement, on fait partir ces porte-voix de la passerelle de navigation, et on les munit à leur passage dans le blockhaus d'un embranchement portant une embouchure. On installe également sur la passerelle de navigation des transmetteurs allant aux machines et au servo-moteur, greffés sur les appareils similaires du blockhaus.

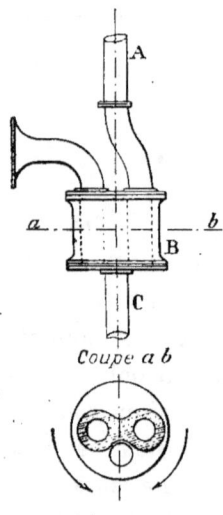

Fig. 932.

Le dédoublement du poste de départ s'effectue sans difficulté pour les transmetteurs électriques. Pour les porte-voix, on opère de la manière suivante. Soit A (fig. 932) un des porte-voix venant de la passerelle de navigation et traversant le blockhaus. On intercale sur le parcours de ce tube une sorte de barillet B mobile autour de l'axe de la partie verticale de A et traversé par deux orifices, l'un permettant de mettre A en relation directe avec le tube inférieur C, l'autre portant une embouchure évasée. En tournant à la main ce barillet, on peut établir la communication du poste récepteur, soit avec le blockhaus, soit avec la passerelle de navigation.

Outre les porte-voix dont nous venons de parler, il est nécessaire d'installer les porte-voix suivants :

un porte-voix allant du poste central à chacun des compartiments contenant des dynamos ;

un porte-voix allant de la passerelle de navigation au poste de mouillage, c'est-à-dire au poste où se place l'officier en second pour surveiller directement la manœuvre de mouillage ou d'appareillage (en général sur le pont supérieur à l'AV) ;

un porte-voix allant du poste de mouillage au compartiment dans lequel se trouve le moteur mécanique du cabestan ou du guindeau ;

un porte-voix reliant chaque tube lance-torpille à son poste de visée (avec timbre pour la transmission des ordres de mise de feu) ;

un porte-voix reliant chaque chaufferie à chacun des compartiments de machines principales ;

un porte-voix reliant la chambre de tir de chaque tourelle avec la soute à munitions correspondante.

Enfin, lorsqu'une section comprend plusieurs tourelles indépendantes, le poste d'arrivée du porte-voix venant du poste central et du blockhaus doit être relié par un porte-voix à la chambre de tir de chacune de ces tourelles.

213. Bouées de sauvetage. — Chaque navire est muni de deux *bouées de sauvetage* disposées de manière à pouvoir être instantanément projetées à la mer et à être éclairées pendant la nuit. Chaque bouée (fig. 933) se compose d'un flotteur circulaire en bois muni de rabans auxquels sont fixées trois bouées annulaires en liège. Le centre du flotteur est creusé d'une chambre cylindrique fermée en haut et en bas par des opercules en parchemin et dans laquelle on peut placer une charge de phosphure de calcium, disposée en forme d'anneau concentrique à un tube percé de trous ; cette chambre est surmontée d'une cheminée dans la partie supérieure de laquelle est un percuteur effilé, suspendu à un fil de cuivre fixé à la potence qui supporte la bouée ; entre le sommet de la cheminée et le percuteur est logé un ressort à boudin. La bouée est suspendue à une potence installée en général près de l'AR, en dehors de tout obstacle pouvant gêner sa chute ; elle est maintenue soit par un bout de filin passant dans un œil à l'extrémité de la potence et tourné sur un taquet fixé au plat-bord, soit par un croc à échappement dont le déclic peut être manœuvré à distance à l'aide d'un bout de fil métallique terminé par une poignée. Lorsque le navire est à la mer, un factionnaire de garde est

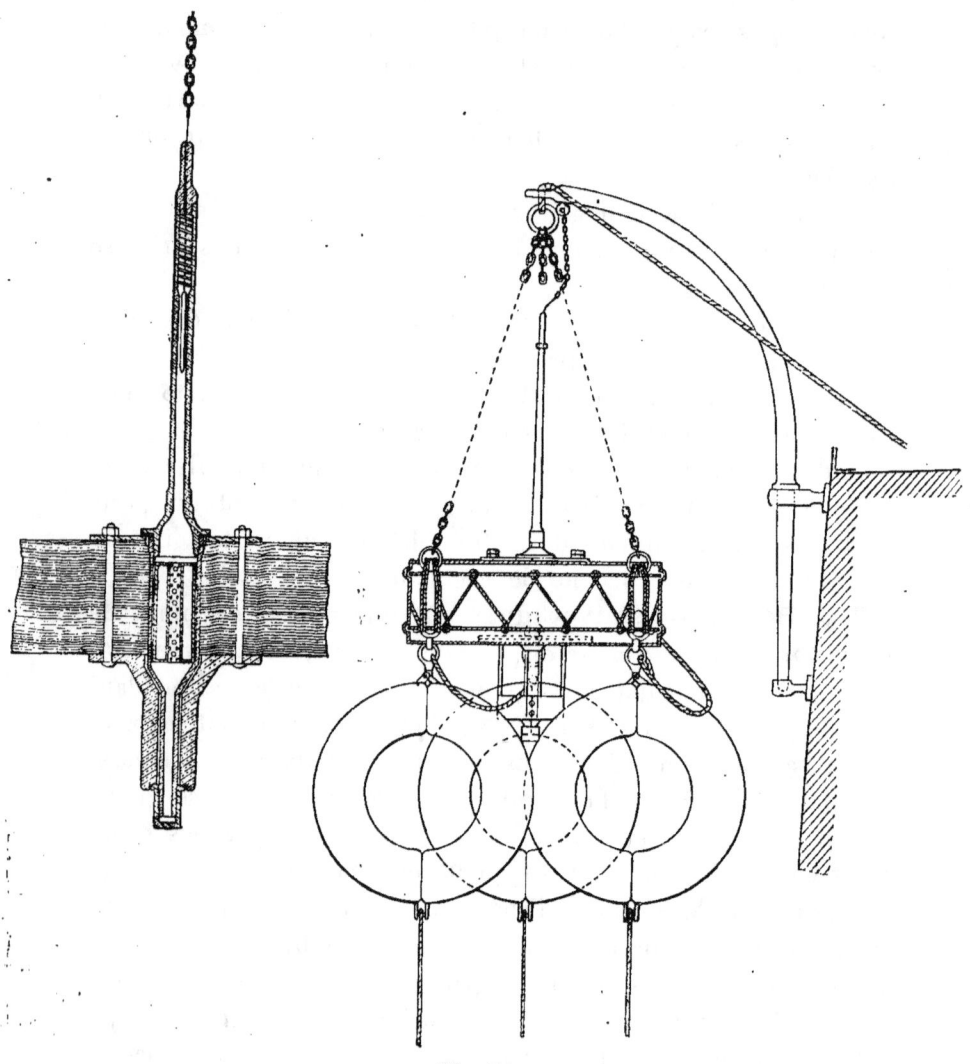

Fig. 933.

placé à proximité des bouées, prêt à couper l'aiguilletage de retenue ou à manœuvrer le déclic du croc à échappement. Dès que la bouée tombe, le fil de cuivre fixé au percuteur comprime le ressort à boudin, puis casse; le percuteur lancé par le ressort perce les opercules de parchemin; l'eau pénétrant dans la chambre du flotteur vient en contact avec le phosphure de calcium, ce qui produit un dégagement d'hydrogène phosphoré qui s'enflamme au contact de l'air et produit à la partie supérieure de la cheminée une flamme assez brillante; la charge est calculée de manière à assurer l'éclairage pendant une vingtaine de minutes.

CHAPITRE XI

Ventilation.

214. Ventilation naturelle. — Le renouvellement continu de l'atmosphère des locaux dans lesquels sont installés et fonctionnent les divers services est évidemment nécessaire pour empêcher l'élévation trop considérable de la température des compartiments et pour procurer en même temps au personnel appelé à y séjourner la quantité d'air frais dont il a besoin. Il importe d'ailleurs de remarquer qu'on est beaucoup moins incommodé par une élévation même un peu anormale de la température que par un défaut de renouvellement de l'air pur puisé au dehors.

Sur les anciens navires, dont les murailles étaient percées de larges sabords, la circulation de l'air à travers les différents entreponts se faisait en général facilement et ne nécessitait aucune installation spéciale. On se contentait d'installer de temps à autre dans un panneau descendant jusqu'aux étages inférieurs une *manche à vent*, c'est-à-dire un conduit en toile terminé par un capuchon un peu évasé, suspendu à une pièce de gréement et plongeant jusque dans la cale, de manière à forcer l'air frais à balayer l'air vicié accumulé dans les fonds. Sur les navires modernes, munis de sabords de faible dimension et dont la coque est fractionnée en un très grand nombre de compartiments, la ventilation des étages situés au-dessous du pont cuirassé, et même souvent celle de l'entrepont cellulaire, doit être étudiée avec beaucoup de soin et assurée par des installations convenablement disposées.

Étant donné un espace clos, sans communication libre avec l'atmosphère extérieure, le renouvellement de l'air dans cet espace exige l'emploi de deux conduits distincts, ou *manches à air*, servant l'un à l'arrivée de l'air pur, l'autre à l'émission de l'air vicié. Ces deux manches devront déboucher à l'air libre, sur le pont supérieur; l'air vicié étant en même temps de l'air échauffé, la manche d'entrée d'air devra aboutir au point le plus bas de l'espace à ventiler, et la manche d'évacuation devra partir de la région supérieure de cet espace. On aura ainsi une pression motrice due à l'écart entre la température t du compartiment à ventiler et celle θ de l'atmosphère extérieure, et la vitesse d'écoulement du fluide sera dans ces conditions

$$V = \sqrt{2g\,H\,\frac{t-\theta}{273+\theta}}$$

H étant approximativement la différence de niveau entre les orifices des manches d'entrée et de sortie d'air dans le compartiment. En se donnant la valeur de V correspondant à une valeur probable de $t-\theta$, on pourra déterminer les sections des manches, de manière à assurer une valeur convenable à la période de renouvellement d'air, en entendant par ce mot la durée d'écoulement d'un volume de fluide égal au volume total du compartiment à ventiler.

On a ainsi la ventilation dite *naturelle*, dans laquelle le tirage est produit uniquement par l'écart des températures intérieure et extérieure. Mais cette solution n'est pas toujours applicable, en raison de la difficulté d'assurer à ce tirage une valeur suffisante; la valeur indiquée ci-dessus pour la vitesse d'écoulement est en effet la valeur théorique, qui se trouve notablement diminuée dans la réalité par les pertes de charge dues à la résistance des manches. En outre, dès que θ s'élève, c'est-à-dire pendant l'été ou dans les pays chauds, l'écart $t-\theta$ peut devenir très faible, et on arrive ainsi à n'avoir que des valeurs de V presque nulles, ou du moins extrêmement réduites.

On peut, il est vrai, et c'est ce que l'on fait toujours en pratique, mettre à profit la vitesse de déplacement de l'air extérieur pour accroître la valeur de la vitesse d'écoulement dans les manches. On termine dans ce but l'orifice supérieur de la manche d'entrée d'air par un pavillon évasé ou *trompe* (fig. 934), sorte de réflecteur en tôle dont la surface est calculée de manière que les molécules d'air venant le frapper horizontalement soient ramenées dans une direction verticale. Cette trompe est emmanchée à frottement sur l'extrémité cylindrique de la manche, et est munie de poignées permettant de l'orienter dans la direction du vent. Les trompes de très grande dimension sont montées sur un pivot ou sur une couronne de galets, et munies au besoin d'une couronne dentée actionnée par un pignon et une manivelle. Dans le même ordre d'idées, on termine l'orifice supérieur de la manche d'évacuation par un *aspirateur* (fig. 935), sorte d'éjecteur formé d'une série d'ajutages courbes concentriques en tôle (1). On peut également,

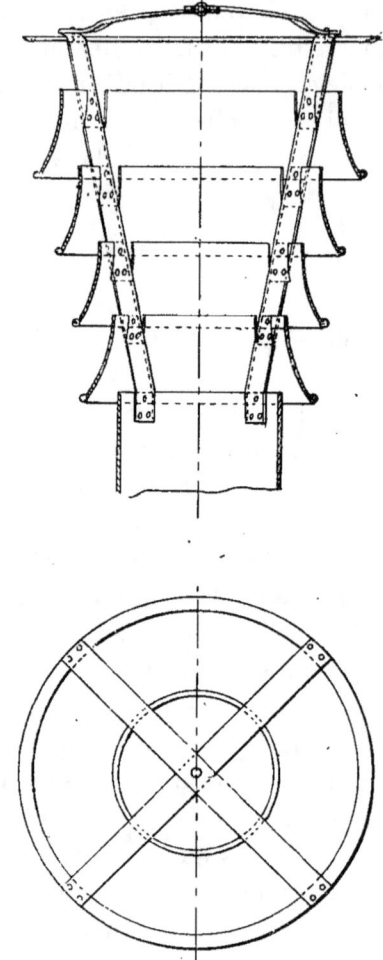

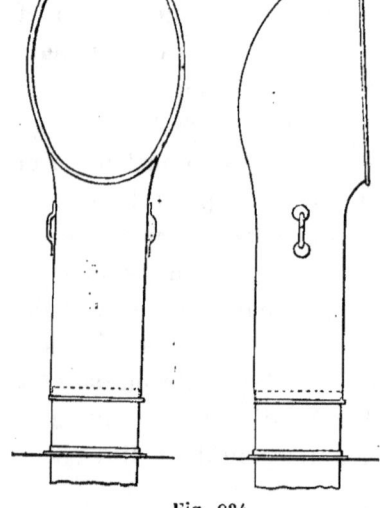

Fig. 934.   Fig. 935.

lorsqu'il s'agit de compartiments placés à proximité des cheminées de l'appareil évaporatoire, utiliser la chaleur des gaz perdus en plaçant la manche d'évacuation en contact immédiat avec une

---

(1) Dans la marine de commerce, on emploie souvent un type d'aspirateur à action plus énergique, dont les ajutages ont leur axe dirigé horizontalement; mais cet aspirateur doit être mobile autour de son axe vertical, et être orienté comme les trompes d'entrée d'air suivant la direction du vent.

cheminée, ce qui produit un échauffement de la colonne d'air contenue dans cette manche et une augmentation du tirage lorsque les chaudières du navire sont allumées. Enfin, pour les compartiments placés à proximité des mâts, les noyaux creux de ces mâts constituent, en raison de leur grande hauteur, une excellente cheminée d'appel, que l'on peut utiliser comme conduit d'évacuation.

215. Ventilation artificielle. — Malgré l'emploi des procédés dont nous venons de parler, la ventilation naturelle est dans bien des cas insuffisante, au moins pour les compartiments situés au-dessous du pont cuirassé. Elle ne peut être admise que pour des compartiments dans lesquels la période de renouvellement d'air peut avoir sans inconvénient une valeur assez grande. Partout ailleurs, on est obligé de recourir à des moyens mécaniques pour imprimer à l'air la vitesse nécessaire, c'est-à-dire à la ventilation *artificielle*.

Le procédé employé consiste à intercaler sur le parcours de l'air un *ventilateur*, actionné soit par un moteur à vapeur, soit plus souvent aujourd'hui par un moteur électrique, ce qui a l'avantage de supprimer la source de chaleur constituée par le moteur et ses tuyautages. Ce ventilateur peut être intercalé soit sur la manche d'arrivée d'air (ventilation par refoulement), soit sur la manche de sortie (ventilation par aspiration).

La ventilation par aspiration et la ventilation par refoulement ne sont pas absolument équivalentes, et le choix entre ces deux solutions peut être subordonné aux dispositions locales. La différence principale provient de ce que la ventilation par aspiration a pour effet de créer dans le compartiment à ventiler une dépression par rapport à l'atmosphère extérieure, tandis que la ventilation par refoulement crée au contraire une surpression. Il y a donc à se préoccuper des communications du compartiment considéré avec les locaux voisins. S'il s'agit d'un compartiment maintenu clos en temps normal, et ne présentant d'autre issue à l'air que la manche d'évacuation, la ventilation par refoulement peut être appliquée. Si au contraire le compartiment à ventiler a un débouché permanent sur un puits ou un tambour d'aérage destiné à fournir de l'air frais à d'autres locaux, on est amené à faire usage de la ventilation par aspiration, pour ne pas risquer d'envoyer l'air vicié dans les compartiments voisins.

Il convient de noter également ce fait d'expérience que l'air refoulé dans une enceinte par un orifice a tendance à conserver pendant un certain temps la direction de sa vitesse initiale, tandis que l'air aspiré tend à affluer de tous les points vers l'orifice d'appel suivant les lignes de moindre résistance. La ventilation par refoulement aura donc une action refroidissante énergique, mais localisée dans le voisinage de l'orifice d'entrée d'air, tandis que la ventilation par aspiration agira d'une manière moins intense, mais sur une plus grande étendue.

On peut encore combiner les deux systèmes, en faisant usage de deux ventilateurs, l'un aspirant, l'autre refoulant. Ce procédé convient lorsqu'il s'agit d'un espace de volume considérable dans lequel on a besoin d'une ventilation très énergique. On l'applique depuis quelques années à bord des navires aux compartiments des machines principales. Il est clair que, pour que la ventilation se fasse régulièrement, une fois le régime permanent établi, la corrélation entre la vitesse des deux ventilateurs doit subsister rigoureusement. Sur quelques navires, on a cherché à obtenir le maintien automatique de cette corrélation par le procédé suivant; le ventilateur refoulant est mû par un moteur à vapeur, dont l'arbre actionne en même temps une dynamo; celle-ci, agissant comme génératrice, envoie le courant dans une deuxième dynamo fonctionnant comme réceptrice, qui actionne l'arbre du ventilateur aspirant; l'allure du deuxième ventilateur est ainsi commandée indirectement par celle du premier.

Les trois systèmes que nous venons d'exposer sont appliqués pour la ventilation des navires, que nous allons maintenant examiner en détail. Au point de vue de la ventilation, la région située au-dessous du pont cuirassé dans les navires de guerre modernes peut être considérée comme fractionnée en trois groupes, que nous étudierons successivement :

1° Les machines principales;

2° Les chaufferies, comprenant en général un certain nombre de tranches;

3° Les soutes et compartiments d'appareils auxiliaires, comprenant les extrémités AV et AR du navire et quelquefois une tranche indépendante dans la région centrale.

216. Ventilation des compartiments de machines principales. — La ventilation de chacun des compartiments de machines principales est assurée, au moins sur les grands navires, au moyen de deux ventilateurs. Le ventilateur refoulant est placé en un point quelconque du compartiment (ou même en dehors de ce compartiment), son ouïe d'aspiration étant installée à la base d'un conduit montant jusqu'au pont supérieur. L'air refoulé est envoyé dans un conduit horizontal courant au-dessous du parquet inférieur et percé de nombreuses ouvertures donnant des jets horizontaux, pour ne pas gêner le personnel. Le ventilateur aspirant est établi à la partie supérieure du compartiment ou mieux à l'étage situé immédiatement au-dessus. Il aspire l'air vicié soit par un orifice débouchant directement dans le plafond du compartiment, soit mieux, si les dispositions locales s'y prêtent, par l'intermédiaire d'un caisson horizontal s'étendant sur toute la partie supérieure du compartiment. La paroi inférieure de ce caisson est percée de nombreux trous de 8 à 10 $^c/_m$ de diamètre, convenablement répartis et pouvant être obturés au moyen d'opercules en tôle, ce qui permet de concentrer momentanément l'aspiration d'air chaud dans les régions où la température s'élève d'une manière anormale. Le refoulement de l'air vicié s'effectue par une manche débouchant au-dessus du pont supérieur.

Les conduits de ventilation sont exécutés en tôle zinguée de 2 $^m/_m$. La forme de leur section dépend des dispositions locales; on doit seulement s'attacher à éviter tout changement brusque dans la forme de la section, pour ne pas accroître outre mesure les pertes de charge, et par suite la puissance du ventilateur. On peut avantageusement, si la section des conduits n'est pas trop considérable, les munir à leur débouché dans l'atmosphère de trompes ou d'aspirateurs, ainsi que nous l'avons vu pour les conduits de ventilation naturelle.

Assez souvent, les conduits de ventilation de deux ou plusieurs compartiments contigus peuvent être réunis de manière à former un tambour unique. Ce tambour monte jusqu'au-dessus du pont supérieur et son orifice est muni de lames courbes en tôle dirigées comme celles des aspirateurs s'il s'agit d'un conduit de sortie d'air, en sens inverse s'il s'agit d'un tambour d'arrivée d'air frais (fig. 936). Il faut seulement avoir soin de faire monter les cloisonnements de séparation des divers conduits jusqu'à 1 mètre environ au-dessus de la flottaison, pour ne pas compromettre l'intégrité du compartimentage; ces cloisonnements de séparation étanches sont exécutés en tôle de 3 $^m/_m$.

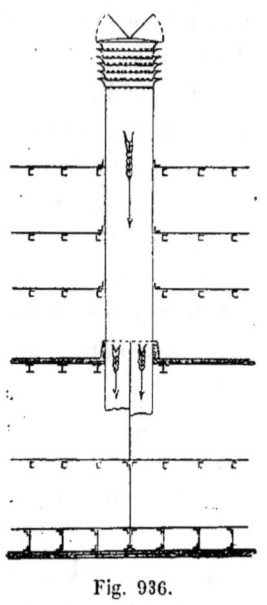

Fig. 936.

Dans le cas assez fréquent aujourd'hui où il y a un entrepont complet entre le pont cuirassé et le plafond des compartiments de machines, il est souvent avantageux de placer le ventilateur refoulant au-dessus du faux-pont. En général, l'étage du faux-pont communique avec les étages supérieurs par un panneau; en plaçant ce panneau à une extrémité du compartiment et le ventilateur à l'extrémité opposée, comme le montre la figure 937, on réalisera sans appareil supplémentaire la ventilation par aspiration de l'étage du faux-pont, dans la partie située au-dessus des machines principales. Cette solution n'est bien entendu applicable que si l'accès de l'air frais au panneau percé dans le pont cuirassé est assuré par des panneaux suffisamment voisins ménagés

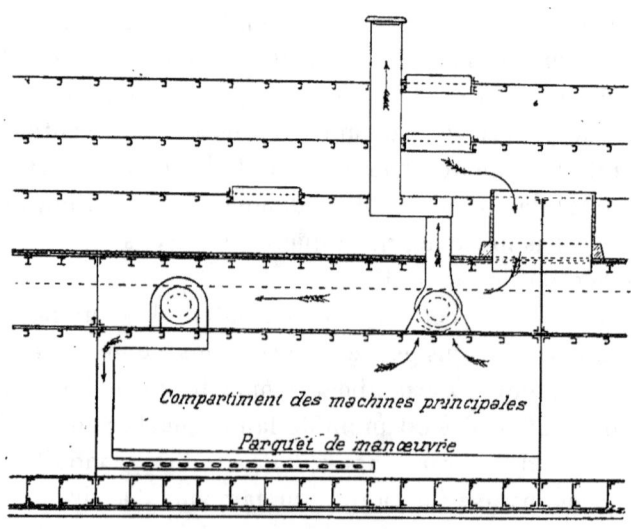

Fig. 937.

dans les ponts supérieurs, et si le compartiment du faux-pont ne contient pas trop d'appareils auxiliaires ou de tuyautages de vapeur susceptibles d'y déterminer une élévation notable de la température, ce qui aurait pour effet d'envoyer dans le compartiment des machines principales de l'air déjà vicié ou trop échauffé.

Le calcul des sections des conduits de ventilation se fait de la manière suivante. Si l'on désigne par V le volume du compartiment à ventiler exprimé en mètres cubes, par S la section des conduits en mètres carrés, par v la vitesse de l'air dans ces conduits en mètres par seconde, et par t la période de renouvellement admise, exprimée en minutes, on a la relation :

$$S = \frac{V}{v \times t \times 60}.$$

En se donnant la valeur de t et une valeur approximative de v, on obtient ainsi une première valeur approchée de S. Le débit Sv du ventilateur étant connu, on étudie les dimensions et la disposition de cet appareil, et on fait ensuite le calcul des pertes de charge pour s'assurer que la vitesse v pourra être réalisée ; on modifie alors légèrement, si on le juge nécessaire, soit la forme, soit la section des conduits. La valeur usuelle de v varie de 8 à 12 mètres par seconde, cette valeur étant d'autant plus grande que le débit est plus élevé. La valeur de t admise pour les compartiments de machines est ordinairement égale à 1 minute. Le débit horaire de chacun des ventilateurs doit être dans ces conditions égal à V $\times$ 60, soit 25000 à 30000^{m3} pour les compartiments des grands navires. Sur beaucoup de navires récents, on a même admis $t = 45$ secondes, ce qui conduit à des ventilateurs de 40000 ^{m3} environ.

217. Ventilation des chaufferies. — La ventilation des chaufferies doit être réglée de manière à fournir non seulement l'air nécessaire au renouvellement de l'atmosphère de chaque compartiment, mais aussi l'air nécessaire pour la combustion du charbon placé sur les grilles. Une des données principales du problème est par suite la surface totale des grilles des chaudières contenues dans un même compartiment, surface que nous désignerons par Σ.

La quantité d'air à fournir pour la combustion du charbon varie avec l'activité de cette combustion, c'est-à-dire avec le poids de charbon brûlé par unité de surface de la grille dans l'unité de temps. Avec le *tirage naturel*, c'est-à-dire en admettant l'arrivée de l'air par ventilation naturelle, sans le secours d'appareils mécaniques, il est difficile de dépasser une activité de combustion de 100^k par heure et par mètre carré de grille. Dans les conditions de navigation ordinaire, à vitesse modérée, l'activité de combustion peut être maintenue entre 60 et 100^k, et la ventilation naturelle est en général suffisante, si l'installation est convenablement réglée. La quantité d'air à fournir augmente avec l'activité de la combustion, et oscille entre 15 et 20^{m3} d'air par kilogramme de charbon brûlé lorsque la combustion ne dépasse pas 100^k. Pour ne pas exagérer le poids de l'appareil évaporatoire, on est obligé d'accepter pour l'allure maxima des taux de combustion notablement plus élevés, variant de 150 à 200^k pour les divers types de chaudières multitubulaires actuellement employés; dans ces conditions, le volume d'air à fournir en pratique varie de 20 à 25^{m3} par kilogramme de charbon brûlé, et on est obligé de recourir à la ventilation artificielle, de manière à produire ce qu'on appelle le *tirage activé*.

L'air employé à la combustion arrive aux grilles par les portes des cendriers et les produits de la combustion sont évacués par la cheminée. Nous n'avons pas à nous occuper ici du mode de calcul de la section de cette cheminée, et nous nous contenterons de dire que sa valeur est usuellement comprise entre $0,15\,\Sigma$ et $0,20\,\Sigma$. Pour l'évacuation de l'air employé au renouvellement de l'atmosphère de la chaufferie, on établit autour de cette cheminée une enveloppe concentrique montant jusqu'à $2^m,50$ au moins au-dessus du pont supérieur et formant cheminée d'appel (fig. 938). La section S_1 de cet espace annulaire peut se déterminer en fonction du volume de la chaufferie, en se donnant les valeurs t et v de la période de renouvellement d'air et de la vitesse probable de l'air. On se donne habituellement $t = 1$ minute, et on peut admettre $v = 2^m$ environ, en tablant sur l'échauffement dû au voisinage de la cheminée. D'autre part, avec les types de chaudières actuels, le rapport entre le volume laissé libre dans le compartiment et le volume brut V de ce compartiment oscille entre 0,53 et 0,58. On a dans ces conditions :

$$S_1 = \frac{0{,}53 \text{ à } 0{,}58 \text{ V}}{2 \times 1 \times 60} = 0{,}0044 \text{ à } 0{,}0048 \text{ V}.$$

En pratique, le rapport $\frac{V}{\Sigma}$ du volume brut à la surface de grille variant assez peu avec les divers types de chaudières, il est plus commode de proportionner S_1 à Σ. Le rapport $\frac{V}{\Sigma}$ oscillant entre 24 et 18, on a

$$S_1 = 0{,}105 \text{ à } 0{,}116\ \Sigma$$

soit à peu près

$$S_1 = 0{,}1\ \Sigma.$$

Cette valeur de $0{,}1\ \Sigma$ est celle qui a été adoptée pour tous les grands navires récents; il convient de ne pas descendre au-dessous de ce chiffre, et de se tenir plutôt un peu au-dessus, l'espace compris entre la cheminée et l'enveloppe étant utilisé pour le passage de tuyautages divers (échappement des soupapes de sûreté, échappement des appareils auxiliaires, tuyaux de fumée des cuisines, etc.).

Les dispositions relatives à l'arrivée de l'air sont un peu variables avec le mode d'installation des chaudières. La figure 938 représente à titre d'exemple une des dispositions fréquemment suivies, dans laquelle les chaudières sont supposées logées au-dessous du faux-pont. L'air est amené à la chaufferie par une ou plusieurs manches à escarbilles, montant jusqu'au-dessus du pont supérieur et terminées par des trompes, et par un conduit établi autant que possible contre la paroi faisant face aux façades des chaudières, sur toute la longueur de cette paroi. L'orifice inférieur des manches à escarbilles est muni d'un clapet équilibré par un contre-poids légèrement prépondérant, de manière à rester fermé lorsqu'on l'abandonne à lui-même; au tirage naturel, ce clapet est tenu ouvert par un crochet; on le ferme au contraire lorsqu'on marche au tirage activé, de manière qu'il s'oppose à l'évacuation de l'air refoulé par la manche à escarbilles, tout en permettant, le cas échéant, une certaine admission d'air frais, si celle-ci tend à se produire. Le conduit placé contre la paroi est muni à sa partie inférieure de clapets en tôle permettant aux chauffeurs de régler l'arrivée de l'air et surtout de le répartir aussi convenablement que possible entre les différentes chaudières, suivant les besoins. Ce conduit est établi de manière à communiquer avec l'atmosphère soit directement, pour le tirage naturel, soit par l'intermédiaire des

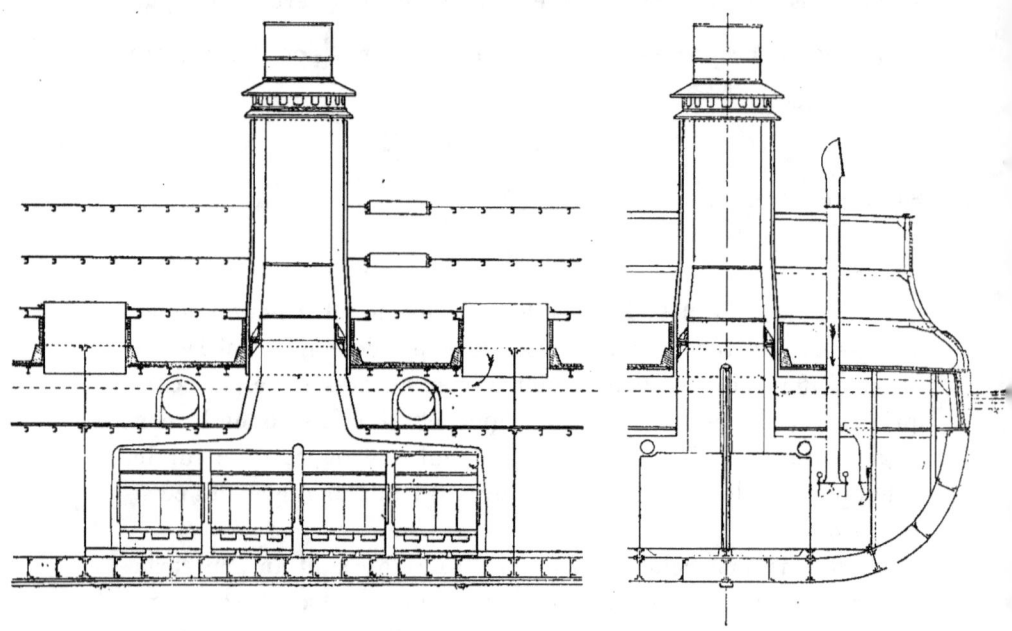

Fig. 938.

ventilateurs destinés à produire le tirage activé. Dans la disposition représentée par la figure 938, ce conduit communique avec l'étage du faux-pont, dans sa partie centrale, par un panneau muni de mantelets pleins permettant de le fermer lorsqu'on veut marcher au tirage activé; deux ventilateurs installés sur le faux-pont de part et d'autre de ce panneau peuvent refouler dans le même conduit, et puisent l'air directement dans le compartiment dans lequel ils se trouvent, ce qui réalise la ventilation par aspiration de ce compartiment; l'air pur est fourni aux ventilateurs par un panneau percé dans le pont cuirassé et par des portes à coulisse ménagées sur la paroi des manches à escarbilles, ces portes étant destinées à n'être ouvertes que lorsqu'on marche au tirage activé. Dans d'autres cas, les ventilateurs sont munis de conduits d'aspiration remontant jusqu'au-dessus du pont supérieur, et la ventilation de l'étage du faux-pont, s'il existe, est étudiée à part.

Au point de vue de l'arrivée de l'air aux chaudières, il conviendrait de faire déboucher le conduit de refoulement et les manches à escarbilles presque au ras du parquet, à hauteur des portes des cendriers. Mais on aurait ainsi un brassage insuffisant de l'air dans la région occupée par le personnel, et on règle le niveau inférieur du conduit et des manches à 2^m environ au-dessus du parquet. L'air se diffuse mieux, et les conditions d'habitabilité sont notablement meilleures.

Au début de l'emploi des chaudières à combustion active, on a cherché à forcer la totalité de l'air fourni par les ventilateurs à passer au travers des grilles en faisant du tirage *forcé*, ou en *vase clos*. Le procédé consiste à installer dans l'espace annulaire compris entre l'enveloppe et la cheminée des clapets permettant de l'obturer complètement, et à munir les ouvertures d'accès aux chaufferies de tambours à double porte ou *sas*, de façon à entretenir dans le compartiment une surpression et à forcer l'air à s'échapper par la seule issue qui lui est offerte, c'est-à-dire par les cendriers. On a renoncé rapidement à ce procédé, sauf sur les torpilleurs où l'exiguïté des chambres de chauffe permet de l'employer sans trop d'inconvénient. Avec ce système, en effet, l'air chaud s'accumule dans la région supérieure du compartiment, où il ne subit pas de brassage, et la température devient très vite assez élevée pour que le séjour du personnel dans la chaufferie soit impossible. Avec le tirage simplement activé, l'air chaud s'échappe constamment par la partie supérieure, et il suffit que la puissance des ventilateurs soit assez largement calculée pour fournir la totalité de l'air nécessaire, des clapets mobiles non étanches permettant au besoin de réduire la section de l'espace annulaire compris entre l'enveloppe et la cheminée, si l'on veut réaliser un taux de combustion très élevé ; les ouvertures d'accès aux chaufferies doivent bien entendu être fermées par des portes, mais celles-ci n'ont pas besoin d'être étanches (1).

---

(1) Les portes d'accès aux chaufferies doivent toujours s'ouvrir de dedans en dehors, de manière à ne pas constituer un obstacle à l'évacuation rapide de ces chaufferies en cas d'accident. Dans le même ordre d'idées, il est bon de disposer quand on le peut des échelles de secours formées de mains de fer rivées le long d'une paroi et aboutissant

D'après ce que nous avons dit plus haut, le débit horaire des ventilateurs des chaufferies doit être calculé à raison de 25^{m3} environ par kilogramme de charbon brûlé à l'allure maxima; il convient même de se rapprocher autant qu'on le peut du chiffre de 30^{m3}. Sur les navires récents, le rapport entre le débit des ventilateurs et le poids de charbon brûlé oscille en moyenne entre 24 et 27^{m3} pour des combustions variant de 150 à 180^k.

Voyons maintenant comment on déterminera les diverses sections d'arrivée d'air, en raisonnant sur le cas de la figure 938. Nous désignerons par S_2 la section des manches, par S_3 la section de sortie du conduit de refoulement, par S_4 la section du panneau de communication de ce conduit avec le faux-pont, par S_5 la section du panneau percé dans le pont cuirassé. Tout d'abord, à la limite du tirage naturel, le nombre de mètres cubes d'air à fournir par heure sera égal à $100 \times 20 \times \Sigma$, soit par seconde $0{,}55\, \Sigma$. L'air étant supposé arriver jusqu'au panneau S_4 par de larges ouvertures, on peut admettre une vitesse moyenne de $1^m{,}80$ à $1^m{,}90$, ce qui donne :

$$S_2 + S_4 = \frac{0{,}55}{1{,}85}\, \Sigma = 0{,}3\, \Sigma.$$

La valeur de S_2 est réglée par le nombre de manches correspondant à la chaufferie et les dimensions usuelles de chaque manche (§ 188); on a ainsi S_4. Au tirage activé, la section S_3 doit laisser passer le débit total des ventilateurs, soit par seconde $1{,}25\, \Sigma$ à $1{,}67\, \Sigma$ suivant le taux de combustion maxima. On ne dépasse guère une vitesse de 12^m pour l'air, ce qui conduirait à :

$$S_3 = 0{,}10 \text{ à } 0{,}14\, \Sigma.$$

Mais il faut remarquer qu'au tirage naturel l'ouverture S_3 doit laisser passer l'air arrivant par le panneau S_4 et doit par suite avoir une section au moins égale à celle de ce panneau. Enfin, pour l'arrivée d'air aux ventilateurs, la section est $S_2 + S_5$. On doit donc avoir :

$$S_2 + S_5 = \frac{1{,}25 \text{ à } 1{,}67\, \Sigma}{v}.$$

par exemple à un panneau de secours percé dans le faux-pont. Lorsqu'on peut donner au conduit de refoulement d'air des dimensions suffisantes, il est aisé d'utiliser pour cet objet le panneau percé à la partie supérieure de ce conduit.

La valeur admise sur la plupart des navires récents pour $S_2 + S_5$ est égale à $0,3 \Sigma$, ce qui correspond à une vitesse de 4 à 5^m environ. Il convient de ne pas descendre au dessous de cette valeur, car il faut remarquer que S_5 est la section brute du panneau, et que les caillebotis, galiotes, échelles, etc. réduisent en général de 15 à 20 % la section libre du panneau. Bien entendu, s'il n'y a pas de tambour montant jusqu'au pont supérieur, les divers ponts doivent être percés de panneaux de section au moins égale à S_5 et se correspondant autant que possible en ligne verticale.

Lorsqu'il existe un compartiment entre le pont cuirassé et le plafond des chaufferies (fig. 938), on établit souvent autour de l'enveloppe une deuxième enveloppe concentrique s'arrêtant au pont cuirassé. On a ainsi un espace annulaire formant conduit d'évacuation pour le compartiment du faux-pont, l'air y arrivant par le panneau percé dans le pont cuirassé. Cette deuxième enveloppe s'arrête à la partie supérieure un peu au-dessous de la première ; grâce à la grande hauteur des cheminées, et à l'échauffement produit par l'air s'échappant des chaufferies, on obtient une ventilation naturelle énergique, même au tirage naturel, ce qui est utile lorsque le compartiment en question renferme des appareils auxiliaires (dynamos, pompes, etc.), ainsi que cela a lieu en général.

218. Ventilation des soutes et des compartiments d'appareils auxiliaires. — La ventilation des régions situées en dehors des machines et des chaufferies est obtenue par des procédés analogues. Mais le nombre de compartiments à ventiler devenant assez considérable, on cherche souvent à réaliser simultanément au moyen d'un même appareil la ventilation d'un certain nombre de compartiments, de façon à ne pas accroître le nombre d'appareils auxiliaires, déjà si élevé sur les navires modernes.

Il est évidemment possible de réaliser la ventilation de toute une région du navire au moyen d'un ventilateur unique. Ce ventilateur sera placé par exemple à proximité d'un panneau ou d'un tambour d'aérage et refoulera l'air pur dans un collecteur le long duquel seront greffés des branchements desservant les divers compartiments à aérer. De même, les conduits d'évacuation d'air vicié des divers compartiments aboutiront à un collecteur commun débouchant à l'extérieur. Ce système est simple, mais présente l'inconvénient d'annuler l'effet du compartimentage en cas d'envahissement d'eau. Pour y remédier, il est nécessaire de munir tous les conduits de ventilation de vannes ou de clapets d'obturation à leur passage à travers les cloisonnements étanches. En outre, on doit avoir soin de placer les collecteurs d'arrivée ou d'évacuation d'air le plus près possible de la flottaison, en contre-haut de celle-ci lorsque la hauteur du pont blindé, dont ces conduits doivent d'ailleurs être indépendants, est suffisante ; on reporte ainsi le plus haut possible les points de communication des divers compartiments. Enfin, chaque branchement doit être muni à sa jonction avec le collecteur d'un obturateur étanche, pour qu'on puisse réaliser l'isolement complet du compartiment correspondant s'il vient à être envahi par l'eau. Ceci impose l'obligation de disposer les collecteurs d'air dans des régions où ils soient facilement et directement accessibles, c'est-à-dire en dedans des grandes cloisons longitudinales de la cale.

Pour parer au cas d'une erreur ou d'une omission dans la manœuvre des obturateurs, on peut faire usage de clapets automatiques. Ces clapets (fig. 939) sont constitués par exemple au moyen de sphères creuses en cuivre logées dans des boîtes placées de part et d'autre du cloisonnement étanche ; si l'eau envahit un des compartiments, la sphère se soulève et vient s'appliquer contre une bande de cuir annulaire qui assure l'étanchéité. Une tige que l'on peut soulever à la main et assujettir au moyen d'une goupille permet de réaliser l'obturation si on ne veut pas attendre qu'elle se fasse automatiquement.

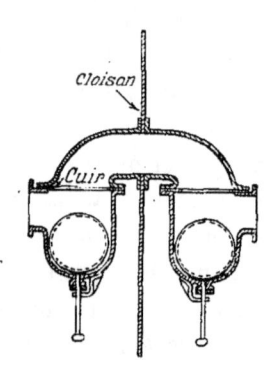

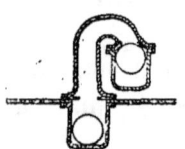

Fig. 939.

Le système que nous venons de décrire est assez en faveur dans la marine anglaise. Outre l'inconvénient résultant du grand nombre d'obturateurs qu'il nécessite, il présente celui de donner lieu à des pertes de charge considérables ; de plus, il est bien difficile d'obtenir une arrivée ou une évacuation de l'air proportionnée pour chaque compartiment à la période de renouvellement d'air dont on a besoin. Enfin, en cas d'envahissement d'un compartiment par l'eau, la ventilation de tous les compartiments placés en aval sur le collecteur d'arrivée d'air se trouve par ce fait même supprimée.

Pour les raisons que nous venons d'exposer, on préfère en général en France rendre aussi indépendante que possible la ventilation des divers compartiments, en acceptant l'inconvénient qui réside dans l'augmentation du nombre des ventilateurs à employer, inconvénient d'ailleurs sensiblement réduit par l'emploi de moteurs électriques. C'est ainsi que sur les grands navires récents le nombre de ventilateurs affectés aux régions situées en dehors des machines et des chaufferies atteint quelquefois 10 à 12. En principe, il convient de respecter avant tout l'intégrité des cloisons transversales principales, c'est-à-dire l'autonomie des grandes tranches de la cale. Lorsque dans une même tranche deux ou plusieurs compartiments sont en libre communication et ne forment pas des cellules étanches distinctes, un ventilateur unique peut être affecté à ce groupe de compartiments, l'air étant distribué et évacué par des conduits branchés sur des collecteurs communs. Les panneaux percés dans les divers ponts pour les besoins de la circulation sont bien entendu utilisés comme conduits de ventilation, tantôt pour l'arrivée de l'air pur, tantôt pour l'évacuation de l'air vicié, suivant les dispositions locales. Lorsque les circonstances le permettent, il est bon de disposer les panneaux percés dans le pont cuirassé de manière à ce qu'ils forment double conduit. On installe dans ce but une enveloppe formant tambour, s'étendant autant que possible depuis le faux-pont jusqu'au pont situé au-dessus du pont cuirassé. Le surbau cuirassé est établi concentriquement à cette enveloppe, de manière à laisser libre un espace annulaire formant cheminée d'appel pour l'étage du faux-pont. Cette cheminée est prolongée autant que possible jusqu'au pont situé au-dessus du pont cuirassé, que nous appellerons, pour fixer les idées, pont de batterie; c'est ce qui a lieu d'ailleurs lorsque le surbau est surmonté d'un entourage complétant la protection (fig. 940); on a ainsi un conduit d'évacuation d'air pour l'étage du faux-pont. Des ouvertures, percées latéralement dans la paroi de ce conduit au-dessous des barrots du pont de batterie, peuvent également servir pour l'évacuation d'air de l'étage du pont cuirassé. Les échelles de communication sont installées à l'intérieur du tambour, qui forme conduit d'arrivée d'air pour les compartiments situés au-dessous du faux-pont. L'accès du faux-pont est obtenu au moyen d'une porte percée dans le tambour, mais cette porte doit être tenue fermée en temps normal, l'arrivée d'air au faux-pont se faisant par l'intermédiaire de conduits convenablement disposés. Il est en somme assez difficile de poser des règles précises pour l'établissement des conduits de ventilation, et on est obligé de faire dans chaque cas une étude spéciale, en s'inspirant des considérations que nous avons exposées.

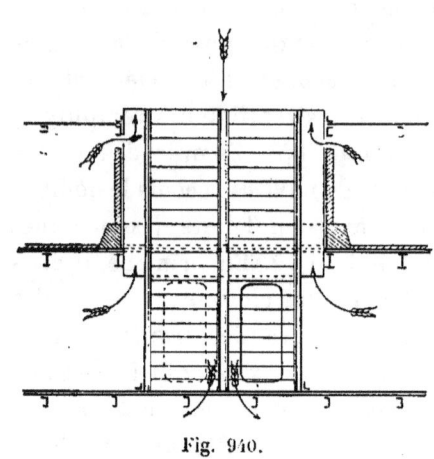

Fig. 940.

Les périodes de renouvellement d'air admises usuellement pour les compartiments de la cale sont les suivantes :

3 minutes pour les compartiments contenant des appareils auxiliaires à vapeur et d'une capacité ne dépassant pas 40 à 45^{m3}, et pour les soutes à munitions contiguës à des locaux renfermant des sources de chaleur importantes ;

6 minutes pour les compartiments d'appareils auxiliaires d'une capacité supérieure à 45^{m3} environ, et les soutes à munitions autres que celles ci-dessus mentionnées ;

12 à 15 minutes pour les autres compartiments et soutes diverses.

Pour les logements situés dans les étages supérieurs, et éclairés par des sabords ou des claires-voies, il importe de ne pas oublier que l'on pourra se trouver dans l'obligation de fermer ces sabords et ces claires-voies en cas de mauvais temps ; il est par suite indispensable de prévoir la possibilité du renouvellement de l'air dans ces locaux au moyen de paracloses débouchant sur les coursives (§ 108) et de quelques manches de petit diamètre pour l'évacuation de l'air vicié dans les carrés et postes.

CHAPITRE XII.

Voilure et gréement.

219. Division de la mâture et de la voilure. — L'emploi de la voilure pour la propulsion exige que la surface de cette voilure et les coordonnées du centre de poussée du vent ou *centre de voilure* aient des valeurs déterminées en fonction des dimensions, des formes et de la stabilité du navire. Il est en outre indispensable que cette surface, ainsi que la position du centre de voilure, puissent être modifiées à volonté suivant la force du vent et les évolutions que l'on veut exécuter, ce qui impose le fractionnement de la voilure en un nombre plus ou moins considérable de voiles, disposées de manière à pouvoir être serrées ou déployées suivant les besoins.

Les voiles sont portées par des *mâts*, dont le nombre varie avec la longueur du navire; l'écartement de deux mâts est en effet déterminé dans une certaine mesure par les dimensions transversales des voiles qu'ils portent, par la condition que les voiles d'un mât ne masquent pas celles du mât voisin lorsque le vent vient du travers. L'ensemble formé par un mât et les voiles qu'il supporte constitue ce qu'on appelle un *phare*.

Le nombre des mâts verticaux (ou du moins dirigés à peu près verticalement) varie usuellement de 1 à 3, et atteint exceptionnellement 4 ou même 5 sur les grands navires de commerce. En outre, presque tous les navires un peu importants sont munis à l'avant d'un mât horizontal ou faiblement incliné, dit *mât de beaupré*, permettant d'établir entre lui et le mât vertical de l'avant des voiles dont le rôle est de fournir la possibilité de régler convenablement la position relative, en longueur, du centre de voilure et du centre de dérive du navire. Lorsqu'il y a plusieurs mâts verticaux, le mât de l'AV est habituellement désigné sous le nom de *mât de misaine ;* lorsqu'il n'y en a que deux, le mât de l'AR est appelé *grand mât ;* s'il y en a trois, c'est le mât intermédiaire qui porte le nom de grand mât, et celui de l'Ar est alors appelé *mât d'artimon*. Dans les grands navires de commerce à 4 mâts, les deux mâts intermédiaires sont appelés *grand mât N* et *grand mât AR*; s'il y a cinq mâts, on donne en général le nom de *mât de misaine N* et *mât de misaine R* aux deux premiers mâts.

Lorsqu'un phare comporte un mât d'une seule pièce, celui-ci est dit mât *à pible*. En général, le mât est fractionné en deux ou trois pièces, suivant sa hauteur; la pièce inférieure, fixée à la coque, est appelée *bas-mât;* la pièce suivante, reliée au bas-mât par un *chouquet* (§ 99), est appelée *mât de hune;* la troisième, si elle existe, est reliée par un chouquet au mât de hune et est appelée *mât de perroquet*. Le croisement d'une pièce de mâture avec la pièce supérieure porte le nom de *ton*. Pour le mât de beaupré, la pièce fixée à la coque constitue le beaupré proprement dit, et les pièces de fractionnement portent le nom de *bout-dehors*.

Les voiles portées par les mâts sont tenues déployées au moyen de pièces de bois ou *espars* portant le nom de *vergues* si leur position moyenne est dirigée dans le plan transversal, de *cornes* si elle est dirigée dans le plan longitudinal. Les voiles tenues par des vergues sont dites voiles *carrées*, et celles portées par des cornes voiles *auriques*. La voilure d'un navire comporte en outre des voiles dites *triangulaires*, établies à peu près dans le plan longitudinal et supportées par des cordages faisant partie du gréement qui relie les différents mâts; ces cordages prennent alors le nom de *drailles*. La voilure des navires se compose en général d'un certain nombre de phares *carrés*, comportant des voiles carrées et des voiles auriques, de phares *goëlettes*, comportant exclusivement des voiles auriques, et de voiles triangulaires établies entre les mâts.

Le phare carré complet, dans la marine militaire, se composait de quatre voiles carrées et une voile aurique comme le représente la figure 941, dans laquelle les voiles carrées ont été supposées rabattues sur le plan longitudinal. Dans les phares de ce genre, la voile aurique porte le nom de *voile goëlette;* les voiles carrées sont appelées, en partant du bas, *basse voile, hunier, perroquet* et *cacatois*. Enfin la surface de voilure peut être augmentée par faible brise au moyen de voiles additionnelles ou *bonnettes*, établies d'un bord ou de l'autre de manière à augmenter la surface des trois voiles carrées inférieures, et portant les noms de *bonnette basse, bonnette de hune* et *bonnette de perroquet.*

Les phares carrés complets des navires de commerce présentent

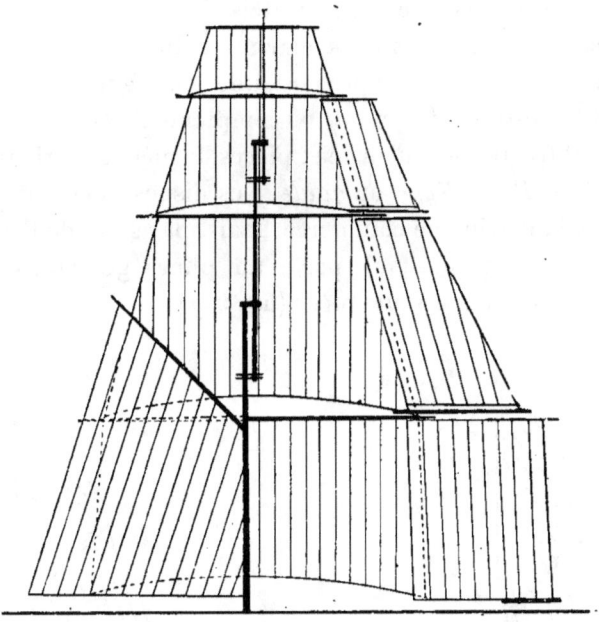

Fig. 941.

en général une disposition un peu différente, la réduction du personnel embarqué exigeant un fractionnement plus grand de la voilure. Tout d'abord, grâce à l'adoption de mâts en tôle, le bas-mât et le mât de hune ne forment qu'une seule pièce. En second lieu, la voile aurique est supprimée, et le nombre des voiles carrées est porté à 6 et même 7 par le dédoublement des huniers, des perroquets, et quelquefois des cacatois (fig. 942). On a ainsi, en partant du bas, la *basse voile*, le *hunier fixe*, le

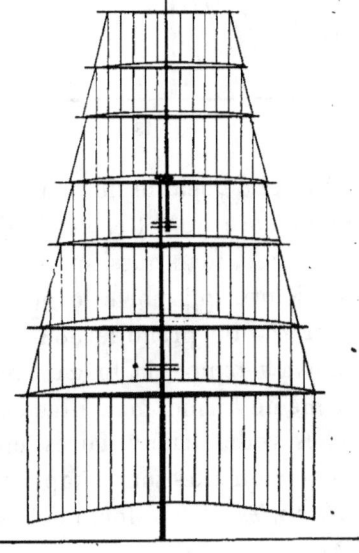

Fig. 942.

hunier volant, le *perroquet fixe*, le *perroquet volant*, le *cacatois fixe* et le *cacatois volant*. On emploie aussi, mais plus rarement, les désignations de hunier et contre-hunier, perroquet et contre-perroquet, cacatois et contre-cacatois.

Le phare goëlette, dans la marine militaire, se composait de deux voiles auriques comprenant une voile goëlette et une voile triangulaire dite *flèche-en-cul* ou simplement *flèche* (fig. 943). Le mât n'était fractionné qu'en deux pièces, la pièce supérieure portant le nom de *mât de flèche* ou *gaule*. Ces dispositions ont été conservées dans la marine de commerce, mais, par suite de l'adoption de mâts en tôle, le mât qui porte un phare goëlette est généralement exécuté d'une seule pièce (fig. 944).

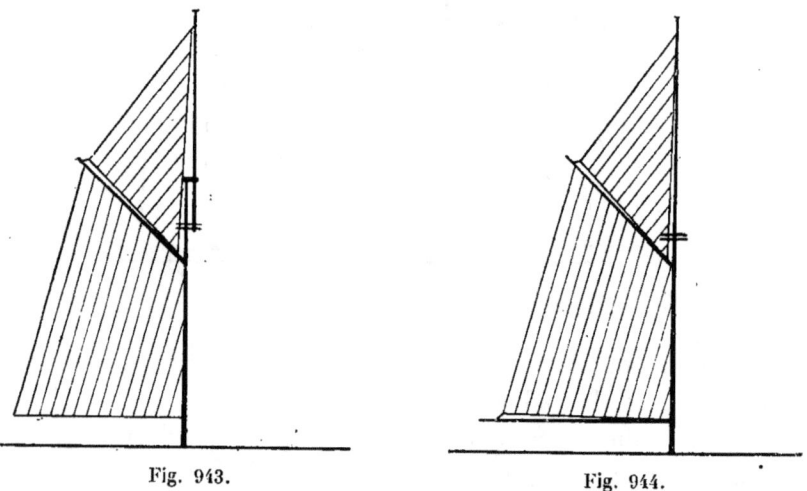

Fig. 943.   Fig. 944.

La voile goëlette du phare .R, qu'il s'agisse d'un phare carré ou d'un phare goëlette, est toujours enverguée non seulement sur une corne, mais aussi sur un espar horizontal longeant sa bordure inférieure, qui porte le nom de *gui* (fig. 944). La voile goëlette ainsi établie prend le nom spécial de *brigantine*. En cas de très mauvais temps, la brigantine peut être remplacée par une voile de même forme, mais plus petite, dite *artimon de cape*.

Les voiles triangulaires établies entre les mâts sont appelées *focs* lorsqu'elles sont comprises entre le mât de misaine et le beaupré, *voiles d'étai* lorsqu'elles sont comprises entre les mâts verticaux.

Les formes de voiles que nous venons d'énumérer sont celles qui sont employées sur les grands navires. Pour les petits navires de commerce et les embarcations de pêche, on fait souvent usage de dispositions légèrement différentes, variables suivant les pays et les habitudes locales. D'une façon générale, les petits bâtiments n'emploient pas de voiles carrées, et portent exclusivement des voiles auriques tenues sur des espars de disposition variable. Nous citerons en premier lieu la voile *au tiers* ou voile à *bourcet*, portée par un espar longitudinal appelé *antenne* (ou quelquefois vergue), légèrement incliné et fixé au mât à peu près au tiers de sa longueur (fig. 945); ce genre de voiles, usité notamment sur les côtes de l'Océan, est employé dans la marine de guerre pour les grandes embarcations. La voile *latine*, employée fréquemment sur les côtes de la Méditerranée, est une voile de forme à peu près triangulaire enverguée sur une antenne courbe très inclinée suspendue au milieu de sa longueur (fig. 946). La voile *à houari*, employée par la

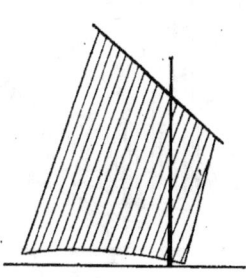 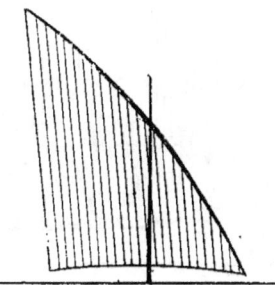

Fig. 945. Fig. 946.

marine de guerre sur les youyous et baleinières, est également une voile triangulaire, dont l'antenne est dirigée parallèlement au mât auquel elle est reliée par deux cercles qui permettent de la faire coulisser verticalement (fig. 947). Nous citerons enfin la voile *à livarde*, d'usage moins fréquent, qui est tenue ouverte par un espar oblique appelé *baleston* (fig. 948).

L'ensemble de la voilure d'un bâtiment peut évidemment être réalisé au moyen de combinaisons assez différentes, en faisant usage des éléments que nous venons de décrire. A l'époque de la disparition des voiles comme moyen de propulsion des navires de guerre, la voilure employée à peu près uniformément était celle des anciens vaisseaux de 1ᶜʳ rang (fig. 949), qui comprenait trois phares carrés complets, le phare d'artimon ne différant des deux

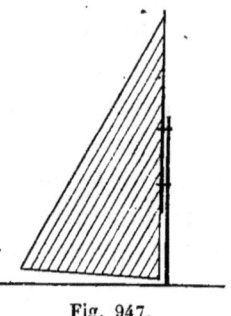

Fig. 947.

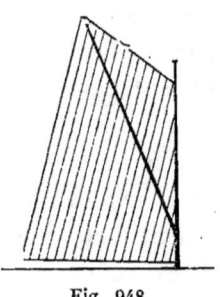

Fig. 948.

autres que par l'emploi d'une brigantine et la suppression de la

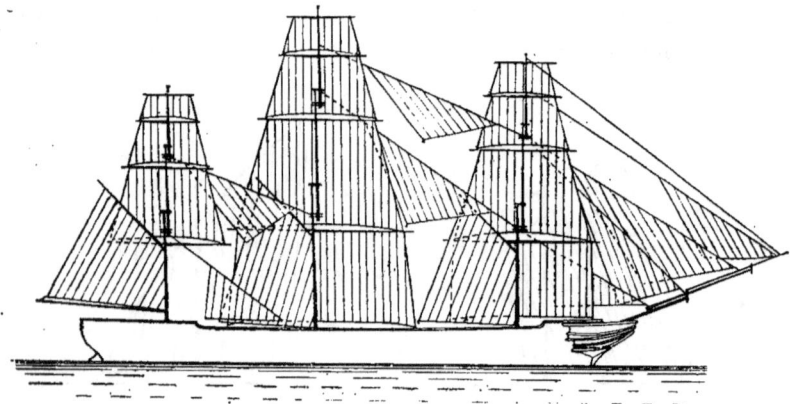

Fig. 949.

basse voile. Dans ce type de gréement, les noms particuliers des différentes voiles sont les suivants :

Phare de misaine
{
misaine
petit hunier
petit perroquet
petit cacatois
misaine goëlette
}

Phare du grand mât
{
grand' voile
grand hunier
grand perroquet
grand cacatois
grand' voile goëlette
}

Phare d'artimon { perroquet de fougue / perruche / cacatois de perruche / brigantine

Les focs sont au nombre de quatre, portant, à partir de l'AV, les noms de *clin-foc, grand foc, petit foc* et *trinquette*. En cas de mauvais temps, lorsque le navire prend la cape, le grand foc peut être remplacé par une voile plus petite qui porte le nom de *faux-foc*. Les voiles d'étai, au nombre de quatre, sont désignées par le nom de l'étai qui les porte (voir § 221).

Pendant la période de transition des bâtiments à propulsion mixte, la voilure a dû subir certaines modifications corrélatives de l'accroissement de la longueur des navires et de la réduction de leurs dimensions transversales. On a fait alors usage de phares dits *abaissés*, ne comportant ni mât de perroquet, ni voile de cacatois; en outre, le phare d'artimon carré a été remplacé par un phare goëlette. La figure 950 représente un des types de gréement de ce genre usité pour les croiseurs à propulsion mixte.

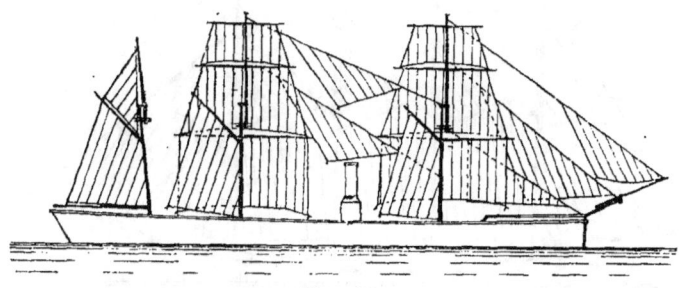

Fig. 950.

Dans la marine de commerce, les considérations d'économie ont conduit à conserver, dans beaucoup de cas, la propulsion à l'aide de voiles, et on construit à l'époque actuelle de grands navires voiliers atteignant jusqu'à 100 mètres de longueur et un déplacement de 4000 et même de 6000 tonneaux. Ces grands voiliers sont ordinairement gréés en *quatre-mâts-barque*, c'est-à-dire avec trois phares carrés et un phare goëlette à l'AR (fig. 951). On a même fait des *cinq-mâts-barque*, comportant 4 phares carrés et un phare goëlette. Les navires de moindre dimension sont gréés de même en *trois-mâts-barque*, avec deux phares carrés seulement. On fait quelquefois usage, mais plus rarement, de trois et quatre mâts à phare carré et aussi de trois et quatre mâts à phare goëlette

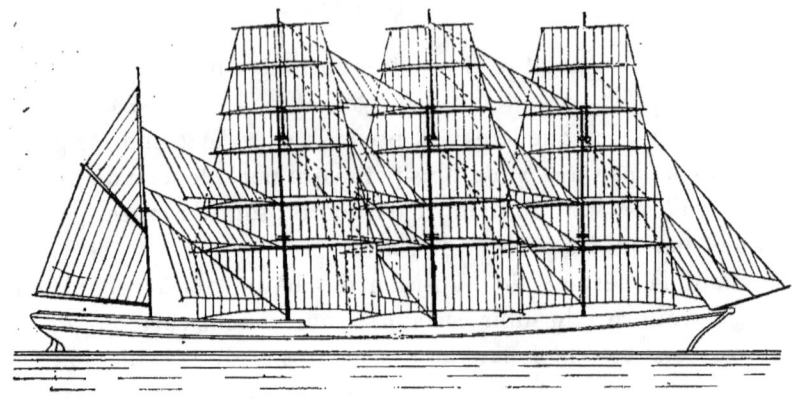

Fig. 951.

(fig. 952); les navires gréés dans ce dernier système portent en général le nom de *schooners*. Enfin, on peut associer un phare

Fig. 952.

carré placé à l'AV à deux phares goëlettes. On a ainsi, pour les navires à 3 mâts, les catégories suivantes :

    trois-mâts carré — 3 phares carrés;
    trois-mâts barque — 2 phares carrés, 1 phare goëlette;
    trois-mâts goëlette — 1 phare carré, 2 phares goëlettes;
    goëlette ou schooner — 3 phares goëlettes.

Lorsque la longueur du navire ne dépasse pas une quarantaine de mètres, on ne peut placer que deux mâts verticaux, pour ne pas réduire d'une manière exagérée la longueur des vergues. On obtient ainsi les gréements de *brick*, comportant deux phares carrés, de *brick-goëlette*, comportant un phare carré et un phare goëlette, et de *goëlette* ou *schooner*, comportant deux phares goëlettes. Les phares carrés de ces navires peuvent, bien entendu, ne pas être complets, et ne comportent pas en général plus de trois ou quatre voiles carrées.

Lorsqu'il n'y a qu'un seul mât vertical, on a le gréement dit de *cutter* ou *cotre*, comportant une brigantine, une flèche et des focs (fig. 953). C'est le gréement des navires de course, qui emploient d'ailleurs pour accroître la surface de voilure, en cas de marche avec vent arrière, diverses voiles additionnelles, par exemple une voile carrée fixée à une vergue amovible, dite *voile de fortune*, et une voile triangulaire dite *foc-ballon* ou *spinnaker* pouvant être tenue déployée au moyen d'une sorte de gui transversal.

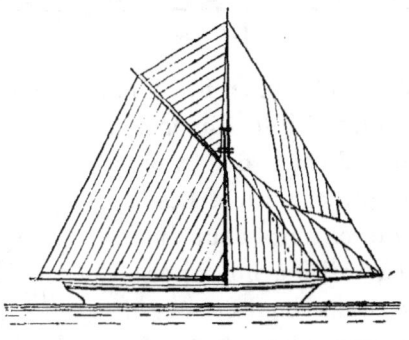

Fig. 953.

Pour les embarcations de pêche, le gréement varie suivant les différents pays. Sur les côtes de l'Océan, par exemple, on fait à peu près exclusivement usage, sous réserves de quelques variantes, de deux mâts verticaux avec voiles au tiers et d'un beaupré portant un foc unique. Pour les grandes embarcations de pêche et les petits bâtiments de cabotage, on emploie assez souvent le gréement dit de *lougre* (appelé aussi *chasse-marée* ou *bisquine*) comprenant un foc et trois voiles au tiers surmon-

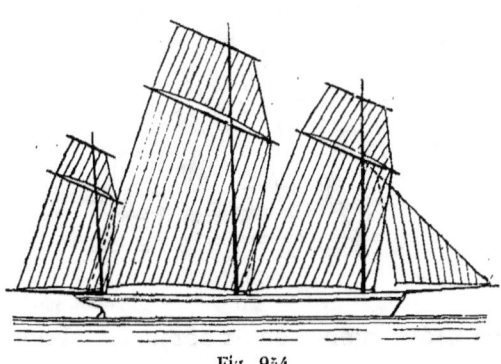

Fig. 954.

tées chacune d'une voile de flèche (fig. 954). Citons également la *galiote* (appelée aussi *yawl*), dérivant du cotre par l'addition à l'AR d'un mât de faible hauteur, dit mât de *tape-cul*, portant une voile au tiers ou une voile aurique (fig. 955).

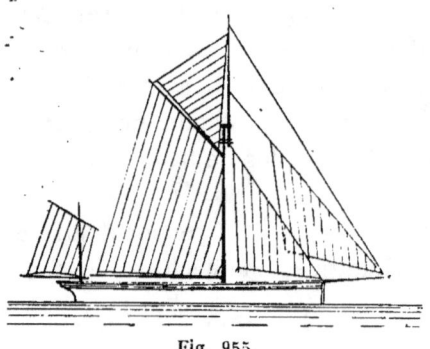

Fig. 955.

Le gréement des embarcations de la marine militaire varie suivant les catégories. Les chaloupes, grands canots et canots de 9 mètres et au-dessus reçoivent trois mâts avec voiles au tiers et un foc (fig. 956). Les chaloupes, grands canots et canots de plus faible dimension ont seulement deux voiles au tiers et un foc. Les baleinières ont deux mâts avec voiles à houari et un foc, sans bout-dehors de beaupré (fig. 957). Les youyous (munis autrefois d'une voile à livarde) ont un mât unique avec voile à houari et un foc sans bout-dehors. Les canots à vapeur ont un mât avec voile au tiers, un foc avec bout-dehors et un tape-cul avec voile au tiers (fig. 958).

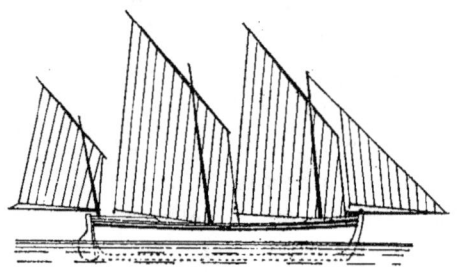

Fig. 956.

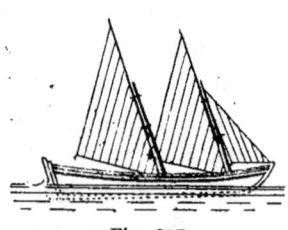

Fig. 957.

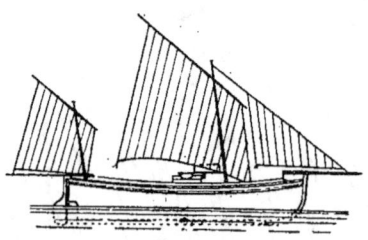

Fig. 958.

220. Construction des mâts, vergues et cornes. — En ce qui concerne les navires de guerre, les dimensions principales des différentes pièces de mâture sont fournies par le *règlement* *de mâture,* dont nous parlerons plus loin. Ce règlement indique pour chaque pièce la longueur, le diamètre maximum, et le diamètre aux extrémités. Quant aux diamètres intermédiaires, déterminant le profil de la section méridienne, on les obtient au moyen de constructions géométriques simples désignées sous le nom de *mitres*. La mitre *au diamètre*, par exemple (fig. 959), se compose de deux arcs de cercle ayant pour centres les extrémités A et B d'une droite de longueur égale au diamètre maximum et un rayon égal à ce diamètre; on trace les cordes CD et EF parallèles à AB et égales aux diamètres des extrémités de la pièce; on imagine la pièce divisée par un certain nombre de sections parallèles et on divise en parties aliquotes la distance comprise entre CD et EF; les longueurs des cordes obtenues représentent les diamètres des diverses sections de la pièce. La mitre *aux trois quarts* (fig. 960) se construit de manière analogue en traçant la longueur AB et prenant pour centres des arcs de cercle les points P et Q tels que les longueurs AP et

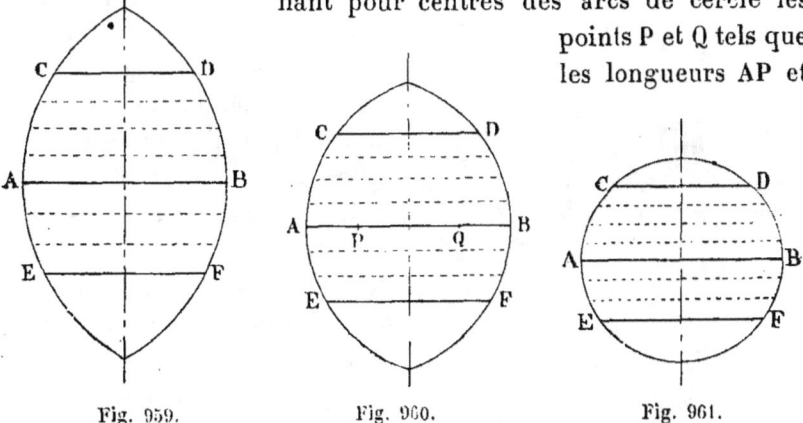

Fig. 959.　　　　Fig. 960.　　　　Fig. 961.

BQ soient égales au quart de la longueur AB. On fait également usage de la mitre *au rayon*, obtenue au moyen d'un cercle ayant AB comme diamètre (fig. 961). La mitre au rayon est employée en général pour les bas mâts d'une seule pièce, la mitre au diamètre pour les bas mâts d'assemblage en bois ou en tôle, et la mitre aux trois quarts pour tous les autres espars (mâts supérieurs, vergues, etc.).

Pour les navires de commerce, les dimensions principales sont fournies par les règles édictées par les sociétés telles que le Lloyd et le Veritas, et les diamètres intermédiaires s'obtiennent par des constructions du même genre que celles dont nous venons de parler.

Considérons en premier lieu un mât vertical complet en bois, portant une voilure carrée telle que la représente la figure 941. Le bas mât, dont le mode de construction a déjà été indiqué sommairement au § 99, a son diamètre maximum au niveau de l'étambrai supérieur. Le diamètre au pied et le diamètre à l'extrémité supérieure sont respectivement égaux aux $\frac{833}{1000}$ et aux $\frac{7}{10}$ du diamètre maximum. A la partie inférieure du ton, c'est-à-dire du croisement avec le mât supérieur, le bas mât porte une hune destinée à servir de plate-forme de veille et de manœuvre, et de point d'appui au gréement des mâts supérieurs. A une certaine distance au-dessous du niveau de la hune, le bas mât prend une forme carrée (fig. 962); sur l'avant sont appliquées trois pièces de chêne *a, b, c* assemblées à adents, formant le *tablier*; la pièce centrale descend presque jusqu'au niveau de l'étambrai, et porte le nom de *jumelle de frottement;* elle sert à protéger le mât contre les ragages pendant la mise en place ou l'enlèvement du mât de hune et de la vergue inférieure. Sur les côtés du tablier sont placées deux pièces *d*, formant consoles sur l'avant, et appelées *jottereaux;* sur les jottereaux reposent deux pièces longitudinales

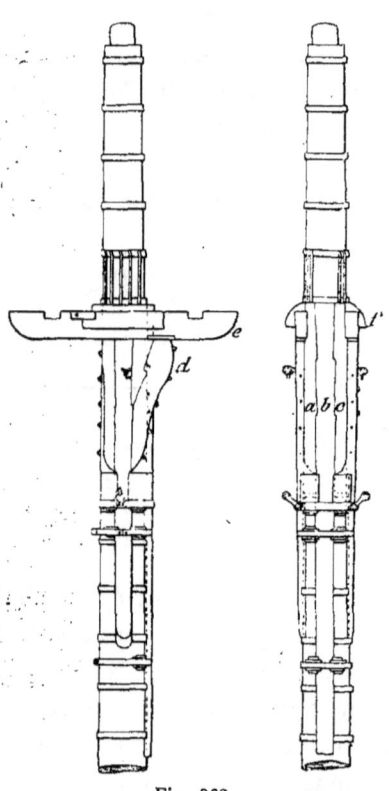

Fig. 962.

e, appelées *élongis,* recevant dans des entailles les *barres traversières,* dirigées transversalement. Sur les élongis sont rapportés des garnis arrondis f sur lesquels s'appuient les haubans, comme nous le verrons plus loin (§ 221). Au-dessus des jottereaux, le mât reprend sa forme cylindrique, et est garni de lattes sur une certaine hauteur; c'est la partie qui reçoit l'attache des haubans, et constitue ce qu'on appelle le *capelage*. La hune est une plate-forme rectangulaire à l'$\mathcal{R}$, demi-circulaire à l'$\mathcal{AV}$, pour ne pas gêner l'orientation des huniers, ainsi que nous le verrons plus loin. Sa charpente (fig. 963) est constituée par des barres traversières ou *traversins*, et par une pièce de bordure appelée *guérite*; elle supporte un plancher à claire-voie laissant de chaque côté en dehors des élongis un espace vide qui forme panneau d'accès à la hune, et porte le nom de *trou du chat*. La partie inférieure du mât de hune est logée dans l'espace appelé *cheminée*, compris entre les élongis, le bas mât et le traversin $\mathcal{AV}$; il est soutenu par une *clef*, clavette passant dans des mortaises fixées aux élongis. Le bord $\mathcal{R}$ de la hune est muni d'une rambarde soutenue par des chandeliers en fer; sur l'$\mathcal{AV}$ de la cheminée sont ménagés trois trous dont nous verrons plus tard la destination. A la partie supérieure du ton de bas mât est fixé le *chouquet*

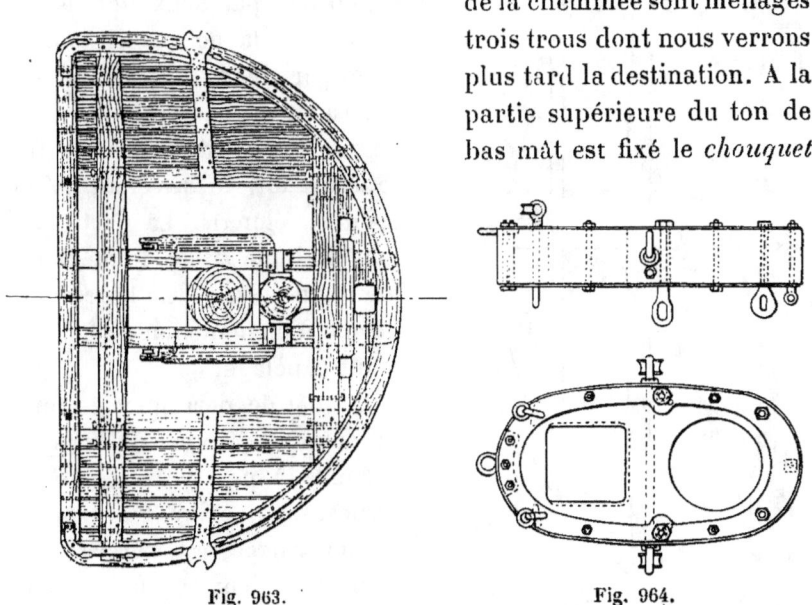

Fig. 963.   Fig. 964.

de bas mât (fig. 964), percé d'un trou cylindrique pour le passage du mât de hune, et portant de nombreux points d'attache utilisés pour la fixation du gréement et des manœuvres courantes.

Le mât de hune (fig. 965), établi sur l'$\mathcal{AV}$ du bas mât, est toujours fait d'une seule pièce, pour éviter la saillie des cercles de frettage qui gênerait la manœuvre des vergues supérieures. La partie inférieure ou *caisse* de ce mât est taillée à huit pans; elle est percée du trou de passage de la clef et de deux *clans* garnis de réas pour les retours des cordages servant à manœuvrer le mât (§ 222). La partie supérieure, ou *guindant*, a un diamètre décroissant progressivement à partir du chouquet et porte en un certain point un renflement cylindrique appelé *noix*, de diamètre un peu inférieur à celui du trou du chouquet. Ce renflement sert de point d'appui aux *barres de perroquet*, jouant vis-à-vis du mât de perroquet le même rôle que la hune vis-à-vis du mât de hune. Au-dessus de la noix, sur toute la hauteur du ton, le mât a une section carrée, et porte à son extrémité supérieure un chouquet de forme analogue au chouquet de bas mât. Les barres de perroquet (fig. 966), supportées par deux élongis reposant sur la noix, sont constituées par deux traversins et un croissant. La cheminée du mât de perroquet est comprise entre le croissant, le traversin N et les deux élongis. La partie du mât de hune située immédiatement au-dessus des barres est garnie d'un manchon en fer formant capelage.

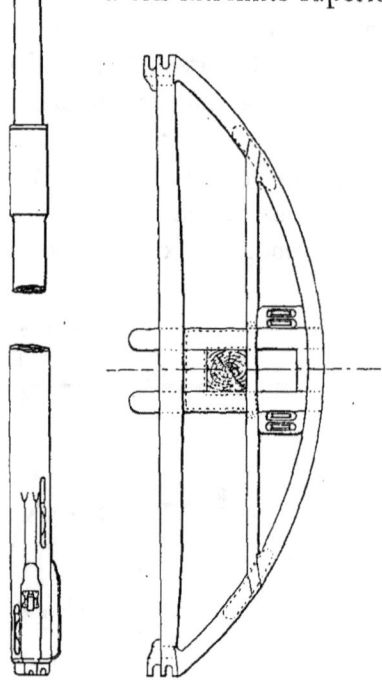

Fig. 965.   Fig. 966.

Le mât de perroquet est établi sur l'N du mât de hune et présente à peu près la même disposition que lui. Sa caisse, à section carrée, est percée d'un clan et de deux mortaises pour clefs. Le mât de perroquet devant en effet pouvoir être manœuvré rapidement en cas de mauvais temps, on le soutient soit au moyen d'une clef fixe disposée comme celle du mât de hune, soit de deux demi-clefs à charnières, pouvant basculer facilement et retenues par des aiguilletages.

Le mât porte une noix supportant le manchon de capelage et se termine par une flèche sur l'extrémité de laquelle est fixée une chape portant un disque percé de clans pour les retours des drisses de pavillons, une tige de paratonnerre et une girouette.

Le mât de beaupré est généralement incliné de 14 à 20° sur l'horizontale. Il porte une jumelle de frottement le long de sa génératrice supérieure et se termine par un chouquet vertical (fig. 967), sur l'arrière duquel sont établis deux taquets latéraux

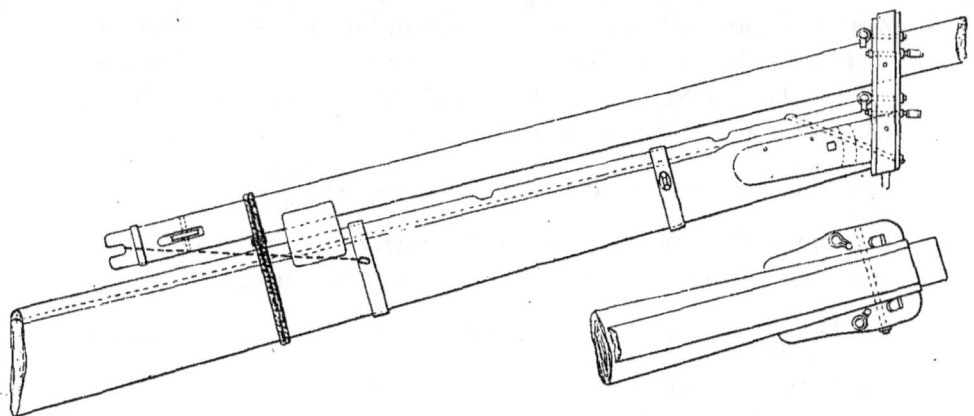

Fig. 967.

portant le nom de *violons*. Dans le chouquet de beaupré est engagé le *bout-dehors de grand foc*, soutenu par un *braguet* en chaîne, passant dans une engoujure pratiquée à l'extrémité de la caisse et maillé sur deux pitons rivés à un cercle de beaupré. Ce bout-dehors est maintenu appliqué contre le beaupré par un taquet et par une *velture,* amarrage formé de plusieurs tours de cordage le reliant au beaupré.

Le bout-dehors de grand foc porte à son extrémité un blin en fer dans lequel est engagé le *bâton de clin foc,* dont la caisse vient buter contre le chouquet de beaupré, sur lequel elle s'appuie entre deux taquets. Le bâton de clin-foc est bridé par une velture contre le bout-dehors de grand foc.

Sur les navires de commerce, les mâts sont disposés de façon analogue, avec quelques variantes. Grâce à la facilité de construction des mâts d'assemblage en tôle, les bas mâts et les mâts de hune ne forment sur les grands navires récents qu'une seule pièce (fig. 951), le mât de perroquet étant seul amovible et exécuté en bois. La hune est remplacée par de simples barres de disposition analogue à celle des barres de perroquet. Le beaupré est également en tôle et est exécuté d'une seule pièce, sans bout-dehors; il en est de même le plus souvent pour le mât d'artimon.

Les vergues sont en général désignées par le nom de la voile qu'elles supportent (vergue de misaine, vergue de grand hunier, etc.). La vergue inférieure du grand mât porte le nom de *grand' vergue;* celle du phare d'artimon, lorsqu'elle ne porte pas de basse voile, est appelée *vergue sèche* ou *vergue barrée*. Les vergues en bois sont faites soit d'une seule pièce, soit d'assemblage. Leur diamètre maximum étant au centre, leur diamètre à l'extrémité varie suivant la longueur de $\frac{405}{1000}$ à $\frac{560}{1000}$ du diamètre maximum. Elles sont garnies de 4 jumelles de frottement, dont la plus importante, placée le long de la génératrice AR, s'étend sur les $\frac{6}{10}$ environ de la longueur. Les vergues sont toujours établies sur l'AV du mât qui les supporte.

Les vergues doivent pouvoir être brassées, c'est-à-dire orientées à volonté en tournant autour d'un axe vertical, de manière à présenter au vent la voile qu'elles supportent dans une direction convenable (jusqu'à 30° sur l'AR du travers); en outre, les vergues supérieures doivent pouvoir, ainsi que nous le verrons, être montées ou descendues le long du mât, afin de permettre de réduire à volonté la surface de voilure. Dans ce but, les vergues supérieures sont suspendues à des manœuvres courantes, et sont reliées au mât par une sorte de collier appelé *racage*, formé pour les vergues de hune d'un chapelet de pommes en bois enfilées sur un cordage, et pour les vergues de perroquet et de cacatois d'un simple bout de filin garni de basane. Les basses vergues, dont la position en hauteur reste fixe, sont soutenues par une *suspente* en chaîne ou en filin, amarrée au capelage et passant par un trou percé dans la hune sur l'AV du traversin N (fig. 963 et 983), et reliées au mât par une ferrure appelée *drosse*. Un des systèmes les plus usités est la drosse *à arceau* (fig. 968), disposée de manière à permettre l'orientation autour d'un axe vertical et d'un axe horizontal, tout en laissant le passage libre pour la mise en place et l'enlèvement du mât de hune.

Les basses vergues du mât de misaine et du grand mât portent à chaque extrémité deux blins dans lesquels s'engage le *bout-dehors de bonnette*, bâton amovible destiné à former point d'appui pour la bonnette de hune et la bonnette basse. Ces blins portent à leur partie inférieure un galet de roulement (fig. 969) ; le blin d'en dedans est à charnière, pour faciliter la mise en place et l'enlèvement du bout-dehors. Les vergues de hune peuvent également recevoir un bout-dehors de bonnette, mais ne portent qu'un seul blin.

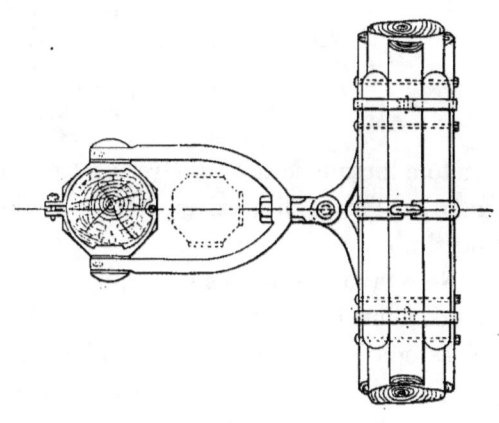

Fig. 968.

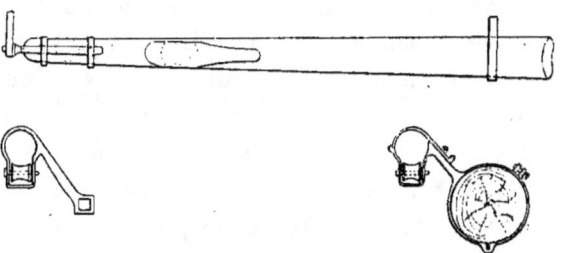

Fig. 969.

Les cornes des voiles goëlettes font en général un angle de 45° avec le mât. Leur pied est relié au mât par une ferrure à doigt identique à celle employée comme nous l'avons vu au § 179 pour le pied des tangons d'embarcation (fig. 870). Pour le mât d'artimon, le pied de la corne et du gui est installé d'une manière un peu différente ; il se termine par une *mâchoire* formée de deux pièces assemblées avec l'espar et reliée au mât par un racage (fig. 970). Lorsqu'on ne se sert pas de la brigantine, le gui est maintenu horizontal par un support en fer fixé dans l'axe sur le pont de la dunette.

Les vergues et cornes des navires de commerce présentent des dispositions analogues à celles des navires de guerre. On les exécute

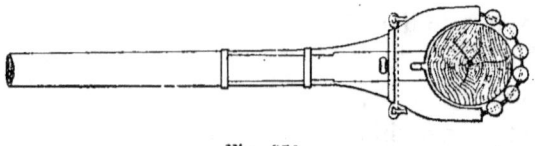

Fig. 970.

en tôle lorsque leur diamètre n'est pas inférieur à 30 $^c/_m$. Leur diamètre à l'extrémité est en général égal à la moitié du diamètre maximum.

Nous avons dit qu'en ce qui concerne les navires de guerre, les dimensions absolues des pièces de mâture pour les divers navires sont fournies par le règlement de mâture. Le règlement actuellement en vigueur se compose de deux parties ; l'une, édictée en 1857, forme le règlement dit ancien ; la seconde, qui date de 1879, constitue le règlement dit des *phares abaissés*.

Le règlement ancien se rapporte aux phares complets. Il fournit, en premier lieu, pour les divers types de navires, les dimensions absolues des bas mâts, cornes et guis, c'est-à-dire des pièces dont les dimensions ne dépendent que de celles du navire. Ces pièces sont divisées en 20 *classes*, correspondant aux types de navires en usage à l'époque de la rédaction du règlement. Autant que possible, il convient d'associer à un bas mât donné la corne et le gui de la même classe, mais on peut, si on le juge nécessaire, admettre des dérogations à cette règle. Toutes les pièces de la mâture haute, dont les dimensions et les formes sont déterminées non en fonction des dimensions du navire, mais en fonction de celles de la voile à laquelle elles sont affectées, sont réparties en 20 *jeux* gradués, c'est-à-dire que les pièces d'un même jeu sont faites pour être toujours associées ensemble, et qu'un phare ne doit jamais être composé que de pièces du même jeu. Un tableau indique la correspondance à adopter autant que possible entre les classes et les jeux, pour les types de l'ancienne flotte ; pour les navires modernes, on procède par analogie. Habituellement, le mât de misaine et le grand mât sont pris dans le même jeu et le phare d'artimon de 4 unités plus faible ; la hauteur du bas mât de misaine est seulement un peu réduite par rapport à celle du grand mât. Enfin, le règlement fournit les éléments du tracé complet d'un phare, avec l'indication de la position de son centre de gravité. On a ainsi les données nécessaires pour le tracé d'un plan de voilure ; laissant de côté l'étude et la discussion des tracés de ce genre, nous rappellerons seulement que dans les calculs de voilure on ne fait entrer habituellement que les voiles dites *majeures*, c'est-à-dire qu'on fait abstraction des cacatois, du clin foc, du petit foc, de la trinquette, des voiles d'étai et des voiles goëlettes autres que la brigantine.

Le règlement des phares abaissés a été élaboré spécialement en vue de l'application de la voilure aux navires à vapeur, plus longs et moins larges que les navires de l'ancienne flotte. La réduction de largeur, et par suite de stabilité, entraînait une diminution de la hauteur des phares, alors que l'accroissement de l'écartement des mâts permettait d'augmenter la longueur des vergues, sans que les voiles carrées brassées au plus près viennent se masquer. Enfin, la réduction de l'importance de la voilure entraînait dans beaucoup de cas l'adoption de phares goëlettes. Les phares abaissés carrés diffèrent des phares complets en ce qu'ils ne portent pas de cacatois, et que le mât de perroquet est formé simplement par la flèche du mât de hune (fig. 950). Les hunes sont en général remplacées par de simples *barres à capeler*, disposées à peu près comme les barres de perroquet de l'ancien règlement, avec addition d'un petit plancher à claire-voie. Toutes les pièces sont divisées en 20 jeux, numérotés de 5 à 24, de façon que les pièces de même longueur qui figurent dans les deux règlements portent le même numéro. Enfin, le règlement des phares abaissés comporte des phares de beaupré réduits, dans lesquels le mât n'est fractionné qu'en deux pièces.

221. Gréement fixe. — L'encastrement réalisé pour les bas mâts au moyen des étambrais et des emplantures est insuffisant pour leur permettre de résister aux efforts de flexion et de torsion dus au poids de la mâture supérieure et à la pression du vent sur les voiles. Leur tenue est par suite complétée au moyen de cordages appelés *haubans* et *galhaubans* quand ils sont placés par le travers, *étais* quand ils sont dirigés dans le plan longitudinal. L'ensemble de ce gréement fixe porte le nom de *dormant* ou *basse carène*.

Les haubans de bas mât sont des cordages partant du capelage et venant s'attacher en abord, de manière à maintenir le mât latéralement. Pour ne pas gêner le brasseyage de la basse vergue, ces haubans doivent être reportés sur l'*R* du plan transversal passant par l'axe du mât. Leur nombre est fixé par le règlement de mâture, et s'élève à 9 pour les catégories les plus élevées. Leur position est définie au moyen de deux angles d'*épatement;* l'épatement transversal, fixé par le règlement, est l'angle de la projection des haubans sur le plan transversal avec l'axe du mât; il est sensiblement le même pour tous les haubans d'un mât, et varie de 15 à 21° suivant la hauteur du mât et l'importance du phare; l'épatement longitudinal, également défini par le règlement, est l'angle de l'axe du mât avec la projection du hauban *R* sur le plan diamétral; il varie de 21 à 27°. L'épatement longitudinal étant fixé, ce qui détermine le hauban *R*, on place le hauban *N* de manière que son pied soit exactement par le travers de la génératrice *R* du mât; les autres haubans sont espacés à peu près régulièrement entre les haubans extrêmes. Le mât de hune est également tenu par des haubans disposés de la même manière, au nombre de 3 ou 4, qui partent du capelage de hune et s'attachent sur la guérite de la hune (fig. 971).

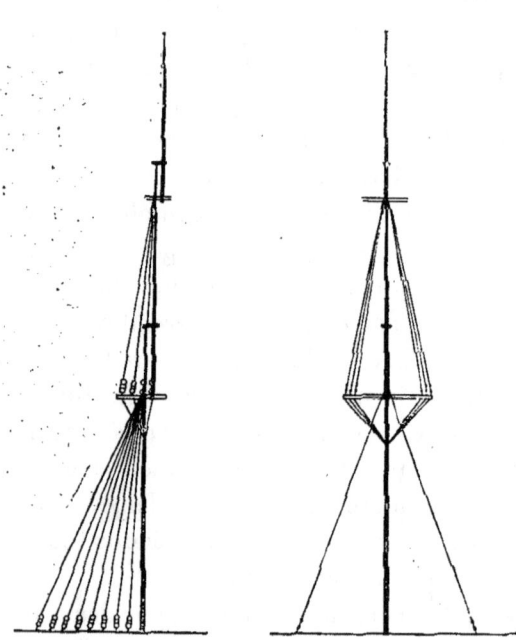

Fig. 971.

Les haubans sont constitués par des cordages en fil d'acier; chaque paire de haubans consécutifs du même bord est faite d'une seule pièce de cordage, dans le milieu de laquelle on fait au moyen d'un amarrage une boucle que l'on *capelle* sur le mât (fig. 972), en superposant alternativement les haubans de tribord et ceux de bâbord, et en commençant par ceux de l'avant.

Lorsque le nombre des haubans est impair, les haubans ҂R de tribord et bâbord sont faits d'une seule pièce, et un morceau de cordage réuni au hauban par deux épissures forme la boucle de capelage (fig. 973). A leur départ du capelage, les haubans portent sur les garnis arrondis fixés aux élongis de la hune (fig. 962 et 963). On voit qu'avec cette disposition un hauban avarié ne peut être changé qu'après enlèvement de ceux qui lui sont superposés ; un système plus récent et plus avantageux consiste à terminer la boucle de capelage par une cosse et un croc dans lequel vient se fixer une cosse installée à l'extrémité de la paire de haubans correspondante (fig. 983).

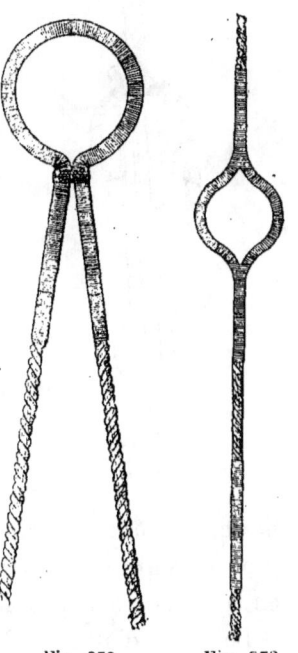

Fig. 972.   Fig. 973.

L'attache inférieure des haubans peut être faite au moyen de ridoirs, permettant de leur donner une forte tension et de reprendre le mou s'il y a lieu. L'inconvénient des ridoirs, c'est qu'il est difficile d'apprécier exactement la valeur de la tension donnée au hauban, et qu'on risque ainsi de provoquer une déformation de la section transversale du navire ; en outre, pour les mâts portant une voilure importante, il est bon de donner à l'attache du pied des haubans une certaine élasticité, pour diminuer les chances de rupture dans un coup de roulis violent. Pour ces motifs, dans l'ancienne flotte à voiles, la tenue du pied des haubans était effectuée par l'intermédiaire d'une *ride,* cordage en filin faisant plusieurs tours et reliant l'une à l'autre deux pièces de forme lenticulaire en bois ou en fonte appelées *caps de mouton,* fixées l'une au hauban, l'autre à la charpente du navire (fig. 974). Le cap de mouton supérieur porte une gorge dans laquelle passe l'extrémité du hauban, repliée sur elle-même et maintenue par un amarrage; le cap de mouton inférieur est entouré par une ferrure maillée sur un piton solidement fixé à la coque. Le ridage des haubans s'effectue au moyen de palans fouettés sur eux; on a soin, bien entendu, de rider simultanément les deux haubans symétriques, et de contretenir le bas mât sur l'*N* au moyen d'une forte caliorne; pendant cette opération, le mât doit être laissé libre dans son étambrai; lorsqu'elle est terminée, on vérifie que l'axe est resté rectiligne, et on fait alors le coinçage dans l'étambrai.

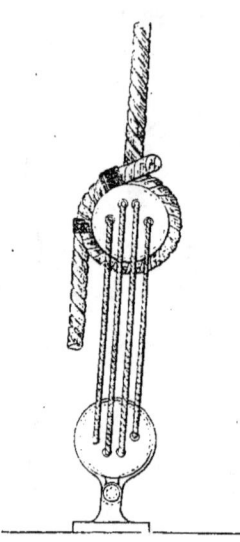

Fig. 974.

Sur les navires de commerce, le ridage sur cap de mouton a été abandonné en raison du personnel assez nombreux qu'il est nécessaire d'employer pour la reprise du mou dû à l'allongement progressif des haubans; on fait exclusivement usage de ridoirs à vis, dont l'emploi présente d'ailleurs moins d'inconvénients que sur les navires en bois, en raison de la rigidité plus grande de la charpente.

Le point d'attache des haubans de hune doit évidemment être consolidé pour empêcher la déformation de la guérite de la hune; ce résultat est obtenu au moyen de contre-haubans appelés *gambes de revers*, en nombre égal à celui des haubans de hune; ces gambes de revers partent du dessous de la guérite, passent entre les haubans du bas mât, et viennent s'attacher sur un cercle fixé au mât, qui porte le nom de *cercle de trelingage* (fig. 971); au lieu d'être faites en fil d'acier, les gambes de revers peuvent être constituées par un tirant en fer (fig. 983).

Sur la plupart des anciens navires, la grande hauteur des bas mâts, combinée avec la valeur admise pour l'épatement transversal, conduisait à reporter un peu en dehors de la muraille le point d'attache inférieur des haubans. Les caps de mouton inférieurs viennent dans ce cas s'attacher sur une sorte de plate-forme en saillie constituée par un bordage fixé de champ contre la muraille et appelé *porte-hauban* (fig. 975). La ferrure de pied de chaque hauban est contretenue par un tirant formé d'un bout de chaîne ou d'une tige de fer, portant le nom de *cadène de hauban*.

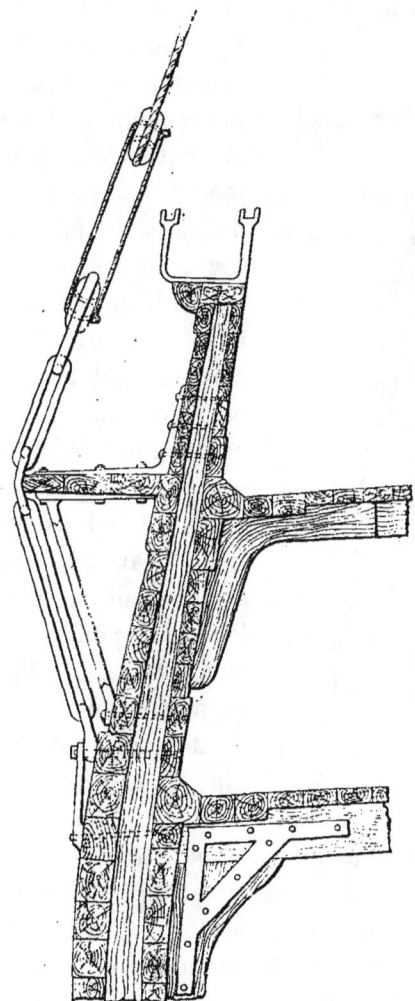

Fig. 975.

Les cadènes de hauban viennent se fixer sur le bordé extérieur ; autant que possible elles sont dirigées dans le plan passant par le hauban et l'axe du mât ; si un obstacle quelconque s'y oppose, un sabord par exemple, la cadène est divisée en deux bras formant patte d'oie de part et d'autre de cet obstacle.

Les haubans sont reliés entre eux au moyen de cordages transversaux appelés *enfléchures*, formant échelons d'accès du pont à la hune et de la hune aux barres de perroquet (fig. 976). Lorsque le pied des haubans tombe à l'extérieur

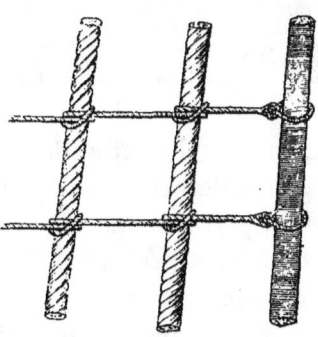

Fig. 976.

de la muraille sur un porte-hauban, les enfléchures sont arrêtées un peu au-dessus du niveau du pavois, et l'enfléchure inférieure est reliée au pont par une échelle verticale formée de montants en corde et de barres horizontales en bois.

Les galhaubans sont des cordages analogues aux haubans, servant à la tenue de la mâture supérieure. Les galhaubans de hune, au nombre de trois de chaque bord, partent du capelage du mât de hune et viennent s'attacher sur le pont. Le galhauban N, dit *galhauban étranglé*, passe dans une engoujure pratiquée à l'extrémité d'une ferrure fixée à la guérite de la hune (fig. 963), est ramené dans le plan des haubans du bas mât par un *margouillet* (cosse amarrée au bout d'une estrope) fixé au mât un peu au-dessus du cercle de trelingage, descend entre les deux premiers haubans,

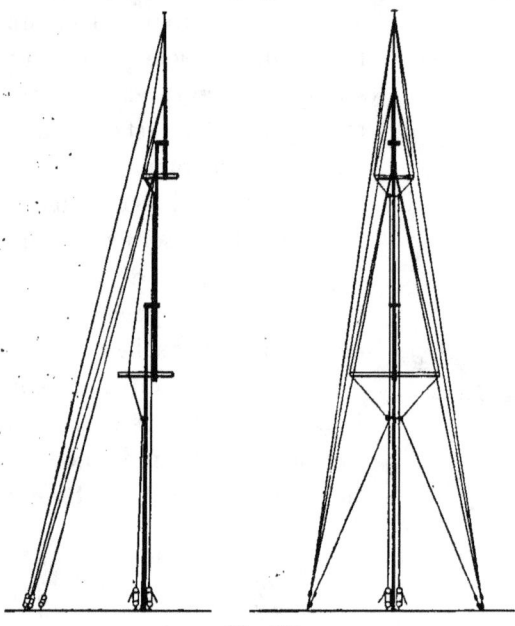

Fig. 977.

et vient s'attacher au moyen d'un palan ou de caps de mouton sur un piton fixé entre les pieds de ces haubans (fig. 977); ce parcours est imposé par l'obligation de ne pas gêner le brasseyage de la basse-vergue. Les deux autres galhaubans vont directement du capelage au pont; ils viennent s'attacher au moyen de ridoirs ou de caps de mouton, l'un sur l'AV, l'autre sur l'AR du dernier bas-hauban.

Le mât de perroquet est tenu de chaque bord par deux *galhaubans de perroquet* partant du manchon de capelage fixé au-dessus de la noix, et par deux *galhaubans de flèche,* partant de l'extrémité supérieure. Le galhauban de perroquet AV passe dans une engoujure à l'extrémité des barres (fig. 966), est étranglé au moyen d'un margouillet fixé au mât de hune, descend verticalement le long du mât, et se ride à son pied sur un palan; le galhauban de perroquet AR aboutit directement sur l'AR du 3ᵉ galhauban de hune. Le galhauban de flèche AV est étranglé de la même manière que le galhauban de perroquet AR et suit le même parcours à partir des barres; le galhauban de flèche AR est direct et aboutit sur l'AR du galhauban de perroquet AR (fig. 977).

La nécessité de reporter sur l'ÆR les haubans et galhaubans entraîne l'obligation de contretenir les mâts sur l'AV, au moyen de cordages dirigés dans le plan diamétral, qui portent le nom d'*étais*. Les étais sont constitués, comme les haubans, par des cordages en fil d'acier; leur épatement varie de 45° à 60°. Comme ils sont plus longs que les haubans, ils risquent moins d'être cassés au tangage, et on peut, sans inconvénient, les attacher sur des ridoirs. Chaque mât complet est tenu par quatre étais, comprenant un étai de bas

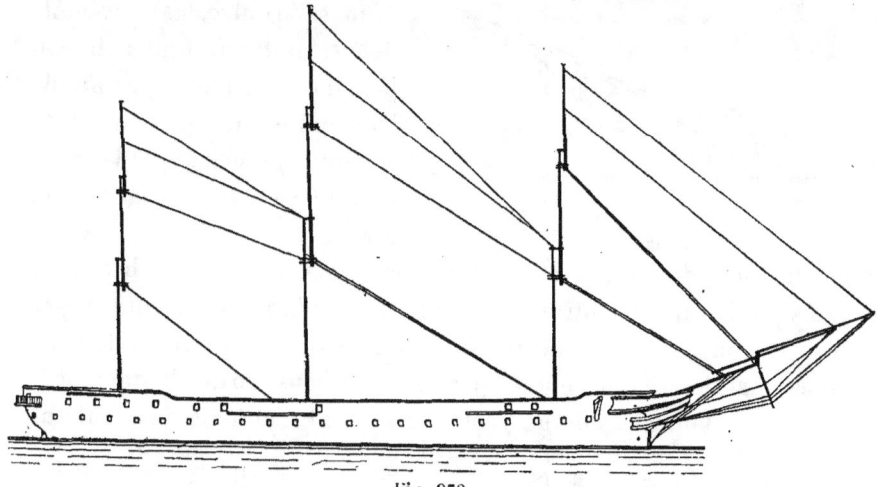

Fig. 978.

mât (dédoublé pour les mâts principaux), un étai de hune, un étai de perroquet et un étai de flèche (fig. 978). D'une façon générale, les étais de bas mât partent de la partie supérieure du capelage du bas mât, passent dans des trous ménagés dans la hune (fig. 963), et aboutissent au pied du mât placé sur l'AV; les étais de hune partent du capelage de hune et aboutissent au capelage du bas mât placé sur l'AV; les étais de perroquet et de flèche partent du capelage de perroquet et de l'extrémité de la flèche, et aboutissent tous deux au chouquet de hune du mât placé sur l'AV. Pour le mât de misaine, les étais sont fixés sur le beaupré, qu'il est par suite nécessaire de contretenir convenablement. Les deux étais du bas mât de misaine s'attachent sur le beaupré, sur l'AV du taquet de soutien du bout-dehors de grand foc. Leur tension est équilibrée par trois contre-étais appelés *sous-barbes*, fixés sur la guibre ou sur l'étrave. L'étai du petit mât de hune est dédoublé comme celui du bas mât; ses deux branches passent dans des clans pratiqués dans les violons, élongent le beaupré et viennent se rider sur la muraille. L'étai du petit perroquet passe dans une engoujure à l'extrémité du bout-dehors de grand foc, puis dans un taquet ménagé sur le côté d'un arc-boutant appelé *martingale*, fixé sous le chouquet de beaupré, et vient s'attacher à un piton sur la muraille. Enfin, l'étai du petit cacatois passe dans une engoujure à l'extrémité du bout-dehors de clin-foc, puis dans un taquet fixé à l'extrémité de la martingale, et aboutit à la muraille comme l'étai du petit per-

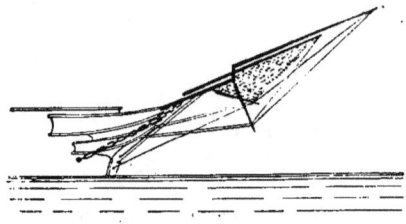

Fig. 979.

roquet. En outre, les deux bout-dehors sont maintenus chacun par une sous-barbe partant de leur extrémité, passant dans le taquet inférieur de la martingale, et aboutissant à la muraille.

On voit immédiatement l'importance capitale du beaupré, puisque sa rupture entraînerait la chute du phare de misaine, et par contre-coup celle des mâtures supérieures des deux phares de l'Æ. Il est maintenu latéralement par deux haubans, un de chaque bord, formés de bouts de chaîne partant du point d'attache des haubans

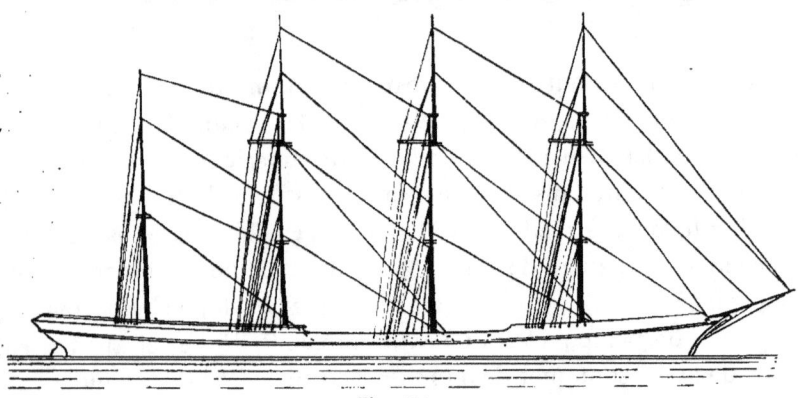

Fig. 980.

de misaine et aboutissant à la muraille (fig. 979). Ces haubans ont un épatement de 30°, et sont dirigés un peu en contre-bas du beaupré, de manière à travailler dans le même sens que les sous-barbes. Les deux bout-dehors sont de même maintenus latéralement au moyen de haubans appelés *moustaches,* auxquels on donne un épatement suffisant en les faisant brider de chaque bord sur un arc-boutant dit *arc-boutant de beaupré* dirigé transversalement au beaupré, et dont la ferrure de pied est établie sur l'Æ des violons. Le triangle compris entre les arcs-boutants de beaupré et les deux moustaches du bout-dehors de grand foc est ordinairement garni d'un filet, pour empêcher les accidents lorsque le personnel est occupé à serrer les focs.

Les dispositions que nous venons d'énumérer sont celles du règlement de mâture des navires de guerre. Les bâtiments de commerce actuels présentent des installations analogues, avec de légères variantes. La figure 980 représente à titre d'exemple le gréement fixe d'un voilier de 4000 tonneaux gréé en quatre-mâts-barque. L'épatement des galhaubans de perroquet et de flèche est obtenu en les faisant brider à l'extrémité d'un arc-boutant ou *croisette* en fer (fig. 981), établi au niveau des barres de perroquet.

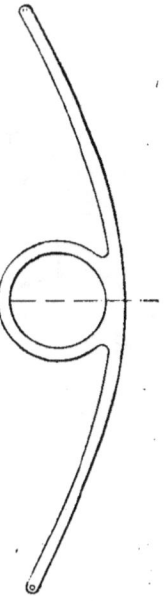

Fig. 981.

222. Manœuvres courantes. — On désigne sous le nom de manœuvres courantes l'ensemble des cordages destinés à la manœuvre des pièces de mâture et des voiles. Nous examinerons successivement les mâts supérieurs, les vergues, les cornes et les voiles.

Les mâts supérieurs doivent pouvoir être soit *calés*, c'est-à-dire descendus verticalement le long du mât inférieur, soit *guindés*, c'est-à-dire soulevés à leur position normale. Ces manœuvres s'exécutent au moyen d'un cordage appelé *guinderesse*. La guinderesse du mât de hune fait dormant au chouquet (fig. 982), et passe sur les réas des clans pratiqués dans la caisse et sur des réas fixés au chouquet, de manière à constituer un palan à 5 brins, dont le garant descend verticalement le long du mât. En raison du poids considérable du mât de hune, on installe un *braguet* de sûreté, formé d'une estrope en filin amarrée au ton du bas mât, passant dans une engoujure ménagée à la partie inférieure de la caisse et fixée à un palan croché au chouquet. On affale ou on embraque le palan de braguet à la demande du palan de guinderesse, le rôle du braguet étant de maintenir le mât en cas de rupture de la guinderesse avant que la clef ne soit en place.

La guinderesse du mât de perroquet est disposée de manière analogue, le point d'appui étant pris sur le chouquet de hune.

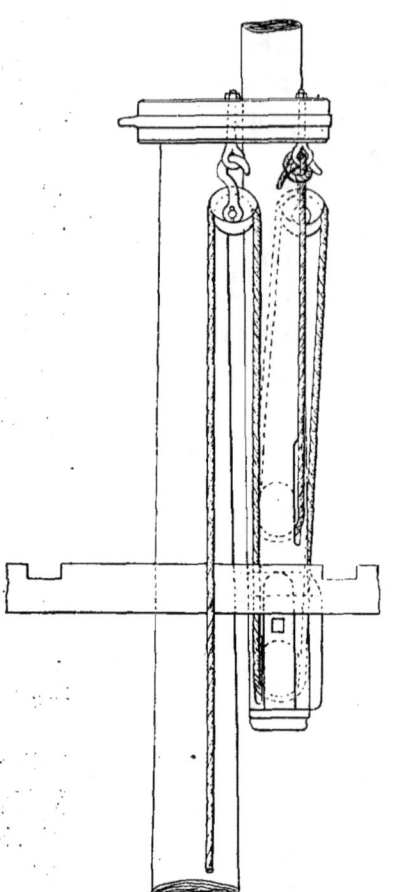

Fig. 982.

Il faut seulement que, lorsqu'on cale le mât de perroquet, celui-ci ne puisse basculer au moment où la flèche arrive au-dessous des barres de perroquet. Pour cela, on fait passer la guinderesse dans une cosse, et on fouette l'estrope de cette cosse sur la flèche du mât lorsque celle-ci a dépassé le chouquet et est encore au-dessus des barres; le mât est ainsi maintenu appliqué contre la guinderesse. Les bout-dehors de grand foc et de clin-foc sont munis de guinderesses semblablement disposées; toutes les guinderesses sont dépassées en temps ordinaire, et ne sont mises en place que pour les manœuvres, qui n'ont besoin d'être effectuées que très rarement, sauf pour les mâts de perroquet.

Les vergues peuvent être élevées ou abaissées le long du mât au moyen de *drisses*. Pour les basses vergues, il y a deux drisses, une de chaque côté de l'axe, constituées par des palans triples, faisant dormant au capelage (fig. 983). La manœuvre en hauteur des basses vergues n'ayant besoin d'être effectuée qu'au moment de la mise en place ou de l'enlèvement de la mâture, les drisses sont dépassées en temps ordinaire, et la basse vergue est maintenue par une suspente en chaîne et une drosse (fig. 968 et 983).

Les vergues supérieures, au contraire, doivent pouvoir être fréquemment manœuvrées en hauteur. On est amené en effet, pour réduire la surface de voilure sans supprimer totalement les voiles majeures, à replier sur elles-mêmes une partie de ces voiles de façon à diminuer leur hauteur, c'est-à-dire à prendre des *ris*. La

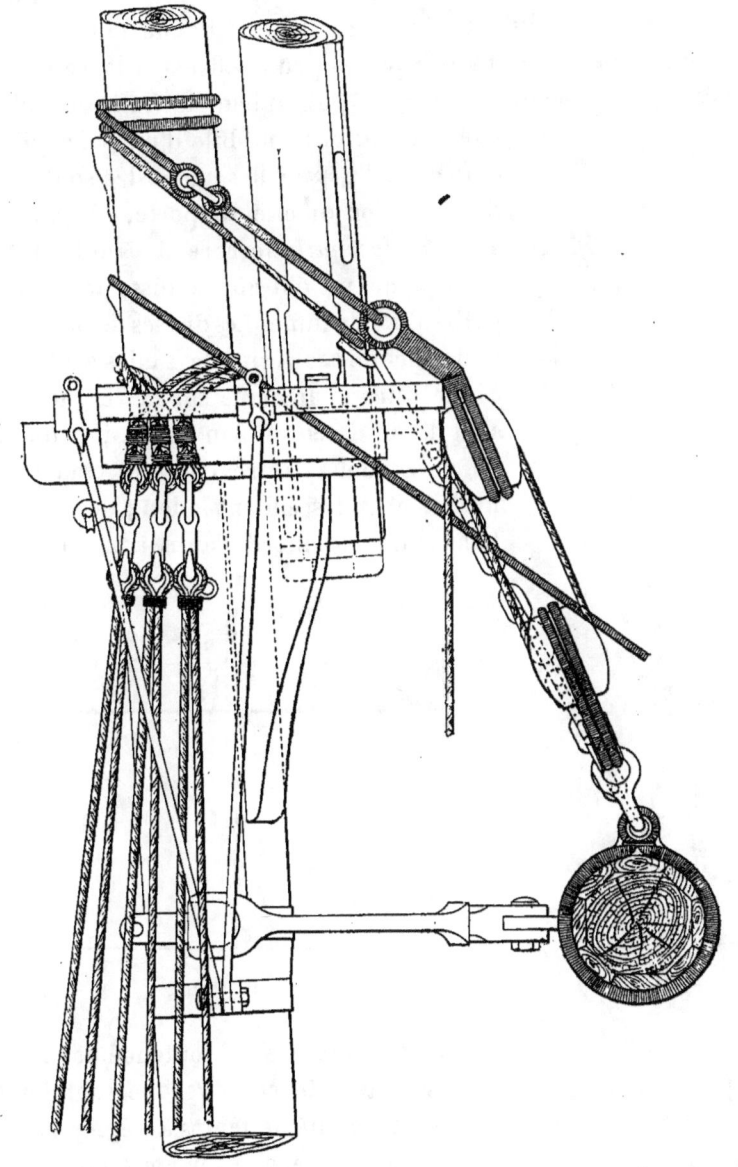

Fig. 983.

prise des ris sur les huniers se faisant comme nous le verrons tout à l'heure à la partie supérieure de la voile, la vergue de hune, et par suite les vergues de perroquet et de cacatois, doivent pouvoir être abaissées en conséquence pour maintenir la continuité de la surface de voilure. Les drisses de hune sont au nombre de deux, et sont installées à itague (fig. 984). Chaque itague fait dormant au capelage de hune, passe sur des poulies fixées à la vergue et au capelage, descend le long du galhauban de hune Æ, et se fixe à la caliorne mobile d'un palan. Pour empêcher l'itague de se détordre sous l'effet de la tension qu'elle supporte, elle est fixée à un *gouvernail*, ferrure de guidage terminée par un œil qui coulisse le long du galhauban de hune. Les drisses de perroquet et de cacatois sont simples; elles sont fixées à une estrope amarrée sur la vergue, passent l'une dans un clan de la noix du mât de perroquet, l'autre dans un clan de la flèche, et redescendent le long des galhaubans, l'une à tribord, l'autre à bâbord.

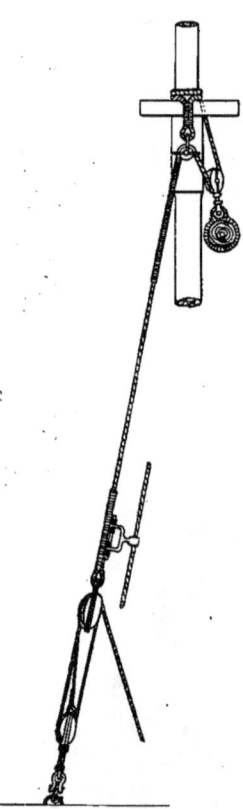

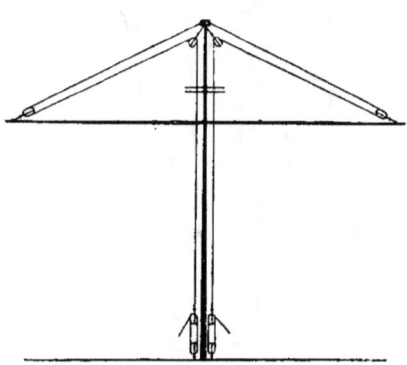

Fig. 984.   Fig. 985.

La partie centrale d'une vergue étant ainsi soutenue par la suspente ou la drisse, les extrémités de cette vergue sont tenues par des *balancines*, qui servent en même temps à régler son horizontalité. Les balancines de basse vergue, par exemple, sont installées à itague (fig. 985); l'itague fait dormant au chouquet, passe sur des réas de retour fixés à la vergue et au chouquet et descend verticalement le long du mât. Les balancines des autres vergues sont simples; leurs réas de retour sont fixés aux galhaubans de perroquet et de flèche, près du capelage de ces galhaubans, et elles descendent verticalement le long du mât.

Le *brasseyage*, c'est-à-dire l'orientation des vergues autour d'un axe vertical, est obtenu au moyen de cordages aboutissant aux extrémités des vergues, et portant le nom de *bras*. Les bras des basses vergues de misaine et du grand mât sont dirigés vers l'Æ (fig. 986). Les bras de misaine font retour sur les jottereaux du grand mât et descendent au pied de ce mât; les bras de la grande vergue, ou *grands bras*, font retour sur des arcs-boutants établis de chaque bord en saillie sur le couronnement de la dunette, et portant le nom de *vergues de brasseyage*. Les bras de la basse vergue d'artimon, ou *bras barrés*, sont dirigés vers l'Æ et font retour à la tête des haubans du grand mât. De plus, le brasseyage de la grande vergue est facilité par l'emploi de bras supplémentaires, ou *faux grands bras*, dirigés vers l'Æ, faisant retour sur les élongis du mât de misaine. Les bras des vergues supérieures suivent des directions analogues à celles des bras des basses vergues.

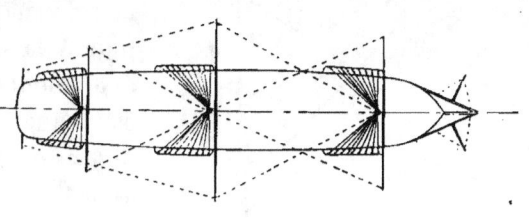

Fig. 986.

Enfin, les vergues doivent être maintenues par des cordages dirigés transversalement, à peu près parallèlement à leur axe, et les empêchant de se déplacer dans les mouvements de roulis; c'est le rôle des *palans de roulis*, dont le dormant est fixé à l'extrémité de la vergue, et dont le garant, après avoir fait retour sur le mât à peu près au niveau de la vergue, descend verticalement au pied du mât. La figure 987 représente à titre d'exemple l'installation des palans de roulis de la basse vergue.

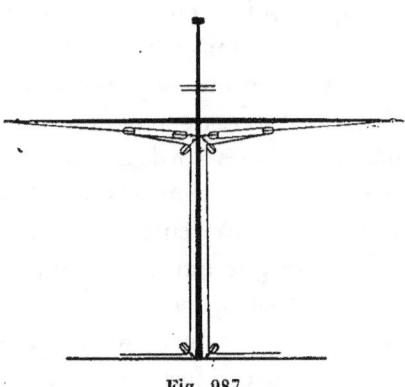

Fig. 987.

Les cornes installées à mâchoire, comme la corne de brigantine, sont soutenues au moyen de deux drisses, une *drisse de pic* et une *drisse de mât*. La drisse de pic fait dormant au capelage de hune (fig. 988), passe successivement sur des poulies de retour fixées au chouquet du bas mât, à la corne et au ton du bas mât, et redescend sur le pont. La drisse de mât fait dormant sous les élongis, retour à la mâchoire, et redescend également le long du mât. La corne est tenue latéralement par deux *palans de garde*, faisant retour en abord sur la muraille (ou sur la vergue de brasseyage dans le cas de la corne de brigantine). Les cornes à ferrure sont gréées de la même manière, mais sans drisse de mât. Le gui de la brigantine est supporté par deux *balancines*, dont le point d'attache supérieur est fixé au capelage (fig. 988); il est orienté au moyen des *écoutes de gui*, faisant retour sur la vergue de brasseyage.

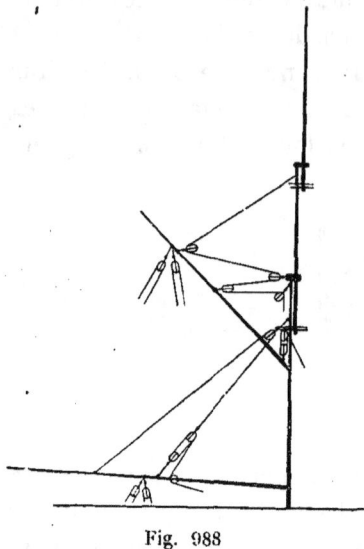

Fig. 988

Les voiles carrées sont fixées à la vergue qui les porte par l'intermédiaire de la *filière d'envergure*, cordage qui longe la génératrice inférieure de la vergue et auquel leur bordure supérieure est reliée de distance en distance par des amarrages appelés *garcettes*. Elles sont tenues ouvertes et tendues par divers cordages appelés *écoutes* et *boulines*. D'une façon générale, les écoutes servent à maintenir les deux extrémités de la bordure inférieure de la voile, dont la bordure supérieure est fixée à la vergue qui la soutient, et les boulines servent à maintenir les bordures latérales, ou *chutes*, de manière à donner à la voile la forme d'une poche bien régulière. Pour les basses voiles, dont la bordure inférieure ne reste pas dans le voisinage d'une vergue, on est obligé de dédoubler les écoutes; on a alors pour chaque angle inférieur ou *point* de la voile une écoute proprement dite, dirigée vers l'AR, et une *amure*, dirigée vers l'AV. Lorsque la basse vergue est brassée, ce sont l'écoute du côté sous le vent et l'amure du côté au vent qui sont raidies. Les écoutes et amures font retour au point de la basse voile, qui porte à cet effet un groupe de 3 poulies appelé *bouquet* (nous verrons tout à l'heure le rôle de la troisième poulie, dite poulie de *cargue-point*). L'écoute de grand'voile, par exemple, fait dormant au pied des haubans d'artimon, passe sur la poulie d'écoute du bouquet, sur une poulie de retour fixée près de son dormant, et revient se tourner sur un taquet à l'intérieur de la muraille. Pour la misaine, en raison de l'affinement des formes dans la région.N, le retour de l'amure, ou *point d'amure*, se trouve reporté en dehors de la muraille ; le dormant et la poulie de retour de cette amure sont fixés sur un arc-boutant saillant en bois ou en fer appelé *minot*, établi par le travers de la guibre (fig. 986). Les écoutes des voiles supérieures relient le point de ces voiles à l'extrémité de la vergue placée au-dessous. Après avoir fait retour à l'extrémité de la vergue, ces écoutes sont ramenées vers le mât au moyen d'une poulie de retour dite *poulie de bas-cul*, fixée à la partie centrale de la vergue, et redescendent ensuite verticalement le long du mât (fig. 989).

Les boulines ne sont utiles que pour les voiles de grande surface, et seulement du côté au vent. Aussi n'en met-on pas aux voiles de cacatois ; de plus, pour ne pas accroître inutilement l'encombrement des manœuvres courantes, les boulines des basses voiles ne sont pas installées à demeure et ne sont mises en place que lorsqu'on en a besoin. Chaque bouline est formée d'un cordage terminé par une patte d'oie aiguilletée sur la chute de la voile (fig. 989) et allant faire retour sur le mât placé sur l'N (sur le mât de beaupré pour le phare de misaine).

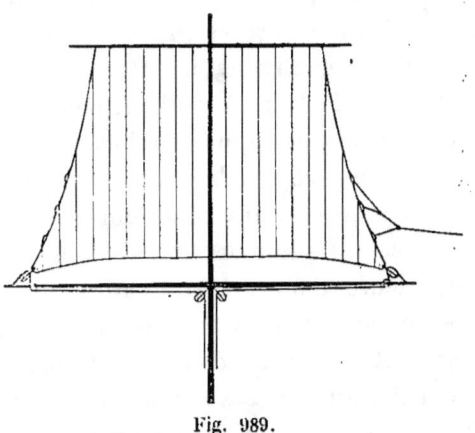

Fig. 989.

Les voiles carrées sont *serrées* au moyen de cordages portant le nom de *cargues*, destinés à ramener au niveau de la vergue un certain nombre de points des chutes latérales ou de la bordure inférieure. Ces cargues se divisent par suite, d'après leur point d'aboutissement, en *cargue-boulines*, *cargue-points* et *cargue-fonds*. Leur nombre varie suivant les dimensions de la voile. Pour la basse voile (fig. 990), on a de chaque bord 2 ou quelquefois

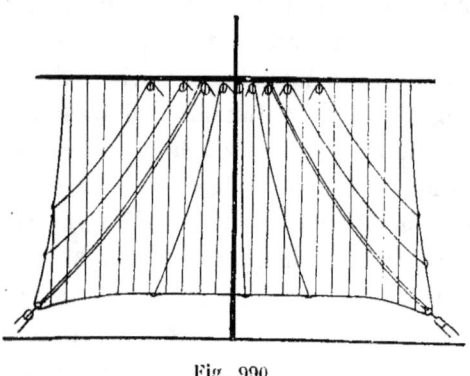

Fig. 990.

3 cargue-boulines, une cargue-point et une cargue-fond. Il y a de plus une cargue-fond attachée à la partie centrale de la bordure inférieure, et portant le nom de *chapeau*. Pour les voiles supérieures, la disposition est la même, mais le nombre des cargues est réduit progressivement; les cacatois, par exemple, n'ont plus qu'une cargue-point de chaque bord. Toutes ces cargues font retour sur les vergues ou sur la mâture supérieure, et redescendent le long du mât; elles passent sur l'avant des voiles, qui sont établies sur l'avant des balancines des vergues. Une fois carguées, les voiles sont fixées aux vergues au moyen de jarretières en sangle.

Lorsque la brise fraîchit, il peut être utile de réduire la surface de voilure sans supprimer totalement les voiles majeures. On diminue dans ce cas la surface de ces voiles en repliant sur elle-même leur bordure supérieure, c'est-à-dire en prenant des *ris*. Pour cela, les huniers et les basses voiles sont munis à leur partie supérieure d'un certain nombre de *bandes de ris* (3 ou 4 pour les huniers, 1 ou 2 pour les basses voiles) formées d'une filière horizontale engagée dans des œils pratiqués dans la voile (fig. 991); les extrémités de ces bandes de ris portent le nom d'*empointures*. Pour prendre un ou plusieurs ris, on mollit les écoutes; on soulève les chutes de la voile au moyen de *palanquins* faisant retour aux extrémités de la vergue, et on amène les empointures de la bande de ris voulue au niveau de la vergue. Des hommes répartis le long de la vergue, et s'appuyant sur des marche-pieds en corde fixés au-dessous de cette vergue, replient régulièrement la partie supérieure de la voile et relient de distance en distance au moyen de garcettes la bande de ris avec la filière d'envergure. On mollit alors les palanquins, on embraque les écoutes en mollissant les drisses de manière à ramener la bordure inférieure à sa position primitive, et on abaisse de la même quantité les voiles supérieures.

Cette prise de ris exige l'envoi dans la mâture d'un assez grand nombre d'hommes, et constitue une opération très pénible par mauvais temps. On a imaginé, pour la simplifier, divers systèmes de *ris mécaniques*, dans le détail desquels nous n'entrerons pas. Le principe consiste en général à enverguer la voile sur un bâton fixé au-dessous de la vergue et sur lequel on peut enrouler la voile à la façon d'un store. Tous ces systèmes sont compliqués et peu pratiques. La solution la plus simple consiste à fractionner les voiles en éléments de moindre dimension, et à réaliser la diminution de surface de voilure par la suppression complète d'un certain nombre de ces éléments. Sur certains navires de transport de la marine de guerre, on a fait ainsi usage de *doubles huniers*, en divisant en deux dans le sens de la hauteur le hunier du tracé réglementaire. C'est, comme nous l'avons déjà dit, la solution qui a été appliquée plus complètement encore sur les navires de commerce modernes, dans lesquels les huniers, les perroquets et même quelquefois les cacatois sont dédoublés (fig. 951). Les vergues des voiles fixes sont alors toutes reliées au mât par des drosses, les vergues des voiles volantes étant munies de racages et étant amenées à toucher la vergue fixe placée au-dessous lorsque la voilure n'est pas établie.

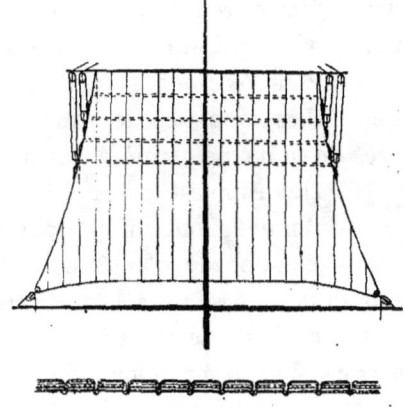

Fig. 991.

Les bonnettes sont, comme nous l'avons vu, des voiles supplémentaires permettant d'augmenter la surface des voiles carrées. La bonnette basse est enverguée à demeure sur deux *vergues de bonnette* de longueur inférieure à celle de la bordure de la voile (fig. 941); la vergue supérieure est soutenue par une drisse faisant retour à l'extrémité du *bout-dehors de bonnette,* soutenu lui-même par une balancine venant du capelage de hune. L'extrémité intérieure de la bordure supérieure est soutenue de même par une drisse faisant retour sous la hune. La bordure inférieure est maintenue par une amure et une écoute; la bonnette est serrée au moyen d'un *lève-nez,* sorte de cargue-fond fixée à la vergue inférieure. Les bonnettes de hune et de perroquet sont gréées à peu près de la même manière, mais sans vergue inférieure (fig. 941).

La brigantine est envergée à demeure sur la corne d'artimon et maintenue le long du mât par une série de cercles en bois transfilés avec la bordure antérieure. Elle est bordée au moyen d'une écoute faisant retour à l'extrémité du gui et tournée sur un taquet fixé sur le côté de ce gui. Elle est serrée au moyen d'une série de cargues dont la principale fait dormant à peu près au milieu de la chute ÆR, et retour à l'angle de la corne et du mât; cette cargue porte le nom d'*étrangloir* (fig. 992). La prise des ris s'effectue le long de la bordure inférieure, parallèlement à laquelle sont disposées deux ou trois rangées horizontales de garcettes; ces garcettes sont formées de deux brins, un de chaque côté de la voile, que l'on noue l'un à l'autre, de manière à ramener la bordure inférieure au niveau de la première bande de ris, puis, s'il y a lieu, de la seconde; on amène ensuite la voile de la quantité voulue en mollissant les drisses de pic et de mât. Les voiles goëlettes des autres mâts sont disposées à peu près de la même manière, mais sans gui. Quelquefois, au lieu d'être enverguées sur la corne, elles sont soutenues par des anneaux ouverts courant le long d'un rail en forme de T fixé sous la corne. Il y a alors une drisse, faisant retour à l'extrémité de la corne, et un *hale-bas* permettant d'agir en sens opposé, c'est-à-dire de ramener la bordure supérieure contre le mât.

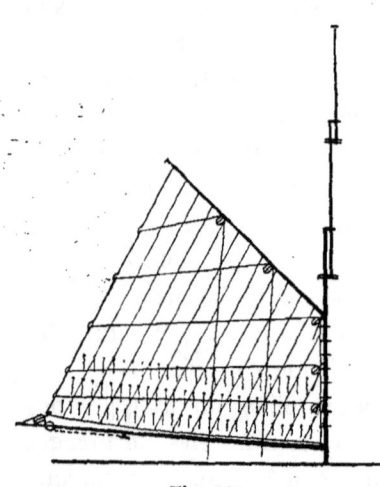

Fig. 992.

Les focs et les voiles d'étai sont envergués sur des drailles, c'est-à-dire que leur bordure est munie de bagues enfilées sur une draille, qui dans beaucoup de cas n'est pas un cordage distinct et est simplement un des étais faisant partie du gréement fixe. La draille du petit foc, par exemple, n'est autre qu'un des deux étais du petit mât de hune. Au point supérieur de la bordure sont fixés une drisse et un hale-bas. Il y a en plus, pour les focs de grande dimension, une cargue-point partant du point inférieur et faisant retour au milieu de la bordure d'envergure. La voile est bordée au moyen d'une écoute à deux branches partant du point inférieur; on emploie l'une ou l'autre des deux branches, suivant la direction du vent, ce qui évite de changer les points de tournage dans les évolutions.

Il résulte de ce qui précède qu'un grand nombre de manœuvres courantes sont ramenées verticalement le long du mât, et viennent se tourner au pied de ce mât. On dispose pour les recevoir des *râteliers*, sortes de bancs munis de *cabillots*, c'est-à-dire de broches en bois ou en fer autour desquelles on peut tourner le bout libre du garant; des cabillots sont également fixés à un cercle entourant le mât (fig. 993). Pour les manœuvres qui tombent en abord, on établit de même à l'intérieur de la muraille des râteliers garnis de cabillots; les bouts libres des drisses, lorsque les voiles sont hissées, sont lovés dans des *bailles à drisse*, sortes de paniers circulaires formés d'un plateau en bois entouré par une galerie à claire-voie, de façon à ne pas encombrer le pont.

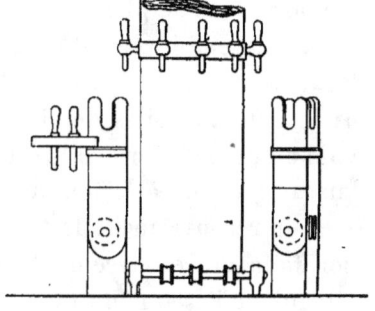

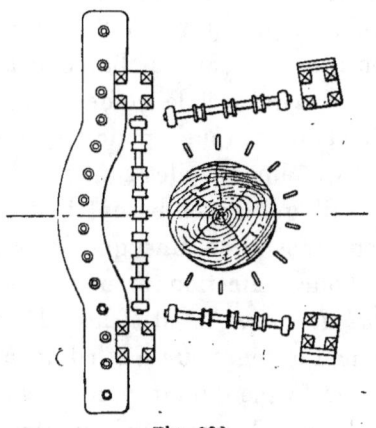

Fig. 993.

En principe, toutes les manœuvres courantes, sur lesquelles on doit agir à la main, sont exécutées en filin. Pour les navires de commerce, où l'on cherche avant tout à réduire au strict nécessaire le personnel employé à la manœuvre, on fait usage pour les drisses de hune et de perroquet de cordages en fil d'acier qui viennent se tourner chacun sur un treuil spécial à moteur mécanique, établi au pied du mât. On arrive ainsi sur les grands voiliers de 4000 tonneaux à n'avoir qu'une vingtaine d'hommes d'équipage environ, dont la moitié seulement est de quart à un instant quelconque.

223. Tracé et confection des voiles. — Les voiles sont habituellement confectionnées en toile de chanvre ou de lin. Ces deux textiles sont employés indifféremment dans la marine, sauf pour les embarcations, dont les voiles sont toujours faites en toile de lin. On fait aussi usage de voiles en coton, mais seulement pour les embarcations de plaisance, en raison de leur prix élevé.

La toile employée est livrée en *laizes,* c'est-à-dire en bandes de largeur uniforme égale à 57 $^c/_m$ pour les toiles de chanvre, à 61 $^c/_m$ pour les toiles de lin. La longueur normale des pièces de toile est de 60^m. Une voile est constituée par un certain nombre de laizes, coupées à la longueur voulue, et cousues l'une à l'autre avec un recouvrement de 30 $^m/_m$. La largeur utile de la laize, déduction faite du recouvrement, est par suite égale à 54 $^c/_m$ ou 58 $^c/_m$, suivant qu'il s'agit de toiles de chanvre ou de lin. La direction des laizes est toujours perpendiculaire à la vergue pour les voiles carrées, parallèle à la chute AR pour les voiles auriques et triangulaires (fig. 941 à 958). Pour faciliter l'assemblage des laizes, on intercale dans la chaîne, à 30 $^m/_m$ de chaque lisière, un fil de couleur qui sert de guide ; ce fil régulateur est bleu pour les toiles de chanvre, rouge pour les toiles de lin.

Les toiles à voiles sont classées par numéros, suivant la grosseur des fils qui les composent. Le règlement de voilure de 1880 indique leur affectation ainsi que les règles de tracé des différentes voiles.

Pour confectionner une voile, il faut d'abord exécuter son *calcul de coupe,* c'est-à-dire déterminer graphiquement ou par le calcul la longueur à attribuer à chaque laize. Une laize a en général la forme d'un trapèze, et est par suite terminée par deux coupes obliques, définies par la hauteur AB du *triangle de coupe* à chaque extrémité (fig. 994). Le côté BC de ce triangle, égal à la largeur utile de la laize, est ce qu'on appelle le *droit fil*. Le petit côté d'une laize étant égal au grand côté de la laize précédente, le grand côté de cette laize est égal au petit côté augmenté de la hauteur de coupe, et ainsi de suite.

Lorsqu'il s'agit d'une voile plane à côtés rectilignes, cette détermination n'offre aucune difficulté. Considérons par exemple un artimon plan ABCD (fig. 995). On calculera d'abord les droits fils AE et BF de la voile. La longueur AE, divisée par 54 $^c/_m$ ou 58 $^c/_m$, donnera le nombre de laizes total, et la longueur

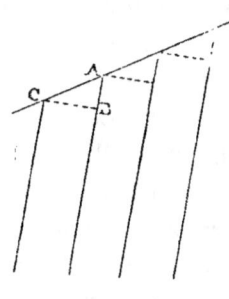

Fig. 994.

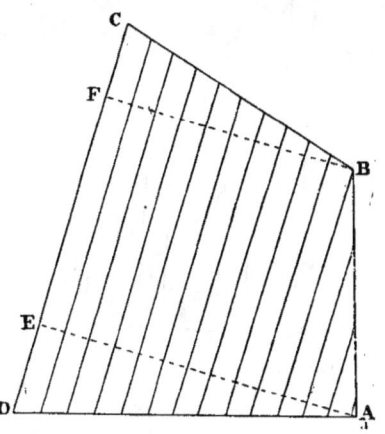

Fig. 995.

BF le nombre de laizes d'envergure; la différence donnera le nombre de laizes au mât. On calculera ensuite la *coupe d'envergure* CF, la *coupe de bordure* DE, et la *coupe au mât* EF. La première de ces longueurs, divisée par le nombre de laizes d'envergure, donne la hauteur de coupe de chacune d'elles; la seconde, divisée par le nombre total de laizes, détermine la coupe de bordure de chaque laize; la troisième donne de la même façon la hauteur de coupe de chacune des laizes au mât. En général, les droits fils AE et BF ne sont pas des multiples exacts de la largeur de laize. On placera alors dans l'angle A une laize de largeur réduite, dont la hauteur de coupe sera obtenue par proportionnalité. Enfin, il faut tenir compte dans le calcul du nombre et de la hauteur des laizes de la largeur à réserver pour l'ourlet ou *gaîne*, d'une largeur de 8 à 15 $^c/_m$, qui doit être exécuté sur tout le pourtour de la voile.

Dans la plupart des cas, les voiles n'ont pas tous leurs côtés rectilignes, et ont un certain nombre de bordures courbes, soit convexes, soit concaves. En outre, les voiles auriques et les focs ont presque toujours une surface courbe, de manière à faciliter le dégagement de l'air par l'arrière et non par le bas. Considérons par exemple un foc dont l'envergure AB et la chute arrière AC sont rectilignes, et dont la bordure BC seule est courbe (fig. 996).

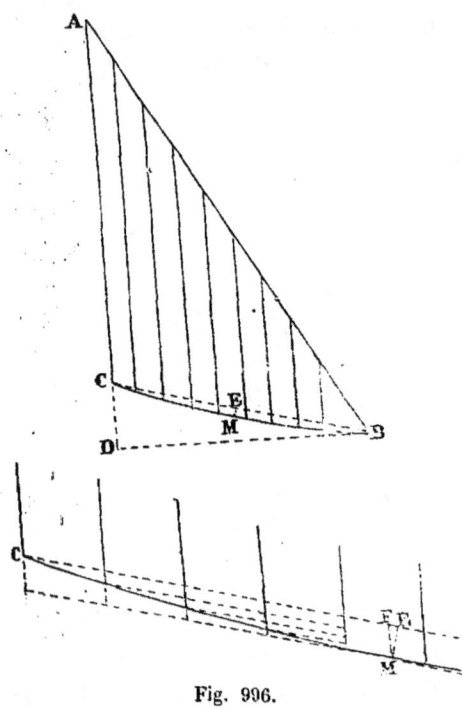

Fig. 996.

Supposons d'abord que la surface soit plane. Le droit fil BD donne le nombre de laizes. On se donne, en grandeur et en position, la flèche ME de la courbe de bordure. On en déduit, par similitude de triangles, la *flèche sur couture* MF, parallèle à la direction des laizes. Cela étant, la tangente en M étant parallèle à BC, on donne à la laize sur laquelle tombe la flèche sur couture la coupe moyenne, c'est-à-dire celle qu'elle aurait si la voile était limitée à la tangente en M. Dans le cas de la figure, M tombant sur la 5ᵉ laize, on donnera à cette laize une hauteur de coupe égale à $\frac{MF}{5}$. On établit ensuite par tâtonnement une progression arithmétique décroissante de 4 termes dont la somme soit égale à MF, et on donne à chaque laize une hauteur de coupe égale à la coupe moyenne augmentée du terme correspondant de la progression; on opère de la même manière pour les laizes comprises entre M et B, en retranchant successivement de la coupe moyenne les termes d'une progression arithmétique croissante. Ce procédé est suffisamment exact lorsque la flèche ME a une valeur modérée; dans le cas où la courbure est très prononcée, il peut être nécessaire de déterminer graphiquement la hauteur de coupe de chaque laize. On peut encore dans certains cas assimiler la courbe à un cercle, ce qui permet de calculer les diverses hauteurs de coupe.

Pour donner à la voile une surface courbe au lieu d'une surface plane, on peut opérer de deux manières. Le premier procédé consiste à donner au petit côté de chaque laize un léger excès de longueur (1 $^c/_m$ par exemple) par rapport au grand côté de la laize précédente (fig. 997); cet excès de longueur est ce qu'on appelle le *mou*. Lorsqu'on réunit une laize à la précédente, on fronce légèrement son petit côté en serrant peu à peu la couture, de manière à faire disparaître la différence de longueur, c'est-à-dire à *boire le mou*. Il en résulte une légère conicité pour la laize, qui cesse d'être plane, et on obtient ainsi pour la voile une surface gauche. Le second procédé consiste à *forcer les coutures*, c'est-à-dire à modifier progressivement d'un bout à l'autre de la laize la largeur du

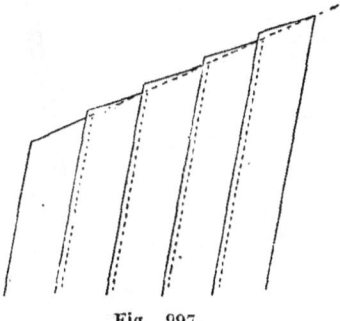

Fig. 997.

recouvrement, de manière à atteindre à l'extrémité pour ce recouvrement une valeur variant de 35 à 50 $^m/_m$ au lieu de 30 $^m/_m$; on obtient ainsi le même résultat.

Le mou et le forcement des coutures conduisent à modifier légèrement les calculs de coupe. Dans le premier cas, le mou propre de chaque laize s'ajoute au mou des laizes précédentes. Dans le second, la largeur moyenne des laizes est un peu réduite.

Lorsque les calculs de coupe d'une voile, pour le détail desquels nous renvoyons au Règlement de voilure de 1880, ont été effectués, on transcrit les résultats obtenus sur un *registre de confection;* on a ainsi une sorte de devis de tracé indiquant le nombre de laizes, les hauteurs de coupe de chaque laize, les mous ou élargissements de couture, etc. Il est par suite possible de reproduire ultérieurement, à une époque quelconque, une voile identique à celle qui a été délivrée au bâtiment.

Une fois les laizes assemblées, la voile est consolidée aux points de fatigue par des renforts constitués par des bandes de toile rapportées et cousues. Elle est ensuite bordée par un cordage un peu lâche appelé *ralingue*, le long duquel elle est transfilée; les ralingues ne sont mises en place qu'après avoir été fortement tendues à l'aide d'un palan, de manière à faire porter toute la fatigue sur

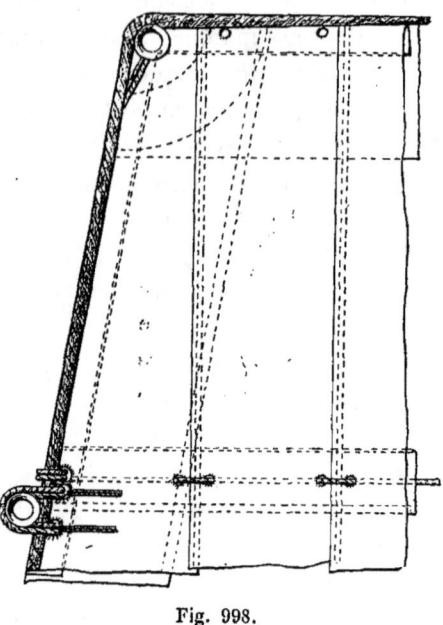

Fig. 998.

la ralingue et non sur la toile. Les points de fixation des diverses manœuvres courantes sont obtenus au moyen de cosses établies à l'intérieur de la ralingue pour les points de la voile et à l'extérieur pour les autres empointures (fig. 998).

SIXIÈME PARTIE

PROCÉDÉS DE MISE A L'EAU, DE RÉPARATION ET D'ENTRETIEN DU NAVIRE. RÈGLES DE JAUGEAGE ET DE FRANC-BORD.

CHAPITRE PREMIER

Régime des marées.

224. Lois générales des marées. — La plupart des procédés employés pour la mise à l'eau, la réparation et l'entretien des navires exigent la connaissance des lois du phénomène des *marées*, c'est-à-dire des dénivellations périodiques de la surface de la mer sous l'influence des attractions combinées de la lune et du soleil. On sait que si en un point quelconque du rivage de la mer on observe à chaque instant le niveau moyen de la surface de l'eau, on constate que ce niveau ne reste jamais constant et subit des oscillations périodiques; si on porte en ordonnées les hauteurs d'eau comptées à partir d'un plan de repère choisi arbitrairement, en prenant pour abscisses les temps, on obtient une courbe du genre de celle qui est représentée par la figure 999, relative à l'entrée du port de Brest. La courbe affecte une forme ondulatoire, présentant des maxima (haute mer ou pleine mer) et des minima (basse mer) à peu près régulièrement espacés, l'intervalle entre deux maxima ou deux minima consécutifs étant en moyenne égal à $12^h\ 25^m$. Dans le voisinage de ces maxima et de ces minima, la vitesse de variation du niveau de l'eau est très faible ; on

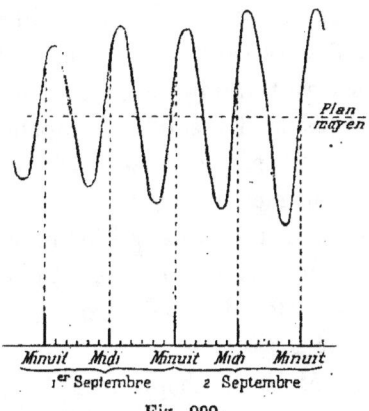

Fig. 999.

dit que la mer est *étale*; elle est au contraire assez rapide pendant les périodes intercalaires, qui portent les noms de *flux* ou *flot*, lorsque le niveau s'élève, de *reflux*, *èbe* ou *jusant* lorsqu'il s'abaisse. La demi-somme des hauteurs de deux pleines mers consécutives au-dessus de la basse mer intermédiaire est ce qu'on appelle la *hauteur de marée* à l'époque considérée.

Si on étend à une durée plus longue l'observation des oscillations alternatives du niveau de la mer, on aperçoit immédiatement la prépondérance de l'attraction lunaire, en constatant que la période de ces oscillations coïncide à très peu près avec la période des passages de la lune au méridien du lieu, c'est-à-dire avec la moitié du jour lunaire moyen. Quant à leur amplitude, elle est régie par la valeur de la résultante des attractions lunaire et solaire. La figure 1000 représente par exemple la courbe de marée

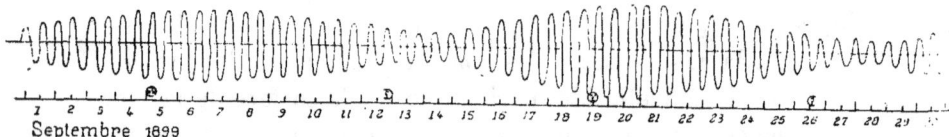

Fig. 1000.

relative à l'entrée du port de Brest pour le mois de septembre 1899. En repérant sur le diagramme l'indication des phases de la lune, on voit immédiatement qu'aux syzygies, c'est-à-dire lorsque les actions de la lune et du soleil s'exercent dans un même plan, l'amplitude des dénivellations périodiques est maxima; ce sont les *marées de vive eau*. Aux quadratures, au contraire, l'action du soleil s'exerçant à 90° de celle de la lune, l'amplitude des oscillations est minima; ce sont les *marées de morte eau*. Les différentes marées de vive eau et de morte eau n'ont d'ailleurs pas toutes la même valeur, comme on le voit sur la figure 1001 qui représente pour le même lieu la loi de variation pendant une année de la moyenne des hauteurs des marées du matin et du soir. On remarque que d'une façon générale les marées de syzygies sont plus fortes dans le voisinage des équinoxes que dans celui des solstices.

Il résulte de ce qui précède que la forme de l'onde de marée, c'est-à-dire la configuration théorique de la surface de la mer à un instant quelconque (en supposant le globe terrestre entièrement recouvert d'une couche d'eau d'épaisseur constante), peut se dé-

RÉGIME DES MARÉES. 407

duire des lois de la mécanique céleste. Cette configuration est le résultat de la superposition d'une marée solaire et d'une marée lunaire, chacun de ces deux phénomènes déterminant pour la nappe liquide une surface d'équilibre qui est un ellipsoïde de révolution

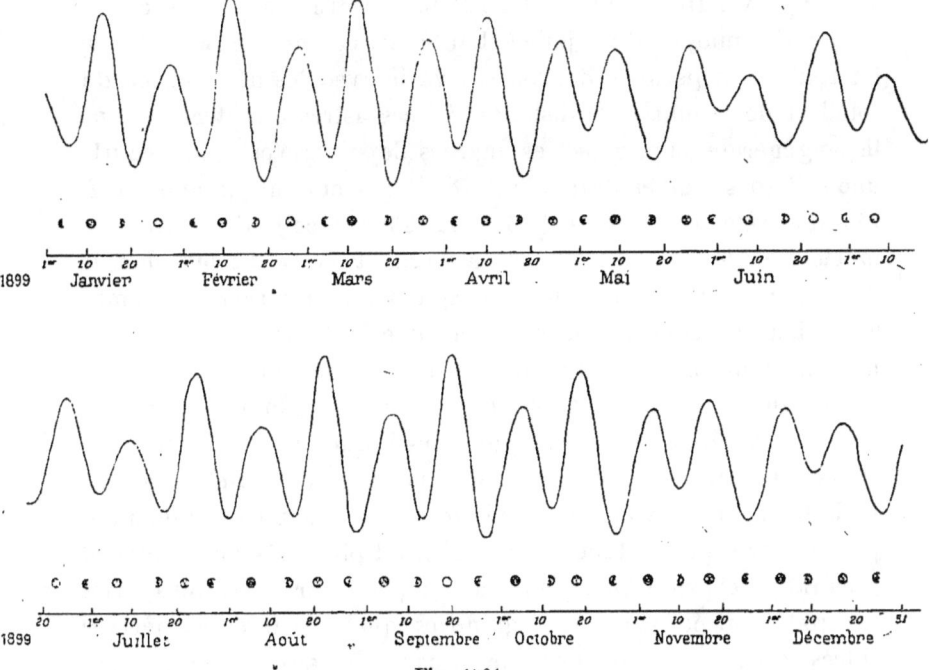

Fig. 1001.

dont le grand axe est dirigé vers l'astre qui produit l'attraction, et dont l'excentricité dépend de la grandeur de cette attraction. Aux syzygies, la lune et le soleil passant en même temps au méridien, la haute mer lunaire correspond à la haute mer solaire, et les deux marées partielles s'ajoutent. Aux quadratures, les deux astres passant au méridien à 6 heures d'intervalle, la haute mer lunaire, par exemple, correspond à la basse mer solaire, et les deux marées partielles se retranchent. Entre les syzygies et les quadratures, l'action du soleil tendra plus ou moins à accroître ou à diminuer la marée lunaire, la marée totale étant la résultante des marées partielles.

La lune étant beaucoup plus rapprochée de la terre que le soleil, son action est prépondérante malgré l'infériorité de sa masse, et l'amplitude de la marée lunaire est environ triple de celle de la marée solaire. Aussi la période des marées est-elle réglée à très peu près par celle des passages de la lune au méridien. Le jour lunaire moyen étant égal à $24^h 50^m 28^s$, l'intervalle de temps qui s'écoule entre deux pleines mers ou deux basses mers consécutives sera approximativement égal à $12^h 25^m$; autrement dit, le retard moyen des marées d'un jour à l'autre sera d'environ 50 minutes. En réalité, la période des marées varie avec les déclinaisons du soleil et de la lune et la distance de ces astres à la terre. D'une façon générale, la période des marées de syzygie est plus courte que celle des marées de quadrature; la période moyenne des marées de vive eau varie de $12^h 15^m$ à $12^h 20^m$, et celle des marées de morte eau de $12^h 30^m$ à $12^h 40^m$, atteignant même $12^h 50^m$ dans le voisinage des équinoxes. On remarquera que l'intervalle de temps entre deux marées consécutives étant supérieur à 12^h, il peut, à certains moments, n'y avoir qu'une seule marée par jour solaire moyen.

La hauteur de la marée est également subordonnée, non seulement aux phases de la lune, mais aussi, quoique dans une plus faible mesure, à la variation des déclinaisons du soleil et de la lune et de la distance de ces astres à la terre. Cette hauteur est d'autant plus grande que la lune et le soleil sont plus près de la terre et plus rapprochés du plan de l'équateur; les marées les plus fortes se produisent par suite aux équinoxes, quand la lune est périgée et très voisine de l'équateur, et les plus faibles aux solstices, quand la lune est apogée avec une grande déclinaison. Outre l'onde principale semi-diurne, on a en somme une onde diurne, une onde mensuelle et une onde annuelle, dont les effets se superposent. Si les plans des orbites lunaire et terrestre étaient invariables, les mêmes conditions se reproduiraient exactement lorsque les positions respectives des trois astres se retrouveraient les mêmes, par exemple aux équinoxes lorsque la lune nouvelle ou pleine est dans ses moyennes distances à la terre. Il n'en est pas ainsi en réalité, mais on peut souvent négliger cette cause de perturbation.

On constate enfin, comme on peut le vérifier sur les figures 999 et 1000, que le niveau moyen de l'eau, c'est-à-dire la cote de la demi-hauteur de marée au-dessus du plan de repère, reste sensiblement invariable, et que l'onde de marée présente par suite les caractères d'une onde d'oscillation.

225. Perturbations géographiques de l'onde de marée. — Les phénomènes que l'on observe sur les côtes des continents, les seuls qui nous intéressent en réalité, sont soumis à des perturbations dues à la configuration réelle du sol terrestre. Si la terre était entièrement recouverte d'une nappe liquide d'épaisseur constante, la mer monterait ou baisserait sur place, et les marées ne détermineraient pas de courants. Mais les deux tiers seulement du globe sont recouverts d'eau, et ce n'est qu'au milieu de l'Océan que peut se former l'intumescence résultant de la composition des marées partielles ; cette intumescence se produit à peu près exactement au moment du passage de la lune au méridien et au point pour lequel la lune est à ce moment au zénith ; les ondes qui en résultent se propagent peu à peu vers les côtes et n'y déterminent par suite la haute mer qu'un certain temps après le passage de l'astre au méridien.

On voit que l'onde de marée est une onde d'oscillation qui tend à prendre naissance dans les régions équatoriales et qui se propage avec une vitesse dont la valeur, d'après la théorie des ondes périodiques de M. Boussinesq, est sensiblement égale à $\sqrt{g\,H}$, H étant la profondeur de l'eau. La longueur de cette onde est très considérable, et atteint 8 000 kilomètres environ pour les mers de 3000 à 4000 mètres de profondeur comme l'océan Atlantique.

Une première conséquence de ce qui précède, c'est que les marées observées sur les côtes ne s'accordent pas en temps avec la position des astres qui les produisent. Sur les côtes françaises de l'Océan, le retard est en général de 36 heures, c'est-à-dire que la marée observée un jour quelconque est celle qui est déterminée par les positions du soleil et de la lune 36^h auparavant.

En second lieu, le relèvement progressif du fond de la mer à l'approche des côtes et la configuration du contour de ces côtes opposent à la propagation de l'onde de marée une certaine résistance. Il en résulte pour un point donné du rivage un retard local et une modification de l'amplitude de la marée. Ces perturbations seront à peu près constantes pour un même lieu, mais pourront être très différentes pour deux points géographiquement voisins, en raison de la configuration du littoral. En particulier, elles reprendront très sensiblement la même valeur lorsque les positions relatives des astres se retrouveront les mêmes. En prenant toujours pour point de repère l'époque où la lune et le soleil sont tous les deux dans le plan de l'équateur, à leurs distances moyennes de la terre, et passent ensemble au méridien du port considéré, on appelle *établissement* du port l'intervalle compris à cette époque entre le passage de la lune au méridien et l'heure de la pleine mer qui suit ce passage, et *unité de hauteur* du même port l'amplitude de la dénivellation produite par la marée correspondante par rapport au niveau moyen, c'est-à-dire la moitié de la hauteur de cette marée. Le tableau suivant donne la valeur de ces constantes pour seize ports français :

Noms des ports.	Établissement.	Unité de hauteur.	Noms des ports.	Établissement.	Unité de hauteur.
Le Socoa	3h 11m	2m,16 (?)	Saint Malo	6h 12m	5m,67
Le Boucau	3h 53m	2m,00	Cherbourg	8h 0m	2m,82
Cordouan	3h 53m	2m,36	Le Havre	9h 18m	3m,50
Ile d'Aix	3h 32m	2m,82	Fécamp	10h 47m	4m,65
La Rochelle	3h 30m	2m,70	Dieppe	11h 8m	4m,44
Saint-Nazaire	3h 47m	2m,46	Boulogne	11h 28m	3m,98
Port-Louis	3h 24m	2m,38	Calais	11h 49m	3m,30
Brest	3h 46m	3m,20	Dunkerque	12h 13m	2m,70

Les variations de configuration des côtes ont pour effet, non seulement de modifier le retard et l'amplitude de la marée, mais aussi d'altérer la forme de l'onde. Sur le rivage d'une mer ouverte et de profondeur à peu près constante, la courbe de variation du niveau de l'eau diffère peu d'une sinusoïde. Mais les variations de profondeur et les accidents de configuration du littoral peuvent modifier beaucoup la forme de cette courbe. C'est ainsi que sur les côtes françaises, et notamment sur celles de la Manche, l'heure d'une basse mer n'est pas équidistante des heures de la pleine mer qui la précède et de celle qui la suit. La durée du flot est inférieure à celle du jusant, l'écart étant en moyenne de 16m pour Brest et atteignant 2h 8m pour le Havre et Boulogne. Dans le golfe du Tonkin, par exemple, dont l'ouverture est barrée par le chapelet des îles de l'archipel malais, on n'observe à certaines époques qu'une seule marée par période de 24 heures. Enfin, dans certains estuaires, tels que ceux de l'Orne et surtout de la Seine, il existe des causes de perturbation si puissantes que la courbe de marée acquiert des formes très irrégulières, et peut même quelquefois présenter deux maxima, comme le montre la figure 1002, relative à une marée de vive eau observée à Honfleur.

Dans les fleuves, l'effet de la marée se fait sentir jusqu'à une distance parfois considérable de l'embouchure (130 à 150^{km} pour la Seine, la Garonne et la Dordogne). On a ainsi des marées fluviales, dans lesquelles la perturbation due à la configuration du lit acquiert une grande importance, et peut

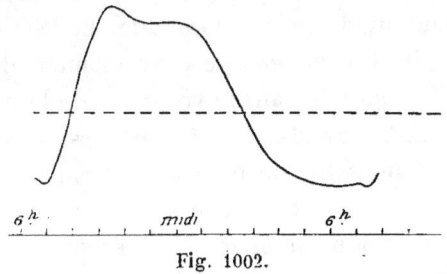

Fig. 1002.

même donner lieu dans certains cas à un phénomène particulier, le *mascaret*, sorte d'onde de translation qui dans les fortes marées de vive eau remonte le cours du fleuve jusqu'à une certaine distance (50^{km} environ pour la Seine).

Enfin, il est évident que les mers fermées, telles que la Méditerranée et la Baltique, peuvent être considérées comme des estuaires très étendus à embouchure extrêmement resserrée. Le phénomène de la marée s'y fait sentir, mais l'amplitude des dénivellations est tellement réduite par suite de la faiblesse de la section de passage offerte aux courants de flux et de reflux que ces dénivellations y sont pratiquement à peu près négligeables. Dans la Méditerranée, en particulier, la hauteur de marée ne dépasse pas 0^m,40 à 0^m,50 au maximum.

Outre les causes fixes de perturbation dues à la configuration du sol, il en existe d'autres qui sont accidentelles. On a remarqué que la valeur de la pression atmosphérique exerçait une influence sur l'amplitude de la marée. Cette influence est négligeable lorsque la pression est inférieure à 760$^m/_m$; pour les pressions supérieures, l'élévation maxima du niveau de l'eau est réduite d'environ 14$^m/_m$ par millimètre de mercure au-dessus de 760. Enfin, les vents produisent dans la propagation de l'onde de marée des perturbations qui peuvent devenir assez sensibles en cas de vents violents régnant pendant plusieurs jours avec une direction constante.

Le retard apporté par le relèvement du fond et la configuration du littoral à la propagation de l'onde de marée a aussi pour conséquence que la période des renversements du courant de marée ne coïncide pas avec celle des maxima et minima de la hauteur d'eau. Le courant de flot continue quelque temps après la pleine mer, quoique la hauteur des eaux diminue, et le courant de jusant continue quelque temps après la basse mer, bien que la hauteur des eaux augmente. Les étales de flot et de jusant, c'est-à-dire les instants de renversement de courant, peuvent très bien être reportés dans le voisinage de la mi-marée.

226. Prévisions de marée. — Il est dans beaucoup de cas indispensable de pouvoir déterminer à l'avance, avec une précision suffisante, quelle sera la hauteur d'eau en un lieu donné à une époque donnée. La mécanique céleste fournit comme nous l'avons dit les moyens de calculer la forme et la période des ondes de marée théoriques, et la discussion des résultats observés antérieurement permet de fixer assez approximativement la valeur des perturbations que subiront ces ondes. On a remarqué par exemple que le rapport des amplitudes des marées se produisant le même jour dans deux ports de nos côtes était sensiblement constant. Par conséquent, pour chacun des ports, l'amplitude de la marée à un jour donné est égale à celle qui correspond dans le même port à des conditions astronomiques déterminées, multipliée par un coefficient qui est le même pour tous les ports. Ce *coefficient* de la marée varie d'une marée à l'autre et oscille pour les ports français de l'Océan et de la Manche entre 0,30 et 1,10 environ, la marée de repère étant celle qui correspond à l'unité de hauteur définie plus haut. Si l'on connaît par suite, pour un jour donné, le coefficient de la marée (dont la table est calculée et publiée annuellement par le Bureau des longitudes), on obtiendra la hauteur de la pleine mer au-dessus du niveau moyen, lequel varie très peu d'un jour à l'autre, en multipliant le coefficient par l'unité de hauteur du port considéré ; le chiffre trouvé représentera également la quantité dont le niveau de la basse mer s'abaissera au-dessous du niveau moyen. Pour le 22 juin 1902, par exemple, on trouve dans l'annuaire du Bureau des longitudes que le coefficient de la marée du soir est de 0,77 ; l'unité de hauteur de Brest étant de $3^m,20$, l'amplitude totale de cette marée à Brest sera égale à $2 \times 0{,}77 \times 3{,}2 = 4^m{,}93$.

On aura de même l'heure approximative de la pleine mer en remarquant qu'aux syzygies, la lune passant au méridien soit en même temps que le soleil, soit 12 heures après, l'heure de la pleine mer est précisément égale à ce que nous avons appelé l'établissement du port, ou du moins en diffère peu, l'établissement ne se rapportant, comme nous l'avons vu, qu'à des syzygies déterminées. A Brest, par exemple, les heures des pleines mers dans le voisinage des syzygies seront toujours voisines de $3^h\ 46^m$; à Cherbourg, au contraire, elles seront voisines de 8^h. C'est pour ce motif que les lancements de navires, qui nécessitent en général une marée assez forte, se font ordinairement le matin à Cherbourg et dans l'après-midi à Brest. Pour un jour quelconque, l'heure approximative de la pleine mer s'obtiendra en ajoutant à l'établissement du port autant de fois 50^m qu'il s'est écoulé de jours depuis la dernière syzygie.

Ces déterminations assez approximatives ne sont pas toujours suffisantes. Le calcul complet des heures et hauteurs probables des pleines mers et basses mers pour les principaux points du littoral est effectué chaque année par les soins du service hydrographique de la marine, et publié dans un recueil appelé *Annuaire des marées* (1). Ces heures sont indiquées en temps moyen de Paris (heure légale), et les hauteurs sont comptées à partir d'un plan de repère, dit *zéro des marées,* qui est le niveau du zéro de l'échelle du marégraphe de Brest, et coïncide à peu près avec le niveau des plus basses mers observées sur les côtes de France. Les hauteurs sont exprimées en décimètres, un point placé après le chiffre représentant $5\ ^c/_m$; ainsi **48.** signifie $48^{dm}{,}5$ ou $4^m{,}85$. Les chiffres indiqués par l'annuaire ne sont, bien entendu, que des chiffres probables, pouvant être légèrement modifiés par des perturbations accidentelles, telles que celles produites par les vents. Mais l'écart est toujours très faible, et ne dépasse guère 15 minutes en temps et $5\ ^c/_m$ en hauteur (en supposant effectuée la correction barométrique indiquée plus haut).

---

(1) Depuis 1900, le service hydrographique publie également l'annuaire des marées de l'océan Indien (Djibouti, Mayotte, Nossi-Bé, Madagascar) et celui des marées de l'Indo-Chine (Basse-Cochinchine, Annam, Tonkin, Kuang-Tshau-Wan).

Il est souvent nécessaire de connaître la hauteur d'eau en un lieu donné à un instant quelconque compris entre les heures de pleine mer ou de basse mer. On peut y arriver par le procédé suivant. Il est clair que, sauf le cas de perturbations accidentelles, la forme de la courbe de marée locale pour une amplitude donnée doit rester invariable. Si donc on a relevé antérieurement la forme de ces courbes pour diverses hauteurs de marée, il suffira de choisir parmi ces courbes celle qui correspond à la hauteur de la marée prévue, et, l'annuaire donnant pour la marée prévue les heures des maxima et minima, on déterminera graphiquement sur la courbe la hauteur d'eau probable à l'instant considéré. Ainsi, la marée du 9 mars 1902 devant être à Brest, d'après l'annuaire, une marée de $7^m 10$, et l'heure de la pleine mer du matin étant $3^h 40^m$, celle de la basse mer suivante $9^h 57^m$, on trouvera qu'à 6 heures du matin la hauteur d'eau probable sera égale à $5^m,35$ (fig. 1003). Si on ne possède

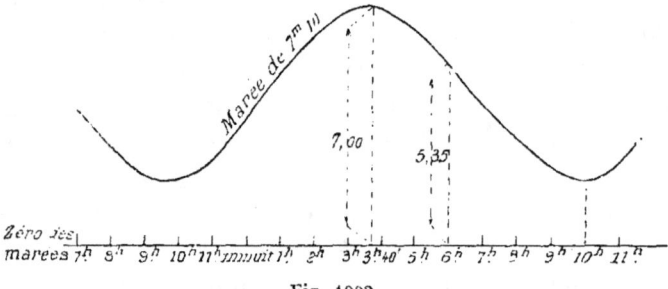

Fig. 1003.

pas la collection des courbes des marées de différentes hauteurs on pourra choisir à l'avance d'après l'annuaire une marée de même hauteur que celle que l'on a besoin de connaître et relever directement la courbe de cette marée au moyen d'une échelle établie le long d'un quai. Depuis 1898, l'*Annuaire des marées* renferme, pour les ports de Brest et de Saint-Malo, le calcul complet des hauteurs d'eau probables, d'heure en heure, pour tous les jours de l'année.

CHAPITRE II.

Mise à l'eau.

227. Principe du lancement. — Nous avons dit au § 131 que les navires sont en général construits sur une cale inclinée établie dans une direction à peu près perpendiculaire à celle du rivage. La mise à l'eau du navire s'effectue dans ce cas par *lancement,* c'est-à-dire par glissement sur un plan incliné convenablement disposé. Soient θ l'angle de pente de ce plan incliné (fig. 1004), G le centre de gravité du navire reposant sur ce plan, P le poids du navire dans l'état actuel de sa construction. Ce poids peut être décomposé en deux forces, l'une P sin θ parallèle au plan de glissement, l'autre P cos θ normale à ce plan et donnant naissance à une résistance de frottement f P cos θ, f étant le coefficient de frottement du navire sur le plan de glissement. La condition pour que le navire se déplace est donc :

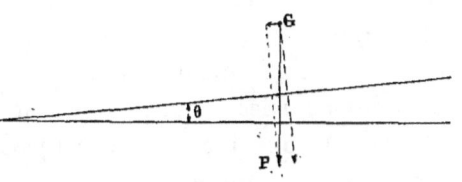

Fig. 1004.

$$P \sin \theta > f \, P \cos \theta$$

ou

$$\sin \theta - f \cos \theta > 0$$

Si cette condition est remplie, le navire pourra être considéré comme soumis à l'action d'une *force impulsive*, dirigée parallèlement au plan de glissement, et égale à P (sin θ — f cos θ).

La condition nécessaire pour le mouvement du navire peut s'écrire :

$$f < \operatorname{tg} \theta$$

c'est-à-dire que le coefficient de frottement doit être inférieur à la pente du plan de glissement. Pour ne pas être conduit à une cale trop inclinée, on cherche à obtenir une valeur de f aussi faible que possible. On y parvient en faisant reposer le navire sur son plan de glissement par un berceau en charpente, et en intercalant entre la surface de portage de ce berceau et le plan de glissement un enduit onctueux ordinairement composé en majeure partie de suif. Nous discuterons plus loin les valeurs qu'il convient d'attribuer dans les différents cas au coefficient ($\sin \theta - f \cos \theta$), que nous désignerons sous le nom de *coefficient d'impulsion*.

Les valeurs de f et de θ étant convenablement réglées, on voit qu'il suffit d'exercer sur le berceau jusqu'à l'instant choisi pour le lancement un effort de retenue égal à P ($\sin \theta - f \cos \theta$), et de disposer les moyens de retenue de façon qu'ils puissent être aisément et rapidement supprimés. Lorsqu'on réalisera cette suppression, la hauteur d'eau au-dessus de l'extrémité du plan de glissement étant supposée suffisante, le navire libéré se mettra en mouvement sous l'action de la force impulsive et la mise à l'eau s'effectuera ainsi d'elle-même.

La difficulté de l'opération du lancement ne réside pas dans la mise en mouvement et le guidage du navire. Le point délicat, au moins pour les bâtiments de poids un peu considérable, c'est d'arriver à substituer sans à-coups le berceau aux tins de construction comme support du navire. Aussi les divers systèmes de lancement actuellement usités ne diffèrent-ils guère que par le mode d'établissement du berceau. Si on laisse de côté les détails accessoires, ces systèmes peuvent se ramener à deux types principaux : le lancement sur coulisse unique établie dans le plan diamétral, qui est usité dans la plupart des arsenaux et chantiers français (Cherbourg, Brest, Lorient, Rochefort, chantiers de la société de la Loire à Nantes et Saint-Nazaire, chantiers de la société de la Gironde à Bordeaux), et le lancement sur deux coulisses symétriques, établies de part et d'autre du plan diamétral, qui est pratiqué en Angleterre et dans certains chantiers français (chantiers de la société de la Méditerranée au Havre et à la Seyne, chantiers de la Compagnie transatlantique à Saint-Nazaire, chantiers de la Compagnie des Messageries maritimes à la Ciotat).

228. Berceau de lancement sur coulisse unique. — Dans le système de lancement sur coulisse unique, le berceau est réduit en principe à une poutre longitudinale S appelée *savate*, sur laquelle repose le navire par l'intermédiaire de sa quille (fig. 1005). Au-

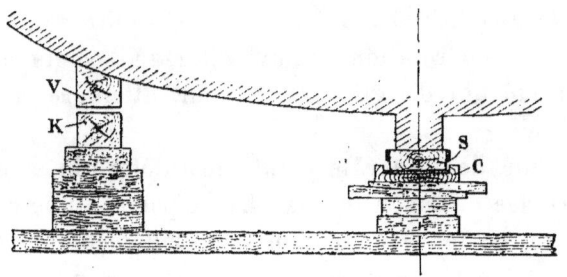

Fig. 1005.

dessous de cette savate est établie une *coulisse* C, qui constitue le chemin de glissement; cette coulisse, munie de deux joues latérales, est supportée par des billotages reposant sur les traverses de la cale de construction et par des coins ou *languettes* de serrage. La savate s'étend jusqu'à l'extrémité arrière du navire. Au-delà de ce point, la coulisse est prolongée par une *avant-cale* de même profil, dont la longueur doit être telle que le navire puisse s'immerger progressivement et pivoter sur son brion, sans qu'il y ait cabanement. Par mesure de prudence, pour parer au cas d'un déplacement accidentel du centre de gravité du navire, ou, ce qui est plus fréquent, d'une impulsion latérale dûe au remous de l'eau, pendant la période d'immersion du navire, on dispose parallèlement à la coulisse et à l'avant-cale deux poutres longitudinales K appelées *couëttes*, une de chaque bord, soutenues par des empilages, et on fixe sous les flancs du navire des *ventrières* en bois V, dont le can inférieur est à faible distance au-dessus des couëttes. Ces ventrières constituent ainsi des soutiens éventuels n'entrant en jeu que si le plan diamétral du navire vient à s'incliner accidentellement. Pour permettre la mise en place du berceau, la savate et la coulisse sont décomposées en tronçons, que l'on peut ainsi substituer successivement aux tins de construction.

La savate est exécutée en chêne. Ses dimensions sont réglées par les dimensions du navire et par la nécessité de maintenir la pression unitaire sur la surface de portage du berceau entre des limites déterminées. Pour assurer le soutien de la charpente, on donne à la savate une longueur aussi grande que possible; elle s'étend à l'arrière jusqu'au talon de l'étambot, à l'avant jusqu'au brion, ce mot désignant ici le point où la ligne de quille se relève pour se raccorder avec l'étrave, c'est-à-dire le point autour duquel s'effectue la rotation du navire lorsqu'il commence à abandonner son chemin de glissement pour atteindre sa flottaison libre.

La longueur de la savate étant ainsi déterminée, sa largeur doit être réglée de façon que la charge par centimètre carré de la surface de portage soit comprise usuellement entre 1^k et 5^k. D'une façon générale, comme nous le verrons plus loin, le coefficient de frottement diminue lorsque la pression unitaire augmente; on a ainsi un accroissement avantageux du coefficient d'impulsion. D'autre part, la pression unitaire ne doit pas être assez forte pour provoquer l'expulsion ou l'écrasement complet de l'enduit onctueux interposé entre le berceau et la coulisse, ce qui accroîtrait la valeur du coefficient de frottement et pourrait faire obstacle au mouvement du navire. L'expérience a montré qu'à ce point de vue le chiffre de 7^k par centimètre carré est un maximum qu'il convient de ne pas dépasser. Une pression trop forte a d'ailleurs l'inconvénient de provoquer un échauffement considérable des surfaces de portage, pouvant suffire pour déterminer l'inflammation de l'enduit onctueux et même de la coulisse. Avec des pressions comprises entre $4^k,500$ et 5^k, on observe déjà une élévation marquée de la température de l'enduit onctueux, manifestée par une fumée épaisse et abondante. Certains lancements ont été exécutés avec des charges supérieures à 5^k (*Redoutable* : $5^k,4$ — *Bayard* : $6^k,2$), mais bien que les commencements d'incendie qui peuvent se déclarer dans la coulisse n'aient pas d'inconvénient bien grave et puissent être rapidement éteints, il est préférable de ne pas élever la pression unitaire au-dessus de ce chiffre. Pour les grands navires actuels, dont le poids au lancement oscille en général entre 3000 et 5000 tonneaux avec une longueur de savate voisine de 100^m, on est conduit à une largeur de $0^m,60$ à 1^m. Lorsqu'il s'agit d'un navire de très petites dimensions, il arrive au contraire qu'on est amené à réduire beaucoup la charge de la surface de portage, car on ne peut diminuer outre mesure la largeur de la savate sans compromettre la stabilité du navire pendant le lancement. On est descendu quelquefois jusqu'à $0^k,5$, mais le coefficient de frottement acquiert alors une valeur assez élevée, et il faut accroître notablement la pente du chemin de glissement pour restituer au coefficient d'impulsion une valeur suffisante. On peut aussi, comme on l'a fait quelquefois (Nantes), évider légèrement la partie médiane de la savate, de façon à réduire la surface de portage (fig. 1006).

L'épaisseur de la savate doit être réglée de manière que la section transversale de cette savate puisse supporter avec sécurité une charge égale à l'effort de retenue, la retenue étant effectuée ordinairement, comme nous le verrons, par la liaison de la savate avec un point fixe. La savate étant faite en

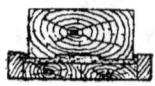

Fig. 1006.

chêne, bois pour lequel on peut admettre avec sécurité une charge de $0^k,9$ par millimètre carré, on aura, en appelant e l'épaisseur et l la largeur :

$$e\, l \times 0,9 = P\, (\sin \theta - f \cos \theta) \times 10^3$$

P étant exprimé en tonneaux et l et e en millimètres. D'autre part, si on désigne par p la pression par $^c/_m{}^2$ de la surface de portage et par L la longueur de la savate, on a :

$$\frac{P}{L\, l} = p \times 10^{-5}$$

L et l étant exprimés en millimètres, ce qui donne :

$$e = \frac{10^{-2}}{0,9} p\, (\sin \theta - f \cos \theta)\, L.$$

La valeur maxima de p est en pratique égale à 5^k et celle du coefficient d'impulsion n'est jamais comme nous le verrons supérieure à 0,06 ; d'autre part, L est toujours inférieur à la longueur entre perpendiculaires Λ du navire. On aura donc des proportions convenables en adoptant comme règle approximative :

$$e = \frac{10^{-2}}{0,9} \times 5 \times 0,06 \times \Lambda$$

soit

$$e = \frac{1}{300} \Lambda.$$

Il convient d'ailleurs que e soit plutôt un peu fort, pour des motifs que nous examinerons plus loin.

En pratique, la savate pouvant être utilisée tant que les qualités de résistance du bois ne sont pas altérées, chaque chantier possède une ou plusieurs savates proportionnées aux types de navire qu'il a habituellement à construire. La savate employée à Brest, par exemple, pour les grands navires a une largeur de 0^m,800 et une épaisseur de 0^m,385. Il suffit de régler chaque fois sa longueur d'après celle du navire, et de vérifier que la pression unitaire est comprise entre les limites indiquées ci-dessus.

Si la largeur de la savate ne dépasse pas 0^m,40 environ, on la compose d'une série de pièces mises bout à bout et écarvées l'une avec l'autre. Au-dessus de ce chiffre, on est obligé d'employer deux ou quelquefois trois séries de pièces juxtaposées. Ces pièces doivent être solidement reliées l'une à l'autre, aussi bien dans le sens transversal que dans le sens longitudinal, pour résister à la force d'éclatement due au suif qui pénètre entre les faces de joint sous l'action du poids du navire. L'assemblage est obtenu au moyen de deux files de boulons disposés en quinconce, avec dés en fonte encastrés dans les faces de joint (fig. 1007), et de deux lattes en fer zingué

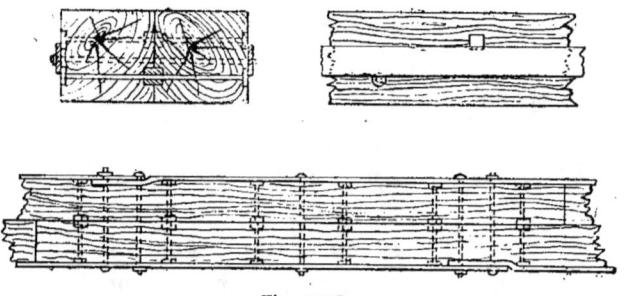

Fig. 1007.

appliquées contre les faces verticales et reliées l'une à l'autre par des boulons. Les abouts des lattes sont épaulés l'un sur l'autre de façon à assurer la liaison longitudinale et sont décroisés avec ceux des pièces de bois; les lattes sont placées de manière à recouvrir partiellement les têtes des boulons d'assemblage, et à s'opposer ainsi à leur desserrage. Pour la savate de Brest, dont les dimensions ont été données plus haut, les boulons d'assemblage ont 32 $^m/_m$ de diamètre et sont espacés de 0^m,66 environ; le diamètre des dés est de 120 $^m/_m$. Les lattes ont 150 $^m/_m$ de hauteur et 25 $^m/_m$ d'épaisseur; elles sont fixées par des boulons de 32 $^m/_m$ espacés d'environ 1^m,20.

Les pièces qui composent la savate doivent avoir une longueur aussi grande que possible, 7 à 8 mètres au moins, pour que l'empature ait une longueur convenable. A l'extrémité A', qui est la partie la plus chargée, on peut, si on le juge nécessaire, écarver les premières pièces avec les suivantes, pour améliorer la résistance longitudinale, mais les échantillons de la savate sont en général suffisants pour que cette précaution soit inutile. L'arête horizontale inférieure des abouts R de toutes les pièces doit être taillée en forme de congé arrondi de 15 à 20 $^m/_m$ de rayon (fig. 1008); il importe en effet d'éviter qu'un affaissement ou une dénivellation d'une des pièces puisse déterminer une saillie susceptible de faire obstacle au mouvement du navire.

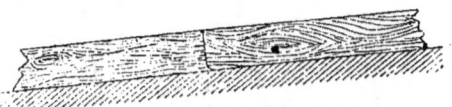

Fig. 1008.

Dans la plupart des cas, on fait reposer le navire directement sur la savate par l'intermédiaire de la quille ou de la fausse-quille. Quelquefois, on intercale entre le navire et la savate des billotages régulièrement espacés (Lorient), comme le représente la figure 1009. Cette disposition est obligatoire, lorsque la ligne de quille du navire est courbe, ou lorsque le navire possède par exemple une quille saillante métallique de très faible largeur; on constitue dans ce dernier cas les billotages par une poutre transversale de longueur supérieure à la largeur de la savate et supportant deux coussins gabariés suivant les formes du navire, de manière à assurer la stabilité transversale pendant le lancement. Mais, lorsque la ligne de quille est droite, il est plus simple et préférable au point de vue de l'adhérence du navire sur son berceau de faire porter directement la quille sur la savate.

La liaison du navire et de son berceau n'est en effet réalisée que par la réaction de frottement due au poids du navire. Cependant, il est bon de brider la savate sous le navire de manière qu'elle ne puisse s'en détacher pendant et après le lancement, car le poids des lattes, dés et boulons la rend presque toujours légèrement fondrière ; elle se trouverait par suite en porte-à-faux sur une

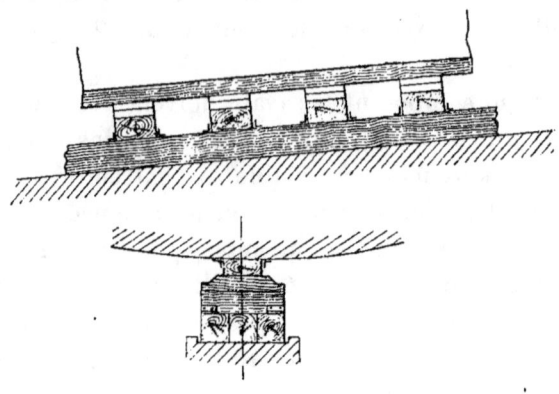

Fig. 1009.

grande longueur au-delà de l'extrémité de l'avant-cale pendant la période qui précède le pivotement, et pourrait se rompre ou agir en tout cas comme levier tendant à soulever l'avant du navire. Si d'ailleurs la savate a une certaine flottabilité, il est également utile d'éviter qu'elle puisse se détacher de la quille avant le moment où on voudra l'enlever. Pour ces motifs, on amarre la savate au moyen de rabans en filin ou en fil d'acier bien raidis, fixés d'une part à des pitons à œil sur la savate, de l'autre à des points quelconques du plat-bord du navire (fig. 1010). Ces rabans sont espacés de 8 à 12 mètres environ.

La position de l'extrémité M de la savate dépend des formes de l'arrière du navire ; elle doit être réglée de manière à réduire autant que possible le porte-à-faux de la charpente, ce qui, pour les arrières de forme compliquée, exige l'emploi d'un massif constitué par des empilages de bois chevillés avec la savate (fig. 1011). Quant à la position de l'extrémité N de la savate, elle a une importance très grande au point de vue du pivotement, et doit être étudiée avec soin. C'est en effet autour de l'arête N de la savate que s'effectue en réalité le pivotement, et comme la liaison entre le navire et la savate n'est réalisée, comme nous venons de le voir, que d'une façon très sommaire, il importe d'éviter que pendant le pivotement il puisse y avoir déplacement relatif du navire et de la savate. En principe, il vaut mieux que l'arête N de la

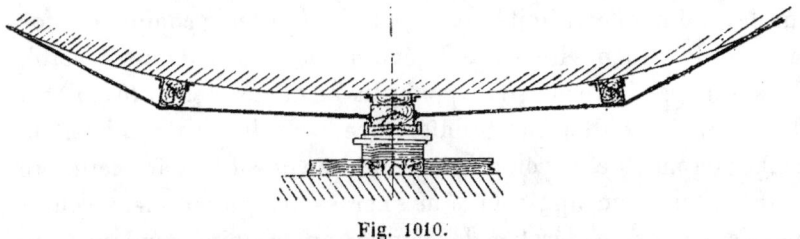

Fig. 1010.

savate soit reculée le plus possible sur l'$\mathcal{AR}$, sous réserve de ne pas avoir pour la charpente de l'N un porte-à-faux trop considé-

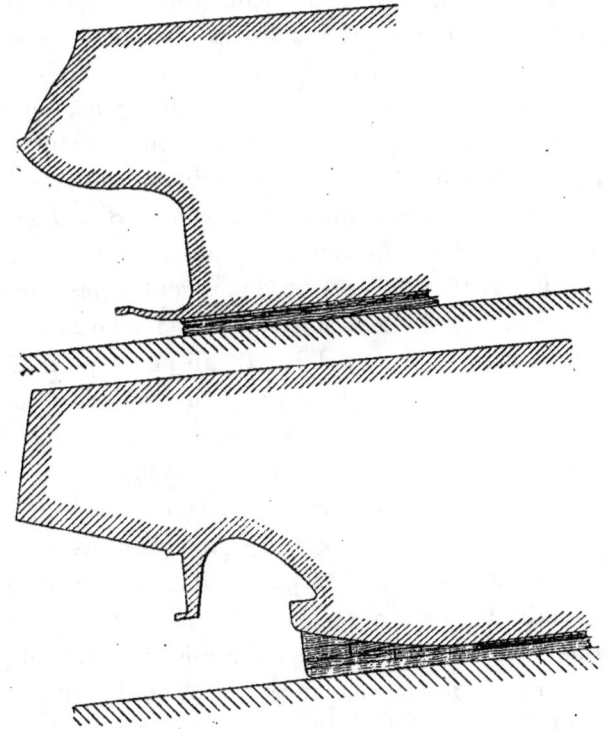

Fig. 1011.

rable et de ne pas rendre possible le choc de l'étrave contre le chemin de glissement pendant le pivotement. Si en effet l'arête N de la savate est placée trop sur l'N, le navire au moment du pivotement tendra à appliquer la savate sur l'avant-cale ; il y aura d'abord rupture des rabans de l'AR, et la savate, entraînée par le navire parallèlement à l'avant-cale, risquera de s'arc-bouter sur le fond par l'extrémité AR. Il y a donc à tenir compte des formes de l'N du navire, et en général on sera conduit à établir dans cette partie un massif d'appui plus ou moins étendu (fig. 1029). Il est bon de tailler l'arête inférieure N de la savate suivant un congé arrondi de rayon aussi grand que possible ; sans cette précaution, on a un angle vif qui s'écrase irrégulièrement sous la pression très considérable développée en ce point pendant le pivotement, et risque de détériorer l'avant-cale sur une certaine longueur.

La coulisse, pour pouvoir être mise en place, est constituée comme la savate au moyen de tronçons, mais ces tronçons n'ont pas besoin d'être reliés les uns aux autres ; il suffit de relier chacun d'eux aux traverses de la cale de manière qu'ils ne puissent être entraînés par le mouvement du navire. Ces tronçons, appelés *coulisseaux*, ont une longueur de 3 à 4^m ; ils sont constitués par un certain nombre de bordages de chêne juxtaposés, le long desquels sont fixés de part et d'autre des bordages d'épaisseur un peu plus forte, de manière à former une joue saillante de 40 à 50 $^m/_m$ de hauteur (fig. 1012) ; tous ces bordages sont reliés par des bou-

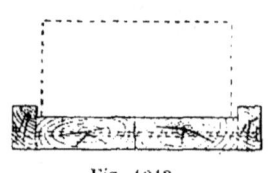

Fig. 1012.

lons horizontaux. La largeur de la coulisse doit être un peu supérieure à celle de la savate, de manière à laisser un jeu de 30 à 40 $^m/_m$ de chaque côté. Les coulisseaux employés à Brest, par exemple, sont formés de deux bordages de 430 × 140 juxtaposés et de deux joues de 180 × 100 ; l'assemblage est fait par des boulons de 32 $^m/_m$. Le jeu latéral entre la savate et les joues est nécessaire pour permettre le réglage des coulisseaux lors de la mise en place et pour que le navire ne risque pas de se coincer au cas où il y aurait un léger déplacement latéral pendant le lancement ; on pourrait donner dans ce but une largeur un peu plus grande aux coulisseaux de l'AR, mais cette précaution ne paraît pas indispensable.

En général, les coulisseaux sont jointifs, ou du moins on ne laisse entre eux qu'un jeu de 5 à 6 $^m/_m$ juste suffisant pour faciliter leur mise en place. Quelquefois, on fait usage de deux séries de coulisseaux de longueur différente; la savate est soutenue au début par des paires de fortes languettes espacées de 4^m environ, et dans les intervalles desquelles on monte les grands coulisseaux; on enlève alors les languettes, et on les remplace par de petits coulisseaux remplissant l'espace libre entre les grands (Lorient, Rochefort). On a également fait usage de coulisseaux assemblés les uns aux autres à joint brisé (fig. 1013), de manière à solidariser toutes les pièces de la coulisse (Cherbourg); mais le montage et la mise en place deviennent alors moins faciles. De toute façon, les arêtes N des bordages de coulisse et des joues doivent être taillées en congé arrondi pour qu'une légère dénivellation du chemin de glissement ne puisse déterminer une saillie faisant obstacle au glissement de la savate (fig. 1014).

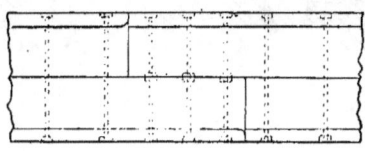

Fig. 1013.

La coulisse doit être soutenue par une base solide, puisque

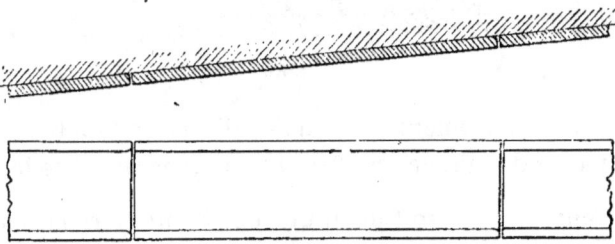

Fig. 1014.

c'est elle qui transmet à la cale le poids total du navire; elle doit en outre pouvoir subir un léger déplacement dans le sens vertical, pour assurer le portage du navire sur son chemin de glissement. Dans ce but on établit sur toute la longueur de la coulisse un massif plein formé de billotages en bois reposant sur la cale de construction; ce massif, qui englobe les pièces inférieures des tins de construction, a une largeur un peu supérieure à celle de la coulisse, et les pièces qui le composent sont chevillées entre elles et avec les traverses de la cale (fig. 1015). La hauteur des pièces inférieures des tins doit être réglée, comme on le voit, au début de la construction, de manière à se prêter à la mise en place

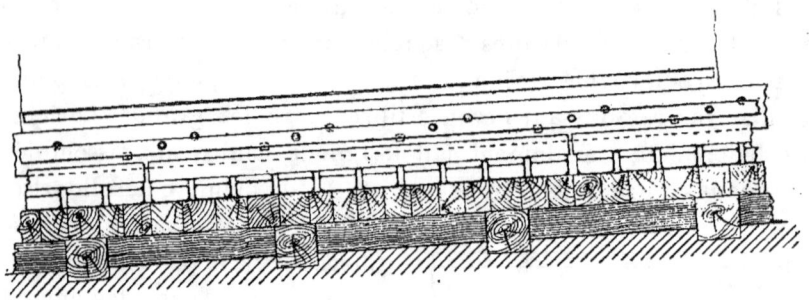

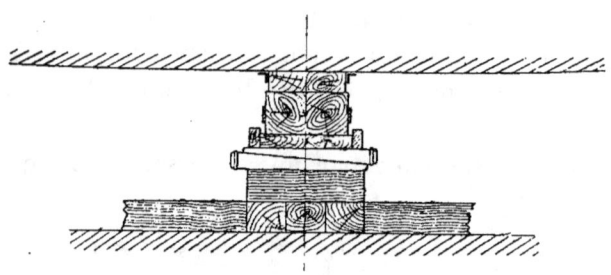

Fig. 1015.

du berceau de lancement. Chaque coulisseau est soutenu par une série de paires de languettes (8 à 10 en général). Ces languettes ont une pente de $\frac{1}{10}$, soit un angle de 6° environ ; on leur donne en général 5 $^{c}/_{m}$ d'épaisseur au petit bout, 1^{m},00 à 1^{m},50 de longueur et 35 $^{c}/_{m}$ de largeur. Leur nombre est réglé de telle sorte que le jeu entre deux paires de languettes consécutives ne dépasse pas 6 à 7 $^{c}/_{m}$. Le meilleur bois pour la confection de ces languettes est le hêtre, mais on peut aussi employer le chêne ; leur gros bout est garni d'une virole en fer pour empêcher le bois de se fendre. Le serrage est obtenu en frappant simultanément des deux bords soit directement à coups de masse, soit au moyen de béliers constitués par des gueuses en fonte de 50^k glissant dans des coulisses suiffées et manœuvrées horizontalement par 4 hommes (fig. 1016) ; les coulisses de ces béliers sont montés sur des chevalets réglés à hauteur convenable et déplacées au fur et à mesure des besoins. Les pièces supérieures du massif doivent avoir leurs fibres dirigées transversalement pour ne pas accroître la résistance au serrage des languettes.

La mise en place de la savate et de la coulisse est effectuée

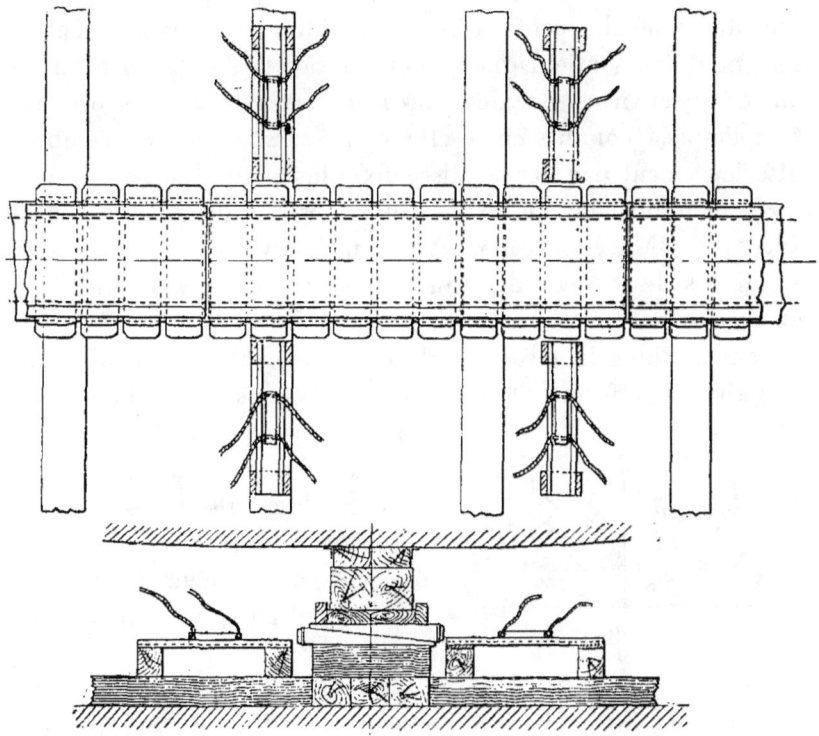

Fig. 1016.

par tronçons successifs. On s'assure d'abord, par un montage préalable exécuté à faux frais dans le voisinage de la cale de construction, de l'exactitude d'assemblage de toutes les pièces. On procède ensuite à la mise en place de la savate, en commençant soit par l'avant, soit par l'arrière. On enlève les pièces supérieures des 3 ou 4 premiers tins, on présente la première pièce de savate, et on la soutient provisoirement au moyen de garnis et de coins prenant appui sur le massif; on assemble avec elle la pièce qui la décroise, et on met en place le premier coulisseau et ses languettes, qu'on serre énergiquement, mais sans chercher à produire un soulèvement du navire. On continue ensuite de proche en proche, en assemblant au fur et à mesure les pièces de bois qui constituent la savate et les lattes de fer qui complètent leur liaison, et en ayant soin de ne démonter chaque fois les pièces supérieures des tins que sur la longueur strictement nécessaire, pour ne pas produire d'affaissement de la charpente. C'est pour réduire les chances d'affaissement qu'on soutient quelquefois la savate de distance en distance (4^m environ) par des paires de fortes languettes occupant tout l'espace compris entre elle et le massif, que l'on remplace ultérieurement par des coulisseaux plus petits (Lorient, Rochefort); mais le montage de la coulisse est beaucoup plus simple avec le premier procédé, et on n'observe pas d'affaissement sensible si le serrage des languettes est effectué régulièrement et avec soin.

Pour faciliter la mise en place de la coulisse, on fait usage de gabarits en forme d'équerre découpés dans des déchets de tôle mince, dont une des branches a une largeur égale au jeu qui doit exister entre la savate et les joues des coulisseaux (fig. 1017). Avec quatre équerres de ce genre, on amène rapidement chaque coulisseau à la position voulue.

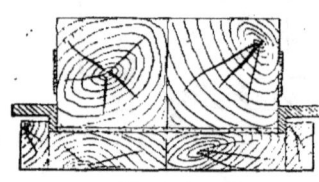
Fig. 1017.

Lorsque la savate et la coulisse sont entièrement montées, on s'assure au moyen de voyants qu'elles sont parfaitement rectilignes, et on corrige au moyen des languettes les petites dénivellations qui auraient pu se produire. On trace alors sur chacune des faces latérales de la savate, au niveau du can supérieur des gabarits en tôle, un trait de repère dont nous verrons tout à l'heure l'utilité.

La mise en place du berceau exige un mois environ pour un grand navire de 100 à 120 mètres de longueur. Le suiffage, c'est-à-dire l'interposition de l'enduit onctueux entre la savate et la coulisse, ne s'effectue qu'au dernier moment, aussi peu de de temps que possible avant l'heure choisie pour le lancement, afin d'éviter les chances d'altération de cet enduit. Pour suiffer un coulisseau, on le dégage en frappant sur le petit bout des languettes, on le retire, on y applique l'enduit, on le remet en place, et on serre à nouveau les languettes; on continue ensuite de proche en proche. Le réglage se fait au moyen des équerres en tôle, qui permettent de vérifier en même temps que le serrage des languettes est fait bien également et que la couche d'enduit a partout la même épaisseur, celle-ci étant donnée par la quantité dont le trait de repère de la savate dépasse le niveau du sommet des équerres. Lorsque la coulisse est complètement remontée, on donne sur toutes les languettes une volée générale de coups de masse pour déterminer le soulagement du navire, c'est-à-dire le soulever très légèrement de façon à le faire porter aussi exclusivement que possible sur la coulisse. On suit avec des repères (§ 237) ce mouvement du navire, et on s'assure qu'il s'opère régulièrement de l'AV à l'AR. L'épaisseur finale de la couche de graissage dépend de la charge unitaire de la surface de portage et de la consistance de l'enduit employé (§ 232); elle doit autant que possible ne pas être inférieure à 3 ou 4 $^m/_m$.

Une fois graissée et réglée définitivement, la coulisse doit être fixée à la cale de manière à ne pas risquer d'être déplacée ou entraînée par le mouvement du navire. Cette fixation s'effectue par exemple (fig. 1018) au moyen d'arcs-boutants de 10 à 15 $^c/_m$ d'équarrissage, préparés à l'avance, dirigés les uns transversalement, les autres obliquement vers l'arrière (Brest); la tête de ces arcs-boutants bute contre un taquet fixé à la joue du coulisseau et leur pied contre un taquet que l'on cloue sur une des traverses de la cale après le réglage de la coulisse. On peut aussi faire usage de traverses engagées entre deux paires de languettes consécutives et munies de deux gardes en cornière (fig. 1019); une fois le réglage terminé, on fixe ces traverses dans le massif au moyen de vis à bois, et on complète la tenue par des amarrages reliant des pitons fixés sur les joues des coulisseaux à d'autres pitons vissés dans les traverses de la cale (Saint-Nazaire). Plus simplement, on peut relier les coulisseaux au massif par des boulons verticaux traversant les joues et aboutissant dans des intervalles ménagés entre les pièces inférieures du massif (Lorient).

Lorsque ces opérations sont terminées, il n'y a plus qu'à enlever les accores qui ont servi à étayer la charpente pendant la construction, et le navire est prêt à être lancé, n'étant plus lié au sol que par les organes de retenue dont nous parlerons plus loin.

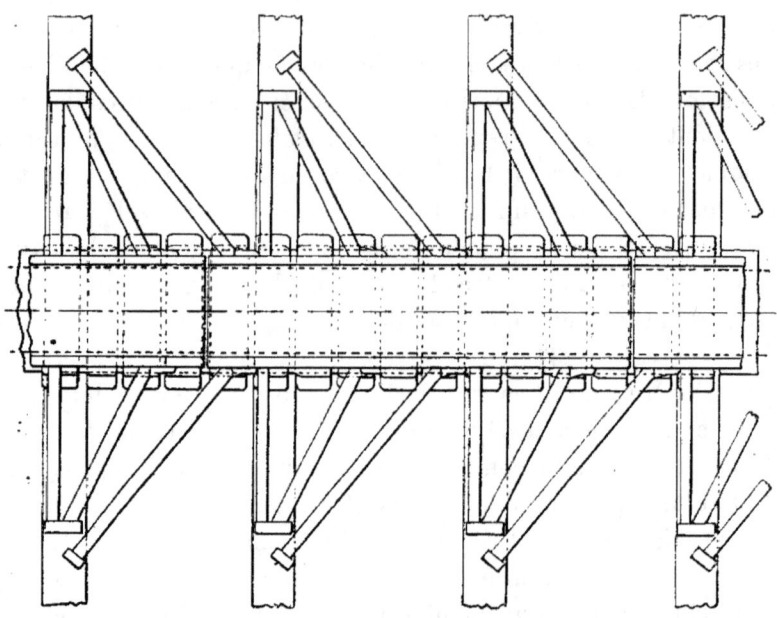

Fig. 1018.

Le berceau doit être complété, comme nous l'avons dit plus haut, par l'établissement de deux couëttes latérales sur lesquelles le navire viendrait à porter par l'intermédiaire de ventrières en cas d'inclinaison accidentelle. Les couëttes sont des pièces longitudinales en pin, de 15 à 40 $^c/_m$ d'équarrissage, suivant les dimensions du navire, formées de poutres mises bout à bout et reposant sur des billotages espacés de 1 mètre environ (fig. 1005). Des gardes en tôle réunissent l'une à l'autre les diverses pièces, et on a soin de placer un billotage à l'aplomb de chaque about (fig. 1020); des arcs-boutants transversaux et obliques contretiennent les couëttes, dont les pièces doivent avoir leur arête N arrondie de la même façon que celle des coulisseaux. On fixe quelquefois aux couëttes des joues

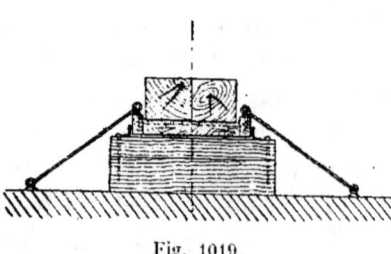

Fig. 1019.

latérales saillantes (Cherbourg, Lorient), mais cette précaution n'est nullement indispensable. La face supérieure des couëttes est recouverte d'enduit onctueux pour réduire le frottement en cas de portage des ventrières.

Les ventrières sont ordinairement formées de deux pièces de

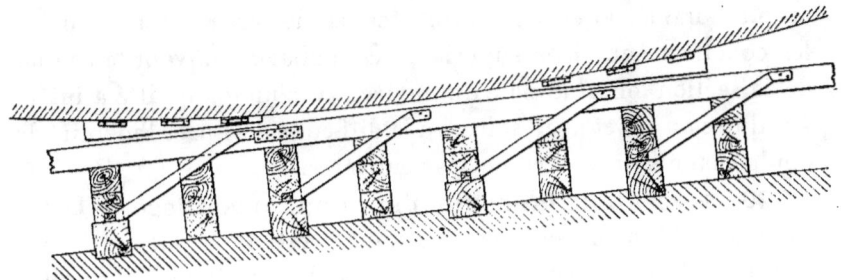

Fig. 1020.

largeur un peu inférieure à celle des couëttes, fixées au navire par des équerres en cornière, l'une sur l'AV l'autre sur l'AR du maître couple (fig. 1020). La longueur de chaque pièce varie beaucoup suivant les usages des divers chantiers, mais n'a pas besoin de dépasser 4 à 5 mètres. Un jeu de 15 à 30 $^m/_m$ est ménagé entre les ventrières et les couëttes, de manière qu'un léger affaissement de la charpente pendant le montage du berceau et après l'enlèvement des accores ne risque pas de faire porter les ventrières. Les arêtes AR des ventrières sont arrondies de la même manière que celles des pièces de la savate.

La distance des couëttes à l'axe du navire varie entre le tiers et la moitié de la demi-largeur; cette distance est d'ailleurs limitée par la longueur des traverses de la cale, au delà desquelles les billotages des couëttes ne porteraient plus sur un terrain suffisamment solide. Lorsque le navire possède des quilles d'échouage dont la distance à l'axe rentre dans les limites que nous venons d'indiquer, on utilise, bien entendu, ces quilles comme ventrières, en clouant sous leur face inférieure des patins formés de bordages de 3 à 4 $^c/_m$ d'épaisseur, séparés par des intervalles laissant passer les rabans de tenue de la savate (fig. 1010).

Lorsque le navire doit pouvoir prendre la mer immédiatement après son lancement, sans avoir été échoué au préalable dans un bassin de radoub, on ne peut faire usage de ventrières ou de patins fixés à la coque. Il en est de même lorsqu'il s'agit d'un navire doublé en cuivre, sur la carène duquel on ne peut prendre commodément aucun point d'attache. On fait alors reposer les ventrières sur les couëttes, préalablement graissées, en les munissant de joues latérales pour assurer leur guidage. Ces ventrières sont reliées au navire et l'une à l'autre par des rabans disposés parallèlement au plan diamétral et sont entraînées par le navire en glissant sur les couëttes. Leur face supérieure est gabariée suivant le contour de la section longitudinale du navire, avec un jeu qu'il y a intérêt à réduire au strict nécessaire, vu la difficulté d'assurer l'identité des déplacements du navire et des ventrières.

229. Berceau de lancement sur double coulisse. — Le système de lancement sur coulisse unique est de beaucoup le plus simple et le moins coûteux. Il exige seulement, lorsqu'il s'agit de grands navires, des cales construites assez solidement pour supporter sans affaissement la concentration de la charge sur l'étendue occupée par la coulisse. Dans un certain nombre de chantiers, il ne serait pas prudent d'admettre sur la cale une charge supérieure à 3^k ou $3^k 500$ par centimètre carré, et on est alors obligé d'augmenter la surface de portage en faisant usage de deux coulisses parallèles. Pour des navires de très grandes dimensions, d'ailleurs, on pourrait être conduit à une largeur de savate exagérée. Dans les arsenaux français, on n'a pas dépassé jusqu'ici un poids de lancement de 5000 tonneaux environ; mais, dans les arsenaux anglais, un certain nombre de cuirassés récents ont été lancés avec des poids variant de 7000 à 8000 tonneaux, ce qui, avec une coulisse de 100^m de longueur environ, conduirait à une largeur de savate de $1^m,40$ à $1^m,60$ pour ne pas dépasser une charge de 5^k par $^c/_{m^2}$; les paquebots *Oceanic* et *Celtic* (§ 73), construits à Belfast et mis à l'eau le premier au mois de janvier 1899, le second au mois d'avril 1901, ont été lancés avec des poids bien supérieurs encore, atteignant respectivement 11000 tonneaux et 14500 tonneaux environ.

---

(1) Ces pièces sont quelquefois appelées couëttes *vives*, pour éviter toute confusion avec les pièces de soutien latéral du lancement sur coulisse unique, qui sont dites couëttes *mortes*. C'est ainsi que l'on emploie dans certains cas les expressions de lancement sur couëttes mortes et de lancement sur couëttes vives pour désigner les lancements sur coulisse unique et sur double coulisse.

MISE A L'EAU.

Le berceau de lancement sur double coulisse se compose en principe de deux *couëttes* longitudinales (1), supportant le poids du navire par l'intermédiaire de ventrières et d'arcs-boutants, et remplaçant la savate du lancement sur coulisse unique. Ces couëttes glissent sur deux coulisses parallèles munies de joues de guidage, reposant sur la cale de construction; entre les couëttes et la partie du berceau qui soutient directement le navire sont intercalées des languettes de serrage (fig. 1021).

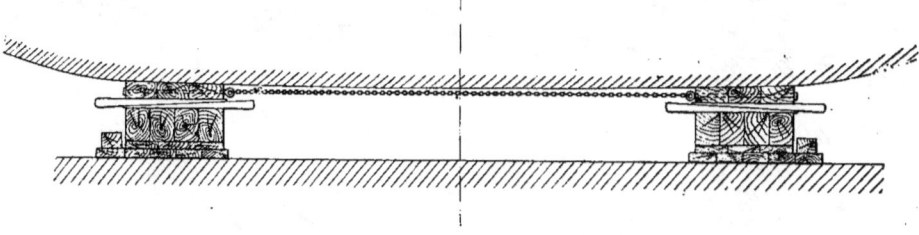

Fig. 1021.

Les couëttes sont formées de pièces en chêne ou en pin assemblées de la même manière que les pièces de savate. Leur longueur est égale aux $\frac{8}{10}$ environ de la longueur du navire, cette longueur étant souvent commandée, comme nous allons le voir, par les formes des extrémités du navire. Autant que possible, l'extrémité N des couëttes doit correspondre à une des grandes cloisons transversales, pour que la réaction de la coulisse pendant le pivotement soit supportée par une partie bien solide de la charpente. La largeur des couëttes est déterminée par la valeur admise pour la charge de la surface de portage, qui oscille en général entre 1^k et 3^k par $^c/_m{}^2$. Quant à l'épaisseur, elle peut se déduire comme nous l'avons vu de la considération de l'effort de retenue à exercer avant le départ du navire. L'écartement des couëttes est compris entre le tiers et la moitié de la largeur maxima du navire.

Dans toute la région centrale, le navire porte sur les couëttes par l'intermédiaire de ventrières et de languettes de serrage. Chaque ventrière, soigneusement gabariée suivant les formes de la section longitudinale de la carène, a une longueur égale à la moitié environ de celle du navire et la même largeur que la couëtte placée au-dessous d'elle. Aux extrémités, la distance entre la couëtte et le bordé du navire devenant plus considérable, on fait usage d'arcs-

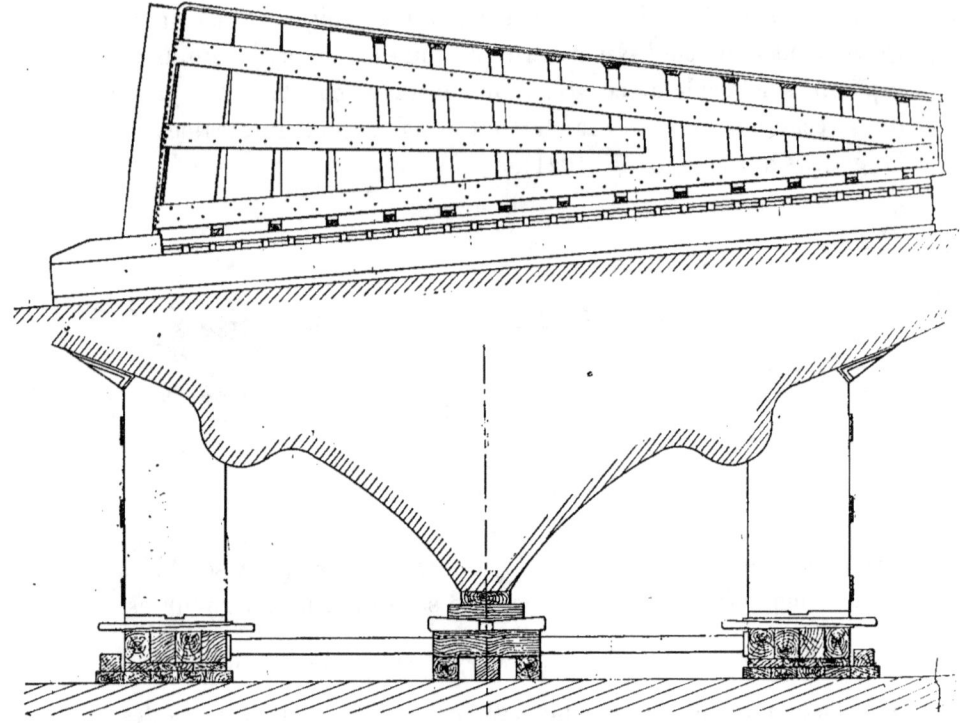

Fig. 1022.

boutants verticaux ou quelquefois légèrement inclinés qui portent le nom de *colombiers* (fig. 1022). Le pied de ces colombiers s'appuie sur un fort bordage appelé *sablière*, dans lequel ils s'encastrent par un tenon et qui est séparé de la couëtte par des languettes de serrage. Leur tête bute contre le bordé du navire, et est maintenue par exemple au moyen de cornières et de taquets rivés sur ce bordé. A l'Ar, il est en général assez facile de disposer les colombiers de manière qu'ils ne s'écartent pas trop de la direction normale au bordé et qu'ils soutiennent efficacement la charpente. Il n'en est pas de même à l'Av, où les formes sont beaucoup plus fuyantes, et c'est le plus souvent l'acculement de ces formes qui limite la position des colombiers extrêmes. Comme d'autre part ce sont ces colombiers qui doivent supporter et transmettre à la charpente l'effort développé pendant le pivotement, l'attache de leur tête doit être consolidée en conséquence, au moyen de consoles et de taquets rivés au bordé. Quelquefois, au lieu de faire buter la tête des colombiers directement contre le bordé, on la fait porter contre une pièce de bois longitudinale formant une sorte de ventrière fixée à la coque. Des bandes de tôle tenues par des boulons ou des vis à bois assurent la liaison des colombiers entre eux.

Le berceau est ainsi composé de deux moitiés symétriques qu'il est nécessaire de relier pour qu'elles ne puissent ni se rapprocher ni se séparer. Ce résultat est obtenu au moyen d'entretoises en bois (fig. 1022) et de tirants formés de bouts de chaîne bien raidis (fig. 1021), passant sous la quille entre les tins de construction.

Les coulisses sont formées de bordages en chêne ou en teak de 10 à 25 $^c/_m$ d'épaisseur, reposant sur des tins espacés de 50 à 60 $^c/_m$ fixés sur la cale de construction. Les bordages de coulisse sont fixés aux tins au moyen de chevilles ou de vis à bois, dont la tête doit être noyée de 2 à 3 $^c/_m$ et recouverte d'un tampon en bois. Les abouts des diverses pièces sont soigneusement arrondis, ainsi que ceux des pièces de couëtte, comme nous l'avons indiqué au paragraphe précédent. La joue de guidage est constituée par exemple par une pièce de 15 à 30 $^c/_m$ d'équarrissage chevillée sur la coulisse (fig. 1021 et 1022). On préfère quelquefois la fixer sur une des faces latérales de la couëtte, où elle forme ainsi couvercle s'opposant à l'introduction accidentelle d'un corps étranger sur la surface de glissement.

Bien que l'ensemble du berceau ait une certaine flottabilité, on relie les couëttes et les ventrières au navire au moyen de rabans pour prévenir tout déplacement accidentel pendant le pivotement. Ces rabans servent en outre ultérieurement à dégager la partie du berceau non fixée au navire.

Le montage du berceau ainsi constitué s'effectue directement, le navire reposant sur ses tins de construction. Le graissage des coulisses est effectué quelquefois en même temps que le montage, mais il est préférable de retarder autant que possible la mise en place de l'enduit onctueux, qui peut subir une altération par l'effet des variations de température. Lorsque le graissage n'est effectué qu'au dernier moment, il est nécessaire de retirer les couëttes pour dégager la coulisse ; on est par suite obligé de soutenir temporairement la partie supérieure du berceau (ventrières, sablières, colombiers) au moyen de cornières rivées au bordé et d'épontilles provisoires. La coulisse une fois graissée, on remet en place les couëttes et les languettes, et on démonte les taquets et épontilles qui soutenaient le berceau. La durée de ces opérations (épontillage du berceau, démontage des couëttes, graissage des coulisses, remontage), est de 10 à 12 jours pour un grand navire, le poids et la longueur des couëttes rendant leur manœuvre assez difficile. On soulage ensuite le navire en agissant progressivement et régulièrement sur les languettes de l'.R à l'AV, et on abat les tins de construction à mesure qu'ils cessent d'être en charge. Le navire repose alors sur son berceau, et il suffit d'enlever les accores pour qu'il soit prêt à être lancé.

On voit que dans ce procédé le poids du navire est supporté par des pièces latérales, et non par la quille comme dans le lancement sur coulisse unique. On a soin, bien entendu, de placer autant que possible les couëttes à l'aplomb d'une cloison longitudinale ou tout au moins d'une lisse, mais malgré cela il est en général nécessaire d'établir à l'intérieur du navire un épontillage provisoire en bois entretoisant les fonds et le pont cuirassé par exemple, pour prévenir toute déformation de la charpente. Cet épontillage doit être renforcé spécialement par le travers de l'AV des couëttes, dans la région qui supporte les efforts développés dans le pivotement.

Le système que nous venons de décrire est celui qui est actuellement en usage dans les arsenaux anglais. Les chantiers privés

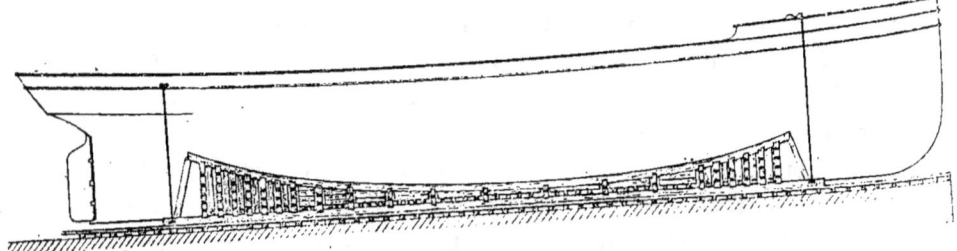

Fig. 1023.

anglais et, en France, la Cie transatlantique, l'emploient également avec des modifications de détail peu importantes. Les chantiers français de la société de la Méditerranée (Le Havre, la Seyne) et de la Cie des Messageries maritimes (La Ciotat) font usage d'un système un peu différent, appelé souvent lancement *sur roustures*, qui a l'avantage de soutenir la charpente du navire non seulement sur les côtés, mais aussi par l'intermédiaire de la quille. Les ventrières, convenablement gabariées, suivent le contour d'une section longitudinale de la carène sur une longueur égale à celle des couëttes (fig. 1023). Entre ces ventrières et les couëttes sont disposés alternativement des billotages et des colombiers. Les billotages sont formés de pièces de bois superposées, réunies les unes aux autres par des gardes en fer; les deux pièces inférieures sont munies d'entailles dans lesquelles sont engagées les languettes de serrage (fig. 1024). Les colombiers, dont l'espacement va en diminuant à mesure que les billotages supportent moins directement la muraille du navire par suite de l'acculement des couples, sont entaillés à la tête et au pied, de manière à former épontille entre

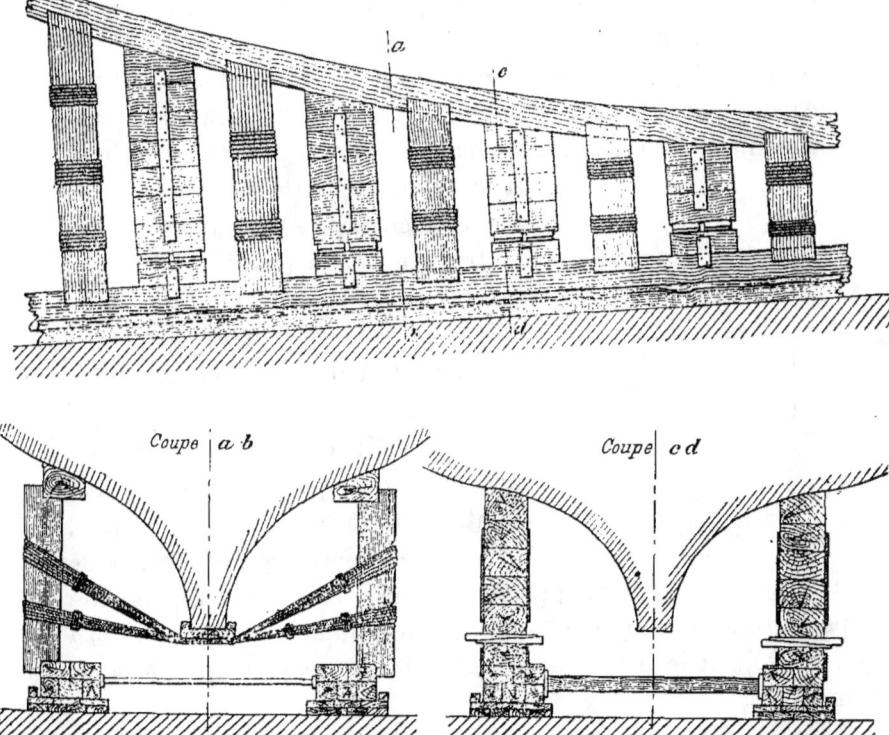

Fig. 1024.

la ventrière et la couëtte. Les deux colombiers symétriques établis dans une même section transversale sont reliés l'un à l'autre par des tours de cordage appelés *roustures* (1), passant sous la quille et la soutenant par l'intermédiaire d'un sabot en bois. Ces roustures, maintenues par des engoujures ménagées dans les colombiers, sont fortement raidies, puis étranglées au moyen d'amarrages rapprochant les deux brins dans le voisinage de chaque colombier. Pour réduire la dépense, on évite de fractionner les cordages employés, et un même bout sert à faire les deux roustures d'une paire de colombiers, quelquefois même de deux paires de colombiers voisins. Des entretoises transversales en bois et des tirants en fer maintiennent l'écartement des deux moitiés du berceau, qui est complété aux extrémités par des arcs-boutants obliques butant contre les ventrières et contre des taquets fixés aux couettes. Les deux arcs-boutants de l'avant doivent être particulièrement robustes, car ce sont eux qui ont à supporter la réaction de la cale au moment du pivotement.

Avec ce système, le nombre des languettes étant assez restreint, on ne peut opérer le soulagement du navire, qui aurait d'ailleurs l'inconvénient de réduire la charge supportée par les colombiers

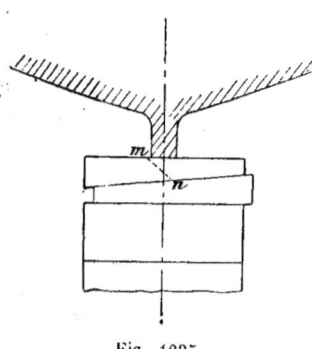

Fig. 1025.

et les roustures. On se contente de serrer fortement ces languettes et d'accroître autant que possible la tension des roustures en les mouillant; on obtient alors le portage du navire sur son berceau en abattant successivement les tins de construction, opération qui doit être facilitée par une disposition convenable de la pièce supérieure. Aux chantiers de la Seyne, par exemple, cette pièce supérieure est formée de deux languettes; pour supprimer le tin, on coupe la languette supérieure au moyen d'un trait de scie oblique dirigé suivant mn (fig. **1025**), et le petit bout de cette languette peut alors être aisément dégagé.

Le poids total du berceau, dans le lancement sur double coulisse, représente de 6 à 8 % du poids du navire lancé, tandis que dans le lancement sur coulisse unique le poids du berceau varie

---

(1) Aux chantiers de la Ciotat, les roustures sont plus habituellement désignées sous le nom de *trinques*.

seulement entre 1 et 1,5 % du poids du navire. Pour pouvoir dégager sans trop de peine un berceau aussi considérable, on prend ordinairement la précaution de le lester au moyen de gueuses de fonte fixées de distance en distance, de manière à lui donner un poids un peu supérieur à son déplacement; pendant le lancement, le berceau est maintenu appliqué contre le navire au moyen de rabans amarrés sur le pont supérieur. Quelquefois, on dispose ces rabans de manière qu'ils puissent être coupés au moment où le navire commence à flotter; le berceau est alors muni de chaînes de retenue élongées à l'avance sur la cale de construction, de manière à s'échouer à l'extrémité de l'avant-cale après avoir abandonné le navire et à pouvoir être halé à terre ultérieurement.

Le lancement sur double coulisse se prête moins aisément que le lancement sur coulisse unique au cas où aucun point d'attache ne doit être pris sur le navire, par exemple au cas d'un navire doublé en cuivre; il est en effet peu aisé d'obtenir un appui suffisant des têtes des colombiers ou billotages extrêmes sans recourir à des taquets fixés à la coque; on peut cependant y arriver en inclinant un peu vers l'intérieur la tête de ces colombiers. Le lancement sur double coulisse a également l'inconvénient d'être coûteux, et d'exiger dans la plupart des cas un épontillage intérieur renforçant la charpente au portage du berceau. Enfin, les opérations de graissage sont assez longues, et on peut craindre que dans certaines conditions de température l'enduit onctueux ait le temps de s'altérer. D'autre part, l'emploi d'une double coulisse diminue la charge sur la surface de portage du berceau, et répartit sur deux points la réaction de la cale pendant le pivotement. Remarquons en outre que ce système permet de donner au chemin de glissement une pente différente de celle de la ligne des tins de construction, ce qui peut être utile dans certains cas; les navires de grande longueur, par exemple, peuvent ainsi être construits sur une cale de pente très modérée, sans surélévation exagérée de l'avant, le chemin de glissement étant construit avec une pente plus forte; l'écart entre les deux pentes doit seulement être assez faible pour que le brion du navire ne risque pas de buter contre la cale pendant le lancement. En somme, on peut dire d'une façon générale qu'il convient de limiter l'emploi du système à double coulisse aux navires de longueur exceptionnelle, de poids considérable, ou dont les tins de construction seraient établis sur un terrain de solidité médiocre.

230. Établissement de l'avant-cale. — L'*avant-cale* est un prolongement du chemin de glissement, de longueur suffisante pour que le navire ne puisse cabaner pendant le lancement. En pratique, le navire est en général construit sur une cale munie d'une avant-cale déterminée, et on règle alors la position de ce navire de façon qu'il soit possible d'avoir au jour du lancement une hauteur d'eau suffisante au-dessus de l'extrémité de l'avant-cale.

La coulisse d'avant-cale est établie de la même manière que la coulisse de cale dont elle est le prolongement. Elle est formée de bordages décroisés dans le sens longitudinal et encastrés dans des traverses jointives soutenues par des empilages également jointifs, s'étendant jusqu'à l'extrémité de la cale de construction (fig. 1026). Toute cette partie du chemin de glissement doit être aussi robuste que possible, car c'est elle qui a à supporter la pression du brion pendant le pivotement. Dans le cas d'un lancement sur coulisse unique, on prolonge également jusqu'à l'extrémité de l'avant-cale les deux couëttes latérales, servant à soutenir le navire s'il vient à s'incliner, comme le montre la figure 1026.

Lorsque le lancement est effectué sur un rivage où le mouve-

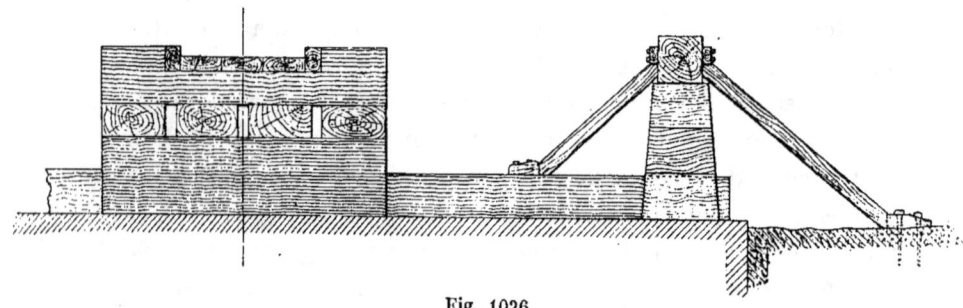

Fig. 1026.

ment de la marée se fait sentir, la construction de la coulisse d'avant-cale peut être effectuée à marée basse sans difficulté; le graissage de cette coulisse peut également être fait pendant la période de basse mer qui précède immédiatement le lancement.

Dans les mers fermées où le mouvement de la marée est insensible, on est obligé de procéder autrement. La coulisse d'avant-cale est alors construite à terre, reposant sur une série de traverses parallèles avec lesquelles elle est assemblée (fig. 1027). On obtient

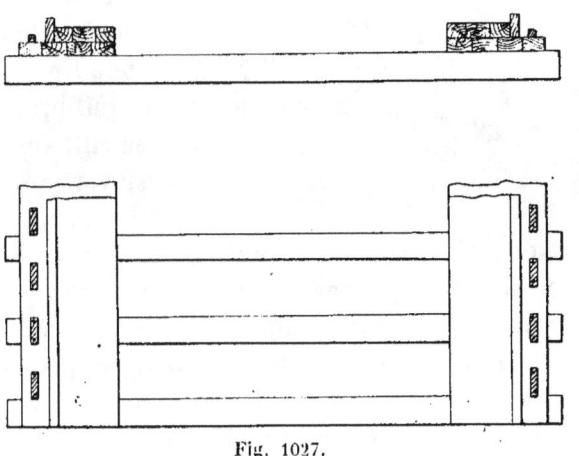

Fig. 1027.

ainsi une sorte de radeau que l'on fait flotter et que l'on soutient au moyen de quatre embarcations par exemple ; on effectue le graissage de la coulisse, et on leste le radeau au moyen de gueuses, de manière à le rendre fondrier ; on l'amène alors dans le prolongement de la cale et on le laisse couler jusqu'à ce qu'il repose sur l'extrémité de la cale de construction, qui doit former un plan incliné bien dressé et que l'on a visitée au scaphandre pour s'assurer que la surface de portage est bien libre. L'extrémité antérieure de l'avant-cale doit être un peu au-dessus du niveau de l'eau, pour qu'on puisse la placer exactement dans le prolongement de la coulisse de cale et l'y relier au besoin ; des voyants fixés à la partie postérieure permettent de régler son alignement, et on la maintient au moyen de chaînes de retenue empêchant qu'elle puisse être entraînée par le mouvement du navire.

Pour parer au cas d'un léger affaissement de la coulisse de cale pendant le soulagement du navire, il est prudent de placer le plan de glissement de la coulisse d'avant-cale un peu en contrebas de celui de la coulisse de cale (fig. 1028). On laisse habituellement une différence de niveau de 20 à 25 $^m/_m$ entre les deux plans.

Lorsqu'on a quelque crainte sur la solidité des fondations de l'avant-cale, on peut chercher à réduire la pression exercée par le **brion** en ramenant vers l'AR le centre de gravité du navire (par **exemple** en remplissant certains water-ballast), de manière à diminuer l'angle dont le navire doit tourner pour atteindre sa flottaison d'équilibre après lancement. On peut aussi essayer de consolider la région qui supportera l'effort du brion pendant le pivotement; mais il faut remarquer dans ce cas que le pivotement réel commence toujours un peu au delà du point théorique indiqué par le calcul, tant en raison de l'inertie du navire que de la dénivellation du plan d'eau produite par l'immersion de l'arrière. L'écart entre le point théorique et le point réel peut très bien atteindre 8 à 10 mètres pour un grand navire.

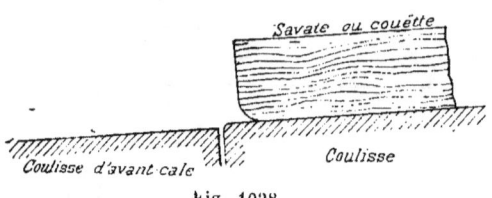

Fig. 1028.

231. Pente du chemin de glissement. Coefficient d'impulsion. — Nous avons vu que la condition nécessaire pour le glissement du navire était donnée par :

$$\sin \theta - f \cos \theta > 0$$

ou :

$$\operatorname{tg} \theta - f > 0$$

c'est-à-dire que le coefficient de frottement doit être inférieur à la pente de la cale. Il importe donc, avant tout, d'apprécier la valeur qu'il est possible de réaliser pour ce coefficient de frottement. Les expériences de Morin indiquent pour le frottement de deux pièces de bois à fibres parallèles, les surfaces de contact étant recouvertes d'un enduit onctueux non renouvelé, les résultats suivants :

Frottement au départ. . . . . 0,15 à 0,44
Frottement pendant le mouvement. . . . 0,07 à 0,16.

On peut laisser de côté le frottement au départ, des appareils de poussée convenablement installés permettant de vaincre cette résistance initiale et de déterminer la mise en marche du navire.

En considérant seulement le frottement pendant le mouvement, on serait conduit à admettre comme minimum admissible de la pente du chemin de glissement la valeur de 0,07. Or l'expérience a prouvé que les lancements étaient possibles avec des pentes notablement inférieures, descendant quelquefois jusqu'à 0,036. Ce résultat tient à deux causes; en premier lieu, en faisant usage d'un enduit onctueux de consistance convenable, on peut arriver à maintenir entre les surfaces de portage une couche d'enduit de quelques millimètres d'épaisseur, et le frottement s'exerce alors entre le bois et cet enduit, et non plus entre deux surfaces de bois graissé; d'autre part, la pratique du lancement des navires a nettement démontré que le coefficient de frottement était fonction de la pression unitaire supportée par les surfaces de contact et variait en sens inverse de cette pression, résultat que les expériences de Morin, exécutées sur une trop petite échelle, n'avaient pu mettre en évidence. La loi de variation de f en fonction de la charge des surfaces de contact est mal connue, car les résultats constatés dans les différents cas dépendent évidemment de l'épaisseur de la couche d'enduit, épaisseur qui peut être assez variable suivant les circonstances. Les résultats fournis par un certain nombre de lancements étudiés par M. l'ingénieur de la marine Trogneux peuvent être assez exactement représentés par la formule :

$$f = \frac{0,05}{\sqrt{p}}$$

p étant la charge unitaire exprimée en kilogrammes par centimètre carré. On a ainsi $f = 0,05$ pour $p = 1^k$ et $f = 0,022$ pour $p = 5^k$. En pratique, il est prudent de compter sur une majoration possible de 30 à 40 % sur les chiffres fournis par cette formule, en raison de l'incertitude sur l'état de la couche d'enduit; on aurait alors $f = \frac{0,07}{\sqrt{p}}$. Il y a d'ailleurs un autre élément qui influe sur la valeur de f; c'est le temps pendant lequel les surfaces de portage sont maintenues immobiles au contact l'une de l'autre. Coulomb a montré que le coefficient de frottement entre deux surfaces de bois graissé pouvait être décuplé après quelques jours de repos; il est donc nécessaire de tenir compte de la durée de la période de portage du navire sur l'enduit onctueux, c'est-à-dire du système de construction du berceau.

Il résulte de ce qui précède que le choix de la pente du chemin de glissement dépend du poids des navires lancés et du système adopté pour leur lancement. D'une façon générale, le lancement sera possible avec une pente d'autant plus faible que le navire est plus lourd et qu'on le laissera porter moins longtemps sur l'enduit onctueux; au point de vue de la réduction de longueur de l'avant-cale et de la facilité du lancement en toute circonstance, il y aura intérêt à accroître la pente, et on sera seulement limité par les considérations économiques relatives à l'établissement de la cale de construction et au montage du navire sur sa cale (§ 131). En pratique, les pentes employées sont comprises en moyenne entre 60 et 80 $^m/_m$ par mètre. En France, les pentes usitées varient de 78 à 83 $^m/_m$ dans les arsenaux, de 60 à 75 $^m/_m$ dans les chantiers privés. En Angleterre, on emploie en général des pentes de 60 à 70 $^m/_m$; pour certains grands navires de commerce, on a admis des chiffres sensiblement plus faibles; aux chantiers de Belfast, l'*Oceanic* a été lancé avec un poids de 11000 tonneaux et une pente de 42 $^m/_m$.

Avec une pente de 80 $^m/_m$, par exemple, le coefficient d'impulsion pourra, dans les conditions les plus favorables, varier de 0,03 à 0,06, suivant la charge des surfaces de portage, et le départ franc du navire sera ainsi assuré; avec une couche d'enduit de très faible épaisseur, ce coefficient sera encore positif et on peut dire que le lancement sera possible dans toutes les circonstances. Avec une pente de 50 à 60 $^m/_m$, la marge de sécurité est notablement réduite, et, si la charge est peu considérable, il peut arriver que le coefficient d'impulsion s'annule, ou tout au moins ait une valeur tellement réduite que la moindre irrégularité ou dénivellation dans la surface de portage suffise pour produire l'arrêt prématuré du navire. Nous citerons les cas de la *Champagne* et de la *Bretagne* (chantiers de Saint-Nazaire) lancées avec une charge de 2^k300 sur des pentes de 50 et 55 $^m/_m$, et du *Pothuau* (chantiers du Havre) lancé avec une charge de 2^k200 sur une pente de 60 $^m/_m$.

Il est d'ailleurs prudent de procéder quelque temps avant le lancement à une expérimentation directe du lubrifiant que l'on compte employer. Cette expérience se fait très simplement en établissant à la pente voulue un tronçon de coulisse identique à la coulisse de cale, sur lequel on place un traîneau en bois de même largeur que la couette ou la savate, lesté de manière que la charge unitaire atteigne le chiffre prévu. On garnit la coulisse de l'enduit onctueux, et on fait un essai de lancement du traîneau, retenu par un bout de filin que l'on coupe; on peut ainsi apprécier la valeur probable du coefficient de frottement, au moins dans des conditions de température analogues.

Il importe de remarquer qu'avec le berceau à coulisse unique la pente du chemin de glissement ne peut différer que d'une quantité insensible de celle de la cale de construction. Avec le berceau à double coulisse, au contraire, la pente du chemin de glissement peut être supérieure à celle de la ligne de quille, circonstance favorable à la fois au lancement et au montage sur cale. La seule condition à remplir, c'est que le brion du navire ne puisse toucher la cale pendant le lancement. On peut même, comme on le fait dans certains cas, donner au chemin de glissement un profil courbe à pente croissante, l'élasticité du berceau étant suffisante pour lui permettre d'épouser à chaque instant la forme de la coulisse. L'emploi d'un chemin de glissement concave paraîtrait au premier abord plus rationnel, comme donnant une valeur plus forte du coefficient d'impulsion au départ et contribuant ensuite à modérer la vitesse acquise. Mais on n'a fait usage jusqu'ici que de chemins de glissement convexes, paraissant avoir surtout pour but d'écarter les inconvénients résultant de l'affaissement possible des coulisses pour les navires de grande longueur. Ce procédé est employé en Angleterre dans les arsenaux et dans un certain nombre de chantiers privés, en France dans les chantiers de la Cie transatlantique à Saint-Nazaire. Le profil du chemin de glissement est un arc de cercle, dont le rayon varie de 4000 à 10000 mètres. En Angleterre, pour des navires de 120 à 180 mètres de longueur et des charges de 2^{k}5 à 2^{k}8, on a employé des rayons de 4300 à 4600 mètres, avec une pente initiale, à l'extrémité N du berceau, de 36 $^m/_m$ 5 à 45 $^m/_m$. A Saint-Nazaire, pour la *Lorraine* et la *Savoie* (longueur 177 mètres, charge 2^{k}190), on a employé un rayon de 9700 mètres avec une pente initiale de 42 $^m/_m$.

232. Graissage des surfaces de frottement. — L'enduit onctueux interposé entre le berceau et la coulisse doit posséder une certaine plasticité comprise entre des limites déterminées. Trop fluide, il est expulsé en grande partie par la pression du berceau; trop dur, il a tendance à se fendiller et à accroître la résistance de frottement. Comme d'autre part cet enduit est composé de corps gras, dont la plasticité dépend de la température, on conçoit que suivant les climats et les époques il y aura lieu de modifier quelque peu sa composition.

En principe, l'enduit onctueux dont on fait usage est composé en majeure partie de suif, qui doit être d'excellente qualité, c'est-à-dire ne doit contenir autant que possible que de la graisse de mouton pure; le suif de Russie est particulièrement estimé. Mais le suif pur n'aurait qu'une plasticité insuffisante, et on le mélange avec d'autres corps gras à point de fusion moins élevé; on emploie dans ce but soit le saindoux (vieux oing), c'est-à-dire la graisse de porc, soit le savon dur, blanc ou marbré (savon de soude), soit la cire d'abeilles. En outre la graisse ainsi obtenue est généralement recouverte d'une couche d'enduit plus fluide, formé soit de savon mou, noir ou vert (savon de potasse), soit d'huile mélangée de suif.

Dans les arsenaux et chantiers français des côtes de la Manche et de l'Océan, la graisse employée est un mélange de suif et de saindoux; la proportion de saindoux est généralement voisine de 25 %, et doit être d'autant plus forte que la température est plus basse, tout en restant comprise entre 10 et 30 %. Aux chantiers de Bordeaux, on emploie un mélange de 70 % de suif, 5 % de saindoux et 25 % de savon dur. Dans les arsenaux et chantiers des côtes de la Méditerranée, le saindoux est remplacé par du savon dur, dans la proportion de 15 % environ; on a ainsi un mélange qui résiste assez bien aux hautes températures estivales. Dans les arsenaux anglais, on emploie ordinairement des mélanges de suif et de cire. Quant à la couche plus fluide appliquée par dessus cette couche de fond, elle est à peu près uniformément constituée en France par du savon mou. En Angleterre, on emploie un mélange de suif et d'huile de poisson, la proportion d'huile étant voisine de 30 %, mais d'autant plus faible que la température est plus élevée. Aux chantiers de la Ciotat, on ne fait usage que d'un enduit unique, composé de 80 % de suif, 15 % de savon mou, et 5 % d'huile d'olive.

Le mode de préparation et d'application de l'enduit onctueux varie dans les différents chantiers. D'une façon générale, le suif, le saindoux et le savon doivent être fondus séparément et brassés fortement après mélange. La graisse obtenue est quelquefois appliquée à froid, sur les surfaces de bois préalablement frottées avec un morceau de savon dur (Brest); le plus souvent, elle est appliquée à chaud, au pinceau, par couches de 1 $^m/_m$ environ d'épaisseur, en ayant soin de bien laisser refroidir une couche avant d'appliquer la suivante; la première couche doit être appliquée très chaude, pour être bien fluide et remplir tous les pores du bois. L'épaisseur de la couche de graisse varie suivant les chantiers de 3 à 10 $^m/_m$. Quant à la couche de savon mou, appliquée à froid par poignées et égalisée à la main, elle doit avoir une épaisseur de 5 à 10$^m/_m$, de manière à obtenir une épaisseur totale d'enduit de 15 à 20 $^m/_m$.

Dans le lancement sur coulisse unique, les coulisseaux seuls sont ordinairement garnis de graisse, la face inférieure de la savate étant simplement frottée avec du savon dur; les couëttes latérales sont recouvertes d'une couche de graisse, sans savon mou. Dans le lancement sur double coulisse, on applique ordinairement l'enduit à la fois sur les coulisses et sur la face inférieure des couëttes préalablement retournées. Quant à la coulisse d'avant-cale, elle est recouverte soit d'un mélange de suif et de saindoux, soit quelquefois de suif pur; il est préférable de ne point incorporer dans le mélange du savon, qui est un peu soluble même dans l'eau salée.

233. Procédés de retenue. — Le navire portant sur son berceau doit être lié au sol par des organes de retenue conservés jusqu'au dernier moment et disposés de manière à pouvoir être supprimés juste à l'instant voulu. Ces organes de retenue doivent être calculés de manière à exercer un effort au moins égal à la valeur maxima de la force impulsive. En attribuant au coefficient de frottement une valeur sûrement trop faible, par exemple $\dfrac{0,04}{\sqrt{p}}$, on aura une valeur sûrement trop forte du coefficient d'impulsion, donnant pour l'effort de retenue une marge de sécurité suffisante.

Dans le système de lancement sur coulisse unique, le procédé de retenue le plus simple et le plus couramment employé consiste à prolonger la savate sur l'N et à la relier aussi solidement que possible à la cale de construction. L'effort de retenue est alors fourni par la section transversale de la savate (en tenant compte des décroisements si elle est composée de plusieurs pièces), et pour libérer le navire il suffit de couper cette savate à l'aide d'une scie ; le navire partira de lui-même lorsque la valeur réelle de la force impulsive deviendra supérieure à la résistance de la section affaiblie de la savate (7 à 9^k par $^m/_m{^2}$ pour le chêne), l'arrachement de la partie non sciée se produisant nettement si la section de rupture a été convenablement préparée. Si l'extrémité N du berceau n'est pas trop éloignée de l'extrémité de la cale de construction, on peut employer la disposition représentée par la figure 1029 ; le bout de la

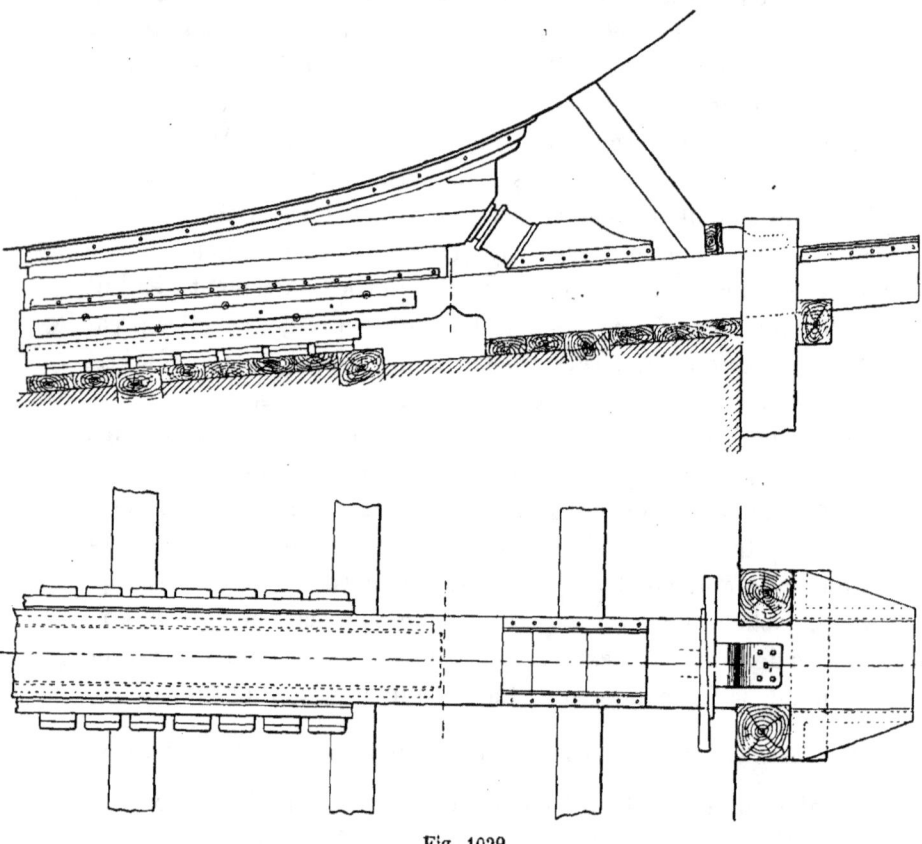

Fig. 1029.

savate est encastré entre deux fortes pièces de bois verticales fixées à la maçonnerie par des crampons, et la liaison est consolidée par deux équerres en tôlerie. Autrement, l'extrémité de la savate peut

MISE A L'EAU.

être emprisonnée dans un bâti en tôlerie relié à la maçonnerie par des boulons de fondation. Dans tous les cas, il est bon de préparer à l'avance la section de rupture et le brion de la savate comme l'indique la figure 1029 ; la section affaiblie est déterminée par la condition qu'elle puisse équilibrer la force impulsive maxima avec une marge de sécurité suffisante, et on évite ainsi une rupture en sifflet donnant des éclats qui peuvent détériorer la coulisse d'avant-cale pendant le pivotement. Pour couper la savate, on emploie un *harpon* (fig. 1030), manœuvré par deux ou quatre hommes.

Lorsqu'il s'agit d'un berceau à double coulisse, le procédé que nous venons d'indiquer n'est plus applicable, car il serait à peu près impossible d'obtenir la rupture simultanée des deux couëttes. On emploie

Fig. 1030.

alors soit une *saisine*, c'est-à-dire un amarrage en filin que l'on tranche au moment voulu, soit des *clefs*, arcs-boutants obliques s'opposant au départ du navire et que l'on abat lorsqu'on veut le rendre libre, soit un *linguet à échappement* actionné par de l'eau comprimée. Ces trois procédés, surtout le premier et le dernier, peuvent d'ailleurs également être appliqués à un berceau à coulisse unique.

Lorsqu'on fait usage de saisines, dans le cas d'un berceau à double coulisse, il est nécessaire de prendre quelques précautions pour assurer la répartition symétrique de l'effort de retenue. La figure 1031 représente, à titre d'exemple, la disposition employée par les chantiers de la Seyne. Une barre de fer transversale est engagée dans des mortaises pratiquées en tête des couëttes, et leur est reliée par deux tiges longitudinales. On a ainsi une sorte de parallélogramme articulé, sur lequel viennent s'attacher les saisines, au nombre de deux. Chaque saisine est formée d'un câble replié sur lui-même, fixé à une traverse établie en tête de la cale par un certain nombre de tours de cordage de faible dimension. Ce sont ces amarrages que l'on tranche à coups de hache, et on évite ainsi tout danger de fouettement de la saisine au moment du départ du navire.

Les clefs, employées en France par les chantiers de la Compagnie transatlantique et dans presque tous les chantiers et arsenaux anglais, sont des arcs-boutants en bois intercalés entre deux taquets dont l'un est fixé à la cale, l'autre étant chevillé avec la

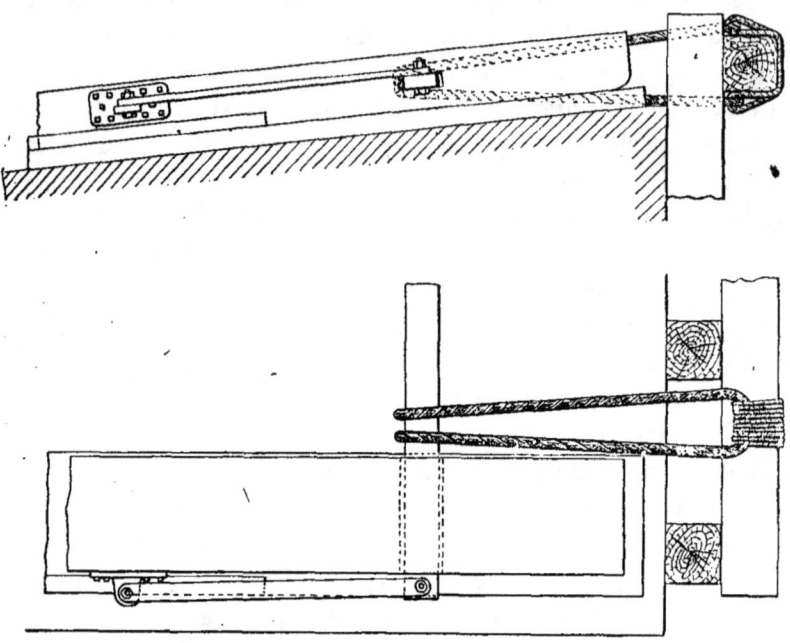

Fig. 1031.

couëtte (fig. 1032). Il y a, bien entendu, deux clefs symétriques, une pour chaque couëtte. Ces clefs sont installées à l'extrémité N, avec une obliquité aussi faible que possible pour réduire la tendance au déversement latéral; la tête et le pied de chaque clef, ainsi que les faces de portage des taquets, sont garnis de semelles en tôle polies à la lime, et la tête est coupée un peu obliquement de manière à faciliter le dégagement. Au moment de la mise en place de la clef, on la soutient au moyen d'une *béquille* (appelée aussi *bonhomme* ou *chandelle*); pendant le soulagement, le navire glisse généralement un peu et prend appui sur les clefs. Au moment fixé pour le lancement, on enlève d'abord les béquilles; puis, pour obtenir l'abatage simultané des deux clefs, on fait ordinairement usage de moutons en fonte guidés par des glissières verticales en cornières et établis à l'aplomb de la tête de chaque clef, munie d'un patin triangulaire formant surface de frappe; chacun des moutons est suspendu à un câble en filin faisant retour sur un réa et venant s'attacher sur une traverse en bois établie sur l'avant de la cale; en tranchant simultanément ces deux câbles,

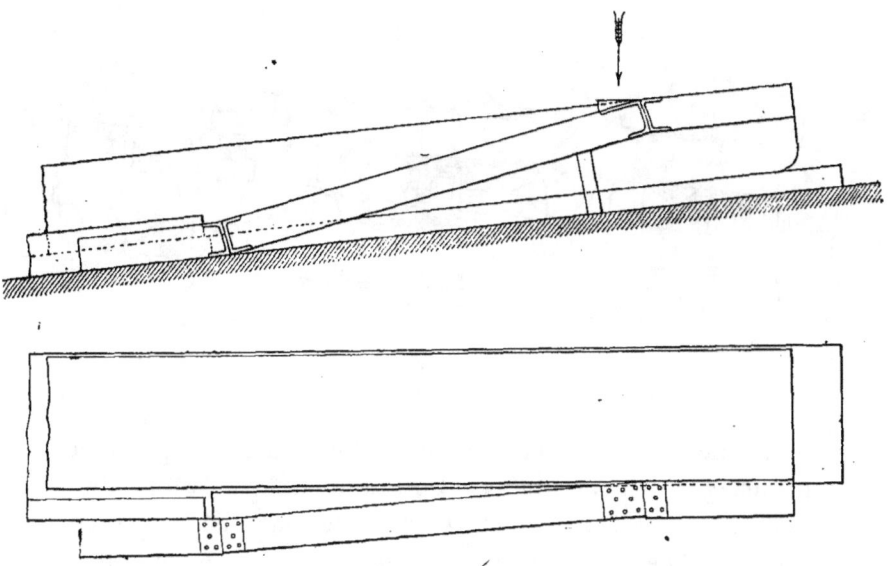

Fig. 1032.

on détermine la chute des clefs et le départ du navire. La force vive de choc des moutons doit être réglée de manière à donner une marge de sécurité suffisante pour assurer l'abatage des clefs, car leur rupture à la hache ne pourrait guère être produite simultanément et serait dangereuse pour le personnel. On calcule la composante de la force impulsive maxima parallèle à la direction de la clef, on estime la course nécessaire pour assurer le dégagement de la tête (10 à 15 $^{m}/_{m}$ environ), et on admet un coefficient de frottement égal à 0,3 entre la clef et le taquet de tête; on règle alors le poids et la hauteur de chute du mouton de façon que la force vive de choc représente deux fois à deux fois et demie le travail de dégagement de la clef calculé comme il vient d'être dit.

Certains chantiers anglais emploient depuis quelques années comme organe de retenue un linguet à échappement, dont le fonctionnement est très sûr et qui, une fois construit, peut servir indéfiniment. L'appareil se compose d'un bâti en acier moulé intercalé sur le parcours de la coulisse et portant un axe horizontal autour duquel peut pivoter librement un linguet (fig. 1033). Lorsque le navire est sur cale, dans la position représentée par la

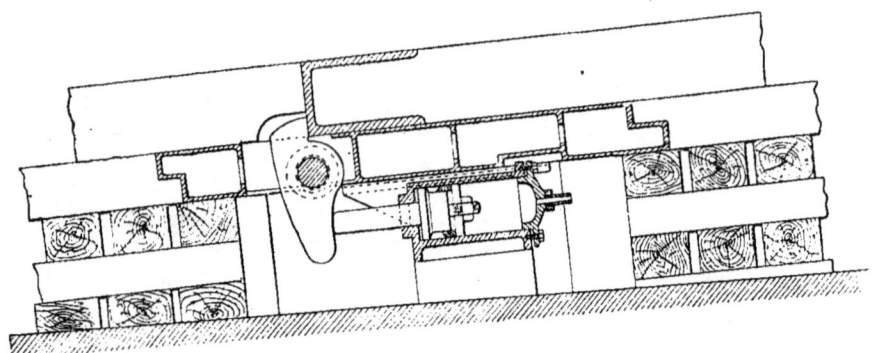

Fig. 1033.

figure, le linguet pénètre dans une mortaise garnie d'un patin en fonte, ménagée dans la couëtte, et est arc-bouté par la tige d'un piston hydraulique dont le cylindre est solidement relié au bâti en acier moulé, et derrière lequel on maintient avec une pompe une pression d'eau suffisante pour fournir l'effort de retenue nécessaire. Pour libérer le navire, il suffit de supprimer la pression, ce qui permet le basculement du linguet.

Pour pouvoir ne donner aux organes de retenue que la puissance strictement nécessaire, on fait souvent usage d'organes de retenue additionnels destinés à être supprimés avant l'organe de retenue proprement dit, et ayant pour unique fonction d'équilibrer jusqu'au dernier moment une fraction plus ou moins considérable de la force impulsive. Le procédé employé consiste à faire porter en certains points le navire ou le berceau sur des *tins secs*, c'est-à-dire sur des surfaces de bois non graissées. Dans le lancement sur coulisse unique, ces tins secs portent sous la savate, dans la région avant, les tronçons de la coulisse étant espacés dans cette région de manière à laisser entre eux le vide nécessaire; dans le lancement sur double coulisse, ils portent simplement sous la quille du navire.

Les tins secs doivent être construits de manière qu'on puisse les supprimer sans trop de difficulté, car l'affaissement général du berceau, qu'il est difficile d'éviter entièrement, leur fait supporter une charge assez considérable. Dans la plupart des arsenaux français, on fait usage de deux languettes en chêne (fig. 1034), que l'on serre au moyen de béliers en fonte d'un poids de 100^k environ, guidés par des coulisses, suivant la disposition représentée par la figure 1016. Pour le desserrage, il suffit d'établir les coulisses des mêmes béliers à hauteur des petits bouts des languettes.

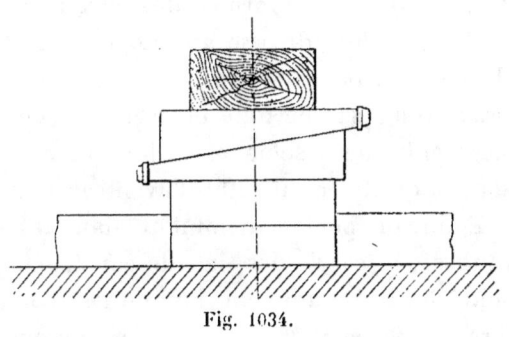

Fig. 1034.

Pour que ce desserrage soit aussi aisé que possible, la pente des languettes doit être peu inférieure au coefficient de frottement chêne sur chêne fibres parallèles, qui ne descend pas au-dessous de 0,26 ; avec une pente de 0,18, le desserrage se fait sans difficulté avec des béliers de 100^k manœuvrés chacun par 8 hommes, tant que la charge sur le tin ne dépasse pas 150 à 160 tonnes. On a quelquefois employé des languettes n'ayant que 0,10 de pente, mais alors la charge ne doit pas excéder 100 tonneaux pour que le desserrage soit possible. Dans beaucoup de chantiers privés, on fait usage de tins à sable, dans lesquels on met à profit l'inégale transmission des efforts par les matières pulvérulentes. Aux chantiers de la Seyne, le tin est constitué par une caisse rectangulaire en fonte, remplie de sable fin, dont le couvercle est formé par une semelle en bois sur laquelle reposent des languettes de serrage (fig. 1035). En lutant avec du mastic les bords de la semelle, on peut serrer

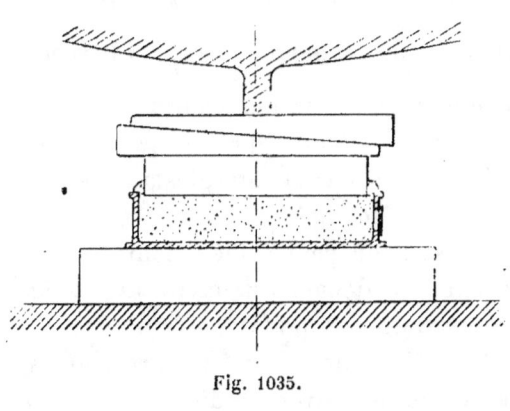

Fig. 1035.

fortement les languettes. Pour desserrer, il suffit d'ouvrir une petite porte démasquant une ouverture ménagée dans la paroi latérale de la caisse; le sable s'écoule en partie, et les languettes peuvent être retirées à la main. A Nantes et à Saint-Nazaire, on emploie une caisse formée de deux moitiés réunies par des boulons, que l'on dévisse au moyen d'une clef à douille pour le desserrage. Dans d'autres chantiers (La Ciotat, Bordeaux), on fait usage d'un sac en toile en forme de coussin, rempli de sable et serré entre deux semelles en bois au moyen de languettes forcées sous la quille, qu'il suffit d'éventrer pour produire le desserrage.

Enfin, on peut évidemment, dans le cas du berceau à double coulisse, se servir des tins de construction eux-mêmes, en ayant soin de les munir de languettes comme le représentent les figures 590 et 1022; c'est le système employé en Angleterre. Les tins sont abattus successivement, en commençant par l'arrière, à mesure qu'on procède au soulagement du navire, et on en laisse en place un certain nombre, dans la région de l'avant, jusqu'au dernier moment. Les languettes peuvent en général être repoussées à la masse; s'il n'en est pas ainsi, on les fend à l'aide de coins, ou on les fait éclater au moyen d'une petite cartouche d'explosif. On peut aussi employer le procédé indiqué par la figure 1025.

Il est difficile d'apprécier exactement l'effort de retenue fourni par les tins secs. On peut admettre, avec une approximation suffisante, que le poids par mètre courant de la charpente reste constant et que la charge se répartit uniformément sur tous les tins, le coefficient de frottement bois sur bois n'étant pas inférieur à 0,3. L'effort de retenue fourni par les tins est alors représenté par $\frac{P}{L} \times l \times 0,3$, P étant le poids du navire et de son berceau, L la longueur entre perpendiculaires, l la longueur sur laquelle sont répartis les tins. Cet effort ainsi calculé représente suivant les chantiers de 50 à 80 % de l'effort de retenue total; les usages sont d'ailleurs très variables à ce point de vue.

Lorsqu'on fait usage de tins secs, on peut évidemment les conserver comme dernière retenue, le départ du navire ayant lieu lorsqu'ils ont été suffisamment desserrés pour que l'effort de retenue devienne inférieur à la force impulsive. Ce procédé est beaucoup moins sûr que ceux que nous avons indiqués, et tend à être complètement abandonné. Il n'est plus guère usité qu'à Lorient, où on effectue le lancement sur coulisse unique en sciant d'abord la savate et en produisant ensuite le desserrage graduel des tins secs en soulageant avec des languettes et de forts béliers les tronçons de coulisse établis à l'avant entre ces tins. Il convient de n'employer cette méthode que lorsqu'on n'est pas sûr de la solidité du massif de tenue de la savate, car on risque de produire une détérioration de la surface de portage de la savate par son frottement sur les tins.

En dehors des organes de retenue agencés de manière à libérer le navire au moment voulu, on fait quelquefois usage d'organes de sécurité ayant surtout pour but de parer à un glissement accidentel d'une pièce du berceau pendant son montage. Dans le lancement sur coulisse unique, on peut installer sur l'arrière de la savate un taquet fixé sur la coulisse d'avant-cale par des vis à bois. De même, dans le lancement sur double coulisse, on peut installer soit des taquets fixés sur l'Æ des couettes, soit des clefs établies dans la région Æ. Tous ces organes doivent être enlevés une fois le berceau complètement monté, et peuvent en général être supprimés sans inconvénient, pourvu que le montage du berceau soit fait avec les précautions convenables.

234. Procédés de guidage. — La direction rectiligne de la trajectoire du navire est en général assurée d'une manière suffisante par la symétrie des efforts, et les joues latérales de la coulisse n'ont pas à intervenir. Mais une fois que le navire a commencé à pivoter sur son brion, il peut se faire que la réaction de l'eau refoulée ne s'exerce pas d'une manière parfaitement symétrique, et détermine une déviation de la trajectoire. Le cas peut se produire notamment lorsqu'un des côtés du rivage est formé par un quai à peu près parallèle à la direction de la cale de construction, l'autre côté étant libre (Brest. Cherbourg); dans ces conditions, la vague refoulée par l'immersion de l'Æ se réfléchit sur ce quai et revient vers le navire, alors qu'elle peut se propager librement de l'autre côté.

Une légère déviation de la trajectoire est sans inconvénient si l'espace libre en face de la cale de lancement est bien dégagé. S'il n'en est pas ainsi, et si l'on craint que le navire dévié de sa route ne vienne rencontrer un obstacle, il est bon de prendre quelques précautions pour assurer son guidage. Le procédé usité à Brest et à Cherbourg consiste à faire usage de deux câbles tendus parallèlement à l'axe du navire, et solidement fixés à leurs extrémités (fig. 1036). Ces câbles traversent la muraille du navire dans des ouvertures garnies de bois ou de paillets en filin, et sont élongés à l'intérieur parallèlement à un pont en passant sur des traverses

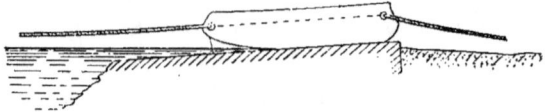

Fig. 1036.

ou des chevalets transversaux de hauteur convenable. On utilise bien entendu, si on le peut, pour le passage de ces câbles-guides, des ouvertures déjà existantes, par exemple les écubiers de corps-mort ou de mouillage et les écubiers de poupe. On a ainsi une sorte de double rail le long duquel glisse le navire, la tension des câbles tendant à ramener le navire dans la direction de l'axe de la cale dès qu'il vient à s'en écarter. A Brest, par exemple, pour le lancement des grands navires, on emploie comme câbles-guides des grelins de 320 $^m/_m$ de circonférence; la jonction de chaque bout de câble avec le suivant est effectuée en repliant le bout du câble sur lui-même et en l'épissant de manière à former un œil aussi petit que possible; cet œil est réuni à l'œil du bout suivant par un aiguilletage, et le tout est enveloppé d'une fourrure en toile de manière à ne pas risquer de se coincer dans les ouvertures de la muraille du navire.

Les câbles-guides ainsi disposés peuvent être utilisés pour la tenue provisoire du navire après son arrêt. Il suffit de disposer sur le pont au-dessus duquel courent ces câbles-guides des pitons à boucle auxquels on peut fixer des bosses d'amarrage.

Signalons également comme procédé de guidage au départ le système employé aux chantiers de Bordeaux, qui consiste à conserver jusqu'au dernier moment un certain nombre d'accores de chaque bord. Ces accores, dites *accores roulantes*, butent à leur tête contre un tasseau fixé au navire et sont dirigées presque verticalement; leur extrémité inférieure est arrondie et porte sur une semelle en bois; ces accores constituent ainsi des sortes de béquilles qui sont abattues par le navire lui-même dès qu'il s'ébranle. Leur action sur le guidage du navire est certainement peu énergique et l'efficacité de ce système est par suite contestable.

235. Appareils de poussée. — Il peut arriver dans certaines circonstances que le coefficient de frottement au départ ait une valeur supérieure à la pente du chemin de glissement, soit que la couche de graisse ait été partiellement liquéfiée par une élévation de la température extérieure, soit qu'elle ait été plus ou moins altérée par une mise en charge trop prématurée. Dans ces conditions, le navire reste immobile après la suppression des organes de retenue, et pour produire son départ il faut pouvoir exercer une poussée suffisante pour vaincre la résistance initiale due à l'élévation du coefficient de frottement. Cette résistance est évidemment égale à P ($f\cos\theta - \sin\theta$), soit approximativement P ($f - \operatorname{tg}\theta$). Si l'on admet une fusion à peu près complète de la couche de suif, la valeur de f doit se rapprocher de celle du coefficient de frottement bois sur bois graissé, c'est-à-dire de 0,15 environ. Avec une pente de 80 $^m/_m$, on aura alors $f - \operatorname{tg}\theta = 0,07$, et les appareils de poussée devront être établis de manière à permettre d'exercer un effort au moins égal à 0,07 P. Par mesure de sécurité, on admet souvent que f peut atteindre une valeur maxima égale à 0,17.

Les appareils de poussée le plus ordinairement employés sont des vérins hydrauliques actionnés par une petite pompe à main. Dans le lancement sur coulisse unique, par exemple, on disposera un vérin de ce genre contre l'extrémité du massif N (fig. 1029), et un contre l'extrémité de chacune des ventrières. Dans le lancement sur double coulisse, on disposera un ou deux vérins en tête de chaque couëtte.

Certains chantiers font encore usage du système ancien des *leviers d'abatage,* qui consiste à disposer des leviers en bois prenant appui sur un massif fixé à la cale et butant contre un taquet chevillé sur le côté de la couëtte ou de la savate. A l'extrémité de chaque levier est fixé un palan dont le garant vient se tourner sur la cloche d'un cabestan (fig. 1037). L'effort de poussée exercé est facile à calculer en fonction des dimensions de l'appareil et du nombre d'hommes employé, à l'aide des données indiquées aux §§ 162 et 164. L'installation des leviers d'abatage a l'inconvénient d'encombrer beaucoup le chantier, et est moins simple que celle des vérins hydrauliques.

On ajoute fréquemment aux appareils de poussée un *arc-boutant de chasse,* c'est-à-dire un arc-boutant oblique établi dans l'axe du navire, dont la tête bute contre l'étrave et dont le pied est muni de languettes de serrage sur lesquelles on frappe à l'aide de masses ou de béliers (fig. 1005). L'effort de poussée produit par cet arc-boutant n'est pas très considérable et ne peut être évalué qu'approximativement. Son rôle est plutôt de tendre à soulever légèrement l'avant et de décoller le navire en raison de l'ébranlement produit par les coups de masse. Dans le même ordre d'idées, on a quelquefois cherché à provoquer le départ en faisant courir les hommes placés à bord en zig zag de l'avant vers l'arrière et d'un bord vers l'autre; mais ce procédé peut amener une confusion préjudiciable au bon ordre des opérations, et il vaut mieux l'écarter.

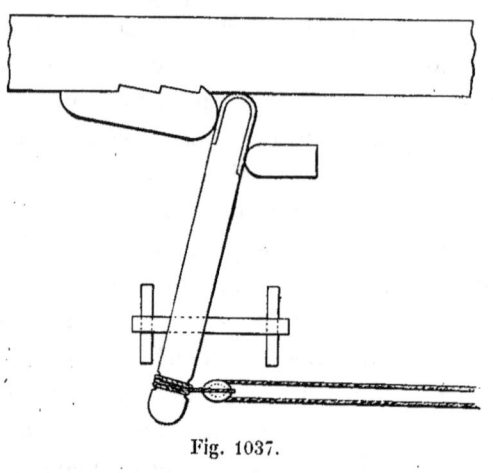

Fig. 1037.

236. Procédés d'arrêt. — Pendant les premiers instants de son mouvement, le navire glisse sur sa coulisse et sa vitesse s'accroît d'une manière uniforme. Puis, à mesure qu'il pénètre dans l'eau, cette eau exerce sur lui une certaine résistance qui tend à modérer la vitesse. Au moment où le navire flotte librement, il possède une certaine force vive acquise, et continue par suite son mouvement jusqu'à ce que la résistance de l'eau ait absorbé cette force vive. Lorsqu'on dispose en face de la cale de construction d'une étendue d'eau suffisante, on peut laisser le navire s'arrêter de lui-même, et le reprendre à l'aide de remorqueurs pour le conduire au point voulu. Mais le parcours ainsi effectué par le navire peut être assez considérable, et dans beaucoup de cas il est nécessaire de disposer des appareils donnant une modération plus rapide de la vitesse du navire, de manière à produire l'arrêt après un certain parcours limité.

Lorsque le navire est déjà muni de ses apparaux de mouillage, on peut les utiliser pour l'arrêt, sous réserve de ne pas les faire agir trop brutalement, c'est-à-dire d'attendre pour mouiller que la vitesse ne dépasse pas 1ᵐ par seconde environ, afin de ne pas imposer aux chaînes et aux étrangloirs une fatigue trop considérable. Avec des fonds vaseux, dans lesquels l'ancre est susceptible d'être traînée, on peut à la rigueur admettre un arrêt un peu plus rapide. Mais lorsque le parcours du navire est très limité, il est nécessaire d'employer des appareils plus énergiques, que nous allons examiner successivement.

Tout d'abord, on peut faire usage d'un *masque,* c'est-à-dire d'une surface plane transversale fixée à l'arrière du navire et opposant au mouvement une résistance notablement supérieure à celle des formes affinées de la carène. Le masque est constitué par une série de bordages horizontaux appuyés contre des montants verticaux fixés au navire et solidement maintenus par des arcs-boutants. Dans le cas d'un navire à gouvernail compensé, par exemple, on peut, si ce gouvernail n'est pas en place, employer comme soutien du masque une poutre verticale engagée dans le tube de jaumière et dans la douille du talon de l'étambot (fig. 1038). S'il s'agit d'un navire à hélices latérales et que les supports extérieurs des arbres de ces hélices soient en place, on peut composer le masque de deux parties symétriques appuyées contre ces supports. Le mode d'agencement du masque dépend en somme dans chaque cas de la disposition et des formes de l'arrière.

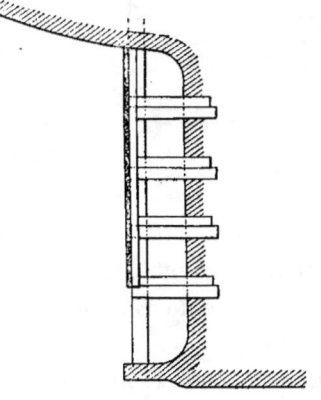

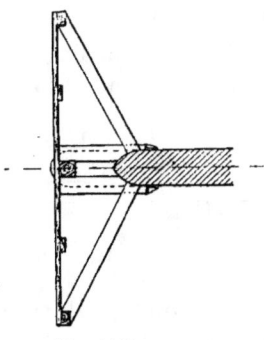

Fig. 1038.

Le masque constitue un frein très énergique, puisque son action est sensiblement proportionnelle au carré de la vitesse. En raison même de sa puissance, il y a souvent intérêt à ce qu'il n'agisse pas trop tôt et qu'il ne risque pas d'arrêter le navire prématurément. On doit par suite placer le can inférieur du masque à hauteur suffisante pour qu'il ne pénètre dans l'eau que lorsque le navire a déjà acquis une vitesse jugée assez grande, qui ne doit pas être inférieure à 2^m par seconde environ. Quelquefois même, dans le but de diminuer l'action du masque au commencement de son immersion, on lui donne à la partie inférieure une forme trapézoïdale (fig. 1039).

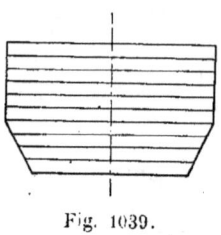

Fig. 1039.

L'emploi du masque n'est guère possible que pour un navire non terminé, qu'un échouage au bassin permettra de débarrasser de toutes les pièces qui lui ont été provisoirement fixées pour le lancement. En outre son action, très énergique au début alors que la vitesse du navire est assez grande, devient à peu près nulle lorsque cette vitesse n'a plus qu'une valeur très faible. On n'en fait usage que dans les arsenaux de Cherbourg, Brest et Lorient, où la place est particulièrement limitée, et où on le combine avec d'ailleurs un autre organe de retenue, constitué par des câbles munis de bosses cassantes.

Les *bosses cassantes* consistent en une série d'amarrages dont la rupture est déterminée par le mouvement du navire, et produit un travail résistant qui absorbe la force vive acquise pendant la première période du lancement. Imaginons un câble dont l'extrémité A est entraînée par le navire dans le sens indiqué par la flèche (fig. 1040), et dont l'autre extrémité, repliée sur elle-même, fait dormant à terre sur un point fixe B, et est reliée à une série de points fixes a_1 a_2 a_3... par des amarrages de résistance inférieure à la charge que peut supporter le câble avec sécurité. Lorsque le mouvement du navire produira la tension de la première bosse, on aura un travail résistant égal à la somme des travaux de déformation de la bosse et du câble de retenue. Lorsque la tension du câble de retenue dépassera la charge de rupture de la bosse, celle-ci cassera, et le câble sera ramené à une tension nulle, pourvu que

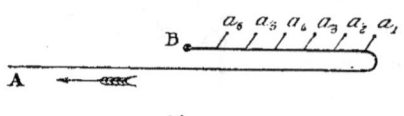

Fig. 1040.

la longueur de câble comprise entre les amarrages de la première et de la seconde bosse soit suffisante (voir page 471). La seconde bosse entrera alors en jeu, et ainsi de suite. On a de cette manière une série de travaux résistants, produisant l'extinction graduelle et progressive de la force vive du navire.

Avec des câbles de retenue constitués par des câbles en filin de grande dimension, sans bosses cassantes, le travail de déformation correspondant à un allongement relativement modéré de ces câbles pourrait être souvent suffisant pour absorber la force vive du navire. Mais on aurait ainsi un arrêt assez brusque, et le mouvement de rappel, dû à l'élasticité des câbles, pourrait ramener le navire et le faire buter contre l'avant-cale. D'autre part, les câbles de retenue supporteraient en général un effort supérieur à leur limite d'élasticité, et leur traction sur les points fixes établis à terre pourrait être assez considérable pour produire un descellement. Le rôle des bosses est, comme on le voit, de graduer à volonté l'arrêt en limitant d'une manière précise la charge maxima supportée par le câble aussi bien que la traction maxima exercée sur les points fixes.

On fait en général usage de deux câbles de retenue symétriques, un de chaque bord, rentrant dans le navire par les écubiers et faisant dormant dans une région aussi robuste que possible de la charpente. On peut aussi en employer quatre, en décroissant au besoin les bosses, de manière à obtenir une continuité plus grande du travail résistant. Certains chantiers font usage de chaînes, ce qui est évidemment plus économique, mais exige des bosses beaucoup plus nombreuses ou beaucoup plus longues, le travail de déformation élastique des chaînes étant à peu près insignifiant. Dans les arsenaux de Cherbourg, Brest et Lorient, on emploie des grelins en chanvre de 200 mètres de longueur et 660 $^m/_m$ de circonférence. La limite d'élasticité de ces câbles est d'environ 60 tonneaux ($1^k,7$ à $1^k,8$ par millimètre carré), ce qui permet d'employer comme bosses des cordages ayant jusqu'à 300 $^m/_m$ de circonférence. Par prudence, on ne dépasse pas le chiffre de 260 $^m/_m$, au-dessus duquel on aurait d'ailleurs des cordages peu maniables dont les amarrages seraient difficiles à exécuter. Dans ces conditions, les câbles de retenue peuvent servir d'une manière à peu près indéfinie, pourvu qu'on assure leur conservation en magasin par des procédés convenables. Pour les bosses, on fait ordinairement usage de *ralingues*, aussières à 3 torons plus molles et plus élastiques que les aussières ordinaires à 4 torons.

La longueur des câbles de retenue doit être suffisante pour que les bosses n'agissent pas trop tôt; on la règle ordinairement de telle sorte que la première bosse n'entre en jeu que lorsque le brion s'est déjà éloigné de l'avant-cale d'une dizaine de mètres; de cette manière, si le coefficient d'impulsion a une valeur faible, on ne risque pas de produire un arrêt prématuré déterminant le rappel du navire vers l'avant-cale. La longueur de câble libre qu'il est ainsi nécessaire de réserver entre l'écubier et la première bosse doit être disposée de manière à s'élonger aisément pendant le mouvement du navire sans risquer de fouetter ou de rencontrer un obstacle quelconque. D'autre part, les amarrages des bosses doivent être établis de manière qu'elles ne puissent glisser et que la rupture se produise entre ces amarrages. La figure 1041

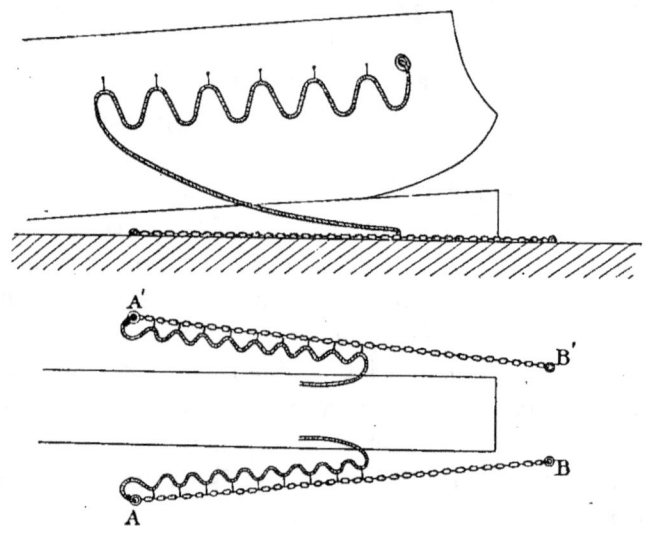

Fig. 1041.

représente la disposition usitée à Brest. Les points fixes principaux A et A' sont formés par de vieilles ancres enterrées dans le sol et noyées dans un massif de béton. Dans le voisinage de l'extrémité de la cale sont établis deux autres points fixes B et B'; entre les points A et B d'une part, A' et B' de l'autre, on tend une chaîne bien raidie ; les câbles de retenue fixés en A et A' sont repliés le long de ces chaînes, et leur sont reliés par des bosses. La longueur de câble libre entre l'écubier et la première bosse est repliée le long du navire, et soutenue de distance en distance par de petits amarrages ayant juste la résistance nécessaire pour soutenir le poids du câble. Lorsque le navire part, ces amarrages cassent successivement sans opposer de résistance appréciable au mouvement, et le câble s'élonge ainsi sans secousse dans la position voulue. Chaque bosse, dont la longueur travaillante est de 1 mètre environ, est fouettée à une de ses extrémités sur le câble et à l'autre sur la chaîne, au moyen d'un nœud spécial, dit *nœud de bosse*, dont la figure 1042 représente la disposition. Le bout

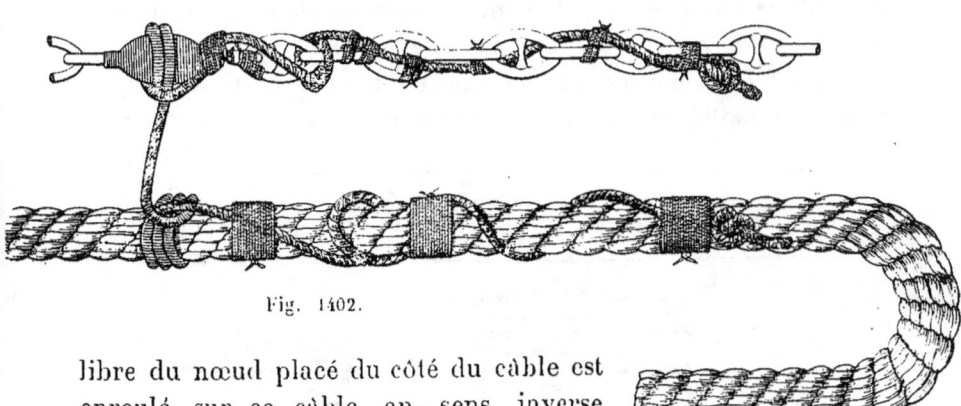

Fig. 1402.

libre du nœud placé du côté du câble est enroulé sur ce câble en sens inverse du sens d'enroulement des aussières qui le composent, l'expérience ayant montré que ce procédé empêchait tout glissement et donnait une rupture franche entre les amarrages (1).

Dans les autres arsenaux, on emploie des dispositions un peu différentes. A Cherbourg, les points fixes sont établis dans le voisinage de l'extrémité de la cale. Le câble est replié partie contre le navire, comme à Brest, partie sur le sol, et les bosses relient l'un à l'autre les deux derniers tronçons du câble (fig. 1043). Les bouts libres des nœuds sont enroulés sur le câble dans le même

(1) Les bosses étaient autrefois installées non à terre, mais à bord, la chaîne servant à les fixer étant élongée sur un pont. La disposition actuelle est de beaucoup préférable, comme n'encombrant pas le navire et rendant la surveillance plus facile.

sens que les aussières qui le composent, disposition moins bonne que celle de la figure 1042, car les amarrages glissent quelquefois

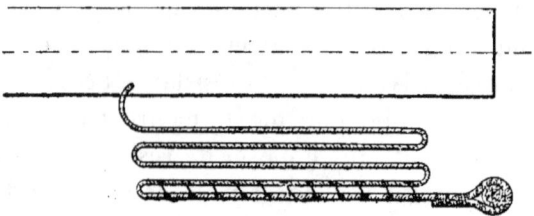

Fig. 1043.

et, quand ils ne glissent pas, la traction de la bosse tend à la faire pénétrer entre les aussières du câble et à déformer celui-ci. A Lorient, le câble est entièrement replié sur le sol; l'extrémité voisine du dormant est lovée en cercle, et les bosses, dont la longueur est de 5 mètres, relient chacun des tours du câble à un organeau maillé au bout d'une chaîne fixée à une ancre enterrée

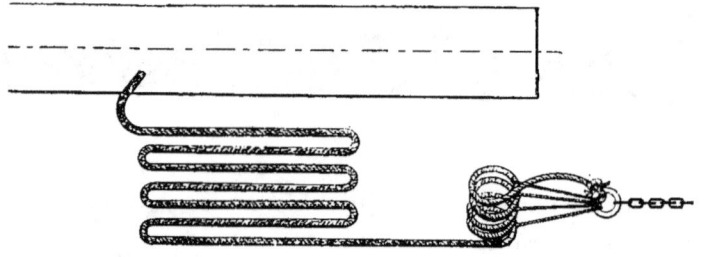

Fig. 1044.

dans le sol (fig. 1044). Les bosses sont ainsi rassemblées en paquet et moins faciles à surveiller qu'avec les dispositions précédentes; en outre la grande longueur des bosses conduit à les espacer beaucoup sur le câble, qui fouette assez violemment à chaque rupture (1). L'amarrage des bosses sur le câble est fait de la même manière qu'à Brest. A Rochefort, l'extrémité du câble de retenue est fixée à une chaîne repliée sur le sol, dont les deux brins, séparés par des cales en bois convenablement entaillées, sont réunis par des amarrages formant bosses (fig. 1045). On a ainsi des

(†) Dans les derniers lancements, les bosses ont été disposées de la même manière qu'à Brest.

bosses d'action assez brutale en raison du faible allongement qu'elles peuvent prendre, et la presque totalité du travail résistant

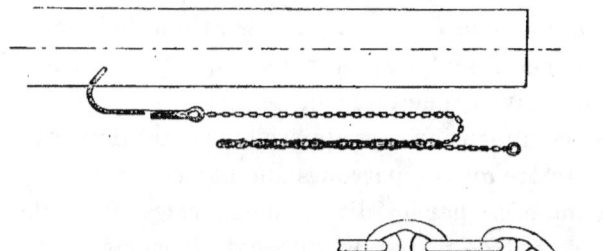

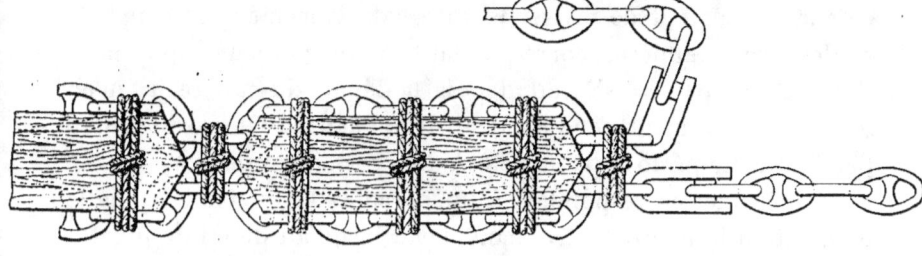

Fig. 1045.

est fournie par le câble de retenue, dont la longueur est réduite et qui est soumis à des secousses plus brusques.

Un autre procédé d'arrêt, usité dans un assez grand nombre de chantiers anglais et en France dans les chantiers de la Seyne, consiste dans l'emploi de traîneaux fixés aux câbles de retenue (qui sont alors ordinairement des chaînes) et dont le frottement sur le sol fournit le travail résistant dont on a besoin. Au début, on a fait usage de traîneaux simples constitués soit par une plaque de blindage, soit par un plateau en bois chargé de gueuses. Mais on a ainsi un choc très brusque au moment du départ de ces traîneaux, choc qui fatigue beaucoup les câbles et risque même de désorganiser leur liaison avec les traîneaux. On a essayé de réduire ce choc en installant sous les traîneaux une plate-forme en bois bien suiffée, de manière à diminuer le frottement au départ, mais ce procédé est insuffisant. On a de meilleurs résultats en employant des traîneaux multiples, c'est-à-dire en fractionnant chaque traîneau en un certain nombre d'éléments placés à la suite l'un de l'autre et reliés par des bouts de chaîne de longueur suffisante pour laisser un certain intervalle de temps entre le départ d'un élément et celui du suivant. Ces éléments sont usuellement formés de bouts de chaînes amarrés les uns aux autres et amoncelés en tas, chaque tas étant relié au suivant comme il vient d'être dit. On a ainsi un frein à action bien progressive, mais dont l'usage est toujours un peu aléatoire en raison de l'incertitude sur la valeur du coefficient de frottement, qui peut varier dans de larges limites suivant l'état du sol.

Les diverses dimensions des appareils d'arrêt doivent être calculées de manière que le parcours du navire reste compris dans les limites imposées par les dispositions locales. Pour effectuer ce calcul, il convient de diviser la durée du lancement en cinq périodes. La première, correspondant à un parcours que nous désignerons par E_1, s'étend depuis le départ du navire jusqu'au moment où il commence à entrer dans l'eau; la vitesse du navire pendant cette période passe de 0 à une certaine valeur V_1. La seconde période, correspondant à un parcours E_2, s'étend depuis le moment où le navire entre dans l'eau jusqu'au début du pivotement; la vitesse passe de V_1 à V_2. La troisième période est celle pendant laquelle le navire pivote, et s'étend jusqu'au moment où le brion se détache de l'avant-cale; la vitesse passe de V_2 à V_3, l'espace parcouru étant E_3. La quatrième période correspond au mouvement libre du navire depuis le moment où il a quitté l'avant-cale jusqu'au moment où les câbles de retenue commencent à agir; la vitesse passe de V_3 à V_4, et nous désignerons l'espace parcouru par E_4. Enfin la dernière période est la période d'action des câbles de retenue, jusqu'à l'arrêt complet. La vitesse passe de V_4 à 0, l'espace parcouru étant représenté par E_5.

Pendant la première période, le navire est exclusivement soumis à la force impulsive. L'équation de son mouvement est donc, en désignant par v la vitesse à un instant quelconque :

$$\frac{P}{g} \frac{dv}{dt} = P (\sin \theta - f \cos \theta).$$

En admettant, ce qui est suffisamment exact, que f ne varie pas **pendant cette période**, l'équation est immédiatement intégrable et donne :

$$V_1 = \sqrt{2g (\sin \theta - f \cos \theta) E_1}$$

E_1 étant déterminé par la position du navire sur sa cale et la hauteur d'eau prévue au moment du lancement.

Pendant la seconde période, le navire est soumis d'une part à une force impulsive décroissante représentée à un instant quelconque par $(P-D)(\sin\theta - f\cos\theta)$, D étant le déplacement de la partie immergée (1), de l'autre à une force résistante due à l'immersion du navire et à celle du masque s'il existe. En désignant par b^2 et σ les fractions immergées à un instant quelconque du maître couple et du masque, la force retardatrice à cet instant peut être représentée avec une approximation suffisante par $(k_1 b^2 + k_2 \sigma) v^2$, k_1 et k_2 étant les coefficients de résistance respectifs de la carène et du masque. Nous poserons :

$$\mu = k_1 b^2 + k_2 \sigma$$

et l'équation du mouvement pendant la seconde période peut alors s'écrire :

$$\frac{P}{g}\frac{dv}{dt} = (P - D)(\sin\theta - f\cos\theta) - \mu v^2.$$

Cette équation ne peut être intégrée, car D, f et μ sont des variables. Décomposons l'espace connu E_2 en un certain nombre d'espaces partiels e. Soient v_{p-1} et v_p les vitesses au commencement et à la fin d'un de ces espaces. Pour une immersion donnée, la valeur de D est fournie par les calculs préalables effectués à l'aide des échelles Bonjean par exemple (1); la valeur de μ est également connue, et celle de f peut être estimée d'après la valeur de P—D, le coefficient de frottement variant comme nous l'avons vu à peu près en raison inverse de la racine carrée de la pression. Si l'espace e considéré est suffisamment petit, nous pouvons admettre que D, f et μ ont conservé pendant ce parcours leurs valeurs moyennes D_p, f_p et μ_p, et attribuer à v pendant le même parcours une valeur cons-

---

(1) En réalité, D est égal à la poussée subie par la partie immergée du navire, c'est-à-dire au déplacement de cette partie diminué de celui du prisme triangulaire ayant pour base le triangle formé par le plan d'eau et la face de portage du berceau, et pour hauteur la largeur de cette face de portage.

(2) Il ne faut pas oublier dans ce calcul de tenir compte de la valeur réelle de la densité de l'eau dans laquelle on effectue le lancement, valeur qui doit être déterminée par une mesure directe et qui peut différer notablement du chiffre usuel 1,026 (§ 1).

tante égale à $\sqrt{\dfrac{v_{p-1}^2 + v_p^2}{2}}$. En appliquant alors à cet espace le théorème des forces vives, nous avons :

$$\frac{1}{2}\frac{P}{g}(v_p^2 - v_{p-1}^2) = \left[(P - D_p)(\sin\theta - f_p\cos\theta) - \mu_p\frac{v_{p-1}^2 + v_p^2}{2}\right]e$$

ou :

$$\frac{1}{2}\left(\frac{P}{g} + \mu_p e\right)v_p^2 = \frac{1}{2}\left(\frac{P}{g} - \mu_p e\right)v_{p-1}^2 + (P - D_p)(\sin\theta - f_p\cos\theta)e$$

d'où v_p en fonction de v_{p-1}. En partant de V_1 et en opérant de proche en proche, on obtient ainsi la valeur probable V_2 de la vitesse à la fin du parcours E_2. Pour faciliter le calcul, il est commode de prendre $e = \dfrac{h}{\sin\theta}$, h étant l'équidistance des lignes d'eau inclinées employées pour la détermination des échelles Bonjean. La valeur de h étant ordinairement voisine de $0^m,50$ à $0^m,60$, celle de e est ainsi voisine de 6 à 7 mètres pour une pente de $80^m/_m$.

Pendant la troisième période, les forces en jeu sont la résistance de l'eau et la résistance de frottement due à la pression du brion sur l'avant-cale. En appelant π cette pression, on a :

$$\frac{P}{g}\frac{dv}{dt} = -\pi f - \mu v^2.$$

On opère de la même manière en décomposant l'espace E_3 en espaces partiels de longueur arbitraire. En réalité, la trajectoire du navire pendant cette période n'est pas rectiligne, et on pourrait tenir compte du travail dû au léger déplacement vertical du centre de gravité du navire, mais il est suffisamment exact de compter les espaces parcourus horizontalement. La pression π peut être évaluée pour chaque intervalle, ainsi que les valeurs de μ et de f. Pour ce dernier coefficient, on peut admettre qu'il atteint à la fin du pivotement 0,15 environ, l'enduit onctueux étant à peu près complètement expulsé par la pression considérable exercée par le brion. On obtient ainsi, en partant de V_2, la valeur probable de V_3 correspondant à la fin du parcours E_3, qui est déterminé puisqu'on connaît le tirant d'eau N du navire flottant librement.

Pendant la quatrième période, il n'y a plus comme force agissant sur le navire que la résistance de l'eau; on a ainsi :

$$\frac{P}{g}\frac{dv}{dt} = -\mu.\,v^2$$

μ étant ici une constante. L'équation est donc intégrable, mais il est plus simple de conserver le même procédé de calcul, car ce qu'on a besoin de connaître, c'est la loi de variation de la vitesse en fonction de l'espace parcouru, et non en fonction du temps. L'espace E_4 est choisi arbitrairement, mais ne doit pas être inférieur à 10 mètres environ, ainsi que nous l'avons expliqué.

Supposons donc connue la vitesse probable V_4 à la fin du parcours E_4. A partir de là, si on fait usage de traîneaux, l'équation du mouvement est

$$\frac{P}{g}\frac{dv}{dt} = -\mu.\,v^2 - Q\,f$$

Q étant le poids des traîneaux. On considérera une succession d'espaces partiels correspondant aux variations intermittentes de Q et on déterminera ainsi la valeur probable du parcours E_5 correspondant à l'arrêt complet. Si on fait usage de bosses, l'équation du mouvement est

$$\frac{P}{g}\frac{dv}{dt} = -\mu.\,v^2 - R$$

R étant l'effort de retenue fourni par les bosses à l'instant considéré. Pour faire l'intégration, on considérera des espaces partiels e correspondant à la rupture d'une bosse de chaque bord. Soit T le travail résistant fourni par ces bosses. On aura :

$$\frac{1}{2}\frac{P}{g}(v_p^2 - v_{p-1}^2) = -\mu.\frac{v_{p-1}^2 + v_p^2}{2} - T$$

d'où v_p, et par suite l'instant probable de l'arrêt.

En réalité, la valeur de E_5 est à peu près imposée par les circonstances locales. On fera donc le calcul en se donnant à l'avance les dimensions du masque, des traîneaux ou des bosses, et on les modifiera ensuite par tâtonnement, de manière à obtenir le parcours total voulu. Pour la détermination de μ, les valeurs de k_1 et de k_2 peuvent se déduire l'une du coefficient d'utilisation probable de la carène, l'autre des expériences faites sur les plans minces. La valeur de k_1 peut être considérée comme usuellement comprise entre 7^k et 7^k5, et celle de k_2 comme comprise entre 60 et 80^k, les surfaces b^2 et σ étant exprimées en mètres carrés. Quant à la surface totale du masque, on a quelquefois atteint le chiffre de 80^{m2} pour des navires très lourds (Lorient); pour des navires ne dépassant pas 3000 à 4000 tonneaux au lancement, un masque de 30 à 40^{m2} est en général très suffisant.

En ce qui concerne les traineaux, le poids de chaque élément peut être réglé d'une manière quelconque, mais il est difficile d'apprécier avec certitude la valeur du coefficient de frottement sur le sol. Les résultats fournis par quelques lancements exécutés aux chantiers de la Seyne ont donné pour f une valeur voisine de 0,6. Mais ce chiffre ne peut être considéré que comme une indication, car la nature et l'état du sol influent beaucoup sur la valeur réelle du frottement.

Dans le cas où on fait usage de bosses, le travail résistant fourni par une bosse se compose, comme nous l'avons dit, du travail de rupture de cette bosse et du travail de déformation élastique du câble. L'effort de rupture d'une bosse, exprimé en kilogrammes, est égal en moyenne à $60\ c^2$, c étant la circonférence de cette bosse exprimée en centimètres; l'allongement de rupture

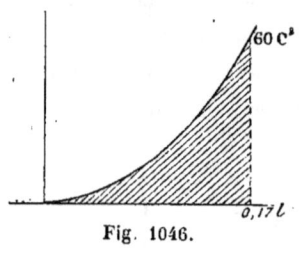

Fig. 1046.

est égal en moyenne à 17 %, et la courbe de déformation peut être assimilée approximativement à une parabole tangente à l'origine à l'axe des allongements (fig. 1046). Dans ces conditions, si l'on désigne par l la longueur travaillante de la bosse, exprimée en mètres, le travail de rupture exprimé en kilogrammètres est représenté par :

$$t = \frac{1}{3} \times 0{,}17\ l \times 60\ c^2 = 3{,}4\ l\ c^2.$$

Pour le câble de retenue, on peut admettre un coefficient d'élasticité égal à 62,5 (les unités étant le kilogramme et le millimètre). En désignant par C la circonférence de ce câble en centimètres et par L sa longueur travaillante en mètres, l'allongement élastique λ sous une charge égale à 60 c^2 sera donné par :

$$\frac{60\ c^2}{\frac{C^2}{4\pi} \times 10^2} = 62,5\ \frac{\lambda}{L}$$

d'où :

$$\lambda = 0,12\ \frac{c^2}{C^2}\ L.$$

D'autre part, pour un câble ayant déjà subi un certain nombre de tractions inférieures à la limite d'élasticité, la courbe de déformation est sensiblement une ligne droite. Le travail élastique sous la charge de 60 c^2 sera donc :

$$t' = \frac{1}{2} \times 0,12\ \frac{c^2}{C^2}\ L \times 60\ c^2 = 3,6\ \frac{c^4}{C^2}\ L$$

et le travail résistant total fourni par deux câbles de retenue symétriques rompant chacun une bosse sera donné par :

$$T = 2\ (t + t') = 2\ (3,4\ l\ c^2 + 3,6\ \frac{c^4}{C^2}\ L).$$

Quant à l'espacement minimum des bosses, on peut le déterminer par les considérations suivantes. Reportons-nous à la figure 1040. Soient L la longueur travaillante du câble au moment où la première bosse entre en tension, E l'espacement des amarrages des bosses sur le câble, e l'espacement des points fixes $a_1\ a_2\ a_3\ldots$; pendant l'action de la première bosse, la distance de l'écubier à a_1, qui était égale à L + l, devient L + l + λ + λ', en appelant λ' l'allongement de la bosse. Au moment de la rupture, la distance de l'écubier à a_2 est donc L + l + λ + λ' − e, et cette distance doit être au plus égale à L + E + l si on veut que le câble ait le temps de revenir complètement sur lui-même. On a donc la condition :

$$E + e \geqslant \lambda + \lambda'.$$

Soit par exemple un navire pour lequel on fait usage de deux câbles de retenue de 660 $^m/_m$ de circonférence, munis de bosses de 200 $^m/$ et de 1 mètre de longueur. Admettons que la longueur travaillante de ces câbles soit à l'instant considéré égale à 150 mètres. On aura :

$$T = 2\left(3{,}4 \times 1 \times 400 + 3{,}6\,\frac{160000}{4356}\,150\right) = 21195$$

et :

$$\lambda = 0{,}12\,\frac{400}{4356}\,150 = 1{,}65 \qquad \lambda' = 0{,}17 \times 1 = 0{,}17.$$

Le travail résistant fourni par la rupture de deux bosses symétriques sera égal à 21195^{kgm}, et la somme des espacements des amarrages sur le câble et sur le sol devra être au moins égale à $1^m,82$, c'est-à-dire que pratiquement les bosses seront espacées de 1 mètre environ.

Les chiffres que nous venons d'indiquer ne peuvent être considérés que comme approximatifs, et il est toujours prudent de vérifier par des essais directs la charge de rupture et l'allongement de quelques-unes des bosses que l'on compte employer. On trouve en effet pour l'effort de rupture des chiffres variant de 50 à $70c^2$ et pour l'allongement de rupture des chiffres variant de 15 à 20 %. De même, le coefficient d'élasticité de 62,5 est relatif à un câble ayant subi déjà un certain nombre d'allongements successifs, la courbe de premier allongement étant toujours voisine d'une parabole et non d'une droite, comme nous l'avons dit plus haut.

Dans la pratique, il ne faut pas oublier que le calcul du point d'arrêt ne peut jamais être calculé qu'assez approximativement, en raison de l'incertitude sur la valeur du coefficient d'impulsion au départ. C'est pour cela que l'on ne doit pas faire agir trop tôt les câbles de retenue. Pour parer d'autre part au cas d'une force impulsive supérieure à celle prévue, on ajoute quelques bosses supplémentaires ou bien on ménage aux traîneaux une course suffisante. Il peut même être prudent, lorsqu'on fait usage de bosses, de prévoir la rupture de toutes les bosses supplémentaires; dans ce cas, la force vive restante du navire pourrait évidemment être absorbée par la traction directe des câbles sur leurs dormants, mais on préfère en général adopter un moyen d'arrêt indépendant du câble de retenue pour ne pas risquer de soumettre celui-ci à une fatigue trop grande. On fait usage de *dromes,* c'est-à-dire de radeaux formés de pièces de mâture assemblées en faisceau, disposés transversalement à la direction du parcours du navire, et reliés au rivage ou à des ancres par des câbles (fig. 1047). A Brest, par exemple, on établit ordinaire-

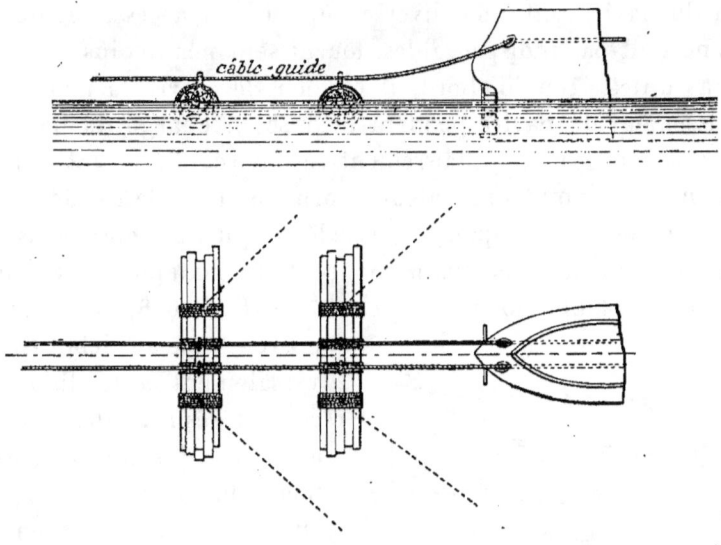

Fig. 1047.

ment deux dromes de ce genre, comme le montre la figure 1047, la seconde devant entrer en jeu un peu avant que les câbles de retenue ne tirent sur leurs dormants. On ajoute même quelquefois, par surcroît, un *ras* (radeau plat servant aux réparations le long des navires à flot) que l'on place sur l'avant de la première drome et que l'on agence de manière à ce qu'il vienne s'appliquer contre le masque si le navire arrive jusque là, donnant ainsi une surface résistante supplémentaire; mais cette précaution additionnelle paraît pouvoir être supprimée sans inconvénient.

Les circonstances locales peuvent d'ailleurs conduire à modifier de diverses façons les procédés d'arrêt. C'est ainsi qu'à Rochefort, où certaines cales sont presque normales au rivage de la Charente, on a quelquefois fait usage de câbles de retenue à bosses dissymétriques. En diminuant la puissance et le nombre des bosses d'un des câbles et en supprimant même le dormant de ce câble, on peut arriver à infléchir progressivement la trajectoire du navire et l'amener à se ranger de lui-même parallèlement au rivage, ce mouvement devant être aidé bien entendu par le courant de la rivière.

237. Opérations accessoires du lancement. — La mise à l'eau du navire entraîne diverses opérations accessoires qui, si elles ne sont pas indispensables, fournissent néanmoins des indications utiles. Tout d'abord, il est bon de suivre la marche de l'affaissement du navire pendant la mise en charge du berceau, pour s'assurer que cet affaissement se fait régulièrement et n'atteint en aucun point une valeur anormale. Dans le cas de lancement sur coulisse unique, le procédé le plus simple consiste à clouer sur chaque ventrière une réglette juxtaposée avec une réglette semblable clouée sur la couette (fig. 1048). Un trait de crayon tracé au début transversalement à la ligne de contact des réglettes indique à chaque instant l'affaissement du navire par rapport au sol. Dans le lancement sur double coulisse, on peut étudier d'une manière analogue le mouvement du navire par rapport au sol ou séparément le mouvement du navire par rapport aux couettes et celui des coulisses par rapport au sol. De même, lorsqu'on emploie comme moyen de retenue des saisines ou des clefs, des réglettes longitudinales permettent de suivre le glissement du berceau et la mise en charge des retenues.

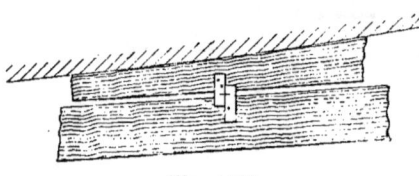

Fig. 1048.

Il importe en second lieu de mesurer la déformation subie par le navire flottant librement, c'est-à-dire l'arc ou le contre-arc de la quille après le lancement. Pour cela, on dispose sur le pont supérieur trois voyants alignés dans le plan diamétral, un à chaque extrémité et un dans le plan transversal milieu, ce dernier pouvant être à volonté élevé ou abaissé. On règle ces voyants de manière que leurs cans supérieurs soient dans un même plan à peu près parallèle à la quille, le navire étant sur cale. Après le lancement, on mesure la quantité dont il faut déplacer le voyant central pour le ramener au niveau des deux autres. Cette quantité fournit une mesure suffisamment exacte de la flèche de la déformation longitudinale. Avec les navires actuels, on observe en général un contre-arc, c'est-à-dire qu'il faut relever le voyant central. Ce contre-arc ne doit pas d'ailleurs dépasser 10 $^m/_m$ environ.

Il est également très utile de relever la loi du mouvement du navire pendant son lancement, de manière à contrôler les prévisions et à fournir des données précieuses pour les lancements ultérieurs. Les appareils employés permettent ordinairement d'enregistrer la loi de variation des espaces parcourus en fonction du temps, d'où l'on peut déduire par différentiation la courbe des vitesses et celle des accélérations. On peut adopter par exemple la disposition suivante. A l'extrémité avant du navire est fixé un câble en filin de faible diamètre faisant un tour mort sur une poulie à gorge A et envidé sur un touret B muni d'un frein de déroulement (fig. 1049). La poulie A est clavetée sur l'axe d'un tambour cylindrique en bois de 30 à 40 $^c/_m$ de diamètre, sur lequel est enroulée une feuille de papier; le mouvement du tambour commande celui d'une vis parallèle à son axe, le long de laquelle se déplace un écrou portant un chariot C; sur ce chariot est fixé un électro-aimant dont l'armature porte un style appuyant sur la feuille de papier et est commandée par un pendule à contact électrique. Les déplacements angulaires du tambour étant proportionnels à ceux du navire, le style inscrit des crans correspondant à des intervalles de temps égaux et connus. On déduit de là la courbe des espaces en fonction du temps. La

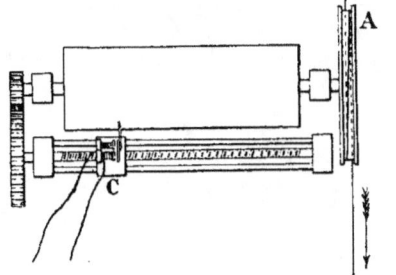

Fig. 1049.

figure 1050 représente à titre d'exemple les résultats relevés dans le lancement d'un grand navire (poids de lancement 4021 tonneaux, charge de la surface de frottement 4^{k}562). La courbe des vitesses et celle des accélérations ont été déduites par différentia-

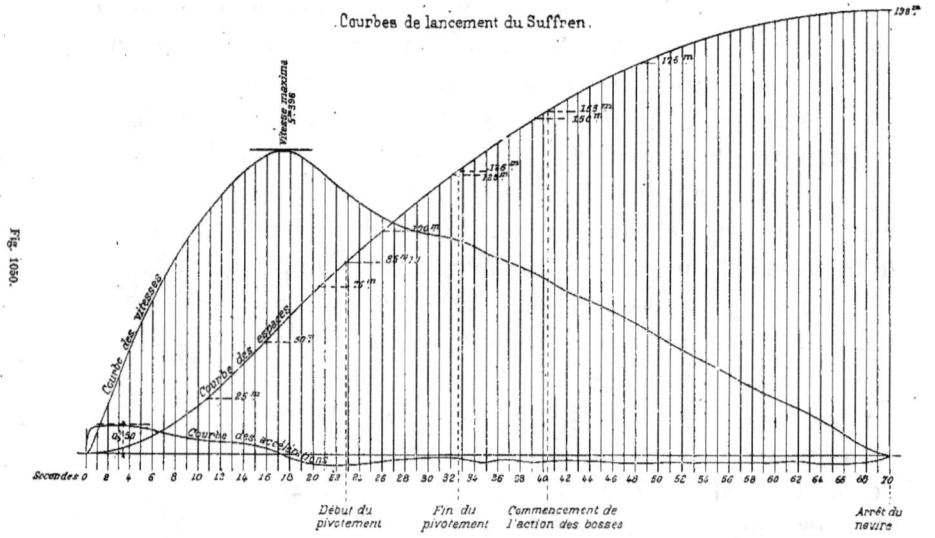

Fig. 1050. — Courbes de lancement du Suffren.

tion de celle des espaces. La valeur sensiblement constante de l'accélération pendant les premiers instants du mouvement fournit la valeur réelle du coefficient d'impulsion. En effet, si γ est cette accélération, on a :

$$\gamma = g (\sin \theta - f \cos \theta)$$

d'où :

$$f = tg\, \theta - \frac{\gamma}{g \cos \theta}.$$

Dans l'exemple représenté par la figure 1050, on a $\gamma = 0^m,50$, tg $\theta = 0,083$, d'où $f = 0,032$. Autrement, on peut faire usage du dynamomètre d'inertie de M. Desdouits, que l'on installe à bord du navire lancé et qui fournit la loi de variation des accélérations en fonction du temps; on obtient alors, par intégrations successives, la loi des vitesses et celle des espaces.

Enfin, pour pouvoir contrôler la flottaison réelle du navire après son lancement et relever ensuite pour un état quelconque de chargement la position de cette flottaison, il est nécessaire de tracer sur le bordé extérieur, avant la mise à l'eau, des *échelles de tirant d'eau*. Ces échelles sont au nombre de six, trois de chaque bord, une au droit de la perpendiculaire milieu et une dans le voisinage de chacune des perpendiculaires extrêmes. Ces échelles extrêmes, ou tout au moins celle de l'N, ne pouvant être tracées au droit des perpendiculaires, il est bon qu'elles en soient à égale distance et aussi rapprochées que le permettent les formes du navire. Chaque échelle est constituée par une graduation en nombre pair de décimètres, établie au moyen de chiffres dont les projections sur le plan diamétral ont exactement 10 $^c/_m$ de hauteur et sont espacés de 10 $^c/_m$ (fig. 1051). Le zéro de chaque échelle correspondant à la ligne de quille, on voit que si le niveau de l'eau est en $a\,b$, par exemple, le tirant d'eau dans le plan de l'échelle est égal à

Fig. 1051.

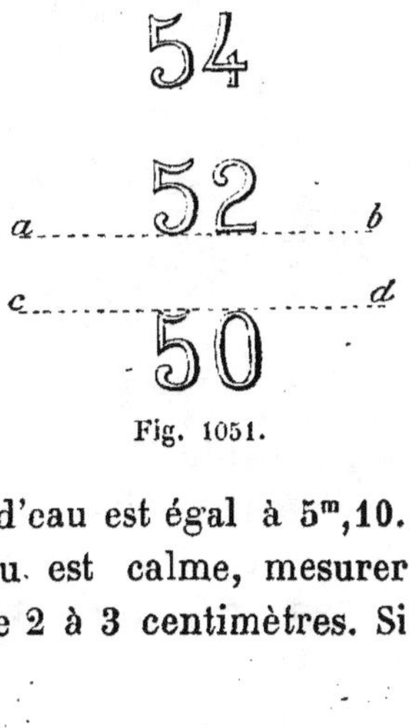

$5^m,20$; si le niveau est en $c\,d$, le tirant d'eau est égal à $5^m,10$. On peut ainsi d'un coup d'œil, si l'eau est calme, mesurer le tirant d'eau avec une approximation de 2 à 3 centimètres. Si l'eau est agitée, ou si l'on veut une approximation plus grande, on se sert de tubes en verre de 30 $^m/_m$ environ de diamètre, ouverts à leur partie supérieure et fermés à leur partie inférieure par un diaphragme percé d'un petit trou; en appliquant un de ces tubes contre l'échelle, on a à l'intérieur le niveau moyen de l'eau et on peut obtenir une approximation de 4 à 5 millimètres. Sur certains navires, on a disposé des tubes de niveau intérieurs avec échelles graduées, communiquant avec une prise d'eau voisine, qui facilitent la lecture des tirants d'eau lorsque le navire est à flot.

Pour tracer les échelles de tirant d'eau, le navire étant sur cale, on établit dans chacun des trois plans d'échelle un bordage transversal dont le can supérieur est dans le plan du dessous-quille. On emploie pour cela des bordages bien dressés dont le can supérieur est creusé d'une rainure dans laquelle on met de l'eau, suivant le procédé que nous avons déjà indiqué au § 143. Chaque bordage est placé perpendiculairement au diamétral, son can supérieur étant horizontal et touchant le dessous de la quille. Si la quille n'est pas rectiligne sur une longueur suffisante, ce qui arrive souvent à l'AV, on place le bordage de manière qu'il se dégauchisse avec les deux autres, son can supérieur étant dans le plan de la ligne de quille prolongée. Les trois bordages étant réglés, on les fixe dans cette position et on place perpendiculairement à chacun d'eux une règle graduée dont on projette à l'équerre les divisions sur la carène (fig. 1052). On ne trace l'échelle que dans le voisinage de la flottaison en charge, jusqu'à 0^m,50 environ au-dessus et 1^m à 2^m au-dessous. Les chiffres sont souvent marqués à la peinture blanche sur les carènes ordinaires, mais pour éviter leur disparition il est préférable d'employer des chiffres en tôle découpée, fixés sur le bordé au moyen de vis ne le traversant pas; sur les carènes doublées en cuivre, on se sert de même de chiffres en cuivre découpés et cloués sur le doublage.

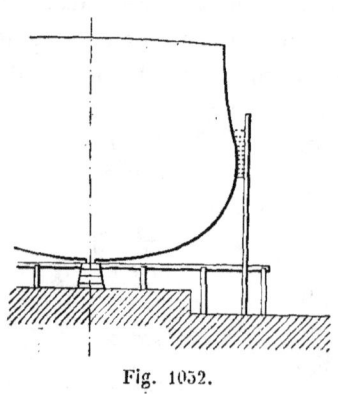

Fig. 1052.

238. Conduite des opérations de lancement. — Dans

les ports où le mouvement de la marée se fait sentir, le jour et l'heure du lancement ne peuvent être fixés au hasard, et doivent être déterminés avec soin de manière à éviter tout mécompte. On choisira d'abord une marée donnant au-dessus de l'extrémité de l'avant-cale une profondeur d'eau autant que possible supérieure de $0^m,80$ à 1^m au tirant d'eau N prévu pour le navire après son lancement, pour être sûr qu'il n'y ait pas salut en raison du déplacement du point de pivotement théorique (§ 230). Cette marée devra précéder de deux ou trois marées une marée maxima de vive eau, de manière que si le lancement ne réussit pas, ou se trouve retardé par une circonstance imprévue, on puisse pendant un ou deux jours retrouver encore des conditions favorables. Enfin, l'heure du lancement devra précéder d'une demi-heure environ le moment de la pleine mer, afin qu'un retard imprévu dans les dernières opérations ne risque pas d'entraîner la remise du lancement à la marée suivante. Pendant la basse mer qui précède le lancement, on fixe dans le voisinage de l'avant-cale une échelle de marée, c'est-à-dire une règle portant une échelle de graduation identique à celle des échelles de tirant d'eau, dont on fait coïncider le zéro avec le zéro des marées. On peut ainsi vérifier les prévisions de marée et modifier légèrement s'il y a lieu au dernier moment l'instant précis de la mise à l'eau.

L'époque du lancement étant fixée, on procède au montage du berceau et de tous ses accessoires. Le navire est ordinairement décoré de pavillons et de guirlandes de feuillage, et on construit sur les côtés du chantier des tribunes pour les spectateurs. En tête de la cale, sous l'étrave, on établit une plate-forme transversale formant une sorte de passerelle permettant à l'ingénieur qui dirige les opérations de se tenir à proximité des organes de retenue, et, en se portant d'un bord ou de l'autre, de surveiller les deux côtés du navire. Le graissage des surfaces de frottement doit être commencé, comme nous l'avons dit, le plus tard possible, de manière à être terminé quelques heures seulement avant la mise à l'eau.

La veille du lancement, on commence l'enlèvement des accores, en supprimant toutes celles qui, soutenant les fonds, prennent appui sur la cale de construction elle-même, et celles qui sont placées aux extrémités AV et AR. On conserve seulement les trois ou quatre rangées d'accores latérales, qui ne sont enlevées qu'au dernier moment. Le même jour, on fait plonger un scaphandrier de manière à explorer le fond dans la région que doit parcourir le navire, et à s'assurer qu'aucun obstacle ne pourra s'opposer à son mouvement.

Les accores conservées jusqu'au dernier moment doivent être enlevées avec une régularité et une symétrie aussi grandes que possible, pour que le navire prenne sans secousse sa position d'équilibre sur le berceau. Pour cela on repère chaque file d'accores par une marque de couleur distinctive, et chaque accore par un numéro d'ordre. On enlève alors les accores de 3 en 3 par exemple sur une file, en marchant de l'AR à l'AV, puis de 3 en 3 sur la file suivante de l'AV à l'AR, puis les accores restantes de 2 en 2, et ainsi de suite, en ayant soin d'abattre toujours simultanément les deux accores symétriques de tribord et de bâbord, et en suivant à l'aide des réglettes la marche de l'affaissement du navire. Habituellement, pour les grands navires, on enlève simultanément quatre accores, deux de chaque bord, en opérant avec quatre escouades. Chaque escouade se compose par exemple de douze hommes ; avant d'abattre une accore, on fixe un peu au-dessus de son pied un raban, pendant qu'un homme placé à bord maintient à la main un raban fixé à la tête, que l'on a eu soin de mettre en place la veille ; au signal donné, deux hommes déchaussent le pied de l'accore et enlèvent ses languettes de serrage, six hommes prennent en main le raban de pied, et les quatre autres, avec un bélier, frappent le pied de l'accore de manière à l'abattre, l'homme qui tient le raban de tête le laissant filer doucement jusqu'au sol ; les six hommes qui tiennent le raban de pied traînent alors l'accore jusqu'à l'endroit où elle doit être arrimée. Pour assurer la symétrie de tous ces mouvements, chaque phase n'est exécutée que sur un signal donné de la plate-forme de lancement, soit au moyen d'un clairon, soit au moyen d'un tambour (roulement pour les commandements préparatoires, coups de baguettes pour les commandements d'exécution). Le chef de chaque escouade est muni d'un guidon qu'il élève ou abaisse pour indiquer que l'ordre reçu est exécuté, ce qui permet de suivre de la plate-forme toutes les opérations et de ne donner un commandement que lorsque toutes les escouades sont prêtes à l'exécuter.

L'enlèvement des accores est réglé de manière à se terminer quelques minutes avant le lancement, en tenant compte de la durée de la cérémonie de bénédiction du navire, qui s'effectue soit après l'abatage des dernières accores, soit lorsqu'il n'en reste plus qu'un très petit nombre. Lorsque toutes les accores ont été abattues, on enlève les retenues de sécurité (clefs ou taquets), s'il en existe, les taquets de couette ou de savate ayant d'ailleurs été enlevés plus tôt si la marée doit les recouvrir. On fait ensuite rallier tout le personnel aux postes de lancement; on desserre, s'il y a lieu, les tins secs, et on largue les dernières retenues (savate, saisine, clefs, etc). Si le navire ne part pas, on met en action les appareils de poussée.

Toutes ces dernières opérations doivent s'exécuter en silence et dans le plus grand ordre ; il faut en effet arriver à la minute précise choisie pour le lancement, en suivant s'il y a lieu le mouvement réel de la marée. Aussi doit-on faire la veille des répétitions de toutes les opérations pour que le personnel soit convenablement exercé et que chaque homme connaisse bien son rôle et le poste qui lui est assigné.

Une équipe de personnel suffisamment nombreuse doit être placée à bord du navire lancé, tant pour concourir aux opérations d'amarrage après le lancement que pour procéder à une inspection immédiate de l'étanchéité de la carène. Pour les navires à double coque, dont les cellules étanches ont été essayées sur cale, on est sûr de l'étanchéité du bordé, mais il faut vérifier que toutes les parties non essayées et tous les trous qui ont pu être fermés par des tampons provisoires (jaumière, prises d'eau, sorties d'arbres) ne donnent lieu à aucune rentrée d'eau. Le personnel doit par suite être muni de tous les outils et matériaux nécessaires (matoirs, étoupe, mastic, ciment, etc.). En outre, si le navire a une double coque, il est bon de mettre en place avant le lancement tous les bouchons de trous d'homme du vaigrage.

Il est prudent de prévoir le cas où le navire ne partirait pas, malgré l'emploi des appareils de poussée, et surtout celui où le navire s'arrêterait prématurément par suite d'une valeur insuffisante du coefficient d'impulsion ou pour toute autre cause. Le navire pouvant se trouver alors dans une situation très dangereuse, il faut se réserver les moyens de le réaccorer immédiatement. Pour cela, un certain nombre des accores numérotées doivent être conservées bien en ordre à proximité immédiate du chantier. En outre, comme le navire peut se trouver dans un état d'équilibre instable rendant périlleuse l'opération du réaccorage, il est bon de pouvoir assurer au préalable son immobilité. On peut pour cela faire usage de clefs; un procédé très simple, dans le cas d'un lancement sur coulisse unique, consiste à fixer à l'avance sur les faces latérales de la savate, de part et d'autre du point de sciage, des crocs recourbés qui peuvent être rapidement reliés l'un à l'autre par un filin formant saisine (fig. 1053).

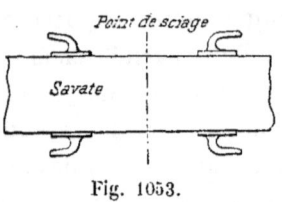

Fig. 1053.

239. Procédés divers de lancement. — Les procédés de lancement que nous avons décrits sont les plus fréquemment usités, mais ne sont pas les seuls que l'on puisse employer. A Toulon, par exemple, on fait usage de trois coulisses, une centrale et deux latérales. Le berceau est constitué par une savate sur laquelle reposent des empilages soutenant la quille et par deux couëttes soutenant les flancs par l'intermédiaire de ventrières et de billotages. (fig. 1054); des languettes de serrage disposées au niveau de la

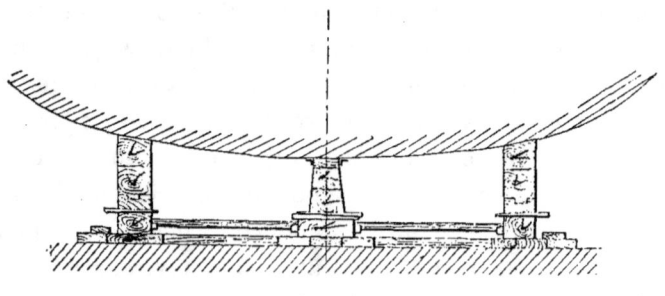

Fig. 1054.

face supérieure de la savate et des couëttes permettent d'effectuer le soulagement; la retenue est faite au moyen de saisines fixées aux extrémités des couëttes. Ce système est évidemment beaucoup moins simple et moins sûr que le lancement sur double coulisse, avec lequel on peut aisément obtenir, comme nous l'avons vu, une charge modérée de la surface de frottement; il est très difficile, sinon impossible, de répartir uniformément la charge sur les trois coulisses (1), et la durée des opérations de montage du berceau est forcément très longue, ce qui accroît les chances d'altération de l'enduit onctueux. Enfin, il importe de remarquer que, les couëttes ne pouvant être prolongées à l'AV aussi loin que la savate, le pivotement s'effectue sur l'extrémité AV de la savate seule; la charge considérable supportée par l'avant-cale pendant cette période est ainsi concentrée en un seul point, au lieu d'être répartie en deux points symétriques comme dans le lancement sur double coulisse.

Citons encore comme procédé de lancement le système adopté au Havre par les chantiers Normand pour la mise à l'eau des torpilleurs, qui n'est applicable qu'à des bâtiments de faible poids mais réduit au minimum les dépenses d'établissement de la cale. Le torpilleur est construit à terre, sur une ligne de tins ordinaire à peu près horizontale (fig. 1055). De part et d'autre de cette ligne

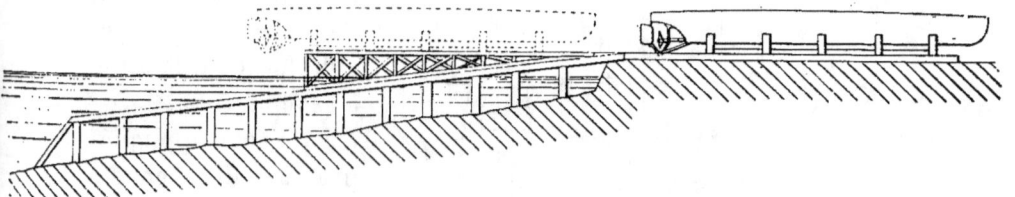

Fig. 1055.

de tins on établit deux coulisses formées chacune par une longrine ayant une très faible pente vers la mer. Chacune de ces coulisses est prolongée par une coulisse inclinée formée d'une série de pièces de bois soutenues par des billotages ou des accores, dont le montage et le graissage peuvent être effectués à marée basse. Sur ces coulisses inclinées on fait reposer un traîneau en charpente ayant la forme d'un prisme triangulaire, dont les pièces supérieures viennent se placer dans le prolongement des coulisses établies à terre. On fixe ce traîneau au moyen de saisines, et on fait

(1) La surface des couëttes et de la savate doit être réglée en tout cas de manière que le poids du navire, supposé portant en totalité soit sur les couëttes seules, soit sur la savate seule, ne donne pas sur la surface de frottement correspondante une charge supérieure à 6^k environ.

reposer le torpilleur sur un berceau constitué par des coussins taillés suivant le profil des sections transversales et reliés entre eux par des entretoises longitudinales. Au moyen de vérins, on fait glisser l'ensemble du torpilleur et de son berceau de manière à faire reposer celui-ci sur le traîneau, dans la position figurée en pointillé. On leste le traîneau au moyen de gueuses, et il n'y a plus alors qu'à larguer les saisines, au moment de la haute mer; le torpilleur atteint sa flottaison d'équilibre sans pivotement sensible, le traîneau étant bien entendu arrêté à l'aide de câbles de retenue.

Enfin, lorsque l'espace libre dont on dispose en avant de la cale de construction est insuffisant par rapport à la longueur du navire, on peut construire ce navire parallèlement au rivage et le lancer en le faisant glisser perpendiculairement à son plan diamétral. Ce procédé, employé autrefois pour la mise à l'eau du *Great Eastern*, a été appliqué par certains chantiers de construction établis sur la rive d'un fleuve de faible largeur. On dispose alors un certain nombre de coulisses, espacées de 6 à 8 mètres, sur lesquelles reposent des couëttes ayant une longueur égale aux $\frac{9}{10}$ environ

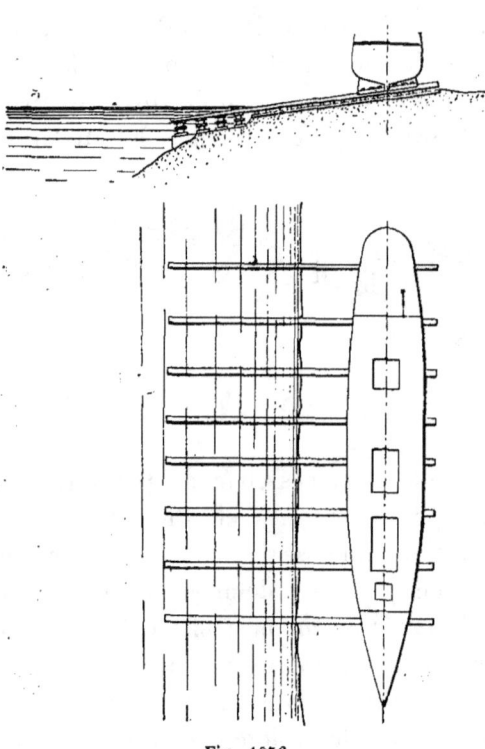

Fig. 1056.

de la largeur du navire (fig. 1056); celui-ci étant construit parallèlement à la rive, il n'y a aucun inconvénient à accroître la pente des coulisses, autant que le permet le terrain, et à la porter par exemple à 100 ou 150$^m/_m$ par mètre. Le navire repose sur les couëttes par l'intermédiaire de coussins taillés suivant les formes des sections transversales et reliés entre eux par des entretoises. La retenue peut être effectuée au moyen de saisines fixées à deux couëttes également distantes des extrémités, et qui peuvent être tranchées simultanément par des couteaux chargés d'un poids suffisamment lourd et actionnés par un déclic commun.

CHAPITRE III

Mise à sec.

240. Bassin de radoub. — L'achèvement après la mise à l'eau, ainsi que les visites et réparations ultérieures du navire, exigent la possibilité de le mettre à sec. Dans la plupart des cas, cette opération s'exécute en échouant le navire sur une ligne de tins disposée au fond d'une fosse étanche appelée *bassin* ou *forme de radoub* (du vieux mot radouber, faire une réparation extérieure), que l'on ferme par une porte une fois le navire entré et que l'on assèche ensuite au moyen de pompes, en utilisant au besoin dans une certaine mesure le mouvement de la marée.

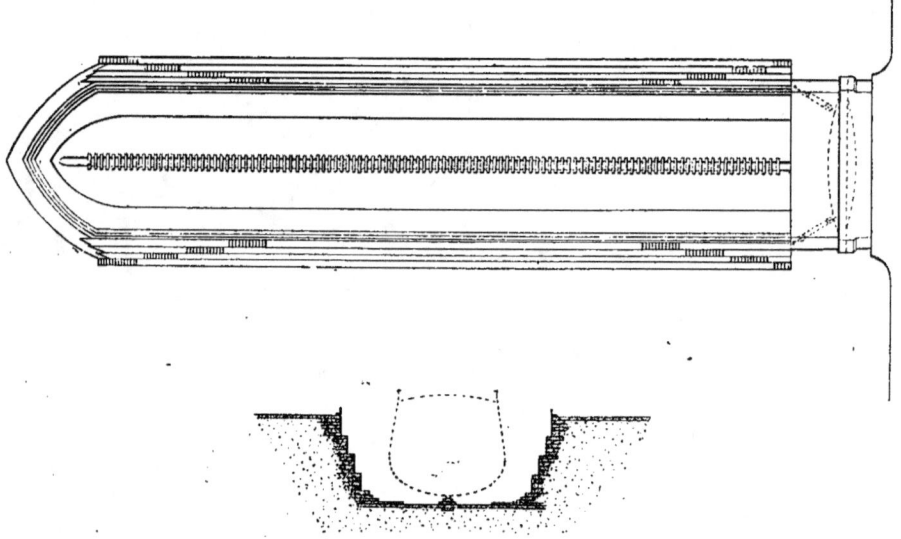

Fig. 1057.

Un bassin de radoub (fig. 1057) est une fosse creusée dans le sol à peu près normalement au rivage, et dont les parois sont revêtues d'un parement étanche en maçonnerie ou en pierres de taille. La section transversale de cette fosse a une forme un peu évasée de manière à suivre à peu près le contour usuel des navires et à réduire au minimum le travail d'épuisement; les parois latérales sont munies de gradins ou *banquettes,* de 2 à 3 mètres de hauteur et de 1 mètre environ de largeur, réunies de distance en distance par des escaliers et servant à la circulation et à la tenue des accores. Le fond du bassin, qui porte le nom de *radier*, est légèrement concave, de manière à assurer l'écoulement des eaux dans un caniveau axial appelé *cunette*, aboutissant au puisard d'aspiration des pompes d'assèchement. Transversalement à la cunette sont disposées des traverses encastrées dans le radier et supportant les tins d'échouage, formés d'empilages de bois espacés de 1 mètre environ pour les bassins de petite dimension, de $0^m,50$ à $0^m,60$ pour ceux destinés à recevoir les plus grands navires. On ménageait autrefois dans le radier, dans le voisinage d'une des extrémités, une fosse verticale, à l'aplomb de laquelle on faisait échouer l'arrière du navire, et dans laquelle on pouvait ainsi descendre le safran sans le séparer de la mèche; les dispositions actuelles de construction des safrans rendent cette fosse inutile, comme nous l'avons vu.

Le bord supérieur du bassin est ordinairement garni d'une pièce en bois ou en fonte appelée *sablière*, percée d'évidements et portant des cabillots fixés horizontalement, de manière à fournir des points fixes pour les diverses amarres. Les terre-pleins avoisinant le bassin doivent d'ailleurs être également munis de nombreux points fixes (boucles ou vieux canons enterrés dans le sol).

Les dimensions du bassin règlent bien entendu celles des navires qui peuvent y être échoués. En ce qui concerne la largeur, il faut compter pour la manœuvre un jeu minimum de 30 à $40°/_m$ de chaque bord entre le navire et les parois de l'entrée, qui n'a que les dimensions juste suffisantes pour réduire autant que possible celles de la porte. La largeur du bassin lui-même est un peu plus grande, de manière qu'une fois le navire échoué on dispose tout autour de lui d'un espace libre de 2^m à $2^m,50$ au moins, chiffre strictement nécessaire pour permettre l'accorage et la mise en place des échafaudages. Enfin, la cote du radier par rapport au zéro des marées règle le tirant d'eau maximum des navires que peut recevoir le bassin. La puissance des pompes d'épuisement est ordinairement calculée de telle sorte que la durée d'assèchement, le navire une fois entré, ne dépasse pas 2 à 4 heures.

241. Fermeture des bassins. Bateaux-portes. — La fermeture des bassins peut être effectuée au moyen de portes d'écluse ordinaires à deux vantaux, maintenues par la pression extérieure de l'eau. L'emploi de ces portes a été presque partout abandonné, parce qu'elles exigent un nettoyage fréquent du radier dans la région parcourue par leur can inférieur pendant la rotation, et permettent difficilement de réaliser une étanchéité bien parfaite. Ce dernier inconvénient, compensé en partie par la facilité de la manœuvre, n'a qu'une importance relativement faible pour les bassins des ports de commerce, dans lesquels les navires ne séjournent en général que peu de temps. Mais dans les ports militaires, et aujourd'hui dans la plupart des ports de commerce, on préfère recourir à l'emploi de portes flottantes ou *bateaux-portes*, qui exigent un personnel assez exercé, mais sont faciles à entretenir et donnent une étanchéité bien complète.

Un bateau-porte est constitué par un caisson dont les formes et le poids sont déterminés de manière qu'il soit susceptible de flotter librement, et que l'on peut couler à l'entrée du bassin, le can inférieur et les bords latéraux du caisson venant s'appliquer contre une feuillure ménagée dans les parois du bassin (fig. 1058);

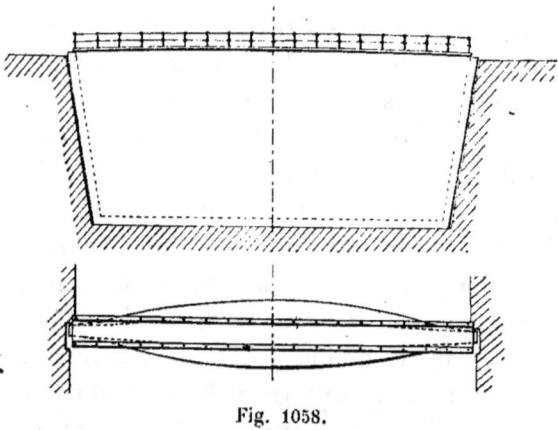

Fig. 1058.

la pression de l'eau extérieure maintient ce caisson en place une fois le bassin vide, et on assure sa tenue au moyen de palans crochés sur des boucles fixées à la paroi du bassin (fig. 1057). Le can supérieur du caisson supporte une passerelle établissant la communication entre les deux rives du bassin.

La surface d'appui de la porte est formée par un ressaut du radier et par deux rainures ménagées dans les parois latérales ou *bajoyers* de l'entrée du bassin. Ces bajoyers doivent par suite avoir une certaine pente, pour que la porte en se soulevant puisse se dégager. On leur donne habituellement une pente de $\frac{1}{6}$ environ ; la saillie du ressaut du radier varie usuellement de 40 à 50°/$_m$, et la profondeur des rainures de 60 à 70°/$_m$. La porte a ainsi une forme trapézoïdale, laissant entre elle et le fond des rainures un jeu de 10°/$_m$ environ. La largeur des rainures doit être égale au double environ de l'épaisseur de la porte, pour que la manœuvre soit facile ; la saillie du bord extérieur de la rainure est d'ailleurs ordinairement égale à la moitié environ de celle du bord intérieur, soit 30 à 35°/$_m$, de façon à réduire la quantité dont la porte doit se soulever avant d'être dégagée. L'étanchéité est obtenue au moyen de paillets suiffés (voir § 246), intercalés entre la porte et ses feuillures d'appui. La forme de la porte est symétrique, de manière qu'elle puisse être présentée indifféremment dans un sens ou dans l'autre, ce qui permet la visite alternative de ses deux faces.

Une première condition à remplir, c'est que la porte ne se soulève pas sous l'effet de la poussée subie par sa face extérieure lorsque le bassin est vide. Considérons la porte en place (fig. 1059). Le portage de la quille sur le radier n'étant pas un portage bien exact, en raison des aspérités de la maçonnerie, la partie immergée de la porte peut être considérée comme limitée par le plan d'eau HH' et le plan MN de la surface de portage. Soient FF' la flottaison libre de la porte, D et D' les volumes limités par les plans FF' et MN, Δ le volume limité à gauche de MN par les plans FF' et HH'. Le poids de la porte est évidemment égal à D + D', et la poussée qu'elle subit à D + Δ. Les formes doivent donc être ré-

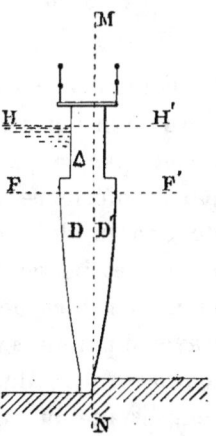

Fig. 1059.

glées de manière que Δ soit inférieur à D', HH' étant le niveau des plus hautes marées possibles. En réalité, le poids de la porte est augmenté de la résistance due au frottement sur la surface de portage, mais il est bon néanmoins de faire en sorte que Δ soit inférieur à D', pour assurer la tenue en toutes circonstances. S'il n'en était pas ainsi, il serait nécessaire de maintenir toujours un certain lest d'eau à l'intérieur de la porte.

Les bateaux-portes employés dans les arsenaux appartiennent à deux systèmes légèrement différents. Le plus ancien, dû à l'ingénieur de la marine Pestel, consiste à composer la porte d'un caisson plat prismatique ayant juste l'épaisseur nécessaire pour résister à la charge d'eau qu'il doit supporter, et de deux flotteurs symétriques donnant à la porte la flottabilité et la stabilité nécessaires, et formant en même temps caisses d'immersion (fig. 1060).

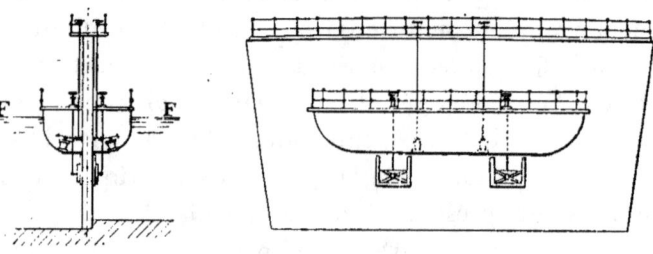

Fig. 1060.

Le volume de ces flotteurs est réglé de manière que la flottaison libre de la porte soit en FF', au-dessous du pont de manœuvre formé par la partie supérieure des flotteurs; du lest placé à la partie inférieure du caisson assure s'il est nécessaire la stabilité de l'ensemble. Les flotteurs sont en communication l'un avec l'autre et peuvent être vidés ou remplis au moyen de robinets manœuvrables de la passerelle supérieure. Enfin, le caisson est traversé par un certain nombre de conduits obturés par des vannes manœuvrables du pont des flotteurs et destinées à permettre le remplissage du bassin pour l'enlèvement de la porte.

La position en hauteur des flotteurs doit être réglée de manière que la flottaison FF' soit un peu au-dessous du plan moyen des marées, et la manœuvre s'effectuera alors de la façon suivante. Supposons le bassin fermé et vide. Au moment de la basse mer précédant l'heure choisie pour l'ouverture du bassin, on ouvrira les vannes de la porte. Le bassin se remplira, et la section des vannes devra être suffisante pour que le niveau de l'eau ait atteint à l'intérieur du bassin la même hauteur qu'à l'extérieur avant que le niveau extérieur ne soit parvenu en FF'. Lorsque le niveau de l'eau dépassera FF', de part et d'autre de la porte, il y aura production d'une force émersive qui acquerra rapidement la valeur nécessaire pour vaincre les frottements et déterminera le soulèvement de la porte. Si la porte tardait trop à se soulever, il suffirait de la décoller de sa feuillure au moyen de coins ou de vérins. Lorsque la porte se sera soulevée d'une quantité suffisante, on la dégagera de la rainure et on pourra ainsi rendre libre l'entrée du bassin. Pour refermer le bassin, il suffira d'amener la porte à l'aplomb de la rainure, et d'attendre que le mouvement de la marée la fasse échouer sur le radier; on la tiendra alors fixée au moyen des palans appelant vers l'intérieur, et on mettra en marche les pompes d'assèchement. Si on veut accélérer l'opération, on pourra augmenter le tirant d'eau de la porte en laissant pénétrer une certaine quantité d'eau dans les flotteurs, l'eau ainsi introduite étant vidée dans le bassin au moyen des robinets intérieurs dès que les pompes ont suffisamment abaissé le niveau de ce côté. De même, si pendant une forte marée on craint que la poussée n'atteigne une valeur trop considérable, on peut assurer la fixité de la porte en introduisant et en maintenant dans les flotteurs un certain poids d'eau. La position en hauteur des vannes devra être telle qu'elles soient dans le voisinage du niveau des basses mers de morte-eau, de façon à émerger pendant le plus grand nombre de marées possible et à pouvoir être fréquemment visitées.

Dans le cas d'une mer fermée, où le mouvement de la marée est insensible, la disposition de la porte est forcément un peu différente. Les flotteurs seront placés le plus haut possible, mais sous réserve que la différence de niveau entre la flottaison libre FF' et le niveau des plus basses mers observées assure à la porte une levée suffisante (fig. 1061). Dans ces conditions, il est indispensable de maintenir le lest d'eau dans les flotteurs, ou tout au moins de remplir ceux-ci avant d'ouvrir les vannes, sans quoi la porte se soulèverait avant que le niveau dans le bassin n'ait rejoint le niveau extérieur, ce qui déterminerait une irruption brusque de l'eau dans le bassin et pourrait causer de graves accidents.

Pour produire la levée de la porte, il faudra expulser à l'aide d'une pompe l'eau des flotteurs, une fois le bassin rempli; pour refermer le bassin, on coulera la porte en place en introduisant de l'eau dans les flotteurs. Les vannes devront être placées au-dessus du niveau des flotteurs, de manière à pouvoir être visitées chaque fois que la porte est à flot.

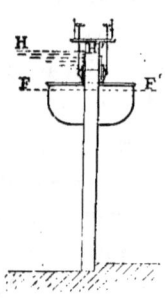

Fig. 1061.

Les portes à flotteurs sont très simples à manœuvrer, mais la saillie des flotteurs est assez encombrante et réduit la longueur utile du bassin; en outre, dans les ports où le mouvement de la marée est insensible, la manœuvre exige le pompage de l'eau contenue dans les flotteurs. On emploie de préférence aujourd'hui des portes d'un système un peu différent, étudié spécialement par l'ingénieur de la marine de Coppier en vue de son application aux ports sans marée, mais qui convient également pour les autres ports. Le principe consiste d'une part à réduire au minimum la largeur du caisson en assurant sa stabilité au moyen d'un lest fixe, de l'autre à scinder en deux le lest liquide et à en placer

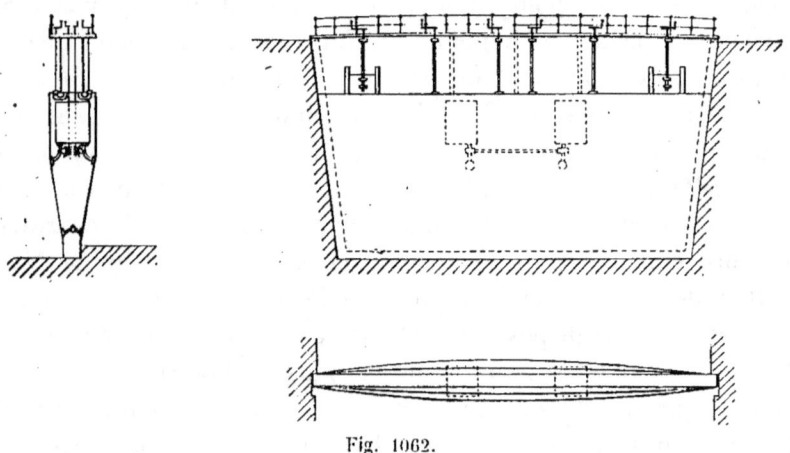

Fig. 1062.

une certaine quantité à la partie supérieure, de manière à pouvoir produire l'émersion automatique de la porte. La porte est divisée dans le sens de la hauteur en deux caissons distincts, la partie supérieure étant en retrait par rapport à la partie inférieure (fig. 1062); le compartiment inférieur est vide, et muni seulement de robinets de vidange permettant d'évacuer l'eau qui aurait pu s'y introduire accidentellement; à l'intérieur de ce caisson sont disposées deux ou quatre caisses d'immersion, pouvant être remplies au moyen de robinets manœuvrés de la passerelle; le compartiment supérieur est subdivisé par des cloisons verticales en un certain nombre de cellules, qui peuvent également être remplies au moyen de soupapes manœuvrées de la passerelle. Des vannes disposées comme dans le système précédent permettent le remplissage du bassin; enfin, les choses sont réglées de manière que la flottaison libre de la porte soit un peu au-dessous du ressaut ménagé à la base du caisson supérieur.

Supposons qu'il s'agisse d'un port sans marée. Soit HH' le niveau actuel de l'eau à l'extérieur, FF' la flottaison de la porte (fig. 1063). Lorsque la porte est en place, les caisses d'immersion doivent être vides et les soupapes du caisson supérieur ouvertes du côté du large, de sorte que l'eau à l'intérieur de ce caisson est au niveau HH'. Supposons qu'on ouvre les vannes, et voyons ce qui se passe lorsque l'eau à l'intérieur du bassin aura atteint un certain niveau hh'. Considérons comme précédemment le plan MN de la face de portage; les forces en jeu sont le poids de la porte, égal au déplacement du caisson au-dessous de FF', le poids de l'eau contenue dans le caisson supérieur, et la poussée subie par la partie de la porte située au-dessus de FF'. Cette poussée se compose d'abord du volume v compris entre le plan FF' et le ressaut, puis

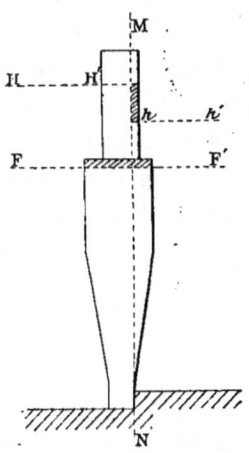

Fig. 1063.

de la partie du volume du caisson supérieur comprise entre HH' et MN, et enfin de la partie du volume de ce même caisson comprise entre MN et hh'. En négligeant le volume occupé par la charpente du caisson, on voit que la résultante des forces verticales est représentée par la différence entre le volume v et le volume v' compris, à droite de MN, entre les niveaux hh' et HH'. Si le frottement était nul, la porte se soulèverait au moment où la quantité $v - v'$ deviendrait positive. Les lignes d'eau du caisson supérieur sont réglées de telle sorte que, lorsque $v - v'$

s'annule, la différence entre les niveaux HH' et hh' soit assez modérée pour que l'irruption de l'eau dans le bassin puisse à la rigueur se produire sans inconvénient. En pratique, d'ailleurs, le frottement n'est pas nul, et la porte ne se soulèvera que lorsque la force émersive $v - v'$ aura acquis une valeur positive suffisante ; le coefficient de frottement peut être évalué à 0,2 environ. On voit de suite que la force émersive maxima dont on dispose est précisément égale à v, c'est-à-dire à une quantité bien déterminée, que l'on fixe en général à 3 ou 4 tonneaux. Si cette force était insuffisante, on décollerait la porte comme il a été dit plus haut. Dès que la porte est décollée, elle se soulève de manière que son déplacement diminue de v; le niveau de l'eau dans le caisson supérieur est alors plus élevé qu'à l'extérieur, et ce caisson se vide de lui-même, en même temps que la porte se soulève, jusqu'à ce qu'elle atteigne graduellement sa flottaison libre FF'. Pour remettre la porte en place, on ouvrira d'abord les robinets des caisses d'immersion, dont le volume devra être un peu supérieur à v. Une fois le ressaut immergé, on achèvera de couler la porte en ouvrant les soupapes du caisson supérieur, la division en cellules de ce caisson permettant de maintenir la verticalité de la porte. Une fois la porte coulée, on épuisera le bassin en ayant soin d'y vider le contenu des caisses d'immersion, on conservera ouvertes les soupapes du caisson supérieur du côté du large, et tout sera prêt pour une nouvelle opération.

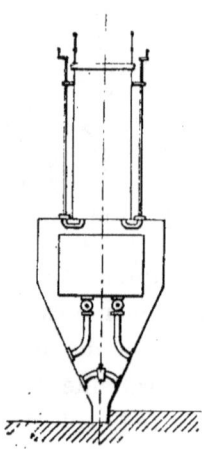

Fig. 1064.

Ce système, qui n'a que l'inconvénient d'exiger un personnel bien exercé à sa manœuvre, est évidemment applicable à un port où le mouvement de la marée est plus sensible. Le ressaut sera seulement placé plus bas, de manière que FF' corresponde à peu près au plan moyen des marées (fig. 1064), et les vannes, au lieu d'être établies à la base du caisson supérieur, seront disposées au-dessous de FF' comme nous l'avons expliqué plus haut. La porte pourra d'ailleurs également être manœuvrée comme une porte à flotteurs, par le seul jeu de la marée, sans emploi de lest d'eau.

Dans les rivières très vaseuses, comme la Charente, il est ordinairement peu pratique de faire usage d'un lest d'eau, qui entraîne un nettoyage très fréquent des caissons et peut déterminer l'engorgement des robinets ou soupapes. De plus, il convient d'éviter toute saillie horizontale, sur laquelle la vase pourrait s'accumuler. On emploie alors des portes du premier système, dont la section transversale ne présente aucun ressaut (fig. 1065), et qui sont par suite forcément assez encombrantes. Ces portes se manœuvrent en général par le simple jeu de la marée, et on ne fait usage de lest d'eau que pour les fixer dans le cas de très fortes marées.

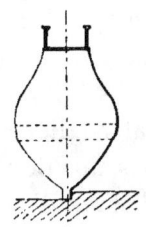

La construction des bateaux-portes n'offre pas de difficulté particulière. La charpente se compose d'une quille et de deux étambots, formés chacun d'une tôle et de deux cornières l'assemblant avec le bordé, et d'une série de membrures horizontales en tôles et cornières dont le module de flexion est proportionné à la charge d'eau. Dans le sens vertical, on a seulement des varangues de consolidation entre la membrure horizontale inférieure et la quille, et deux ou trois membrures verticales pleines assurant un compartimentage suffisant pour la sécurité en cas d'avarie. Au-dessous de la quille en tôle est fixée une fausse-quille en bois de $10^c/_m$ d'épaisseur (fig. 1066). Sur chacune des faces, le contour d'appui de la porte est garni d'un soufflage en bois de $10^c/_m$ environ d'épaisseur, sur lequel on fixe les paillets destinés à assurer l'étanchéité. Le moment d'inertie de la flottaison

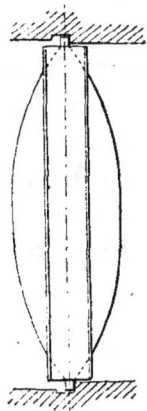

Fig. 1065.

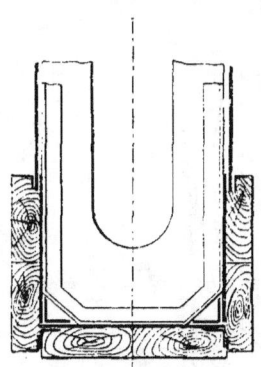

Fig. 1066.

doit être réglé de manière que la porte flottant librement ait une hauteur métacentrique égale à $0^m,80$ environ. On combine quelquefois le lestage et le compartimentage de telle sorte que la porte débarrassée de son lest puisse avoir une position d'équilibre horizontale, permettant d'effectuer à flot une réparation du bordé; mais la symétrie de la porte permet de la retourner de temps à autre, et d'effectuer plus commodément cette réparation dans le bassin même.

242. Échouage des navires au bassin. — Avant d'échouer un navire au bassin, il est nécessaire de relever ses tirants d'eau, pour déterminer l'époque et l'heure de l'opération en tenant compte des hauteurs de marée et de la cote du radier, et le profil de la ligne de quille, pour permettre de régler les tins d'échouage. S'il s'agit d'un navire à charpente métallique, on peut en général négliger l'arc ou le contre-arc, et il suffit de régler la ligne des tins de manière que sa pente soit un peu différente de celle de la quille du navire; les opérations sont ainsi facilitées, comme nous le verrons, l'échouage s'effectuant d'abord par un seul point et se faisant ensuite progressivement; il est d'ailleurs indifférent de faire échouer en premier lieu l'avant ou l'arrière, mais le plus souvent, pour ne pas avoir à construire une ligne de tins de pente trop considérable, on donne à cette ligne une pente un peu inférieure à celle de la quille, en sorte que l'échouage commence par l'arrière.

Dans le cas d'un navire construit en bois, il est indispensable de relever la courbure exacte de la quille. Cette opération s'effectue

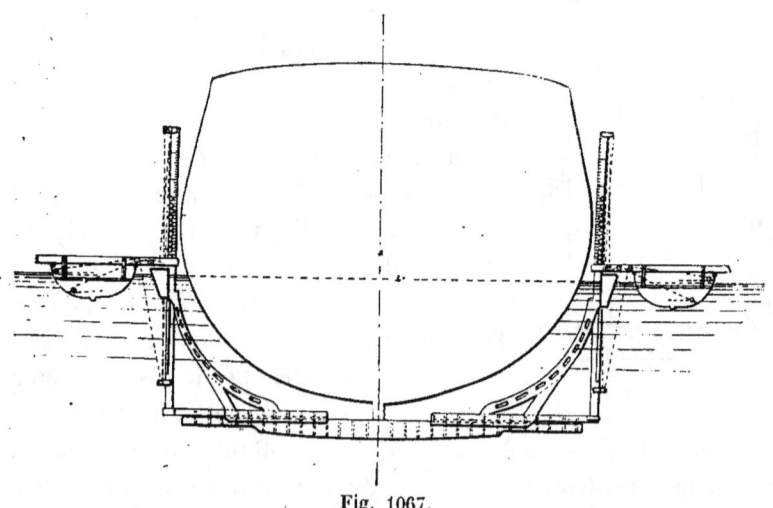

Fig. 1067.

au moyen d'un *cadre,* formé d'un bordage horizontal et de deux bordages verticaux assemblés par des écharpes, que l'on tient suspendu à l'aide de palans à deux embarcations (fig. 1067). Les bordages verticaux portent une graduation dont le zéro correspond au can supérieur du bordage horizontal. En réglant les palans de manière que le bordage horizontal touche la quille et que l'eau affleure au même niveau les graduations verticales, on obtient le tirant d'eau réel sous quille; en répétant cette opération dans un certain nombre de sections transversales, on obtient le profil complet de la quille. On donnera alors à la ligne des tins une courbure un peu inférieure à la courbure relevée, pour que l'échouage tende sûrement à diminuer la déformation, et non à l'accroître. L'emploi du cadre peut également être nécessaire pour un navire à charpente métallique et à quille courbe, dont on ne posséderait pas les plans.

Pour maintenir le navire droit en dépit de la réduction de stabilité produite par le déjaugeage, et assurer sa tenue une fois le bassin vidé, on fait usage d'arcs-boutants transversaux appelés *clefs*. Ces clefs, dont le nombre varie avec la longueur et le poids du navire, sont espacées de 4 à 6 mètres environ; elles sont dirigées à peu près horizontalement, appuyées d'une part contre la paroi du bassin, de l'autre contre la muraille du navire (fig. 1068); elles occupent les 2/3 environ de la longueur du navire, c'est-à-dire toute la région dans laquelle les flancs sont suffisamment parallèles à la muraille du bassin pour que l'extrémité de la clef ne risque pas de glisser. Le pied de chaque clef, du côté de la paroi du bassin, est soutenu par un chevalet suspendu à la sablière; la tête, du côté du navire, peut être soit suspendue à un chevalet analogue, soit appuyée contre une saillie des formes (ressaut de cuirasse latérale par exemple); elle doit porter en tout cas sur une partie bien rigide de la charpente, au droit d'un couple s'il s'agit d'une muraille non cuirassée. Entre le pied de la clef et la paroi du bassin est intercalée une languette de serrage. Les clefs doivent par suite être préparées et coupées de longueur à l'avance; il est essentiel de les régler de façon que le navire une fois échoué leur tête soit un peu en contre-haut de leur pied, afin qu'au moment où on mettra de l'eau dans le bassin pour la sortie du navire celui-ci en se soulevant dégage de lui-même ses clefs et ne tende pas à les coincer. L'étude se fait aisément au moyen du plan des formes du navire, en tenant compte des tirants d'eau réels relevés, et on peut ainsi marquer le long de la muraille les emplacements des têtes des clefs.

498   MISE A L'EAU, RÉPARATION, ENTRETIEN.

Les clefs fournissent en général un appui suffisant au navire, au moins lorsqu'il s'agit d'un navire à charpente métallique pas trop lourdement chargée. Pour les navires en bois, dont la charpente n'a qu'une rigidité médiocre, on complète le soutien du na-

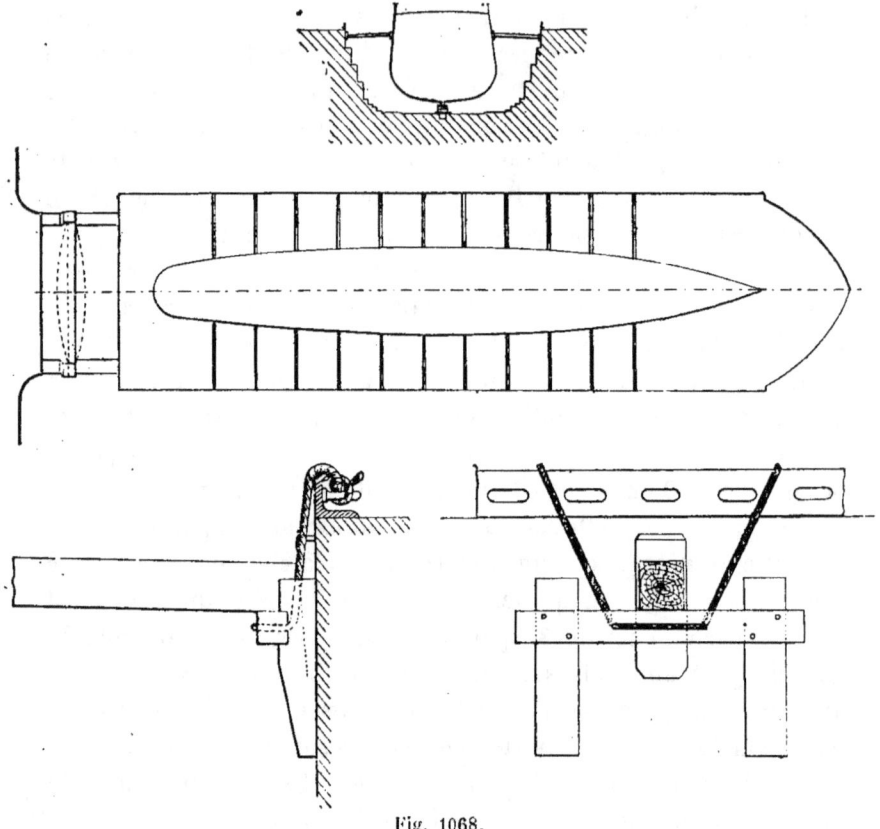

Fig. 1068.

vire au moyen de *ventrières*, sortes de coussins en bois taillés suivant la forme des sections transversales et que l'on fait accoster sous le navire. Chaque ventrière (fig. 1069) est constituée par un massif en bois lesté au moyen de gueuses pouvant être déplacé sur une coulisse transversale légèrement inclinée au moyen d'un palan. On a ainsi 3 à 6 paires de ventrières, suivant la longueur du navire. La pièce supérieure de chaque ventrière étant taillée suivant le profil convenable, on les accoste contre la carène à l'aide des palans aussitôt que le navire est échoué.

MISE A SEC. 499

Il est toujours difficile d'obtenir le portage bien exact de toutes les ventrières. Aussi, pour les navires à charpente métallique ayant des poids latéraux importants (cuirasses, tourelles, etc.), préfère-t-on ordinairement les munir de quilles d'échouage latérales, ainsi que nous l'avons vu (§ 104). Le radier du bassin doit

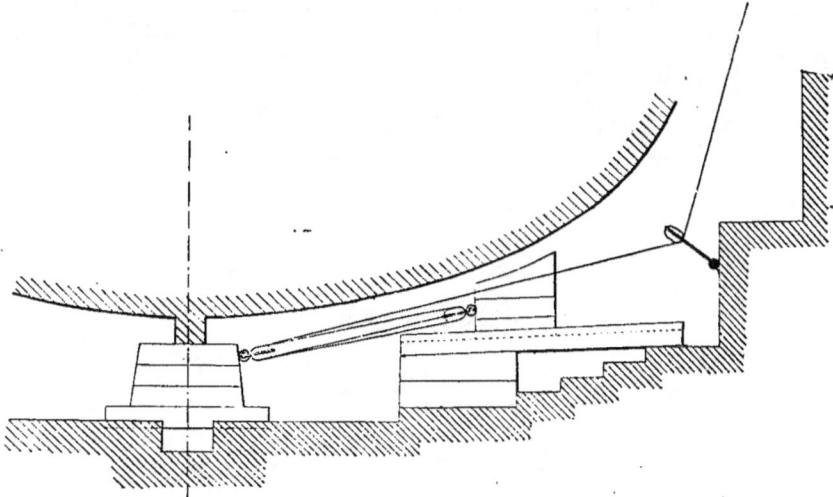

Fig. 1069.

alors porter plusieurs lignes de tins parallèles, sur lesquelles on fait reposer ces quilles.

Tout étant convenablement préparé, et le bassin étant ouvert, on y fait entrer le navire et on le maintient au moyen de 4 amarres (fig. 1070). Il faut ensuite régler exactement la position du navire de manière à le placer à l'aplomb de sa ligne d'échouage. Pour le réglage en longueur, on se sert d'un plan de repère figuré par un cordeau fixé en deux points symétriques A et B de la paroi du bassin et tendu vers son milieu par un poids C; il suffit d'amener un point repéré sur l'arête AR du navire à une distance donnée du fil vertical soutenant le poids C. Pour le réglage transversal, on se sert de deux paires de perches disposées de façon analogue aux clefs, butant à leur tête contre des points symétriques du navire, à leur pied contre des points symétriques de la paroi du bassin. Chaque perche porte par exemple un taquet, comme le montre la figure 1070. Entre ce taquet et la sablière on intercale des coins, et on manœuvre les amarres en augmentant ou diminuant le nombre de ces coins, jusqu'à ce que le navire soit immobilisé dans la position voulue, son plan diamétral coïncidant avec le plan de symétrie du bassin. On peut

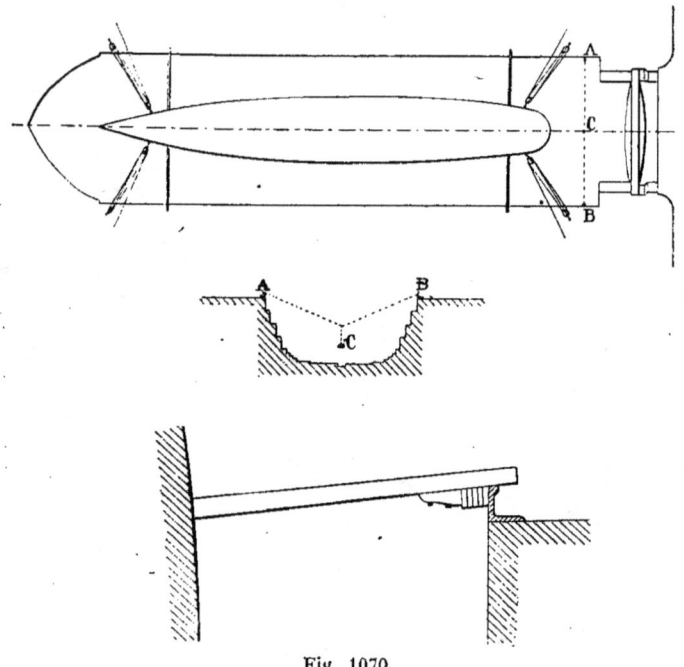

Fig. 1070.

aussi se servir de perches à vérin, fonctionnant comme des clefs de longueur réglable.

Les opérations de réglage doivent être terminées alors qu'il reste encore 20 à 30 $^c/_m$ d'eau sous la quille. On présente alors toutes les clefs, sans les serrer, et on attend le début de l'échouage. Supposons pour fixer les idées que l'échouage doive commencer par l'Æ. On a tracé au préalable sur la muraille du navire, dans le plan transversal contenant le talon de l'étambot, un repère placé exactement au ras de la flottaison. Un homme placé sur un radeau veille ce repère, et prévient dès qu'il commence à déjauger ; on coince alors simultanément les deux clefs de l'Æ ; dès qu'un repère également tracé à l'avance dans le plan des premières clefs commence à déjauger, on coince les deux clefs suivantes, et on continue ainsi de proche en proche pour les 5 ou 6 premières paires de clefs. A partir de là, on attend qu'un repère tracé à l'N dans le plan du brion indique en déjaugeant que l'échouage est complet, et on coince alors simultanément toutes les clefs. Au lieu de clefs à languette, on fait quelquefois usage de clefs à vérin, dont le serrage s'effectue à l'aide d'une vis ou d'une crémaillère; mais il est plus difficile d'obtenir par ce procédé la symétrie des efforts.

Avant l'entrée du navire au bassin, il est indispensable de le régler de manière qu'il soit bien droit, afin qu'au moment du déjaugeage il n'y ait pas de tendance à la bande qui pourrait provoquer la rupture d'une clef. De même, avant le remplissage du bassin, il faut s'assurer qu'aucun déplacement de poids n'a été effectué pendant le séjour du navire, sans quoi celui-ci pourrait s'incliner et se trouver dans une situation dangereuse.

Lorsque le navire doit faire au bassin un séjour assez prolongé, il peut être utile de l'accorer pour empêcher toute déformation de la charpente, les accores prenant alors appui contre les banquettes du bassin; le nombre et la position de ces accores sont réglés suivant les circonstances. Pour les navires en bois, à étrave élancée, on prend habituellement la précaution d'amener au fond du bassin les ancres, afin de diminuer autant que possible la charge de la charpente à l'avant; cette manœuvre est inutile pour les navires à charpente métallique.

243. Échouage des navires sur dock. — Les dépenses de construction d'un bassin de radoub sont considérables, et peuvent être accrues hors de mesure par la nature du sol ou la configuration du rivage. On peut alors recourir à un procédé plus économique, qui consiste à échouer le navire sur un *dock flottant*, c'est-à-dire en principe sur un flotteur de dimensions suffisantes pour soutenir le navire entièrement émergé.

Suivant le procédé le plus usuel, un dock se compose essentiellement d'un caisson rectangulaire formant radier et de deux caissons latéraux permettant de soutenir le radier immergé à une certaine profondeur (fig. 1071). On a fait autrefois des docks avec portes, munis à chaque extrémité d'une porte d'écluse à deux vantaux. La manœuvre s'effectue alors de la manière suivante. Le dock étant supposé fermé et vide, on laisse arriver l'eau à l'intérieur au moyen de vannes. Le dock s'immerge jusqu'à une flottaison qui doit être à un ou deux mètres en dessous du can supérieur des caissons latéraux. Lorsque le niveau de l'eau est le même à l'intérieur et à l'extérieur, on ferme les vannes, on ouvre les portes, et on fait entrer le navire; on referme ensuite les portes, et on épuise l'eau contenue à l'intérieur. L'échouage se fait ainsi comme dans un bassin ordinaire, avec cette seule différence que c'est le radier qui monte et soulève le navire.

Avec ce système, la longueur des navires que peut recevoir le dock est forcément limitée. Aussi emploie-t-on exclusivement aujourd'hui des docks sans portes, dont le fonctionnement est le suivant. Le poids du dock et les dimensions du radier sont réglés de manière que le dock lége ait une flottaison telle que FF' (fig. 1071); le poids du navire le plus lourd que le dock pourra recevoir

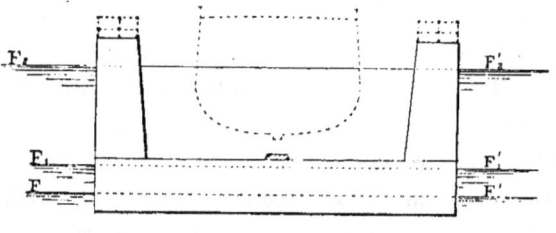

Fig. 1071.

est alors égal au déplacement de la tranche du caisson inférieur comprise entre FF' et une flottaison $F_1 F_1'$ située un peu au-dessous du niveau du radier. Le caisson inférieur et les caissons latéraux comprennent un certain nombre de cellules étanches, dans lesquelles on peut introduire un poids d'eau suffisant pour amener la flottaison de FF' en $F_2 F_2'$, dont la distance à la ligne de tins règle le tirant d'eau maximum des navires que le dock peut recevoir. Le navire étant alors introduit entre les caissons latéraux, l'échouage et la mise à sec s'obtiennent en épuisant l'eau contenue dans le dock, de manière à l'amener à une flottaison d'équilibre déterminée par le poids du navire et comprise entre FF' et $F_1 F_1'$. La tenue du navire pendant et après l'échouage est obtenue au moyen de clefs à vis ou à crémaillère et de ventrières. Les parois internes des caissons latéraux sont munies de consoles sur lesquelles on peut prendre appui pour l'établissement des échafaudages.

Avec ce système, la longueur du dock peut être un peu inférieure à la longueur moyenne des navires qu'il est destiné à recevoir; cette dernière longueur n'est d'ailleurs limitée que par la nécessité de fournir un appui suffisant à la ligne de quille au moyen des tins du radier. Quelquefois, pour le cas où le navire est moins long que le dock, on munit les extrémités des caissons latéraux de consoles à charnière pouvant se rejoindre et former passerelle de circulation entre les deux caissons (fig. 1072). Bien entendu, le compartimentage doit être poussé assez loin pour que les manœuvres de remplissage et d'épuisement des diverses cellules ne risquent pas de compromettre la stabilité du dock. Des échelles de tirant d'eau doivent

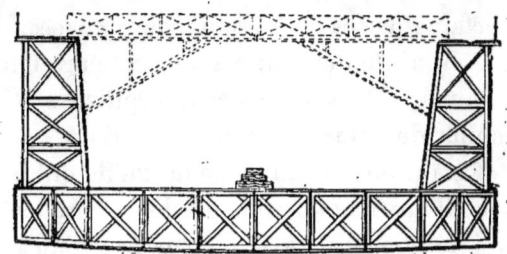

Fig. 1072.

d'ailleurs être disposées aux quatre angles, afin de permettre de régler les manœuvres de lest d'eau en conservant toujours le dock bien droit. Pour les grands docks, les appareils d'épuisement et leurs chaudières sont installés à bord du dock même, dans des compartiments des caissons latéraux. Pour les petits docks, sur lesquels on ne dispose pas d'une place suffisante, on fait remonter les tuyautages des cellules jusqu'au pont supérieur des caissons latéraux, et on les fait aboutir à un collecteur pouvant être mis en communication par un ou plusieurs raccords avec des appareils d'épuisement installés à bord d'un chaland que l'on accoste le long du dock.

La construction d'un dock flottant est comme on le voit très analogue à celle d'un navire ordinaire à double coque. Les membrures transversales et longitudinales sont ordinairement formées de poutres à treillis en cornières (fig. 1072); des membrures en tôle pleine limitent les diverses cellules ; l'installation des tuyautages est identique à celle des water-ballast à bord des navires. Au niveau des diverses flottaisons d'équilibre du dock, on établit des ceintures extérieures en bois protégeant le bordé contre les chocs. Quelquefois, on dispose de deux docks de longueur différente pouvant être fixés bout à bout de manière à réaliser diverses combinaisons suivant le poids et la longueur du navire à échouer.

Un des plus grands docks flottants existant actuellement est celui de Stettin, dont la longueur est de 155 mètres, et qui peut soulever un poids maximum de 11000 tonneaux. On vient de construire aux États-Unis un dock de dimensions encore plus grandes, ayant une longueur de 160 mètres et une largeur de $38^m,50$, et pouvant soulever un poids de 18000 tonneaux. En France, la marine militaire ne fait usage de docks que pour la mise à sec des torpilleurs. Certains de ces docks sont à deux places, c'est-à-dire que le radier est muni de deux lignes de tins parallèles sur lesquelles on peut échouer côte à côte deux torpilleurs de même type ou tout au moins de poids à peu près identique.

En raison du faible poids qu'ils ont à soulever, les docks pour torpilleurs n'ont besoin que d'une longueur assez réduite (25 à 30^m), qui ne donnerait à la charpente qu'un appui insuffisant. Pour y remédier, on donne au caisson inférieur une longueur plus grande qu'aux caissons latéraux, et on prolonge ce caisson à chaque extrémité par des consoles en treillis supportant des tins; on obtient de cette façon entre les tins extrêmes une longueur de 37^m (fig. 1073). Ces docks sont épuisés ordinairement au moyen d'une pompe à va-

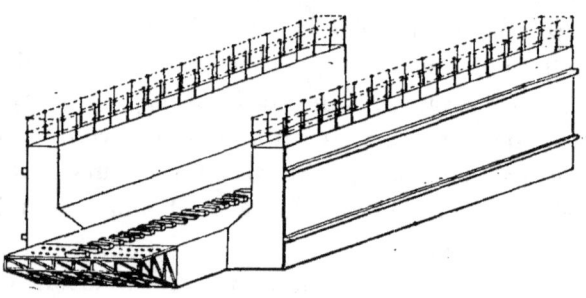

Fig. 1073.

peur disposée à bord d'un chaland spécial. On peut aussi, lorsque les parois du dock sont suffisamment robustes, munir chaque cellule d'un tuyautage permettant d'en effectuer la vidange par refoulement d'air; chaque torpilleur possède en effet un appareil de compression d'air pour le chargement de ses torpilles, et peut alors en cas de besoin effectuer sa mise à sec par ses propres moyens.

Le système de dock que nous venons de décrire est celui que l'on emploie presque toujours, mais a été néanmoins plus ou moins modifié dans certains cas. Nous citerons à titre d'exemple les docks à radier discontinu et caisson latéral unique et les docks à soulèvement mécanique.

Les docks à radier discontinu se composent d'un caisson vertical A (fig. 1074) perpendiculairement auquel sont fixés un certain

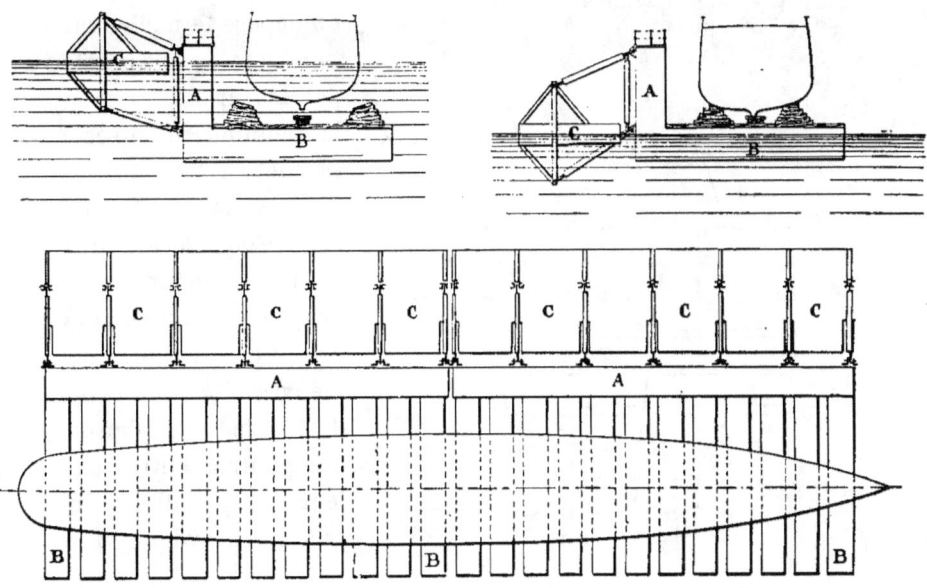

Fig. 1074.

nombre de pontons B séparés les uns des autres par un intervalle et formant le radier du dock. Le volume de ces pontons est réglé de manière à fournir le déplacement voulu pour soutenir le navire émergé. Pour maintenir le dock vertical lorsqu'il est immergé, le caisson A (qui peut être s'il est nécessaire composé de plusieurs parties s'assemblant bout à bout) porte du côté opposé aux pontons des contre-poids d'équilibrage formés par des caissons flottants C reliés au caisson A par deux bras constituant un parallélogramme articulé. La manœuvre s'exécute comme avec un dock ordinaire, mais une fois le navire émergé il est possible de remorquer l'ensemble et de l'amener en face d'une estacade construite le long du rivage et composée d'une série d'appontements parallèles, normaux au rivage et de largeur un peu inférieure à celle du vide existant entre les pontons B (fig. 1075). On a ainsi une sorte de peigne, entre les dents duquel on peut faire pénétrer les pontons B. En laissant alors de l'eau s'introduire dans le dock, on dépose le navire sur une ligne de tins portée par les appontements; la manœuvre inverse permettra la remise à flot. De là le nom de *depositing dock* qui a été donné à cet appareil. Ce système est d'ailleurs compliqué et d'une manœuvre délicate, à cause de la médiocre liaison des pontons entre eux, leur dénivellation risquant de provoquer une déformation du navire;

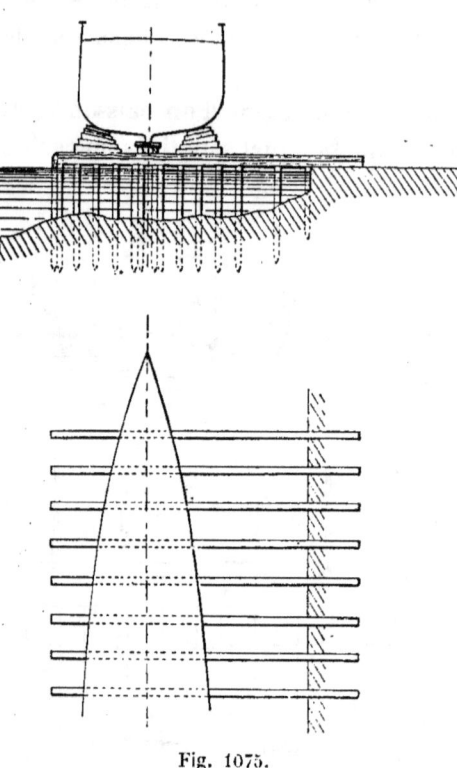

Fig. 1075.

il n'a reçu qu'un assez petit nombre d'applications (Nicolaïeff, Barrow).

Les docks à soulèvement mécanique (Bombay, Londres) ont été construits en vue de réduire le travail d'épuisement, assez considérable pour les docks ordinaires, en utilisant dans la mesure du possible le mouvement de la marée. L'installation comporte une double rangée de colonnes parallèles à fondations sous-marines (fig. 1076). Chacune de ces colonnes est creuse, et porte à l'intérieur une presse hydraulique actionnant une traverse à laquelle sont suspendues deux bielles pendantes. A chaque paire de bielles symétriques est attachée une poutre à treillis transversale qui peut être ainsi élevée ou abaissée à volonté. Le dock proprement dit est constitué par un caisson unique; c'est un dock ordinaire réduit à son radier, ce caisson étant divisé en cellules étanches qui peuvent être mises en communication avec la mer. Pour échouer un navire, on amène le caisson entre les colonnes, et on le coule de manière à le faire reposer sur les poutres transversales ; on manœuvre ensuite les presses, de façon qu'au moment de la marée haute il y ait

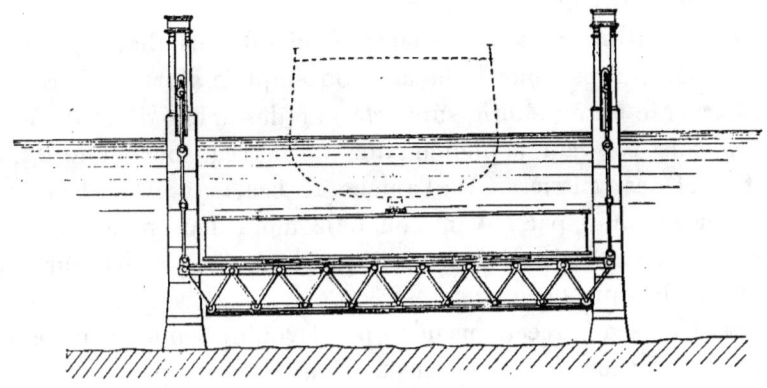

Fig. 1076.

juste assez d'eau au-dessus des tins du caisson pour qu'on puisse y amener le navire. On laisse échouer le navire par la baisse de la marée, et au moment de la basse mer on manœuvre les presses, de façon à faire émerger complètement le caisson, si cette émersion ne s'est pas produite naturellement par le jeu même de la marée. On ouvre alors les soupapes du caisson de manière à le vider ; on ferme ces soupapes et on laisse redescendre les poutres jusqu'à ce que le caisson flotte en supportant le navire.

244. Cales de halage. — Lorsqu'on ne possède ni dock ni bassin de radoub, la mise à sec peut être réalisée au moyen d'une *cale de halage* (en anglais *slip*), c'est-à-dire d'un plan incliné le long duquel on peut haler un berceau sur lequel on a fait au préalable échouer le navire. Le procédé du halage sur cale a été autrefois utilisé dans les arsenaux, à l'époque de la transformation des navires à voiles en navires à propulsion mixte. On s'est servi pour cela des cales de construction, en construisant un berceau à double coulisse analogue au berceau de lancement. Le navire était échoué à marée haute sur ce berceau préalablement amené à l'extrémité de l'avant-cale, et on halait ensuite le berceau au moyen de câbles actionnés par des cabestans (1). Ce procédé

(1) Pour la transformation des navires à voiles, on sectionnait le navire au droit de

peut être encore dans certaines circonstances susceptible d'application; la force à vaincre pour le halage est évidemment égale à P $(\sin \theta + f \cos \theta)$, f ne pouvant guère descendre ici au-dessous de 0,12 à 0,15 en raison de l'épaisseur forcément très réduite de la couche de lubrifiant.

On a construit des cales spéciales, munies des installations mécaniques nécessaires pour le halage. On emploie alors un berceau en charpente ou en tôlerie supporté par des galets de roulement et des rails fixés sur le plan incliné. Ce berceau porte une ligne de tins et des ventrières. On l'amène au bas de la cale, et on fait échouer le navire par l'avant; on hale alors doucement, en manœuvrant les ventrières à mesure que le navire s'assied sur son berceau; lorsque l'échouage est complet, on hale l'ensemble du navire et de son berceau jusqu'au point voulu. Comme organe de traction, il importe de se servir de pièces rigides à peu près inextensibles, et non de câbles en filin; ceux-ci en effet, en raison de leur élasticité, se contractent lorsque la somme de l'effort qui leur est appliqué et de leur tension de déformation devient supérieure à la résistance de frottement, et il en résulte que le bateau marche par saccades et non d'une manière continue. On emploie soit des chaînes ou des câbles métalliques, s'enroulant sur des tambours actionnés mécaniquement, soit des barres de traction pouvant s'assembler les unes au bout des autres et actionnées par des cylindres hydrauliques. L'opération est dans ce dernier cas discontinue, et nécessite l'emploi d'un encliquetage pour immobiliser le berceau chaque fois qu'il a avancé d'une longueur égale à la course des cylindres (3 à 4 mètres), pour permettre le retour en arrière des pistons et l'enlèvement d'une barre de traction. Certaines installations possèdent des presses à trois cylindres, permettant de disposer de trois efforts de traction pour une même pression d'eau, suivant que l'on fait agir cette eau sur un, deux ou trois pistons. La pente est ordinairement de 50 à 60 $^m/_m$ par mètre, suffisante pour que le berceau redescende de lui-même; on dispose cependant en

---

la maîtresse section, on halait la moitié *AV* de manière à l'écarter de la moitié *AR*, et on les raccordait au moyen d'une tranche de charpente fournissant le volume et le déplacement nécessaires pour l'addition de l'appareil moteur. Le navire ainsi allongé était remis à l'eau par les procédés ordinaires. Le même système a été employé récemment en Allemagne pour la refonte des garde-côtes type *Beowulf*.

MISE A SEC.

général une chaîne de retour permettant de le haler vers le bas, au cas où la vase ferait obstacle à son mouvement. La plupart des arsenaux français possèdent des cales de ce genre pour la mise à sec des torpilleurs, en cas d'insuffisance du nombre des docks.

L'opération du halage sur une cale ainsi disposée est forcément assez lente. On installe aujourd'hui de préférence des cales de halage en travers, dans lesquelles la réduction du chemin parcouru par le berceau permet d'accroître notablement la pente. Le berceau a la forme d'un prisme triangulaire dont la face supérieure est horizontale et porte la ligne de tins d'échouage; la tenue du navire est complétée au moyen de ventrières manœuvrées à l'aide de treuils établis sur une passerelle solidaire du berceau. Le berceau est porté par des files de galets roulant sur des rails paral-

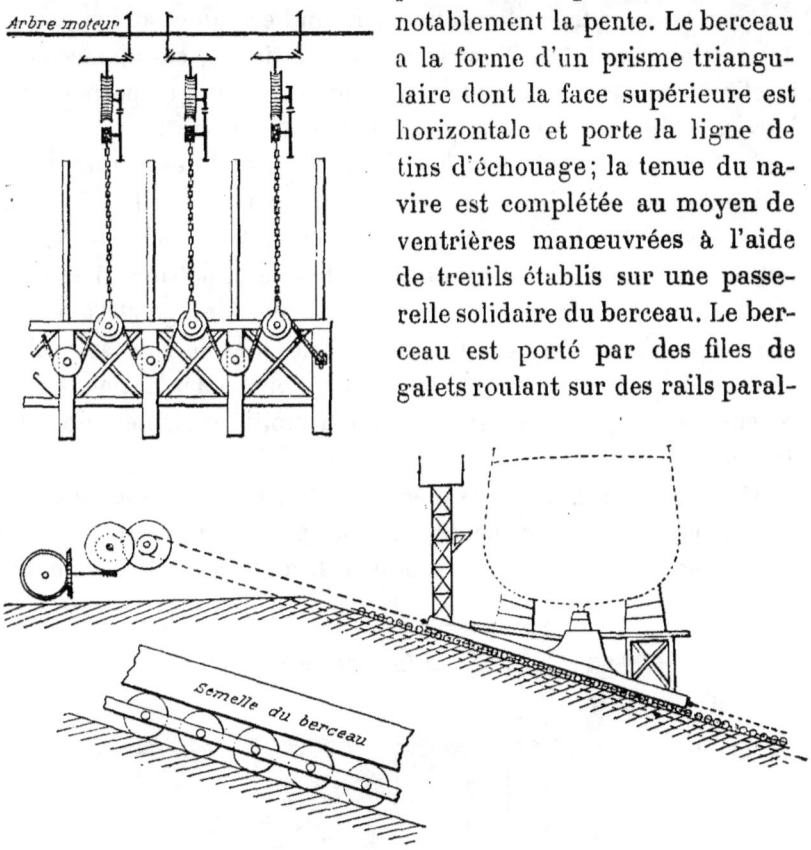

Fig. 1077.

lèles espacés de 2 à 3 mètres; en général, ce berceau peut être fractionné en un certain nombre d'éléments indépendants, de manière qu'on puisse proportionner sa longueur à celle du navire sans être obligé de haler un poids mort inutile. La pente est ordinairement voisine de 200 $^m/_m$, et atteint même quelquefois 300 $^m/_m$ (Bordeaux).

Avec ce système, la seule difficulté réside dans la réalisation d'un déplacement bien uniforme pour toutes les parties du berceau. On est en effet obligé de multiplier beaucoup le nombre des organes de traction, et il est indispensable que tous ces organes aient un mouvement parfaitement synchrone et subissent le même effort. Pour les cales de Bordeaux et de Nantes, le problème a été résolu par l'emploi d'un câble compensateur en fil d'acier, passant sur des réas fixés alternativement au berceau et aux appareils de traction (fig. 1077). Pour la cale de Bordeaux, ces appareils de traction sont des vis actionnées par un arbre unique perpendiculaire à la direction du halage ; pour la cale de Nantes, que représente la figure 1077, les organes de traction sont des chaînes Galle actionnées par un train d'engrenages et par un arbre longitudinal disposé comme celui de la cale de Bordeaux. Le berceau de Nantes présente en outre une disposition particulière, destinée à réduire les frottements ; au lieu d'être soutenu par des galets à essieu ordinaires, il est simplement posé sur des files de rouleaux reliés les uns aux autres par des lattes en fer, dont le déplacement dans le sens du halage est par suite égal à la moitié seulement de celui du berceau.

245. Échouage des navires sur platin. — Dans les endroits où le mouvement de la marée a une amplitude suffisante, on peut utiliser ce mouvement pour produire la mise à sec, en échouant

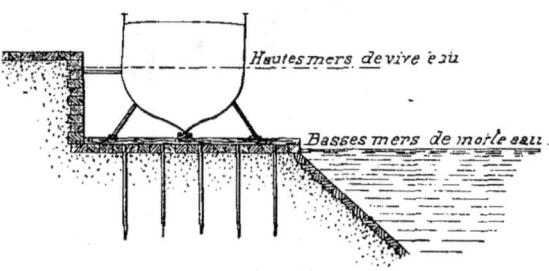

Fig. 1078.

le navire à marée haute sur une plate-forme horizontale appelée *platin* ou *gril de carénage* ; cette plate-forme est disposée parallèlement à la rive, et constituée par un quadrillage en bois reposant sur des files de pieux et supportant une ligne de tins (fig. 1078).

Le platin doit être établi un peu au-dessus du niveau des basses mers de morte eau, de manière à découvrir à toute marée; la distance entre la ligne des tins et le niveau des hautes mers de vive eau règle alors le tirant d'eau maximum du navire que l'on peut échouer; en général, d'ailleurs, on ne pourra utiliser le platin que pour des navires de tirant d'eau inférieur à ce chiffre, car sans cela il faudrait attendre pour leur remise à flot le retour d'une marée de même amplitude, c'est-à-dire environ quinze jours.

Avec ce procédé, la durée d'assèchement du navire est limitée à quelques heures, et ne permet d'exécuter que des travaux d'entretien courant ou des réparations de peu d'importance. On peut cependant maintenir le navire sur le platin pendant plusieurs marées consécutives, en le chargeant de lest de manière qu'il ne se soulève pas au moment de la haute mer; il faut seulement bien entendu que l'étanchéité du bordé de carène soit assurée pendant la période d'immersion du navire.

Les platins ne conviennent en somme que pour la mise à sec de bâtiments de faible dimension. On en fait usage dans les arsenaux pour l'entretien et les réparations courantes des chalands, allèges et bâtiments de servitude divers.

Au début de l'emploi des torpilleurs pour la défense mobile des côtes, on a également utilisé le mouvement de la marée pour la mise à sec temporaire de ces petits bâtiments en des points éloignés des ports ou arsenaux. On s'est servi pour cela d'une sorte de platin mobile ou *ber d'échouage,* constitué par des cadres en charpente réunis par des pièces longitudinales et convenablement entretoisés (fig. 1079); les choses sont réglées de manière que, le ber

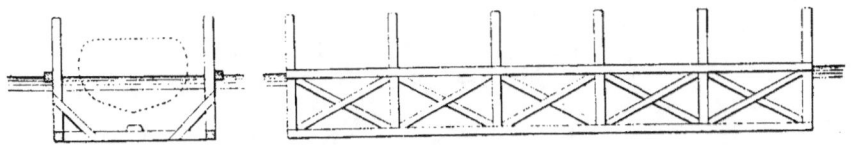

Fig. 1079.

flottant librement, la distance du niveau de l'eau à la ligne des tins portés par les cadres soit un peu supérieure au tirant d'eau du torpilleur. Le ber étant amarré le long de la côte en un point bien abrité, le torpilleur vient se placer entre les montants verticaux et, s'amarrant au ber, peut le remorquer à marée haute au-dessus d'une plage présentant une surface bien plane. L'ensemble échouera à marée basse, le torpilleur venant reposer sur les tins, et on aura ainsi une mise à sec d'une certaine durée. Les bers d'échouage sont aujourd'hui remplacés par des docks flottants dans tous les centres de stationnement des torpilleurs.

CHAPITRE IV

Procédés de réparation et d'entretien.

246. Réparations à flot. — Les réparations du bordé extérieur ou des pièces fixées sur lui peuvent dans certains cas être exécutées pendant que le navire est à flot. Lorsque le point à réparer est au-dessus de la flottaison, on emploie des radeaux rectangulaires dits *ras de carénage*, que l'on tient accostés le long du bord, et sur lesquels les ouvriers peuvent travailler et même au besoin disposer des échafaudages. Lorsqu'il s'agit d'une réparation en un point situé au-dessous de la flottaison, et qu'on ne dispose pas de moyens de mise à sec, on peut employer divers procédés permettant au moins une réparation provisoire. Autrefois, on pratiquait couramment l'*abatage en carène;* c'est-à-dire qu'on inclinait le bâtiment transversalement en faisant effort sur la tête des bas mâts au moyen de palans prenant appui soit sur un quai, soit sur un ponton amarré parallèlement au navire (fig. 1080). Le calcul des efforts nécessaires se déduit immédiatement de la courbe de stabilité transversale du navire, le couple inclinant devant être à chaque instant égal au couple de redressement. Avec les anciens navires à voiles, en débarquant tous les poids mobiles et en bouchant hermétiquement toutes les ouvertures de la muraille, on arrivait à éventer la quille en inclinant le navire de 60 à 65°; en répétant successivement l'opération des deux bords, on pouvait effectuer le carénage complet. Il était bien entendu nécessaire de renforcer convenablement les haubans et d'ajouter un épontillage intérieur provisoire entretoisant les ponts avec les fonds et s'opposant à la déformation transversale. Pour les navires modernes, une semblable opération serait impraticable à cause de l'impossibilité de débarquer commodément tous les poids mobiles et surtout d'empêcher la dénivellation de l'appareil moteur. Tout ce que l'on peut faire, c'est de donner au navire une bande permanente de 15 à 20° au plus, par un déplacement de poids, de manière à faire émerger la région du bordé de carène voisine de la flottaison. Dans les ports de commerce, on pratique encore quelquefois l'abatage en carène pour de petits bâtiments de pêche.

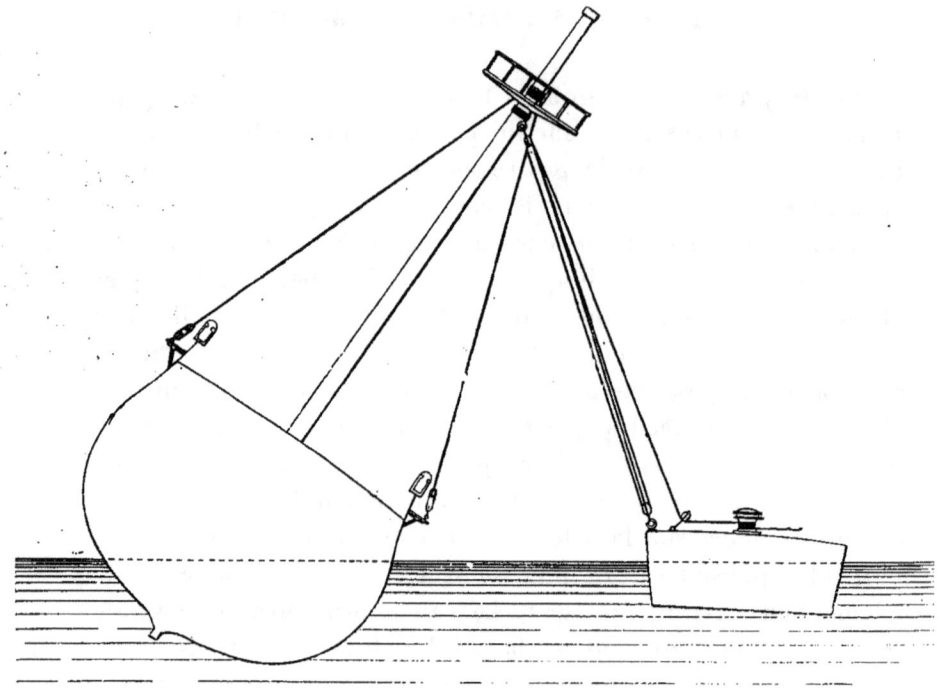

Fig. 1080.

Dans le cas d'une avarie locale du bordé, dans une région pas trop éloignée de la flottaison, on peut effectuer la réparation par le moyen d'un *suçon*, c'est-à-dire d'une caisse en bois à bordé étanche ouverte à sa partie supérieure et dont un des côtés est taillé suivant le profil des formes du navire (fig. 1081). On leste cette caisse et on la tient appliquée par des palans contre la carène, la surface de portage étant garnie de paillets ou d'étoupes. En épuisant alors à l'aide d'une pompe l'eau contenue à l'intérieur du suçon, celui-ci est maintenu appliqué contre le bordé par la pression de l'eau, et, si son étanchéité est suffisante, on peut effectuer à loisir la réparation. Ce procédé de réparation peut être très avantageux lorsque le navire est éloigné de tout port ou arsenal, et a permis dans plusieurs cas d'effectuer des réparations provisoires importantes.

Lorsque le bordé de carène a été crevé en un point et que l'avarie est suffisamment localisée, on peut obtenir une obturation provisoire en faisant usage d'un paillet spécial constituant une sorte de coussin étanche que l'on maintient appliqué contre le bordé et qui permet l'épuisement de l'eau introduite dans le navire. Le paillet système Makaroff est un paillet rectangulaire tressé avec du *bitord* (toron de 2 ou 3 fils de 8 à 9$^m/_m$ de circonférence), dont la figure 1082 indique le mode de confection ; sur une de ses faces, ce paillet est *lardé*, c'est-à-dire qu'on engage avec un

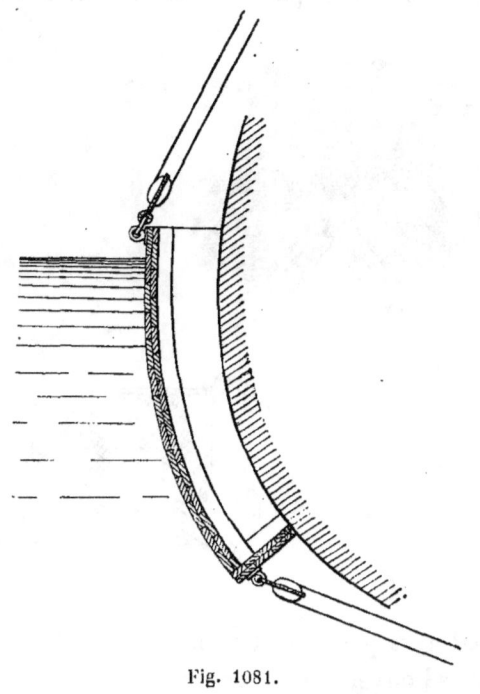

Fig. 1081.

épissoir sous chaque toron un brin de bitord de quelques centimètres de longueur dont les deux extrémités sont ensuite effilochées ; la face opposée est revêtue d'une double couche de toile à prélarts, recouverte de peinture et cousue sur ses bords avec une ralingue fixée sur le pourtour du paillet. Aux quatre angles, cette ralingue est munie de cosses auxquelles on peut fixer des pattes d'oie, comme le montre la figure 1082. Le paillet ainsi gréé est passé sous le navire, sa face lardée appliquée contre la carène, et accosté au moyen de palans ; la pression de l'eau le maintient ensuite s'il est bien étanche. On délivre à chaque navire un certain nombre de paillets de ce genre, de dimensions graduées (1). Il convient de remarquer que la présence de quilles de roulis à fortes saillies rend l'emploi de ces paillets souvent très difficile et quelquefois même à peu près impraticable. Pour les brèches de forme à peu près circulaire et de diamètre ne

---

(1) Pour faciliter la mise en place éventuelle de ces paillets, on dispose à l'avance une petite chaîne passant sous le navire dans le voisinage de la maîtresse section et attachée à deux pitons rivés sur le bordé.

dépassant pas 30°/ₘ environ, on fait usage de paillets système Colomès, constitués par des sacs en toile bourrés de cellulose (§ 125) et

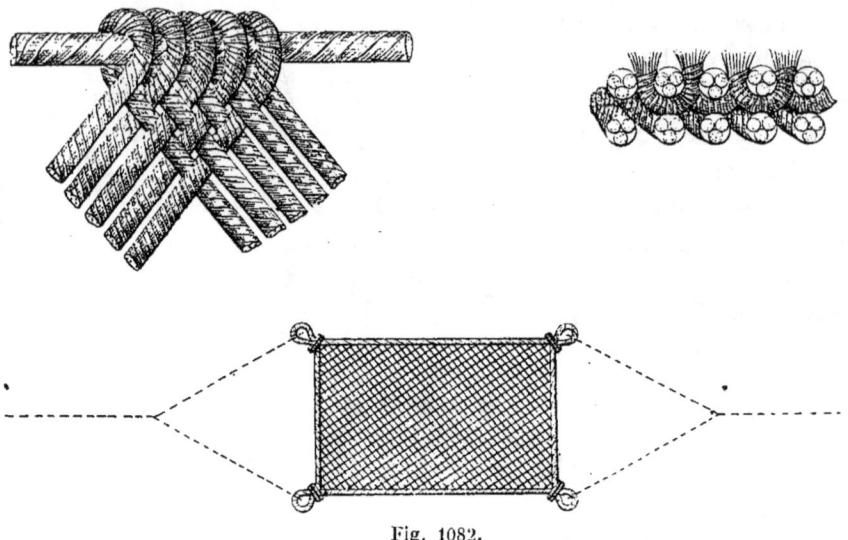

Fig. 1082.

traversés par une tige munie de deux écrous; on engage le sac dans l'ouverture, et en tournant la tige on produit le rapprochement de ses deux extrémités, et par suite l'obturation plus ou moins complète de la brèche.

Presque tous les travaux de réparation provisoire d'une avarie située au-dessous de la flottaison exigent le concours d'un scaphandrier. L'appareil employé dans la marine est l'appareil Rouquayrol-Denayrouse, consistant dans l'emploi d'un vêtement imperméable et résistant dont on enveloppe complètement le plongeur et dans lequel au moyen d'une pompe on refoule continuellement de l'air qu'on s'efforce de maintenir à une pression aussi voisine que possible de celle du milieu où se trouve le plongeur. Cet air sort d'une manière continue par une soupape chargée d'un ressort dont le plongeur peut régler lui-même la tension; cette soupape est placée sur le côté du casque en cuivre garni de hublots qui surmonte le vêtement. Les deux mains du plongeur sont nues et libres, mais le travail sous-marin exige bien entendu que les outils employés soient appropriés au milieu où s'exécute le travail (marteaux avec manches en fer, etc.).

247. Renflouage. — Lorsqu'un navire se trouve échoué ou coulé sur le fond, il est en général possible de le *renflouer*, c'est-à-dire de le ramener à flot, si les avaries qu'il a subies ne sont pas trop considérables et si le fond sur lequel il repose n'est pas trop éloigné du niveau de la mer. Les opérations de renflouage ne peuvent en effet être tentées qu'avec l'aide de scaphandres, et l'expérience a montré qu'il était impossible de descendre à une profondeur supérieure à 60 mètres sans provoquer des accidents graves et même mortels dus à la forte pression de l'air inspiré (7^k environ). En pratique même, à moins de nécessité absolue, on ne doit jamais essayer de plonger au delà de 45 mètres, et on peut considérer qu'il n'est guère possible de travailler d'une manière continue au-delà de 30 mètres environ.

Sous cette réserve, les méthodes de renflouage peuvent se ramener à deux, suivant que l'on produit l'émersion du navire par une force extérieure qu'on lui applique ou par la diminution de poids due à l'épuisement partiel de l'eau qui s'est introduite à l'intérieur. Dans le premier cas, le procédé consiste à creuser sous le navire des tranchées transversales dans lesquelles on fait passer des chaînes en nombre convenable pour bien soutenir la charpente, dont on amarre les extrémités à des pontons ou chalands de déplacement suffisant pour fournir la force émersive nécessaire. Si le mouvement de la marée est sensible, on raidit les chaînes à marée basse et le soulèvement s'effectue en suivant l'ascension du niveau de l'eau. Si l'amplitude de la marée est trop faible, on augmente le poids des pontons ou chalands à l'aide de lest liquide avant de raidir les chaînes, et on épuise ensuite cette eau. Le navire soulevé et suspendu aux flotteurs peut être remorqué soit sur une plage asséchant à marée basse, soit dans un port, soit même entré dans un bassin de radoub; si l'émersion est insuffisante, on le remorque sur un haut-fond où on le laisse échouer à nouveau et on le reprend ensuite de manière à produire une nouvelle émersion.

Le second procédé, applicable seulement aux navires compartimentés, consiste à effectuer une obturation provisoire de la voie d'eau, et à fermer hermétiquement les panneaux ou ouvertures diverses d'un certain nombre des compartiments envahis. On peut alors construire des cheminées en tôle montant jusqu'au-dessus du niveau de l'eau et s'attachant à leur base sur un mantelet en bois établi à faux frais de manière à fermer un des panneaux de chaque compartiment. En faisant plonger dans ces cheminées des manches d'aspiration de pompes, on peut épuiser ces compartiments et ramener le navire à flot si on produit ainsi une diminution de poids suffisante. Mais l'application de ce procédé est souvent assez difficile, car il faut remarquer que la plupart des grands compartiments sont limités à leur partie supérieure par un pont, c'est-à-dire par une cloison qui n'a pas été calculée en vue de résister à la charge d'eau très considérable qu'on lui fait supporter en épuisant ces compartiments. Il est donc nécessaire d'épontiller très fortement ces ponts avant de commencer l'épuisement, ce qui peut être une opération peu aisée.

La principale difficulté du renflouage provient souvent de l'adhérence du navire avec le fond. Si le navire est échoué sur un fond de sable ou de vase, il y creuse une *souille,* c'est-à-dire une empreinte plus ou moins profonde, et lorsqu'on cherche à le soulever il forme ventouse, de sorte qu'on a à vaincre un excès de poids égal à la charge due à la pression atmosphérique se transmettant à la surface de portage. On peut avoir ainsi des efforts supplémentaires très considérables. Aussi doit-on chercher avant tout à supprimer cette adhérence, soit en creusant des tranchées entrecroisées sous le navire, soit en faisant déboucher près de la surface de contact les tuyaux de refoulement de pompes puissantes donnant des jets dirigés tangentiellement à la carène et produisant une agitation qui favorise l'accès de l'eau sous le navire. La position du navire échoué et la nature du fond doivent donc être étudiées minutieusement avant toute opération, et on doit s'inspirer dans chaque cas des circonstances particulières dans lesquelles on se trouve.

248. Procédés d'entretien des navires en bois. — Les causes de dépérissement des bois de construction sont la *pourriture sèche,* altération due au développement d'un champignon microscopique sous l'influence de l'humidité naturelle du bois, et la *pourriture humide,* due à la décomposition des matières azotées contenues dans le bois sous l'action de la chaleur et de l'humidité. Les principaux facteurs de dépérissement sont, par suite, la sève et l'eau hygroscopique contenue dans le bois, et on doit s'appliquer à les éliminer autant que possible préalablement à la mise en œuvre. En outre, la dessiccation naturelle du bois ne s'opérant que très lentement, il importe de laisser les pièces de la charpente en libre contact avec l'air pendant un temps aussi long que possible. C'est pour cela qu'on était forcé autrefois d'entretenir dans les arsenaux des approvisionnements de bois considérables, permettant de laisser sécher les bois en magasin pendant 8 ou 10 ans. En outre, comme les mises en chantier pouvaient être prévues longtemps à l'avance en raison du petit nombre et de l'uniformité des types de navires, le bâtiment une fois monté sur cale *en bois tors*, c'est-à-dire sans revêtements intérieurs ou extérieurs, était abandonné à lui-même, abrité sous une toiture fixe, pendant un certain nombre d'années. On obtenait ainsi des membrures parfaitement desséchées, et on assurait à la charpente une longue durée. Ces procédés seraient aujourd'hui inapplicables, tant en raison de la réduction des approvisionnements de bois que de la nécessité de pousser rapidement la construction; mais il en résulte une diminution notable de la durée de conservation.

Les pièces de bois étant supposées purgées de sève et amenées à un degré de dessiccation aussi complet que possible, il suffit de les protéger contre l'action de l'humidité extérieure, en les recouvrant d'un enduit protecteur. Cet enduit est constitué ordinairement par deux ou plusieurs couches de peinture ordinaire à l'huile de lin. Pour les parois intérieures de la cale des anciens navires en bois, on faisait usage de peinture à la chaux, obtenue en délayant simplement de la chaux éteinte dans de l'eau additionnée quelquefois d'un peu de colle. On avait ainsi un enduit s'opposant efficacement au développement de germes organiques, mais d'une adhérence très insuffisante. La peinture à l'huile de lin est plus avantageuse, et on emploie ordinairement pour la couche de fond la peinture au gris de zinc; cette couche ne doit être appliquée que sur une surface bien sèche, et après qu'on a bouché avec du mastic toutes les fentes ou gerçures; par-dessus cette première couche, on en applique une ou deux autres de la teinte choisie.

Lorsqu'un bâtiment est en service, l'aération continue et l'entretien régulier de la peinture suffisent pour assurer la conservation. Lorsqu'il est désarmé et doit être immobilisé pendant un certain temps dans cette situation, diverses précautions sont nécessaires. Autant que possible, le pont supérieur doit être recouvert d'un abri complet en toile; chaque panneau tout au moins doit être protégé par un capot en toile à prélarts recouverte de peinture. La surface du pont supérieur est revêtue d'un enduit formé de goudron végétal et de galipot (goudron végétal 2^k, galipot 8^k, ardoise pulvérisée 3^k). La mâture supérieure est démontée, et les bas mâts sont légèrement soulevés au moyen de cales pour que l'air circule autour du tenon et de l'emplanture; la tête de chaque mât est recouverte d'un capot en toile. Enfin, il est bon de délivrer une virure du bordé extérieur à un ou deux mètres au-dessus de la flottaison, pour ménager une circulation d'air dans les mailles; le can supérieur de l'ouverture ainsi faite doit être protégé par un auvent empêchant l'entrée de la pluie.

249. Procédés d'entretien des matériaux métalliques. — Les métaux ferreux, abandonnés au contact de l'air et de l'humidité, subissent une oxydation progressive transformant peu à peu le métal en une matière friable, la *rouille,* qui est un sesquioxyde de fer hydraté. La production de ce sesquioxyde paraît être le résultat d'une double réaction. Tout d'abord, en présence de l'acide carbonique contenu dans l'air ou en dissolution dans l'eau, le fer décompose l'eau, et il se forme du carbonate de fer, avec dégagement d'hydrogène; puis ce carbonate de fer est décomposé à son tour en laissant un dépôt de sesquioxyde de fer.

L'oxydation du fer peut être favorisée par diverses circonstances, dont la principale est l'action galvanique due à la mise en contact de corps différents. Lorsqu'un morceau de fer et un morceau de cuivre sont immergés au contact l'un de l'autre, le fer est rapidement attaqué; mais il n'est pas nécessaire d'avoir affaire à deux corps aussi nettement distincts pour que l'action galvanique se manifeste. Pour une tôle de fer rivée en fer, par exemple, l'oxydation se portera principalement sur les têtes martelées des rivets, dont le métal a subi un certain degré d'altération. Pour une tôle d'acier, un défaut d'homogénéité suffira pour accuser l'oxydation sur les points qui seront électro-positifs par rapport aux autres. Or l'acier est, comme on le sait, un métal très complexe, et il est à peu près impossible de réaliser pour une pièce mise en œuvre une homogénéité chimique et mécanique absolument complète. Les matériaux en acier se corroderont donc plus rapidement que des matériaux en fer placés dans les mêmes conditions, fait bien démontré par l'expérience.

Si l'on pouvait réaliser un enduit parfaitement adhérent et parfaitement imperméable, empêchant tout contact du fer avec l'acide carbonique et l'oxygène, on empêcherait évidemment toute corrosion. Mais ce résultat est impossible à atteindre. En dehors des causes mécaniques extérieures (frottements, chocs, etc.) qui peuvent à un certain moment déterminer la suppression partielle de l'enduit protecteur, on ne peut empêcher l'eau de filtrer en quelques points au travers de l'enduit lorsqu'il s'agit de matériaux constamment immergés ou même seulement exposés aux intempéries. Il se forme alors, aux points qui sont électro-positifs par rapport aux régions voisines, des foyers d'oxydation ; le dégagement d'hydrogène repousse la peinture en formant une ampoule qui finit par crever et facilite l'infiltration de l'eau. On a ainsi, en dehors de la corrosion superficielle générale, des *piqûres* plus ou moins profondes, c'est-à-dire des points où la formation de rouille se poursuit plus activement en creusant peu à peu la pièce.

La marche à suivre pour combattre la corrosion comprend par suite d'une part la suppression préalable, aussi complète que possible, de tout défaut d'homogénéité, de l'autre la protection du métal à l'aide d'un enduit aussi adhérent et aussi imperméable que possible. Nous avons déjà indiqué à diverses reprises les précautions nécessaires pour isoler dans la charpente les pièces constituées par des métaux différents (1). En ce qui concerne les matériaux d'acier, les défauts d'homogénéité provenant de la composition même du métal ne peuvent être corrigés ; mais il en est deux que l'on peut supprimer ou tout au moins s'attacher à réduire : ce sont d'abord la présence des *écailles de laminage,* c'est-à-dire des fragments d'oxyde de fer (oxyde des battitures) qui se sont formés pendant le travail à chaud du métal et se sont

---

(1) Il convient de signaler ici qu'il est bon d'éviter d'amarrer dans le voisinage l'un de l'autre un navire à carène métallique ordinaire et un navire à carène doublée en cuivre. Le contact peut en effet se trouver établi par l'intermédiaire des chaînes d'amarrage, qui traînent sur le fond, et la coque du premier navire sera en ce cas rapidement piquée.

incrustés dans sa surface sous l'action des pressions extérieures subies (passage au laminoir, martelage, etc.), et en second lieu les altérations mécaniques provenant de l'écrouissage subi par les régions travaillées à basse température (poinçonnage, cisaillage, matage, martelage à froid, etc.).

L'enlèvement des écailles de laminage peut être obtenu par un décapage superficiel. Dans les arsenaux anglais, on décape les tôles en les plongeant pendant quelques heures dans un bain faible d'acide chlorhydrique ; on dirige ensuite sur elles le jet d'une pompe en même temps qu'on frotte la surface avec des brosses métalliques ; puis on lave avec une dissolution faible de potasse, pour enlever les dernières traces d'acide, et on termine par un rinçage à l'eau pure. Dans les chantiers de la Clyde, on charge une pompe à incendie portative avec une solution faible de chlorhydrate d'ammoniaque, et on projette ce liquide sur la tôle, que l'on laisse ensuite sécher à l'air ; on répète cette opération trois fois en quinze jours, et on termine par un lavage avec une solution alcaline faible et par un rinçage à l'eau pure. Dans les arsenaux français, on emploie des procédés un peu différents. On a reconnu que l'exposition prolongée à l'air et aux intempéries suffisait pour déterminer une faible corrosion superficielle à peu près uniforme, détruisant l'adhérence entre les écailles de laminage et le reste du métal ; un léger grattage suffit alors pour les faire tomber. Pour que ce procédé soit efficace, il faut que les tôles et profilés aient pu être abandonnés à l'air libre pendant plusieurs mois, ce qui exige que les approvisionnements aient pu être constitués assez longtemps à l'avance. Si l'exposition à l'air n'a pu être suffisamment prolongée, on fait un décapage mécanique en frottant énergiquement la surface du métal avec des tampons d'étoupe trempés dans une boue sablonneuse obtenue en délayant dans de l'eau de mer les crasses des meules en grès servant à l'affûtage des outils ; on laisse le métal recouvert de cette boue pendant deux jours, puis on rince à l'eau douce et on laisse sécher à l'air.

Quant aux altérations mécaniques, il en est qu'on ne peut éviter entièrement, par exemple le matage des coutures étanches et le martelage des têtes de rivets. On doit seulement s'attacher à les réduire autant que possible en ajustant avec soin les cans des pièces contiguës, et en interdisant tout martelage des pièces autour des têtes de rivets pour améliorer l'accostage. Les files de rivets et les lignes de matage peuvent d'ailleurs être avantageusement protégées d'une manière particulière, comme nous le verrons tout à l'heure. Enfin, il convient de supprimer les zones altérées par cisaillage ou poinçonnage, comme nous l'avons indiqué au § 140, et d'éviter tout martelage à froid ; en particulier, les coups de pointeau employés comme repères de traçage ne doivent être admis que lorsqu'ils sont destinés à disparaître dans la mise en œuvre (centres de trous de rivets, tracé des contours à découper, etc.).

Ces précautions préliminaires étant prises, il faut isoler aussi complètement que possible le métal pour le soustraire à l'action de l'air et de l'humidité. Pour les matériaux de faible épaisseur et les ferrements divers de volume peu considérable, on obtient une protection efficace en immergeant la pièce à protéger dans un bain de zinc fondu, qui forme avec le fer une véritable combinaison et laisse à la surface une mince pellicule très adhérente. Le zinc s'oxydant beaucoup moins rapidement que le fer, il est ensuite aisé de le protéger au moyen de peintures ordinaires. Pour les parties intérieures du navire, telles que les cloisons d'emménagement, on emploie ordinairement une couche de peinture au minium et une couche de peinture blanche. Nous verrons plus loin les précautions à prendre lorsqu'il s'agit de tôles faisant partie du bordé de carène.

L'opération du zingage est coûteuse, et à peu près inapplicable lorsqu'il s'agit de matériaux de forte dimension. On emploie alors comme protection un certain nombre de couches de peinture, qui doivent être aussi adhérentes que possible. L'opération de mise en place de la première couche a à ce point de vue une grande importance. La composition de la peinture employée ne paraît pas avoir une très grande influence; l'enduit le plus couramment usité est la peinture ordinaire au minium (minium 84^k, huile de lin 16^k); mais on obtient également de bons résultats soit avec la peinture au gris de zinc, soit avec la peinture à l'oxyde de fer (minium de fer en poudre 60^k, huile de lin 30^k, essence de térébenthine 7^k, siccatif liquide 3^k), soit avec le coaltar (1).

---

(1) Le coaltar en séchant donne une surface polie qui ne se prête pas à l'application d'autres couches de peinture ; aussi ne l'emploie-t-on que pour les chaînes, les caisses à eau, les bâtiments de servitude, et le bordé extérieur lorsqu'il doit être recouvert d'un doublage en bois.

Ce qui est essentiel, c'est d'appliquer cette peinture sur une surface aussi bien débarrassée d'oxyde que possible et surtout parfaitement sèche. Une charpente métallique se comporte en effet vis-à-vis de l'atmosphère comme un véritable condenseur, dont le refroidissement est plus rapide, et au contact duquel se liquéfie la vapeur d'eau contenue dans l'air. On a donc une surface qui est presque toujours un peu humide, ce qui empêche l'adhérence de l'enduit, qui se détache ensuite sous l'influence du moindre frottement. Aussi ne doit-on appliquer la première couche de peinture qu'après avoir gratté à nu la surface et en choisissant un temps chaud et sec; il peut même être utile de chauffer les pièces avant de les peindre au moyen de foyers allumés dans le voisinage; enfin, sur certains ouvrages métalliques à terre, on a obtenu de très bons résultats en appliquant sur les pièces séchées et grattées à vif, avant la peinture, une couche d'huile de lin chaude.

Avec ces précautions, on obtient une couche de fond bien adhérente. Pour des matériaux abrités, non exposés aux intempéries, il suffit de les recouvrir ensuite d'une couche de peinture de la teinte choisie. Dans le cas contraire, il est bon d'ajouter par-dessus la couche de fond, lorsqu'elle est bien sèche, une seconde couche de peinture de même composition. Pour les lignes de rivets et de matage, qu'il convient de protéger spécialement, on obtient de bons résultats en appliquant, avant la couche de fond, une couche de mastic de céruse.

La couche de fond, lorsqu'elle a été bien appliquée, a une durée à peu près indéfinie, et on n'a besoin de renouveler de temps à autre que les couches superficielles, salies ou détériorées par les frottements. Pour les murailles extérieures du navire, on fait usage de peintures ordinaires à l'huile de lin, de couleur noire ou grise. Pour les boulevards et les espaces découverts dépourvus de revêtement, on emploie avantageusement une peinture spéciale, dite peinture au bitume, dont la composition est la suivante :

Essence de térébenthine.	36^k
Brai gras	4,5
Résine	18
Blanc de zinc	37
Bitume de Judée	4,5
	100^k

Pour les parois intérieures, on fait usage de peinture blanche, afin d'obtenir une clarté aussi grande que possible. Dans les compartiments de la cale, on emploie une peinture à la chaux ainsi composée :

Chaux éteinte	1 dm3
Eau douce	1 litre
Colle forte	50 grammes
Huile de lin	50 —
Indigo	5

Dans tous les locaux habités, on se sert de peinture à l'huile de lin, moins économique mais plus adhérente ; pour les logements de l'état-major, on a quelquefois employé des peintures vernissées, dont l'entretien est facile mais dont le prix de revient est assez élevé.

250. Procédés d'entretien du bordé de carène. — La surface immergée du bordé de carène doit être protégée d'une manière toute spéciale. Au bout d'un certain temps de séjour dans l'eau, cette surface se recouvre d'herbes et de coquillages qui peuvent atteindre un très grand développement. La rapidité et l'intensité de cette salissure est extrêmement variable avec la durée du séjour dans l'eau, la durée relative des périodes d'immobilité et de marche du navire, et surtout la nature des eaux dans lesquelles le navire a séjourné. On peut citer à ce point de vue les eaux du golfe de Guinée comme déterminant une salissure particulièrement rapide. Les eaux des ports, très chargées de micro-organismes, forment également un milieu beaucoup plus favorable au développement de la salissure que les eaux moins contaminées des rades ou de la haute mer. Les navires de guerre se trouvent placés à ce point de vue dans des conditions plus mauvaises que les navires de commerce, qui séjournent peu de temps dans les ports et rades, et remontent fréquemment dans des embouchures de fleuve où ils sont lavés par de l'eau saumâtre et courante, moins favorable au développement d'êtres vivants sur la carène.

L'effet de cette salissure est double. D'une part, elle accroît le poids du navire et transforme la surface lisse de la carène en une surface rugueuse donnant une augmentation considérable du frottement par rapport à l'eau. On peut admettre que pour les navires de guerre, dans les mers d'Europe, la majoration de la puissance nécessaire pour réaliser la vitesse moyenne est de 20 à 25 % au bout de 5 à 6 mois, de 40 à 50 % au bout de 10 à 12 mois, ce qui correspond à peu près à un déchet de 11 % sur la vitesse maxima réalisable au bout de 6 mois, de 18 % au bout de 12 mois. Mais en outre, lorsqu'il s'agit d'une surface métallique recouverte de peinture, il y a une action microbienne, paraissant dûe principalement à l'action des ferments ammoniacaux et nitriques, qui détruit peu à peu le corps gras qui a servi de véhicule à la peinture ; la consistance et l'adhérence de celle-ci sont ainsi progressivement modifiées, et l'enduit finit par n'être plus composé que d'une matière friable qui s'enlève par le frottement et cesse de protéger le métal contre l'oxydation.

Sur les navires en bois, cette question de salissure n'avait qu'une importance très secondaire, car les carènes en bois étaient, comme nous l'avons vu, recouvertes d'un doublage en cuivre indispensable pour les protéger contre l'attaque des tarets. Or le cuivre, au contact de l'eau de mer, se transforme peu à peu en chlorure et carbonate de cuivre qui sont enlevés par le frottement. Le doublage s'use donc graduellement par *exfoliation,* c'est-à-dire par détachement partiel des couches superficielles transformées au contact de l'eau de mer. Les organismes qui ont pu se fixer sur la carène sont ainsi entraînés mécaniquement, et la carène reste propre, pourvu que le navire ne soit pas maintenu immobile pendant un temps trop long. Le nettoyage de la carène peut d'ailleurs se faire aisément au moyen de brosses emmanchées, appelées *gorets,* au moins pour les parties qui ne sont pas trop distantes de la flottaison.

Avec les carènes métalliques, recouvertes de peinture adhérente destinée à les préserver de l'oxydation, les végétaux et coquillages peuvent au contraire se fixer et se développer sur la carène. Le procédé usité pour s'en débarrasser autant que possible consiste en principe à recouvrir la carène d'un enduit à faible adhérence, susceptible de s'exfolier ; on incorpore en outre dans cet enduit des substances toxiques, destinées à empoisonner les micro-organismes qui viennent se fixer sur la carène ; mais l'action de ces substances ne paraît pas très marquée, et c'est l'exfoliation graduelle de l'enduit qui combat principalement la salissure. L'enduit le plus employé en France est une peinture formée de 6 parties de vert de Schweinfurth (acéto-arsénite de cuivre) délayé dans 4 parties d'un liquide siccatif composé d'$\frac{1}{3}$ de brai sec végétal et de $\frac{2}{3}$ d'essence térébenthine. D'autres enduits ont pour base des sels de mercure.

Lorsque la couche de fond est formée de peinture au minium, quelques précautions sont nécessaires. Le minium du commerce, rarement très pur, est en général attaqué par l'eau de mer; il se forme du chlorure de plomb qui, en présence du fer, donne du chlorure de fer et un dépôt de plomb pulvérulent. Il convient par suite de protéger autant que possible la couche de minium contre le contact de l'eau de mer, ce qui se fait ordinairement au moyen d'une ou deux couches de peinture spéciale appelée dans les arsenaux minium siccatif, et qui est formée de 77 parties de minium délayées dans 23 parties d'un liquide composé de 85 parties d'essence de térébenthine, 12 de gutta-percha et 3 d'huile de lin lithargisée. Bien entendu, le minium doit être choisi aussi pur que possible, mais de cette façon le chlorure de plomb qui peut se former n'est pas en contact avec la tôle et ne peut donner naissance à du chlorure de fer. La protection totale de la carène comprend alors une couche de minium ordinaire, deux couches de minium siccatif, et une couche de peinture au vert de Schweinfurth par exemple.

Dans le cas où les tôles du bordé de carène sont zinguées, la couche de fond ne doit jamais être constituée par du minium, qui attaque le zinc en présence de l'eau de mer; on doit employer dans ce cas une peinture au gris de zinc, par-dessus laquelle on applique la peinture destinée à s'exfolier.

Depuis quelques années, un grand nombre de peintures ont été mises en essai dans la marine pour l'entretien des carènes (peintures Dubois, Julien, Tiribilot, Veneziani, etc.). Elles reposent toutes sur l'emploi d'une couche de fond, qui est soit du minium, soit du gris de zinc, soit de l'oxyde de fer, et d'une couche superficielle toxique s'exfoliant facilement. L'expérience n'a pas montré encore nettement l'avantage de telle ou telle composition sur les formules indiquées plus haut.

La protection contre la salissure étant due à l'exfoliation de l'enduit superficiel, celui-ci doit être renouvelé à intervalles suffisamment rapprochés. Le délai normal actuellement admis pour les navires de guerre est égal à 6 mois, ce délai pouvant être accru de 1 à 2 mois si les circonstances l'exigent; en espaçant davantage les mises à sec, on risque d'avoir un commencement de décomposition de la couche de fond, et par suite un commencement d'oxydation du bordé. Le navire une fois mis à sec, on nettoie d'abord la carène en ayant soin de la brosser ou de la gratter assez légèrement pour ne pas endommager la couche de fond, à laquelle on ne doit toucher que si sa réfection est nécessaire en quelques points. On applique ensuite une ou deux couches de minium siccatif, suivant l'état de conservation des couches antérieures, et une couche de l'enduit au vert de Schweinfurth.

L'obligation de mises à sec aussi fréquentes peut être une gêne considérable pour les navires destinés au service des stations lointaines, qui ne se trouvent pas toujours à proximité d'un port muni de docks ou de bassins de radoub. C'est pour cela qu'on applique en général sur les carènes de ces navires, malgré l'augmentation de poids qui en résulte, un doublage en cuivre isolé du bordé métallique par un revêtement en bois. On a essayé quelquefois l'emploi de doublages moins coûteux, constitués par des alliages cuivreux divers (laiton, métal Muntz) et même par du zinc. Mais l'exfoliation de ces doublages, surtout du zinc, est insuffisante, et on n'emploie plus aujourd'hui que le doublage en cuivre.

Pour un navire non doublé en cuivre, il existe presque toujours dans la région arrière une cause spéciale de corrosion; c'est la présence d'hélices en bronze, qui sont en communication métallique avec la charpente par l'intermédiaire des arbres, et provoquent une oxydation assez rapide de toute la région Æ de la carène. Cette oxydation peut être plus ou moins retardée par la qualité de l'enduit protecteur, mais se manifeste fréquemment au bout d'un certain temps par des piqûres plus ou moins accentuées. On a cherché quelquefois à protéger dans ce but d'une manière spéciale l'étambot et les supports d'arbres, qui ne peuvent être changés aussi facilement qu'une tôle de bordé; on essaie depuis quelques années en Angleterre l'emploi d'un doublage en bronze blanc (alliage de cuivre, étain, zinc et antimoine contenant une forte proportion de zinc), que l'on met en place par coulée directe en construisant un moule autour des pièces à recouvrir.

251. Procédés de visite de la charpente. — Il est nécessaire de procéder de temps à autre à une visite complète de la charpente du navire, pour s'assurer de l'état de conservation des matériaux. Pour un navire en bois, la visite doit porter en premier lieu sur les joints, pour s'assurer qu'il n'y a pas déliaison. Toute déformation accentuée de la charpente se manifeste en effet par l'écartement ou le rapprochement des surfaces de joint, qui ont tous deux pour conséquence la sortie des cordons d'étoupe qui ont servi au calfatage. En second lieu, il faut s'assurer qu'aucun foyer de pourriture important ne s'est déclaré dans la charpente ou, si l'on en rencontre, déterminer exactement leur étendue et leur importance. La visite doit porter bien entendu sur les pièces plus particulièrement exposées, c'est-à-dire sur les pièces soumises aux alternatives de sécheresse et d'humidité (bordé d'exposant de charge, vaigrage des fonds, etc.) et sur celles qui, emprisonnées entre d'autres pièces, ne peuvent être baignées extérieurement par de l'air fréquemment renouvelé. On délivre dans ce but un certain nombre de virures des revêtements intérieur et extérieur pour faciliter la visite. On fait d'abord un léger parage au ciseau en quelques points de la pièce pour s'assurer de l'état de la surface, et on perce ensuite de distance en distance des trous de 20 à 30 $^m/_m$ au moyen d'une tarière à cuiller, permettant de retirer fréquemment la *mangeaille* et d'en examiner l'état. A côté de chaque trou on fait une marque à la peinture indiquant le résultat constaté, et on peut ainsi se rendre compte de l'étendue des foyers d'altération. S'il s'agit seulement d'un commencement de pourriture locale, on le fait disparaître en évidant la pièce et remplaçant la partie supprimée par un romaillet (§ 147). Dans le cas contraire, la pièce doit être changée. L'extraction des chevilles s'opère soit en les repoussant si l'extrémité opposée à la tête se trouve dans une partie accessible, soit en exerçant une traction sur la tête, préalablement dégagée, au moyen d'un outil appelé *loup* (fig. 1083) qui est une sorte de levier à encliquetage prenant appui sur la pièce de bois. Si la cheville est trop serrée pour être enlevée par ce procédé, on pratique un filetage sur l'extrémité de la cheville et on y visse un écrou sur lequel on peut faire agir une mâchoire manœuvrée par une vis dont le bâti prend appui sur la pièce. Pour l'extraction des clous, on emploie des loups à dents (fig. 1084) faisant effort sur la tête de ces clous.

Pour les charpentes en fer ou en acier, la seule cause de dépérissement est l'usure par oxydation. La visite se fait d'abord en sondant au marteau, la variation du son pouvant déceler les régions où l'épaisseur est sensiblement réduite. Pour toutes les parties qui peuvent inspirer un doute ou qui sont plus particulièrement exposées à l'oxydation (bordé de carène, vaigrage de cale,

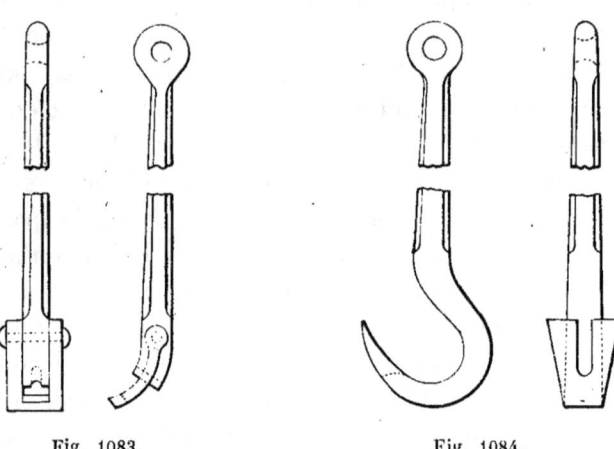

Fig. 1083.   Fig. 1084.

cloisons de water-ballast), on perce au foret des trous qui permettent de mesurer l'épaisseur restante, et que l'on rebouche ultérieurement à l'aide de rivets. On change habituellement une tôle lorsqu'elle a perdu en quelques points le tiers de son épaisseur primitive. Si d'ailleurs les tôles voisines, tout en ayant conservé une épaisseur suffisante, sont également affaiblies, on ne doit donner à la tôle de remplacement qu'une épaisseur en rapport avec celle de ces tôles voisines, pour ne pas créer de surcroît de résistance inutile.

252. Grues et appareils de levage. — Au nombre des appareils indispensables pour l'achèvement et la réparation des navires se classent les engins destinés à soulever de gros poids, tels que canons, chaudières, mâts, etc., et chaque arsenal ou chantier doit être doté d'un certain nombre de ces engins de puissance et de disposition variées. Les uns, dits *grues fixes*, sont établis le long des quais; les autres appelés *grues flottantes* ou *pontons-mâtures*, sont installés à bord d'un ponton flottant et peuvent être transportés en un point quelconque suivant les besoins.

Les grues fixes employées autrefois dans les arsenaux se composaient de deux pièces de bois inclinées appelées *bigues*, réunies à

PROCÉDÉS DE RÉPARATION ET D'ENTRETIEN. 531

leur partie supérieure par une traverse, et contretenues par des haubans (fig. 1085). A la tête de ces bigues étaient fixés des palans. On avait ainsi un appareil permettant seulement de soulever la charge, et de la déposer par exemple dans un chaland après avoir écarté le navire au moyen d'amarres. On ne fait plus usage de bigues fixes que lorsqu'on a besoin d'établir temporairement un appareil de levage en un point déterminé; on constitue alors les bigues au moyen de deux pièces de mâture croisées, réunies à leur tête par un amarrage formé de plusieurs tours de cordage, dit *rousture à la portugaise,* et maintenues par des haubans (fig. 1086).

Les grues fixes dont on fait maintenant usage sont toutes disposées de manière à pouvoir prendre la charge à terre et la transporter à l'aplomb du navire, ou vice versâ. Dans certains appareils, ce transport ne peut être effectué que dans un plan unique, perpendiculaire au mur du quai. Tel est par

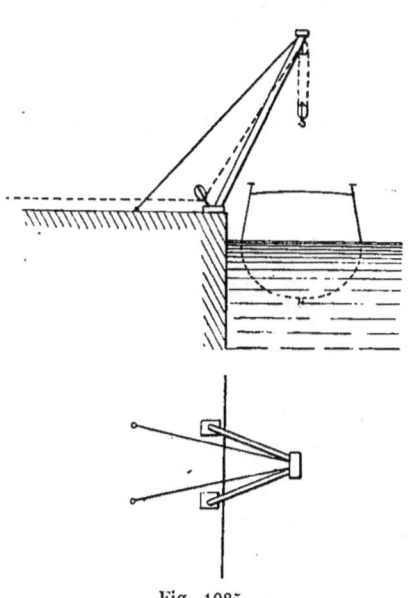

Fig. 1085.

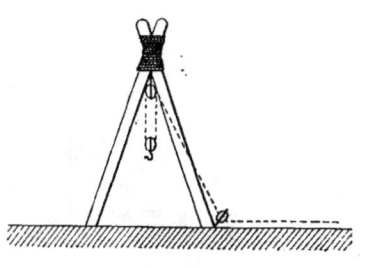

Fig. 1086.

exemple le type de grue fixe représenté par la figure 1087, dont un modèle de 50 tonnes existe à Toulon, et qui est constitué par deux paires de bigues parallèles en tôlerie, réunies à leur tête par un pont roulant dont le chariot porte le palan de levage et peut amener la charge à l'aplomb d'une voie ferrée établie parallèlement au quai. Un autre système, connu sous le nom de *trépied oscillant* (Rochefort, Saint-Nazaire), consiste à employer une paire de bigues AB, AB', articulées à leur base et maintenues par une volée

AC, située dans leur plan bissecteur et articulée en C avec un

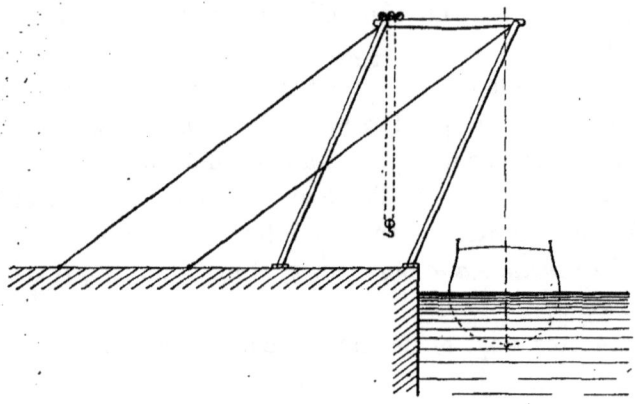

Fig. 1087.

écrou susceptible d'être déplacé par une vis actionnée mécaniquement (fig. 1088).

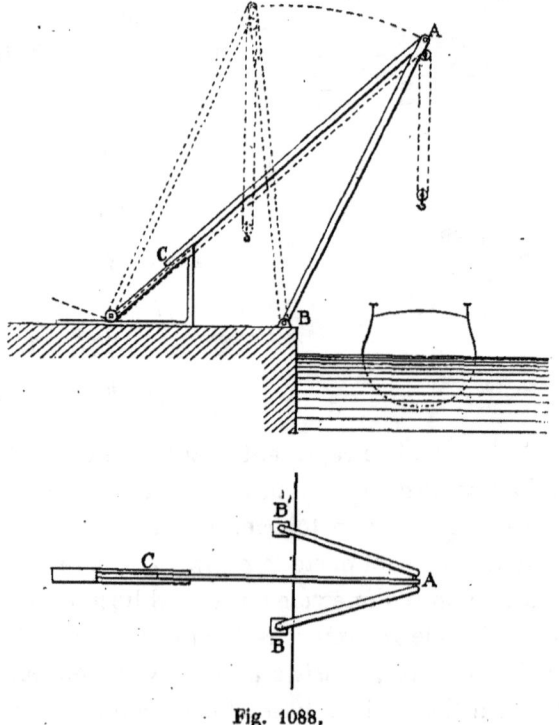

Fig. 1088.

Dans d'autres appareils, le transport à terre est obtenu par un mouvement circulaire, c'est-à-dire qu'on a une grue à rotation constituée par une volée tournant autour d'un axe vertical. A ce système se rattachent les grues de 160 tonnes des arsenaux de Brest, Lorient et Toulon, dont la figure 1089 représente le schéma ; l'appareil de levage de ces grues est une tige attelée à un piston se déplaçant dans un cylindre vertical et mû par de l'eau comprimée.

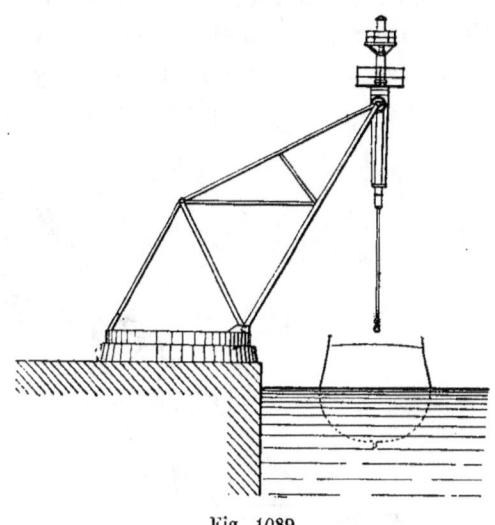

Fig. 1089.

Avec les dispositions que nous venons d'indiquer, en laissant de côté le mouvement d'ascension verticale, on voit que la charge n'est susceptible que d'un seul mouvement, rectiligne ou circulaire. Tout déplacement de la charge par rapport au navire en dehors de la trajectoire du palan de levage ne peut donc être obtenu que par un déplacement du navire au moyen d'amarres. On a construit certaines grues fixes à portée variable, dans lesquelles on dispose à la fois d'un mouvement de rotation autour d'un axe vertical et d'un mouvement radial par rapport à cet axe. Nous citerons dans cet ordre d'idées la grue fixe de 50 tonnes du port de Brest (fig. 1090), qui est munie de deux palans de levage suspendus

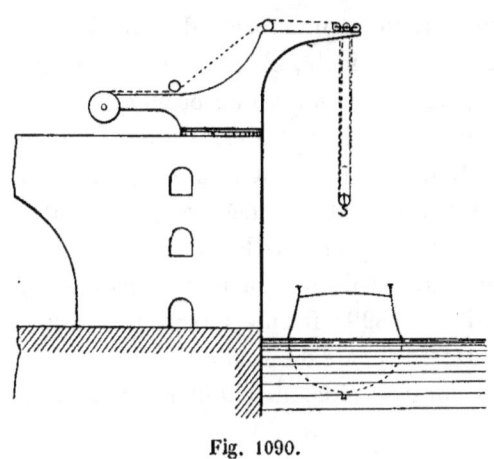

Fig. 1090.

à un chariot se déplaçant sur un chemin de roulement établi à la partie supérieure de la volée. On a construit à Hambourg, en 1897, une grue de 100 tonnes d'un système différent, constituée par une volée en deux pièces articulées l'une avec l'autre et dont la position relative peut être modifiée au moyen de vis agissant comme tirants de longueur variable (fig. 1091). Le pivot et le collier de

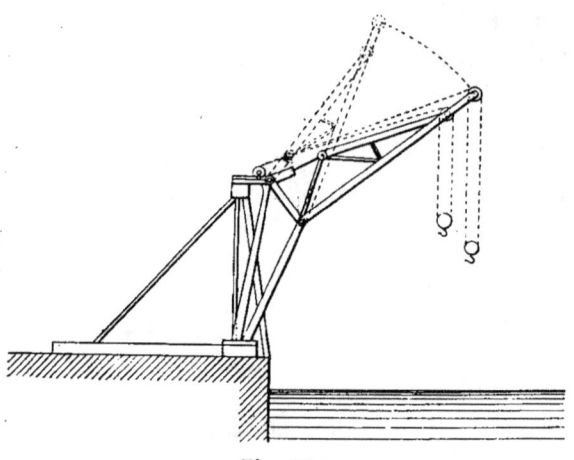

Fig. 1091.

cette grue sont portés par un bâti en trépied formé de trois bigues en tôlerie; l'une de ces bigues est verticale, et les deux autres forment arcs-boutants inclinés, présentant en plan un écart angulaire de 90°; ce genre de bâti, qui donne au secteur desservi par la grue dans son mouvement de rotation une amplitude de 270° environ, très suffisante dans la plupart des cas, est très fréquemment usité, surtout en Angleterre, où on le désigne sous le nom de *derrick*. Nous citerons encore, comme autre solution du même problème, la grue de 150 tonnes construite en 1898 à Bremerhaven (fig. 1092), qui se compose d'une charpente en forme de T, dont la poutre horizontale porte d'un côté un contre-poids, de l'autre un chariot roulant.

Une solution plus avantageuse pour la plupart des opérations courantes des arsenaux est fournie par les grues flottantes, qui sont constituées par des bigues fixes établies sur un ponton, les déplacements de la charge étant obtenus par le déplacement du ponton au moyen d'amarres. Les arsenaux français possèdent presque tous trois séries de grues de ce genre d'une puissance de 16, 25 et 50 tonnes. Les moteurs, disposés à l'intérieur du ponton, peuvent actionner à volonté soit les marbres des treuils de levage, soit des cabestans utilisés pour le touage du ponton au moyen d'amarres. La figure 1093 représente à titre d'exemple la grue flottante de 50 tonnes du port de Lorient. Dans certains ports de commerce, on trouve des grues flottantes à portée variable, basées sur le principe du trépied oscillant.

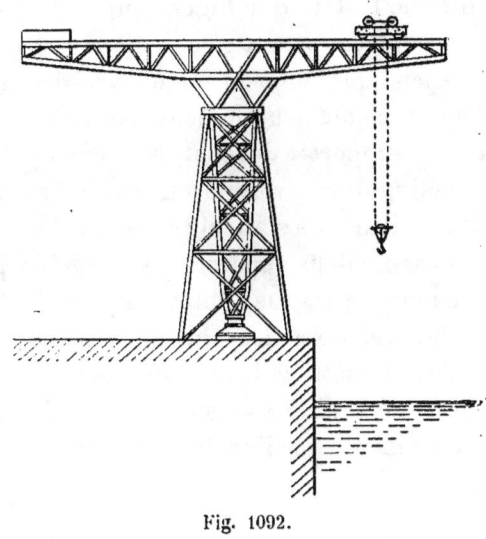

Fig. 1092.

D'une façon générale, les grues employées pour les travaux relatifs aux navires doivent posséder autant que possible deux ap-

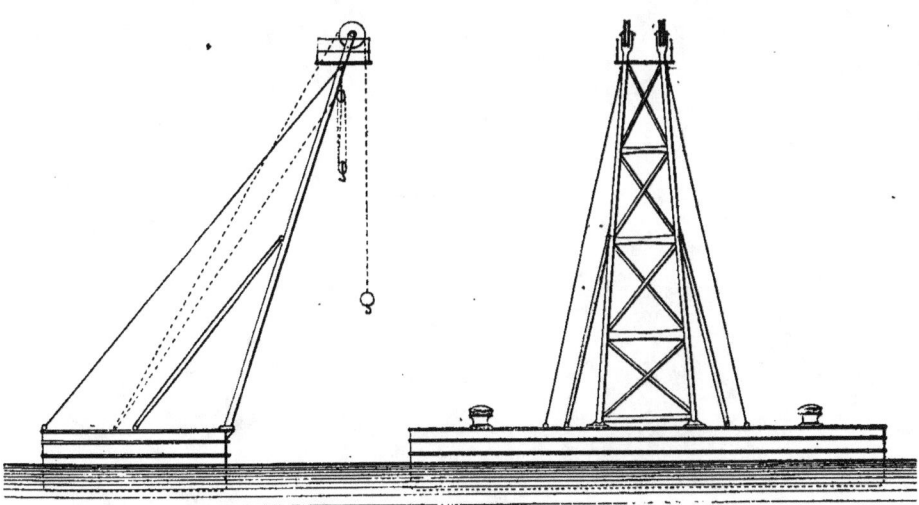

Fig. 1093.

pareils de levage indépendants. Autrement dit, il est avantageux que la charge soit suspendue par deux points, de manière qu'en réglant la marche des deux treuils on puisse l'incliner à volonté. Toutes les grues flottantes sont disposées de cette manière, c'est-à-dire que la tête des bigues supporte deux palans ou itagues de levage placés côte à côte, actionnés par deux treuils entièrement indépendants. Pour la manœuvre des gros canons, il est bon de disposer également de deux points de suspension, mais ceux-ci ont alors à supporter des charges inégales, l'un soutenant la pièce par une élingue très voisine du centre de gravité, et l'autre étant destiné seulement à soutenir et guider l'extrémité de la volée. On doit alors avoir deux appareils de levage de puissance inégale. Un certain nombre de grues flottantes possèdent dans ce but trois appareils de levage, dont deux identiques pouvant supporter une charge égale à la moitié de la puissance nominale de la grue, et le troisième plus faible, utilisé seulement pour la manœuvre des canons concurremment avec l'un des deux autres.

CHAPITRE V.

Règles de jaugeage et de franc-bord.

253. Jaugeage. — Les navires de commerce, et dans certaines circonstances les navires de guerre, ont à acquitter des taxes diverses de douane, de navigation ou de transit, qui pour être équitables doivent être proportionnées à la valeur commerciale, c'est-à-dire en somme à la capacité de transport du navire. C'est sur la même base que s'établissent les différents contrats relatifs au navire, ventes, assurances, hypothèques, primes de navigation, etc. La détermination de cette capacité de transport constitue ce qu'on appelle le *jaugeage*.

La capacité commerciale de transport est représentée par un volume et non par un poids. Pour un navire de commerce, on peut bien déterminer le poids maximum de marchandises qu'il est susceptible de transporter, c'est-à-dire ce qu'on appelle le *port en lourd*; c'est la différence entre le poids du navire ayant ses cales vides et le déplacement correspondant à la ligne de charge maxima imposée par la sécurité du navire (§ 255). Mais comme le chargement peut être composé de matières de densité très différente, il est clair que ce port en lourd, pas plus que le poids réel des marchandises transportées, ne peut fournir une base équitable pour la taxation du navire. La base admise est le volume des capacités intérieures du navire susceptibles d'être affectées au logement de marchandises ou de passagers, ou plus exactement le rapport de ce volume à une unité de volume conventionnelle appelée *tonneau de jauge*; le chiffre obtenu constitue ce qu'on appelle le *tonnage légal* du navire.

On se contentait autrefois de déterminer approximativement, par une fonction empirique des dimensions principales, le volume de la cale du navire; en divisant ce volume par le tonneau de jauge, fixé à 42 pieds cubes, on avait le *tonnage brut*, qui constituait en même temps le tonnage légal pour les navires à voiles. Pour les navires à vapeur, on obtenait le tonnage légal en affectant le tonnage brut d'un coefficient de réduction (fixé uniformément à 0,60), afin de tenir compte du volume occupé par l'appareil moteur. Ces procédés étaient simples, mais très inexacts; en outre, les règles empiriques suivies dans les différents pays n'étaient pas les mêmes. L'ouverture du canal de Suez, constituant une route commune à toutes les nations, nécessita la création d'un mode de jaugeage international. Le système adopté, sanctionné en France par les décrets du 24 décembre 1872 et du 24 mai 1873, est la reproduction à peu près intégrale du mode de jaugeage anglais (jauge Moorsom); le tonneau de jauge est fixé à 100 pieds cubes anglais, soit en mesures métriques $2^{m3}83$, et la capacité de transport est obtenue par mesurage direct du volume intérieur du navire et déduction des espaces non susceptibles d'être affectés au transport des marchandises ou des passagers, le mesurage et les déductions étant opérées conformément à des règles précises. C'est le système encore en vigueur aujourd'hui, les règles de mesurage et de déduction n'ayant subi que des modifications de détail peu importantes.

254. Détermination du tonnage légal. — La détermination du tonnage légal comprend en premier lieu celle des espaces libres intérieurs, qui se composent de trois termes : le volume principal, le volume des entreponts, et le volume des superstructures. Le volume principal est le volume intérieur de la cale, supposée limitée au *pont de tonnage,* qui est le pont supérieur pour les navires ayant au plus deux ponts, et le second pont à partir du fond de la cale pour les navires ayant plus de deux ponts (les barres sèches ne sont pas comptées pour un pont, à moins qu'elles ne soient recouvertes d'un bordé mobile) (1). Pour avoir ce volume, on mesure la longueur du pont de tonnage prise au ruban sur la face supérieure du bordé, de tête en tête en dedans du vaigrage. Si le bordé a une épaisseur notable, on corrige au besoin la longueur trouvée, en tenant compte de la pente de l'étrave et de l'étambot, de manière à avoir la longueur nette sous bordé. On partage cette longueur en un certain nombre de sections

---

(1) Pour les navires non pontés, le volume principal se mesure jusqu'au can supérieur des bordages.

équidistantes (5 à 13 suivant la longueur du navire); dans chaque section, on mesure le creux à partir du dessus des varangues jusqu'au-dessous du bordé du pont de tonnage, et on en retranche le tiers du bouge du barrot; on partage la hauteur obtenue en un certain nombre de parties égales (5 à 7 suivant le creux) et au niveau de chaque point de division on mesure la largeur intérieure en dedans du vaigrage (à claire-voie ou non). Le volume principal s'obtient à l'aide des ordonnées ainsi relevées par la méthode anglaise des paraboles. S'il y a des entreponts au-dessus du pont de tonnage, on mesure leur volume intérieur en relevant la longueur à mi-hauteur et mesurant dans chaque section la hauteur entre bordés et la largeur moyenne. Enfin, pour les superstructures, telles que teugue, dunette, roofs, etc., c'est-à-dire pour tous les espaces clos sans exception (non compris toutefois les simples abris destinés aux passagers dans les courtes traversées), on évalue directement le volume par la mesure des dimensions moyennes intérieures.

Le volume total V ainsi obtenu est diminué des déductions suivantes :

1° Logement du commandant et ses dépendances;
2° Logement des officiers et ses dépendances;
3° Logement de l'équipage;
4° Cuisines, bouteilles, salles de bains;
5° Espaces employés pour la manœuvre du navire, tels que chambres de cartes, chambres de veille ou de signaux, cabine de l'homme de barre;
6° Espaces divers inutilisables pour le transport des voyageurs ou des marchandises, tels que cambuse, glacière, boulangerie, timonerie, bureaux de détail et de majorité, lampisterie, hôpital et annexes.

Si l'on désigne par v le volume total de ces déductions, V et v étant exprimés en mètres cubes, le rapport $\dfrac{V - v}{2,83}$ représente le *tonnage brut* du navire; c'est en même temps le tonnage légal pour les navires à voiles.

Pour les navires à vapeur, les déductions supplémentaires comprennent :

1° Les espaces occupés par les chambres des machines et des chaudières, les tunnels d'arbres porte-hélices, et les emplacements nécessaires pour le fonctionnement des machines et pour donner accès à l'air et à la lumière ;

2° Les espaces occupés par les soutes à charbon.

Soient v' et v'' les volumes ainsi obtenus. Si $v' + v''$ est égal ou supérieur à $\frac{V}{2}$, la déduction est égale à $\frac{V}{2}$. Si $v' + v''$ est inférieur à $\frac{V}{2}$, la déduction est égale à $v' + v''$. Cependant, un décret du 31 janvier 1893 admet la possibilité de calculer la déduction par voie de pourcentage, si ce procédé conduit à un résultat plus avantageux. La déduction est alors égale à 0,37 V pour les navires à roues, à 0,32 V pour les navires à hélices, si le rapport $\frac{v'}{V}$ est compris entre 0,20 et 0,30 pour les navires à roues, entre 0,15 et 0,20 pour les navires à hélices; dans le cas où $\frac{v'}{V}$ est en dehors de ces limites, la déduction est égale à 1,5 v' pour les navires à roues, à 1,75 v' pour les navires à hélices. Le quotient par 2,83 du volume V — v, diminué de la déduction calculée comme il vient d'être dit, donne le *tonnage net légal* des navires à vapeur.

Lorsqu'on se trouve en présence d'un navire chargé, dont le mesurage légal n'a pas été fait, le volume principal et le volume des entreponts sont évalués au moyen d'une règle empirique qui consiste à mesurer la longueur L de tête en tête sur le pont supérieur, la plus grande largeur l hors bordé, et (au moyen d'une chaîne) le contour c de la section transversale correspondant à la plus grande largeur, pris jusqu'à la hauteur du dessus du pont supérieur. On fait le produit $\frac{L (l + c)^2}{4}$, et on multiplie ce produit par 0,17 si le navire est construit en bois, par 0,18 s'il est construit en fer. On mesure ensuite directement le volume des superstructures, et on continue comme il a été dit plus haut.

Les droits de passage par le canal de Suez sont basés sur un tonnage spécial, différant du tonnage légal par diverses modifications dans les déductions. Tout d'abord, le volume v comprend seulement les espaces indiqués plus haut sous les numéros 2, 3 et

4 ; en outre, si v dépasse $\frac{V}{20}$, on déduit seulement $\frac{V}{20}$ pour obtenir le tonnage brut. Quant au tonnage net, la déduction est égale à $\frac{V}{2}$, si la somme $v' + v''$ est égale ou supérieure à ce chiffre. Mais si $v' + v''$ est inférieur à $\frac{V}{2}$, on opère de la manière suivante; si v'' est inférieur à $0,50\ v'$ pour les navires à roues, à $0,75\ v'$ pour les navires à hélices, la déduction est égale à $v' + v''$; si v'' est égal ou supérieur aux chiffres ci-dessus, la déduction est égale à $1,5\ v'$ pour les navires à roues, à $1,75\ v'$ pour les navires à hélices.

255. Règles de franc-bord. — La flottaison réelle d'un navire étant fonction des poids portés par ce navire, il importe évidemment de déterminer la ligne de charge maxima au-delà de laquelle l'enfoncement du navire ne laisserait subsister au-dessus du niveau de l'eau qu'une hauteur de franc-bord insuffisante pour la sécurité de la navigation. Cette détermination n'a pas d'intérêt pour les navires de guerre, dont la flottaison dans les circonstances ordinaires ne varie qu'entre des limites restreintes; mais il n'en est pas de même pour les navires de commerce, dont les capitaines ou les armateurs peuvent être tentés d'accroître la charge hors des limites compatibles avec les dimensions et les formes. Aussi les navires de commerce qui se soumettent au contrôle des sociétés telles que le Veritas et le Lloyd sont-ils astreints à l'indication sur la muraille extérieure d'une ligne de charge maxima. Il est d'ailleurs rationnel de faire varier cette ligne de charge maxima suivant la densité des eaux traversées ainsi que suivant les conditions climatériques des mers parcourues. On distingue pour les navires à marchandises cinq lignes de charge différentes, correspondant aux cas ci-après et repérées chacune par une marque spéciale.

	Repère.
1° Navigation en eau salée pendant l'été	S (summer).
2° Navigation en eau salée pendant l'hiver.	W (winter).
3° Navigation dans la mer des Indes pendant l'été. .	I S (India-summer).
4° Navigation dans l'Atlantique Nord pendant l'hiver.	W N A (winter-North Atlantic).
5° Navigation en eau douce.	F W (fresh water).

La période d'été comprend les mois d'avril à septembre inclusivement pour la Méditerranée et les mers d'Europe, les mois de climat correspondant dans les autres parties du monde. Sont considérés comme étant dans la mer des Indes tous les navires se trouvant entre Suez et Singapour, et comme étant dans l'Atlantique Nord tous ceux naviguant entre les ports d'Europe et ceux de la côte est de l'Amérique du Nord, à partir de Baltimore.

On ne trace ces cinq lignes que sur les navires à vapeur de grande dimension, de longueur supérieure à 70^m environ. Au-dessous de 70^m, on supprime en général le repère IS, et au-dessous de 50^m le repère WNA. Pour les navires à voiles, on se contente des repères S, FW et WNA, ce dernier n'existant que sur les navires de longueur supérieure à 45^m.

Les lignes de charge maxima sont tracées sur les deux côtés du navire, dans le voisinage de la section milieu ; si le bordé est en fer, elles sont repérées par des coups de pointeau ; s'il est en bois, elles sont repérées par des entailles d'au moins 6 $^m/_m$ de profondeur. Elles sont rendues apparentes par des lignes horizontales de peinture blanche ou jaune si le bordé est peint de couleur sombre, noire s'il est de couleur claire. Ces lignes ont uniformément 230 $^m/_m$ de longueur et 25 $^m/_m$ d'épaisseur, leur can supérieur correspondant à la ligne de charge qu'elles figurent. La ligne de charge relative à la navigation en eau salée pendant l'été est tracée à part et rendue apparente au moyen d'un cercle dont elle forme un diamètre ; les autres lignes sont tracées sur l'avant de manière à former une échelle disposée comme l'indique la figure 1094.

Pour tracer ces lignes, voici comment on procède. En principe, le rapport du volume des œuvres-mortes au volume total du navire ne doit pas descendre au-dessous d'une certaine valeur minima, correspondant à la réserve de flottabilité jugée nécessaire pour le navire ; d'autre part, la courbe des bras de levier de redressement pour l'état de chargement considéré (le chargement étant supposé homogène) doit offrir pour les inclinaisons normales une réserve de stabilité suffisante. Pour éviter de longs calculs, on a dressé des tables indiquant les hauteurs de franc-bord minima pour des navires types, de proportions moyennes, et on fait subir aux chiffres fournis par ces tables une correction tenant compte des différences entre le navire considéré et le navire type.

Les dimensions principales considérées comme caractéristiques du navire sont la longueur, la largeur, et le creux sur fond de carène. La longueur L est mesurée au niveau de la ligne de charge, de la face AV de l'étrave à la face AR de l'étambot (de l'étambot AR

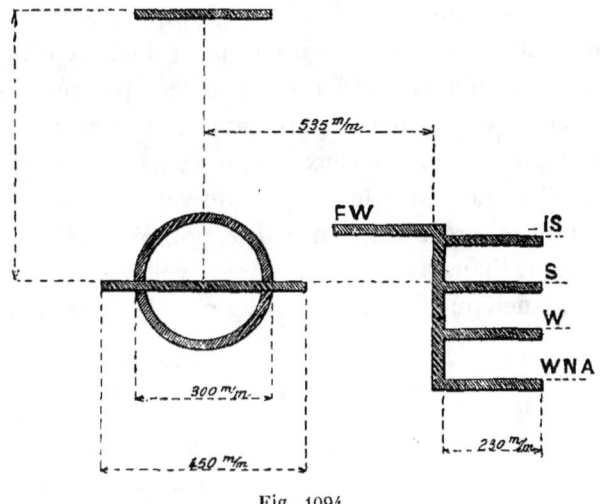

Fig. 1094.

s'il s'agit d'un navire à hélice diamétrale); la largeur l est la largeur au fort hors bordé; le creux sur fond de carène c (en anglais *depth moulded*) est le creux compté au milieu de la longueur, du fond de carène à la ligne droite des barrots du pont supérieur. On considère comme navires types des navires ayant un rapport $\dfrac{L}{c}$ égal à 12 pour les navires à vapeur, à 10 pour les navires à voiles; d'autre part, pour tenir compte des formes variables d'œuvres mortes des navires à vapeur, on a dressé des tables distinctes pour chacune des trois catégories suivantes :

1° Navires à pont supérieur complet s'étendant de l'AV à l'AR sans teugue ni dunette (en anglais *flush-deck*);

2° Navires à pont léger, dont le dernier pont complet à échantillons robustes (pont principal) est surmonté d'un pont à échantillons plus faibles s'étendant ou non sur toute la longueur du navire (en anglais *spar-deck*);

3° Navires à pont abri, sur lesquels le pont principal est surmonté d'un pont servant simplement d'abri, à échantillons très réduits, ne pouvant supporter que des marchandises légères, et ne régnant en général que sur une partie de la longueur du navire (en anglais *awning-deck*).

Pour ces deux dernières catégories, le pont à partir duquel on mesure le creux est le pont principal.

Les tables sont à double entrée, c'est-à-dire qu'elles sont dressées en fonction de deux paramètres caractérisant l'un les dimensions l'autre les formes du navire. Le premier de ces paramètres est le creux sur fond de carène défini plus haut. Le second est un coefficient numérique analogue à ceux dont nous parlerons au § 257, et représentant à peu près le rapport du volume total du navire au parallélipipède circonscrit. En réalité, pour éviter le calcul du volume extérieur du navire, on considère le volume intérieur, supposé proportionnel, que l'on a dû calculer pour la détermination du tonnage, et on emploie comme paramètre le rapport $\frac{V}{L\,l\,c'}$, V étant la somme du volume principal et du volume des entreponts (§ 254) et c' le creux sur varangue (en anglais *depth of hold*), c'est-à-dire le creux mesuré du dessus de la varangue à la ligne droite des barrots du pont supérieur (1); ce rapport varie usuellement de 0,66 à 0,82 pour les navires à vapeur, de 0,64 à 0,74 pour les navires à voiles. Cela étant, pour un navire donné dont on connaît les valeurs de $\frac{V}{L\,l\,c'}$ et de c', on trouve dans les tables la hauteur de franc-bord minima pour la navigation d'hiver en eau salée, comptée au milieu de la longueur à partir du livet en abord du pont supérieur (du spar-deck pour les navires à pont léger, du pont principal pour les navires à pont-abri). Cette hauteur doit en général subir une série de corrections, tenant compte des valeurs réelles de la longueur, de la tonture et du bouge du navire considéré, ainsi que de l'étendue des superstructures établies au-dessus du pont supérieur (teugue, dunette, etc.); on peut également être amené à faire des corrections spéciales si les rapports $\frac{L}{l}$ et $\frac{l}{c}$ ont des valeurs trop différentes des valeurs usuelles.

(1) En pratique, il ne faut pas oublier de tenir compte des conventions adoptées pour la détermination du tonnage en ce qui concerne les water-ballast, et de corriger au besoin les valeurs de V et de c' de manière que le coefficient calculé corresponde autant que possible à la valeur réelle du volume intérieur du navire.

Le repère W étant ainsi tracé, les tables donnent la distance verticale entre ce repère et les quatre autres, en fonction de la valeur de c. Le repère S est au-dessus du repère W, à une distance variant de 3 à 16 $^c/_m$ environ ; le repère IS est tracé au-dessus de S, à une distance de W égale au double de la précédente ; le repère WNA est tracé au-dessous de W, à une distance variant de 8 à 16 $^c/_m$ environ ; enfin le repère FW est tracé au-dessus du repère W à une distance sensiblement égale à $0,0158\ c$, majorée de 12 $^m/_m$ 5 pour les navires à pont-abri, de 25 $^m/_m$ pour les navires à spardeck. La distance entre les repères W et FW est calculée en admettant une densité de 1,024 pour l'eau de mer ; pour les eaux de densité plus faible, on calcule par proportionnalité la hauteur de franc-bord minima admissible.

SEPTIÈME PARTIE

ÉTABLISSEMENT D'UN PROJET DE NAVIRE

CHAPITRE PREMIER

Établissement d'un avant-projet.

256. Répartition des poids sur les navires. — L'équilibre du navire flottant exigeant l'égalité du poids et du déplacement, l'étude d'un projet de navire doit comporter en premier lieu la recherche de son poids probable, qui doit être basée sur des évaluations méthodiques pour écarter autant que possible toute chance d'erreur.

Le poids total d'un navire de guerre peut être considéré comme composé de cinq termes bien distincts. Tout d'abord, le navire de guerre, en sa qualité d'engin de combat, doit posséder une certaine puissance offensive, constituée par des canons avec leurs appareils de manœuvre et leur approvisionnement de munitions, et en général par des torpilles avec leurs appareils de lancement. On a ainsi un certain poids global qui est le véritable poids utile du navire, et que nous appellerons le *poids offensif*. Ce poids utile, il faut d'abord le soutenir sur l'eau, c'est-à-dire qu'une certaine fraction du poids total doit être consacrée à la construction de la charpente même du navire; on a ainsi le *poids de construction* ou *poids de coque*, comprenant la coque du navire munie de tous les accessoires nécessaires pour son appropriation, c'est-à-dire pour la navigabilité, l'habitabilité et la propulsion. Une troisième catégorie de poids comprend les poids de personnel et de matériel nécessaires pour l'armement et la direction du navire, c'est-à-dire l'équipage, les approvisionnements, les embarcations, les ancres et chaînes, les agrès et amarres, les appareils auxiliaires affectés au service général, etc.; c'est ce que nous appellerons le *poids de navigation*. Puis, comme le navire doit être susceptible de se déplacer avec une certaine vitesse, il y a à considérer le *poids de propulsion*, c'est-à-dire le poids total de l'appareil moteur et de tous les appareils auxiliaires nécessaires à son fonctionnement, de l'approvisionnement de combustible, et, s'il y a lieu, de la mâture et de la voilure. Enfin, une dernière fraction du poids total est en général consacrée à la protection du navire, c'est-à-dire à la constitution de murailles plus ou moins épaisses destinées à opposer une certaine résistance à la pénétration des projectiles ennemis; c'est le *poids de défense*.

Pour un navire de commerce, le groupement serait à peu près le même, le poids de défense étant ici supprimé et le poids utile étant représenté par le poids de chargement, c'est-à-dire par ce que nous avons appelé le port en lourd (§ 253).

Les cinq termes que nous venons d'examiner englobent tous les poids du navire. Leur importance relative peut être, bien entendu, modifiée, entre certaines limites, suivant le rôle spécial du navire que l'on veut construire, mais il est clair que toute augmentation d'un côté se traduit par une diminution d'autre part, et qu'il importe par suite de bien se rendre compte des limites rationnelles entre lesquelles chaque élément doit être maintenu.

Le poids de construction est évidemment un poids mort, qu'il y a intérêt à réduire autant que possible, sous réserve d'assurer à la charpente une rigidité convenable. Au temps de l'ancienne flotte à voiles, dont les navires étaient construits exclusivement en bois, ce poids de construction représentait en moyenne 53 % du poids total. L'emploi de matériaux métalliques a permis de réduire sensiblement ce chiffre; avec la construction en fer, les poids de charpente réalisés représentaient en moyenne 36 à 40 % du poids total; avec la construction en acier actuelle, le poids de charpente est ordinairement compris entre 30 et 36 %, et il ne semble pas qu'on puisse désormais l'abaisser sans changer la nature du métal employé. Avec les procédés de construction actuels, on peut dire que le poids de charpente représente environ 1/3 du poids total, les limites ordinaires étant 30 et 36 %

suivant que l'on veut une charpente plus ou moins robuste. Pour les bâtiments légers, tels que les torpilleurs, on est descendu jusqu'à 28 %, mais ce chiffre paraît être la limite extrême actuellement compatible avec la solidité de la coque. Enfin, les chiffres qui précèdent se rapportent aux navires à bordé métallique ordinaire. Lorsqu'on veut ajouter un doublage en cuivre avec revêtement en bois, la fraction représentative du poids de construction subit un accroissement sensible. Le poids du revêtement et de ses attaches est en effet assez peu différent de son déplacement, mais cela revient à ajouter une même quantité aux deux termes d'une fraction plus petite que l'unité. Pour les navires doublés, avec les procédés actuels, le poids de construction, représente environ 39 à 43 % du poids total.

Le poids de navigation dépend évidemment dans une certaine mesure de la durée pour laquelle sont calculés les divers approvisionnements. Il est donc un peu plus considérable pour les navires destinés à effectuer des croisières de longue durée que pour ceux qui sont appelés à se maintenir à proximité des côtes. D'autre part, le nombre d'hommes d'équipage étant loin de croître proportionnellement au déplacement, le poids de navigation est forcément plus faible pour les gros navires que pour les petits. En tenant compte des usages actuels, on peut dire que le poids de navigation représente en moyenne 5 à 6 % sur les grands bâtiments d'escadre et de défense des côtes, 6 à 8 % sur les grands bâtiments de croisière de déplacement supérieur à 8000 tonneaux environ, et 8 à 10 % sur les navires de croisière de déplacement inférieur à 8000 tonneaux et sur les petits bâtiments tels que contre-torpilleurs et torpilleurs.

Le poids offensif varie entre 4 et 10 % du poids total. Le chiffre de 10 % paraît être le maximum compatible avec le logement à bord du navire du matériel composant la puissance offensive, aussi bien sur les chaloupes-canonnières de 100 tonneaux que sur les cuirassés de 15000 tonneaux. Sur presque tous les grands navires de combat modernes, le poids offensif oscille entre 8 et 10 % du poids total. Il convient de remarquer que sur les anciens navires à voiles, dont le type est resté à peu près immuable pendant tout le XVIIIe siècle et la première moitié du XIXe, la proportion du poids offensif était également de 9 à 10 %. Il semble donc que ce chiffre représente la proportion normale correspondant à l'équilibre rationnel entre les diverses qualités du navire, et que c'est celui dont il convient de se rapprocher autant que possible. Mais il faut aussi tenir compte de la vitesse et de la protection que l'on désire réaliser, et ces considérations ont conduit souvent à abaisser d'une manière notable la valeur relative du poids offensif. Sur les torpilleurs, par exemple, pour lesquels la vitesse est un des facteurs principaux, le poids offensif varie de 4 à 6 %, et est même descendu à 3,5 %. Sur les croiseurs, le poids offensif est ordinairement compris entre 6 et 8 %, sauf sur certains bâtiments pour lesquels on a voulu obtenir avant tout une vitesse très élevée.

Il résulte de ce qui précède que la somme du poids de construction, du poids de navigation et du poids offensif représente en moyenne 45 à 50 % du poids total sur les grands navires non doublés, 50 à 55 % sur les navires doublés, 40 à 45 % sur les bâtiments légers à grande vitesse. Le reste du poids disponible peut être partagé dans un rapport très variable entre la protection et la propulsion. Sans prétendre réaliser une impénétrabilité absolue, on peut admettre comme règle qu'en l'état actuel des sciences métallurgique et balistique il faut consacrer 35 % environ du poids total à la puissance défensive pour obtenir une protection à peu près complète du navire contre les coups d'un ennemi de même armement que le sien. C'est un chiffre évidemment très élevé, qui n'a été dépassé que très rarement, sur quelques navires garde-côtes pour lesquels la puissance défensive a été portée à 37 et même 38 % du poids total. La tendance actuelle de toutes les marines militaires est d'adopter pour les grandes unités de combat un poids de défense de 30 à 35 %, laissant de 15 à 25 % disponibles pour la propulsion. Mais, la composition d'une flotte militaire devant faire face à des objectifs très variés, on est amené à construire des navires sur lesquels on sacrifie dans une mesure plus ou moins grande la protection à la vitesse, et qui forment une série de types échelonnés à protection graduellement décroissante. C'est ce chiffre variable de puissance défensive qui constitue le mode le plus rationnel de groupement des divers types, et on obtient ainsi la classification suivante, en regard desquels nous avons inscrit les dénominations généralement usitées :

ÉTABLISSEMENT D'UN AVANT-PROJET.

Poids de défense.

- 30 à 35 %.... Cuirassés garde-côtes.
- 25 à 30 %.... Cuirassés d'escadre.
- 20 à 25 %.... Croiseurs cuirassés.
- 10 à 20 %.... Croiseurs.
- 0 à 10 %.... Contre-torpilleurs et torpilleurs.
- 0 .... Bâtiments sans protection (avisos, canonnières, etc.).

Quant au poids de propulsion, il se déduit des chiffres précédents une fois que l'on a fixé le degré de protection que l'on veut réaliser. Il varie normalement entre 15 et 50 %, mais en diminuant le poids offensif et poussant aux limites extrêmes les réductions sur le poids de coque et le poids de navigation, on a pu atteindre 60 et même 65 %. Ce poids se compose d'ailleurs, comme nous le reverrons plus loin, de deux éléments bien distincts, en laissant de côté la propulsion à l'aide de voiles qui est abandonnée aujourd'hui. Il y a d'abord le poids relatif de l'appareil moteur, qui pour un déplacement donné fournit une caractéristique de sa puissance et par suite de la vitesse maxima réalisable, et en second lieu le poids relatif de combustible, qui fixe la durée pendant laquelle le navire est capable de soutenir sans interruption une certaine vitesse. Ce dernier poids est usuellement de 4 à 6 % pour les garde-côtes, de 6 à 7 % pour les cuirassés d'escadre, de 10 à 20 % pour les croiseurs, contre-torpilleurs et torpilleurs.

Le meilleur procédé pour se rendre compte de la répartition des poids à bord d'un navire consiste à établir ce qu'on appelle son *diagramme polaire,* que l'on construira en divisant un cercle en secteurs de surface proportionnelle aux poids des divers éléments (fig. 1095), et en groupant les poids toujours de la même manière comme le montre la figure.

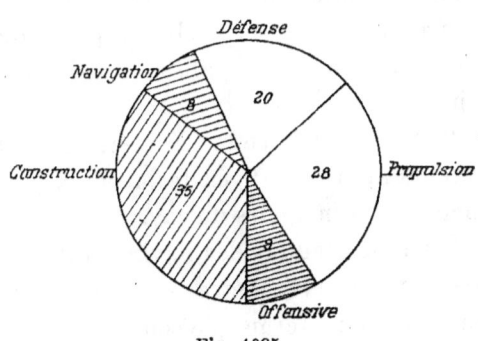

Fig. 1095.

La figure 1096 représente, à titre d'exemple, les diagrammes normaux d'un cuirassé garde-côtes, d'un cuirassé d'escadre, d'un croiseur cuirassé, d'un croiseur, d'un contre-torpilleur et d'un torpilleur sans protection, qui montrent

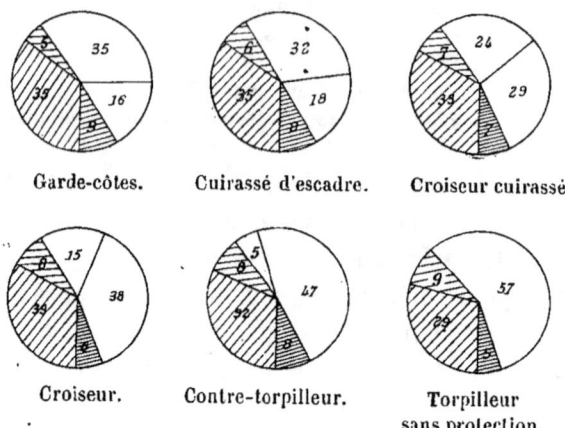

Fig. 1096.

clairement les différences d'un type à l'autre. Il ne s'agit pas là bien entendu de diagrammes absolus, mais de simples indications, chaque élément pouvant varier entre les limites que nous avons données.

257. Coefficients de carène et d'utilisation. — Il résulte de ce qui précède que le point de départ d'un projet de navire est la détermination de son poids offensif, c'est-à-dire du poids total de canons, de munitions, de torpilles avec leurs engins de lancement, que l'on veut faire porter par le navire. En décuplant ce poids, on a une limite inférieure du déplacement, que l'on s'efforcera de ne pas trop dépasser si elle est par ailleurs compatible avec la vitesse que l'on veut réaliser, ainsi que nous allons le voir tout à l'heure.

Pour passer de cette première indication du déplacement à des valeurs approximatives de la vitesse, du rayon d'action et des dimensions principales du navire projeté, on fait usage de coefficients numériques déduits des navires antérieurement construits, et qui, bien que ne pouvant être astreints à des valeurs fixes et déterminées, fournissent des termes de comparaison utiles et suffisamment précis pour l'étude d'un avant-projet.

Les *coefficients de carène* sont des rapports numériques entre des fonctions de même degré des dimensions principales des navires.

Ceux que l'on considère le plus habituellement sont les suivants :

Rapport du volume de carène à celui du parallélipipède circonscrit . . . . $\alpha = \dfrac{V}{L\,l\,p}$

Rapport du volume de carène à celui du cylindre circonscrit au maître couple . . . . $\alpha' = \dfrac{V}{B^2\,L}$

Rapport de la surface du maître couple à celle du rectangle circonscrit . . . . $\beta = \dfrac{\alpha}{\alpha'} = \dfrac{B^2}{l\,p}$

Rapport de la surface de la flottaison à celle du rectangle circonscrit . . . . $\gamma = \dfrac{S}{L\,l}$

Dans le calcul de ces coefficients, V représente le volume de la carène non munie de ses appendices (fausses quilles, quilles de roulis, gouvernail, hélices et supports d'arbres), L la longueur entre perpendiculaires, l la largeur au fort, p la profondeur de carène, B^2 la surface immergée du maître couple (appendices non compris), et S la surface de la flottaison. Ces coefficients peuvent toujours être évalués approximativement en partant d'un navire de déplacement et de type analogues à celui que l'on veut construire ; ils sont usuellement compris entre les limites suivantes :

α . . . . 0,42 à 0,64
α' . . . . 0,57 à 0,70
β . . . . 0,69 à 0,93
γ . . . . 0,67 à 0,79

On fait aussi usage de coefficients dits coefficients de finesse ou d'acuité, qui permettent dans une certaine mesure la comparaison du degré de finesse des formes. Les deux plus employés sont les suivants :

$$\varepsilon = \dfrac{L}{\sqrt{B^2}}\left(1 - \dfrac{V}{B^2\,L}\right)$$

$$\varepsilon' = \dfrac{1,85\,\dfrac{\sqrt{B^2}}{L}}{0,96 - \dfrac{V}{B^2\,L}}.$$

Le premier de ces coefficients, proposé par M. l'ingénieur de la marine Dupré, a des valeurs comprises entre 3 et 7 et croît avec l'acuité des formes. Le second, proposé par M. Normand, décroît quand l'acuité augmente et varie entre 0,3 et 0,8. Enfin, il est utile de considérer le rapport $\frac{L}{l}$, qui ne doit pas être supérieur à 5 pour les navires destinés à manœuvrer à la voile, et qui varie de 5 à 10 pour les navires à vapeur modernes, ce dernier chiffre ne pouvant guère être dépassé sans compromettre la rigidité de la charpente.

Les *coefficients d'utilisation* sont des coefficients numériques déduits de formules établissant la relation entre la puissance développée par l'appareil moteur, la vitesse correspondante, et les dimensions du navire. Les deux coefficients dont on fait usage sont donnés par :

$$v = m_1 \sqrt[3]{\frac{F}{B^2}}$$

$$v = m_2 \sqrt[3]{\frac{F}{P^{2/3}}}$$

v étant la vitesse exprimée en nœuds, F la puissance mesurée sur les pistons (puissance indiquée) et exprimée en chevaux de 75 kilogrammètres, B^2 la surface du maître couple (appendices compris) exprimée en mètres carrés, et P le déplacement exprimé en tonneaux. La valeur du coefficient m_1 pour la vitesse maxima est ordinairement comprise entre 3 et 4 ; d'une façon générale elle est d'autant plus grande que le déplacement est plus grand et que les formes sont plus fines. La valeur du coefficient m_2, pour la même vitesse, est comprise entre 5,3 et 6,2. Ces coefficients varient légèrement avec la vitesse ; dans la plupart des cas, leur valeur passe par un maximum pour une valeur de la vitesse voisine des 2/3 de la vitesse maxima, et décroît ensuite régulièrement quand la vitesse augmente.

258. Recherche des données d'un avant-projet. — Nous avons vu que le poids total P du navire se compose de cinq termes principaux. On a donc l'égalité fondamentale :

$$P = \underset{\substack{\text{Poids} \\ \text{de construction}}}{A} + \underset{\substack{\text{Poids} \\ \text{de navigation}}}{B} + \underset{\substack{\text{Poids} \\ \text{offensif}}}{C} + \underset{\substack{\text{Poids} \\ \text{de défense}}}{D} + \underset{\substack{\text{Poids} \\ \text{de propulsion}}}{E}$$

Prenons pour point de départ un certain poids offensif donné C que l'on peut en pratique évaluer assez rapidement à l'aide des devis de poids des navires existants. En décuplant ce poids, comme nous l'avons dit, nous obtenons une limite inférieure du déplacement P, dont il y a intérêt à se rapprocher autant que possible pour diminuer le prix de revient. Ce chiffre étant connu, on se donne, d'après le type de navire et le degré de protection que l'on veut réaliser, un certain diagramme de répartition, en ayant soin de se réserver par prudence, pour parer aux erreurs ou omissions, un *disponible* égal à 3 ou 4 % du poids total.

La valeur de E étant ainsi choisie, il faut d'abord séparer le poids que l'on veut affecter à l'approvisionnement de combustible, c'est-à-dire la caractéristique du rayon d'action du navire. On appelle *rayon d'action* ou *distance franchissable* d'un navire la distance, exprimée en milles de 1852^m, que l'approvisionnement de ce navire lui permet de parcourir à une vitesse donnée. Ce rayon d'action est bien entendu variable avec la vitesse. Désignons par E_1 le poids total de combustible, par f la puissance correspondant à une certaine vitesse v', par d la distance franchissable correspondant à cette vitesse, par c un coefficient dit *coefficient de consommation*, représentant le rapport du poids de charbon brûlé par heure à la puissance développée correspondante, c'est-à-dire la *consommation par cheval-heure* de la machine. Ce coefficient c dépend du type de machine et de chaudière, et varie avec la puissance développée. On l'exprime habituellement en kilogrammes, et il peut varier de 0^{k}550 à 1^k. Cela étant, la consommation horaire de charbon est représentée par cf, et, la vitesse v' étant exprimée en nœuds, le nombre d'heures nécessaires pour franchir la distance d est égal à $\dfrac{d}{v'}$. On a donc :

$$E_1 = cf\frac{d}{v'}$$

ou, en appelant m'_2 la valeur du coefficient d'utilisation correspondant à f,

$$E_1 = c\frac{d}{v'} P^{2/3} \cdot \frac{v'^3}{m'_2{}^3}$$

ou enfin :

$$d = \frac{E_1\, m'_2{}^3}{c\, v'^2\, P^{2/3}}$$

qui donne d en fonction de v'.

Habituellement, pour permettre la comparaison, on choisit pour v' une valeur uniforme égale à 10 nœuds (quelquefois 14 nœuds), correspondant à peu près à la valeur minima de c, c'est-à-dire à l'allure la plus économique et par suite au rayon d'action maximum, pour lequel on admet généralement les valeurs suivantes :

Cuirassés garde-côtes............	1500 à 2500	milles
Cuirassés d'escadre.............	3500 à 5000	—
Croiseurs.....................	5000 à 10000	—
Contre-torpilleurs et torpilleurs...	1000 à 2000	—

La valeur de E_1 étant choisie provisoirement, la quantité $E_2 = E - E_1$ représente le poids total de l'appareil moteur, avec tous les appareils et accessoires nécessaires à son fonctionnement (eau des chaudières, des citernes et du tuyautage comprise). Le rapport de ce poids à la puissance maxima F que cet appareil est susceptible de développer est ce qu'on appelle le *poids par cheval*, que nous désignerons par π, et que l'on exprime habituellement en kilogrammes. Ce coefficient varie actuellement depuis 60 à 80^k pour les grands navires à machines robustes, jusqu'à 17 à 20^k pour les torpilleurs à machines très légères. La valeur de π étant choisie au moyen des données fournies par les navires antérieurement construits, le rapport $\dfrac{E_2}{\pi}$ donne F, valeur probable de la puissance maxima réalisable, et le choix par les mêmes procédés d'une valeur admissible pour m_2 fournit la valeur probable de la vitesse maxima que le navire pourra atteindre. Si cette vitesse est inférieure au chiffre que l'on avait en vue, on accroîtra le déplacement et on réduira au besoin la puissance défensive et le rayon d'action, jusqu'à ce qu'on ait obtenu une valeur de P qui ne soit pas exagérée par rapport au poids offensif C et qui corresponde au programme que l'on s'est donné.

Nous avons ainsi des valeurs approximatives de P, v et d, c'est-à-dire de trois des éléments principaux du navire. Pour passer de là aux dimensions, il faut d'abord évaluer par comparaison le volume des appendices, qui varie de 0.3 à 1 % du volume total. En retranchant ce volume du quotient $\dfrac{P}{1{,}026}$, on a le volume de carène

V. D'autre part, en choisissant par comparaison une valeur du coefficient m_1, on obtient la valeur approximative de B^2, puisqu'on connaît v et F. Si donc on se donne $\alpha' = \dfrac{V}{B^2 L}$, on a une valeur approchée de la longueur nécessaire. La considération du rapport $\dfrac{L}{l}$ fournit alors une valeur probable de la largeur, et celle des coefficients α et β une valeur probable de p, c'est-à-dire approximativement du tirant d'eau. Les données ainsi obtenues ne peuvent, bien entendu, être considérées comme définitives, mais on a rapidement de cette manière un canevas suffisamment approché, donnant une idée nette des résultats auxquels on sera conduit par l'étude définitive.

Soit par exemple un croiseur dont le poids offensif doit être de 450 tonneaux. Le déplacement minimum sera 4500 tonneaux. Admettons pour la puissance défensive un poids relatif de 20 %, ce qui nous conduit à 25 % environ pour le poids de propulsion, soit 1125 tonneaux. Fixons-nous comme rayon d'action une distance de 6000 milles à 10 nœuds. Nous pouvons prendre $c = 0^k,700$ et $m'_2 = 6,5$. Nous avons ainsi

$$E_1 = 0,0007 \times 6000 \times 4500^{2/3} \times \frac{100}{6,5^3} = 418^{\text{TX}}$$

$$E_2 = 1125 - 418 = 707^{\text{TX}}.$$

Prenons d'autre part $\pi = 70^k$ et $m_2 = 5,9$. Nous avons :

$$F = \frac{707}{0,070} = 10100^{\text{CHX}}$$

$$v = 5,9 \sqrt[3]{\frac{10100}{4500^{2/3}}} = 19^n,6.$$

Supposons qu'on veuille réaliser une vitesse de 20 nœuds environ. Essayons P = 5000 tonneaux, ce qui nous donnera un poids offensif de 9 % et nous permettra d'affecter 26 % à la propulsion, soit 1300 tonneaux. Nous avons alors, en conservant les valeurs des divers coefficients :

$$E_1 = 448^{\text{TX}}$$
$$E_2 = 1300 - 448 = 855^{\text{TX}}$$

$$F = 12170 \text{ chevaux.}$$
$$v = 20^n,4$$

Le déplacement sera donc voisin de 5000 tonneaux. Admettons 0,4 °/₀ d'appendices, soit un volume de carène de 4860 m³ environ. Nous admettrons $m_1 = 3,65$, d'où :

$$B^2 = 12170 \left(\frac{3,65}{20,4}\right)^3 = 70^{m2}.$$

Prenons $\alpha = 0,61$. Nous aurons :

$$L = \frac{4860}{0,61 \times 70} = 114^m.$$

On devra avoir pour un navire de ce genre $\frac{L}{l} = 7,5$ environ, soit $l = 15^m,20$. Enfin, en prenant $\beta = 0,80$, nous aurons $p = 6^m,20$, ce qui donnera $z = 0,452$, valeur très admissible. Les caractéristiques approximatives du navire se trouvent ainsi rapidement déterminées, tous les calculs pouvant être effectués à la règle avec une précision suffisante.

259. Devis détaillé des poids. — Pour aller plus loin, il faut avant tout dresser un devis détaillé aussi exact que possible du poids total, une partie des poids pouvant être dès le début évaluée avec une approximation assez grande, et l'autre devant être affectée d'une valeur probable qui sera contrôlée ensuite par le calcul une fois les plans complètement établis. En outre, les dimensions du navire n'étant déterminées qu'approximativement, il est nécessaire de séparer les poids qui dépendent de ces dimensions et ceux qui en sont indépendants.

Pour permettre et faciliter les recherches relatives aux navires existants, les devis de poids de ces navires sont dressés d'après un groupement méthodique (1). Le poids de construction A est tout d'abord divisé en deux termes, l'un A_1 comprenant toutes les pièces de la coque proprement dite avec ses emménagements, l'autre A_2 comprenant les *accessoires de coque*, c'est-à-dire toutes les pièces

---

(1) Ce devis de poids fait partie du *devis d'armement*, qui est un des documents officiels du navire et fournit des renseignements détaillés sur tous les points susceptibles de servir de base à des calculs ultérieurs.

qui, bien que fixées à la coque, ne font pas à proprement parler partie de la charpente (gouvernail et organes de manœuvre, portemanteaux d'embarcations, apparaux de mouillage, etc.). Ces accessoires représentent ordinairement de 5 à 6 °/₀ du poids total, mais comme on n'a pas dressé jusqu'ici de tableau détaillé indiquant exactement les poids qu'il y a lieu de comprendre sous cet article, les devis ne sont pas tous comparables, certains objets étant comptés tantôt à la coque, tantôt aux accessoires. C'est pour cela que nous avons admis qu'on se donnait à priori la valeur globale de $A_1 + A_2$, mais il y a là une lacune à combler, le total A_2 pouvant être établi à l'avance par comparaison avec une précision suffisante pour qu'il ne reste à apprécier que la valeur probable de A_1.

La somme $B + C + E$ représente ce qu'on appelle l'*exposant de charge*, pour lequel on a adopté le groupement de détail suivant :

Appareils moteur et évaporatoire et appareils auxiliaires en dépendant (art. I).
- Machines principales et de servitude complètes avec tuyautages (1), parquets et accessoires.
- Outillage et rechange des machines.
- Eau des condenseurs et du tuyautage des machines.
- Chaudières principales complètes avec tuyautages (2), parquets et accessoires.
- Outillage et rechange des chaudières.
- Eau des chaudières.
- Eau des bâches et des caisses d'alimentation.

Appareils auxiliaires ne dépendant pas de l'appareil moteur (art. II).
- Appareils militaires :
  - Appareils et mécanismes divers pour la manœuvre des tourelles, de l'artillerie et des munitions de tous calibres, y compris les moteurs spéciaux, câbles et tuyautages (3).
  - Appareils divers et tuyautage général de vapeur.
- Appareils de coque :
  - Matériel électrique :
    - Dynamos à vapeur du service général.
    - Câbles, accessoires et appareils d'éclairage par incandescence.
    - Projecteurs et accessoires.
- Outillage et rechanges pour les appareils ci-dessus.

(1) Y compris le poids des appareils auxiliaires des machines.
(2) Y compris le poids des appareils auxiliaires des chaudières, le poids des bâches, des caisses d'eau de chaux et des filtres à éponges, ainsi que le poids des pompes alimentaires si elles sont indépendantes.
(3) A subdiviser pour l'artillerie en tourelles et l'artillerie non en tourelles.

Artillerie (art. III).
- Canons, affûts, berceaux, châssis mobiles, plateformes tournantes pour tourelles barbettes, équipement, masques, y compris l'artillerie des embarcations et les canons-revolvers (non compris les appareils de manœuvre comptés à l'article II).
- Poudres, autres munitions de guerre et artifices, caisses comprises.
- Armes portatives.
- Rechanges relatifs à tout l'article Artillerie.

Torpilles (art. IV).
- Tubes lance-torpilles divers, aériens ou sous-marins, matériel de torpilles, pompes de compression, accumulateurs, appareils de visée, rechanges.

Combustibles (art. V).
- Bois pour les cuisines.
- Charbon pour l'appareil moteur.
- Charbon pour les services accessoires.
- Pétrole.

Équipage (art. VI).
- Poids des hamacs de l'équipage et de leurs effets.
- Hamacs de l'équipage garnis et rechanges.
- Provisions et effets du commandant et de l'état-major.

Vivres de l'équipage (art. VII).
- Vivres solides et liquides.
- Tare des futailles pour le vin et autres liquides.
- pour farines, salaisons et autres provisions.

Eau de l'équipage (art. VIII).
- Eau douce potable.
- Caisses en tôle.
- Pièces d'armement et barils de galère.

Mâture, agrès, ancres et amarres (art. IX).
- Mâture complète à l'exception des mâtures militaires et mâts métalliques rivés à la coque.
- Gréement et pouliage en place.
- Voilure en vergues.
- Matériel relatif à la manœuvre des chaînes, des ancres, des embarcations et du chargement.
- Chaînes de mouillage, extrémités de chaîne, manilles et maillons.
- Grelins-chaînes.
- Ancres.
- Amarres et remorques.
- Prélarts, tentes, tauds, manches à vent en toile, pavillonnerie, etc.
- Rechanges relatifs à tout l'article Mâture, agrès, etc.

Embarcations (art. X).
- Poids des embarcations, rechanges compris.

Objets divers et approvisionnements (art. XI).	Filets Bullivant et matériel y relatif (à l'exception des tangons et du pitonnage, compris dans les accessoires de coque). Bouées et appareils de sauvetage. Fours, cuisines, pétrins, fourneaux et ustensiles y relatifs. Meubles et objets d'ameublement non d'attache. Ustensiles et outils du maître mécanicien, rechanges pour les accessoires de coque. Matières grasses pour l'appareil moteur et les appareils auxiliaires. Peinture, chaux, sable et matières diverses en approvisionnement (y compris l'approvisionnement du maître mécanicien). Médicaments et appareils de chirurgie. Chantiers et bois d'arrimage. Objets divers entrant dans l'armement, non compris dans les articles précédents.
Lest (art. XII).	Lest.
Chargement (Passagers, leurs vivres, leur eau et tare, matériel, etc.) (art. XIII).	....

L'article I de cette nomenclature correspond à ce que nous avons désigné par E_2, et l'article V, diminué du bois et du charbon pour les services accessoires, à ce que nous avons appelé E_1. La somme des articles III et IV représente ce que nous avons désigné par C, et la somme des articles II, VI, VII, VIII, IX, X, XI, augmentée du bois et du charbon pour les services accessoires, ce que nous avons désigné par B. En réalité, il serait plus logique de faire rentrer le poids des masques dans le poids de défense, et de compter dans le poids offensif les appareils auxiliaires classés comme appareils militaires. Le plus ordinairement, à moins de circonstances particulières, il n'y a pas de lest. Quant à l'article XIII, il n'est à considérer que pour les navires de transport, et rentrerait alors dans le poids utile.

Pour l'étude d'un projet, les poids ci-dessus énumérés doivent être évalués par avance. Les articles II, IX, X et XI s'évaluent par comparaison avec des navires existants. D'ailleurs, le déplacement étant connu approximativement, les ancres, chaînes, embarcations et appareils auxiliaires se trouvent déterminés, et leur poids peut être calculé avec une assez grande précision. Pour l'évaluation des articles VI, VII et VIII, il est indispensable de connaître le nombre probable d'hommes d'équipage. Sans faire une étude détaillée de l'effectif nécessaire, on peut se donner par comparaison un chiffre probable, puisqu'on connaît le déplacement approximatif et le type du navire que l'on veut construire. Nous désignerons par N ce chiffre, N comprenant tout le personnel embarqué, état-major et équipage. Pour le poids d'un homme et de ses effets personnels, on adopte le chiffre moyen uniforme de 100^k. Pour les deux autres catégories de l'article VI, la proportion d'officiers étant sensiblement constante, on peut également adopter des chiffres proportionnels à N, soit 16^k pour les hamacs garnis et les hamacs de rechange, et 25^k pour les provisions et effets du commandant et de l'état-major. Le total de l'article VI, exprimé en tonneaux, ressort ainsi à $0,141$ N. Quant aux vivres, nous avons vu (§ 206) que la ration journalière était égale à $1^k,626$ par homme, et la tare des récipients à 21 %. Si donc n est le nombre de jours adopté pour l'approvisionnement de vivres, le poids total de l'article VII est représenté par $1,21 \times 1,626 \times n \times N$, soit en tonneaux $0,001967\, n\, N$. De même, la ration journalière d'eau potable étant de 4 litres (§ 207) et la tare des caisses de $21,5$ % environ (1), le poids total de l'article VIII peut être évalué à $1,215 \times 4 \times n' \times N$, en désignant par n' le nombre de jours adopté pour l'approvisionnement d'eau, soit en tonneaux $0,00486\, n'\, N$. Enfin les articles III et IV représentent le poids offensif, et s'évaluent directement en partant de l'armement prévu en canons et en torpilles. Le poids des armes portatives dépend de N (environ 7^k par homme), mais pour un projet il est suffisamment exact de majorer de 3 % le total trouvé pour les canons et leurs munitions, cette majoration englobant les armes portatives et leurs munitions, les munitions d'exercice et de salut et artifices divers, et les rechanges relatifs à l'article artillerie; on a ainsi le total de l'article III.

Il reste les articles I et V, dont le poids dépend des valeurs admises pour les divers coefficients. L'ensemble de l'article I, représentant ce que nous avons désigné par E_2, peut-être mis

(1) Soit 20 % pour les caisses à eau et 1,5 % pour les pièces d'armement et barils de galère.

sous la forme $\pi B^2 \dfrac{v^3}{m_1^3}$. Quant à l'article V, il comprend d'abord le charbon pour l'appareil moteur, c'est-à-dire $E_1 = c \dfrac{d}{v'} f$, que l'on peut écrire $E_1 = cd\, B^2 \dfrac{v'^2}{m'_1{}^3}$. La consommation de charbon pour les services auxiliaires est évidemment à peu près proportionnelle à la dépense de charbon pour l'appareil moteur, et on peut la considérer comme approximativement égale à 20 % de cette dépense. D'autre part, les règlements actuels prescrivent d'embarquer un poids de pétrole égal aux $\dfrac{75}{1000}$ de l'approvisionnement de charbon. Enfin, le poids du bois pour les cuisines peut être évalué directement en fonction du nombre d'hommes d'équipage et du nombre de jours d'approvisionnement (§ 207), mais pour un projet il est suffisamment exact d'admettre que ce bois représente 1 % de l'approvisionnement de charbon. Le total de l'article V peut alors être mis sous la forme $1{,}285\, cd\, B^2 \dfrac{v'^2}{m'_1{}^3}$.

Le poids de défense D, dont on s'est donné à l'avance la valeur totale approximative dans l'avant-projet, peut se diviser en deux groupes, comprenant l'un la protection de l'artillerie, du commandement et des ouvertures du pont cuirassé, l'autre la protection de la flottabilité et de la stabilité. En se reportant aux chiffres que nous avons donnés au § 116, on peut déterminer le poids total du premier groupe; le poids du blockhaus et du tube cuirassé peut être évalué de suite, ainsi que le poids approximatif des surbaux et entourages, et on a ainsi par différence le poids de protection de l'artillerie, d'où on déduit l'épaisseur des cuirassements de tourelles ou de réduits. Le poids de ce premier groupe, une fois déterminé, restera invariable si on modifie légèrement les dimensions du navire. Celui du second groupe, au contraire, comprenant les murailles cuirassées latérales et les ponts blindés, subira des modifications importantes, à épaisseur égale, si l'on fait varier les dimensions absolues du navire. Considérons une muraille latérale d'épaisseur uniforme e et de hauteur H. Le poids du mètre courant de cette muraille sera égal à $e\, H \times 7{,}85$. La longueur développée de la muraille du navire, au voisinage de la flottaison, est évidemment comprise entre 2 L et 2 (L + *l*). Elle doit donc être peu différente de la moyenne entre ces deux quantités, soit 2 L + *l*. Enfin, la loi de décroissance des épaisseurs, variant avec la courbure de la flottaison, est à peu près la même pour tous les navires. Si donc *e* représente l'épaisseur maxima de la ceinture, dans la région centrale, le poids total de la muraille pourra être logiquement représenté par $\lambda \times 7{,}85\,(2\,L + l)\,e\,H$, λ étant un coefficient numérique qui ne doit varier d'un navire à l'autre qu'entre des limites assez restreintes (1). En fait, si on calcule la valeur de λ pour les navires existants, on trouve des chiffres compris entre 0,70 et 0,85 (0,80 à 0,95 pour certains garde-côtes à formes très pleines), et il est possible de se donner à l'avance par comparaison une valeur assez approchée de ce coefficient. De même, si l'on a un pont blindé horizontal d'épaisseur e', son poids est très sensiblement égal à $7{,}85\,S\,e'$, S étant la surface de la flottaison. Le poids des cuirassements horizontaux pourra donc être représenté par $\mu \times 7{,}85 \times S\,e'$, e' étant la somme des épaisseurs de ces cuirassements dans la région centrale et μ un coefficient numérique que l'on peut se donner à l'avance par comparaison, de la même manière que λ. Pour les navires dont les ponts blindés n'ont qu'une faible courbure et ont une épaisseur uniforme, μ est très voisin de l'unité. Pour les navires à ponts courbes, avec surépaisseur en abord, la valeur de μ varie de 1,5 à 2.

En récapitulant ce qui précède, nous voyons que les poids des navires peuvent être répartis en trois catégories :

1° poids proportionnels au déplacement (poids de construction et disponible);

2° poids dépendant des dimensions du navire (poids des cuirassements horizontaux et verticaux, poids de l'appareil moteur, poids de l'approvisionnement de combustible);

3° poids indépendants des dimensions du navire (poids de navigation, poids offensif, poids de protection de l'artillerie, du commandement et des ouvertures du pont cuirassé).

C'est ce mode de répartition qui va nous servir de base pour la détermination des dimensions définitives du navire.

(1) Si le cuirassement latéral est formé de plusieurs virures d'épaisseurs différentes, le produit *e* H est évidemment la somme des produits partiels relatifs à chaque virure.

CHAPITRE II

Détermination des dimensions.

260. Équations de poids et de stabilité. — Désignons par Π l'ensemble des poids indépendants des dimensions du navire, calculés comme nous l'avons indiqué plus haut, par Δ la fraction représentative du poids disponible que l'on veut se réserver, par p_c la fraction représentative du poids de coque. L'équation fondamentale exprimant l'égalité des poids et du déplacement peut alors s'écrire :

$$P = p_c P + \Delta P + \lambda \times 7{,}85 (2L + l) e H + \mu \times 7{,}85 \, S \, e'$$
$$+ \pi \, B^2 \frac{v^3}{m_1^3} + 1{,}285 \, c \, d \, B^2 \frac{v'^2}{m'^3_1} + \Pi$$

ou, en appelant w le volume des appendices, que l'on peut estimer comme nous l'avons vu (§ 258) :

$$1{,}026 \, (V + w) = 1{,}026 \, (p_c + \Delta)(V + w) + \lambda \times 7{,}85 (2L + l) e H$$
$$+ \mu \times 7{,}85 \, S \, e' + \pi \, B^2 \frac{v^3}{m_1^3} + 1{,}285 \, c \, d \, B^2 \frac{v'^2}{m'^3_1} + \Pi.$$

Posons $1{,}026 \, (1 - p_c - \Delta) = K$. Nous aurons :

$$KV = \lambda \times 7{,}85 (2L + l) e H + \mu \times 7{,}85 \, S \, e'$$
$$+ \pi \, B^2 \frac{v^3}{m_1^3} + 1{,}285 \, c \, d \, B^2 \frac{v'^2}{m'^3_1} + \Pi - K w.$$

Introduisons les coefficients de carène α, β et γ, ce qui revient à poser :

$$V = \alpha L l p$$
$$B^2 = \beta l p$$
$$S = \gamma L l.$$

Il vient :

$$K \alpha L l p = \lambda \times 7{,}85 (2L + l) eH + \mu \times 7{,}85 \gamma L l e'$$
$$+ \pi \beta l p \frac{v^3}{m_1^3} + 1{,}285 c d \beta l p \frac{v'^2}{m'_1{}^3} + \Pi - Kw$$

ou en ordonnant :

$$(K \alpha p - 7{,}85 \mu \gamma e') L l - 15{,}7 \lambda e H . L$$
$$- \left[7{,}85 \lambda e H + \beta \left(\pi \frac{v^3}{m_1^3} + 1{,}215 c d \frac{v'^2}{m'_1{}^3} \right) p \right] l = \Pi - K w$$

c'est-à-dire une équation contenant les trois inconnues L, l et p, en fonction des valeurs admises pour les coefficients de carène.

On peut obtenir une deuxième relation entre les mêmes inconnues en faisant intervenir la hauteur métacentrique initiale, dont on se donne en général la valeur par comparaison avec les navires existants. Désignons comme d'habitude cette hauteur métacentrique par $r - a$, r étant le rayon métacentrique latitudinal et a la distance du centre de gravité au centre de carène, et appelons h la hauteur du centre de carène au-dessus de la ligne d'eau zéro. M. Normand a montré que r et h pouvaient être représentés assez approximativement par les formules empiriques :

$$r = \left[Q_1 + Q_2 \left(\frac{S}{Ll} \right)^2 \right] \frac{L l^3}{V} \quad \text{ou} \quad r = (Q_1 + Q_2 \gamma^2) \frac{l^2}{\alpha p}$$
$$h = \frac{1}{3} \left(Q_3 p - \frac{V}{S} \right) \quad \text{ou} \quad h = \frac{p}{3} \left(Q_3 - \frac{\alpha}{\gamma} \right)$$

Q_1 Q_2 et Q_3 étant des paramètres à peu près constants pour les divers types de bâtiments. Les valeurs moyennes de ces paramètres, pour les bâtiments modernes, sont :

$$Q_1 = 0{,}008 \qquad Q_2 = 0{,}0725 \qquad Q_3 = 2{,}51$$

Considérons d'autre part la hauteur h' du centre de gravité au-dessus de la ligne d'eau zéro. Le rapport de cette hauteur à la profondeur de carène, rapport que nous désignerons par φ, est un coefficient toujours assez voisin de l'unité, et que l'on peut se donner par comparaison avec un navire présentant une répartition de poids analogue. Sa valeur est comprise usuellement entre 0,9 et 1,2. Or $a = h' - h$. On peut donc écrire :

DÉTERMINATION DES DIMENSIONS.

$$r - a = r - h' + h = (0{,}008 + 0{,}0725\,\gamma^2)\,\frac{l^2}{\alpha p}$$
$$- \varphi p + \frac{p}{3}\left(2{,}51 - \frac{\alpha}{\gamma}\right)$$

ou :

$$(0{,}008 + 0{,}0725\,\gamma^2)\,l^2 = \alpha\,(r-a)\,p$$
$$+ \frac{\alpha}{3}\left(3\,\varphi - 2{,}51 + \frac{\alpha}{\gamma}\right)p^2$$

équation qui contient seulement l et p, en fonction de la hauteur métacentrique que l'on veut réaliser.

261. Choix des dimensions. — En adjoignant aux équations de poids et de stabilité une troisième relation, par exemple en se donnant la valeur du rapport $\frac{L}{l}$, on pourrait déterminer les trois dimensions principales du navire en fonction des coefficients adoptés. Il est plus simple de procéder de la manière suivante. La valeur de p est déjà connue d'une manière approximative; on considère une série de valeurs de p, voisines de cette valeur, variant par exemple de 10 en 10 centimètres, et pour chaque valeur de p on calcule les valeurs correspondantes de L, l, $\frac{L}{l}$ et $V = \alpha L l p$. On trace les courbes ayant pour abscisses p et pour ordonnées ces diverses valeurs (fig. 1097), et, en opérant sur du papier quadrillé, on a ainsi un abaque qui donne immédiatement les valeurs de V, L, l et p correspondant aux diverses valeurs de $\frac{L}{l}$, et qui sert de guide pour le choix des dimensions principales. Il peut arriver, par exemple, que la courbe V présente un minimum dans la région des valeurs admissibles pour $\frac{L}{l}$, et on

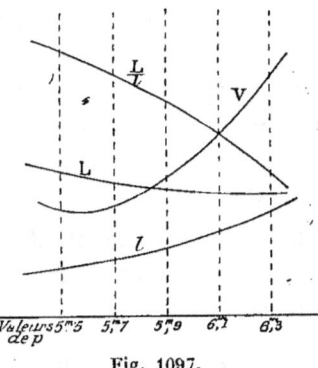

Fig. 1097.

aura évidemment intérêt à se rapprocher de cette valeur pour avoir le déplacement minimum.

Il ne faut pas oublier que les valeurs ainsi trouvées pour les dimensions principales du navire dépendent des valeurs primitivement choisies pour α, β, γ et φ. Bien que ces coefficients puissent être fixés avec assez de précision lorsqu'il s'agit d'un navire comparable à d'autres navires déjà construits, il sera en général utile d'étudier l'effet de petites variations de leur valeur. Nous verrons plus loin comment on peut étudier rapidement l'effet d'une variation légère dans les autres coefficients ou dans l'une des données du programme, en supposant constants les coefficients de carène.

Les valeurs de V, L, l et p une fois choisies, on en déduit les valeurs de B^2 et de S, et on a tous les éléments nécessaires pour l'établissement d'un plan des formes répondant aux données du programme. Il convient seulement de vérifier le devis des poids en calculant les valeurs absolues de ceux-ci, en fonction des dimensions choisies, et de s'assurer que la différence entre le déplacement et le total trouvé coïncide suffisamment avec le disponible que l'on voulait se réserver.

262. Emploi de la similitude pour l'étude des variations des coefficients. — Si l'on suppose constants les coefficients de carène α, β et γ, ainsi que le coefficient φ, il est facile de voir qu'une légère variation dans les coefficients π, m_1 et m'_1 suffit pour déterminer des variations assez importantes dans les dimensions principales. La discussion de ces coefficients étant la base essentielle d'un projet, il est commode de pouvoir se rendre compte des modifications introduites par une variation de ces coefficients sans avoir besoin de reprendre tous les calculs. De même, il peut arriver que l'on désire modifier après coup telle ou telle donnée du programme et que l'on veuille déterminer rapidement les nouvelles dimensions qui en résultent.

Cette étude peut se faire assez simplement en admettant, comme l'a proposé M. Normand, que le navire modifié sera géométriquement semblable au premier et qu'il ne s'agit que de variations relatives faibles. Reprenons l'équation de poids sous la forme :

$$P = p_c P + \Delta P + 7{,}85\, \lambda\, (2L + l)\, e\, H + 7{,}85\, \mu\, S\, e'$$
$$+ \pi\, B^2\, \frac{v^3}{m_1^3} + 1{,}285\, c\, d\, B^2\, \frac{v'^2}{m'^3_1} + \Pi.$$

Ceci peut s'écrire :

$$P = \Sigma\, K\, L^x\, a^\alpha\, b^\beta\, c^\gamma \ldots$$

K étant une constante numérique, L une fonction de degré x des dimensions linéaires du navire, a, b, c... des éléments considérés comme variables. Soit T_p un des termes de la somme. En prenant la différentielle logarithmique, nous avons :

$$\frac{\partial T_p}{T_p} = x\, \frac{\partial L}{L} + \alpha\, \frac{\partial a}{a} + \beta\, \frac{\partial b}{b} + \ldots$$

D'autre part, si ρ est le rapport de similitude, on a :

$$P + \partial P = P \cdot \rho^3$$
$$L + \partial L = L \cdot \rho$$

d'où :

$$\rho = 1 + \frac{\partial L}{L} = \left(1 + \frac{\partial P}{P}\right)^{\frac{1}{3}}$$

et, en admettant que les variations sont assez petites pour qu'on puisse négliger le 3ᵉ terme du développement de $\left(1 + \frac{\partial P}{P}\right)^{\frac{1}{3}}$:

$$\frac{\partial L}{L} = \frac{1}{3}\, \frac{\partial P}{P}.$$

Il vient alors :

$$\frac{\partial T_p}{T_p} = \frac{1}{3}\, x\, \frac{\partial P}{P} + \alpha\, \frac{\partial a}{a} + \beta\, \frac{\partial b}{b} + \ldots$$

$$\partial T_p = \frac{1}{3}\, x\, \frac{T_p}{P}\, \partial P + T_p \left(\alpha\, \frac{\partial a}{a} + \beta\, \frac{\partial b}{b} + \ldots \right)$$

et par suite :

$$\partial P = \Sigma\, \partial T_p = \frac{1}{3}\, \partial P\, \Sigma\, \frac{x\, T_p}{P} + \Sigma\, T_p \left(\alpha\, \frac{\partial a}{a} + \beta\, \frac{\partial b}{b} + \ldots \right).$$

d'où, en posant $\dfrac{1}{M} = 1 - \dfrac{1}{3}\, \Sigma\, \dfrac{x\, T_p}{P}$:

$$\partial P = M\, \Sigma\, T_p \left(\alpha\, \frac{\partial a}{a} + \beta\, \frac{\partial b}{b} + \ldots \right).$$

Explicitons maintenant la valeur de M. Nous avons :

		x	$\dfrac{x\,T_p}{P}$
$T_1 = p_c\,P$		3	$3\,p_c$
$T_2 = \Delta\,P$		3	$3\,\Delta$
$T_3 = 7{,}85\,\lambda\,(2\,L + l)\,e\,H$		1	$\dfrac{T_3}{P}$
$T_4 = 7{,}85\,\mu\,S\,e'$		2	$2\,\dfrac{T_4}{P}$
$T_5 = \pi\,B^2\,\dfrac{v^3}{m_1^{\,3}}$		2	$2\,\dfrac{T_5}{P}$
$T_6 = 1{,}285\,c\,d\,B^2\,\dfrac{v'^2}{m_1'^{\,3}}$		2	$2\,\dfrac{T_6}{P}$
$T_7 = \Pi$		0	0

ce qui donne :

$$M = \dfrac{1}{1 - p_c - \Delta - \dfrac{1}{3}\dfrac{T_3}{P} - \dfrac{2}{3}\left(\dfrac{T_4}{P} + \dfrac{T_5}{P} + \dfrac{T_6}{P}\right)}.$$

Ce coefficient M est ce qu'on peut appeler le *coefficient de variation de déplacement*, dont la valeur peut être calculée une fois pour toutes, dès que les principales données du programme ont été arrêtées. On remarque que, p_c et Δ ayant des valeurs à peu près les mêmes pour tous les navires, et les rapports $\dfrac{T_3}{P}$, $\dfrac{T_4}{P}$, $\dfrac{T_5}{P}$, $\dfrac{T_6}{P}$ ne variant qu'entre des limites assez restreintes, la valeur de M doit être peu différente d'un navire à l'autre. En fait, elle reste comprise entre 2,3 et 3,5.

Cela posé, M étant connu, l'équation

$$\partial P = M\,\Sigma\,T_p\left(\alpha\,\dfrac{\partial a}{a} + \beta\,\dfrac{\partial b}{b} + \ldots\right)$$

donne la valeur de ∂P correspondant à une variation d'un certain nombre des éléments a, b, $c\ldots$, tous les autres éléments et coefficients restant constants. On aura ensuite :

$$\rho = 1 + \dfrac{1}{3}\dfrac{\partial P}{P}$$

qui donnera la valeur du rapport de similitude entre le navire modifié et le navire primitif.

Considérons par exemple un navire ayant un déplacement de 8000 tonneaux pour lequel la valeur de M est égale à 3,2. Supposons que l'on veuille augmenter le poids offensif de 20 tonneaux. Nous aurons :

$$\delta P = M \times \Pi \frac{\delta \Pi}{\Pi} = M \delta \Pi$$

c'est-à-dire :

$$\delta P = 3,2 \times 20 = 64^{\text{tx}}$$

et :

$$\rho = 1 + \frac{1}{3} \frac{64}{8000} = 1,0027.$$

Toutes les dimensions linéaires devront être multipliées par 1,0027. On remarque que l'accroissement de déplacement correspondant à un accroissement de Π n'est nullement égal à cet accroissement, mais est environ trois fois plus fort. Cela tient à ce que toutes les autres conditions (vitesse, distance franchissable, etc.) doivent par hypothèse rester les mêmes.

Supposons maintenant que le même navire ait un poids d'appareil moteur égal à 1000 tonneaux et une vitesse maxima de 18 nœuds avec $m_1 = 3,8$. Cherchons les modifications résultant d'une augmentation de $0^n,5$ pour la vitesse maxima, en admettant que le coefficient m_1 devra être en même temps ramené à 3,75. Nous avons, en remarquant que δm_1 est négatif et que m_1 entre dans le terme T_5 à la puissance -3 :

$$\delta P = M T_5 \left(3 \frac{\delta v}{v} + 3 \frac{\delta m_1}{m_1} \right)$$

$$= 3,2 \times 1000 \left(3 \frac{0,5}{18} + 3 \frac{0,05}{3,8} \right)$$

$$= 393^{\text{tx}}$$

L'accroissement du poids de machine sera :

$$\delta T_5 = \frac{1}{3} x \frac{T_5}{P} \delta P + T_5 \left(\alpha \frac{\delta a}{a} + \beta \frac{\delta b}{b} + \ldots \right)$$

$$= \frac{2}{3} \cdot \frac{1000}{8000} \cdot 393 + 1000 \left(3 \frac{0,5}{18} + 3 \frac{0,05}{3,8} \right)$$
$$= 155^{\text{TX}}$$

et le rapport de similitude sera :

$$\rho = 1 + \frac{1}{3} \frac{393}{8000} = 1{,}0164.$$

CHAPITRE III.

Détermination des formes.

263. Tracé de la courbe des aires des couples. — Les valeurs des dimensions principales du navire étant arrêtées, il faut procéder à l'exécution d'un plan des formes devant servir de base aux calculs définitifs. Pour réduire autant que possible les tâtonnements, le procédé le plus simple consiste à tracer d'abord un projet de courbe des aires des couples, la forme de cette courbe étant peu variable et pouvant être fixée dès le début avec une certaine précision.

On connaît en effet l'ordonnée maxima de cette courbe, égale à B^2, la position approximative de cette ordonnée, toujours très voisine de la perpendiculaire milieu, l'aire de la courbe, égale à V, et les aboutissements, qui correspondent par définition aux perpendiculaires extrêmes. D'autre part, on procède à une étude sommaire des emménagements intérieurs du navire, en traçant des coupes horizontales et transversales avec des formes approximatives, de manière à déterminer l'emplacement des principaux poids ainsi que le volume approximatif et la disposition générale des œuvres-mortes. Un calcul très sommaire permet alors de se rendre compte de la position probable en longueur du centre de gravité général, c'est-à-dire de la valeur approximative de l'abscisse X de ce centre de gravité par rapport à la perpendiculaire milieu. Dès lors, le centre de carène devant avoir même abscisse que le centre de gravité, la détermination de la courbe des aires des couples se ramène au tracé d'une courbe pour laquelle on connaît 3 points, l'ordonnée maxima, l'aire et la position en longueur du centre de gravité de cette aire (fig. 1098).

On peut en outre se servir de diverses remarques ou relations empiriques qui facilitent le tracé. La comparaison des formes d'un grand nombre de navires montre que le rapport $\dfrac{B^2 X}{V_{AV} - V_{AR}}$ est sensiblement constant, V_{AV} et V_{AR} désignant les volumes des deux moitiés de la carène de part et d'autre de la perpendiculaire milieu, et on peut admettre comme valeur moyenne :

$$\frac{B^2 \ X}{V_{AV} - V_{AR}} = 0,5.$$

Appelons d'autre part Σy_{AV} et Σy_{AR} la somme des ordonnées de la courbe des aires des couples situées sur l'AV ou sur l'AR de l'ordonnée maxima, λ l'équidistance des couples de tracé. Nous avons les relations :

$$2 \ B^2 \ X = V_{AV} - V_{AR} = \lambda \ (\Sigma y_{AV} - \Sigma y_{AR})$$
$$V = V_{AV} + V_{AR} = \lambda \ (\Sigma y_{AV} + \Sigma y_{AR} + B^2)$$

d'où :

$$\Sigma y_{AV} + \Sigma y_{AR} = \frac{V}{\lambda} - B^2$$
$$\Sigma y_{AV} - \Sigma y_{AR} = \frac{2 \ B^2 \ X}{\lambda}.$$

On connait $\lambda = \frac{L}{20}$. On a ainsi deux équations déterminant les valeurs approchées de Σy_{AV} et Σy_{AR}.

Considérons en second lieu les ordonnées de la courbe égales à $\frac{1}{2} B^2$, et soient d et d' les distances de ces ordonnées aux perpendiculaires extrêmes. Les rapports de d et d' à la demi-longueur du navire ne varient qu'entre des limites assez restreintes, et on peut admettre les chiffres suivants :

$$\frac{2 \ d}{L} = 0,23 \text{ à } 0,43 \quad \text{valeur moyenne : } 0,36$$
$$\frac{2 \ d'}{L} = 0,26 \text{ à } 0,42 \quad \text{valeur moyenne : } 0,34.$$

On a ainsi, pour chaque moitié de la courbe cherchée, la somme des ordonnées, les aboutissements, et la position approximative de l'ordonnée moyenne. On établit alors par tâtonnement un tracé provisoire, sur lequel on relève les ordonnées et qu'on rectifie de manière à obtenir les valeurs voulues pour l'aire et l'abscisse du centre de gravité.

On accélère ces opérations préliminaires en se servant de papier millimétrique et en prenant pour distance des perpendiculaires un nombre pair de centimètres, 20 par exemple, l'échelle des abscisses n'ayant ici aucune importance. Pour les ordonnées, on adopte une échelle simple telle que l'ordonnée maxima soit comprise entre 15 et 20 centimètres, pour respecter les proportions usuelles de la courbe. On lit ainsi d'un coup d'œil la valeur des diverses ordonnées, et on peut arriver rapidement au tracé cherché. Il importe d'ailleurs de s'inspirer de la forme habituelle des courbes d'aires des couples des navires existants; on sait que ces courbes présentent dans la plupart des cas deux points d'inflexion, l'inflexion de la moitié AV étant un peu plus prononcée que celle de la moitié AR.

264. Établissement du plan des formes. — Pour tracer le plan des formes, il est commode de faire d'abord un premier canevas approximatif répondant aux données du programme et aux dimensions choisies. On se sert encore de papier millimétrique, et on trace le quadrillage des lignes d'eau et des couples (L et p étant connus), en prenant autant que possible pour L et p des multiples de 2 et 1 $^c/_m$, de manière que les lignes du quadrillage coïncident avec des lignes de division du papier. On tracera ainsi une carène fictive, le navire étant déformé, mais les opérations seront beaucoup plus rapides, et il suffit de faire en sorte que le rapport $\dfrac{L}{p}$ ne soit pas trop fortement altéré. Sur le longitudinal, on trace le contour de la projection du navire, en adoptant une valeur convenable pour la différence, valeur qui peut quelquefois être imposée dans une certaine mesure par l'obligation de ne pas dépasser un tirant d'eau maximum donné. Sur le vertical, on trace le contour du maître couple, qui se détermine assez rapidement puisqu'on connaît son aboutissement inférieur, son intersection avec la flottaison (si la largeur au fort est située au niveau de la flottaison), et l'aire de la partie immergée. Enfin, sur l'horizontal, on trace le contour de la flottaison, courbe dont on connaît également les aboutissements, l'ordonnée maxima et l'aire.

Cela fait, on trace au sentiment le contour des couples situés à peu près à égale distance des perpendiculaires milieu et extrêmes, par exemple 4 N et 4 $\mathcal{R}$. On connaît les aboutissements inférieurs de ces couples, leur intersection avec la flottaison, et leur aire. On tracera ensuite la 6ᵉ ligne d'eau, par exemple, dont on connaîtra les aboutissements et trois points. En continuant ainsi, on arrive assez rapidement à obtenir un tracé à main levée de couples et de lignes d'eau répondant à peu près aux données du programme, la courbe des aires des couples dessinée au début ne devant être, bien entendu, considérée que comme une indication et pouvant s'il est nécessaire être légèrement modifiée. On effectue alors un tracé à la latte, sur papier à dessin, en employant les dimensions réelles, on relève les ordonnées sur ce tracé, et on fait les calculs de déplacement et de stabilité pour obtenir les valeurs exactes du volume de carène, du rayon métacentrique et de l'abscisse du centre de carène, valeurs qui doivent être assez peu différentes de celles que l'on se proposait de réaliser. On corrige légèrement le plan des formes, de manière à se rapprocher le plus possible des valeurs cherchées, en remarquant qu'une modification très faible de la largeur suffit pour modifier beaucoup le moment d'inertie de la flottaison, et par suite la position du métacentre.

On trace ensuite la coupe au maître, sur laquelle on étudie le mode d'agencement de la charpente. On peut alors, en traçant un certain nombre de coupes transversales, d'après le plan des formes, déterminer par le calcul le poids de coque probable, en réglant les échantillons de la région centrale (§ 48) et les réductions qu'ils subissent vers les extrémités, de manière à obtenir une rigidité longitudinale suffisante et à ne pas dépasser le chiffre global qu'on s'était fixé à l'avance. Puis, on procède à l'étude détaillée des emménagements, qui permet d'effectuer le calcul complet du poids total et de la position du centre de gravité général. Dans la plupart des cas ce centre de gravité n'occupera pas la place exacte qu'on lui avait assignée en se donnant à l'avance les valeurs de φ et de X. On retouche alors les formes de manière à déplacer le métacentre et au besoin le centre de carène jusqu'à ce que la hauteur métacentrique atteigne la valeur choisie. Quant à la position en longueur, si l'écart entre les abscisses du centre de carène et du centre de gravité n'est pas très considérable, on arrive de suite à l'assiette cherchée en déplaçant vers l'avant ou vers l'arrière tous les emménagements intérieurs de la quantité voulue, ce qui revient à modifier à peu près uniquement les dimensions longitudinales des compartiments extrêmes et n'offre en général aucune difficulté. Si on ne pouvait opérer ainsi, on retoucherait les formes de manière à déplacer en longueur le centre de carène de la quantité convenable.

HUITIÈME PARTIE

ÉTUDE DES PRINCIPAUX TYPES DE NAVIRES DES FLOTTES FRANÇAISE ET ÉTRANGÈRES.

CHAPITRE PREMIER.

Flotte française.

265. Division de la flotte française. — La division en catégories d'une flotte militaire est extrêmement arbitraire. Les dénominations assignées aux différents types de navires varient un peu d'un pays à l'autre et pour un même pays subissent quelquefois d'assez fréquentes modifications. Comme nous ne nous occuperons, en ce qui concerne les flottes étrangères, que des navires à valeur militaire sérieuse, nous considérerons d'une manière générale trois catégories principales :

1° Les navires dont la protection est obtenue au moyen d'un caisson blindé, c'est-à-dire les navires que l'on groupe en France sous le nom de cuirassés et de croiseurs cuirassés ;

2° Les navires n'ayant comme protection qu'un pont blindé, c'est-à-dire les croiseurs de toute classe ;

3° Les navires légers à grande vitesse, contre-torpilleurs et torpilleurs.

D'autre part, pour borner notre étude aux types relativement récents, nous nous contenterons de dire quelques mots des navires encore en service, mais remontant à plus de 20 ans, c'est-à-dire lancés antérieurement au 1er janvier 1882 (1). Nous admettrons en effet comme date d'un navire la date de sa mise à l'eau.

(1) On trouvera des renseignements plus détaillés sur ces navires dans le *Cours de Construction navale* de M. Hauser (Bernard et Cie, 1884).

Les catégories actuellement en usage pour la flotte française (au **1er janvier 1902**) sont les suivantes :

Navires de 1re ligne.
- Cuirassés
  - Cuirassés d'escadre.
  - Cuirassés garde-côtes.
  - Canonnières cuirassées.
- Croiseurs
  - Croiseurs cuirassés.
  - Croiseurs de 1re classe.
  - Croiseurs de 2e classe.
  - Croiseurs de 3e classe.
- Croiseurs porte-torpilleurs.
- Contre-torpilleurs d'escadre.
- Avisos-torpilleurs.
- Navires torpilleurs
  - Torpilleurs de haute mer.
  - Torpilleurs de 1re classe.
  - Torpilleurs de 2e classe.
  - Torpilleurs de 3e classe.
  - Torpilleurs-vedettes.
  - Torpilleurs à embarquer.
  - Torpilleurs autonomes submersibles.
  - Bateaux sous-marins.

Navires de 2e ligne.
- Cuirassés
  - Cuirassés garde-côtes offensifs.
  - Cuirassés de croisière.
- Croiseurs
  - Croiseurs de 1re classe.
  - Croiseurs de 2e classe.
  - Croiseurs de 3e classe.
- Avisos
  - Avisos de 1re classe.
  - Avisos de 2e classe.
  - Avisos de 3e classe.
  - Avisos-transports.
- Canonnières et chaloupes canonnières.
- Transports.
- Navires à voiles et navires-écoles.

La division en classe des croiseurs est basée uniquement sur le déplacement. La 1re classe comprend les croiseurs dont le déplacement est supérieur à 5000^{TX}, la 2e ceux dont le déplacement est compris entre 3500 et 5000^{TX}, la 3e ceux dont le déplacement est inférieur à 3500^{TX}. Il en est de même pour les avisos, la 1re classe s'arrêtant au déplacement de 900^{TX} et la 2e au déplacement de 200^{TX}.

266. Navires antérieurs à 1882. — Examinons d'abord la catégorie des cuirassés d'escadre. Le plus ancien des bâtiments de ce groupe est actuellement le *Friedland*, construit sur les plans de Dupuy de Lôme et lancé en 1873. Le *Friedland* est un navire de 95^m de longueur et 9000^{tx} de déplacement, protégé par une cuirasse de ceinture de 20 $^c/_m$ d'épaisseur, sans pont blindé. Cette cuirasse forme éperon à l'AV et est surmontée dans la région centrale par un réduit contenant 6 canons de 27 $^c/_m$ (1). Au-dessus de ce réduit, à l'aplomb des deux angles antérieurs, sont deux tourelles barbettes contenant chacune un canon de 27 $^c/_m$. L'artillerie moyenne comprend 8 canons de 14 $^c/_m$ disséminés sur les gaillards. L'appareil moteur actionne une hélice unique, et la vitesse aux essais a été de 13^n,3, la distance franchissable maxima étant de 3330 milles. Le *Friedland*, construit en fer, a été une des premières tentatives d'application de la construction entièrement métallique aux grands navires. Il avait primitivement une voilure assez développée, qui a été supprimée depuis. Il est classé actuellement comme cuirassé garde-côtes offensif.

Le *Redoutable* (1876), dû à M. de Bussy, a été le point de départ d'un assez grand nombre d'innovations (1). Il est construit en acier, le bordé extérieur seul étant exécuté en fer. Le caisson blindé, dont la paroi latérale est portée à 35 $^c/_m$, est recouvert par un pont de 6 $^c/_m$ d'épaisseur. Au-dessus se trouve le réduit, contenant 4 canons de 27 $^c/_m$; le reste de l'artillerie comprend 4 canons de 27 $^c/_m$ sur les gaillards et 6 canons de 14 $^c/_m$. La vitesse est supérieure à celle du *Friedland* (14^n,67), mais, le déplacement restant à peu près le même, l'accroissement de la protection est compensé par une réduction de la distance franchissable (2840 milles). Le tirant d'eau AR est inférieur de 0^m,60 environ à celui du *Friedland*, et ramené à 7^m,80 en vue de rendre possible, avec un faible allègement, la traversée du canal de Suez (1).

La *Dévastation* et le *Courbet*, dûs également à M. de Bussy, sont analogues au *Redoutable*, dont ils reproduisent le mode général

---

(1) Les indications que nous donnons pour ce navire, de même que pour les suivants, sont relatives au premier armement, et ne tiennent pas compte des modifications d'armement et d'appareil moteur qui ont pu être faites ultérieurement.

(2) Le *Richelieu*, le *Colbert* et le *Trident*, lancés de 1873 à 1876, étaient des cuirassés analogues au *Friedland*, mais construits en bois avec une partie des œuvres mortes en fer, ce qui a hâté leur radiation du service actif. Le *Richelieu* a été le premier grand navire sur lequel on ait essayé l'emploi de deux hélices jumelles.

(3) Jusqu'en 1890, la profondeur du canal de Suez était de 8^m, et le tirant d'eau maximum admis était fixé à 7^m,50. Depuis 1890, la profondeur du canal a été portée à 8^m,50, le tirant d'eau maximum admis étant égal à 7^m,80. Les travaux actuels portent la profondeur utile à 9^m, et le tirant d'eau maximum autorisé sera de 8^m à partir du commencement de l'année 1902.

de construction. Mais un accroissement de 1000^{tx} environ sur le déplacement, qui passe à 10000^{tx}, permet d'augmenter l'épaisseur de la ceinture ($38^c/_m$), le calibre de la grosse artillerie ($34^c/_m$), et le poids de propulsion. La vitesse atteint $15^n,17$, la distance franchissable étant de 3100 milles. Le tirant d'eau $_AR$ est à peu près le même que celui du *Friedland*. L'appareil moteur est fractionné en deux groupes actionnant chacun une hélice, disposition conservée sur les navires postérieurs.

L'*Amiral Duperré* (1879), construit sur les plans de Sabattier, présente des modifications assez importantes au point de vue de la répartition de la puissance défensive. Le réduit est supprimé, et la grosse artillerie, comprenant 4 canons de $34^c/_m$, est répartie dans 4 tourelles barbettes indépendantes, une de chaque bord à l'AV et les deux autres dans l'axe ; l'épaisseur de la ceinture est portée à $55^c/_m$, celle du pont cuirassé étant toujours de $6^c/_m$. La

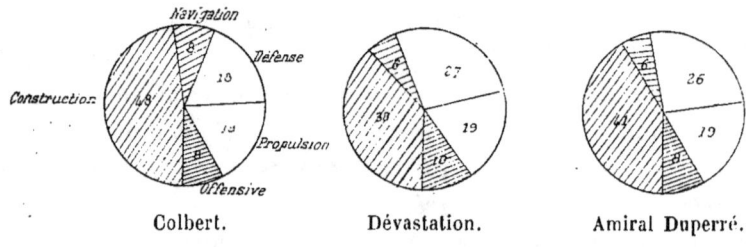

Colbert.   Dévastation.   Amiral Duperré.

Fig 1099.

vitesse et la distance franchissable sont à peu près les mêmes que pour le *Redoutable*, mais le déplacement atteint 11000^{tx}. La figure 1099 représente à titre d'exemple le diagramme de répartition des poids sur le *Colbert* (coque construite partiellement en bois), la *Dévastation* et l'*Amiral Duperré* (voir § 256).

Parmi les garde-côtes, nous trouvons d'abord l'*Onondaga*, acheté en 1867 au gouvernement des États-Unis. C'est un navire du type *monitor* (voir § 285), construit en fer, avec œuvres mortes aussi réduites que possible. Au-dessus du caisson blindé, dont l'épaisseur est de $14^c/_m$ et dont le can supérieur est à $40^c/_m$ environ au-dessus de l'eau, apparaissent seulement deux tourelles fermées contenant chacune deux canons de $24^c/_m$, et reliées par une passerelle longitudinale entourant la cheminée. Le déplacement est de 2600^{tx} et la vitesse de 7^n, avec une distance franchissable de 720 milles. C'est en somme (bien qu'il soit actuellement classé comme cuirassé garde-côtes offensif), un navire à rôle purement défensif, apte seulement à la défense d'une rade ou d'une passe et pouvant difficilement affronter la haute mer.

La *Tempête* et le *Vengeur* (1876), dûs à M. de Bussy, sont des navires de 76^m de longueur et 4800^{tx} de déplacement, protégés par un caisson blindé de 33$^c/_m$ d'épaisseur, avec pont de 5$^c/_m$. L'artillerie comprend deux canons de 27$^c/_m$, réunis dans une tourelle fermée disposée à l'A^t. Ces canons peuvent également tirer en retraite, les œuvres-mortes au-dessus du caisson blindé étant réduites à une sorte de caisson longitudinal d'épaisseur inférieure à l'écartement des deux pièces, soutenant un pont de manœuvre sur lequel sont disposés les bastingages et les chantiers d'embarcations. Le mode de construction est le même que celui du *Redoutable*; l'appareil moteur actionne une seule hélice, les lignes d'eau de l'arrière étant infléchies de manière à former une *voûte*. La vitesse aux essais a été de 11^n,7.

Le *Fulminant* et le *Tonnerre* sont des navires à peu près identiques aux précédents, n'en différant guère que par un accroissement du déplacement obtenu en ajoutant à la flottaison une tranche cylindrique de 1^m,20 de hauteur, de manière à porter le tirant d'eau à 6^m,60 au lieu de 5^m,40. Le déplacement est ainsi porté à 5600^{tx}, les autres dimensions restant les mêmes. L'accroissement de poids est utilisé entièrement pour la propulsion; la vitesse a atteint 14^n, la distance franchissable étant de 2000 milles.

Le *Tonnant* et le *Furieux* (1880) sont respectivement les dérivés du type *Tempête* et du type *Fulminant*. Leurs dimensions sont à peu de chose près les mêmes, mais l'artillerie comprend deux canons de 34$^c/_m$ répartis dans deux tourelles barbettes, une à l'A^t et l'autre à l'A^r. La réduction consentie sur la protection de l'artillerie permet de porter l'épaisseur de la ceinture à 45$^c/_m$ sur le *Tonnant*, à 50$^c/_m$ sur le *Furieux*, l'épaisseur du pont passant corrélativement à 8 et 9$^c/_m$. Sur le *Furieux*, dont la vitesse a atteint 15^n, l'appareil moteur actionne deux hélices symétriques. La figure 1100 montre la comparaison des diagrammes du *Tonnant* et du *Furieux*.

Les cuirassés de croisière sont des navires de type aujourd'hui abandonné, destinés à jouer dans les mers lointaines le rôle dévolu aux cuirassés d'escadre dans les mers européennes. C'étaient en somme des réductions du cuirassé d'escadre, la possibilité de franchir le canal de Suez limitant le tirant d'eau maximum à $7^m,50$ environ. Les échantillons de cette catégorie qui existent encore sont le *Vauban* et le *Duguesclin*, dûs à M. Lebelin de Dionne, qui datent de 1880 et peuvent être considérés comme des réductions de l'*Amiral Duperré*, dont ils reproduisent le mode de construction et les dispositions générales. L'épaisseur de la ceinture est réduite à $25^c/_m$, celle du pont à $5^c/_m$, et le calibre de l'artillerie à $24^c/_m$, la vitesse et la distance franchissable étant à peu près les mêmes; le déplacement est de 6200^{tx} environ (1).

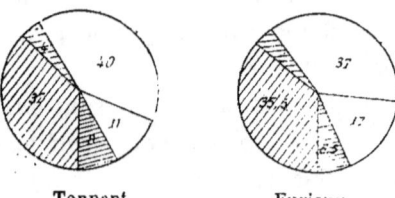

Tonnant.   Furieux.
Fig. 1100.

Les croiseurs antérieurs à 1882, construits presque tous en bois avec barrotage et liaisons intérieures en fer (2), ont à peu près totalement disparu. Le seul qui existe encore aujourd'hui est l'*Éclaireur* (1877), dû à M. Bienaymé. C'est un petit croiseur sans protection, de 72^m de longueur et 1750^{tx} de déplacement, à propulsion mixte, possédant une voilure complète et un appareil moteur à hélice unique lui imprimant une vitesse de 15^n. L'armement se compose de 8 canons de $14^c/_m$.

Les premiers essais de bateaux torpilleurs, ayant comme arme offensive unique la torpille portée ou la torpille automobile, remontent à 1875, et ce n'est qu'à partir de 1890 environ que l'on est arrivé à fixer le type qu'il convenait d'adopter définitivement. Il reste encore en service un certain nombre de torpilleurs datant de la période des essais; ceux dont le déplacement est inférieur à 20^{tx} sont classés comme torpilleurs-vedettes; ceux dont le déplacement est compris entre 20 et 35^{tx} forment les torpilleurs de 3ᵉ classe; ceux dont le déplacement est supérieur à 35^{tx} sont rangés parmi les torpilleurs de 2ᵉ classe.

---

(1) Le *Bayard* et le *Turenne*, construits sur des plans à peu près identiques, mais en bois avec œuvres-mortes en fer, ont été récemment rayés du service actif.

(2) Le *Duquesne* et le *Tourville* (1876), de construction composite, ont été maintenus en service jusqu'à la fin de l'année 1901.

Si nous passons ces bateaux en revue par ordre d'ancienneté, c'est-à-dire par ordre numérique, nous trouvons d'abord les n°s *24* et *25*; c'est un type de 27^m de longueur et 30^{tx} de déplacement, armé en porte-torpilles et doué d'une vitesse de 19^n environ. L'approvisionnement de charbon est de 3000^k. Les n°s *26*, *27* et *28*, armés en lance-torpilles, appartiennent à un type plus grand, de 34^m de longueur et 44^{tx} de déplacement, ayant la même vitesse et le même approvisionnement de charbon. Le n° *30*, de 18^m de longueur et 12^{tx} de déplacement, doué d'une vitesse de 16^n, était primitivement destiné à être transporté comme embarcation armée par les grands cuirassés d'escadre; mais des embarcations de cette taille exigent pour leur manœuvre des engins spéciaux, et cette tentative, renouvelée un peu plus tard avec les n°s *56*, *57*, *58* et *59*, à peu près identiques au n° *30*, a été abandonnée, le transport d'embarcations armées en lance-torpilles étant limité à des navires spéciaux, ainsi que nous le verrons plus loin. Les n°s *33* à *55*, dont un certain nombre sont encore en service, représentent le premier essai en grand de torpilleurs destinés à la défense des côtes; ce sont de petits bâtiments de 27^m de longueur et 33^{tx} de déplacement, intermédiaires entre les types *24* et *26*, ayant la même vitesse avec un développement d'œuvres-mortes un peu plus grand et un approvisionnement de charbon légèrement augmenté.

Nous citerons en dernier lieu, comme navires antérieurs à 1882 et maintenus encore en service, la *Mouette*, aviso de 260^{tx}, construit en fer et ayant une vitesse de $11^n,5$; l'*Aspic* et la *Vipère*, canonnières de 490^{tx} à construction composite, armées de 2 canons de $14^c/_m$ et de 2 canons de $10^c/_m$, ayant une vitesse de $10^n,5$; la *Nièvre* et le *Bougainville* (ex-*Allier*), avisos-transports de 1500^{tx}; l'*Isère* et la *Vienne*, transports de 1250 et 1700^{tx}, utilisés pour le service de transport d'un arsenal à l'autre; et enfin la série des transports construits pour le service des communications avec l'Indo-Chine (*Bien-Hoa*, *Mytho*, *Shamrock*, *Vinh-Long*, *Tonquin*), navires de 5700^{tx} doués d'une vitesse de 13^n environ, qui ont reçu diverses affectations depuis que la marine a décidé de recourir à des paquebots affrétés pour ses communications avec les colonies; le *Tonquin*, en particulier, appelé maintenant *Duguay-Trouin*, est utilisé comme navire-école des aspirants.

267. Cuirassés et croiseurs à caisson blindé. — Les navires appartenant à la catégorie des cuirassés d'escadre et postérieurs à l'*Amiral Duperré* sont indiqués par le tableau ci-dessous, dans lequel nous avons groupé en ligne verticale les navires de même type, en espaçant un peu ceux qui présentent de légères modifications du type primitif :

Amiral Baudin. Formidable.	Magenta. Marceau. Neptune.	Brennus.	Charles Martel. Carnot. Jauréguiberry.	Charlemagne. Gaulois. Saint-Louis.	Henri IV.	République. Patrie.
	Hoche.		Bouvet. Masséna.	Iéna. Suffren.		

Le type *Amiral Baudin*, dû à M. Godron, est un dérivé de l'*Amiral Duperré*, avec une légère augmentation du poids de défense et de la vitesse, la machine étant plus puissante à poids égal. La longueur est portée à 100^m et le déplacement à 11600^{tx}. La ceinture est la même, mais l'épaisseur du pont cuirassé est portée à 8 $^c/_m$ et même à 10 $^c/_m$ dans la région occupée par les machines et les chaudières. L'artillerie moyenne comprend 12 canons de 14$^c/_m$, comme sur l'*Amiral Duperré*, mais la grosse artillerie se compose de 3 canons de 37 $^c/_m$ distribués dans trois tourelles barbettes établies dans l'axe du navire. La vitesse est de 15^n,5 à 16^n, avec une distance franchissable de 3000 milles.

Le type *Magenta*, dû à M. Huin, offre des caractéristiques générales analogues. Le déplacement est un peu plus faible (10900^{tx}), et l'épaisseur de la ceinture est réduite à 45 $^c/_m$, celle du pont restant égale à 8 $^c/_m$. L'amélioration de la qualité de l'acier employé pour les blindages verticaux compense d'ailleurs la diminution de leur épaisseur. L'artillerie moyenne reste la même, mais la grosse artillerie, composée de 4 canons de 34 $^c/_m$, est répartie dans 4 tourelles barbettes disposées en losange, une à l'AV et une à l'AR dans l'axe, et une de chaque bord dans la région centrale. La vitesse est de 16^n à 16^n,5, avec une distance franchissable de 3500 milles. Le *Hoche* ne diffère des navires du même type que par la disposition de sa grosse artillerie : les deux tourelles axiales, contenant des canons de 34 $^c/_m$, sont des tourelles fermées, tandis que les deux tourelles latérales sont des tourelles barbettes contenant chacune un canon de 27 $^c/_m$ seulement, pour compenser l'excédent de poids dû à l'accroissement de protection des tourelles AV et ÆR.

Après la mise en chantier du type *Magenta,* la construction des grands cuirassés d'escadre fut abandonnée pendant un certain temps et ne fut reprise qu'en 1890. Le *Brennus,* construit sur les plans de M. Huin et lancé en 1891, présente un certain nombre de dispositions nouvelles. Tout d'abord, la charpente est entièrement exécutée en acier, l'emploi du fer étant définitivement abandonné. Le déplacement est toujours à peu près le même (11350^{tx}), mais la longueur est portée à 116^m. et l'affinement des formes, joint à l'augmention de puissance de l'appareil moteur, permet d'atteindre une vitesse de près de 17^n. La grosse artillerie comprend 3 canons de 34 $^c/_m$, en deux tourelles fermées placées dans l'axe, la tourelle AV contenant 2 canons. L'artillerie moyenne comprend 10 pièces de 16 $^c/_m$, dont le mode de protection présente une certaine analogie avec les dispositions du *Friedland;* le caisson blindé est surmonté au centre par un réduit contenant 6 canons, les 4 autres étant placés à l'étage supérieur dans des tourelles fermées disposées aux angles du réduit. La ceinture est la même que sur le type *Magenta,* mais l'étage situé au-dessus du caisson blindé forme tranche cellulaire incomplète protégée en abord par une cuirasse mince de 10 $^c/_m$. La distance franchissable est de 4400 milles.

Le *Charles Martel,* le *Carnot* et le *Jauréguiberry,* étudiés sur un même programme, le premier par M. Huin, le second par M. Saglio, le troisième par M. Lagane, présentent une disposition d'artillerie un peu différente. La grosse artillerie, composée de 2 canons de 30 $^c/_m$ et de 2 canons de 27 $^c/_m$, est distribuée en losange dans quatre tourelles fermées, disposées comme celles du *Hoche.* L'artillerie moyenne, composée de 8 canons de 14 $^c/_m$, est également en tourelles fermées, au nombre de 8 pour le *Charles Martel* et le *Carnot,* de 4 contenant chacune 2 canons pour le *Jauréguiberry.* La ceinture cuirassée est la même que celle du *Brennus.* La vitesse est un peu plus forte (17^n,5 à 18^n), la distance franchissable étant la même. Le déplacement est légèrement supérieur (11880 à 12000^{tx}), et la longueur atteint 120^m. Le *Bouvet* et le *Masséna,* étudiés l'un par M. Huin et l'autre par M. de Bussy, répondent à peu près au même programme. L'artillerie, disposée de la même manière, est accrue de 8 canons de 10 $^c/_m$ distribués sur le pont supérieur. L'appareil moteur est scindé en trois machines identiques, actionnant chacune une hélice, disposition conservée sur tous les grands navires construits postérieurement.

Le type *Charlemagne*, dû à M. Thibaudier, est un retour à l'emploi du réduit pour la protection de l'artillerie moyenne. La grosse artillerie, composée de 4 canons de 30 $^c/_m$, est répartie en deux tourelles identiques, l'une à l'AV et l'autre à l'AR. L'artillerie moyenne comprend 10 canons de 14 $^c/_m$, dont 8 en réduit et 2 sur le pont supérieur, et 8 canons de 10 $^c/_m$ également sur le pont supérieur. L'épaisseur de la cuirasse de ceinture est réduite à 40 $^c/_m$, en raison des résultats obtenus par la cémentation superficielle des plaques (procédé Harvey), et celle de la cuirasse mince protégeant le cofferdam à 55 $^m/_m$. Le déplacement est un peu plus faible que celui du type *Charles Martel* (11270^{tx}), mais l'appareil moteur est plus puissant et la vitesse dépasse légèrement 18^n. L'*Iéna*, étudié sur le même programme, est une reproduction à peu près exacte du type *Charlemagne*, allongé de 3^m. L'augmentation de déplacement ainsi réalisée (800^{tx}) permet, tout en conservant la même vitesse, de substituer des canons de 16 $^c/_m$ aux canons de 14 $^c/_m$ qui composent l'artillerie moyenne. L'épaisseur de la paroi verticale du caisson blindé est réduite à 320$^m/_m$, cette réduction compensant un accroissement de la hauteur du caisson au-dessus de la flottaison. Enfin, le *Suffren* est encore un dérivé de l'*Iéna*, dont il diffère par l'installation en tourelles fermées de 6 des canons de 16 $^c/_m$, le réduit n'en contenant plus que quatre. Le déplacement est un peu accru de ce chef, et passe à 12700^{tx}.

Le *Henri IV*, étudié par M. Bertin, est un cuirassé d'un type spécial, sur lequel on a voulu allier la réduction des œuvres mortes avec une stabilité de plate-forme considérable, ce qui a conduit à donner une très forte valeur à la hauteur métacentrique. La longueur est de 108^m et le déplacement de 8950^{tx}; l'armement se compose de deux canons de 27 $^c/_m$ en 2 tourelles fermées, une à l'AV et l'autre à l'AR, et de 7 canons de 14 $^c/_m$, dont 4 en réduit, 2 sur le pont supérieur, et un à l'AR en tourelle barbette, tirant par-dessus la tourelle du canon de 27 $^c/_m$. La figure 1101 représente la comparaison des diagrammes du *Henri IV* et des autres types récents de cuirassés d'escadre.

La *République* et la *Patrie*, actuellement en construction, sur les plans de M. Bertin, ont des dimensions supérieures à celles de tous les navires précédents. La longueur est de 134^m, avec une

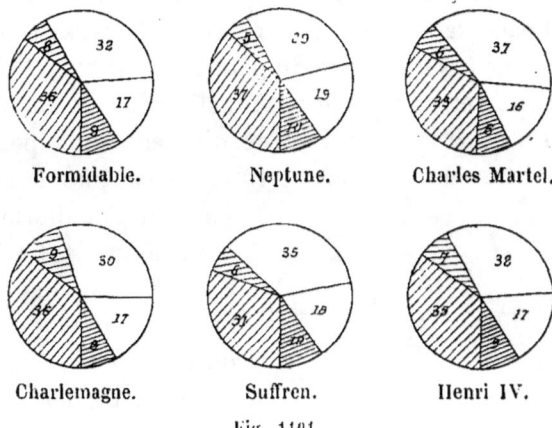

Fig. 1101.

largeur de 24^m,25 et un tirant d'eau R de 8^m,40, et le déplacement atteint 14870^{tx}. La grosse artillerie est identique à celle du *Charlemagne* et du *Suffren*, et disposée de la même manière, mais l'artillerie moyenne comprend 18 canons de 16$^c/_m$, dont 6 dans un réduit central et 12 en tourelles fermées (6 tourelles à 2 canons). L'épaisseur de la paroi du caisson blindé est réduite à 28$^c/_m$, mais sa hauteur au-dessus de la flottaison est portée à 2^m,30 ; en outre, l'étage placé au-dessus de ce caisson est protégé dans la région N par une cuirasse mince de 64$^m/_m$. La vitesse est la même que celle du *Suffren*, et la répartition des poids est à peu près identique.

Les cuirassés garde-côtes construits postérieurement à 1882 sont groupés dans le tableau ci-dessous :

Indomptable.   Jemmapes.
Terrible.   Valmy.
Caïman.
Requin.   Bouvines.
               Amiral Tréhouart.

Le type *Indomptable*, dû à Sabattier, est une légère modification du *Furieux*. Le déplacement est porté à 7600^{tx}, ce qui permet de porter le calibre des 2 grosses pièces à 42$^c/_m$, et de leur adjoindre 4 canons de 10$^c/_m$. Les dimensions, la vitesse et la distance franchissable sont à peu près les mêmes que pour le *Furieux*.

Le type *Jemmapes*, dû à M. de Bussy, a un déplacement un peu plus faible (6600^{Tx}). Le calibre des grosses pièces est réduit à 34$^{c}/_{m}$, mais ces pièces sont installées en tourelles fermées. La construction est exécutée entièrement en acier. L'épaisseur de la ceinture est ramenée à 45$^{c}/_{m}$, celle du pont étant de 7$^{c}/_{m}$. La vitesse est de 15^{n},5 à 16^{n}, avec une distance franchissable de 2000 milles. Le *Bouvines* et l'*Amiral Tréhouart* ne diffèrent du type *Jemmapes* que par l'addition de 4 canons de 10$^{c}/_{m}$, portant à 8 le nombre des pièces de l'artillerie moyenne.

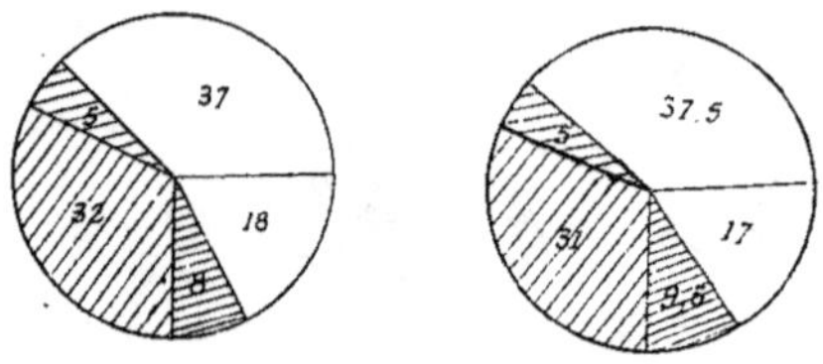

La figure 1102 montre la comparaison des diagrammes du type *Indomptable* et du type *Jemmapes*.

Indomptable.   Jemmapes.
Fig. 1102.

Les canonnières cuirassées, qui datent de 1884 à 1885, constituent un type de cuirassé très réduit, destiné à opérer dans les rivières et à jouer en même temps le rôle de garde-côtes. Cette classe de navires, qui n'a pas été reproduite depuis, comprend deux types :

Achéron.   Fusée.
Cocyte.   Flamme.
Phlégéton.   Grenade.
Styx.   Mitraille.

Le type *Achéron*, étudié par M. Chaudoye, a 55^m de longueur et 1750^{Tx} de déplacement, avec un tirant d'eau de 3^m,60. L'épaisseur de la ceinture est de 20$^{c}/_{m}$ et celle du pont de 5$^{c}/_{m}$. L'artillerie se compose d'un canon de 27$^{c}/_{m}$ à l'AV, en tourelle barbette, et de 2 canons de 10$^{c}/_{m}$. La vitesse est de 13^n et la distance franchissable de 1800 milles.

Le type *Fusée*, dû à M. Albaret, est un peu plus petit que le précédent. Le cuirassement et la vitesse sont les mêmes, mais le calibre de la pièce de l'AV est réduit à 24$^{c}/_{m}$ et les 2 canons de 10$^{c}/_{m}$ sont remplacés par un canon de 90$^{m}/_{m}$; la distance franchissable est en outre réduite à 850 milles. La longueur n'est que de 50^m, avec un déplacement de 1100^{Tx} et un tirant d'eau de 3^m,15. La figure 1103 montre les diagrammes de ces deux types de canonnières.

Les navires rangés dans la catégorie des croiseurs cuirassés peu-

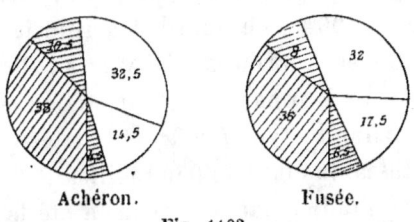

Fig. 1103.

vent se classer de la manière suivante :

Croiseurs de déplacement compris entre 4500 et 6500 tonneaux.			Croiseurs de déplacement compris entre 9500 et 12500 tonneaux.			
Dupuy de Lôme.	Bruix.	Pothuau.	Jeanne d'Arc.	Dupetit-Thouars.	Condé.	Jules Ferry.
	Chanzy.			Gueydon.	Gloire.	Léon Gambetta.
	Amiral Charner.			Montcalm.	Sully.	Victor Hugo.
	Latouche-Tréville.				Marseillaise.	
					Amiral Aube.	

Croiseurs à carène doublée.

Desaix.
Dupleix.
Kléber.

Le *Dupuy de Lôme* (1890), dû à M. de Bussy, est un navire de 114^m de longueur et 6500^{tx} de déplacement, portant comme armement 2 canons de 19$^c/_m$ et 6 canons de 16$^c/_m$, tous en tourelles fermées. La protection est obtenue au moyen d'une muraille complète de 100$^m/_m$ d'épaisseur, montant jusqu'au livet du pont supérieur, et d'un pont courbe de 4$^c/_m$ d'épaisseur. Ce navire, construit en acier comme tous les bâtiments postérieurs à 1890, a une vitesse de 20 nœuds et une distance franchissable de 7000 milles. C'est le premier grand navire sur lequel on ait fait usage de 3 hélices.

Le type *Bruix*, dû à M. Thibaudier, est une réduction du *Dupuy de Lôme*. L'épaisseur de la muraille est ramenée à 92$^m/_m$, et le calibre de l'artillerie moyenne à 14$^c/_m$ au lieu de 16$^c/_m$. La vitesse est réduite à 18^n environ, et la distance franchissable à 4800 milles. La longueur est de 106^m, et le déplacement de 4750^{tx}; il n'y a que 2 hélices.

Le *Pothuau* (1895), dû également à M. Thibaudier, est un type assez différent, intermédiaire entre les deux précédents. La longueur est de 113^m, et le déplacement de 5360^{tx}. La muraille latérale n'a que 60$^m/_m$ d'épaisseur, mais le pont courbe a 50$^m/_m$ dans la région centrale et 100$^m/_m$ en abord. L'artillerie comprend 2 canons de 19$^c/_m$ en tourelles fermées, à l'AV et à l'AR, et 10 canons de 14$^c/_m$ sur les gaillards. L'appareil moteur, actionnant 2 hélices, est plus puissant que celui du type *Bruix*, et la vitesse a atteint 19^n,1, la distance franchissable étant de 6500 milles.

La *Jeanne d'Arc*, étudiée par M. Bertin, a été le point de départ de tous les croiseurs cuirassés mis en chantier depuis 1896. C'est un grand navire à 3 hélices, de 145^m de longueur et 11330^{tx} de déplacement, ayant une vitesse de 23 nœuds. L'artillerie comprend 2 canons de 19$^c/_m$ et 14 canons de 14$^c/_m$. L'épaisseur de la muraille latérale est de 150$^m/_m$ pour la virure voisine de la flottaison, de 80$^m/_m$ pour la virure supérieure. La distance franchissable est de 13500 milles.

Le type *Dupetit-Thouars* est dérivé de la *Jeanne d'Arc*, dont il reproduit les dispositions générales. La vitesse est réduite à 21^n et le rayon d'action à 10000 milles. L'artillerie comprend 2 canons de 19$^c/_m$ en tourelles, 8 canons de 16$^c/_m$ dont 4 en tourelles et 4 en réduit, et 4 canons de 10$^c/_m$. La virure supérieure de la muraille latérale a 95$^m/_m$ d'épaisseur au lieu de 80. La longueur est de 138^m et le déplacement de 9500^{tx}.

Le type *Condé* est un léger agrandissement du type *Dupetit-Thouars*. La longueur, la vitesse et la distance franchissable sont les mêmes, le déplacement étant accru de 500^{tx}. L'épaisseur de la virure supérieure de la muraille latérale est portée à 130$^m/_m$. L'artillerie ne diffère de celle du type *Dupetit-Thouars* que par l'addition de 2 canons de 10$^c/_m$.

Les croiseurs du type *Jules Ferry*, actuellement en construction, ont des dimensions sensiblement supérieures. La longueur est portée à 146^m,50, et le déplacement à 12550^{tx}. L'artillerie comprend 4 canons de 19$^c/_m$ en 2 tourelles, l'une à l'AV l'autre à l'AR, et 16 canons de 16$^c/_m$, dont 4 en réduit et 12 en tourelles (6 tourelles à 2 canons). L'épaisseur de la muraille latérale est de 150$^m/_m$ pour la virure voisine de la flottaison, de 130$^m/_m$ pour la virure supérieure; il y a en outre dans la région AV une cuirasse mince de 40$^m/_m$. La vitesse prévue est de 22 nœuds, avec une distance franchissable de 7500 milles.

FLOTTE FRANÇAISE. 593

Le type *Desaix*, de dimensions plus réduites, comprend des navires destinés à opérer spécialement dans les stations lointaines, et munis d'un revêtement en bois avec doublage en cuivre. Leur longueur est de 130^m et leur déplacement de 7700^{tx}. La muraille latérale cuirassée comporte une virure unique de 102 $^m/_m$ d'épaisseur. L'artillerie se compose de 12 canons de 16 $^c/_m$. La vitesse prévue est de 21 nœuds, avec une distance franchissable de 8500 milles. La figure 1104 représente la comparaison des dia-

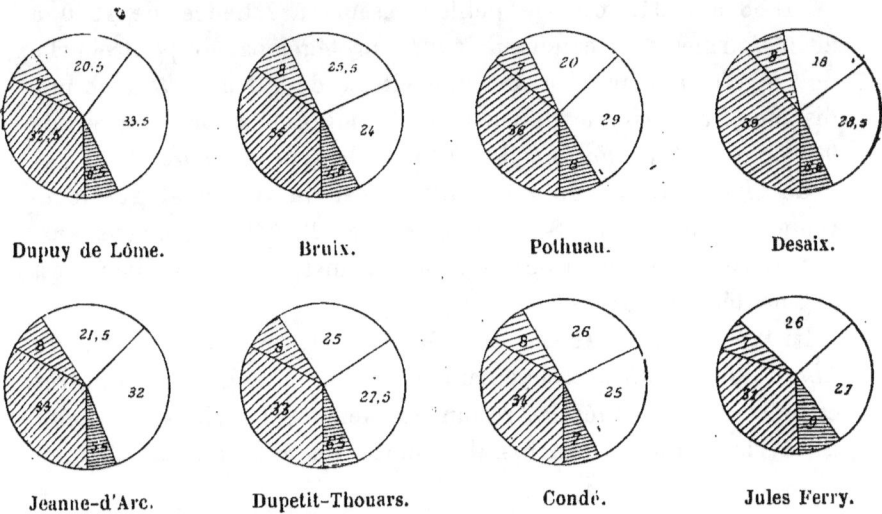

Fig. 1104.

grammes de ce type avec ceux des divers autres croiseurs cuirassés.

268. Croiseurs à pont cuirassé. — Les navires rentrant dans cette catégorie forment une série de types assez variés, que nous grouperons de la manière suivante :

Croiseurs de déplacement inférieur à 2500 tonneaux.			Croiseurs de déplacement compris entre 2500 et 4500 tonneaux.			
Forbin.	Linois.	Galilée.	Isly.	Davout.	Friant.	Du Chayla.
Surcouf.		Lavoisier.	Jean-Bart.		Bugeaud.	Cassard.
Coëtlogon.				Suchet.	Chasseloup-Laubat.	
			Alger.			D'Assas.
Troude.						
Lalande.						
Cosmao.						

CONSTRUCTION DU NAVIRE. — T. II. 38

Croiseurs de déplacement supérieur à 5000 tonneaux.				Croiseurs à carène doublée.			
Tage.	Foudre.	Guichen.	Sfax.	Descartes. Pascal.	D'Entrecasteaux.	D'Estrées. Infernet.	Jurien de la Gravière.
Cécille.		Châteaurenault.		Catinat. Protet.			

Les types *Forbin* et *Troude*, étudiés sur un même programme, le premier par M. de Bussy, le second par M. Baron, et lancés de 1888 à 1891, sont de petits croiseurs à 2 hélices de 1900 à 2000^{tx}, armés de 4 canons de 14 $^c/_m$, protégés par un pont courbe de 4 $^c/_m$ d'épaisseur, et ayant une vitesse de 20^n à 20^{n}5 avec une distance franchissable de 2000 à 2500 milles. La longueur est de 95^m pour le type *Forbin*, de 93^m pour le type *Troude*.

Le *Linois* (1894), dû à M. Lagane, est un type analogue légèrement agrandi, de 98^m de longueur et 2300^{tx} de déplacement. Les dispositions générales sont les mêmes, mais l'artillerie est augmentée de 2 canons de 10 $^c/_m$.

Le type *Galilée* (1897), dû à M. Albaret, ne diffère guère du *Linois* que par un accroissement de 2^m sur la longueur, les autres caractéristiques générales restant les mêmes. La vitesse a atteint 21^n,5, la distance franchissable étant de 2200 milles. C'est en

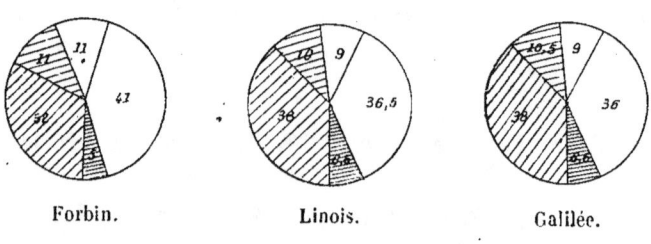

Forbin. Linois. Galilée.

Fig. 1105.

somme le type actuel de croiseur de 3e classe, dont la figure 1105 permet de comparer le diagramme avec ceux des types qui l'ont précédé.

Pour les croiseurs de 2e classe actuels, on est parti de deux types de dimensions un peu différentes. L'*Isly* et le *Jean-Bart* (1889), étudiés par M. Thibaudier, et l'*Alger* (1889), étudié par M. Marchal, sont des navires de 107^m de longueur et 4200 à 4400^{tx} de déplacement, armés de 4 canons de 16 $^c/_m$ et 6 canons de 14 $^c/_m$, protégés par un pont courbe d'une épaisseur de 5 $^c/_m$ dans la région centrale et de 10 $^c/_m$ en abord, et ayant une vitesse de 19^n environ avec une distance franchissable de 4000 milles. Le *Davout* (1889), dû à M. de Bussy, est un navire plus petit, de 90^m de longueur et 3050^{tx} de déplacement, portant 6 canons de 16 $^c/_m$, ayant la même protection et une vitesse de 20^n avec une distance franchissable de 4000 milles.

Le *Suchet*, primitivement identique au *Davout*, puis modifié sur les plans de M. Lhomme, diffère du *Davout* par un allongement de 7^m, portant le déplacement à 3400^{tx}, ce qui a permis d'ajouter 4 canons de 10 $^c/_m$ et d'accroître de 1500 milles la distance franchissable.

Le type *Friant* (1893), étudié par M. Lhomme, est dérivé du *Suchet* modifié comme nous venons de le dire. La longueur est la même, mais le déplacement est un peu plus fort (3900^{tx}) et atteint presque celui du type *Isly*. L'armement et la protection sont les mêmes que sur le *Suchet*, mais la vitesse est un peu inférieure (19^n).

Le type *Du Chayla* (1896), dû également à M. Lhomme, n'est qu'une légère modification du type *Friant*. La longueur est augmentée de 2^m et le déplacement est porté à 4000^{tx}. L'armement reste fixé à 6 canons de 16 $^c/_m$ et 4 canons de 10 $^c/_m$. La protection est la même que sur les types *Isly* et *Davout*, mais l'approvisionnement de charbon est un peu augmenté. C'est le type actuel des croiseurs de 2e classe, doués d'une vitesse de 20 nœuds et d'un rayon d'action de 7000 milles. La figure 1106 représente les diagrammes de ces croiseurs et des types qui les ont précédés.

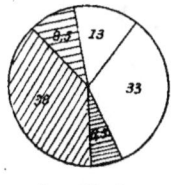 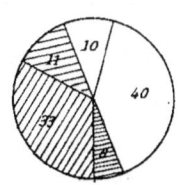 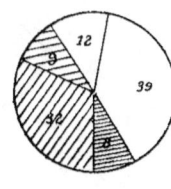 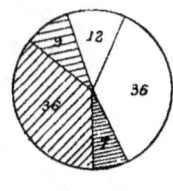

Jean-Bart. Davout. Friant. Cassard.

Fig. 1106.

Pour les croiseurs de 1re classe, il n'existe pas encore de type définitivement arrêté. Le *Tage* (1886), dû à M. Jaÿ, et le *Cecille*

(1888), dû à M. Lagane, ont été étudiés d'après un même programme, mais présentent néanmoins des différences assez sensibles. Le *Tage*, de 119^m de longueur et 7000^{tx} de déplacement, porte 6 canons de 16 $^c/_m$ et 10 canons de 14 $^c/_m$; la protection est obtenue au moyen d'un pont courbe de 45 $^m/_m$; la vitesse est de 19^n, avec une distance franchissable de 8000 milles. Le *Cecille*, de 116^m de longueur et 5800^{tx} de déplacement, porte le même armement, mais la protection comporte un pont de 5 $^c/_m$ avec appentis de 10 $^c/_m$ en abord, comme sur les croiseurs de 2e classe. La vitesse a été de 19^n,4, mais la distance franchissable n'est que de 5000 milles.

La *Foudre* (1895), due à M. Duplaa-Lahitte, est un croiseur de type spécial, étudié en vue de servir de transport de torpilleurs. Ces torpilleurs, au nombre de 9, ont une longueur de 18^m et un déplacement de 14^{tx}. La *Foudre* a une longueur de 114^m et un déplacement de 6090^{tx}. Elle est protégée par un pont courbe de 6 $^c/_m$ avec appentis de 12 $^c/_m$, et porte comme artillerie 8 canons de 10 $^c/_m$. La vitesse est de 19 nœuds, et la distance franchissable de 6000 milles.

Le *Guichen* (1897), dû à M. de Bussy, et le *Châteaurenault* (1898), dû à M. Lagane, ont été étudiés d'après un même programme. Ce sont de grands croiseurs à 3 hélices, de 133^m de longueur et 8000^{tx} environ, portant comme armement 2 canons de 16 $^c/_m$ et 6 canons de 14 $^c/_m$. Ils sont protégés par un pont de 35 $^m/_m$ avec appentis de 80 $^m/_m$. La vitesse est de 23^n,5 à 24^n, avec une dis-

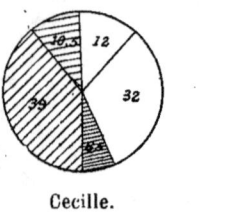
Cecille.

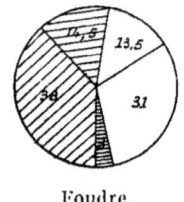
Foudre.

Châteaurenault.

Fig. 1107.

tance franchissable de 7 à 8000 milles. Ce sont en somme des navires à grande vitesse et à très faible protection, destinés principalement à faire la chasse aux navires de commerce. La figure

1107 représente leur diagramme ainsi que ceux du *Cecille* et de la *Foudre*. Pour le diagramme de la *Foudre*, nous avons compté les torpilleurs dans le poids de navigation (2 °/₀).

Parmi les croiseurs spécialement destinés au service des stations lointaines, le plus ancien est le *Sfax* (1884), dû à M. Bertin. C'est un croiseur de 92^m de longueur et 5000^{tx} de déplacement, portant 6 canons de 16 $^c/_m$ et 10 canons de 14 $^c/_m$, c'est-à-dire le même armement que le *Tage* et le *Cecille*. Le *Sfax* a été le premier croiseur sur lequel une certaine fraction du poids total ait été consacrée à la protection, obtenue au moyen d'un pont de 3 $^c/_m$ surmonté par une tranche cellulaire. Sa vitesse est de 16^n,7, avec une distance franchissable de 4000 milles.

Le *Descartes* et le *Pascal* (1894), étudiés par M. de Bussy, sont des croiseurs plus petits de 96^m de longueur et 4000^{tx} de déplacement, portant 4 canons de 16 $^c/_m$ et 10 canons de 10 $^c/_m$. La protection est obtenue au moyen d'un pont de 35 $^m/_m$; la vitesse est de 19^n,5 avec une distance franchissable de 8000 milles.

Le *Catinat* et le *Protet* (1898), dus à M. Tissier, ne sont qu'une légère modification du type *Descartes*. La longueur est portée à 101^m, et le déplacement à 4100^{tx}. L'épaisseur du pont est augmentée de 10$^m/_m$. L'armement est le même; la vitesse et de 20^n et la distance franchissable de 6000 milles.

Le *d'Entrecasteaux* (1896), dû à M. Lagane, est un type plus grand, de 8100^{tx} de déplacement et 120^m de longueur, portant 2 canons de 24$^c/_m$ en tourelles et 12 canons de 14$^c/_m$, protégé par un pont de 5$^c/_m$ et des cloisons verticales de cofferdam de 4$^c/_m$ d'épaisseur, ce qui conduirait, dans une certaine mesure, à le ranger dans la catégorie des croiseurs cuirassés. Sa vitesse est de 19^n et sa distance franchissable de 5500 milles.

Le *d'Estrées* et l'*Infernet* (1899), dus à M. Tissier, sont une réduction du type *Catinat*, portant 2 canons de 14$^c/_m$ et 4 canons de 10 $^c/_m$. La longueur est de 95^m et le déplacement de 2450^{tx}. La vitesse est de 20^n,5, avec une distance franchissable de 5500 milles. L'épaisseur du pont protecteur est de 2 $^c/_m$.

Le *Jurien de la Gravière* (1899), dû à M. Bertin, est un type intermédiaire comme dimensions entre le *Catinat* et le *d'Entrecasteaux*. C'est un navire à 3 hélices de 135^m de longueur et 5700^{tx} de déplacement, portant 8 canons de 16 $^c/_m$, protégé par un pont de 45$^m/_m$; la vitesse prévue est de 23 nœuds, avec une distance franchissable de 6000 milles. La figure 1108 montre les diagrammes des différents types de croiseurs doublés que nous venons de décrire.

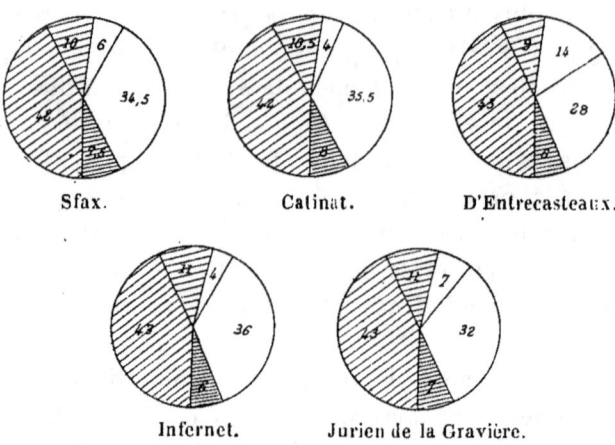

Fig. 1108.

269. Contre-torpilleurs et torpilleurs. — Les contre-torpilleurs, c'est-à-dire les navires légers de déplacement suffisant pour pouvoir tenir la haute mer, de vitesse comparable à celle des torpilleurs, mais ayant plus d'endurance et un armement supérieur, peuvent se grouper de la manière suivante :

Types de 1200 à 1700 tonneaux.			Types de 900 à 1000 tonneaux.		Types de 300 à 500 tonneaux.			
Milan.	Condor.	Fleurus.	D'Iberville.	Dunois.	Bombe.	Léger.	Durandal.	Carabine.
	Faucon.	Wattignies.	Cassini.	Lahire.	Couleuvrine.	Lévrier.	Hallebarde.	Sarbacane.
	Vautour.		Carabianca.		Dague.			Harpon.
	Épervier.				Dragonne.		Fauconneau.	Fronde.
					Flèche.		Espingole.	Sagaie.
					Lance.			Epieu.
					Sainte-Barbe.		Pique.	Arquebuse.
					Salve.		Épée.	Mousquet.
								Arbalète.
							Yatagan.	Javeline.
								Francisque.
							Escopette.	Sabre.
							Flamberge.	Dard.
							Pertuisane.	Baliste.
							Rapière.	Mousqueton.
								Arc.
								Pistolet.
								Bélier.
								Catapulte.
								Bombarde.

Le *Milan* (1884), dû à M. Bertin, est une sorte de petit croiseur à 2 hélices, sans protection, de 92^m de longueur et 1700^{tx} de déplacement, portant 8 canons de 10 $^c/_m$. Sa vitesse est de 18^n et son rayon d'action de 5000 milles. Le type *Condor* (1885), dû à M. de Bussy, a un déplacement un peu plus faible (1250^{tx}) et une longueur de 68^m seulement. L'armement est réduit à 5 canons de 10 $^c/_m$, et la vitesse à 17^n.5, avec une distance franchissable de 2500 milles. La protection est obtenue par un pont courbe de 4 $^c/_m$ d'épaisseur. Le type *Fleurus* (1891), dû également à M. de Bussy, ne diffère guère du précédent que par un allongement de 3^m, portant le déplacement à 1300^{tx}. L'augmentation de poids est reportée entièrement sur l'appareil moteur, et donne une vitesse de 18^n.

Le *d'Iberville* (1893), dû à M. de Bussy, est un type plus petit de 80^m de longueur et 925^{tx} de déplacement. La protection est réduite à un renforcement du bordé de carène à hauteur de la flottaison. L'artillerie comprend un canon de 10$^c/_m$ à l'A^v et un canon de 65$^m/_m$ à l'A^R. La vitesse est de 21^{n}5, avec une distance franchissable de 4500 milles. Le *Cassini* et le *Casabianca* ne sont qu'une légère modification du *d'Iberville*, dont ils diffèrent seulement par une augmentation de 0^m,12 sur la largeur et de 25^{tx} sur le déplacement, et l'addition de 2 canons de 65$^m/_m$, la vitesse et la distance franchissable restant les mêmes. Le type *Dunois* (1897), dû à M. Trogneux, se rapproche beaucoup des navires précédents, dont il diffère par une réduction de la puissance offensive et un accroissement du poids de propulsion. La longueur est de 78^m et le déplacement de 900^{tx}. L'artillerie se compose de 6 canons de 65$^m/_m$; la protection est obtenue de la même manière que sur le *d'Iberville*, mais il y a en plus un pont de 14$^m/_m$ d'épaisseur. La vitesse et de 22^n, avec une distance franchissable de 5000 milles.

Le type *Bombe*, mis à l'étude en même temps que le type *Condor*, et construit sur les plans de M. Marchal, a des dimensions beaucoup plus réduites. Ce sont des navires sans protection de 59^m de longueur et 400^{tx} de déplacement, armés de 7 canons à tir rapide de petit calibre, ayant une vitesse de 17^{n}5 à 18^n avec une distance franchissable de 4000 milles. Le type *Léger* (1890), dû également à M. Marchal, est peu différent du type *Bombe*. Le déplacement est porté à 500^{tx}, et la longueur à 62^{m}. L'artillerie comprend un canon de 65$^{\text{m}}/_{\text{m}}$ et 5 autres petites pièces. La vitesse est de 18^{n} avec une distance franchissable de 3000 milles. Enfin, le type *Durandal* (1899), étudié par M. Normand, a été le point de départ du type de contre-torpilleur actuellement adopté. Les types *Fauconneau, Pique, Yatagan, Escopette* et *Carabine* ne présentent guère en effet par rapport à la *Durandal* que de très légères différences, portant principalement sur la disposition de l'appareil évaporatoire. Ce sont de petits navires de 300^{tx} environ de déplacement et 55^{m} à 57^{m} de longueur, armés d'un canon de 65$^{\text{m}}/_{\text{m}}$ et de 6 canons de 47$^{\text{m}}/_{\text{m}}$, et doués d'une vitesse de 27^{n}; leur distance franchissable est de 2000 milles (1). La figure 1109 représente les diagrammes des principaux types de contre-torpilleurs.

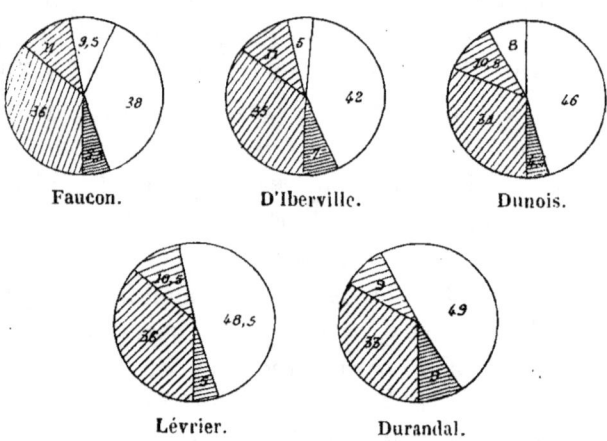

Fig. 1109.

Après les premiers essais dont nous avons parlé au § 266, on construisit en France un certain nombre de types de torpilleurs destinés à la défense des côtes, avant d'arriver au type définitif adopté aujourd'hui. Ce furent d'abord les n^{os} *60* à *74*, étudiés par M. Normand et dérivés du n° *26*, dû au même constructeur, dont

---

(1) Un contre-torpilleur du type *Yatagan*, la *Framée*, a sombré en 1900 à la suite d'un abordage avec le *Brennus*. Enfin, il convient d'ajouter à la liste des contre-torpilleurs actuels le *Takou*, navire construit en Allemagne pour le compte du gouvernement chinois d'après un programme analogue à celui de la *Durandal*, et capturé en 1900 dans le golfe du Petchili.

ils diffèrent par une légère amélioration des formes et une réduction du poids de l'appareil moteur, à puissance égale, qui permet d'accroître l'approvisionnement de charbon. Ce sont des torpilleurs de 33 mètres de longueur et 45 à 50^{tx} de déplacement, d'une vitesse de 20 nœuds à 20^{n}5, portant 8400^{k} de charbon. Puis vinrent les n^{os} *75* à *125*, de 35 mètres de longueur et 54^{tx} de déplacement, ayant le même approvisionnement de charbon et à peu près la même vitesse que le type précédent ; ensuite, on essaya successivement un type agrandi de 36 mètres et 79^{tx} (n^{os} *126* à *129*), portant 12^{tx} de charbon et ayant une vitesse de 21 nœuds, et un type un peu plus petit de 34 mètres et 53^{tx} (n^{os} *130* à *144*), portant 4300^{k} de charbon et ayant une vitesse de 20 nœuds. Le type *126* ayant fait preuve de qualités nautiques remarquables, on se décida à abandonner les torpilleurs de faible déplacement, et à prendre ce type comme point de départ. On rangea tous les torpilleurs autres que les n^{os} *126* à *129* dans la 2e classe, et on construisit comme torpilleurs de 1re classe les n^{os} *145* à *200*, de 36 mètres et 80^{tx}, portant 10500^{k} de charbon et armés de 2 canons de petit calibre à tir rapide (1) ; les perfectionnements portèrent surtout sur le tracé des formes et sur la construction de l'appareil moteur, permettant d'accroître la puissance à égalité de poids. Certains de ces torpilleurs ont réalisé des vitesses dépassant 24 nœuds. Les torpilleurs de 1re classe actuels (n^{os} *201* à *277*), provenant d'un certain nombre de chantiers différents, ne sont pas tous absolument identiques, mais s'écartent peu du type dont nous venons de parler. Ce sont des navires de 37 mètres à 37^{m},50 de longueur, de 86 à 90^{tx} de déplacement, portant 10500^{k} de charbon, et dont quelques-uns ont réalisé une vitesse atteignant tout près de 27 nœuds. Ils sont armés de 2 canons de 37 $^{\text{m}}/_{m}$ à tir rapide et de deux tubes lance-torpilles, l'un fixe à l'A^{v}, l'autre sur affût à pivot dans la région milieu.

En même temps que le torpilleur de 1re classe, plus spécialement affecté à la défense des côtes, on a cherché à obtenir un type de torpilleur plus grand, dit *torpilleur de haute mer*, pouvant tenir plus aisément la haute mer et accompagner les grands navires.

(1) Deux torpilleurs doivent être mis à part comme n'appartenant pas à la série qu'indique le numérotage. Ce sont les n^{os} *150*, de 54^{tx}, construit en vue d'étudier des formes de carène particulières, et actuellement déclassé, et le n^{o} *151*, de 80^{tx}, essayé d'abord comme canonnière à grande vitesse portant un canon de 14^{c}/m, et transformé ensuite en torpilleur de 1re classe.

Les premiers torpilleurs de ce genre, étudiés par M. Normand, avaient 41 mètres de longueur et 66^{TX} de déplacement. C'est le type *Balny*, comprenant le *Balny*, le *Capitaine Cuny*, le *Capitaine Mehl*, le *Challier*, le *Dehorter*, le *Déroulède*, le *Doudart-de-Lagrée* et l'*Edmond-Fontaine*. Ils portent 12^{TX} de charbon et ont une vitesse de 20 nœuds; ils sont rangés maintenant parmi les torpilleurs de 1re classe. On essaya ensuite quatre types beaucoup plus grands: l'*Ouragan* (1), construit par les Ateliers et chantiers de la Loire, le *Coureur*, construit en Angleterre par M. Thornycroft, l'*Avant-Garde*, construit par M. Normand (2), l'*Agile*, construit par les Forges et chantiers de la Méditerranée. Leurs caractéristiques sont les suivantes:

	Longueur.	Déplacement.	Approvisionnement de charbon.	Nombre d'hélices.	Vitesse.	ARMEMENT
Ouragan......	46^m	130^{TX}	22^{TX}	1	20^n,5	2 canons de 47 m/m T. R. 4 tubes lance-torpilles.
Coureur......	45^m,30	103^{TX}	8^{TX},5	2	23^n,5	2 canons de 47 m/m T. R. 2 tubes lance-torpilles.
Avant-Garde.	42^m	120^{TX}	16^{TX},6	2	20^n,5	2 canons de 47 m/m T. R. 2 tubes lance-torpilles.
Agile..........	42^m,50	103^{TX}	14^{TX},5	1	20^n,5	2 canons de 37 m/m T. R. 2 tubes lance-torpilles.

A la suite de ces essais, on construisit les torpilleurs suivants, dérivés des premiers, avec de très légères modifications:

Alarme, *Aventurier*, *Défi*, *Téméraire*, dérivés de l'*Ouragan*;

Véloce, *Grondeur*, dérivés du *Coureur*;

Dragon, *Grenadier*, *Lancier*, *Turco*, *Zouave*, *Archer*, dérivés de l'*Avant-Garde*;

Éclair, *Kabyle*, *Orage*, *Sarrazin*, *Tourbillon*, dérivés de l'*Agile*.

Puis vinrent le *Corsaire*, dérivé du type *Alarme*, ayant à peu de chose près les mêmes dimensions, mais portant 18^{TX} de charbon seulement avec un armement identique à celui du type *Agile*, et qui atteignit aux essais une vitesse de 25^n,5; le *Mousquetaire*, dérivé de l'*Éclair*, avec le même approvisionnement de charbon et des dimensions un peu plus fortes (125^{TX}), doué d'une vitesse de 24^n,5; et le *Chevalier*, dérivé du type *Dragon*, ayant les mêmes dimensions

---

(1) L'*Ouragan* a été condamné en 1901.

(2) L'*Avant-Garde* a fait naufrage en 1891 sur les côtes d'Espagne. Sa machine a pu être sauvée et a été utilisée sur l'*Archer*.

et le même armement, mais un approvisionnement de charbon réduit à 15^{Tx},5, et doué d'une vitesse de 25 nœuds. Ces trois torpilleurs sont munis de deux hélices, disposition toujours conservée depuis.

On construisit ensuite une série de torpilleurs de haute mer, reproduisant à peu de chose près les données du *Chevalier*, d'un déplacement de 115 à 120^{Tx} ; ce sont le *Flibustier*, l'*Aquilon*, la *Tourmente*, l'*Argonaute*, l'*Averne* et le *Dauphin*. En même temps, on essayait deux autres types se rapprochant des données du *Corsaire*, le *Lansquenet* (1), de 50 mètres et de 140^{Tx}, et le *Mangini* de 45 mètres et 130^{Tx}, portant tous deux 18^{Tx} de charbon et ayant à peu près la même vitesse que le *Chevalier*.

Le *Forban*, étudié par M. Normand, est un léger agrandissement du type *Chevalier*, la puissance de l'appareil moteur étant notablement augmentée. L'armement comprend seulement 2 canons de 37$^{\text{m}}/_{\text{m}}$ et 2 tubes lance-torpilles. La longueur est de 44 mètres et le déplacement de 135^{Tx} ; l'approvisionnement de charbon est de 14^{Tx},4 ; la vitesse aux essais a dépassé 31 nœuds. Le *Cyclone* est un dérivé du *Forban*, avec un approvisionnement de charbon un peu plus fort (17400^{k}) et une vitesse légèrement inférieure (30 nœuds). L'armement est ramené aux dispositions habituelles, c'est-à-dire qu'il comprend 2 canons de 47$^{\text{m}}/_{\text{m}}$ et 2 tubes lance-torpilles. La longueur est de 45 mètres et le déplacement de 152^{Tx}. Les torpilleurs de haute mer actuels sont la reproduction à peu près exacte du *Cyclone* (*Bourrasque*, *Rafale*, *Borée*, *Tramontane*) ; leur longueur est de 45 mètres, leur déplacement de 162^{Tx} et leur vitesse de 30 nœuds environ (2), avec un approvisionnement de charbon de 18250^{k}.

On essaie actuellement un type de torpilleurs de haute mer un peu différents, dits torpilleurs blindés (*Siroco*, *Mistral*, *Simoun*, *Typhon*, *Trombe*, *Audacieux*), sur lesquels on a cherché à réaliser une certaine protection, en donnant au pont une épaisseur de 9$^{\text{m}}/_{\text{m}}$ et au bordé une épaisseur de 24$^{\text{m}}/_{\text{m}}$, dans toute la région occupée par les machines et les chaudières ; la part affectée à la propulsion est ainsi légèrement réduite, et la vitesse est ramenée à 26 nœuds (3). La longueur est de 45 mètres et le déplacement de 185^{Tx},

---

(1) Le *Lansquenet* a été condamné en 1901.
(2) La *Bourrasque* a réalisé aux essais une vitesse de 31 nœuds 53.
(3) Le *Siroco* a réalisé aux essais une vitesse de 28^{n},3.

avec un approvisionnement de charbon de 19700^k. L'armement comprend 2 canons de 47$^m/_m$ et 3 tubes lance-torpilles.

La figure 1110 montre les diagrammes des principaux types de torpilleurs récents.

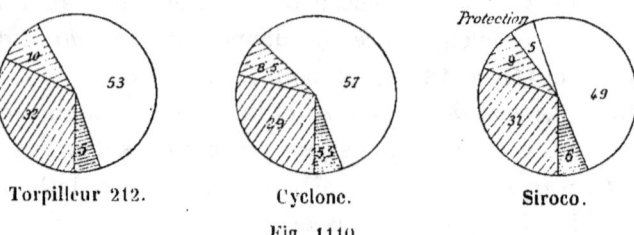

Fig. 1110.

La construction de torpilleurs-vedettes, c'est-à-dire d'embarcations de faible déplacement armées en lance-torpilles, a été abandonnée en principe. On peut cependant ranger dans cette catégorie les 9 torpilleurs destinés à être embarqués sur la *Foudre* (§ 268), pour la construction de l'un desquels on a essayé l'emploi de l'aluminium, et la *Libellule*, petit torpilleur de 40^{tx} destiné à l'essai de l'emploi de turbines comme appareil moteur.

La France est aujourd'hui encore la seule nation possédant des navires sous-marins capables de tenir la mer et de jouer un rôle militaire sérieux. Ces navires peuvent se grouper de la manière suivante :

Gymnote.	Gustave Zédé.	Morse.	Narval.	Farfadet.	Naïade.
				Gnome.	Protée.
		Français.	Sirène.	Korrigan.	Perle.
		Algérien.	Triton.	Lutin.	Esturgeon.
			Silure.		Bonite.
			Espadon.		Thon.
					Souffleur.
					Dorade.
					Lynx.
					Ludion.
					Loutre.
					Castor.
					Phoque.
					Otarie.
					Méduse.
					Oursin.
					Grondin.
					Anguille.
					Alose.
					Truite.

Le *Gymnote* (1888), de 30^{tx} de déplacement, a été surtout un bâtiment d'essai destiné à élucider les divers côtés du problème de la navigation sous-marine. Le *Gustave Zédé*, de dimensions beaucoup plus grandes, a un déplacement de 260^{tx}; les types *Morse* (150^{tx}) et *Farfadet* (200^{tx}) sont des dérivés du *Gustave Zédé*, mais de dimensions un peu plus faibles en vue d'accroître leur facilité d'évolution. Tous ces navires sont mûs par une hélice actionnée par un moteur électrique alimenté par une batterie d'accumulateurs, ce qui les oblige à venir assez fréquemment se réapprovisionner à un poste de chargement établi à terre. Sur le type *Narval* (200^{tx}), on a cherché à accroître le rayon d'action en dotant le navire sous-marin lui-même d'un moteur à vapeur pouvant être utilisé soit pour la propulsion dans la navigation à la surface, soit pour le rechargement de la batterie d'accumulateurs destinée à alimenter le moteur de plongée. Le type *Naïade*, actuellement en construction, comprend des navires plus petits, dont le déplacement a été réduit au strict nécessaire (70^{tx}), et qui sont destinés principalement à la défense des côtes. Tous les navires sous-marins sont armés d'un certain nombre d'appareils lance-torpilles; leur vitesse maxima est d'environ 12 nœuds dans la navigation à la surface, 7 nœuds dans la navigation en plongée.

270. Navires sans protection. — Les navires sans protection comprennent les avisos, les canonnières, les chaloupes canonnières, les transports et les navires à voiles.

Les *avisos* sont des navires de déplacement plus petit que les croiseurs et destinés à jouer à peu près le même rôle dans les stations situées en dehors des mers européennes. On les divisait autrefois en deux groupes, les *avisos de station* et les *avisos de flottille*, ces derniers étant destinés à opérer principalement dans les rivières. On se borne aujourd'hui à les classer d'après le déplacement (§ 265); la construction de navires de ce genre est d'ailleurs abandonnée, et on les remplace suivant le cas, soit par des croiseurs de 3$^\text{e}$ classe à carène doublée, soit par des bâtiments classés comme canonnières, ainsi que nous le verrons plus loin.

Les seuls avisos de 1re classe existant encore sont le *Fulton* et le *Kersaint*. Le *Fulton* (1887), dû à Sabattier, est un navire en bois à barrotage et liaisons intérieures en fer, de 62$^\text{m}$ de longueur et 900^{tx} de déplacement, à propulsion mixte, gréé en trois-mâts barque et muni d'un appareil moteur lui imprimant une vitesse de 12 nœuds, avec une distance franchissable de 3000 milles; son armement comprend 3 canons de 14 $^c/_m$ et un de 10 $^c/_m$. Le *Kersaint* (1898), dû à M. Raymond, est un navire un peu plus grand, de 69^m de longueur et 1245^{tx} de déplacement, armé d'un canon de 14 $^c/_m$ et de 5 canons de 10 $^c/_m$. ayant une vitesse de 16 nœuds avec une distance franchissable de 4000 milles; il est actuellement au service du ministère des Colonies.

Les avisos de 2e et 3e classe encore en service sont tous des navires à roues, à l'exception de l'*Ibis*, petit bâtiment de 280^{tx} analogue à la *Mouette*. Ce sont l'*Alouette*, l'*Ardent* et le *Goëland*, navires de type analogue ayant une longueur de 50 à 54^m et un déplacement de 500 à 625^{tx}, armés de 2 canons de 90$^m/_m$ et de 4 petites pièces à tir rapide, ayant une vitesse de 10 nœuds; l'*Alcyon* et le *Jouffroy*, de 45^m de longueur et 330^{tx} de déplacement, armés de 6 petites pièces à tir rapide et ayant une vitesse de 7 nœuds; le *Lézard*, de 34^m de longueur et 170^{tx} de déplacement, armé de 4 petites pièces et ayant une vitesse de 9 nœuds; et enfin le *Bengali*, reproduction à peu près exacte du type *Alouette*. Tous ces navires sont de construction composite, à l'exception du *Goëland* et du *Lézard*, qui sont construits l'un en fer, l'autre en acier.

Les canonnières sont des bâtiments de station, se divisant en canonnières proprement dites, à propulsion mixte et construction composite, ayant un déplacement suffisant pour pouvoir naviguer en haute mer, et en chaloupes canonnières destinées spécialement au service des rivières. Les canonnières construites postérieurement à 1882 sont les suivantes :

Capricorne.	Étoile.	Surprise.
Comète.		
		Décidée.
Lion.		Zélée.
Scorpion.		

Le type *Capricorne*, étudié par MM. Bertin et Normand, est une modification du type *Aspic*, dont nous avons parlé plus haut. La longueur est de 45^m,50 et le déplacement de 490^{tx}, avec un tirant d'eau de 3^m,30. L'armement se compose de 2 canons de 14 $^c/_m$ et 2 canons de 10 $^c/_m$; la vitesse est de 12 nœuds. L'*Étoile* (cédée au ministère des Colonies) a les mêmes caractéristiques générales, mais l'emploi de 2 hélices symétriques a permis de réduire le tirant d'eau à $2^m,55$. Le type *Surprise* (1896), dû à M. Normand, a une longueur de 56^m et un déplacement de 635^{tx}. L'armement comprend 2 canons de 10 $^c/_m$ et 4 canons de 65 $^m/_m$. La vitesse est de $13^n,5$. La *Décidée* et la *Zélée* ne diffèrent de la *Surprise* que par une légère augmentation de la largeur. C'est le type actuellement adopté pour remplacer les anciens avisos.

Les chaloupes-canonnières actuellement en service sont les suivantes :

Avalanche.	Berthe-de-Villers.	Argus.
Baïonnette.	Jacquin.	Vigilante.
Bouclier.		
Caronade.		
Casse-Tête.		

Le type *Avalanche*, dû à M. Jaÿ, a $32^m,50$ de longueur et 141^{tx} de déplacement. Ce sont des navires amphidromes, ayant une hélice à l'AV et une à l'AR, construits en acier, et composés de 20 tranches démontables réunies par des boulons traversant les cornières de pourtour des cloisons qui limitent ces tranches. Une bande de caoutchouc de 5 $^m/_m$ interposée dans chaque joint empêche l'eau de pénétrer entre les diverses cloisons juxtaposées. Ces chaloupes canonnières sont armées de 2 canons de 10 $^c/_m$; leur vitesse est de 9 nœuds et leur tirant d'eau de $1^m,10$.

Le type *Berthe-de-Villers*, construit par M. Claparède et utilisé dans les expéditions d'Indo-Chine, est une sorte de chaland à fond plat, ayant $0^m,70$ de tirant d'eau, muni de deux roues placées à l'AR et d'un roof contenant la chaudière et les logements. La longueur est de 37 mètres et le déplacement de 192^{tx} ; l'armement et la vitesse sont les mêmes que sur le type *Avalanche*.

Deux autres types de chaloupes-canonnières ont été construits postérieurement à celui que nous venons d'examiner. Ce sont le type *Bobillot*, utilisé en Indo-Chine, et le type *Brave*, utilisé à Madagascar. Les dispositions générales étaient à peu près les mêmes que celles du type *Berthe-de-Villers*, mais les dimensions et l'armement étaient un peu plus faibles, et le tirant d'eau était réduit à $0^m,50$.

L'*Argus* et la *Vigilante*, construites en Angleterre par la maison

Thornycroft et utilisées dans l'expédition de Chine, sont également des chaloupes-canonnières à fond plat, de 44 mètres de longueur et 128^{tx} de déplacement; leur tirant d'eau est égal à 0^{m},61; elles sont armées de 2 canons de 90 $^{\text{m}}/_{\text{m}}$ et de 6 canons de 37 $^{\text{m}}/_{\text{m}}$ à tir rapide; leur vitesse est de 13 nœuds. La principale particularité de ces canonnières réside dans l'appareil de propulsion, qui est constitué par une hélice-turbine du système Thornycroft.

Pour compléter l'énumération des navires en service dans la flotte française, il nous reste à signaler les suivants :

L'*Aube*, la *Durance*, l'*Eure*, la *Manche*, la *Meurthe*, la *Rance* et le *Vaucluse*, navires en bois à propulsion mixte, qualifiés avisos-transports, de 65 mètres de longueur et 1600^{tx} de déplacement, armés de 6 pièces de 14 $^{\text{c}}/_{\text{m}}$ et ayant une vitesse de 11 nœuds;

La *Gironde* et la *Nive*, navires de transport dérivés du type *Mytho*, avec lequel ils ne présentent que de légères différences;

Le *Magellan*, transport à propulsion mixte de 71 mètres de longueur et 4000^{tx} de déplacement, affecté primitivement au transfert des condamnés à la déportation;

La *Drôme* et le *Loiret*, navires de transport à vapeur, ayant un déplacement de 2000^{tx} environ et une vitesse de 11 nœuds, faisant le service de transports côtiers;

La *Melpomène*, frégate en bois de 2000^{tx} gréée en trois-mâts carré, servant d'école aux apprentis gabiers;

Et enfin le *Sylphe* et le *Bayonnais*, petits navires en bois de 500^{tx} gréés également en trois-mâts carré et servant d'annexes à l'École navale et à l'École des mousses.

CHAPITRE II

Flotte anglaise.

271. Navires antérieurs à 1882. — La marine anglaise, ayant commencé plus tôt que la marine française, pour les raisons que nous avons indiquées, à abandonner la construction en bois, possède encore un assez grand nombre de navires datant de plus de vingt ans et qui ont été néanmoins maintenus en service. La plupart de ces navires ont d'ailleurs été l'objet de refontes plus ou moins complètes, l'installation d'une artillerie et d'un appareil moteur plus modernes leur permettant de conserver un rôle offensif sérieux. Nous nous contenterons de donner la liste des principaux de ces navires, en les classant par groupes, comme nous l'avons fait jusqu'ici :

Cuirassés d'escadre :

Bellerophon. Hercules. Alexandra. Temeraire (d). Superb. Inflexible. Agamemnon.
Sultan. Ajax.

Garde-côtes :

Wivern. Penelop. Monarch. Cyclops. Glatton. Devastation. Orion.
Rupert. Thunderer.
Hecate.
Gorgon. Hotspur. Dreadnought.

Croiseurs :

Iris. Champion (d). Hecla.
Mercury. Cleopatra (d).
Comus (d).
Cordelia (d).
Curaçoa (d).

Le signe (d), dans ces tableaux de même que dans ceux qui

suivent, indique un navire muni d'un doublage en bois et cuivre.

272. Cuirassés et croiseurs à caisson blindé. — Considérons en premier lieu les navires qui, en raison de leur franc-bord peu élevé, peuvent être considérés comme se rattachant à nos garde-côtes. Ces navires sont les suivants :

Conqueror.	Anson.	Sans-Pareil.
Hero.	Benbow.	
	Camperdown.	
	Howe.	
	Rodney.	
	Collingwood.	

Le type *Conqueror*, de 82 mètres de longueur et 6300^{tx} de déplacement, se rapproche de notre type *Furieux*, avec la même disposition d'artillerie que le *Fulminant*. Il est armé de 2 canons de 30 $^c/_m$, réunis à l'AV dans une tourelle fermée unique, et de 4 canons de 15 $^c/_m$. Sa vitesse est de 15 nœuds et son approvisionnement de charbon de 650^{tx}.

Le type *Anson* forme ce qu'on appelle souvent l' « Admiral class ». Ce sont des navires de 100 mètres de longueur et 10750^{tx} de déplacement, portant 4 canons de 34 $^c/_m$ en 2 tourelles barbettes, une à l'AV et l'autre à l'AR, et 6 canons de 15 $^c/_m$ (1). Le *Collingwood* a une longueur réduite de 1 mètre et un déplacement de 9650^{tx} seulement. Il porte des canons de 30 $^c/_m$ au lieu de canons de 34 $^c/_m$. La vitesse est de 16 nœuds, et l'approvisionnement de charbon de 900^{tx}.

Le *Sans-Pareil* (1887) est dérivé du *Conqueror*, dont il reproduit les dispositions générales. La longueur est de 104 mètres et le déplacement de 10650^{tx}. Il porte 2 canons de 41 $^c/_m$ dans la tourelle de l'AV, un canon de 25 $^c/_m$ à l'AR, et 12 canons de 15 $^c/_m$. La vitesse est de 17 nœuds et l'approvisionnement de charbon de 1200^{tx}.

Les navires se rattachant à nos cuirassés d'escadre sont les suivants :

---

(1) Des canons de 41 c/m ont été essayés sur le *Benbow*.

Colossus.	Nile.	Royal Sovereign.	Centurion (d).	Majestic.	Renown (d).
Edinburgh.	Trafalgar.	Repulse.	Barfleur (d).	Magnificent.	
		Resolution.		Mars.	
		Royal Oak.		Cæsar.	
		Ramillies.		Hannibal.	
		Revenge.		Illustrious.	
		Empress of India.		Jupiter.	
				Prince George.	
		Hood.		Victorious.	

Canopus.	Formidable.	Cornwallis.	King Edward.
Albion.	Irresistible.	Duncan.	Dominion.
Glory.	Implacable.	Exmouth.	Commonwealth.
Goliath.	London.	Russell.	
Ocean.	Venerable.	Albemarle.	
Vengeance.	Bulwark.	Montagu.	
	Queen.		
	Prince of Wales.		

Le *Colossus* et l'*Edinburgh* (1882) sont des navires de 99 mètres de longueur et 9570^{tx} de déplacement, armés de 4 canons de 30 $^c/_m$ et 5 canons de 15 $^c/_m$. La grosse artillerie présente une disposition assez particulière, déjà appliquée sur l'*Inflexible* et l'*Ajax*. Les quatre pièces de 30 $^c/_m$ sont réparties entre 2 tourelles fermées, placées en échiquier l'une à bâbord sur l'AV du couple milieu, l'autre à tribord sur l'AR de ce couple, de manière que les 4 pièces puissent tirer en chasse, en retraite et par le travers. La vitesse est de 14 nœuds et l'approvisionnement de charbon de 970^{tx} (1).

Le *Nile* et le *Trafalgar* (1887) sont des navires de 105 mètres de longueur et 12150^{tx} de déplacement, armés de 4 canons de 34 $^c/_m$ et 6 canons de 12 $^c/_m$. La grosse artillerie est installée dans deux tourelles fermées identiques, une à l'AV, l'autre à l'AR, et la moyenne artillerie dans un réduit central. La vitesse est de 16 nœuds et l'approvisionnement de charbon de 1200^{tx}.

Le type *Royal Sovereign* (1891) a une longueur de 116 mètres et un déplacement de 14380^{tx}. L'artillerie comprend 4 canons de 34 $^c/_m$ et 10 canons de 15 $^c/_m$; sa disposition générale est analo-

---

(1) Ce chiffre, de même que pour les navires suivants, représente l'approvisionnement maximum de charbon, correspondant au plein des soutes et à une surcharge par rapport à la flottaison normale.

gue à celle du *Nile*, mais les grosses pièces sont installées dans des tourelles barbettes. La vitesse est de 17^n,5 environ, avec un approvisionnement de charbon de 1800^{rx}. Ces navires correspondent à peu près à notre type *Charles Martel*, mais avec une artillerie un peu plus puissante et une distance franchissable accrue d'environ 1000 milles, ce qui conduit à un accroissement de près de 2500^{rx} sur le déplacement. Le *Hood* a la même carène que le *Royal Sovereign*, et n'en diffère que par l'emploi de tourelles fermées pour les pièces de gros calibre, cette augmentation de poids étant compensée par une réduction de hauteur du franc-bord.

Le *Centurion* et le *Barfleur* (1892) peuvent être considérés comme des réductions du type *Royal Sovereign*, dont ils reproduisent les dispositions générales. La longueur est de 110 mètres et le déplacement de 10650^{rx}; la carène est doublée en cuivre. L'artillerie comprend 4 canons de 25 $^c/_m$ et 10 canons de 12$^c/_m$. La vitesse est de 17^n,5 à 18 nœuds avec un approvisionnement de charbon de 1240^{rx}.

Le type *Majestic* (1895) a des dimensions encore plus grandes que le type *Royal Sovereign*. La longueur est de 119 mètres, et le déplacement atteint 15140^{rx}. L'artillerie comprend 4 canons de 30 $^c/_m$ et 12 canons de 15 $^c/_m$, répartis dans deux tourelles fermées et un réduit central, toujours à peu près de la même manière. Le mode d'agencement du cuirassement est par contre assez différent, l'augmentation de la surface protégée étant compensée par une réduction de l'épaisseur du cuirassement. La vitesse est de 18 nœuds, avec un approvisionnement de charbon de 1850^{rx}.

Le *Renown* (1895) est un cuirassé à carène doublée que l'on peut considérer comme dérivé du type *Majestic* de la même manière que le *Centurion* est dérivé du type *Royal Sovereign*. La longueur est de 116 mètres et le déplacement de 12450^{rx}. L'armement comprend 4 canons de 25$^c/_m$ et 10 de 15 $^c/_m$. La vitesse et l'approvisionnement de charbon sont les mêmes que pour le type *Majestic*.

Le type *Canopus* (1898) est dérivé du type *Majestic*, mais a des dimensions un peu plus réduites. La longueur est la même, mais le déplacement n'est que de 13150^{rx}. L'armement et la vitesse sont les mêmes, mais l'approvisionnement de charbon normal est réduit à 800^{rx}, tout en pouvant atteindre par surcharge au départ une valeur presque égale à celle des types précédents.

Le type *Formidable* est un retour aux dimensions du type *Majestic*. Le déplacement est de 15250^{tx}, et la longueur est portée à 122 mètres. L'armement et la vitesse sont les mêmes que pour le type *Majestic*. L'approvisionnement normal de charbon est de 900^{tx}, pouvant atteindre par surcharge jusqu'à 2000^{tx}. Le *Queen* et le *Prince of Wales* ne diffèrent du *Formidable* que par une légère modification de l'armement (2 canons de 15 $^{\text{c}}/_{\text{m}}$, remplacés par 8 canons de petit calibre à tir rapide) et par un accroissement de la puissance de l'appareil moteur, compensé par une réduction de l'approvisionnement de charbon; la vitesse prévue est de 19 nœuds.

Le type *Cornwallis* est une légère modification du type précédent. La longueur est de 123 mètres et le déplacement de 14200^{tx}. L'armement est toujours le même; la vitesse prévue est de 19 nœuds, avec le même approvisionnement de charbon que le type *Formidable*. L'épaisseur du cuirassement latéral est réduite de 5 $^{\text{c}}/_{\text{m}}$.

Le type *King Edward* comprend des navires dont les dimensions sont les plus fortes qui aient été atteintes jusqu'à ce jour dans les marines de guerre. La longueur est de 128 mètres, et le déplacement de 16800^{tx}. La protection est la même que celle du type *Formidable*; l'armement comprend 4 canons de 30 $^{\text{c}}/_{\text{m}}$ en deux tourelles, 4 canons de 23 $^{\text{c}}/_{\text{m}}$ et 10 canons de 15 $^{\text{c}}/_{\text{m}}$; la vitesse prévue est de 18^{n},5.

Les navires pouvant être rattachés à la catégorie de nos croiseurs cuirassés sont les suivants :

Warspite.	Aurora.	Good Hope.	Cressy (*d*).	Monmouth.	Devonshire.
	Australia.	Drake.	Aboukir (*d*).	Essex.	Hampshire.
Imperieuse (*d*).	Galatea.	King Alfred.	Hogue (*d*).	Kent.	Antrim.
	Immortalité.	Leviathan.	Euryalus (*d*).	Bedford.	Argyll.
	Narcissus.		Sutlej (*d*).	Berwick.	Carnarvon.
	Orlando.		Bacchante (*d*).	Cornwall.	Roxburgh.
	Undaunted.			Cumberland.	
				Donegal.	
				Lancaster.	
				Suffolk.	

Le *Warspite* et l'*Imperieuse* (1884) ne diffèrent que par le doublage en cuivre appliqué au second. Ce sont des navires de 96 mètres de longueur et 8530^{tx} de déplacement, armés de 4 canons de 23 $^{\text{c}}/_{\text{m}}$ et de 10 canons de 15 $^{\text{c}}/_{\text{m}}$. Leur vitesse est de 16^{n},5 et leur approvisionnement de charbon de 900^{tx}.

Le type *Aurora* (1887) est plutôt une réduction de cuirassé, la protection étant obtenue au moyen d'un caisson blindé de faible hauteur au-dessus de la flottaison. La longueur est de 91 mètres et le déplacement de 5700^{TX}. L'armement se compose de 2 canons de 23 $^c/_m$ et 10 canons de 15 $^c/_m$; la vitesse est de 18 nœuds avec un approvisionnement de charbon de 900^{TX}.

La construction de navires de ce genre a été abandonnée pendant longtemps en Angleterre, et ce n'est que tout récemment qu'ont été mis en chantier des navires correspondant à nos croiseurs cuirassés actuels. Le type *Good Hope* a 152 mètres de longueur et 14300^{TX} de déplacement. L'armement se compose de 2 canons de 23 $^c/_m$ et 10 canons de 15 $^c/_m$. La vitesse prévue est de 23 nœuds, avec un approvisionnement de charbon de 1250^{TX}, pouvant être porté à 2500^{TX}. C'est en somme un type se rapprochant de la *Jeanne d'Arc*, mais avec un armement plus puissant. Le type *Cressy* a 134 mètres de longueur et 12200^{TX} de déplacement ; l'armement comprend 2 canons de 23 $^c/_m$ et 12 canons de 15 $^c/_m$; la vitesse est de 21^n,5, avec un approvisionnement de charbon de 800^{TX}, pouvant être porté à 1600^{TX}. Le type *Monmouth* a 135 mètres de longueur et 9950^{TX} de déplacement. L'armement se compose de 14 canons de 15 $^c/_m$; la vitesse prévue est de 23 nœuds, avec un approvisionnement de charbon de 800^{TX}. Le type *Devonshire*, dérivé du type *Monmouth*, a une longueur de 137 mètres et un déplacement de 10360^{TX} ; la principale différence réside dans l'armement, les 4 canons de 15 $^c/_m$ de l'N et de l'AR étant remplacés par 2 canons de 19 $^c/_m$.

273. Croiseurs à pont cuirassé. — Les croiseurs de la marine anglaise peuvent être groupés de la manière suivante :

Croiseurs de 1400 à 3000 tonneaux.

Royalist.	Calliope (*d*).	Medea.	Barrosa.	Bellona.	Pallas.	Pelorus.
Pylades.	Calypso (*d*).	Medusa.	Barracouta.	Barham.	Pearl.	Pactolus.
					Phœbe.	Pegasus.
		Magicienne (*d*).	Blanche (*d*).		Philomel.	Perseus.
		Marathon (*d*).	Blonde (*d*).		Katoomba.	Pomone.
		Melpomene (*d*).			Mildura.	Prometheus.
					Ringarooma.	Proserpine.
					Tauranga.	Pyramus.
					Wallaroo.	Pandora.
						Pioneer.
						Psyche.

Croiseurs de 3000 à 6000 tonneaux.

Amphion.	Forth.	Apollo.	Astræa (d).	Eclipse (d).	Arrogant.	Challenger.
Arethusa.	Mersey.	Andromache.	Bonaventure (d).	Diana (d).	Furious.	Encounter.
Leander.	Thames.	Latona.	Cambrian (d).	Dido (d).	Gladiator.	
Phaeton.	Severn.	Melampus.	Charybdis (d).	Doris (d).	Vindictive	
		Naïad.	Flora (d).	Isis (d).		
		Sappho.	Forte (d).	Juno (d).		
		Scylla.	Fox (d).	Minerva (d).		
		Sibylle.	Hermione (d).	Talbot (d).		
		Terpsichore.		Venus (d).		
		Thetis.				
		Tribune.				
				Hermes (d).		
				Highflyer (d).		
		Æolus (d).		Hyacinth (d).		
		Brilliant (d).				
		Indefatigable (d).				
		Intrepid (d).				
		Iphigenia (d).				
		Pique (d).				
		Rainbow (d).				
		Retribution (d).				
		Sirius (d).				
		Spartan (d).				

Croiseurs de déplacement supérieur à 7000 tonneaux. — Croiseurs de type spécial.

Blake.	Edgar.	Powerful (d).	Diadem (d).	Polyphemus.	Vulcan.
Blenheim.	Eudymion.	Terrible (d).	Andromeda (d).		
	Grafton.		Argonaut (d).		
	Hawke.		Ariadne (d).		
	Theseus.		Amphitrite (d).		
			Europa (d).		
	Crescent (d).		Niobe (d).		
	Gibraltar (d).		Spartiate (d).		
	Royal Arthur (d).				
	Saint-George (d).				

Le type *Royalist* (1883) a 61 mètres de longueur et 1450^{tx} de déplacement. C'est une sorte de grand aviso à pont protecteur, armé de 2 canons de 15 $^c/_m$ et de 10 canons de 12 $^c/_m$. La vitesse est de 12 nœuds et l'approvisionnement de charbon de 400^{tx}.

Le type *Calliope* (1883) a 73 mètres de longueur et 2800^{tx} de déplacement. L'armement se compose de 4 canons de 15 $^c/_m$ et 12 canons de 12 $^c/_m$. La vitesse est de 14"5, avec un approvisionnement de 550^{tx}.

Le type *Medea* (1888) correspond à peu près au *Davout*. Suivant une disposition fréquemment usitée dans la marine anglaise, on a construit simultanément un certain nombre de navires de ce type, et un certain nombre de navires n'en différant que par l'addition d'un doublage en bois et cuivre, donnant une légère augmentation du déplacement et une réduction de 1/4 de nœud environ sur la vitesse. La *Medea* a 81 mètres de longueur et 2850^{Tx} de déplacement. Son armement se compose de 6 canons de 15 $^c/_m$. Sa vitesse est de 19 nœuds, avec un approvisionnement de charbon de 400^{Tx}.

Le type *Barrosa* (1889) a 67 mètres de longueur et 1600^{Tx} de déplacement. L'armement se compose de 6 canons de 12 $^c/_m$; la vitesse est de 16^n,5, avec un approvisionnement de charbon de 160^{Tx}. Le type *Bellona* (1889), un peu plus grand, se rapproche beaucoup du type *Forbin*. Le longueur est de 85 mètres et le déplacement de 1860^{Tx}. L'armement est le même que celui du type *Barrosa;* la vitesse est de 18 nœuds avec un approvisionnement de charbon de 140^{Tx}.

Le type *Pallas* (1890) a été le point de départ des croiseurs de 3e classe anglais. C'est un dérivé du type *Medea*, ayant 81 mètres de longueur et un déplacement de 2620^{Tx}; l'armement se compose de 8 canons de 12 $^c/_m$; la vitesse est de 19 nœuds, avec un approvisionnement de charbon de 300^{Tx}.

Le type *Pelorus* (1897) représente le type actuel de croiseurs de 3e classe. Ce sont des navires de 91 mètres de longueur et 2170^{Tx} de déplacement, portant 8 canons de 12 $^c/_m$ et ayant une vitesse de 20 nœuds. Leur approvisionnement de charbon est de 250^{Tx}. Ils sont protégés par un pont de 5 $^c/_m$.

Si nous passons maintenant aux croiseurs de 2e classe, nous trouvons d'abord le type *Amphion* (1882), de 91 mètres de longueur et 4370^{Tx} de déplacement, portant 10 canons de 15 $^c/_m$. La vitesse est de 16 nœuds, et l'approvisionnement de charbon de 550^{Tx}, pouvant être porté à 1000^{Tx}. Le type *Forth* (1885), de 91 mètres et 4100^{Tx}, porte 2 canons de 20 $^c/_m$ et 10 de 15 $^c/_m$; la vitesse est de 17 nœuds et l'approvisionnement de charbon de 900^{Tx}.

Le type *Apollo* (1890), a 91 mètres de longueur et 3450^{Tx} de déplacement. L'armement comprend 2 canons de 15 $^c/_m$ et 6 canons de 12 $^c/_m$; la vitesse est de 20 nœuds, avec un approvisionnement de charbon de 400^{tx}. Le pont protecteur est le même que celui des croiseurs de 3ᵉ classe.

Le type *Astræa* (1892) est un peu plus grand. La longueur est portée à 97 mètres et le déplacement à 4430^{tx}. L'armement comprend 2 canons de 15 $^c/_m$ et 8 canons de 12 $^c/_m$; la vitesse, la protection et l'approvisionnement de charbon sont les mêmes que pour le type *Apollo*.

Le type *Éclipse* (1895) a des dimensions notablement supérieures. La longueur est de 107 mètres et le déplacement de 5690^{tx}. L'armement se compose de 5 canons de 15 $^c/_m$ et 6 canons de 12 $^c/_m$. La vitesse est de 19ⁿ,5, avec un approvisionnement de charbon de 550^{tx}. L'épaisseur du pont cuirassé est portée à 6 $^c/_m$.

Le type *Arrogant* (1896) est très analogue au précédent. La longueur est de 98 mètres et le déplacement de 5800^{tx}. L'armement, la vitesse et l'approvisionnement de charbon sont les mêmes.

Le type *Challenger*, également dérivé du type *Éclipse*, a une longueur de 108 mètres et un déplacement de 5900^{tx}; la principale différence réside dans l'affinement des formes et l'augmentation de puissance de l'appareil moteur, portant la vitesse prévue à 20 nœuds.

Le *Blake* et le *Blenheim* (1889) sont de grands croiseurs de 114 mètres de longueur et 9100^{tx} de déplacement. Ils sont armés de 2 canons de 23 $^c/_m$ et 10 canons de 15 $^c/_m$. Leur vitesse est de 21 nœuds et leur approvisionnement de charbon de 1500^{tx}.

Le type *Edgar* (1891) a le même armement, mais des dimensions un peu plus réduites. La longueur est de 110 mètres et le déplacement de 7500^{tx}. La vitesse est réduite à 20 nœuds et l'approvisionnement de charbon à 850^{tx}.

Le *Powerful* et le *Terrible* (1895) sont des navires à grand déplacement, sur lesquels on a voulu accroître la vitesse et surtout la distance franchissable. La longueur est de 152 mètres et le déplacement de 14400^{tx}. Ce sont à peu près les dimensions du type *Good Hope*, mais la protection comprend seulement un pont de 75 $^m/_m$. L'armement se compose de 2 canons de 23 $^c/_m$ et 12 canons de 15 $^c/_m$. La vitesse est de 22 nœuds et l'approvisionnement de charbon de 1500^{tx}, pouvant être porté à 3000^{tx}.

Le type *Diadem* (1897) est de dimensions un peu plus faibles. La longueur est de 133 mètres et le déplacement de 11200^{tx}. L'armement se compose de 11 canons de 15 $^c/_m$. La vitesse est de 20ⁿ,5, avec un approvisionnement de charbon de 1000^{tx}.

Citons enfin deux navires spéciaux ne se rattachant à aucun type général; ce sont le *Polyphemus* et le *Vulcan*. Le premier, qui date de 1882, est un navire étudié en vue d'utiliser l'éperon comme arme offensive principale; c'est l'ancêtre du *Katahdin* (§ 286). La longueur est de 73 mètres et le déplacement de 2680^{tx}; l'armement comprend seulement 6 canons de 57 $^m/_m$ à tir rapide, les œuvres mortes étant aussi réduites que possible; la vitesse est de 18 nœuds et l'approvisionnement de charbon de 300^{tx}. Le *Vulcan* (1889) est un croiseur porte-torpilleurs, construit à la suite des essais faits sur l'*Hecla*, ancien transport de 6400^{tx}. Sa longueur est de 107 mètres et son déplacement de 6720^{tx}; il est armé de 8 canons de 12 $^c/_m$; sa vitesse est de 20 nœuds et son approvisionnement de charbon de 1000^{tx}.

274. — Contre-torpilleurs et torpilleurs. — Si nous examinons d'abord les contre-torpilleurs, nous pouvons ranger dans cette catégorie l'*Alacrity* et la *Surprise* (1885), assez semblables au *Milan*. Ce sont de petits croiseurs sans protection de 76 mètres de longueur et 1680^{tx} de déplacement, armés de 4 canons de 12$^c/_m$ et ayant une vitesse de 17 nœuds avec un approvisionnement de charbon de 400^{tx}. Le *Scout* et le *Fearless* (1886) sont assez analogues, mais un peu plus petits; leur longueur est de 67 mètres et leur déplacement de 1600^{tx}; ils portent 4 canons de 12 $^c/_m$ et ont une vitesse de 16ⁿ,5, avec un approvisionnement de charbon de 450^{tx}.

Après ces premiers essais, la marine anglaise a construit les navires suivants :

Archer.	Rattlesnake.	Sharpshooter.	Alarm.	Dryad.
Brisk.	Grasshopper.	Salamander.	Antelope.	Halcyon.
Cossack.	Sandfly.	Seagull.	Circe.	Harrier.
Mohawk.	Spider.	Sheldrake.	Hebe.	Hazard.
Porpoise.		Skipjack.	Jaseur.	Hussar.
Tartar.		Speedwell.	Jason.	
		Spanker.	Leda.	
Racoon.		Gossamer.	Niger.	
		Gleaner.	Onyx.	
		Boomerang.	Renard.	
		Karakatta.	Speedy.	

Le type *Archer* (1886) a 69 mètres de longueur et 1800^{TX} de déplacement; la vitesse est de 16^n,5 avec un approvisionnement de charbon de 475^{TX}; l'armement comprend 6 canons de 15 $^c/_m$. C'est ce qui correspond à peu près à notre type *Condor*. Le type *Rattlesnake* (1886) correspond au contraire au type *Bombe;* la longueur est de 61 mètres et le déplacement de 560^{TX}; l'armement se compose d'un canon de 10 $^c/_m$ à l'AV; la vitesse est de 18^n,5 et l'approvisionnement de charbon de 100^{TX}.

Le type *Sharpshooter* (1888) est un agrandissement du type *Rattlesnake*. La longueur est de 70 mètres et le déplacement de 750^{TX}; la vitesse est de 19^n,5, avec un approvisionnement de 100^{TX}; l'armement se compose de 2 canons de 12 $^c/_m$.

Le type *Alarm* (1892) est dérivé du type *Sharpshooter*, dont il ne diffère guère que par une légère augmentation de la profondeur de carène, portant le déplacement à 825^{TX}; toutes les autres caractéristiques restent les mêmes.

Le type *Dryad* (1893) est également à peu près identique. La longueur est portée à 76 mètres et le déplacement à 1090^{TX}. L'armement et l'approvisionnement de charbon sont les mêmes, mais la vitesse n'est que de 19 nœuds.

Depuis 1894, la marine anglaise a abandonné ce type de contre-torpilleurs, pour adopter un type ayant un déplacement voisin de 300^{TX} et une vitesse très élevée. De 1894 à 1896, on a construit 42 de ces contre-torpilleurs (torpedo-boat destroyers), ayant un déplacement de 220 à 300^{TX}, une longueur de 55 à 64 mètres, et une vitesse de 27 nœuds environ; l'approvisionnement de charbon est de 60 à 70^{TX} (types *Havock*, *Daring*, etc.). De 1896 à 1901, on a construit 45 contre-torpilleurs un peu plus grands (types *Desperate*, *Fame*, etc.) ayant une longueur de 64 à 66 mètres, un déplacement de 250 à 350^{TX}, une vitesse voisine de 30 nœuds et un approvisionnement de charbon de 80 à 90^{TX}. Les types mis en service en 1901 (types *Sprightly*, *Kangaroo*, *Bullfinch*) sont la reproduction à peu près exacte des types précédents. Sur trois d'entre eux, l'*Albatross*, l'*Express* et l'*Arab*, construits par trois maisons différentes, on a essayé d'obtenir une vitesse de 32 nœuds; mais les deux premiers ont dû être reçus avec une vitesse un peu supérieure à 31 nœuds; le troisième n'a pas encore fait ses essais. Tous ces contre-torpilleurs ont comme armement 1 canon de

75 $^m/_m$ à tir rapide, 5 canons de 57 $^m/_m$ à tir rapide, et 2 tubes lance-torpilles (1).

En ce qui concerne les torpilleurs de 1re classe, le type actuel de la marine anglaise à 48^m,50 de longueur et 180^{TX} de déplacement. L'armement se compose de 3 canons de 47 $^m/_m$ à tir rapide et de 3 tubes lance-torpilles. La vitesse est de 25 nœuds, avec un approvisionnement de charbon de 40^{TX}.

---

(1) Deux navires construits sur les mêmes données, le *Viper* et le *Cobra*, ont reçu comme appareil moteur des turbines système Parsons, et ont atteint la vitesse de 35 nœuds; ces deux bâtiments ont fait naufrage en 1901. Un nouveau contre-torpilleur de dimensions analogues, le *Velox*, est actuellement en construction et recevra des turbines du même système.

CHAPITRE III

Flotte russe.

275. — Navires antérieurs à 1882. — La Russie, en raison de sa situation géographique, possède deux flottes distinctes, l'une dans la Baltique, utilisée également dans les mers européennes et extra-européennes, l'autre servant exclusivement aux opérations dans la mer Noire.

Les navires anciens maintenus en service dans la Baltique sont les suivants :

Admiral Chichagoff.   Peter Veliky.   General Admiral (d).   Gerzog Edinbursky.   Minin.
Admiral Spiridoff.

Admiral Greig.
Admiral Lazeff.

Ce sont des navires cuirassés, d'une vitesse ne dépassant pas 15 nœuds, d'un déplacement de 3500 à 5000^{tx}, sauf le *Peter Veliky*, qui atteint 9500^{tx}, et est une sorte de grand garde-côtes portant 2 tourelles fermées à 2 canons.

La flotte de la mer Noire ne comprend guère que des navires modernes. Les seuls datant de plus de vingt ans sont le *Pamyat Merkuriya*, petit croiseur de 3000^{tx} ayant une vitesse de 16 nœuds, armé de 6 canons de 15 $^c/_m$, et les deux batteries flottantes *Vice-admiral Popoff* et *Novgorod*. Ces batteries sont de forme circulaire, disposition indiquée dès 1868 par Elder, et portent au centre une tourelle contenant 2 canons. La première a un diamètre de 36^m,60 et un déplacement de 3550^{tx}; elle est mûe par 6 hélices à arbres parallèles et porte 2 canons de 30 $^c/_m$. La seconde a un diamètre de 30^m,80 et un déplacement de 2500^{tx}; elle est mûe également par 6 hélices et porte 2 canons de 28 $^c/_m$. La cuirasse de ceinture a 40 $^c/_m$ d'épaisseur sur le premier navire, 23 $^c/_m$ sur le second. Leur vitesse est de 7 à 8 nœuds.

276. Flotte cuirassée de la Baltique. — Considérons d'abord les navires se rapprochant de nos cuirassés d'escadre. Ces navires sont les suivants :

Imperator Alexander II (*d*).	Navarin.	Sissoï Veliky.	Petropavlosk.	Oslablia.
Imperator Nikolaï I (*d*).			Poltava.	Peresviet.
			Sebastopol.	Pobieda.
Cesarewitch.	Retwisan.		Borodino.	
			Imperator Alexander III.	
			Orel.	
			Kniaz Souvaroff.	

L'*Alexander II* et le *Nikolaï I* (1888) sont des navires de 101 mètres de longueur et 9500^{tx} de déplacement, portant 2 canons de 30 $^c/_m$ installés dans une tourelle fermée à l'AV, 4 de 23 $^c/_m$, et 8 de 15 $^c/_m$. Leur vitesse est de 15 nœuds.

Le *Navarin* (1891) a 106 mètres de longueur et 10000^{tx} de déplacement. Il porte 4 canons de 30 $^c/_m$, répartis entre deux tourelles fermées, l'une à l'AV l'autre à AR, et 8 canons de 15 $^c/_m$ en réduit. La vitesse est de 16 nœuds. Le *Sissoï Veliky* est très analogue au *Navarin*, mais de dimensions un peu plus faibles. La longueur est de 105 mètres, et le déplacement de 9000^{tx}. Les dispositions générales sont celles du *Navarin*, mais l'armement est diminué de 2 canons de 15 $^c/_m$.

Le type *Petropavlosk* (1894) a 112 mètres de longueur et 10960^{tx} de déplacement. Il porte 4 canons de 30 $^c/_m$ en 2 tourelles fermées, et 12 canons de 15 $^c/_m$, dont 8 répartis dans quatre tourelles fermées et 4 dans le réduit central. La vitesse est de 17 nœuds. L'épaisseur de la cuirasse de ceinture est de 40 $^c/_m$. C'est en somme un type de navire se rapprochant du *Brennus*.

Le type *Oslablia* (1898) a 130 mètres de longueur et 12674^{tx} de déplacement. C'est une sorte d'intermédiaire entre nos cuirassés d'escadre et nos grands croiseurs cuirassés. Il est protégé par une cuirasse latérale de 23 $^c/_m$, et porte 4 canons de 25 $^c/_m$ en 2 tourelles fermées et 11 canons de 15 $^c/_m$. La vitesse est de 18 nœuds ; il y a 3 hélices.

Le *Cesarewitch* et le *Retwisan*, actuellement en cours de construction le premier en France, le second en Amérique, d'après un programme commun, sont des navires de 116 à 118 mètres de longueur, ayant un déplacement de 12700 à 12900ᵗˣ. Ils portent 4 canons de 30 ᶜ/ₘ en 2 tourelles et 12 canons de 15 ᶜ/ₘ en 6 tourelles. Le *Cesarewith* a 3 hélices, le *Retwisan* n'en a que deux. La vitesse prévue est de 18 nœuds.

Le type *Borodino* a 121 mètres de longueur et 13600ᵗˣ de déplacement. Les données générales sont les mêmes que celles des deux navires précédents.

La flotte de la Baltique comprend en outre quatre navires se rattachant à la catégorie des garde-côtes : l'*Admiral Seniavin*, l'*Admiral Oushakoff*, le *General admiral Apraxin*, et l'*Admiral Boutakoff*. Les deux premiers sont des navires de 84 mètres de longueur et 4126ᵗˣ de déplacement, armés de 4 canons de 23 ᶜ/ₘ en 2 tourelles fermées et de 4 canons de 12 ᶜ/ₘ en réduit, ayant une vitesse de 16 nœuds. Le troisième, presque identique aux précédents, n'en diffère que par sa longueur un peu plus grande (91 mètres), et par la composition de sa grosse artillerie, qui comprend 3 canons de 25 ᶜ/ₘ. Quant à l'*Admiral Boutakoff*, actuellement en construction, c'est un navire de 6000ᵗˣ, armé de 6 canons de 20 ᶜ/ₘ répartis dans 4 tourelles en losange, les tourelles AV et AR portant chacune 2 canons.

Les navires se rattachant à la catégorie des croiseurs cuirassés sont les suivants :

Vladimir Monomach (d).	Admiral Nakhimoff (d).	Pamyat Azova (d).	Rürik (d).	Bayan.
Dimitri Donskoï (d).			Rossia (d).	
			Gromoboï (d).	

Le *Vladimir Monomach* (1882) est un navire à caisson blindé dont la muraille latérale a 15 ᶜ/ₘ d'épaisseur. Sa longueur est de 90 mètres et son déplacement de 6000ᵗˣ. Il est armé de 5 canons de 15 ᶜ/ₘ et 16 canons de 12 ᶜ/ₘ ; sa vitesse est de 15 nœuds. Le *Dimitri Donskoï* (1883) est une légère modification du navire précédent ; le déplacement est à peu près le même ; l'armement comprend 6 canons de 15 ᶜ/ₘ et 10 canons de 12 ᶜ/ₘ ; la vitesse est de 16ⁿ,5.

L'*Admiral Nakhimoff* (1885) est un navire de 101 mètres de longueur et 8500ᵗˣ de déplacement, portant 8 canons de 20 ᶜ/ₘ et 10 canons de 15 ᶜ/ₘ. C'est un navire se rapprochant de nos cuirassés d'escadre, protégé par une ceinture latérale de 25 ᶜ/ₘ. Les 8 canons de 20 $^c/_m$ sont distribués dans 4 tourelles disposées en losange. La vitesse est de 17 nœuds.

Le *Pamyat Azova* (1888) est un navire plus petit, de 116 mètres de longueur et 6600^{tx} de déplacement. Il est armé de 2 canons de 20 $^c/_m$ et 13 canons de 15 $^c/_m$; sa vitesse est de 17 nœuds.

Le *Rürik* (1894) est un grand croiseur à ceinture cuirassée, de 130 mètres de longueur et 10900^{tx} de déplacement. Il est armé de 4 canons de 20 $^c/_m$, 16 de 15 $^c/_m$ et 6 de 12 $^c/_m$. Sa vitesse est de 18 nœuds, et sa distance franchissable d'environ 20000 milles. Le *Rossia* (1896) est du même type, un peu agrandi; la longueur est de 144 mètres et le déplacement de 12200^{tx}; l'armement est à peu près le même, les canons de 12 $^c/_m$ étant remplacés par 12 canons de 76 $^m/_m$ à tir rapide; l'appareil moteur est plus puissant, et comporte 3 hélices; la vitesse est de 19 nœuds. Le *Gromoboï* (1899) est très analogue au *Rossia*, mais son déplacement est un peu plus grand, ce qui a permis d'accroître légèrement l'armement et la vitesse.

Le *Bayan*, en construction en France, est un croiseur cuirassé de 135 mètres de longueur et 7800^{tx} de déplacement, armé de 2 canons de 20 $^c/_m$ et 8 canons de 15 $^c/_m$, ayant une vitesse prévue de 21 nœuds. C'est un navire analogue au type *Desaix*.

Les croiseurs ordinaires protégés seulement par un pont cuirassé peuvent être groupés de la manière suivante :

Rynda (d).	Admiral Korniloff.	Svietlana.	Aurora. Diana. Pallada.	Askold. Waryag. Bogatyr. Kagoul. Otchakoff. Oleg.	Novik. Boyarin. Kagoula. Almaz. Jemtchug. Izumrud.

Le *Rynda* (1885) est un navire de 79 mètres de longueur et 3500^{tx} de déplacement, portant 10 canons de 15 $^c/_m$ et ayant une vitesse de 14^n,5. L'*Admiral Korniloff* (1887), construit en France, a 108 mètres de longueur et 5800^{tx} de déplacement; il est armé de 14 canons de 15 $^c/_m$ et a une vitesse de 17 nœuds. Le *Svietlana* (1896), également construit en France, a 101 mètres de longueur et 3860^{tx} de déplacement; il est armé de 6 canons de 15 $^c/_m$ et a une vitesse de 20 nœuds. Le type *Aurora* a 124 mètres de longueur et

6630^{tx} de déplacement; ce sont des navires à 3 hélices, armés de 8 canons de 15 $^c/_m$ et 24 canons de 76 $^m/_m$ à tir rapide, ayant une vitesse de 20 nœuds. L'*Askold*, le *Bogatyr* et le *Waryag* ont été commandés d'après un programme commun, les deux premiers en Allemagne, le troisième aux États-Unis. Ce sont des navires de 128 à 130 mètres de longueur et de 6000 à 6500^{tx} de déplacement, protégés par un pont de 7 $^c/_m$ et ayant une vitesse de 23 nœuds. Leur armement comprend 12 canons de 15 $^c/_m$ et 12 canons de 76 $^m/_m$ à tir rapide. Le *Kagoul*, l'*Outchakoff* et l'*Oleg*, construits en Russie, sont des reproductions du *Bogatyr*. Le *Novik* et le *Boyarin*, commandés, l'un en Allemagne, l'autre en Danemark, sont des croiseurs plus petits, de 110 mètres de longueur et 3000^{tx} de déplacement, armés de 6 canons de 15 $^c/_m$ et ayant une vitesse de 25 nœuds. Les quatre navires type *Kalgoula*, construits en Russie, sont la reproduction à peu près exacte du *Novik*.

Citons enfin les canonnières cuirassées *Gremiastchy*, *Groziastchy*, *Otvazny* et *Khrabry*, de 70 mètres de longueur et 1500^{tx} de déplacement, portant un canon de 23 $^c/_m$ et un canon de 15 $^c/_m$ et ayant une vitesse de 15 nœuds.

277. Flotte cuirassée de la mer Noire. — La flotte de la mer Noire, n'ayant besoin que d'un rayon d'action limité, comprend seulement de grands cuirassés se rattachant à la catégorie des cuirassés d'escadre. Ces navires sont les suivants :

Ekaterina II.	Dvianadzat Apostoloff.	Tria Sviatitelia.	Rostislav.	Slava.
Tchesme.				
		Kniaz Potemkine Tavritchesky.		
Sinope.				
Georgi Pobiedonoselz.				

Le type *Ekaterina II* (1886) a 101 mètres de longueur et 10180^{tx} de déplacement. L'armement comprend 6 canons de 30 $^c/_m$ et 7 canons de 15 $^c/_m$; les canons de 30 $^c/_m$ occupent 3 tourelles barbettes disposées aux angles d'un réduit ayant la forme d'un triangle isocèle dont la pointe serait dirigée vers l'Æ. La vitesse est de 15^{n}5 sur les deux premiers navires, de 16^{n}5 sur les deux derniers, dont l'appareil moteur est plus puissant à poids égal.

Le *Dvianadzat Apostoloff* (1890) a 100 mètres de longueur et 8400^{tx} de déplacement. Il porte 4 canons de 30 $^c/_m$ en 2 tourelles barbettes placées l'une à l'AV, l'autre à l'AR, et 4 canons de 15 $^c/_m$ en réduit. La vitesse est de 17 nœuds.

Le *Tria Sviatitelia* (1893) a 113 mètres de longueur et 12480^{TX} de déplacement. Il porte 4 canons de 30 $^c/_m$, en 2 tourelles fermées, et 8 canons de 15 $^c/_m$ et 4 canons de 12 $^c/_m$ dans un réduit central. La vitesse est de 17 nœuds. Le *Kniaz Potemkine Tavritchesky*, actuellement en construction, est la reproduction à peu près exacte du *Tria Sviatitelia*, avec cette différence que l'artillerie moyenne en réduit se compose de 10 canons de 15 $^c/_m$.

Le *Rostislav* (1896) est un navire de 105 mètres de longueur et 8900^{TX} de déplacement, armé de 4 canons de 25 $^c/_m$ en 2 tourelles et de 8 canons de 15 $^c/_m$. Sa vitesse est de 16 nœuds ; il présente cette particularité que le pétrole est le seul combustible employé pour le chauffage des chaudières.

Le *Slava*, actuellement en construction, est un cuirassé de 13600^{TX}, devant réaliser une vitesse de 18 nœuds.

278. Contre-torpilleurs et torpilleurs. — Les contre-torpilleurs russes de déplacement supérieur à 450^{TX} sont les suivants :

Lieutenant Ilyin.	Posadnik.	Abrek.
	Voïevoda.	
Capitan Sacken.		
	Gaïdamak.	
	Vosadnik.	
	Kazarski.	
	Griden.	

Le *Lieutenant Ilyin* est un navire de 69 mètres de longueur et 700^{TX} de déplacement, portant 7 canons à tir rapide et ayant une vitesse de 20 nœuds. C'est à peu près le type *Alarm* de la marine anglaise. Le *Posadnik* a 58 mètres de longueur et 450^{TX} de déplacement ; il porte 2 canons de 47 $^m/_m$ et a une vitesse de 21 nœuds. L'*Abrek* est un type intermédiaire, de 65 mètres de longueur et 535^{TX} de déplacement, armé d'un canon de 76 $^m/_m$ et de 4 canons de 47 $^m/_m$, et ayant la même vitesse que le *Posadnik*. Parmi les navires cités plus haut, le *Capitan Sacken*, le *Kasarski* et le *Griden* appartiennent à la flotte de la mer Noire.

La marine russe possède en outre 40 contre-torpilleurs de 220 à 350^{TX} de déplacement (dont la moitié environ sont encore en construction), ayant une vitesse de 27 à 29 nœuds, qui sont la reproduction des types anglais et français.

Quant aux torpilleurs, le type actuel de la marine russe a 42 mètres de longueur et 120^{tx} de déplacement, avec une vitesse de 21 nœuds.

CHAPITRE IV

Flotte allemande.

279. Navires antérieurs à 1882. — Le développement de la marine allemande ne remontant qu'à 1889 environ, il reste peu de navires antérieurs à 1882. Ce sont les suivants :

König Wilhelm.	Preussen.	Kaiser.	Baden.	Basilisk.
		Deutschland.	Bayern.	Biene.
			Sachsen.	Camäleon.
			Würtemberg.	Crocodil.
				Hummel.
				Mücke.
				Natter.
				Salamander.
				Scorpion.
				Viper.
				Wespe.

Les premiers sont des cuirassés à réduit de 6000 à 8000^{tx} de déplacement. Les navires du type *Baden* sont des sortes de garde-côtes de 7400^{tx} de déplacement, armés de 6 canons de 26 $^c/_m$ dont deux dans une tourelle barbette à l'A/ et quatre dans un réduit central, et ayant une vitesse de 14 à 15 nœuds.

Les navires du type *Basilisk* (qui doivent être prochainement retirés du service) sont des canonnières cuirassées de 1100^{tx} de déplacement, armées d'un canon de 30 $^c/_m$ et de 2 canons de 87 $^m/_m$, ayant une vitesse de 10 nœuds.

280. Cuirassés et croiseurs cuirassés. — Les navires rentrant dans la catégorie des garde-côtes sont les suivants :

Beowulf.	Aegir.
Frithjof.	Odin.
Hagen.	
Heimdall.	
Hildebrand.	
Siegfried.	

Le type *Beowulf* (1890) a 73 mètres de longueur et 3500^{tx} de déplacement. L'armement se compose de 3 canons de 24 $^c/_m$ en tourelles barbettes, dont deux à l'AV dans un même plan transversal et une à l'AR dans l'axe. La vitesse est de 14 à 15 nœuds (1). Le type *Aegir* (1894) est dérivé du précédent. Le déplacement est porté à 3700^{tx}; la grosse artillerie est la même et disposée de la même manière, mais il y a en plus 10 canons de 88 $^m/_m$ à tir rapide; la vitesse est de 15 nœuds.

Les navires compris dans la catégorie des cuirassés d'escadre sont les suivants :

Oldenburg.	Brandenburg.	Kaiser Friedrich III.	Wittelsbach.
	Kurfürst Friedrich Wilhelm.	Kaiser Wilhelm II.	Wettin.
	Weissenburg.	Kaiser Karl der Grosse.	Zöhringen.
	Wörth.	Kaiser Wilhelm der Grosse.	Mecklemburg.
		Kaiser Barbarossa.	Schwaben.

L'*Oldenburg* (1884) est un petit cuirassé de 76 mètres de longueur et 5200^{tx} de déplacement, armé de 8 canons de 24 $^c/_m$ et de 2 canons de 88 $^m/_m$ à tir rapide. Sa vitesse est de 13^n,5.

Le type *Brandenburg* (1891) a 108 mètres de longueur et 10000^{tx} de déplacement. L'armement comprend 6 canons de 28 $^c/_m$, répartis entre 3 tourelles barbettes disposées dans l'axe, 6 canons de 10 $^c/_m$ et 8 canons de 88 $^m/_m$ à tir rapide. L'épaisseur de la ceinture est de 40 $^c/_m$. La vitesse est de 16 nœuds.

Le type *Kaiser Friedrich III* (1897) a 115 mètres de longueur et 11000^{tx} de déplacement. L'armement comprend 4 canons de 24 $^c/_m$ en deux tourelles fermées, l'une à l'AV l'autre à l'AR, 18 canons de 15 $^c/_m$, dont 6 en tourelles fermées, et 12 canons de 88 $^m/_m$ à tir rapide. L'épaisseur de la cuirasse est de 300 $^m/_m$ et la vitesse de 18 nœuds.

Le type *Wittelsbach* (1900) a une longueur de 126 mètres et un déplacement de 11800^{tx}. L'armement est le même que celui du type *Kaiser Friedrich III*, mais une réduction de 7 $^c/_m$ sur l'épaisseur de la cuirasse est compensé par un accroissement de la puissance de l'appareil moteur, portant la vitesse à 19 nœuds. Un sixième navire du même type est actuellement en construction.

(1) Le *Hagen* a subi une refonte complète en 1900, et a été allongé de 8 mètres. La même transformation est effectuée actuellement sur les autres navires du même type.

Comme croiseur cuirassé, la marine allemande ne possède encore que le *Fürst Bismarck* (1897), navire à 3 hélices doublé en cuivre, ayant 108 mètres de longueur et 9800^{TX} de déplacement. Son armement comprend 4 canons de 24 $^c/_m$ en 2 tourelles fermées, à l'AV et à l'AR, 12 canons de 15 $^c/_m$ dont 4 en tourelles fermées, et 10 canons de 88 $^m/_m$ à tir rapide. Sa vitesse est de 19 nœuds. Le *Prinz Heinrich* et le *Prinz Adalbert*, actuellement en construction, sont des navires analogues, mais de déplacement un peu plus faible (8900^{TX}). Leur longueur est de 120 mètres et leur vitesse de 20^n,5. Leur artillerie ne diffère de celle du *Fürst Bismarck* que par la suppression de 2 canons de 15 $^c/_m$ en casemates.

281. Croiseurs, contre-torpilleurs et torpilleurs. — Les croiseurs de la marine allemande peuvent être groupés de la manière suivante :

Croiseurs de 1300 à 2000 tonneaux.		Croiseurs de 2000 à 4000 tonneaux.	
Schwalbe.	Bussard.	Alexandrine.	Gazelle (d).
Sperber.		Arcona.	Niobe (d).
	Falke.		Nymphe.
	Cormoran.		Ariadne.
	Condor.		Medusa.
	Seeadler.		
			Amazone.
	Geier (d).		Thetis.

Croiseurs de déplacement supérieur à 4000 tonneaux.			
Irene.	Kaiserin Augusta (d).	Gefion.	Freya.
Prinzess Wilhelm.			Hertha.
			Victoria Luise.
			Hansa (d).
			Vineta (d).

Le type *Schwalbe* (1887) a 62 mètres de longueur et 1300^{TX} de déplacement ; l'armement comprend 8 canons de 10 $^c/_m$; la vitesse est de 14 nœuds. Le type *Bussard* (1890) a 82 mètres de longueur et 1800^{TX} de déplacement ; l'armement est le même, mais la vitesse est de 16 nœuds.

L'*Alexandrine* et l'*Arcona* (1885) ont 72 mètres de longueur et 2370^{TX} de déplacement ; l'armement comprend 10 canons de 15 $^c/_m$ et 4 canons de 10 $^c/_m$; la vitesse est de 13 nœuds. Le type *Gazelle* (1898) a une longueur de 100 mètres et un déplacement de 2650^{tx}. L'armement se compose de 10 canons de 10 $^c/_m$, et la vitesse est de 19 nœuds. Ce type a été le point de départ des croiseurs de 2e classe actuels, qui n'en diffèrent que par un léger allongement et une augmentation de la puissance de l'appareil moteur, le déplacement et l'armement restant les mêmes. Le type *Amazone* a une longueur de 105 mètres et une vitesse de $21^n,5$; trois autres croiseurs identiques sont actuellement en construction.

L'*Irene* et le *Prinzess Wilhelm* (1887) ont 94 mètres de longueur et 4400^{tx} de déplacement; l'armement comprend 4 canons de 15 $^c/_m$ et 8 canons de 10 $^c/_m$; la vitesse est de 19 nœuds. Le *Kaiserin Augusta* (1892) est un grand croiseur à 3 hélices de 118 mètres de longueur et 6300^{tx} de déplacement, portant 12 canons de 15 $^c/_m$ et 8 canons de 88 $^m/_m$ à tir rapide, et ayant une vitesse de 21 nœuds. Le *Gefion* (1893) a 105 mètres de longueur et 4100^{tx} de déplacement; l'armement se compose de 10 canons de 10 $^c/_m$ et la vitesse est de 20 nœuds. Les navires du type *Freya* (1897) sont des croiseurs à 3 hélices de 105 mètres de longueur et 5650^{tx} de déplacement, portant 2 canons de 21 $^c/_m$ en tourelles à l'AV et à l'AR, 8 canons de 15 $^c/_m$ dont 4 en tourelles, et 10 canons de 88 $^m/_m$ à tir rapide; leur vitesse est de 20 nœuds. Le *Hansa* et le *Vineta* ne diffèrent du type *Freya* que par l'addition d'un doublage portant le déplacement à 5900^{tx} et réduisant la vitesse d'environ 1 nœud.

Les contre-torpilleurs peuvent être groupés de la manière suivante :

Blitz.	Greif.	Jagd.	Comet.	Hela.
Pfeil.			Meteor.	

Le *Blitz* et le *Pfeil* (1882) ont 75 mètres de longueur et 1380^{tx} de déplacement; leur armement se compose de 6 canons de 88 $^m/_m$ à tir rapide; leur vitesse est de 15 nœuds. Le *Greif* (1886) a 97 mètres de longueur et 2000^{tx} de déplacement; il porte 8 canons de 88 $^m/_m$ et a une vitesse de 19 nœuds. Le *Jagd* (1887), de 80 mètres de longueur et 1250^{tx} de déplacement, porte 4 canons de 88 $^m/_m$ et a une vitesse de 20 nœuds. Le *Comet* et le *Meteor* (1890), assez analogues au type *d'Iberville*, ont 71 mètres de longueur et 946^{tx} de déplacement; ils portent 4 canons de 88 $^m/_m$ et ont une vitesse de 21 nœuds. Le *Hela* (1895), de 100 mètres de longueur et 2000^{tx} de déplacement, a le même armement et une distance franchissable beaucoup plus forte ; sa vitesse n'est que de 20 nœuds. Tous ces navires, sauf le *Blitz*, le *Pfeil* et le *Greif*, sont protégés par un pont blindé de 30 à 50 $^m/_m$ d'épaisseur.

La marine allemande possède en outre 10 contre-torpilleurs de 250 à 380^{tx} de déplacement, dont les plus récents ont une vitesse d'environ 27 nœuds et sont à peu près identiques aux contre-torpilleurs anglais. Les torpilleurs du type le plus récent ont 47 mètres de longueur et 160^{tx} de déplacement, avec une vitesse de 26 nœuds.

CHAPITRE V

Flotte italienne.

282. Navires antérieurs à 1882. — Les principaux navires antérieurs à 1882 existant encore dans la flotte italienne sont les suivants :

Ancona.	Affondatore.	Duilio.	Italia.
Castelfidardo.		Dandolo.	Lepanto.
Maria Pia.			
San Martino.			

Les navires du type *Ancona* sont des frégates cuirassées de 4300^{tx}, datant de 1863 environ. L'*Affondatore* (1865) est un petit cuirassé à 2 tourelles de 3900^{tx} de déplacement, ayant une vitesse de 13 nœuds. Le *Duilio* et le *Dandolo* (1876) marquent le point de départ des navires à grand déplacement; la longueur est de 104 mètres et le déplacement de 11200^{tx}; l'armement (modifié depuis) comprend 4 canons de 45 $^c/_m$ répartis dans deux tourelles barbettes disposées en échiquier; la cuirasse latérale, qui n'existe que dans la région centrale, a 55 $^c/_m$ d'épaisseur; la vitesse est de 15 nœuds. L'*Italia* (1880) et le *Lepanto* (1882) sont des navires encore plus grands, mais sur lesquels la protection est obtenue d'une manière différente; elle comporte seulement un pont courbe et une sorte de réduit central englobant deux tourelles barbettes disposées en échiquier et contenant chacune 2 canons de 43 $^c/_m$; l'armement comprend en outre 8 canons de 15 $^c/_m$; la vitesse est de 18 nœuds; la longueur est de 122 mètres et le déplacement de 14000^{tx}.

283. Cuirassés et croiseurs cuirassés. — Les cuirassés d'escadre postérieurs à 1882 sont les suivants :

Andrea Doria.	Re Umberto.	Ammiraglio di St-Bon.	Benedetto Brin.	Regina Elena.
Francesco Morosini.	Sicilia.	Emanuele Filiberto.	Regina Margherita.	Vittorio Emanuele III.
Ruggiero di Lauria.	Sardegna.			

Le type *Andrea Doria* (1885) a une longueur de 100 mètres et un déplacement de 11200^{tx}. L'armement comprend 4 canons de 43 $^c/_m$ disposés comme sur l'*Italia*, 2 canons de 15 $^c/_m$ et 4 canons de 12 $^c/_m$. La vitesse est de 17 nœuds.

Le type *Re Umberto* (1888) a à peu près les mêmes dimensions et le même déplacement que l'*Italia*. L'armement comprend 4 canons de 34 $^c/_m$ en 2 tourelles à l'AV et à l'AR et 8 canons de 15 $^c/_m$ et 16 canons de 11 $^c/_m$ dans un réduit central ; la vitesse est de 19 nœuds. Sur le *Sardegna*, la longueur a été augmentée de 3 mètres, et l'accroissement de déplacement a été reporté sur l'appareil moteur, ce qui a permis d'atteindre une vitesse de 20 nœuds.

Le type *Ammiraglio di St-Bon* (1897) a 105 mètres de longueur et 9800^{tx} de déplacement. L'armement, disposé comme celui du *Re Umberto*, comprend 4 canons de 25 $^c/_m$, 8 canons de 15 $^c/_m$ et 8 canons de 12 $^c/_m$; la vitesse est de 18 nœuds.

Le type *Benedetto Brin* a 130 mètres de longueur et 13400^{tx} de déplacement. L'armement comprend 4 canons de 30 $^c/_m$ en 2 tourelles à l'AV et à l'AR, 4 canons de 20 $^c/_m$ en tourelles et 13 canons de 15 $^c/_m$. La vitesse prévue est de 20 nœuds.

Le type *Regina Elena*, qui est une sorte d'intermédiaire entre nos cuirassés et nos croiseurs cuirassés, a une longueur de 133 mètres et un déplacement de 12600^{tx}. L'armement se compose de 2 canons de 30 $^c/_m$ en tourelles, à l'AV et à l'AR, et de 12 canons de 20 $^c/_m$. La vitesse prévue est de 22 nœuds.

Les navires rentrant dans la catégorie des croiseurs cuirassés sont les suivants :

Marco Polo.	Carlo Alberto.	Varese.
	Vettor Pisani.	Giuseppe Garibaldi.
		Francesco Ferruccio.

Le *Marco Polo* (1892) a 100 mètres de longueur et 4580^{tx} de déplacement. Son armement comprend 6 canons de 15 $^c/_m$ et 10 canons de 12 $^c/_m$; sa vitesse est de 19 nœuds.

Le type *Carlo Alberto* (1895) a 99 mètres de longueur et 6500^{tx} de déplacement. L'armement comprend 12 canons de 15 $^c/_m$ et 6 canons de 12 $^c/_m$; la vitesse est de 19 nœuds.

Le type *Varese* (1899) a 105 mètres de longueur et 7350^{tx} de déplacement. L'armement comprend 1 canon de 25 $^c/_m$ en tourelle à l'AV, 2 canons de 20 $^c/_m$ dans une tourelle à l'AR, 14 canons de 15 $^c/_m$ et 10 canons de 76 $^m/_m$ à tir rapide; la vitesse est de 20 nœuds.

284. Croiseurs, contre-torpilleurs et torpilleurs. — Les croiseurs de la marine italienne ont tous un déplacement compris entre 2000 et 3500 ^{tx}. Ils peuvent se grouper de la manière suivante :

Giovanni Bausan.	Dogali.	Piemonte.	Etruria.
			Lombardia.
Etna.			Liguria.
Stromboli.			Umbria.
Vesuvio.			
			Elba.
Fieramosca.			
			Calabria.
			Puglia.

Le *Giovanni Bausan* (1883) est un croiseur de 84 mètres de longueur et 3300 ^{tx} de déplacement, construit en Angleterre. Il est armé de 2 canons de 25 $^c/_m$ et 4 canons de 15 $^c/_m$, et protégé par un pont de 35 $^m/_m$; sa vitesse est de 17^n,5. Le type *Etna* est la reproduction à peu près exacte du *Giovanni Bausan*. La longueur est de 86 mètres et le déplacement de 3500^{tx}. La vitesse est la même, et l'armement est accru de 2 canons de 15 $^c/_m$.

Le *Dogali* (1887), construit en Angleterre, est un croiseur plus petit, de 76 mètres de longueur et 2100^{tx} de déplacement, protégé par un pont de 60 $^m/_m$ et armé de 6 canons de 15 $^c/_m$; sa vitesse est de 19^n,5.

Le *Piemonte* (1888), également construit en Angleterre, a une longueur de 93 mètres et un déplacement de 2600^{tx}. Il est protégé par un pont de 75 $^m/_m$ et porte 6 canons de 15 $^c/_m$ et 6 de 12 $^c/_m$; sa vitesse est de 21 nœuds.

Le type *Etruria* (1891) est un dérivé du *Dogali*. La longueur est de 80 mètres et le déplacement de 2300 ^{tx}; l'armement comprend 4 canons de 15 $^c/_m$ et 6 canons de 12 $^c/_m$, et l'épaisseur du pont est réduite à 5 $^c/_m$; la vitesse est de 18 à 19 nœuds. L'*Elba* (1893) et le *Calabria* (1894) sont à peu près identiques au type *Etruria*, dont ils ne diffèrent que par une légère modification des dimensions. Il en est de même du *Puglia* (1898), dont la longueur est de 83 mètres et le déplacement de 2500^{tx}; l'armement et la protection sont les mêmes que pour le type *Etruria;* la vitesse est de 20 nœuds.

Les contre-torpilleurs sont les suivants :

Saëtta.	Confienza.	Aretusa.	Agordat.
		Calatafimi.	Coatit.
	Goïto.	Caprera.	
	Montebello.	Euridice.	
	Monzambano.	Iride.	
	Tripoli.	Minerva.	
		Partenope.	
		Urania.	

Le *Saëtta* (1886) a 57 mètres de longueur et 380^{tx} de déplacement; l'armement comprend 2 canons de 57 $^m/_m$ à tir rapide; la vitesse est de 19 nœuds. Le type *Confienza* (1887) a 70 mètres de longueur et 800^{tx} de déplacement; l'armement est de 4 à 6 canons de 57 $^m/_m$ et la vitesse de 19 nœuds. Le type *Aretusa* (1891) a la même longueur, mais la largeur est augmentée de 30 $^c/_m$ et le déplacement est porté à 900^{tx} environ. L'armement comprend 1 canon de 12 $^c/_m$ et 6 canons de 57 $^m/_m$; la vitesse est d'environ 20 nœuds. Le type *Agordat* (1899) a 88 mètres de longueur et 1310^{tx} de déplacement; l'armement comprend 4 canons de 12 $^c/_m$ et 8 canons de 57 $^m/_m$; la vitesse est de 23 nœuds.

La marine italienne possède en outre 13 contre-torpilleurs de 320^{tx} (dont 6 en cours de construction), analogues aux contre-torpilleurs anglais, et doués d'une vitesse de 30 nœuds. Quant aux torpilleurs, les types les plus récents comprennent des torpilleurs de haute mer de 150^{tx} environ et des torpilleurs de 1re classe de 85^{tx}, analogues aux types français.

CHAPITRE VI

Flotte des États-Unis

285. Navires antérieurs à 1882. — A l'exception du *Topeka*, petit croiseur sans protection de 1800^{tx}, armé de 6 canons de 10 $^c/_m$ et ayant une vitesse de 16 nœuds, tous les navires de la marine des États-Unis antérieurs à 1882 appartiennent au type *monitor*; on désigne sous ce nom des navires à œuvres-mortes très réduites, protégés par un caisson blindé s'élevant à faible hauteur au-dessus de l'eau, et armés seulement de canons de gros calibre disposés en tourelles fermées. Ces navires sont les suivants :

Catskill.
Jason.
Lehigh.
Montauk.
Nahant.

Canonicus.
Mahopac.
Manhattan.

Amphitrite.
Miantonomoh.
Monadnock.
Terror.

Le type *Catskill*, de 61 mètres de longueur et 1900^{tx} de déplacement, porte une seule tourelle, armée de 2 canons de 38 $^c/_m$; l'appareil moteur actionne une hélice unique, et la vitesse est de 6 nœuds. Le type *Amphitrite*, plus grand, a 2 hélices et une vitesse de $10^n,5$; il y a 2 tourelles contenant chacune 2 canons de 25 $^c/_m$; la longueur est de 79 mètres et le déplacement de 4050^{tx}.

Le développement réel de la marine des États-Unis ne datant que de 1891, nous ajouterons à cette liste le *Puritan*, lancé en 1882, qui est encore un navire du même genre. Ses deux tourelles sont armées chacune de 2 canons de 30 $^c/_m$, et il porte de plus 6 canons de 10 $^c/_m$. Son déplacement est de 6150^{tx} et sa vitesse de 12 nœuds.

286. Cuirassés et croiseurs cuirassés. — Les navires appartenant à la catégorie des garde-côtes sont les suivants :

Monterey.	Katahdin.	Arkansas.
		Florida.
		Nevada.
		Wyoming.

Le *Monterey* (1891) est un navire du genre monitor, dérivé du type *Amphitrite*. Sa longueur est de 78 mètres et son déplacement de 4150^{tx}; la tourelle AV porte 2 canons de 30 $^c/_m$, et la tourelle AR 2 canons de 25 $^c/_m$; la vitesse est de 13 nœuds.

Le *Katahdin* (1893) est un navire de type particulier, assez analogue au *Polyphemus* anglais. Il en diffère par une épaisseur de cuirassement plus forte (15 $^c/_m$) et une vitesse plus faible (16 nœuds). Sa longueur est de 76 mètres et son déplacement de 2200^{tx}. Il est armé de 4 canons de 57 $^m/_m$ à tir rapide, mais a été spécialement conçu en vue du combat à coups d'éperon, la forme convexe et la faible émersion de sa carapace blindée lui assurant une protection assez efficace contre les projectiles ennemis.

Le type *Arkansas* (1900), se rapprochant beaucoup de notre type *Tempête*, a une longueur de 77 mètres et un déplacement de 3280^{tx}. Il porte une tourelle armée de 2 canons de 30 $^c/_m$ et 4 canons à tir rapide de 10 $^c/_m$; sa vitesse est de 11^n,5.

Les cuirassés d'escadre, tous de type récent, peuvent se grouper de la manière suivante :

Texas.	Indiana.	Iowa.	Alabama.	Maine.	Georgia.
	Massachusetts.		Illinois.	Missouri.	New-Jersey.
	Oregon.		Wisconsin.	Ohio.	Nebraska.
			Kearsage.		Rhode Island.
			Kentucky.		Virginia.

Le *Texas* (1892) a une longueur de 92 mètres et un déplacement de 6400^{tx}. Il porte 4 canons de 30 $^c/_m$ installés dans 2 tourelles en échiquier et 6 canons de 15 $^c/_m$; sa vitesse est de 17 nœuds.

Le type *Indiana* (1893), de 106 mètres de longueur et 10800^{tx} de déplacement, porte à l'AV et à l'AR deux tourelles contenant chacune 2 canons de 33 $^c/_m$, et dans la région centrale 4 tourelles contenant chacune 2 canons de 20 $^c/_m$; il y a en outre 4 canons de 10 $^c/_m$; la vitesse est de 16 nœuds. L'*Iowa* (1896) est un navire assez analogue, ayant une longueur de 109 mètres et un déplacement de 11500^{tx}, avec une vitesse de 17 nœuds ; l'artillerie, disposée de la même manière, comprend 4 canons de 30 $^c/_m$, 8 canons de 20 $^c/_m$ et 6 canons de 10 $^c/_m$.

Le type *Alabama* (1898) porte 4 pièces de 33 $^c/_m$ en 2 tourelles, à l'AV et à l'AR, et 14 canons de 15 $^c/_m$ en réduit ; la longueur est de 112 mètres et le déplacement de 11700^{tx}, avec une vitesse de 17 nœuds. Le type *Kearsage*, qui a les mêmes dimensions, en diffère par la composition et le mode d'installation de son artillerie ; chacune des deux grosses tourelles, armée de 2 canons de 33 $^c/_m$, est surmontée d'une tourelle plus petite centrée sur le même axe de rotation et contenant 2 canons de 20 $^c/_m$; le réduit central contient 14 canons de 12 $^c/_m$.

Le type *Maine* (1901) est très analogue au type *Alabama*, dont il reproduit les dispositions générales. Le calibre des grosses pièces est réduit à 30 $^c/_m$ et le nombre des pièces de l'artillerie moyenne est portée à 16 ; la longueur est accrue de 6 mètres et le déplacement de 800^{tx}, cet accroissement étant utilisé pour augmenter la vitesse, qui est portée à 18 nœuds.

Le type *Georgia*, actuellement en construction, a des dimensions beaucoup plus grandes ; la longueur est de 133 mètres, et le déplacement de 15100^{tx} ; la vitesse prévue est de 19 nœuds ; l'armement comprend 4 canons de 30 $^c/_m$ en 2 tourelles, 8 canons de 20 $^c/_m$ en 4 tourelles, et 12 canons de 15 $^c/_m$ en réduit. Sur les trois premiers navires, deux des tourelles de 20 $^c/_m$ sont placées à l'AV et à l'AR et superposées aux tourelles de 30 $^c/_m$, comme sur le type *Kearsage* ; sur les deux derniers, il y a 2 tourelles de 20 $^c/_m$ de chaque bord.

La catégorie des croiseurs cuirassés comprend les navires suivants :

New-York.	Brooklyn.	Charleston.	California.
		Milwaukee.	Colorado.
		Saint-Louis.	Maryland.
			Pennsylvania.
			South Dakota.
			West Virginia.

Le *New-York* (1891) est un navire de 116 mètres de longueur et 8300^{tx} de déplacement, ayant une vitesse de 21 nœuds ; l'armement comprend 6 canons de 20 $^c/_m$, dont 4 installés dans 2 tourelles, à l'AV et à l'AR, et 12 canons de 10 $^c/_m$.

Le *Brooklyn* (1895) a des dimensions un peu plus grandes, avec la même vitesse et un armement plus puissant ; il y a 4 tourelles en losange, contenant chacune 2 canons de 20 $^c/_m$, et 12 canons de 12 $^c/_m$; la longueur est de 122 mètres et le déplacement de 9350^{TX}.

Les types *Charleston* et *California*, actuellement en construction, correspondent à peu près aux types anglais *Monmouth* et *Good Hope*. Les navires du type *Charleston* ont une longueur de 122 mètres et un déplacement de 9800^{TX}, avec une vitesse de 22 nœuds ; ils portent 14 canons de 15 $^c/_m$ et 18 canons de 76 $^m/_m$ à tir rapide. Ceux du type *California* ont une longueur de 153 mètres et un déplacement de 13900^{TX} ; leur vitesse est la même, mais leur appareil de propulsion comprend 3 hélices ; leur armement se compose de 4 canons de 20 $^c/_m$ en 2 tourelles, de 14 canons de 15 $^c/_m$, et de 18 canons de 76 $^m/_m$.

287. Croiseurs, contre-torpilleurs et torpilleurs. — Les croiseurs protégés par un simple pont cuirassé peuvent être groupés de la manière suivante :

Croiseur de type spécial.	Croiseurs de déplacement compris entre 1500 et 3000 tonneaux.	
Vesuvius.	Yorktown.	Detroit.
	Concord.	Marblehead.
	Bennington.	Montgomery.

Croiseurs de déplacement compris entre 3000 et 5000 tonneaux.						
Atlanta.	Chicago.	Baltimore.	San Francisco.	Cincinnati.	New-Orleans (*d*).	Chattanooga (*d*).
Boston.			Newark.	Raleigh.	Albany (*d*).	Cleveland (*d*).
		Philadelphia.				Denver (*d*).
						Des Moines (*d*).
						Galveston (*d*).
						Tacoma (*d*).

Croiseurs de déplacement supérieur à 5000 tonneaux.	
Olympia.	Columbia.
	Minneapolis.

Le *Vesuvius* (1888) est un navire de type spécial, dont les données générales sont à peu près les mêmes que celles de notre type d'*Iberville*. Il a une longueur de 77 mètres, un déplacement de 940^{TX}, et une vitesse de 21 nœuds. Sa particularité réside dans son armement, qui est constitué par 3 canons destinés à lancer des projectiles contenant une forte charge de dynamite; ces canons, du calibre de 38 $^c/_m$, sont placés à côté l'un de l'autre dans la région N, et encastrés à demeure dans la coque parallèlement au plan diamétral sous un angle d'environ 15°; la tranche de culasse se trouve ainsi placée dans les fonds, et la volée ne dépasse que d'une faible quantité le pont supérieur.

Le type *Yorktown* (1888) a un déplacement de 1730^{tx} et une longueur de 70 mètres; l'armement se compose de 6 canons de 12 $^c/_m$ et la vitesse est de 16^n,5. Le type *Detroit* (1891), de 78 mètres de longueur et 2100^{tx} de déplacement, porte 10 canons de 12 $^c/_m$ et a une vitesse de 18^n,5 (1).

L'*Atlanta* et le *Boston* (1884) sont des navires à une seule hélice, ayant une longueur de 82 mètres, un déplacement de 3050^{tx} et une vitesse de 15 nœuds; leur armement comprend 2 canons de 20 $^c/_m$ et 6 canons de 15 $^c/_m$.

Le *Chicago* (1885) est un navire à 2 hélices, doué d'une vitesse de 18 nœuds, portant 4 canons de 20 $^c/_m$ et 14 canons de 12 $^c/_m$; sa longueur est de 99 mètres et son déplacement de 4600^{tx}. Le *Baltimore* et le *Philadelphia* (1888) ont une longueur de 100 mètres, un déplacement de 4500^{tx} et une vitesse de 19^n,5; ils ne diffèrent entre eux que par l'armement, qui comprend sur le *Baltimore* 4 canons de 20 $^c/_m$ et 6 canons de 15 $^c/_m$, tandis que le *Philadelphia* porte 12 canons de 15 $^c/_m$. Le *San-Francisco* et le *Newark* (1889), très analogues aux types précédents, ont le même armement que le *Philadelphia*; leur longueur est de 95 mètres, leur déplacement de 4150^{tx} et leur vitesse de 19 nœuds.

Le *Cincinnati* et le *Raleigh* (1892) sont des croiseurs un peu plus petits, de 91 mètres de longueur et de 3250^{tx} de déplacement; ils portent un canon de 15 $^c/_m$ et 10 canons de 12 $^c/_m$; leur vitesse est de 19 nœuds.

Le *New-Orleans* et l'*Albany* (1896), construits en Angleterre, ont un déplacement de 3800^{tx} et une longueur de 105 mètres; leur vitesse est de 20 nœuds, et leur armement comprend 6 canons de 15 $^c/_m$ et 4 canons de 12 $^c/_m$.

Le type *Chattanooga*, actuellement en construction, dérive du

---

(1) On peut ajouter aux croiseurs de cette catégorie le *Reina Mercedes*, pris à la bataille de Santiago pendant la guerre hispano-américaine en 1898.

type *Cincinnati*, dont il reproduit à peu près les dimensions, par une augmentation notable du rayon d'action, compensée par une réduction de la vitesse et de l'armement. La longueur est de 89 mètres, le déplacement de 3250^{tx}, et la vitesse de $16^n,5$; l'armement se compose de 10 canons de $12^c/_m$.

L'*Olympia* (1892) est un croiseur de 5900^{tx}, portant à l'AV et à l'AR deux tourelles contenant chacune 2 canons de $20^c/_m$; la longueur est de 104 mètres et la vitesse de 21 nœuds. Le *Columbia* et le *Minneapolis* (1893), conçus d'après un programme analogue à celui de notre *Guichen*, mais ayant plus d'armement avec moins de vitesse, sont des navires à 3 hélices de 125 mètres de longueur et 7500^{tx} de déplacement; leur vitesse est de $22^n,5$; leur armement comprend 2 canons de $15^c/_m$ en chasse, 1 canon de $20^c/_m$ en retraite et 8 canons de $10^c/_m$.

Parmi les contre-torpilleurs américains, quelques-uns ont un déplacement de 250 à 300^{tx} avec une vitesse de 30 nœuds, et sont analogues aux contre-torpilleurs anglais. Les types les plus récents ont un déplacement de 400^{tx}, une vitesse de 28 à 30 nœuds, et un cuirassement latéral de $50^m/_m$ d'épaisseur. Les torpilleurs de haute mer ont un déplacement de 100 à 180^{tx} et une vitesse de 23 à 27 nœuds.

Depuis 1896, les États-Unis ont abordé l'étude des navires sous-marins. A la suite des expériences exécutées sur deux bâtiments, le *Holland* et le *Plunger*, la construction de six navires du même genre (*Adder, Grampus, Mocassin, Pike, Porpoise, Shark*) a été entreprise et quelques-uns d'entre eux ont été lancés dans le courant de 1901. Ce sont des navires de 120^{tx} de déplacement, actionnés pendant la plongée par un moteur électrique alimenté par une batterie d'accumulateurs, et pour la navigation à la surface par un moteur à gazoline.

CHAPITRE VII

Flotte japonaise.

288. Cuirassés et croiseurs cuirassés. — La marine japonaise comprend un nombre de bâtiments encore assez restreint, mais ces bâtiments, presque tous construits en Europe ou en Amérique, sont de date récente (1) et analogues aux meilleurs navires des autres marines.

Les cuirassés d'escadre, tous sortis des chantiers de construction anglais, sont les suivants :

Fuji.	Asahi.
Yashima.	Hatsuse.
	Mikasa.
	Shikishima.

Le type *Fuji* (1896), assez analogue au type *Canopus*, a une longueur de 119 mètres et un déplacement de 12500^{TX}. L'armement se compose de 4 canons de 30 $^c/_m$ en 2 tourelles et de 10 canons de 15 $^c/_m$ dans un réduit central; la vitesse est de 18^n,5. Le type *Asahi* (1899), se rapprochant du type *Formidable*, a un déplacement de 15400^{TX} et une longueur de 122 mètres. L'armement, disposé comme celui du type *Fuji*, comprend 4 canons de 30 $^c/_m$ et 14 canons de 15 $^c/_m$; la vitesse est également de 18^n,5.

Les croiseurs cuirassés comprennent d'abord le *Shiyoda* (1889), construit en Angleterre, qui est un bâtiment de 2500^{TX} protégé par une cuirasse partielle de 100 $^m/_m$, armé de 10 canons de 12 $^c/_m$ et ayant une vitesse de 17^{n}5, et ensuite une série de 6 navires construits en 1898 et 1899 d'après un même programme, mais dans des chantiers différents. L'*Asama*, le *Tokiwa*, l'*Izumo* et l'*Iwate*,

---

(1) Il convient de citer cependant le *Fu-So*, petit cuirassé de 3800^{TX} construit en Angleterre en 1877, et le *Chin-Yen*, cuirassé de 7500^{TX} construit en Allemagne pour le compte du gouvernement chinois, capturé pendant la guerre sino-japonaise.

construits en Angleterre, ont un déplacement de 9900^{tx} et une longueur de 122 à 124 mètres; ils sont protégés par une cuirasse de 15$^c/_m$, et portent 4 canons de 20 $^c/_m$ en 2 tourelles et 14 canons de 15$^c/_m$ en casemates; l'*Azuma*, construit en France, et le *Yakumo*, construit en Allemagne, ont des dimensions à peu près identiques, et ne diffèrent que par la suppression de 2 canons de 15$^c/_m$; tous ces navires ont une vitesse de 20 à 22 nœuds.

289. — Croiseurs, contre-torpilleurs et torpilleurs. — Les croiseurs de la marine japonaise peuvent se grouper de la manière suivante :

Croiseurs de déplacement compris entre 1300 et 3000 tonneaux.

Tsukushi.	Sai-Yen.	Katsuraki.	Takao.	Akashi.
		Musashi.		Suma.
		Yamato.		

Croiseurs de déplacement compris entre 3000 et 5000 tonneaux.

Izumi.	Naniwa.	Yoshino.	Hashidate.	Shitose.	Niitaka.
	Takashiho.		Itsukushima.	Kasagi.	Tsushima.
			Matsushima.	Takasago.	

Le *Tsukushi* (1882), construit en Angleterre, est un navire de 1370^{tx}, ayant une longueur de 64 mètres et une vitesse de 16^n,5, armé de 2 canons de 25 $^c/_m$ et de 4 canons de 12 $^c/_m$.

Le *Sai-Yen* (1883), construit en Allemagne pour le gouvernement chinois et capturé pendant la guerre sino-japonaise, a une longueur de 80 mètres et un déplacement de 2340^{tx}; la vitesse est de 14 nœuds et l'armement comprend 2 canons de 20 $^c/_m$ et un canon de 15$^c/_m$. Le type *Katsuraki* (1885), construit au Japon, a une longueur de 63 mètres et un déplacement de 1500^{tx}; la vitesse est de 13 nœuds et l'armement se compose de 2 canons de 15 $^c/_m$. Le *Takao* (1888), également construit au Japon, porte 4 canons de 15 $^c/_m$, et a un déplacement de 1800^{tx} et une vitesse de 15 nœuds; c'est un navire à construction composite, rentrant plutôt dans la catégorie des canonnières que dans celle des croiseurs. L'*Akashi* et le *Suma* (1895), construits au Japon, ont une longueur de 93 mètres et un déplacement de 2750^{tx}; ils ont une vitesse de 20 nœuds et portent 2 canons de 15 $^c/_m$ et 6 canons de 12$^c/_m$.

L'*Izumi* (1883), construit en Angleterre, a une longueur de

82 mètres et un déplacement de 3000^{tx}; l'armement se compose de 2 canons de 25$^c/_m$ et de 6 canons de 12$^c/_m$; la vitesse est de 18 nœuds. Le *Naniwa* et le *Takashiho* (1885), également construits en Angleterre, dérivent du type précédent, dont ils diffèrent par la substitution de canons de 15$^c/_m$ aux canons de 12$^c/_m$, ce qui porte le déplacement à 3700^{tx}. Le *Yoshino* (1892), construit en Angleterre, a une longueur de 106 mètres, un déplacement de 4250^{tx}, et une vitesse de 22 nœuds; l'armement comprend 4 canons de 15$^c/_m$ et 8 canons de 12$^c/_m$. Le type *Hashidate* (1895) comprend des navires qui se rapprochent des garde-côtes par leur armement et leur faible hauteur de franc-bord, mais n'ayant comme protection qu'un pont cuirassé et doués d'une vitesse assez élevée. L'armement comprend un canon de 32$^c/_m$ en tourelle fermée et 11 canons de 12$^c/_m$; la longueur est de 90 mètres, le déplacement de 4350^{tx} et la vitesse de 17 nœuds. Les trois navires ont été construits sur les mêmes plans, le premier au Japon, les deux derniers en France; mais le *Matsushima* diffère des deux autres en ce que la tourelle portant le canon de 32$^c/_m$ est placée à l'?R et non pas à l'A', en vue d'assurer la possibilité du tir même par mauvais temps. Le type *Shitose* (1897) comprend des navires construits d'après un même programme, les deux premiers en Amérique, le troisième en Angleterre. Ce sont des croiseurs de 4300 à 4800^{tx}, portant 2 canons de 30$^c/_m$ et 10 canons de 12$^c/_m$ et ayant une vitesse de 22^n,5. Le *Niikita* et le *Tsushima*, actuellement en construction au Japon, sont des croiseurs de 3400^{tx} environ, ayant une vitesse de 20 nœuds, dont les données générales ne sont pas encore connues.

Les grands contre-torpilleurs, encore peu nombreux, se classent de la manière suivante :

| Yayeyama. | Tatsuta. | Miyako. | Shibaya. |

Le *Yayeyama* (1889), construit au Japon, a un déplacement de 1600^{tx}, une longueur de 96 mètres, et une vitesse de 20 nœuds; l'armement se compose de 3 canons de 12$^c/_m$. Le *Tatsuta* (1894), construit en Angleterre, est assez analogue au type *Dryad;* le déplacement est de 890^{tx}, et la longueur de 73 mètres; l'armement comprend 2 canons de 12$^c/_m$ et la vitesse est de 21 nœuds. Le *Miyako* (1897), construit au Japon, est une reproduction du

Yayeyama, l'armement étant réduit à 2 canons de 12 $^c/_m$. Le *Shihaya* (1900), construit également au Japon, est à peu près identique au *Tatsuta*.

La marine japonaise comprend enfin 16 contre-torpilleurs de 300 à 400^{tx}, construits en Angleterre sur les données des navires similaires anglais, et des torpilleurs construits pour la plupart en France, analogues à nos types de torpilleurs de haute mer et de torpilleurs de 1re classe.

CHAPITRE VIII

Renseignements sur les paquebots des principales lignes maritimes.

290. Lignes du service transatlantique. — L'activité des communications entre l'Europe occidentale et les États-Unis d'Amérique a amené la création d'un certain nombre de compagnies concurrentes, qui, pour répondre aux besoins d'une circulation toujours croissante, ont dû élever progressivement la vitesse et le déplacement de leurs navires, de manière à obtenir de véritables trains assurant un service régulier et rapide entre les deux continents.

Les principales de ces compagnies sont actuellement les suivantes :

France . . . . . . Compagnie générale transatlantique.

Angleterre . . . { Compagnie Cunard.
{ Compagnie White Star.

Allemagne . . . { Compagnie du Lloyd de l'Allemagne du Nord.
{ Compagnie Hambourg-Amérique.

Le tableau suivant indique les navires construits par ces compagnies depuis vingt ans et faisant actuellement le service entre l'Amérique et l'Europe.

NOMS DES NAVIRES.	Date du lancement.	Longueur entre perpendiculaires.	Déplacement en charge (approximatif).	Vitesse aux essais.	Vitesse de route.
Compagnie Générale Transatlantique					
Normandie............	1882	140^m	9600^{TX}	17",5	15",75
Champagne............ Bretagne............ Gascogne............	1885-1886	150^m	10000^{TX}	18",75	17"
Touraine............	1890	157^m	12300^{TX}	19",5	18",1
Aquitaine (1)........	1890	152^m	13600^{TX}	20",8	18",6
Lorraine............ Savoie............	1899-1900	170^m	15400^{TX}	21",9	20"
Compagnie Cunard					
Servia............	1881	157^m	11000^{TX}	17",85	16^r
Etruria............ Umbria............	1884	153^m	10500^{TX}	20",18	18",5
Lucania............ Campania............	1892-1893	183^m	21000^{TX}	22",2	20",5
Compagnie White Star					
Teutonic (2)........ Majestic............	1889	172^m	16000^{TX}	21"	19"
Oceanic............	1899	209^m	28500^{TX}	" (3)	19"
Celtic............	1901	207^m,50	36700^{TX}	"	16" (prévu)
Compagnie du Lloyd de l'Allemagne du Nord					
Kaiser Wilhelm der Grosse..	1897	190^m,50	22500^{TX}	?	21",3
Kronprinz Wilhelm........	1901	203^m	21100^{TX}	23",31	"
Kaiser Wilhelm II.........	1901	214^m,50	24500^{TX}	23" (prévu)	"
Compagnie Hambourg-Amérique					
Fürst Bismarck........	1891	158^m,50	13000^{TX}	?	18",5
Deutschland............	1900	202^m	24000^{TX}	?	22"

(1) L'*Aquitaine* est un paquebot de construction allemande, appelé d'abord *Normannia*, acheté en 1899 par la Cie transatlantique.

(2) Deux navires plus anciens, appartenant à la même compagnie, sont encore en service sur la ligne de New-York. Ce sont le *Britannic* et le *Germanic* (1874), de 139 mètres de longueur et 9000^{TX} de déplacement, dont la vitesse de route est de 16 nœuds.

(3) Ce navire n'a pas fait d'essais officiels.

Tous les paquebots compris dans ce tableau et construits à partir de 1888 sont munis de deux hélices. On voit l'énorme accroissement de déplacement nécessaire pour pouvoir soutenir d'une manière régulière, pendant un parcours de 3300 milles environ, des vitesses de plus en plus élevées. Les dimensions des ports interviennent, bien entendu, pour limiter la longueur et le tirant d'eau, et c'est pour cela que la Compagnie transatlantique a dû se maintenir dans des limites de dimensions inférieures à celles des autres compagnies.

Les vitesses inscrites comme vitesses de route représentent la moyenne annuelle des passages entre l'Amérique et l'Europe, la durée de chaque trajet pouvant être, bien entendu, influencée d'une manière assez sensible par les conditions de mer. On remarque que l'écart entre cette vitesse de route moyenne et la vitesse maxima réalisée est ordinairement voisin de 2 nœuds.

Les paquebots dont nous venons de parler sont affectés spécialement au transport des passagers, et n'ont qu'un port en marchandises insignifiant. La flotte transatlantique comprend, bien entendu, un grand nombre d'autres navires moins rapides, sur lesquels nous n'avons pas à insister ici. On remarquera que la compagnie White star, avec le *Celtic,* semble revenir à la conception ancienne du *Great-Eastern* (§ 73), c'est-à-dire d'un navire à vitesse modérée et à très grand déplacement, destiné au transport simultané de passagers et de marchandises. C'est qu'en effet la lutte de vitesse engagée entre les diverses compagnies qui desservent la ligne de New-York est extrêmement onéreuse ; si l'on prend pour point de départ une vitesse de route de 20 nœuds, on voit qu'à partir de là un accroissement d'un nœud sur la vitesse ne représente qu'une réduction de 5 à 6 heures, soit 4 % environ, sur la durée totale du voyage, tandis que le prix de revient initial du navire est accru approximativement de 50 % et la dépense de charbon à chaque voyage de 35 %.

291. Lignes de l'Extrême-Orient, de l'Océanie et de l'Amérique du Sud. — Les deux principales compagnies assurant le service des communications rapides avec l'Océanie et l'Extrême-Orient sont la compagnie française des Messageries maritimes et la compagnie anglaise « Peninsular and Oriental ». La première fait également le service de l'Amérique du Sud.

Le tableau ci-dessous indique les données des navires les plus récents de ces deux compagnies. Les navires des types *Laos* et *Atlantique* pour la C¹ᵉ des Messageries maritimes, des types *Isis*, *Assaye* et *Persia* pour la C¹ᵉ Péninsulaire et Orientale, sont munis de 2 hélices.

NOMS DES NAVIRES.	Date du lancement.	Longueur entre perpendiculaires.	Déplacement en charge (approximatif).	Vitesse aux essais.	Vitesse de route.
Compagnie des Messageries Maritimes.					
Saghalien Natal Melbourne	1880-1881	126ᵐ	6140ᵀˣ	15ⁿ	13ⁿ
Calédonien Sydney Salazie Yarra Océanien	1882-1884	126ᵐ	6315ᵀˣ	16ⁿ	13ⁿ,5
Portugal	1886	135ᵐ	8650ᵀˣ	16ⁿ	14ⁿ
La Plata Brésil	1888	141ᵐ	9030ᵀˣ	16ⁿ,5	14ⁿ
Australien Polynésien	1889-1890	147ᵐ	9520ᵀˣ	17ⁿ	14ⁿ,5
Armand Béhic Ville de la Ciotat	1891-1892	148ᵐ	9600ᵀˣ	17ⁿ	14ⁿ,5
Ernest Simons	1893	135ᵐ	8500ᵀˣ	17ⁿ	14ⁿ,5
Chili Cordillère	1894-1895	141ᵐ	9220ᵀˣ	17ⁿ	14ⁿ,5
Laos Indus Tonkin Annam	1896-1898	135ᵐ	8910ᵀˣ	18ⁿ	14ⁿ,5
Atlantique	1899	141ᵐ	10100ᵀˣ	18ⁿ	14ⁿ,5

NOMS DES NAVIRES.	Date du lancement.	Longueur entre perpendiculaires.	Déplacement en charge (approximatif).	Vitesse aux essais.	Vitesse de route.
Compagnie Péninsulaire et Orientale.					
Clyde........ Shannon....... Thames....... Sutlej........	1881	119ᵐ	5700ᵀˣ	14ⁿ (1)	»
Rome	1881	136ᵐ,50	7500ᵀˣ	15ⁿ,5	»
Ballaarat..... Parramatta....	1882	128ᵐ	6600ᵀˣ	14ⁿ	»
Carthage..... Massilia....... Valetta.......	1881-1884	131ᵐ	7000ᵀˣ	15ⁿ	»
Bengal........ Chusan........ Coromandel....	1884-1885	122ᵐ	6300ᵀˣ	14ⁿ	»
Arcadia....... Britannia...... Oceana........ Victoria.......	1887-1888	143ᵐ	9000ᵀˣ	17ⁿ	»
Peninsular.... Oriental.......	1888-1889	125ᵐ	7200ᵀˣ	17ⁿ	»
Australia...... Himalaya......	1892	142ᵐ	9300ᵀˣ	18ⁿ	»
Caledonia.....	1894	148ᵐ	10200ᵀˣ	18ⁿ,5	»
Arabia........ China......... Egypt......... India.........	1896-1898	152ᵐ	10700ᵀˣ	18ⁿ	»
Isis (2)....... Osiris (2).....	1898	91ᵐ	2300ᵀˣ	20ⁿ	»
Assaye....... Sobraon....... Plassy........	1899-1901	137ᵐ	10000ᵀˣ	16ⁿ	»
Persia........	1900	152ᵐ	10700ᵀˣ	18ⁿ	»

(1) Les vitesses inscrites dans cette colonne sont celles qui figurent au Lloyd's Register et qui paraissent représenter assez exactement la vitesse maxima réalisable. Pour les vitesses de route, on peut admettre une réduction analogue à celle indiquée pour la Cⁱᵉ des Messageries maritimes.

(2) Navires faisant le service postal entre Brindisi et Port-Saïd.

Citons également, parmi les navires appartenant à la Cie trans-atlantique et faisant le service de la ligne des Antilles, la *Navarre* (1892), paquebot à 2 hélices de 144 mètres de longueur et 9100^tx de déplacement, ayant une vitesse de route de 16 nœuds (vitesse aux essais : 18 nœuds).

Enfin, il existe un certain nombre de traversées courtes entre deux pays pour lesquelles on a établi des services réguliers à grande vitesse en correspondance avec les trains de chemin de fer, et sur lesquelles on réalise en service courant des vitesses de 21 à 22 nœuds. Les principales sont les lignes Dieppe-Newhaven, Douvres-Ostende, Calais-Douvres, Boulogne-Folkestone, et diverses lignes reliant l'Angleterre à l'Irlande.

INDEX ALPHABÉTIQUE

Les chiffres en caractères gras indiquent les pages du second volume.

A

Abaissé (phare)	369
Abatage	604
Abatage en carène	513
About	57
Abri de navigation	328
Accastillage	2
Accessoires de coque	558
Accoré	549, 590
Accore roulante	456
Accotar	205
Acculement des couples	221
Acier doux	50
Acier extra-doux	141
Acier mi-dur	61
Acier moulé	54
Aérage (trompe d')	347
Aérateur	321
Affaler	73
Affourchage	102
Agent de service	273
Aiguillot	355, 119
Aileron (safran à)	355, 121
Aisselle	4
Alésoir	602, 614
Allonge	198
Allonge (bout d')	199
Allonge de cornière	229
Allonge de poupe	228
Aluminium	53
Amorce	571
Amphidrome	2, 607
Amure	394
Ancre	1, 3
Ancre à jet	5
Ancre articulée	6
Ancre de bossoir	12
Ancre de réserve	12
Ancre de veille	12
Angle de prise	4
Anguiller	205
Annuaire des marées	413
Antenne	367
Antifriction	127
Apiquage	67
Apôtre	226
Apparaux de mouillage	1
Appareiller	3
Appuyeur	604
Araignée	284
Arc	10
Arcasse	228
Arc-boutant de beaupré	389
Arc-boutant de chasse	458
Ardoise (sabord en)	451
Arrière	1
Arrière carré	226
Arrière en croix	406
Arrière en voûte	583
Arrière pointu	229
Arrière rond	229
Artillerie	457
Artimon (mât d')	364
Artimon de cape	366
Ascenseur	253
Aspirateur	347
Asservissement	153
Assiette	10
Atelier des mécaniciens	238
Atelier des torpilles	267
Aurique (voile)	364
Aussière	111
Aussières métalliques	112
Avaler	26
Avant	1
Avant-cale	417, 440
Avertisseur de voie d'eau	437
Awning deck	544
Axiomètre	160, 162

B

Babord	2
Baille à drisse	399
Bajoyer	489

Balancement	34, 524
Balancine	182, 185, 392, 394
Baleinière	170
Baleston	367
Banc creux	241, 295
Banc de cuisine	299
Banc de quart	328
Bande de ris	396
Banquette	487
Barbette (tourelle en)	458
Barbotin	48
Barbotin multiplicateur	64
Baril de galère	316
Barrage	254, 374
Barre à capeler	381
Barre à chariot	146
Barre articulée	139
Barre à parallélogramme articulé	135
Barre à tire-veilles	138
Barre de cabestan	56, 60
Barre de combat	142
Barre de gouvernail	133
Barre de perroquet	376
Barre de perrot	289
Barre de théorie	184, 199
Barre franche	142
Barre profilée	47
Barre sèche	302
Barre traversière	388, 374
Barrot	14, 215
Barrotin à talon	217
Base d'engrènement	48
Basse carène	381
Basse voile	364
Bassin de hublot	447
Bassin de radoub	486
Bastingages	16, 423, 284, 287
Batayolle	214
Bateau-porte	488
Bâton de clin-foc	377
Batterie (pont de)	16
Batterie flottante	481
Bau	14
Bauquière	196, 207
Beaupré	237, 363
Bec à corbin	610
Bec d'ancre	4
Benne	245
Béquille	450
Berceau de lancement	416, 417, 432
Ber d'échouage	511
Berthon (canot)	170, 182
Bigue	530
Billot	226
Bisquine	371
Bitord	609, 515
Bitte	1, 32
Bitte de remorque	108
Bitton	103
Blin	308
Blindage (plaques de)	287
Blindages (tracé des)	536
Blockhaus	507, 340
Boire le mou	403
Bois droit	42
Bois courbant	42
Bois tors (montage en)	553, 519
Boîte à pivot	465
Bonhomme	450
Bonnette	364, 397
Bordage	13
Bordages croisés (charpente à)	242
Bordé	7, 13, 210
Bordé à clin épaulé	313
Bordé à double clin	312
Bordé à francs-bords	310
Bordé à simple clin	311
Bordé de diminution	211
Bordé de point	210
Bordé moyen	9
Borgne (trou)	66
Bosse	3, 35, 42
Bosse cassante	460
Bosse de bout	73
Bossoir (ancre de)	12
Bossoir de capon	73
Bossoir d'embarcation	183
Bossoir de traversière	74
Bouchain	171
Bouchon de trou d'homme	431
Boucle	35
Bouée de sauvetage	343
Bouge	14
Bouges (bois à deux)	42
Bouilleur	237
Boulangerie	300
Bouline	394
Boulon de manille	15
Bouquet	395
Bourcet (voile à)	367
Bout de chaîne	15
Bout-dehors	364
Bout-dehors de bonnette	379
Bout-dehors de grand foc	377
Bouteille	225, 274, 293
Bouterolle	76, 605
Bouveté (bordage)	367
Box-backing	291
Bracket-system	264
Braguet	197, 377, 389

INDEX ALPHABÉTIQUE.

Braie....................	473
Branle...................	284
Bras................. 198,	393
Bras barré...............	393
Bras d'ancre.............	4
Brasseyage...............	393
Brick....................	371
Brick-goëlette...........	371
Bridolle.................	618
Brigantine...............	366
Bringueballe.............	67
Brion................ 223,	418
Briques (arrangement en).	318
Briquette................	232
Brochetage...............	562
Bronze à haute résistance	52
Bureau de détail.........	291
Butoir de gouvernail.....	140

C

Câble-chaîne.............	19
Cabestan.............. 55,	58
Cabestan de touage.......	105
Cabillot.................	399
Cacatois.................	364
Cadène de hauban.........	385
Cadre....................	496
Cage d'hélice............	232
Caillebotis..............	428
Caisse...................	376
Calcul de coupe..........	400
Cale.....................	17
Cale (plate-forme de)....	15
Cale à eau........... 214,	320
Cale à vin...............	316
Cale couverte............	554
Cale de construction.....	548
Cale de halage...........	506
Cale de renfort..........	156
Caler....................	389
Calfatage............. 64,	608
Calibre des chaînes......	14
Calibre des rivets.......	75
Calíorne.................	73
Cambuse.............. 313,	319
Canal de Suez (tirant d'eau du)	581
Canon de débarquement....	265
Canot à rames............	170
Canot à vapeur...........	168
Canot Berthon........ 170,	182
Cap de mouton............	383
Capelage.................	375
Capitonnage (rivets de)..	322
Caponner.................	73

Capot....................	430
Capucine (courbe de).....	239
Carène...................	2
Cargue.............. 268, 395,	396
Carlingage........... 266,	899
Carlingue....... 12, 13, 203,	247
Carlingue centrale.......	268
Carnet de rivetage.......	583
Carré des officiers.. 274,	381
Carrée (voile)...........	364
Cartouche................	241
Casier à sacs............	288
Casier pour boîtes à plat	290
Casier pour gris de chauffe	289
Ceinture de pont..... 196,	207
Cellulose................	517
Centre de carène.........	8
Centre de voilure........	363
Cercle à talons..........	62
Cercle de trélingage.....	384
Chaîne (rivetage en).....	88
Chaîne de mouillage......	13
Chaîne de sauvegarde.....	123
Chaîne pour appareils de levage	95
Chaise de cuirasse.......	288
Chaloupe.................	169
Chambre de combat........	327
Chambre d'embarcation....	176
Chambre des cartes.......	330
Chambre de veille........	331
Chandelier...............	423
Chandelle................	450
Chantier d'embarcations..	198
Chapeau (gréement).......	396
Chapeau de beaupré.......	239
Chapeau de cabestan......	56
Chariot de drosse........	147
Chariot d'embarcation....	199
Charnier............. 318,	324
Chasse (appareil de).....	296
Chasse (tir en)..........	456
Chasse-marée.............	371
Château d'eau de mer.....	224
Château d'eau douce......	323
Chaumard.................	104
Chaumard à rouet.........	105
Chemin de fer......... 2,	37
Cheminée.................	375
Chêne....................	38
Cheville.................	58
Cheville ouvrière........	464
Choc.....................	56
Chouquet........ 388, 364,	375
Chute....................	394
Cigale...................	4

INDEX ALPHABÉTIQUE.

Cinq-mâts-barque................ 369
Cintrage....................... 566
Circulaire..................... 464
Citerne à pétrole.............. 237
Citerne d'alimentation......... 237
Claire-voie.................... 430
Clef................ 56, 375, 449, 497
Clin (joints à)............. 67, 311
Clin-foc....................... 369
Cloche......................... 55
Cloche suspendue............... 62
Cloison de choc........... 351, 369
Cloison double................. 383
Clou........................... 61
Clou à doublage................ 345
Coaltar........................ 241
Coaltarage des chaînes......... 22
Coefficient de carène.......... 552
Coefficient de compensation.... 116
Coefficient de finesse......... 553
Coefficient de fraisure........ 72
Coefficient de marée........... 412
Coefficient de résistance (blindages).. 513
Coefficient d'impulsion.... 416, 442
Coefficient d'utilisation...... 554
Cofferdam................. 251, 372
Coffre à pavillons............. 335
Collecteur d'assèchement....... 213
Collecteur d'eau de mer........ 249
Collecteur d'eau douce......... 323
Collecteur d'épuisement........ 203
Collecteur d'incendie.......... 224
Collet...................... 4, 15
Colombier...................... 434
Commandements de barre......... 162
Compas.............. 47, 328, 331
Compensé (gouvernail)...... 355, 116
Composite (construction)....... 363
Cône de charge................. 266
Conjugaison (rivetage de)...... 86
Consommation par cheval-heure.. 555
Contre-arc..................... 10
Contre-différence.............. 10
Contre-étrave.................. 223
Contre-quille.................. 202
Coqueron....................... 327
Corne.......................... 364
Corneau........................ 294
Cornière....................... 48
Cornière de tablette........... 294
Cornière droite................ 245
Cornière renversée............. 246
Corn-pith...................... 518
Corps de hamac................. 284
Corps-mort................ 552, 101

Cosse.......................... 36
Cotre.......................... 371
Couëtte.............. 417, 432, 433
Coulisse....................... 417
Coulisseau..................... 424
Coupe (triangle de)............ 400
Coupe au maître................ 194
Couple..................... 12, 198
Couple (nage à)................ 181
Couple de levée................ 588
Couple de remplissage.......... 201
Couple de tracé................ 22
Couple double.................. 262
Courbant (bois)................ 42
Courbe......................... 42
Courbe de capucine............. 239
Courbe d'étambot............... 228
Courbe de pont........... 196, 215
Couronne à empreintes........ 2, 48
Coursive.................. 290, 373
Coussin d'étambrai............. 235
Couvre-joint............... 48, 67
Couvre-joint renforcé.......... 99
Crépine........................ 416
Creux sur fond de carène....... 14
Crinoline (support à).......... 465
Croc de capon.............. 24, 73
Croc de hamac.................. 284
Croc de remorque............... 106
Croc de traversière............ 73
Croisée........................ 4
Croisette...................... 389
Crosse......................... 357
Cueillir....................... 561
Cuisine........................ 298
Culasse........................ 4
Cul-de-porc.................... 36
Culotte de cheminée............ 401
Cunette........................ 487
Cylindrique (couple)........... 229

D

Dalot.............. 424, 32, 213, 217
Dalot de mer................... 218
Dame de nage................... 180
Dame-jeanne.................... 318
Davier......................... 181
Dé............................. 57
Débanquer...................... 179
Décapage des tôles............. 522
Défense........................ 421
Dégraissement (courbe de)...... 225
Déjaler........................ 5
Densité de l'eau de mer........ 3
Densité des bois............... 40

INDEX ALPHABÉTIQUE.

Densité des métaux	52, 54	Échelle de coupée	306
Déplacement	3	Échelle de panneau	427
Depositing dock	506	Échelle de tirant d'eau	477
Dépôt de matières	557	Échelons (drain en)	208
Dépôt de munitions	256	Écoute	394
Depth of hold	544	Écoutille	14, 233
Depth moulded	543	Écubier	1, 23
Dérapage	67	Écubier de pont	43
Dérive (plan de)	12	Écubier de poupe	104
Derrick	534	Éjecteur	227
Désengreneur	52	Élingue	120
Dessous-quille	9	Élongis	234, 388, 374
Dessus-quille	7	Embosser	13
Devis d'armement	558	Embouti	286, 579
Devis d'échantillons	194	Embraquer	74
Devis de tracé	28, 535	Émerillon	18
Dévoyé (couple)	223	Empature	57
Diagonal (arrangement)	318	Emplanture	238
Diagramme de membrure	273	Empointure	396
Diagramme polaire	551	Empreintes (tôle à)	49
Diamant	4	Encolure de varangue	221
Diamétral (plan)	1	Encorbellement	461
Différence	10	Enfléchure	385
Différence d'axe	31	Entremise	219, 233
Disponible	555	Entrepont	2
Distance franchissable	555	Entrepont (hauteur d')	14, 307
Distillatoires (appareils)	237	Envergure	4
Distillée (distribution d'eau)	324	Envergure (coupe d')	401
Dock	501	Envergure (filière d')	394
Dôme	430	Épatement (angle d')	382
Doris	170	Épaule	562
Dormant	384	Épaulement	277, 579
Dossier	239	Éperon	5
Doublage	242, 344, 610	Épite	60
Double fond	14, 249	Épontille	174, 235, 308
Double hunier	397	Épontille à vérin	61
Draille	364	Équerrage	267
Drain (grand)	203	Équerrage (planchette d')	543
Drain supplémentaire	209	Escarbilles	235
Drisse	335, 390, 394	Espacement des couples	266
Droit fil	401	Espar	364
Drome	172, 473	Espèce	42
Drosse auxiliaire	160	Estain	228
Drosse de gouvernail	144	Estrope	180
Drosse de vergue	378	Établissement d'un port	410
Dunette	16	Étagère à filin	325
		Étai	387, 387
E		Étai (voile d')	366
Èbe	406	Étai de chaîne	14
Écaille de laminage	521	Étale	405
Écart	56, 68	Étalingure	19
Écartement relatif	85	Étalingure mobile	19, 46
Écarver	56	Étambot	5, 12, 232, 354
Échantillon	17	Étambrai	237
Échantillons (devis d')	194	Étanche	64

Étrangloir	2, 43, 398	Fraisure	65
Étrave	5, 12, 223, 350	Fraisure (coefficient de)	72
Étuvage	562	Fraisure renforcée	70
Exfoliation	526	Franc-bord (hauteur de)	295
Exposant de charge	4, 559	Franc-bord (joint à)	67
Extrémité de chaîne	18	Franc-bord (règles de)	541
		Frappeur	604
		Frein de gouvernail	140
		Fune	309
		Fût-pivot	466

F

G

Fanal de poste	306	Gabariage (plan de)	12
Fanal-phare	334	Gabarit	531
Fargue	179	Gabarit de pente	582
Fausse-mèche	134	Gaillards (pont des)	15
Fausse-quille	8, 203	Gaine	401
Faux-barrot	234	Galbord	13, 210, 259
Faux-couple	23	Galerie	276
Faux-foc	369	Galhauban	385
Faux grands bras	393	Galhauban étranglé	386
Faux-pont	15	Galiote (charpente)	429
Fémelot	355, 119	Galiote (gréement)	372
Fermeture d'écubier	29	Galoche	104
Fer taillant	608	Gambe de revers	384
Fer travaillant	609	Garant	73
Feux de route	332	Garcette	57, 394
Feux de signaux	336	Garde-corps	423
Filet pare-torpilles	267	Gatte	32
Filière d'envergure	394	Gaule	366
Filière de tente	309	Genou	198
Filtre	321	Glacis	501
Flèche	239	Goëlette	371
Flèche (mât de)	391, 366	Goëlette (voile)	364
Flèche-en-cul	366	Goret	526
Flèche sur couture	402	Goujon	59, 201
Flexion (module de)	45	Gournable	58, 61
Flot	405	Gouttière (fourrure de)	196, 207, 305
Flottaison (plan de)	1	Gouttière (virure de)	217, 305
Flottaison droite	4	Gouvernail	116
Flottaison en charge	4	Gouvernail (gréement)	392
Flush-deck	543	Grand canot	169
Flux	405	Grand mât	363
Foc	366, 369	Grappin	11
Foc-ballon	371	Gréement fixe	381
Fonçure de hamac	284	Grelin	111
Fondation (boulons de)	399	Grelin-chaîne	19
Fond de carène	7	Griffe	113
Force impulsive	415	Gril de carénage	510
Forcement des coutures	403	Grillée (cheville)	60
Forge de bord	238	Grue	530
Forme de radoub	486	Grue de capon	81
Formes (plan des)	22	Guérite	375
Fortune (voile de)	371	Guérite de soute	248
Four	300		
Four à rivets	603		
Fourcat	228		
Fourrure de gouttière	196, 207, 305		

INDEX ALPHABÉTIQUE.

Gui..................................... 366
Guibre................................. 239
Guindant......................... 92, 376
Guindeau......................... 58, 66
Guinderesse......................... 389
Guipon................................. 241
Guirlande............................. 226

H

Hâle..................................... 59
Hale-bas............................... 398
Halle de travail.................... 556
Hamac................................. 284
Hanet.................................. 287
Harpon................................ 449
Hauban........................ 387, 382
Hauteur de marée................. 406
Hauteur d'entrepont.............. 307
Herminette.......................... 561
Herpe.................................. 239
Heurtoir............................... 40
Hiloire........................... 181, 233
Hiloire (virure d')................. 305
Hôpital................................ 301
Hors bordé (surface)............. 17
Hors membres (surface)........ 17
Houari (voile à).................... 367
Hourdy (barre d')................. 228
Hublot............................ 17, 445
Hune............................ 388, 375
Hunier................................ 364

I

Indicateur d'ouverture........... 242
Indice de résistance longitudinale... 188
Isocarènes (flottaisons).......... 3
Itague de palan.................... 94
Itague de sabord.................. 451

J

Jalousie............................... 453
Jambette de poulaine............ 240
Jambon............................... 67
Jardin.................................. 412
Jas...................................... 4
Jauge (tonneau de)............... 537
Jaugeage............................. 537
Jaumière....................... 355, 127
Joggling.............................. 67
Jottereau................ 239, 388, 374
Jumelle............................... 388

Jumelle de frottement........... 374
Jusant................................. 406

K

Kiosque de majorité.............. 331

L

Lacet (mouvement de)........... 179
Laize............................. 284, 400
Lance (essai à la)................. 600
Lancement.................... 548, 415
Languette............................ 417
Lardé (paillet)...................... 515
Lardon................................ 282
Largeur au fort.................... 6
Latine (voile)....................... 367
Latte de membrure............... 206
Latte de pont....................... 220
Latte de tracé................ 33, 523
Lavabo................................ 292
Liège (flottaison).................. 4
Levage (appareils de)............ 530
Levée des couples................ 588
Level (appareil)................... 182
Levier à griffe...................... 577
Levier à secteur................... 576
Levier d'abatage................... 457
Levier de rotation........... 90, 198
Lèvre.................................. 23
Lézard................................ 294
Ligne d'eau......................... 22
Ligne d'eau zéro............ 7, 9, 22
Ligne de mouillage............... 2
Ligne droite........................ 14
Lincrusta...................... 445, 278
Linguet............................... 62
Linguet à échappement......... 449
Linoleum............................. 442
Lisse..................... 13, 246, 267
Lisse à double courbure........ 22
Lisse d'appui....................... 214
Lisse plane......................... 22
Liston................................ 15
Lit de beaupré..................... 239
Liure.................................. 241
Livarde (voile à).................. 367
Livet.................................. 14
Lloyd's register................... 81
Longitudinal (plan).............. 1
Longitudinale (section)......... 22
Longueur entre perpendiculaires... 6
Lougre................................ 371
Loup.................................. 529

INDEX ALPHABÉTIQUE.

M

Mâchoire (corne à)................	379
Magasin de la machine...........	238
Magasin général...................	326
Maille...........................	12
Maille (petite)...................	198
Maille à renfort..................	16
Maille sans étai..................	16
Maillet de calfat.................	608
Mailletage.......................	241
Maillon..........................	15
Maitre (coupe au)................	194
Maitre chargé....................	272
Maitre couple....................	11, 12
Majeure (voile)..................	381
Manche à escarbilles.............	235
Manche à saletés.................	235
Manche à vent....................	346
Manœuvre des soupapes du drain...	210
Mangeaille.......................	529
Manille..........................	15
Manipulateur du gouvernail.......	160
Manipulation (griffe de)..........	114
Mantelet de sabord...............	449
Marbre...........................	144
Marée............................	405
Margouillet (charpente)..........	198
Margouillet (gréement)...........	386
Marionnette......................	94
Marocain.........................	335
Marsouin................... 221,	226
Martingale.......................	388
Mascaret.........................	411
Masque (artillerie)..............	460
Masque (lancement)..............	459
Mastic de fontainier.............	608
Mât........... 237, 387, 363,	373
Mât d'artimon....................	364
Mât de beaupré............. 237,	363
Mât de flèche............... 391,	366
Mât de hune......................	364
Mât de misaine...................	363
Mât de pavillon..................	335
Mât de perroquet.................	364
Mât militaire....................	391
Matage...................... 68,	607
Matelas..................... 287,	341
Matoir...................... 68,	607
Maugère..........................	451
Mèche............................	388
Mèche de cabestan................	55
Mèche de gouvernail..... 229, 355,	116
Membrure........................	12
Mètres (courbe des)..............	544

Meuble à cartes..................	330
Minot............................	395
Mitre............................	373
Modèle...........................	531
Module de flexion................	45
Monitor..................... 582,	637
Montant de tente.................	308
Monte-charges....................	245
Morte eau........................	406
Mou....................... 144,	403
Mouchoir.........................	249
Mouiller.........................	3
Mouilleur........................	73
Moule............................	179
Moustache........................	388
Munitions (logement des).........	243
Müntz (métal)....................	344

N

Nable............................	182
Nage (dame de)..................	180
Nervée (tôle)....................	49
Nœud.............................	46
Nœud de bosse....................	463
Noix.............................	376
Nombre indicateur................	190
Noria....................... 253,	264
Noyage des soutes................	220

O

Obturateur de hublot.............	417
Œil..............................	4
Œuvres légères...................	296
Œuvres mortes....................	2
Œuvres vives.....................	2
Ondulée (tôle)...................	4
Oreille........................ 4,	15
Oreiller.........................	226
Organeau.........................	4
Orin.............................	46
Orme.............................	39
Ouverture........................	28
Ouverture (planche d')...........	589

P

Paille de bitte..................	33
Paillet..................... 519,	515
Palan de garde...................	394
Palan de roulis..................	393
Palanquin........................	396
Panneau.................... 14,	233
Panneau de tracé.................	573

INDEX ALPHABÉTIQUE.

Pantoire	201	Pointe	212, 331
Paraclose	439	Pointe (éclairage en)	334
Parc à munitions	251	Pointe (nage en)	181
Pare-éclats	252	Pompe à 4 pistons	229
Passage de chaîne	43	Pompe de cale	216, 228
Passavant	17, 423	Pompe Letestu	229
Passerelle de navigation	328	Pompe Thirion	229
Pataras	609	Pont	2
Patte d'ancre	4	Pont cuirassé	16, 247
Patte d'embarcation	177	Pont de batterie	16
Pavois	16, 423	Pont de tonnage	538
Peintures	443. 444, 524, 525, 527	Pont principal	15
Peneau (faire)	73	Pont supérieur	16
Percolateur	299	Ponton-mâture	618, 530
Perpendiculaire	5	Porque	196, 221, 265
Perpignage (lisse de)	546	Port en lourd	537
Perpignage (règle de)	542	Porte à tourniquets	433
Perroquet	364	Porte Conord	434
Perroquet de fougue	369	Porte d'emménagements	440
Perruche	369	Porte-hauban	385
Petit drain	213	Porte-manteau	183
Pétrin	300	Porte-voix	337
Pétrole (citerne à)	237	Poste central répétiteur d'ordres.	160, 341
Phare	387, 363	Poste d'équipage	284
Phare abaissé	369	Poste des aspirants	274, 281
Phare carré	364	Poste des blessés	303
Phare goëlette	366	Pot de presse	467
Pharmacie	301	Poulaine	239, 295
Pible (mât à)	387, 364	Poulaine (barrot de)	241
Pic (drisse de)	394	Poulie coupée	94
Pic (virer à)	67	Poulie de bas-cul	395
Pièce à vin	316	Poupe	2
Pièce de tour	563	Poupée	58
Pied-de-biche	40	Pourriture humide	518
Pin	39	Pourriture sèche	518
Piqûre	521	Pourvoyeur	311
Pistolet	183, 187	Préceinte	14, 210
Placage (tôle de)	8, 313	Presse-étoupes	402, 128
Planage	565	Prise (angle de)	4
Planche d'ouverture	589	Prise d'eau	414
Planchette d'équerrage	543	Prisonnier	65, 77
Plan de pose	400, 462	Profil	535
Plane à doublage	611	Profondeur de carène	9
Plaque à cintrer	572	Projecteur	394, 268
Plat	290	Protégé (croiseur)	483
Plat-bord	17, 214	Proue	2
Plate	170	Puisard	206
Plateau	245	Puits aux chaînes	1, 45
Plateforme	466	Pulsomètre	227
Plateforme de cale	15		
Platelage	74, 287		
Platin	510		
Plomb à bec	33		
Poinçonnage des gournables	60		
Point	394		

Q

Quart (aire de vent)	333
Quart (futaille)	316
Quart (banc de)	328

INDEX ALPHABÉTIQUE.

Quart de nonante...............	527
Quatre-mâts barque.............	369
Quête.........................	358
Quille................ 7, 12, 202,	256
Quille (fausse).............. 8,	203
Quille (ligne de)...............	9
Quille (tableau de).............	10
Quille d'échouage..............	418
Quille de roulis................	419
Quinconce (rivetage en).........	88
Quinquet......................	306

R

Raban................... 61,	284
Râblure................... 7,	202
Racage........................	378
Radier........................	487
Radoub (bassin de).............	486
Ralingue............ 309, 403,	462
Rambarde.....................	425
Rapporteur...................	584
Ras...................... 473,	513
Râtelier......................	399
Ratière.......................	336
Rayon d'action................	555
Rayon d'engrènement...........	49
Rayon d'enroulement...........	49
Réa..........................	73
Recouvrement.................	84
Recouvrement (tôle de)...... 9,	313
Recuit........................	581
Réduit.................. 254,	460
Reflux........................	406
Réfrigérant...................	321
Refroidissement des soutes.....	240
Registre de confection.........	403
Règlement de mâture...........	380
Relevage......................	67
Remplissage des fonds.........	204
Renflouage...................	517
Résistance relative............	92
Retraite (tir en)..............	456
Ride..........................	383
Rideau de carène..............	310
Ridoir........................	36
Ris..................... 391,	396
Ris mécanique.................	397
Rivet.........................	65
Rivets (calibre des)...........	75
Rivets (mise en place des).....	600
Rivure........................	59
Romaillet.....................	610
Rouanne......................	585
Roue à bras...................	163
Rouelle.......................	59
Rouet (chaumard à)............	105
Rouille.......................	520
Rouleau.................... 2,	53
Roulis........................	171
Rousture à la portugaise.......	531
Roustures (lancement sur).....	436
Rumb.........................	333

S

Sablière................. 434,	487
Sabord.............. 17, 233,	449
Sabord de chargement..........	453
Sabord de coupée..............	455
Safran.................. 355,	116
Saisine.................. 73,	449
Salle à tracer.................	521
Salle de visite................	301
Sas...........................	357
Saucier.......................	62
Savate........................	417
Scaphandre...................	516
Schooner.....................	370
Seau à escarbilles.............	235
Séchoir.......................	304
Sections d'artillerie...........	341
Sellette.......................	463
Sémaphore.............. 394,	335
Serre.........................	269
Serre-bosse...................	73
Serrer........................	395
Servo-moteur.................	153
Servo-moteur auxiliaire.......	161
Seuillet de sabord....... 209,	233
Signal........................	42
Signaux (feux de).............	336
Slip..........................	506
Sommier de sabord....... 209,	233
Sommier d'étambot............	232
Souffle.......................	474
Souille.......................	518
Soupape de drain..............	205
Sous-barbe.............. 241,	387
Sous-bauquière.......... 196,	207
Sous-sellette..................	463
Soute à charbon...............	232
Soute à vivres.................	314
Soute à voiles.................	325
Soute de maître...............	326
Soute volante.................	249
Spardeck................. 17,	543
Spinnaker....................	371
Stoppeur.....................	109
Striée (tôle)..................	49
Stringer......................	484

INDEX ALPHABÉTIQUE.

Subérine	442
Suçon	514
Superstructure	2
Support d'ancre	76
Support de canon	464
Surbau	234, 498
Surcharge (flottaison en)	4
Surjalée (ancre)	81
Surpattée (ancre)	81
Suspente	378

T

Table	297
Tableau d'arrière	229
Tableau de quille	10
Tablette de cuirasse	288
Tablette de pont	226, 230
Tablier	374
Taille-mer	224
Talon de couple	196
Talon d'étambot	232
Tambour	411
Tambour de drosse	144, 149
Tamisaille	146
Tangon	201
Tape-cul	372
Tape de combat	494
Tape de sûreté	446
Taquet	215, 249
Taquet de tournage	197
Taraudage	66
Taret	241
Tas	65
Taud	308
Taximètre	332
Teak	39
Teintes conventionnelles	231
Téléphone haut parleur	337
Tendeur de drosse	150
Tente	308
Tente-taud	309
Tête de loup	300
Teugue	16
Tiercon	316
Tiers (voile au)	367
Timonerie	335
Tin	548
Tin à sable	453
Tin sec	452
Tir accéléré	252
Tir méthodique	252
Tirage activé	354
Tirage forcé	357
Tirage naturel	354

Tirant d'eau	9
Tirant d'eau (échelle de)	477
Tire-bord	445
Tire-fond	618
Tôle	7, 47
Tolet	180
Ton	364
Tonnage brut	537, 539
Tonnage légal	537, 540
Tonneau de jauge	537
Tonture	14
Toron	111
Torpille automatique mécanique	267
Torpille automobile	265
Tour de bitte	3
Tourelle	457
Touret	115
Tourillon de bitte	32
Tournevire	57
Traçage	583
Tracé (couple de)	22
Tracé (devis de)	28
Traînant	223
Traîneau	465
Trait de Jupiter (écart à)	56
Tranche	376
Tranche cellulaire	251, 372
Transmetteur d'ordres	337
Transversal	5
Traverser	73
Traversière (barre)	388, 374
Traversière (bossoir de)	74
Traversin	217, 375
Trempe	580
Trépied oscillant	531
Treuil d'embarcations	194
Trévirer	84
Triangulaire (voile)	364
Tribord	2
Trinque	438
Trinquette	369
Tripode (mât)	391
Triquage	564
Trois-mâts barque	369
Trompe	347
Trou d'élingage	120
Trou d'homme	431
Trou du chat	375
Tube d'arbre porte-hélice	231, 402
Tube de jaumière	127
Tube lance-torpilles	479
Tube protecteur des transmissions d'ordres	511
Turbine de circulation	208
Turnabout	117

Typha........................... 519

U

Unité de hauteur................ 410
Urinoir......................... 295
Ustensiles de plat........... 290, 319
Utilisation (coefficient d')..... 554

V

Vaigrage................ 14, 208, 338
Vaigre bretonne............. 209, 255
Vaigre d'empature............... 208
Varangue.................... 198, 245
Varangue (fausse)............... 198
Varangue d'emplanture........... 238
Varangue de remplissage......... 205
Vase clos (tirage en)........... 357
Veille (ancre de)............... 12
Velture......................... 377
Ventilateur..................... 349
Ventrière.................. 417, 498
Verge........................... 3
Vergue..................... 364, 378
Vergue barrée................... 378
Vergue de bonnette.............. 397
Vergue de brasseyage............ 393
Vergue sèche.................... 378
Veritas (bureau)................ 81

Vertical........................ 24
Vibord (préceinte de)........... 211
Violon.......................... 377
Virole.......................... 59
Virure.......................... 13
Virure d'entre-sabords...... 210, 212
Vis à bois...................... 63
Vive eau........................ 406
Vivres de campagne.............. 313
Volet........................... 191
Voûte........................... 228
Voûte (arrière en).............. 583

W

Water-ballast......... 73, 369, 223

X

Xylolithe....................... 442

Y

Yawl............................ 372
Youyou.......................... 170

Z

Zéro des marées................. 413
Zostère......................... 519

LISTE DES NAVIRES CITÉS

Les chiffres en caractères gras indiquent les pages du second volume.

A

Aboukir.......................... 613
Abrek............................ 626
Achéron.......... 590. (Fig. 345, 1103.)
Adder............................ 642
Admiral Boutakoff................ 623
Admiral Chichagoff............... 621
Admiral Greig.................... 621
Admiral Korniloff................ 624
Admiral Lazareff................. 621
Admiral Nakhimoff................ 623
Admiral Oushakoff................ 623
Admiral Seniavin................. 623
Admiral Spiridoff................ 621
Ægir........................ 628, 629
Æolus............................ 615
Affondatore...................... 633
Agamemnon........................ 609
Agile............................ 602
Agordat.......................... 636
Ajax........................ 609, 611
Akashi........................... 644
Alabama..................... 638, 639
Alacrity......................... 618
Alarm.................. 618, 619, 626
Alarme........................... 602
Albany...................... 640, 641
Albatross........................ 619
Albemarle........................ 611
Albion........................... 611
Alcyon........................... 606
Alexandra........................ 609
Alexandrine...................... 630
Alger....................... 593, 594
Algérien......................... 604
Allier........................... 585
Almaz............................ 624
Alose............................ 604
Alouette......................... 606
Amazone..................... 630, 631
Amiral Aube...................... 591
Amiral Baudin....... 586 (Fig. 252, 260)
Amiral Charner........... 591. (Fig. 521.)
Amiral Duperré.. 46, 265, 266, 582, 584,
             586. (Fig. 261, 509, 1099.)
Amiral Tréhouart........... 589, 590
Ammiraglio di St-Bon........ 633, 634
Amphion..................... 615, 616
Amphitrite (amér.).......... 637, 638
Amphitrite (angl.)............... 615
Ancona........................... 633
Andrea Doria................ 633, 634
Andromache....................... 615
Andromeda........................ 615
Anguille......................... 604
Annam............................ 650
Annamite......................... 365
Anson............................ 610
Antelope......................... 618
Antrim........................... 613
Apollo................ 615, 616, 617
Aquilon.......................... 603
Aquitaine........................ 648
Arab............................. 619
Arabia........................... 651
Arbalète......................... 598
Arc.............................. 598
Arcadia.......................... 651
Archer (angl.).............. 618, 619
Archer (fr.)..................... 602
Arcona........................... 630
Ardent........................... 606
Arethusa (angl.)................. 615
Aretusa (ital.).................. 636
Argonaut (angl.)................. 615
Argonaute (fr.).................. 603
Argus............................ 607
Argyll........................... 613
Ariadne (angl.).................. 615
Ariadne (all.)................... 630
Arkansas......................... 638
Armand Béhic..................... 650
Arquebuse........................ 598
Arrogant.................... 615, 617
Asahi....................... 277, 643

LISTE DES NAVIRES CITÉS.

Asama............................ 643
Askold....................... 624, 625
Aspic........................ 585, 606
Assaye....................... 650, 651
Astrœa....................... 615, 617
Atlanta...................... 640, 641
Atlantique....................... 650
Aube............................. 608
Audacieux........................ 603
Aurora (angl.)............... 613, 614
Aurora (russe)................... 624
Australia (angl.)................ 613
Australia (paq.)................. 651
Australien....................... 650
Avalanche........................ 607
Avant-Garde...................... 602
Aventurier....................... 602
Averne........................... 603
Azuma............................ 644

B

Bacchante........................ 613
Baden............................ 628
Baïonnette....................... 607
Baliste.......................... 598
Ballaarat........................ 651
Balny............................ 602
Baltimore.................... 640, 641
Barfleur..................... 611, 612
Barham........................... 614
Barracouta....................... 614
Barrosa...................... 614, 616
Basilisk......................... 628
Bayan........................ 623, 624
Bayard.............. 244, 418, 584
Bayern........................... 628
Bayonnais........................ 608
Bedford.......................... 613
Bélier........................... 598
Bellerophon...................... 609
Bellona...................... 614, 616
Benbow........................... 610
Benedetto Brin............... 633, 634
Bengal........................... 651
Bengali.......................... 606
Bennington....................... 640
Beowulf............. 508, 628, 629
Berthe-de-Villers................ 607
Berwick.......................... 613
Biene............................ 628
Bien-Hoa......................... 585
Blake........................ 615, 617
Blanche.......................... 614
Blenheim..................... 615, 617

Blitz........................ 631, 632
Blonde........................... 614
Bobillot......................... 607
Bogatyr...................... 624, 625
Bombarde......................... 598
Bombe......... 189, 193, 598, 599, 619
Bonaventure...................... 615
Bonite........................... 604
Boomerang........................ 618
Borée............................ 603
Borodino..................... 622, 623
Boston....................... 640, 641
Bouclier......................... 607
Bougainville..................... 585
Bourrasque....................... 603
Bouvet....... 266, 586, 587. (Fig. 253.)
Bouvines... 189, 193, 589, 590. (Fig. 513. 789, 868.)
Boyarin...................... 624, 625
Brandenburg...................... 629
Brave............. 607. (Fig. 415.)
Brennus......... 189, 586, 587, 600, 622
Brésil........................... 650
Bretagne..................... 444, 648
Brilliant........................ 615
Brisk............................ 618
Britannia........................ 651
Britannic........................ 648
Brooklyn..................... 639, 640
Bruix............ 591, 592. (Fig. 1104.)
Bugeaud....... 249, 593. (Fig. 207, 258.)
Bullfinch........................ 619
Bulwark.......................... 611
Bussard.......................... 630

C

Cæsar............................ 611
Caïman............. 436, 589. (Fig. 457.)
Calabria......................... 635
Calatafimi....................... 636
Caledonia........................ 651
Calédonien....................... 650
California................... 639, 640
Calliope..................... 614, 615
Calypso.......................... 614
Camäleon......................... 628
Cambrian......................... 615
Campania......................... 648
Camperdown............. 436, 610
Canonicus........................ 637
Canopus.............. 611, 612, 643
Capitaine Cuny................... 602
Capitaine Mehl................... 602
Capitan Sacken................... 626

LISTE DES NAVIRES CITÉS.

Caprera 636
Capricorne 606
Carabine 598, 600
Carlo-Alberto 634
Carnarvon 613
Carnot 189, 193, 586, 587
Caronade 607
Carthage 651
Casabianca 189, 193, 266, 598, 599
Cassard .... 266, 593. (Fig. 1106.)
Casse-tête 607
Cassini 598, 599
Castelfidardo 633
Castor 604
Catapulte 598
Catinat ... 594, 597. (Fig. 328, 329, 357, 358, 385. 403, 410, 790. 800, 1108.)
Catskill 637
Cecille .... 189, 594, 596. 597 (Fig. 1107).
Celtic 276, 432, 648, 649
Centurion 611. 612
Cesarewitch 622, 623
Challenger 615, 617
Challier 602
Champagne 444, 648
Champion 609
Chanzy 189, 193, 266, 591
Charlemagne .... 252, 586, 588, 589. (Fig. 208, 251, 336, 368, 501, 919, 1101.)
Charles Martel .. 189. 266, 534, 586, 587, 588, 612. (Fig. 254, 263, 371, 412, 544, 549, 572, 765, 920, 1101.)
Charleston 639, 640
Charybdis 615
Chasseloup-Laubat 593
Châteaurenault .... 266, 146, 594, 596 (Fig. 821, 1107.)
Chattanooga 640, 641
Chevalier 602, 603
Chicago 640, 641
China 651
Chili 650
Chin-Yen 643
Chusan 651
Cimeterre 607
Cincinnati 640, 641, 642
Circe 618
Cleopatra 609
Cleveland 640
Clyde 651
Coatit 636
Cobra 620
Cocyte 590
Coëtlogon 189, 193, 593
Colbert .... 244, 581, 582. (Fig. 1099.)

Collingwood 610
Colorado 639
Colossus 611
Columbia 640, 642
Comet 631
Comète 606
Commonwealth 611
Comus 609
Concord 640
Condé .... 591, 592. (Fig. 1104.)
Condor (all.) 630
Condor (fr.) 598, 599, 619
Confienza 636
Conqueror 610
Cordelia 609
Cordillère 650
Cormoran 630
Cornwall 613
Cornwallis 611, 613
Coromandel 651
Corsaire 602, 603
Cosmao 189, 193, 593
Cossack 618
Couleuvrine 598
Courbet 581
Coureur 602
Crescent 615
Cressy 613, 614
Crocodil 628
Cumberland 613
Curaçoa 609
Cyclone .... 603. (Fig. 1110.)
Cyclops 609

D

Dague 598
Dandolo 633
Dard 598
Daring 619
D'Assas .... 189, 193, 266, 593. (Fig. 788.)
Dauphin 603
Davout .... 593, 595, 615. (Fig. 1106)
Décidée 606, 607
Défi 602
Dehorter 602
D'Entrecasteaux. 266, 594, 597. (Fig. 1108.)
Denver 640
Déroulède 602
Desaix 591, 593, 624
Descartes 189, 193, 266, 594, 597
Des Moines 640
Desperate 619
D'Estrées. 266, 594, 597. (Fig. 431, 435.)
Detroit 640, 641

Deutschland (all.).................. 628
Deutschland (paq.)............. 276, 648
Devastation (angl.)................. 609
Dévastation (fr.). 46, 581, 582. (Fig. 1099.)
Devonshire................. 613, 614
Diadem..................... 615, 617
Diana (angl.)...................... 615
Diana (russe)...................... 624
D'Iberville....189, 193, 598, 599, 631, 640.
(Fig. 1109.)
Dido............................. 615
Dimitri Donskoï................... 623
Dogali........................... 635
Dominion......................... 611
Donegal.......................... 613
Dorade........................... 604
Doris............................ 615
Doudart de Lagrée................. 602
Dragon........................... 602
Dragonne......................... 598
Drake............................ 613
Dreadnought...................... 609
Drôme............................ 608
Dryad.................. 618, 619, 645
Du Chayla................... 593, 595
Dugay-Trouin..................... 585
Duguesclin....................... 584
Duilio........................... 633
Duncan........................... 611
Dunois............. 247, 266, 598, 599.
(Fig. 206, 259, 1109.)
Dupetit-Thouars........ 266, 591, 592.
(Fig. 257, 369, 1104.)
Dupleix..................... 266, 591
Dupuy-de-Lôme.. 189, 193, 266, 337, 591.
(Fig. 317, 1104.)
Duquesne......................... 584
Durance.......................... 608
Durandal...... 266, 598, 600. (Fig. 1109.)
Dvianadzat-Apostoloff............. 625

E

Éclair........................... 602
Eclaireur........................ 584
Eclipse..................... 615, 617
Edgar....................... 615, 617
Edinburgh........................ 611
Edmond Fontaine.................. 602
Egypt............................ 651
Ekaterina II..................... 625
Elba............................. 635
Emanuele Filiberto............... 633
Empress of India................. 611
Encounter........................ 615

Endymion......................... 615
Epée............................. 598
Épervier......................... 598
Épieu............................ 598
Ernest Simons.................... 650
Escopette.................... 598, 600
Espadon.......................... 604
Espingole........................ 598
Essex............................ 613
Esturgeon........................ 604
Etna............................. 635
Etoile........................... 606
Etruria (ital.)............. 635, 636
Etruria (paq.)................... 648
Eure............................. 608
Euridice......................... 636
Europa........................... 615
Euryalus......................... 613
Exmouth.......................... 611
Express.......................... 619

F

Falke............................ 630
Fame............................. 619
Farfadet.................... 604, 605
Faucon............... 598. (Fig. 1109.)
Fauconneau.................. 598, 600
Fearless......................... 618
Fieramosca....................... 635
Flamberge........................ 598
Flamme........................... 590
Flèche........................... 598
Fleurus..................... 598, 599
Flibustier....................... 603
Flora............................ 615
Florida.......................... 638
Forban........................... 603
Forbin......... 593, 594, 616. (Fig. 1105.)
Formidable (angl.)... 277, 611, 613, 643
Formidable (fr.).... 189, 586. (Fig. 1101.)
Forte............................ 615
Forth....................... 615, 616
Foudre..... 189, 193, 191, 594, 596, 597.
(Fig. 1107.)
Fox.............................. 615
Framée........................... 600
Français......................... 604
Francesco Ferruccio.............. 634
Francesco Morosini............... 633
Francisque....................... 598
Freya....................... 630, 631
Friant............... 152, 593, 595.
(Fig. 344, 358, 367, 385, 539, 1106.)
Friedland.......... 580, 581, 582, 587

LISTE DES NAVIRES CITÉS.

Frithjof 628
Fronde 598
Fuji 643
Fulminant 46, 583, 610
Fulton 605
Furieux .... 583, 589, 610. (Fig. 1100.)
Furious 615
Fürst Bismarck (all.) 630
Fürst Bismarck (paq.) 648
Fusée .... 590. (Fig. 1103)
Fu-So 643

G

Gaïdamak 626
Galatea 613
Galilée. 189, 193, 266, 593, 594. (Fig. 1105.)
Galveston 640
Gascogne 648
Gaulois 266, 586
Gazelle 630
Gefion 630, 631
Geier 630
General Admiral 621
General Admiral Apraxin 623
Georgia 638, 639
Georgi Pobiedonosetz 625
Germanic 648
Gerzog Edinburski 621
Gibraltar 615
Giovanni Bausan 635
Gironde 608
Giuseppe Garibaldi 634
Gladiator 615
Glatton 609
Gleaner 618
Gloire 591
Gloire (frégate) 481
Glory 611
Gnome 604
Goëland 606
Goïto 636
Goliath 611
Good Hope 613, 614, 617, 640
Gorgon 609
Gossamer 618
Grafton 615
Grampus 642
Grasshopper 618
Great Eastern... 270, 271, 276, 484, 649
(Fig. 231.)
Greif 631, 632
Gremiastchy 625
Grenade 590
Grenadier 602

Griden 626
Gromoboï 623, 624
Grondeur 602
Grondin 604
Groziastchy 625
Gueydon 591
Guichen. 266, 192, 594, 596, 642. (Fig. 879.)
Gustave Zédé 604, 605
Gymnote 604, 605

H

Hagen 628, 629
Halcyon 618
Hallebarde 598
Hampshire 613
Hannibal 611
Hansa 630, 631
Harpon 598
Harrier 618
Hashidate 644, 645
Hatsuse 643
Havock 619
Hawke 615
Hazard 618
Hebe 618
Hecate 609
Hecla 609, 618
Heimdall 628
Hela 631
Henri IV... 266, 292, 586, 588. (Fig. 255, 1101.)
Hercules 609
Hermes 615
Hermione 615
Hero 610
Hertha 630
Highflyer 615
Hildebrand 628
Himalaya 651
Hoche .... 46, 586, 587. (Fig. 354.)
Hogue 613
Holland 642
Hood 611, 612
Hotspur 609
Howe 610
Hummel 628
Hussar 618
Hyacinth 615

I

Ibis 606
Iéna. 83, 84, 142, 266, 586, 588. (Fig. 510.)
Illinois 638

LISTE DES NAVIRES CITÉS.

Illustrious.......................... 611
Immortalité....................... 613
Imperator Alexander II........... 622
Imperator Alexander III.......... 622
Imperator Nikolaï I............... 622
Impérieuse........................ 613
Implacable........................ 611
Indefatigable..................... 615
India............................. 651
Indiana........................... 638
Indomptable...... 589, 590. (Fig. 1102.)
Indus............................. 650
Infernet.......... 594, 597. (Fig. 1108.)
Inflexible..................... 609, 611
Intrepid.......................... 615
Iowa.............................. 638
Iphigenia......................... 615
Irene......................... 630, 631
Iride............................. 636
Iris.............................. 609
Irresistible...................... 611
Isère............................. 585
Isis (angl.)...................... 615
Isis (paq.).................. 650, 651
Isly................... 593, 594, 595
Italia........................ 633, 634
Itsukushima....................... 644
Iwate............................. 643
Izumi............................. 644
Izumo............................. 643
Izumrud........................... 624

J

Jacquin........................... 607
Jagd.............................. 631
Jaseur............................ 618
Jason (amér.)..................... 637
Jason (angl.)..................... 618
Jauréguiberry. 189, 193, 259, 266, 267, 330, 586, 587. (Fig. 216, 311, 343, 355, 390, 516, 520, 525, 771, 786, 929.)
Javeline.......................... 598
Jean-Bart......... 593, 594. (Fig. 1106.)
Jeanne d'Arc. 266, 591, 592, 614. (Fig. 430, 1104.)
Jemmapes...... 189, 193, 266, 589, 590. (Fig. 1102.)
Jemtchug.......................... 624
Jouffroy.......................... 606
Jules Ferry. 277, 230, 591, 592. (Fig. 1104.)
Juno.............................. 615
Jupiter........................... 611
Jurien de la Gravière. 594, 597. (Fig. 1108.)

K

Kabyle............................ 602
Kagoul....................... 624, 625
Kaiser............................ 628
Kaiser Barbarossa................. 629
Kaiser Friedrich III.............. 629
Kaiser Karl der Grosse............ 629
Kaiser Wilhelm der Grosse (all.).. 629
Kaiser Wilhelm der Grosse (paq.).. 648
Kaiser Wilhelm II (all.).......... 629
Kaiser Wilhelm II (paq.)..... 276, 648
Kaiserin Augusta............. 630, 631
Kalgoula..................... 624, 625
Kangaroo.......................... 619
Karakatta......................... 618
Kasagi............................ 644
Kasarski.......................... 626
Katahdin..................... 618, 638
Katoomba.......................... 614
Katsuraki......................... 644
Kearsage..................... 638, 639
Kent.............................. 613
Kentucky.......................... 638
Kersaint..................... 605, 606
Khrabry........................... 625
King Alfred....................... 613
King Edward.................. 611, 613
Kléber............................ 591
Kniaz Potemkine Tavritchesky. 625, 626
Kniaz Souvaroff................... 622
König Wilhelm..................... 628
Korrigan.......................... 604
Kronprinz Wilhelm................. 648
Kurfürst Friedrich Wilhelm........ 629

L

Lahire............................ 598
Lalande........................... 593
Lancaster......................... 613
Lance............................. 598
Lancier........................... 602
Lansquenet........................ 603
Laos.............................. 650
La Plata.......................... 650
Latona............................ 615
Latouche-Tréville................. 591
Lavoisier......................... 593
Leander........................... 615
Leda.............................. 618
Léger........................ 598, 599
Lehigh............................ 637
Léon Gambetta..................... 591
Lepanto........................... 633

LISTE DES NAVIRES CITÉS. 671

Leviathan	613
Lévrier	598. (Fig. 1109.)
Lézard	606
Libellule	604
Lieutenant Ilyin	626
Liguria	635
Linois	189, 193, 593, 594. (Fig. 1105.)
Lion	606
Loiret	608
Lombardia	635
London	611
Lorraine	52, 277, 445, 648
Loutre	604
Lucania	648
Ludion	604
Lutin	604
Lynx	604

M

Magellan	608
Magenta	586, 587
Magicienne	614
Magnificent	611
Mahopac	637
Maine	638, 639
Majestic (angl.)	611, 612, 613
Majestic (paq.)	648
Manche	608
Mangini	603
Manhattan	637
Marathon	614
Marblehead	640
Marceau	189, 193, 586
Marco Polo	634
Maria Pia	633
Mars	611
Marseillaise	591. (Fig. 838.)
Maryland	639
Massachusetts	638
Masséna	189, 193, 266, 586, 587. (Fig. 270, 499, 500, 502, 543.)
Massilia	651
Matsushima	644, 645
Mecklemburg	629
Medea	614, 615, 616
Medusa (all.)	630
Medusa (angl.)	614
Méduse	604
Melampus	615
Melbourne	650
Melpomene (angl.)	614
Melpomène (fr.)	608
Mercury	609
Mersey	615
Meteor	631
Meurthe	608
Miantonomoh	637
Mikasa	643
Milan	46, 598, 599, 618. (Fig. 224.)
Mildura	614
Milwaukee	639
Minerva (angl.)	615
Minerva (ital.)	636
Minin	621
Minneapolis	640, 642
Missouri	638
Mistral	603
Mitraille	590
Miyako	645
Mocassin	642
Mohawk	618
Monadnock	637
Monarch	609
Monmouth	613, 614, 640
Montagu	611
Montauk	637
Montcalm	591
Montebello	636
Monterey	638
Montgomery	640
Monzambano	636
Morse	604, 605
Mouette	585, 606
Mousquet	598
Mousquetaire	602
Mousqueton	598
Mücke	628
Musashi	644
Mytho	585, 608

N

Nahant	637
Naïad	615
Naïade	604, 605
Naniwa	644, 645
Narcissus	613
Narval	604, 605
Natal	650
Natter	628
Navarin	622
Navarre	652
Nebraska	638
Neptune	586. (Fig. 262, 752, 1101.)
Nevada	638
Newark	640, 641
New Jersey	638
New Orléans	640, 641
New-York	639

672 LISTE DES NAVIRES CITÉS.

Nièvre..................... 585
Niger...................... 618
Niikita................ 644, 645
Nile................... 611, 612
Niobe (all.)............... 630
Niobe (angl.).............. 615
Nive....................... 608
Normandie................. 648
Novgorod.................. 621
Novik.................. 624, 625
Nymphe.................... 630

O

Ocean..................... 611
Oceana.................... 651
Oceanic... 276, 432, 444, 648. (Fig. 407.)
Océanien.................. 650
Odin...................... 628
Ohio...................... 638
Oldenburg................. 629
Oleg................... 624, 625
Olympia................ 640, 642
Onondaga.................. 582
Onyx...................... 618
Orage..................... 602
Oregon.................... 638
Orel...................... 622
Oriental.................. 651
Orion..................... 609
Orlando................... 613
Osiris.................... 651
Oslablia.................. 622
Otarie.................... 604
Otvazny................... 625
Ouragan................... 602
Oursin.................... 604
Outchakoff............ 624, 625

P

Pactolus.................. 614
Pallada................... 624
Pallas................. 614, 616
Pamyat Azova........... 623, 624
Pamyat Merkuriya.......... 621
Pandora................... 614
Parramatta................ 651
Partenope................. 636
Pascal................. 594, 597
Patrie.. .... 277, 586, 588
Pearl..................... 614
Pegasus................... 614
Pelorus................ 614, 616
Penelope.................. 609

Peninsular................ 651
Pennsylvania.............. 639
Peresviet................. 622
Perle..................... 604
Perseus................... 614
Persia................. 650, 651
Pertuisane................ 598
Peter Veliky.............. 621
Petropavlosk.............. 622
Pfeil.................. 631, 632
Phaeton................... 615
Philadelphia........... 640, 641
Philomel.................. 614
Phlégéton................. 590
Phœbe..................... 614
Phoque.................... 604
Piemonte.................. 635
Pike...................... 642
Pioneer................... 614
Pique (angl.)............. 615
Pique (fr.)............ 598, 600
Pistolet.................. 598
Plassy.................... 651
Plunger................... 642
Pobieda................... 622
Poltava................... 622
Polynésien................ 650
Polyphemus......... 615, 618, 638
Pomone.................... 614
Porpoise (amér.).......... 642
Porpoise (angl.).......... 618
Portugal.................. 650
Posadnik.................. 626
Pothuau...... 266, 444, 591. (Fig. 1104.)
Powerful............... 615, 617
Preussen.................. 628
Prince George............. 611
Prince of Wales........ 611, 613
Prinz Adalbert............ 630
Prinz Heinrich............ 630
Prinzess Wilhelm....... 630, 631
Prometheus................ 614
Proserpine................ 614
Protée.................... 604
Protet............. 266, 594, 597
Psyche.................... 614
Puglia.................... 635
Puritan................... 637
Pylades................... 614
Pyramus................... 614

Q

Queen.................. 611, 613

R

Racoon	618
Rafale	603
Rainbow	615
Raleigh	640, 641
Ramillies	611
Rance	608
Rapière	598
Rattlesnake	618, 619
Redoutable	50, 418, 581, 582, 583
Regina Elena	633, 634
Regina Margherita	633
Reina Mercedes	641
Renard	618
Renown	611, 612
République	586, 588
Repulse	611
Requin	589
Resolution	611
Retribution	615
Retwisan	622, 623
Re Umberto	633, 634
Revenge	611
Rhode Island	638
Richelieu	581
Ringarooma	614
Rodney	610
Rome	651
Rossia	623, 624
Rostislav	625, 626
Roxburgh	613
Royal Arthur	615
Royalist	614, 615
Royal Oak	611
Royal Sovereign	611, 612
Ruggiero di Lauria	633
Rupert	609
Rürik	623, 624
Russell	611
Rynda	624

S

Sabre	598
Sachsen	628
Saëtta	636
Sagaie	598
Saghalien	650
Sainte Barbe	598
Saint George	615
Saint Louis (amér.)	639
Saint Louis (fr.)	586
Saï-Yen	644
Salamander (all.)	628
Salamander (angl.)	618
Salamandre	(Fig. 414.)
Salazie	650
Salve	598
Sandfly	618
San Francisco	640, 641
San Martino	633
Sans Pareil	610
Sappho	651
Sarbacane	598
Sardegna	633, 634
Sarrazin	602
Savoie	445, 648
Schwaben	629
Schwalbe	630
Scorpion (all.)	628
Scorpion (fr.)	606
Scout	618
Scylla	615
Seagull	618
Sebastopol	622
Seeadler	630
Servia	648
Severn	615
Sfax	594, 597. (Fig. 1108.)
Shamrock	585
Shannon	651
Shark	642
Sharpshooter	618, 619
Sheldrake	618
Shihaya	645
Shikishima	643
Shitose	644, 645
Shiyoda	643
Sibylle	615
Sicilia	633
Siegfried	628
Silure	604
Simoun	603
Sinope	625
Sirène	604
Sirius	615
Siroco	603. (Fig. 1110.)
Sissoï Veliky	622
Skipjack	618
Slava	625, 626
Sobraon	651
Souffleur	604
South Dakota	639
Spanker	618
Spartan	615
Spartiate	615
Speedwell	618
Speedy	618
Sperber	630

Spider............................ 618
Sprightly......................... 619
Stromboli......................... 635
Styx.............................. 590
Suchet....................... 593, 595
Suffolk........................... 613
Suffren.......... 143, 277, 586, 588, 589.
(Fig. 878, 880, 887, 907, 1050, 1101.)
Sully............................. 591
Sultan............................ 609
Suma.............................. 644
Superb............................ 609
Surcouf........................... 593
Surprise (angl.).................. 618
Surprise (fr.).... 189, 193, 365, 606, 607.
(Fig. 360.)
Sutlej (angl.).................... 613
Sutlej (paq.)..................... 651
Svietlana......................... 624
Sydney............................ 650
Sylphe............................ 608

T

Tacoma............................ 640
Tage........... 189, 193, 594, 596, 597
Takao............................. 644
Takasago.......................... 644
Takashiho................... 644, 645
Takou............................. 600
Talbot............................ 615
Tartar............................ 618
Tatsuta..................... 645, 646
Tauranga.......................... 614
Tchesme........................... 625
Temeraire (angl.)................. 609
Téméraire (fr.)................... 602
Tempête..................... 583, 638
Terpsichore....................... 615
Terrible (angl.)............. 615, 617
Terrible (fr.).................... 589
Terror............................ 637
Teutonic.......................... 648
Texas............................. 638
Thames (angl.).................... 615
Thames (paq.)..................... 651
Theseus........................... 615
Thetis (all.)..................... 630
Thetis (angl.).................... 615
Thon.............................. 604
Thunderer......................... 609
Tokiwa............................ 643
Tonkin (paq.)..................... 650
Tonnant................. 583. (Fig. 1100)
Tonnerre.......................... 583

Tonquin........................... 585
Topeka............................ 637
Torpilleur n° 199............ 189, 193
Torpilleur n° 212.......... (Fig. 1110.)
Torpilleur n° 221. 245.(Fig. 205, 432, 433.)
Torpilleurs à embarquer....... 596, 604
Torpilleurs de haute mer.......... 601
Torpilleurs de 1re classe...... 266, 601
Torpilleurs de 2e classe....... 585, 600
Torpilleurs de 3e classe.......... 585
Torpilleurs-vedettes.............. 585
Touraine...... 189, 193, 648. (Fig. 209.)
Tourbillon........................ 602
Tourmente......................... 603
Tourville......................... 584
Trafalgar......................... 611
Tramontane........................ 603
Tria Sviatitelia............. 625, 626
Tribune........................... 615
Trident...................... 244, 584
Tripoli........................... 636
Triton............................ 604
Trombe............................ 603
Troude...................... 593, 594
Truite............................ 604
Tsukushi.......................... 644
Tsushima.................... 644, 645
Turco............................. 602
Turenne........................... 584
Typhon............................ 603

U

Umbria (ital.).................... 635
Umbria (paq.)..................... 648
Undaunted......................... 613
Urania............................ 636

V

Valetta........................... 651
Valmy............................. 589
Varese............................ 634
Vauban............................ 584
Vaucluse.......................... 608
Vautour........................... 598
Véloce............................ 602
Velox............................. 620
Venerable......................... 611
Vengeance......................... 611
Vengeur........................... 583
Venus............................. 615
Vesuvio........................... 635
Vesuvius.......................... 640
Vettor Pisani..................... 634

LISTE DES NAVIRES CITÉS.

Vice admiral Popoff.............. 621
Victor Hugo..................... 591
Victoria (angl.).................. 436
Victoria (paq.)................... 651
Victoria Luise................... 630
Victorious....................... 611
Vienne.......................... 585
Vigilante........................ 607
Ville de la Ciotat................. 650
Vindictive....................... 615
Vineta...................... 630, 631
Vinh-long....................... 585
Viper (all.)...................... 628
Viper (angl.).................... 620
Vipère.......................... 585
Virginia......................... 638
Vittorio Emanuele III............. 633
Vladimir Monomach.............. 623
Voïevoda........................ 626
Vosadnik........................ 626
Vulcan................... 191, 615, 618

W

Wallaroo........................ 614
Warspite........................ 613
Waryag..................... 624, 625
Wattignies...................... 598

Weissenburg.................... 629
Wespe.......................... 628
West Virginia................... 639
Wettin.......................... 629
Wisconsin....................... 638
Wittelsbach..................... 629
Wivern.......................... 609
Wörth........................... 629
Würtemberg..................... 628
Wyoming........................ 638

Y

Yakumo......................... 644
Yamato......................... 644
Yarra........................... 650
Yashisma....................... 643
Yatagan.................... 598, 600
Yayeyama....................... 646
Yorktown................... 640, 641
Yoshino.................... 644, 645

Z

Zélée...................... 606, 607
Zöhringen....................... 629
Zouave.......................... 602

TABLE DES MATIÈRES

DU TOME SECOND

CINQUIÈME PARTIE

INSTALLATION DES EMMÉNAGEMENTS ET DES DIVERS SERVICES DU NAVIRE

CHAPITRE PREMIER

APPARAUX DE MOUILLAGE

	Pages.
Installation générale des apparaux de mouillage	1
Ancres	3
Chaînes	13
Écubiers de mouillage	23
Bittes de mouillage	32
Chemins de fer	37
Passages de chaîne. Étrangloir	43
Puits aux chaînes. Étalingure mobile	45
Couronnes à empreintes	48
Cabestans et guindeaux	55
Apparaux de mise à poste et de mouillage des ancres	72
Installation des bossoirs	87

CHAPITRE II

APPARAUX POUR LES MANŒUVRES D'AMARRAGE ET DE REMORQUAGE

Amarrage sur corps-mort	101
Halage et embossage	103
Remorquage	106
Aussières de remorque, de halage et d'amarrage	111

CHAPITRE III

GOUVERNAIL

Safran	116
Suspension du safran	127
Commande du safran	132

	Pages.
Commande mécanique de la barre	144
Commande du moteur mécanique de la barre	159
Manœuvre à bras de la barre	163

CHAPITRE IV

EMBARCATIONS

Catégories d'embarcations	168
Construction des embarcations	176
Manœuvre des embarcations	183
Chantiers d'embarcations	198
Installations accessoires	200

CHAPITRE V

INSTALLATION DES SERVICES D'ÉPUISEMENT, D'INCENDIE ET DE LAVAGE

Épuisement des grands compartiments de la cale	203
Épuisement des petits compartiments et assèchement des fonds	213
Assèchement des étages supérieurs	217
Collecteur de distribution d'eau de mer. Noyage des soutes à munitions	219
Service d'incendie et de lavage	224
Appareils de pompage	226
Plans de tuyautage. Teintes conventionnelles	231

CHAPITRE VI

EMMÉNAGEMENTS RELATIFS AU SERVICE DE L'APPAREIL MOTEUR

Soutes à charbon	232
Enlèvement des escarbilles	235
Citernes d'alimentation. Citernes à pétrole	237
Installations diverses	238

CHAPITRE VII

EMMÉNAGEMENTS RELATIFS A LA PUISSANCE MILITAIRE

Installation des soutes à munitions	239
Service d'approvisionnement des pièces	250
Installation des monte-charges	257
Installations relatives aux petites armes et aux torpilles. Projecteurs	265

CHAPITRE VIII

EMMÉNAGEMENTS RELATIFS A L'HABITABILITÉ

Catégories de personnel	270
Logement de l'état-major	274

DU TOME SECOND.

Pages.

Logement de l'équipage	282
Salles de bains et lavabos. Bouteilles. Corneaux	291
Cuisines. Boulangerie	297
Hôpital et annexes	301
Chauffage par la vapeur. Séchoir	303
Éclairage intérieur	305
Coupées et échelles d'embarquement	306
Tentes-tauds. Rideaux de carène	308
Emménagements spéciaux aux transports	310

CHAPITRE IX

EMMÉNAGEMENTS RELATIFS A L'APPROVISIONNEMENT

Soutes à vivres. Cambuse	313
Cale à eau. Service de l'eau douce	320
Soute à voiles. Étagères à filin	324
Magasin général. Soutes de maîtres. Coquerons	326

CHAPITRE X

EMMÉNAGEMENTS RELATIFS A LA NAVIGATION

Passerelles et abris de navigation	328
Instruments de navigation et signaux	331
Appareils de transmission d'ordres	337
Bouées de sauvetage	343

CHAPITRE XI

VENTILATION

Ventilation naturelle	346
Ventilation artificielle	349
Ventilation des compartiments de machines principales	351
Ventilation des chaufferies	353
Ventilation des soutes et compartiments d'appareils auxiliaires	359

CHAPITRE XII

VOILURE ET GRÉEMENT

Division de la mâture et de la voilure	363
Construction des mâts, vergues et cornes	372
Gréement fixe	381
Manœuvres courantes	389
Tracé et confection des voiles	400

SIXIÈME PARTIE

PROCÉDÉS DE MISE A L'EAU, DE RÉPARATION ET D'ENTRETIEN DU NAVIRE. RÈGLES DE JAUGEAGE ET DE FRANC-BORD.

CHAPITRE PREMIER

RÉGIME DES MARÉES

	Pages.
Lois générales des marées	405
Perturbations géographiques de l'onde de marée	409
Prévisions de marée	412

CHAPITRE II

MISE A L'EAU

Principe du lancement	415
Berceau de lancement sur coulisse unique	417
Berceau de lancement sur double coulisse	432
Établissement de l'avant-cale	440
Pente du chemin de glissement. Coefficient d'impulsion	442
Graissage des surfaces de frottement	446
Procédés de retenue	447
Procédés de guidage	455
Appareils de poussée	457
Procédés d'arrêt	458
Opérations accessoires du lancement	474
Conduite des opérations de lancement	478
Procédés divers de lancement	482

CHAPITRE III

MISE A SEC

Bassins de radoub	486
Fermeture des bassins. Bateaux-portes	488
Échouage des navires au bassin	496
Échouage des navires sur dock	501
Cale de halage	507
Échouage des navires sur platin	510

CHAPITRE IV

PROCÉDÉS DE RÉPARATION ET D'ENTRETIEN

Réparations à flot	513
Renflouage	517

Procédés d'entretien des navires en bois... 518
Procédés d'entretien des matériaux métalliques..................... 520
Procédés d'entretien du bordé de carène........................... 525
Procédés de visite de la charpente................................. 528
Grues et appareils de levage....................................... 530

CHAPITRE V

RÈGLES DE JAUGEAGE ET DE FRANC-BORD

Jaugeage... 537
Détermination du tonnage légal..................................... 538
Règles de franc-bord... 541

SEPTIÈME PARTIE

ÉTABLISSEMENT D'UN PROJET DE NAVIRE

CHAPITRE PREMIER

ÉTABLISSEMENT D'UN AVANT-PROJET

Répartition des poids sur les navires................................ 547
Coefficients de carène et d'utilisation............................. 552
Recherche des données d'un avant-projet............................ 554
Devis détaillé des poids... 558

CHAPITRE II

DÉTERMINATION DES DIMENSIONS

Équations de poids et de stabilité................................. 565
Choix des dimensions... 567
Emploi de la similitude pour l'étude des variations des coefficients.... 568

CHAPITRE III

DÉTERMINATION DES FORMES

Tracé de la courbe des aires des couples............................ 573
Établissement du plan des formes................................... 575

HUITIÈME PARTIE

ÉTUDE DES PRINCIPAUX TYPES DE NAVIRES DES FLOTTES FRANÇAISE ET ÉTRANGÈRES.

CHAPITRE PREMIER

FLOTTE FRANÇAISE

	Pages.
Division de la flotte française.	579
Navires antérieurs à 1882.	580
Cuirassés et croiseurs à caisson blindé.	586
Croiseurs à pont cuirassé.	593
Contre-torpilleurs et torpilleurs.	598
Navires sans protection.	605

CHAPITRE II

FLOTTE ANGLAISE

Navires antérieurs à 1882.	609
Cuirassés et croiseurs à caisson blindé.	610
Croiseurs à pont cuirassé.	614
Contre-torpilleurs et torpilleurs.	618

CHAPITRE III

FLOTTE RUSSE

Navires antérieurs à 1882.	621
Flotte cuirassée de la Baltique.	622
Flotte cuirassée de la mer Noire.	625
Contre-torpilleurs et torpilleurs.	626

CHAPITRE IV

FLOTTE ALLEMANDE

Navires antérieurs à 1882.	628
Cuirassés et croiseurs cuirassés.	628
Croiseurs, contre-torpilleurs et torpilleurs.	630

CHAPITRE V

FLOTTE ITALIENNE

	Pages.
Navires antérieurs à 1882	633
Cuirassés et croiseurs cuirassés	633
Croiseurs, contre-torpilleurs et torpilleurs	635

CHAPITRE VI

FLOTTE DES ÉTATS-UNIS

Navires antérieurs à 1882	637
Cuirassés et croiseurs cuirassés	638
Croiseurs, contre-torpilleurs et torpilleurs	640

CHAPITRE VII

FLOTTE JAPONAISE

Cuirassés et croiseurs cuirassés	643
Croiseurs, contre-torpilleurs et torpilleurs	644

CHAPITRE VIII

RENSEIGNEMENTS SUR LES PAQUEBOTS DES PRINCIPALES LIGNES MARITIMES

Lignes du service transatlantique	647
Lignes de l'Extrême-Orient, de l'Océanie et de l'Amérique du Sud	649
INDEX ALPHABÉTIQUE	653
LISTE DES NAVIRES CITÉS	665

Augustin CHALLAMEL, Librairie Maritime et Coloniale
PARIS, 17, RUE JACOB.

Cours de l'École d'application du Génie Maritime

Théorie du Navire. (1re partie. Équilibre et stabilité en eau calme), par M. CLAUZEL, directeur de l'École. 1 vol. in-8° accompagné d'un atlas in-4° de 56 planches et 28 tableaux. **20 fr.**

Cours d'Électricité, par E. AUBESSON DE CAVARLAY, ingénieur de la Marine, sous-directeur de l'École. 2 forts volumes grand in-8°, illustrés de nombreuses gravures... **28 fr.**

Cours de construction du Navire, par M. L. GALLOU, ingénieur de la Marine, ancien sous-directeur de l'École. 2 forts volumes gr. in-8°, illustrés de nombreuses figures.

Cours de l'École Supérieure de Maistrance de la Marine

Cours pratique de Construction Navale

1re partie : Géométrie du Navire, calculs de déplacement et de stabilité, par Ch. DOYÈRE, ingénieur de la Marine, grand in-8°, illustré de 146 gravures et de tableaux hors texte.. **8 fr.**

2e partie : Charpentage, Constructions en bois. *Tracé des plans de navire, cales de Construction*, par G. MAYGAS, ingénieur de la Marine, grand in-8°, illustré de nombreuses gravures... **10 fr.**

3e partie : Constructions en fer et en acier, par Ch. DOYÈRE, gr. in-8° illustré de 400 gravures.. **11 fr.**

4e partie : Mise à l'eau et Passage au bassin, Installation des emménagements et des services principaux, par GAYDE, ingénieur de la Marine, gr. in-8°, illustré de 338 gravures.. **18 fr.**

Cours pratique et théorique de machines à vapeur, par G. DE MONTCHOISY, ingénieur en chef de la Marine. 2 forts volumes gr. in-8° avec nombreuses gravures et 8 planches hors texte. (3e édition).. **24 fr.**

Traité de Rivetage, par G. MAYGAS, ingénieur de la Marine. 1 volume in-8° avec nombreuses figures.. **6 fr.**

Machines auxiliaires en usage dans les bâtiments de la flotte, par P. GUILLAUME, mécanicien inspecteur général de la Marine. 3 volumes in-8°, accompagnés de 3 atlas in folio contenant 212 planches gravées. Cartonnés toile............................ **110 fr.**
(Chaque volume, texte et atlas, se vend séparément : T. I, 33 fr.; T. II, 33 fr.; T. III, 44 fr.)

Manuel du manœuvrier, à l'usage des élèves de l'*École Navale* et de l'*École d'Application*, conformément à la dépêche ministérielle du 28 septembre 1889. 2e édition corrigée suivant dépêche ministérielle du 4 avril 1895. 3 volumes in-8°, accompagnés de nombreuses planches. Cartonnés toile... **17 fr.**
(Les volumes se vendent séparément : tome I, 7 fr.; tome II, 5 fr.; tome III, 8 fr.)

Tables de Logarithmes, à six décimales et tables de navigation, par G. FRIOCOURT, ancien professeur à l'École Navale. 1 fort volume gr. in-8°. Broché................ **9 fr.**

Tables des azimuts du Soleil, de la Lune et des Étoiles, par LABROSSE, ancien officier de marine. 1 volume in-8° accompagné d'une traduction anglaise, allemande et espagnole). (10e édition).. **11 80**

Tables nautiques, pour abréger et simplifier les calculs journaliers à la mer (complément des tables d'azimuts), par LABROSSE, in-8° avec planches (2e édition)....... **6 80**

Tables destinées à abréger les calculs nautiques, par PERRIN, capitaine de vaisseau, in-8° avec figures, 3e édition.. **3 50**

Termes nautiques (sea terms), anglais-français, par E. POUYAIS, capitaine de frégate; in-16, cartonné toile (3e édition) (ouvrage adopté pour l'École Navale).......... **3 50**

BIBLIOTHÈQUE DES CAPITAINES DE COMMERCE
et des candidats aux examens de la marine Marchande
(Ouvrages rédigés conformément aux programmes)

LE CATALOGUE EST ENVOYÉ FRANCO SUR DEMANDE

Typographie Firmin Didot et Cie. — Mesnil (Eure).

www.ingramcontent.com/pod-product-compliance
Lightning Source LLC
Chambersburg PA
CBHW050053230426
43664CB00010B/1306